"十三五"国家重点出版物出版规划项目

经济科学译丛

组织经济学

经济学分析方法在组织管理上的应用

（第五版）

塞特斯·杜玛（Sytse Douma）
海因·斯赖德（Hein Schreuder） 著

原 磊 尹冰清 赖芳芳 译
张冠梓 校

Economic Approaches to Organizations

(Fifth Edition)

中国人民大学出版社
·北京·

《经济科学译丛》
编辑委员会

学术顾问
高鸿业　王传纶　胡代光　范家骧　朱绍文　吴易风

主　编
陈岱孙

副主编
梁　晶　海　闻

编　委（按姓氏笔画排序）

王一江	王利民	王逸舟	贝多广	平新乔	白重恩
刘　伟	朱　玲	许成钢	张宇燕	张维迎	李　扬
李晓西	李稻葵	杨小凯	汪丁丁	易　纲	林毅夫
金　碚	姚开建	徐　宽	钱颖一	高培勇	梁小民
盛　洪	樊　纲				

"经济科学译丛"总序

中国是一个文明古国，有着几千年的辉煌历史。近百年来，中国由盛而衰，一度成为世界上最贫穷、落后的国家之一。1949年，在中国共产党的领导下，中国从饥饿、贫困、被欺侮、被奴役的境地中解放出来。1978年以来的改革开放，使中国真正走上了通向繁荣富强的道路。

中国改革开放的目标是建立一个有效的社会主义市场经济体制，加速发展经济，提高人民生活水平。但是，要完成这一历史使命绝非易事，我们不仅要从自己的实践中总结教训，也要从别人的实践中获取经验，还要用理论来指导我们的改革。市场经济虽然对我们这个共和国来说是全新的，但市场经济的运行在发达国家已有几百年的历史，市场经济的理论亦在不断发展完善，并形成了一个现代经济学理论体系。虽然许多经济学名著出自西方学者之手，研究的是西方国家的经济问题，但其归纳出来的许多经济学理论反映的是人类社会的普遍行为，这些理论是全人类的共同财富。要想迅速稳定地改革和发展我国的经济，我们必须学习和借鉴世界各国包括西方国家在内的先进经济学理论与知识。

本着这一目的，我们组织翻译了这套经济科学译丛。这套译丛的特点是：第一，全面系统。除了经济学、宏观经济学、微观经济学等基本原理之外，这套译丛还包括了产业组织理论、国际经济学、发展经济学、货币金融学、公共财政、劳动经济学、计量经济学等重要领域。第二，简明通俗。与经济学的经典名著不同，这套丛书都是国外大学通用的经济学教科书，大部分都已发行了几版或十几版。作者尽可能地用简明通俗的语言来阐述深奥的经济学原理，并附有案例与习题，对于初学者来说，更容易理解与掌握。

经济学是一门社会科学，许多基本原理的应用受各种不同的社会、政治或经济体制的影响，许多经济学理论是建立在一定的假设条件上的，假设条件不同，结论也就不一定成立。因此，正确理解和掌握经济分析的方法而不是生搬硬套某些不同条件下得出的结论，才是我们学习当代经济学的正确方法。

  本套译丛于1995年春由中国人民大学出版社发起筹备并成立了由许多经济学专家学者组成的编辑委员会。中国留美经济学会的许多学者参与了原著的推荐工作。中国人民大学出版社向所有原著的出版社购买了翻译版权。北京大学、中国人民大学、复旦大学以及中国社会科学院的许多专家教授参与了翻译工作。前任策划编辑梁晶女士为本套译丛的出版做出了重要贡献，在此表示衷心的感谢。在中国经济体制转轨的历史时期，我们把这套译丛献给读者，希望为中国经济的深入改革与发展做出贡献。

"经济科学译丛"编辑委员会

译者序

一直以来，经济学因为其过于严格的假设和复杂的数学模型而饱受诟病，有些人甚至认为经济学脱离了现实世界，变成了一种理论游戏。经济学家路灯下找钥匙的著名故事，也正是对这种现象的讽刺。那实际状况究竟如何？经济学能否用于指导实践？来自蒂尔堡大学的塞特斯·杜玛和弗拉瑞克管理学院的海因·斯赖德对这个问题做了很好的回答。在本书中，他们从分工理论和厂商理论出发，介绍了交易成本经济学、博弈论、行为经济学、代理理论、组织演化理论等在组织管理中的应用，从而为经济学指导实践开辟了道路。

本书中，经济学指导企业实践，主要通过三条途径实现。一是提供经济学的思维方式。企业面临的基本环境是市场，而市场包括内部市场和外部市场，影响市场运行的根本因素包括市场参与主体、市场结构、信息、市场环境等，而企业行为直接影响这些因素，从而对企业经营绩效造成影响。对企业经营者来讲，应该在思维上对这些问题有着宏观把握，并通过合理配置内部市场和外部市场的各种资源，实现效率的提升。二是提供基本的分析工具。传统经济学的厂商理论在很大程度上将企业作为"黑匣子"，仅仅研究企业如何作为一个整体对市场发挥作用，但本书不再仅仅将企业作为"黑匣子"，而是利用经济学理论对企业进行剖析，不仅研究企业外部而且研究企业内部，为企业经营管理者提供了很多基本的分析工具。三是提供了很多可供借鉴的案例。为了更好地对理论进行解释，本书中提供了大量企业实践的鲜活案例，对于指导企业实践，具有重要的借鉴意义。

改革开放40年以来，中国企业面临的要素禀赋条件已经发生了根本性变化，曾经的低成本优势正逐步丧失。例如，从以购买力平价计算的工资成本来看，越南工人工资是85美元/月，印度尼西亚是148美元/月，而2016年，中国各地月最低工资标准最低的青海省，为1 270元人民币/月，约合188.77美元/月，月最低工资标准最高的上海市，为2 190元人民币/月，约合325.52美元/月。然而，最终决定一个国家经济增长潜力和产业竞争力的不是资源、气候、地理位置、非技术工人和半技术工人等低级生产要素，而是现代化通信的基础设施、高级人力资本、技术、各大学研究所等高级生产要素。中国在传统比较优势丧失的同时，也积累了一些新的、更加高级的比较优势，包括劳动力受教育程度增加、基础设施条件大幅改善、资本积累取得重大成绩、技术水平大幅提升等。

当前，中国企业面临的国际竞争环境也发生着重大变化，技术的发展、消费文化的变迁以及市场结构的变化，正加速改变着企业的竞争规则。一是智能化、网络化、信息化改变企业生产组织方式。无论是以增材制造技术（3D打印）为代表的第三次工业革命，还是近期被广泛关注的德国制造4.0战略，均对企业生产组织方式产生了重要影响。标准化生产逐步转向定制化生产，刚性生产系统逐步转向可重构制造系统，工厂化生产将逐步转向社会化生产，顾客与企业之间的界限也将越来越模糊，顾客不仅是消费者，而且是设计者和生产者。二是产业融合加快。目前，产业之间的界限已经越来越模糊，企业通过跨界经营塑造着新的竞争优势。很多情况下，制造业企业之所以具有竞争优势并不是因为其制造环节的强大，而是因为其服务环节的价值增值；服务企业之所以具有竞争优势，并不是因为其服务环节的强大，而是因为其产业链的整合能力带来的效率改进。先进制造业已经成为全球制造业竞争最为激烈的领域和发达国家控制全球分工体系的战略制高点，而先进制造业的核心在于制造业和服务业的融合发展。三是企业国际竞争的规则可能发生改变。国际金融危机后，西方国家加大了对新能源产业、低碳产业、生物医药等新兴产业的支持力度，利用绿色技术重塑传统产业的竞争优势。过去西方发达国家已经失去竞争优势的夕阳产业在植入新能源技术后有可能变成朝阳产业，重新获得竞争优势，参与国际竞争。在新的节能环保标准下，国家之间、企业之间旧的"游戏规则"有可能得到根本性的重塑，当前的全球分工体系也将有可能出现根本性的调整。

对中国企业来讲，要素禀赋条件的变化和竞争规则的改变既带来了机遇，也形成了挑战，必须在不断学习中，提高自身的经营管理水平，由粗放式管理走向精细化管理。相信本书一定能够为企业经营管理者提供新的启发。同时，本书也可以作为大学本科和研究生学生的基础性读物，对于完善知识体系、提高理论水平产生积极作用。

原 磊

2018年9月于中国社会科学院科研大楼

前　言

大家目前看到的是《组织经济学：经济学分析方法在组织管理上的应用》一书自1991年首次出版以来的第五版。在此期间，本书已经被翻译成了中文、丹麦语、日语、韩语和西班牙语五种语言。

本书所取得的成功是令人满意的，但对我们来讲，更重要的是本书能够不断地从一个版本向另一个版本演进。在第四版中，我们扩充了本书的框架体系，增加了三章，介绍经济学方法在组织管理研究中的应用示例。对此，读者的反馈是积极的，因此我们将继续保留这种方式。在第五版中，我们将经济学方法在战略管理中的应用这一章分解成为两个单独的章节，分别介绍经营战略和公司战略。这将使我们能够以一种更加聚焦的方式，勾画大型多元组织中，经营层次战略和公司层次战略的差异。另外，很多章节中对理论进行了发展，对案例进行了更新。

近年来，组织经济学理论获得了长足的发展，并涌现了很多相关的政策和方法的案例。自2008年本书第四版发行以来，世界经历了一场由美国雷曼兄弟银行破产所引发的严重国际金融危机。这对很多国家的银行体系造成了巨大的压力。我们在本书第一版中提到的"道德风险"一词，本来是一个比较晦涩的专业性术语，但目前对那些经常读报的读者来讲，已经变得耳熟能详，因为很多银行和大公司的实际运作情况已经充分证明了这一点。同时，国际金融危机加剧了一些公司（例如柯达公司和沃尔沃公司）的困境，因为这些公司在应对快速技术变革和市场全球化时采取了错误战略。当然，也有一些公司在这样的环境中变得更加繁荣昌盛，例如苹果公司和宝马公司。正因为如此，我们毫不费力地选择并增加了50个新的案例，用于对书中提到的经济学概念和方法的应用情况进行说明。

本书是组织管理专业的一本基础性教科书。对于学习工商管理、社会学、组织心理学的学生来说，组织管理是一门重要的学科。虽然无论是组织方面还是管理方面都不缺少教科书，但是绝大部分标准教科书对于组织行为的经济学分析很少有所涉及。然而，目前在很多科学类期刊中，有关组织行为经济学分析的文章却得到了越来越多的重视。本书另辟蹊径，可以作为从经济学视角研究组织问题的入门教材。在很多强调经济学的大学或商学院中，本书已经成为金融、营销和会计等学科的基础教材。另外，本书同样可以作为一本补充性教材，与组织管理或者战略管理的常规教材联合使用。

为了方便那些先前没有学过经济学的读者使用，本书在第 2 章中对理解书中论点所需要的经济学背景知识进行了介绍。

对于经济学专业的学生来讲，本书也是非常有益的。这是因为绝大部分微观经济学的教科书都很少涉及组织管理领域，而本书为经济学专业学生提供了一个新的视角：从他们自己的学科角度来看一个相关的却往往被忽略的领域。

本书是从比较企业组织和市场机制开始的。从根本上讲，企业为什么存在？为什么不能将所有的经济决策通过市场机制协调起来？市场从根本上讲为什么存在？为什么所有产品不是由一个大公司生产的？

我们的答案是：信息需求在理解为什么市场机制和企业组织并存的问题上扮演了一个关键的角色。市场和企业针对不同环境中的信息问题提出了不同的解决方案。理解了这种差异，我们才能够洞察为什么在有些条件下，采用市场机制是更适合的，而在另外的条件下，采用企业组织能够更好地发挥作用。市场和企业的优势不同，理解了这一点，就同样能够理解，为什么从经济学视角来看，把市场机制和企业组织结合起来可能会成为最优选择。

本书总体上分为三个部分。第一部分中，第 1 章到第 5 章阐述了经济学方法应用于组织管理的基础理论，为第二部分的讨论奠定了基础。在第 1 章，我们逐步建立了一个概念性的框架，对组织经济学的含义进行解释。在这个框架中，信息是一个至关重要的概念。

第 2 章和第 3 章讲述了市场和组织是如何工作的。特别地，这两章讲了决策是如何被多种市场机制，比如价格机制、直接监督机制、相互调节机制、标准化机制等协调起来的。第 4 章重点分析不同类型的市场协调机制在协调不同个体决策的时候，所产生的不同类型的信息需求。第 5 章讨论了在不同的信息设定条件下，博弈参与者如何协调他们的决策，而这也是博弈论讨论的中心主题。因此，第一部分的前五章内容从总体上讲述了组织经济学的基础概念和分析方法。

正如本书书名所体现的，对组织管理的经济学分析有许多种途径，这些途径将在本书的第二部分（主要包括第 6 章到第 12 章）中予以讨论。具体来看，这些途径主要包括：

- 行为理论。把公司视为一个有很多参与者的联合体（参与者组合），每个参与者拥有自己的利益。
- 代理理论。如果把决策的制定权委托给一位代理人，那么委托人只能部分地观察代理人的行为。
- 交易成本理论。如何对作为组织形式的决定性因素的交易成本和生产成本进行比较。

- 产业组织理论和博弈论。对于战略管理的经济学贡献,以及在经营战略和公司战略领域的应用。
- 组织演化理论。将我们的注意力聚焦于组织形态的变化,在与外部环境的交互作用中,组织的形态会相应地发展。

第 12 章比较和评价了不同的分析方法。

第三部分描述了第二部分中所讨论的理论与方法的三个主要的应用领域。第 13 章描述了并购活动中,企业管理者如何解决信息不对称问题。第 14 章使用第二部分的理论和方法,讨论了几种混合的组织形式,例如合资企业、企业集团、特许经营等。第 15 章将公司治理问题作为前些章节中所讨论的理论框架中的一个特例进行了分析。

第三部分的每个章节均高度聚焦于一个相关的现实问题,并与前些章节中的理论框架结合起来。第五版和前面版本的主要区别在于:

- 第五版有两个章节是关于组织经济学对战略管理的贡献,其中一章是对经营战略的贡献,另一章是对公司战略的贡献。
- 第 2 章和第 6 章增加了新的部分,主要是对行为经济学给予了更多关注。
- 增加了很多新的案例,从而采用理论思维对现实世界进行更为具体的阐述。

1991 年以后,组织经济学获得了长足的发展,而本书也随之获得了更多的关注。相比于本书第一版,第五版在内容上已经大大增加。然而,我们却始终抱有同样的信念,就是使组织经济学理论和方法更加简单明了、有启发性、有吸引力。我们欢迎读者对本书的效果进行反馈,并提出促进本书进一步完善的评论与建议。为了这个目的,我们在下面提供了电子邮箱地址。

针对将本书作为教材使用的讲师们,我们还提供了一本《使用手册》,其内容包括每章的课后习题答案、每章的扩展阅读建议、课堂上启发学生思考的开放式问题、可供选择的多种答案、可以进一步讨论的主题,以及本书中出现的很多数据和表格等。《使用手册》的电子版可以从 www.booksites.net/douma 下载。

塞特斯·杜玛
海因·斯赖德
douma.schreuder@gmail.com

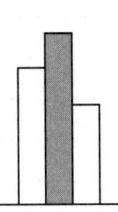

目 录

第一部分　基础篇

第 1 章　市场和组织 3
- 1.1　经济问题 3
- 1.2　劳动分工 5
- 1.3　专业化 6
- 1.4　协调 8
- 1.5　市场和组织 9
- 1.6　信息 12
- 1.7　环境和机制 13
- 1.8　历史观点 19
- 1.9　小结：本书的概念框架 20
- 1.10　本书大纲 21

第 2 章　市　场 24
- 2.1　导论 24
- 2.2　市场的相互作用：需求供给分析 25
- 2.3　需求理论 26
- 2.4　生产理论 28
- 2.5　市场协调 33
- 2.6　利润的悖论 34
- 2.7　经典微观经济学理论评述 34
- 2.8　经济人及其未来 36
- 2.9　小结：市场怎样协调经济决策 37

第3章 组 织 ······ 40
- 3.1 组织的世界 ······ 40
- 3.2 组织的协调 ······ 41
- 3.3 组织的形式 ······ 45
- 3.4 组织的市场 ······ 50
- 3.5 市场的组织 ······ 51
- 3.6 小结：组织怎样实现协调 ······ 53

第4章 信 息 ······ 56
- 4.1 协调和信息 ······ 56
- 4.2 隐藏信息 ······ 61
- 4.3 隐藏行动 ······ 66
- 4.4 信息的价值 ······ 70
- 4.5 小结：市场和组织的信息问题 ······ 73

第5章 博弈论 ······ 75
- 5.1 导论 ······ 75
- 5.2 协调博弈 ······ 76
- 5.3 进入博弈 ······ 80
- 5.4 拍卖 ······ 83
- 5.5 囚徒困境：单次博弈囚徒困境和重复剔除囚徒困境 ······ 89
- 5.6 进化博弈理论 ······ 97
- 5.7 小结：洞悉博弈论 ······ 101

第二部分 经济学方法

第6章 公司行为理论 ······ 107
- 6.1 公司行为理论介绍 ······ 107
- 6.2 公司是一个参与者联合体 ······ 108
- 6.3 组织目标 ······ 111
- 6.4 组织的期望 ······ 113
- 6.5 组织的选择 ······ 114
- 6.6 从有限理性到行为经济学 ······ 116
- 6.7 小结：行为理论中公司内部的目标和决策制定 ······ 118

第7章 代理理论 ······ 122
- 7.1 导论 ······ 122
- 7.2 所有权和控制权的分离 ······ 123
- 7.3 管理行为和所有权结构 ······ 125
- 7.4 企业家公司和团队生产 ······ 130
- 7.5 作为合同联结体的公司 ······ 132
- 7.6 委托—代理理论 ······ 135
- 7.7 小结：所有者、管理者和员工之间的代理关系 ······ 143

第8章	交易成本经济学	147
	8.1 导论	147
	8.2 行为假设：有限理性和机会主义	149
	8.3 行为假设：交易维度	154
	8.4 同侪团体	159
	8.5 简单等级制	160
	8.6 多等级制：U形和M形企业	162
	8.7 组织市场	163
	8.8 市场和组织：是否已穷尽？	165
	8.9 三级层面架构上的治理	171
	8.10 小结：交易成本在选择市场和组织以及组织方式上的作用	172

第9章	经济学对竞争战略的贡献	177
	9.1 导论	177
	9.2 产业分析	179
	9.3 竞争者分析	183
	9.4 竞争战略	185
	9.5 企业资源基础观	186
	9.6 动态能力	189
	9.7 行动和反应行动	192
	9.8 小结：经济分析如何对竞争和公司战略的形成做出贡献	199

第10章	经济学对公司战略的贡献	201
	10.1 导论	201
	10.2 无关多元化	204
	10.3 相关多元化	209
	10.4 横向多国化	214
	10.5 纵向一体化	217
	10.6 小结	221

第11章	组织的演化路径	224
	11.1 导论	224
	11.2 长颈鹿的故事	224
	11.3 组织和长颈鹿	227
	11.4 组织生态学	229
	11.5 经济变迁的演化理论	235
	11.6 比较	239
	11.7 动态能力的演变	242
	11.8 进一步的发展	248
	11.9 小结：演化视角	252

第12章	整合篇	256
	12.1 导言	256
	12.2 基本概念性框架	256

	12.3	家族类同之处	257
	12.4	家族不同之处	260
	12.5	小结：全家福	267
	12.6	作为复杂的、适应性系统的组织	268

第三部分　应　用

第 13 章　企业并购 279
13.1　导言 279
13.2　并购的意义 281
13.3　企业并购交易的成功和失败 284
13.4　战略、收购和隐藏信息 286
13.5　拍卖 288
13.6　赢者的诅咒和狂妄 292
13.7　逆向选择：对隐藏信息的应对措施 296
13.8　道德风险：隐藏行动的应对措施 299
13.9　交易专用性和延迟 301
13.10　管理者和股东的协同 304
13.11　总结：并购的经济手段 306

第 14 章　混合形式 309
14.1　导言 309
14.2　供需双方的长期关系 311
14.3　合资企业 312
14.4　企业集团 314
14.5　非正式网络 321
14.6　特许经营 323
14.7　比较几种混合模式 326
14.8　小结：在理想市场和理想组织之间的治理结构——混合模式 ... 327

第 15 章　公司治理 329
15.1　导言 329
15.2　第一家上市公司 332
15.3　激励合同的使用 335
15.4　内部监控 339
15.5　外部监督 342
15.6　市场是怎样约束代理成本的 343
15.7　制度框架：市场导向型和网络导向型公司治理结构 ... 347
15.8　世界上不同公司治理结构的演变 353
15.9　小结：组织/市场办法是怎样解决公司治理中的代理问题的？ ... 354

参考文献 356

第一部分 基础篇

组织经济学:经济学分析方法在组织管理上的应用(第五版)

第 1 章

市场和组织

1.1 经济问题

现在闭上眼睛，极力发挥你的想象——想象你在一个热带的小岛上沐浴着阳光，你有充足的食物，还有友善的当地人和你相伴。你在这个小岛上有经济问题吗？"没有！"你很可能这样说："我不能想象在这样一个小岛上我有任何的问题，更不要说什么经济问题了。"

很多人把经济问题和金钱联系在一起。因为在我们想象的小岛上，金钱或者被认为是不存在的，或者被认为是充足的，所以人们觉得那里没有经济问题。但是一个经济学家不应该只满足于这个理由，他应该深入研究。比如，你是否觉得你有充足的时间去享受小岛上所有的休闲娱乐项目？再比如，你是否有住房、教育、文化、友谊等方面的需求？关键的问题是经济学家应该认识到：只要资源不是充分供给的，人类的需求不能够被完全满足，就会存在**经济问题**（economic problem）。在此，资源是指被广泛接受的、能够满足人们需要的所有物质。所以，就算在虚拟的小岛上，也会存在经济问题，除非你所有的需要都得到了充分的满足。

重新回到现实世界以后，我们发觉无论使用狭义的定义，还是像上文提到的广义定义，经济问题都大量存在。就像无法实现完全的生态保护一样，我们也没有足够的土地可耕作以解决我们所有人的吃饭问题。我们没有办法完全养活全世界的人，许多原材料的供给是有限的。人才总是稀缺，正如时间总是稀缺一样。即使在富裕的国家，像美国、德国、日本，也有很多人赚不到足够的钱去购买他们想要购买的任何东西。简言之，稀缺是现实生活的一个基本事实。在这种困境之下，经济问题可以被重新表述为怎样使现有可利用的资源得到最好的利用的问题。或者用经济学的术语来说就是：如何才能达到稀缺资源的**最优配置**（optimal allocation）。资源得到了最优的配置，就可以说资源被**有效率**（efficiency）地使用了。

本书的主要内容是用经济学的方法研究组织。过去，当你试图去理解组织现象时，经济学可能不是你的首选工具。事实上，很长时间以来经济学在研究组织管理方面都没有什么建树。我们在本书中的分析是最近才真正发展起来的，尽管某些思想已经起源很久了。所以，如果你对经济学在研究组织管理方面的有效性提出怀疑，那么这是很正常的。然而，对此我们的答案是：在研究组织管理方面，经济学是富有成效的，无论何时，从**经济学的角度**（economic aspect）去分析组织管理问题都是很有意义的，也就是说，无论何时，从稀缺资源的优化配置方面来研究组织管理问题，都是很有意义的。

当然，正如我们提到的，经济学只涉及问题的某些方面和角度，"纯粹的经济问题"是不存在的。同样，纯粹的法律问题、社会问题、心理问题也是不存在的。所有这些社会科学都只涉及现实世界中各种现象的某些方面，它们各自照亮了现实世界中的一部分。有些人认为经济学可以完全解释所有的成熟市场，并且进一步推广到组织管理领域，这样就形成了一种"经济学帝国主义"的不良倾向。（我们知道，"经济学帝国主义"是经济学和帝国主义的缩写。）法律学帝国主义、社会学帝国主义、心理学帝国主义也有同样的危险，无论何时当一个学科的解释性力量太过扩大时，事情就会变成这样。尽管经济学帝国主义是一种危险的倾向，但是我们的确相信经济学对于更好地理解组织管理做出了重大贡献。依据上述观点可概括出以下两点：

- 组织经济学方法重点关注稀缺资源的最优配置。（这里的稀缺资源是一种广义概念。）
- 当经济问题成为组织问题的一个重要部分时，经济学对于我们理解组织问题的贡献增加了。

在本书中，我们将介绍当前组织行为经济学分析的主线。此外，我们还会部分举例说明经济学分析在这些组织问题上的应用。在讲述的过程中，我们将尽量避免专业性太强，而把重点放在涉及的基本概念上。我们的目标是为这种新颖的分析方法给出一个概念性的入门介绍。通过把重点放在基本概念上，我们也希望展示一幅比从前更加连贯一致的组织经济学图景。在第1章中，我们逐步建立起一个基本的概念性理论框架，用于讲述组织经济学的基本分析方法（见图1.1）。这个理论框架阐明了信息的关键性作用及其传播的各种途径。信息的这种重要作用将在第4章进一步深入阐述，在第4章我们可以知道信息是把各种组织行为的经济学分析方法黏合在一起的黏合剂。

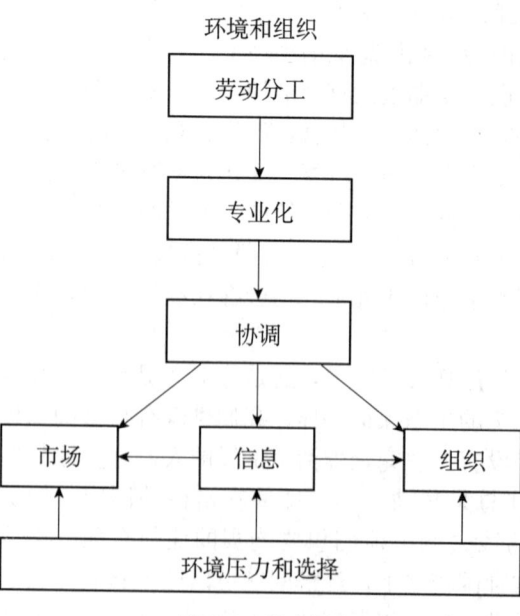

图1.1 基本概念

1.2 劳动分工

亚当·斯密通常被认为是现代经济学之父。早在他的《国民财富的性质和原因的研究》（1776）一书里，他就给劳动分工以重要的评价："劳动生产力的最大进步，还有劳动技能、劳动熟练程度和判断能力的大幅提高，都是劳动分工的结果。"

他的著名案例就是制针业案例。在此案例中他说，把制针这项工作按不同的任务分割，让每个工人完成一项特殊的任务，而不是生产一枚完整的针，这样就能实现制针工人产量的极大增加，见专栏1.1。

专栏1.1 **制针业**

制针业是一个不甚重要的制造业，但是它的分工却常常引起人们的关注。如果一个工人既没有接受过制针培训（分工已经使制针成为一个专门的职业），也不熟悉制针业所用的机器（这种机器的发明也是分工的结果），那么，无论他怎么努力，可能一天连1枚针都制造不出来，当然更加不可能生产20枚针了。但是，按照这个行业现在的生产方式来看，不仅整个制针工作已经成为一个专门的职业，而且这个职业又分成了许多部门，甚至其中大部分部门也成了专门职业。第一个工人抽铁丝，第二个工人拉直，第三个工人切断，第四个工人将其中一端削尖，第五个工人将另一端磨光以便安装针头。仅仅是制作针头，就包括了两三道工序。另外，装针头也是一道专门的工序，把针涂白又是另一道，甚至将针用纸包装起来，也是一道专门的工序。这样一来，整个制针工作就被分成了大约18道不同的工序。在有些工厂中，每道工序都由不同的工人操作；而在另一些工厂中，一个工人则可能要负责两三道工序。我本人就曾经见到过这样的一个小制针厂，它只雇用了10个工人，因此有些工人需要完成两三道工序。虽然他们非常贫穷，对配备必要的机器设备也没有多大兴趣，但是，只要他们尽力而为，就能在一天的时间里生产出价值12英镑的针。每英镑中等型号的针大约有4 000枚，按此计算，这10个人每天可以制造出48 000枚针，这样一来，平均每人每天能生产其中的1/10，即4 800枚针。但是，如果他们都各自独立地完成整个制针工作，而且谁也没有接受过上述这种专门的职业训练，那么他们之中无论哪一个人都绝对不可能每天制造出20枚针，甚至有可能连1枚针都制造不出来。这也就是说，他们绝对不可能完成现在的工作量的1/240，甚至1/4 800。这一切都得益于对不同的工序的适当分工与合作。

资料来源：htth://ec.europa.eu/information_society/activities/roaming/tariffs/index_en.htm. 译文见亚当·斯密.国富论（上）.北京：中国人民大学出版社，2016：4-5.

因此，**劳动分工**（division of labor）是指把原来复合的任务按其组成成分加以分割，并分别完成各个分割部分，在现代社会这是一个普遍现象。

我们原始的祖先可能更加依靠自己的力量，他们盖自己的房子，种自己的粮食，放牧自己的牛羊，制造自己的工具，自己进行防御等。随着时代的发展，这些任务在社会中都被分割成了独立的部门（比如私有部门和公有部门），这些部门又进一步被分割成独立的实体（如政府中介、工业、公司）。在我们用钱来交换商品和服务的正常过程中，经济体系发展起来了。我们中的大部分人在组织里工作，我们在那里赚钱。通过这些组织，我们可以看到劳动分工得到了延伸。我们通常只完成了整个组织任务的一小部分。为了完成全部任务，组织自身被分割成不同的部分（如分工）、不同的层次和不同的功能。结果我们就需要一些组织图表（见专栏1.2）作为指示图来指导我们了解组织的架构。这些图表是组织内部劳动分工的一个反映。

劳动分工的进步导致了国民财富增长的主要源泉——生产力——的增加，这是亚当·斯密的观点。在下一节中我们将会进一步谈论这一观点的基础是什么，而在这一节我们只想强调这一结论：在社会里，劳动分工已经成为生活中的普遍现象。无论我们在社会中处于什么样的地位，每一次我们为了获得商品和服务而同其他人发生关系时，我们都要记住这一事实。这一事实正是我们概念性理论框架的开端，如图1.1所示。

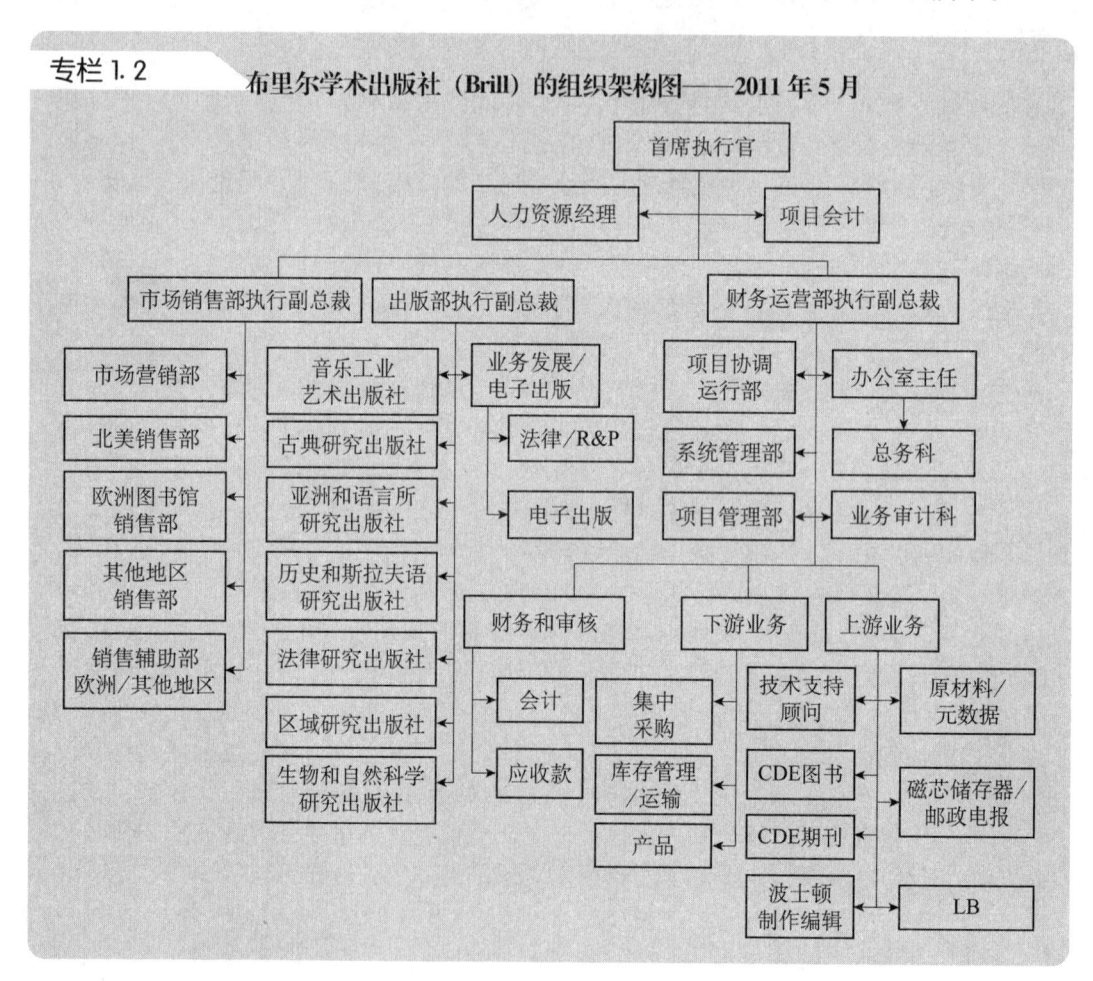

专栏1.2　布里尔学术出版社（Brill）的组织架构图——2011年5月

1.3　专业化

为什么劳动分工的进步会导致如此巨幅的生产力的增加，进而导致国民财富的增加？斯密给出了下列解释：

> 有了分工，同数量的劳动者就能完成比过去多得多的工作量，其原因有三：第一，劳动者的技巧因不断重复而逐渐改善；第二，由一种工作转到另一种工作，通常会损失不少时间，有了分工，就可以免除这种损失；第三，许多简化劳动和缩减劳动的机械的发明，使一个人能够做许多人的工作。

用经济学术语说，我们已经获得了**专业化经济**（economies of specialization）。要实现同样数量的产出，专业化制针厂商所需要的劳动力比非专业化制针厂商少得多。或者，正如斯密所言：同样水平的劳动力投入（10人）能够实现更多数量的产出。专业化生产就是如此有效率。为什么专业化生产能够促进效率的提高？其中的原因有一些在上文的引述中已经提到了。基本上来讲，当一项工作被分割成几项特别的任务之后，我们就可以从中选择一项特殊的、适合我们自身需要和能力所及的任务去完成。当我们专攻这项任务时，我们就可以投入全部精力致力于提高和改进完成此项任务的技术。我们可以在更多的实践中学习，然后利用这些实践来发明新的生产方法和生产工具，进而利用这些生产方法和生产工具提高我们执行和完成单项任务的能力。综合以上所有这些原因，我们可以得出结论，一个专业化经济体系比一个非专业化经济体系要有效率得多。劳动分工带来了专业化，而专业化又使得效率提高（见图1.2）。

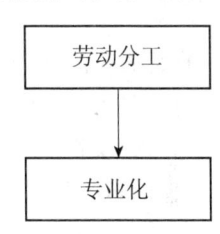

图1.2 劳动分工导致专业化

在当今社会这是一个普遍现象，让我们考虑几个例子：在家庭中，家务活常常被分割成不同的任务，家庭成员只专于某几个单独的任务（而其他的任务可能由大家分担）。久而久之他们就会渐渐擅长这些任务而不擅长其他的了。有些人很清楚去什么地方，买什么东西可以把钱花得最有效率；有些人清楚该如何使用干家务活的各种工具，而其他人可能知道该如何安装这些工具。无论怎样分工，某种程度的专业化在所有家庭里都是存在的，并且在许多家庭里当家庭成员不得不去做他所不熟悉的工作时，做家务活的效率都会受到影响。这样说来，专业化也是有成本的。

同样，体育运动方面也是如此，专业化在带来更高的运动水平的同时也产生了成本。单独一个人是不可能比赛的，更不必说胜过他人，在所有的体育项目中都是这样。选择一个专业化项目是必需的，而且要经过长时间的专业训练。一旦专业化了，高水平的技能就必然被限制在了选择的一个狭窄的范围内了。即使是一位令人钦佩的顶级运动员，如泰格·伍德，也只能被局限在高尔夫球领域。建立在天才基础上的专业化训练使他达到了高尔夫球运动的顶峰。但即使是泰格·伍德也不能同时参加两项高水平运动的竞赛（比如网球和高尔夫球）。在团队体育项目，如曲棍球或者英式足球中，如果将守门员和场上队员不断地随意转换，将是一件很愚蠢的事情。好的球队应该充分利用成员的专业化优势。专业化的技能是稀缺的，好球队针对目标任务的执行和完成，以最佳的方式合理地分配这些技能，由此来最有效率地组织球队。在许多领域，如医药界或者运输界，变换专家是有可能带来重大损失的。无论我们多么喜欢工作的多样化，但是如果专家们是彼此不断交换工作的，那么我们谁都不会愿意住进这样一家医院或者登上这样一架飞机。

就个人而言，专业化的优势在于能够获得更强的操作能力，但缺点是限制了选择的范围。在个人水平上，当较强的执行能力所带来的优势（以及继而产生的利润回报）被个人技术运用范围太窄所带来的劣势（往往伴随着疲倦、厌烦、挫败感等所引起的结果）超过的时候，专业化的限制便显现出来了。正像很多组织经过时间的考验后认识到的那样：当超越了个人限制的极限时，进一步专业化所带来的收益会轻易地被专业化的劣势成本所抵消。例如传送带，在生产力方面它能够带来很大的收益，但前提条件是：工人们必须接受自身工作范围的限定。如果工作范围变得太过狭窄，仅会使工人产生疲倦、厌烦等情绪，其收益就会被抵消，这时就要求重新设计工作范围（比如进入半自动化工作组）。因此个人限制是专业化的一个边界，但专业化还有另一个边界，这将是下一节的主题。

1.4 协调

在前面我们已经看到了，劳动分工和专业化是当今社会的普遍现象。其结果就是：几乎没有人在经济上是自力更生的，没有人生产了他们所需要的所有商品和服务。为了得到这些商品和服务，他们不得不与具有其他专业技能的人进行交易。在经济学中，我们说**交换**（exchange）出现了。无论何时商品和服务的使用权被转移了，我们都说商品和服务被**交换**。很多交换是通过市场发生的。在市场中，使用特殊商品和服务的权利被买去了（当然，在买的同时也被卖掉）。当我在当地的商店购买一块肥皂时，我获得了这块肥皂的使用权，而店主则获得了我所支付的货币的使用权。

商品交换通常对交换双方都有利，比如，一个画家作画，厨师烹饪，如果他们能相互交换作品，他们就可以专注于自己的事业。专栏1.3给出了一个很好的例子。

专栏 1.3　　　　　　　　　　用艺术换食物

约翰·凯讲述了一个故事，关于法国的酒店餐厅 Colombe d'Or 如何收集到了如此多的现代艺术藏品。

200年来，欧洲的艺术家一直被法国南部明亮的光线和绚丽的风景所吸引。圣保罗·德·旺斯有着城墙的村子里还设有艺术家社区。1919年保罗·卢卡斯在村口买下了一家酒店餐厅，为艺术家们提供食物和住宿，以换取他们的代表性作品。Colombe d'Or收藏的现代法国艺术作品甚至让许多画廊羡慕不已。

卢卡斯先生是一名杰出的厨师，而他的顾客是才华横溢的画家。因此很好理解，保罗·卢卡斯负责烹饪，艺术家乔治·布拉克专注画画。食物和画作之间的交换可以使双方都获益。人们很容易就会认为交换中的一方获益是建立在另一方受损或者犯了错误的基础上的。但是绝大多数经济交换像布拉克和卢卡斯之间进行的交换一样，双方都能从交易中获益。

布拉克和卢卡斯之间的劳动分工带来了收益，通过交换双方都既得到了食物又得到了艺术作品。两个人具有不同的能力，但各自的能力并不能完全满足他们的需求。布拉克需要食物，卢卡斯并不希望自己的生活中只有面包。只要存在禀赋差异并且都渴望多样化，劳动分工和交换获益就有可能出现。

资料来源：Kay（2003）。

当然，交换的范围是比单一的市场交换的范围要宽的。第一，在经济学家看来，它所涉及的商品不仅仅是市场上的商品，即只要涉及了稀缺资源就叫商品。事实上我们还可以交换偏好，因为偏好也是非常稀缺的，并且可以被用来完成任务。同样，信息的使用权一旦被转移，我们就实现了信息的交换。第二，使用权的转移是不需要同时实现的。当我向你提供我的一些时间时，我正在提供给你的是一种稀缺资源的使用权。一个经济学家会把你对我的时间的使用当成一个交换的例子，无论你是否以任何方式获得了回报。

无论何时只要产生交换，我们就说这是一次（经济）**交易**（transaction）。归功于劳动分工和专业化，无数交易在社会上出现了。因此，一方面，我们本身是专业化的；另一方面，我们也需要别人的专业化的产品和服务，于是一个巨大的交换网络就成为必需，它将用来分配现有的可能的产品和服务。这是怎样实现的呢？有意愿进行交易的双方是怎样找到彼此的呢？用经济学术语来说就是：**协调**（coordination）在一个经济学的体系中是怎样成功实现的呢？专业化导致了对协调的需求（见图 1.3）。基本上来讲，我们认为这里有两种类型的协调：一种是交易发生在市场上的，另一种是交易发生在组织内部的。下一节将进一步讨论这种区别。

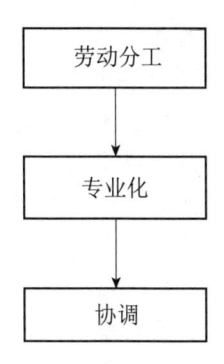

图 1.3 专业化必定带来协调

1.5 市场和组织

我们进一步考察股票市场。在世界各大主要的股票市场上，每天都有成千上万的股份和债券被交换。单纽约股市，一个普通的交易日就有多达 100 万笔交易发生，包括超过 10 亿股股份，总价值超过 50 亿美元。买卖方不仅有美国人，还包括来自世界各地的私人投资者或者金融机构投资者。他们是否需要通过私人联系寻找彼此的交易机会呢？例如，一个日本的购买者是否需要与拥有他感兴趣的股票的美国人、德国人进行私人联系以寻找交易机会呢？答案是：他不需要。

他不需要，因为股票市场接近于理想类型的市场，在理想类型的市场上买卖双方进行任何类型的私人联系都是没有必要的，原因在于**价格体系**（price system）是协调的工具，它指导分配。

假设你是一位 IBM 股票潜在的买者或者卖者，你所要做的全部工作就是告诉你自己 IBM 股票现在的价格，然后做出决定在这个价格水平下你是否愿意进行交易，如果愿意，就指示你的银行或者经纪人来实施这次交易。你不会知道和你交换股票的另一方是谁，也没有必要知道另一方是谁。价格包含了你做出交易决定所需要的所有信息：它是一个"**充足的决定指标**"（sufficient statistic）（哈耶克，1945）。

难怪经济学家会奇怪：为什么市场会具有这么强大的功能？在我们的 IBM 股票例子中，通过全球股票交易联结系统，所有潜在的买者和卖者彼此都联系起来了。更进一步地，如果全球范围内潜在的买者多于卖者，价格就会上升；一些买者在这个价格水平上就会失去信心，而一些新的卖者却很有兴趣在这个时候进入市场。这种情况一直持续到股票的需求和供给达到均衡。我们可以说该股票市场在这一点实现了最优配置，此时，对该股票市场感兴趣的买者是很满意的（同时卖者也卖出了他们的股票）。这种最优配置的实现是不需要在交易各方之间产生任何私人联系的。

现实中存在大量的这种类型的市场。原材料市场通常接近于理想市场。让我们借助哈耶克（1945）的一个例子来说明此类市场是如何有效运行的：

> 假设在世界某地有了一种利用某种原料，例如锡的新途径，或者有一处锡的供应源已枯竭（至于其中哪一种原因造成锡的紧缺，与我们关系不大）。锡的用户需要知道的只是：他们以前一直使用的锡中的一部分，现在在另外一个地方利用起来更能盈利，因此他们必须节约用锡。其中大部分用户甚至不必知道这个更需要锡的地方或用途。只要其中有些人直接了解到这种新需求，并把资源转用到这种新需求上，只要了解到由此产生的新缺口的人转而寻求其他来源以填补这个缺口，则其影响就会迅速扩及整个经济体系。而且，这不仅仅影响到所有锡的使用，还影响到锡的替代品的使用、替代品的替代品的使用，以及所有锡制品的供应，其替代品、替代品的替代品的供应等；而那些有助于提供替代品的绝大部分人，根本不会知道引起这些变化的最初原因。

再强调一遍，锡及其替代品价格水平的调整，能够充分满足有关各方需要的信息，并导致锡这种稀缺资源在全世界进行重新配置。在亚当·斯密著名的"看不见的手"的指引下，各方所独立制定的决策将会导致锡的供给和需求在新的价格基础上达到新的均衡。

假设目前你确信理想市场的这种有效特性，那么我们将继续问一个问题，为什么不是所有的交易都通过市场呢？事实上，这是一个老掉牙的问题了，答案是否定的，它是被科斯在1937年有力地提出并证明了的，科斯这样说：

> 如果一个工人从部门Y流向部门X，他这样做并不是因为相对价格的变化，而是因为他被命令这样做……上面这个例子在我们的现代经济体制中具有大范围的典型意义……但是，既然人们通常认为统筹协调能通过价格机制来实现，那么，组织为什么会存在呢？

科斯继续循着这条线给出了一个答案。与理想市场标准假设相反，科斯认为通常情况下使用价格体系是存在成本的。首先，寻找价格信息需要成本（仅就时间而言）。其次，对于重要的交易，通常要起草一份合同来作为交易的基础。例如，在劳动力市场上，劳动合同对于双方都是十分必要的，而起草这些合同的成本是很高的。最后，这里可能存在某些情况，在这些情况下，通过市场交换实现协调一致是不可能的（或者成本非常高）。在这种情况下，组织是解决问题的另外一种可供选择的办法。

因此，科斯认为：在交易执行中，市场和组织是一种相互替代的关系。在市场上，价格体系是协调的工具。而在组织内部，权威命令代替了价格成为协调机制。剩下的问题就是关于环境的了，为了适应环境，市场和组织之间相互替代，而其中根本的决定因素就是交易成本。典型的交易是在交易成本最低的条件下实现的。因此，交易将会在市场和组织之间转换。

很久以后，威廉姆森在1975年吸收了这个观点，建立了"交易成本经济学"，我们将在第 8 章讲述。进而，科斯的理论可以用来确定组织的规模和属性：

> 当我们考虑企业应多大时，边际原理就会顺利地发挥作用。问题始终是，在组织权威下增加额外交易要付出代价吗？在边际点上，在企业内部组织交易的成本要么等于在另一个企业中的组织成本，要么等于由价格机制"组织"这笔交易所包含的成本。

在很长一段时间里，科斯做出的重要贡献被人们忽视了，但最后还是被大多数经济学家所承认（见专栏 1.4）。

专栏 1.4　为什么会存在企业？
——罗纳德·科斯的贡献

2010 年 12 月 29 日罗纳德·科斯庆祝了他的百岁生日，那一期的《经济学家》写下了以下几点：

> 经济学教授迟迟未能认识到科斯的天才之处。1932 年，年仅 23 岁的科斯在英国邓迪大学的一次演讲上首次阐述了自己关于企业的观点，但没有人倾听。5 年后，他发表论文《企业的性质》，同样无人问津。
>
> 但科斯并未放弃。他的第二篇重要论文《社会成本问题》为 20 世纪 80 年代的那场放松管制革命奠定了理论基础。最终，科斯赢得了一大批追随者，包括将其理论加以充实的奥利弗·威廉姆森。
>
> 科斯的核心观点是，企业之所以存在，是因为若总是诉诸市场会带来高昂的交易成本。雇用员工、商谈定价、执行合同，仅此三项就是耗时的活动。从本质上讲，企业就是为了规避短期合约带来的麻烦而创建长期合约的工具。但是，若市场如此缺乏效率，为何企业却不会一直膨胀下去？科斯同时指出，这些小型的计划性社会（企业）本身也会产生成本，而且这种成本会随着企业的发展壮大而增加。企业和市场之间的均衡会通过竞争的促力得到持续的重新校准——企业家或许选择通过组建公司降低交易成本，但公司规模过大最终会使自身变得迟钝并缺乏竞争力。
>
> 科斯的理论还可以用来解释现代商业中一些最令人困扰的问题。

1991 年，80 岁高龄的科斯终于实至名归，摘得诺贝尔经济学奖的桂冠。但他没有止步于此，而是与亚利桑那州立大学的王宁合作完成了一本名为《变革中国》的专著。

资料来源：Why do firms exist? *The Economist*, 16 December 2010.

我们接受科斯在作为交易协调的两种理想类型的市场和组织之间的原始区分。下一节我们将讨论市场和组织本质上的不同主要在于信息交流的方式上，市场的信息是在交易各方之间交流的。继承和发展上述论点，我们认为一个**理想市场**（ideal market）是通过这样一个事实来表现其特性的，那就是价格对于个人决策的制定扮演了"充足的决定指标"这一角色。如果我们接受其这一属性，**理想组织**（ideal organization）就能够通过所有那些不使用价格在交易各方之间传递信息的交易协调形式来表现它的特性。事实上，在第 3 章我们将讨论，现实世界中绝大部分的交易是由协调的混合形式所支配

的。绝大多数的市场在某种程度上都是"有组织的"。绝大多数组织在其内部也是使用价格（像交换价格）来交流信息的。作为此论点的一个结论，到目前为止，我们已经可以在它当前的发展阶段上提出其概念性的框架结构了（见图1.4）。

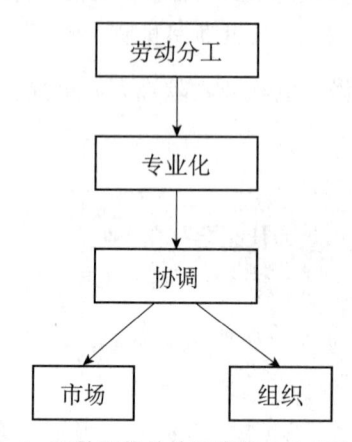

图 1.4　两种理想的协调类型：市场和组织

1.6　信息

我们现在到达了概念性理论框架发展的最后一步。在前面，我们已经知道：劳动分工形成了专业化分工，进而导致交易协调成为必要。我们已经看到这里存在两种交易协调方式：市场和组织。最后，我们将讨论实际的协调机制或者协调机制组合是主要依靠某种形势下所固有的信息需求的，这些协调机制或者协调机制组合我们是可以在任何形势下进行观察的。因此，我们把信息作为我们理论框架中的最后一个概念（见图1.5）。下面我们只介绍信息的概念，在第4章我们将会详细讲述它的重要性。

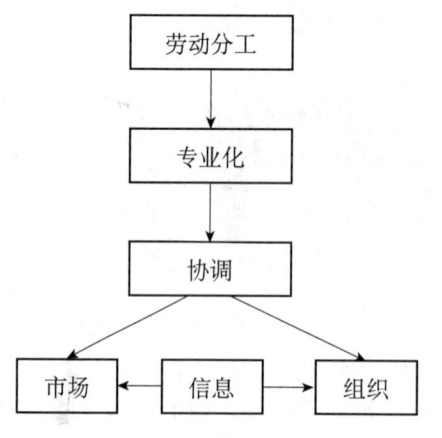

图 1.5　市场/组织混合依赖于某种形势下的特殊信息需求

回想一下，理想市场是通过作为"充足的决定指标"的价格的操作来表现它的特性的，也就是说，价格包含了交易协调所需要的所有信息。如此说来，价格机制是一条给潜在的、对交易感兴趣的各方提供信息的最完美渠道。因此，在价格机制作为一个可行的协调工具的情况下，我们很难否认它的效率特性。但是，我们也已经讨论了在许多情况下价格机制也是通过组织的协调机制来作为补充物和替代物的。在许多情况下，价格不能吸纳使交易得以进行所需的全部信息。当大众汽车公司为奥迪A6购买了点火系统的时候，它将很有可能需要与一位或者一些供货商签订长期合同，这个合同包含很多关于质量和数量的细节。在这种情况下，大众汽车公司购买了点火系统而没有自己生产点火系统，还是存在市场交易。还有一种更好的情况就是价格机制被计划补充完备，这种计划就像组织内部所使用的计划一样，但是这里价格机制也很重要，大众汽车公司总是试图以最便宜的价格去购买它所需要的东西。

还有很多情况价格机制完全没有能力去发挥它的协调功能。在第4章我们将深入探究其原因。我们发现有很多基本的问题是不能通过价格机制解决的。但是，大量的这种问题能够通过组织的协调解决。如此，从本书的观点发展来看，组织是为了解决信息问题而产生的。组织比市场更适合解决某些信息问题。

专栏 1.5　　　　　　　　　　组织和互联网

我们在本书中讨论了组织是为了解决信息问题而出现的。最近《经济学家》杂志在分析互联网及其他通信技术的出现对企业规模的影响时也得出了相似的论证：

> 为什么经济行为能够在企业内部被组织起来而不能在一个开阔的市场上被组织起来，一个根本的原因就是存在信息沟通的成本。信息传递和交换的成本越高，企业就越倾向于在企业内部处理事情；信息沟通的成本越低，市场就会相对越有效。因为互联网及其他发明已经大大降低了信息沟通的成本，所以企业就应该剥离自身的某些业务，而将其外包。例如1999年通用汽车公司通过"垂直整合"分离了作为它的供货商之一的特尔斐汽车体系。

在第9章我们将进一步探讨"纵向整合"，并说明信息沟通成本之外的影响通用汽车公司决策的更多相关因素。《经济学家》杂志中对此有详细的说明，并且持有的观点同本书一致：

➢ 市场和组织在交易协调方式中是二者择其一的关系。
➢ 信息将决定它们的相对效率。

资料来源："Electronic Glue"，*The Economist*，2 June 2001.

如图1.5所示，市场/组织混合依赖于某种形势下的特殊信息需求。信息成本和沟通成本在很大程度上取决于市场和组织这两种主要的协调机制的效率。这在专栏1.5中也举例说明了。

1.7　环境和机制

最后，我们要考虑在市场和组织协调之间做出权衡的背景因素。广义上来讲，我们将这种背景因素称为环境。广义环境的概念包括了很多方面，不仅是经济性质，也可能是社会、政治、文化或制度。正如我们在本节要讲的，经济学家们特别强调了制度层面的重要性（见图1.6）。

环境和机制

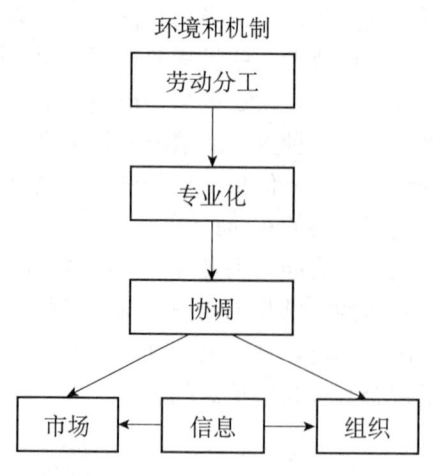

劳动分工 → 专业化 → 协调 → 市场 ← 信息 → 组织

图1.6 市场和组织混合的环境

第11章我们将讨论组织演化方法。在那些演化方法中，需要注意到，该组织不仅适应环境，而且被环境压力塑造，也可能被环境选定。当我们选择更长的时间范围时，我们能更清楚地观察到这一环境压力的运行。

例如，考虑环境压力如何塑造组织的劳动行为（如童工的废止）、废弃物管理（如碳减排）或国际化（世界贸易组织通过谈判达成的国际贸易协议的结果）等方面。

接下来考虑环境情况是如何快速变化的。首先，许多新的公司在20世纪90年代后期"网络泡沫"阶段（专栏1.6）诞生，然后一部分公司幸存下来，并取得成功（比如亚马逊和易趣），不过其他公司都灭亡了。现在谁还记得 Boo.com、Kozmo.com 或 Webvan 这样的公司？这些例子说明组织并不是在真空中运作，而是存在于一个特定的环境中：

- 为特定组织的创建提供条件；
- 通过施加经济、社会、政治和其他方面的压力塑造所有的组织；
- 决定哪个组织可以存活并且成功（其他的组织出局或者灭亡）的最终选择机制。

专栏1.6　互联网泡沫和新科技泡沫

互联网泡沫是覆盖1995—2000年这一期间的一次投机泡沫，受益于新的互联网行业及相关领域的增长，西方国家股市看到了自己的价值迅速上升。该时期的特点是一组新的基于互联网的公司（通常被称为网络公司）的成立（也有许多投机失败的例子）。迅速上涨的股票价格、个体投机，以及大量存在的风险资本共同创造了一个繁荣的环境，在这样的环境中，许多企业抛弃了标准的业务模式，专注于提高市场份额，而没有考虑太多后果。互联网泡沫的破灭标志着西方国家的一场相对温和而漫长的经济衰退的开始。

> 2011年，《经济学家》警告说，非理性繁荣已经回到了互联网世界：
>
> 一段时间后，2000年的互联网繁荣变成了大规模的萧条，上面写有"求你了，上帝，再来一次泡沫吧"的保险杠贴纸开始出现在硅谷。这一愿望现在得到了回应，脸书和推特都没有上市，但是它们在二手交易市场的价值已经分别达到760亿美元（超过波音和福特）和77亿美元。本周，LinkedIn（一个职场专业人士的社交平台）表示，它希望IPO时价值达到33亿美元。第二天，微软宣布以85亿美元（上年销售额的10倍，营业收入的400倍）收购Skype这个提供互联网电话和视频服务的公司，后者初创时的投入将被完全偿付。但是投资者们在选择公司的时候要特别小心：他们不能指望其他人在晚些时候会出价更高，他们可能希望把另一写有"谢天谢地，现在给我智慧，在为时已晚之前卖掉吧"的保险杠贴纸贴在他们的车上。
>
> 资料来源："The New Tech Bubble"，*The Economist*，14 May 2011.

不仅是组织，市场也会被环境塑造和选择。在中央计划经济体制下，比如苏联，许多市场是不存在的，因为政府企图用行政命令来协调经济活动。市场经济也是一样，政府对市场的存在和运作有根本的影响。比如，政府垄断了军事力量，禁止人体器官移植的商业市场交易以及对赌博进行严格规定。在所有这些情况下，政府（作为环境中的一个重要的角色）决定哪个市场能应运而生并且设计使这种市场必须发挥作用的规则。

市场发挥作用也会受环境中其他角色（比如工会）的影响。在许多国家，工会对劳动力市场有重要影响；或者，环境监督组织试图在许多市场设定可接受的生态行为规范。此外，市场容易遭受更微妙的环境压力，例如，社会和文化的起源的影响。在美国，市场让大公司的CEO获得比在欧洲小市场上更高水平的薪酬；在欧洲，美国CEO们的工资水平被普遍认为是"过高的"。

最后，一个新市场应运而生是环境发展的结果，比如高科技（网络游戏市场）或者经济需要（可再生能源和资源市场）。同时，旧市场——固定电话或氟利昂（传统的冰箱制冷剂，因为生态原因被禁止使用）市场——也因为这些原因而收缩或者消失。如我们所展示的例子所示，市场不会在真空中运作，市场在特定的环境中运作：

- 为特定市场的创建提供条件；
- 通过施加经济、社会、政治和其他方面的压力塑造所有的市场；
- 决定哪个市场可以存活并且成功（其他的市场出局或者灭亡）的最终选择机制。

经济学家们特别注意了我们称之为制度的环境因素。最著名的制度经济学家之一道格拉斯·诺斯（1990）对制度做出了如下定义：

> 制度是一个社会中的游戏规则，或者，更正式的说法是，人类设计的用以塑造人际交往的制约因素。

定义包括了游戏的正式和非正式规则以及在一个社会中强制执行的方式。正式的规则是成文法律、宪法、规定等。非正式规则是行为规范、公约和公司文化中实施这些规范的内部规则，比如，强制执行的规则也有正式（比如通过法院审理）和非正式（通过同侪压力和社会制裁）之分。

在大多数国家，正式的规则和执法随着时间而增加。正如道格拉斯·诺斯（2005b，p.27）解释的那样：

> 在整个人类历史的大部分时期，交换是基于对方的个人知识。声誉和重复交易是信心的基础，交易将达到所交换的商品或服务的数量和质量要求，协议将依照双方的理解执行。在这种情况下交易的成本很小。但是，同样，市场也必然很小。
>
> 随着中世纪远距离贸易的开展，交易双方的基本问题是相互不了解。在20世纪法国的香槟集市，一个商人被委派去搜集关于进入该集市的商人的信用信息；当考虑一笔非即时交易的时候，一个商人会从被委派的那个商人那里获得关于对方的信用的建议。通过这样的方式扩展个人知识相对于市场规模是有限度的。亚当·斯密（经济学家的守护神）毫不含糊地断言专业化、劳动分工以及市场规模是国家财富的来源。从此之后，经济学家们所学的一切东西都加强了这个断言。
>
> 非个人交易——相互之间不了解的各方之间的交易和跨越时空交易——不仅违背了进化了几百万年的人类先天遗传的狩猎/采集特征，而且引发了欺骗和腐败行为。实际上，没有了基本的制度保障，非个人交易是不存在的，在存在强烈的道德和宗教约束使得信誉是可靠的这一情况下除外。
>
> 有必要建立的是政治制度结构，它将设立法律准则和必要的执法结构。这种框架必须有效地取代个人交易附带的信任。不能创造出基本的制度基础是经济发展的核心问题。

事实上，合适制度的创建不仅仅是历史时期经济发展的核心问题，也是当前经济发展的核心问题。专栏1.7显示了该问题在苏联的情况。在第15章中，我们会提供关于制度重要性的现代例子。

专栏 1.7　　　　　　　　　制度的重要性

考虑苏联（或者其他国家）1989年面临的问题。在苏联有些机构命名类似于西方，但是它们没有发挥相同的功能。苏联有银行，银行也吸收储蓄，但是它们不决定谁能得到贷款，也没有责任监控以及确保贷款能够收回。它们只是简单地提供资金，遵从政府中央计划机构的安排。

这里有公司。在苏联，企业生产产品，但是企业并不做决定；它们生产产品都是按指令性计划，生产投入（原材料、劳动力、机器）都是分配给它们的。创业的主要范围都围绕政府提出的问题：政府给企业产出配额，没有提供必要的投入所需，但是在一些情况下又提供多于必要的投入所需。企业经理为了完成配额而参与贸易，同时，为自己争取除薪酬之外的其他特殊待遇。这些活动——对于苏联系统发挥功能来说是必要的——导致了腐败，只会加快苏联走向市场经济的步伐。绕过法律规定（如果并未彻底打破它们的话）成为生活方式的一部分，这是法律准则崩溃的一个前兆。

与市场经济一样，苏联体系下也有价格，但是价格由政府法令制定，而不是由市场决定。有一些价格，比如基本必需品的价格被人为压低，使得即使是处于收入分配最底层的人也能够避免贫困。能源和自然资源的价格也被人为压低，因为这些资源的储量巨大。

过去流行的经济学教科书谈到市场经济时经常认为其有三个基本成分：价格、私有产权和利润。这些要素连同竞争一起提供激励，协调经济决策，确保企业以可能的最低价格生产个人需要的产品。但是制度的重要性也是过了很长时间才被认识到。最重要的是确保交易能够执行的法律和法规框架：有解决商业纠纷的有效途径；当债务人资不抵债的时候有有效的破产程序；能够维持竞争；吸收存款的银行能够保证储户在需要的时候取到钱。这样的法律和法规框架帮助确保证券市场的公平运作，管理者不会利用股东，大股东也不会欺负小股东。在拥有成熟市场经济的国家，为了解决自由资本主义市场遇见的问题，法律和法规框架已经构建了一个半世纪以上的时间了。银行监管在大规模的银行倒闭之后开始形成；在出现大量股东被欺骗的情况之后证券监管开始形成。国家试图努力建立一个不会重现这些灾难的市场经济。然而当市场改革家们提到制度建设的时候，他们可能轻视它了。他们试图走捷径资本主义，建立一个缺乏基础制度的市场经济。建立一个股票市场之前，必须确定这里有真实的监管存在；新公司需要筹集资金，这要求银行是真正的银行，不是有旧政权特征的那种银行，或者只给政府提供贷款的银行，一个真实有效的银行系统要求有强大的银行监管；新公司需要得到土地，那就要求存在土地市场以及土地登记制度。

资料来源：Stiglitz (2002).

如果我们把制度当作环境设置的游戏规则，我们可以看到在一个典型的国家的经济游戏中它基本上是由制度框架塑造的。当然，政府在市场环境和组织中也扮演了一个特别重要的角色。市场化进程可能让许多人由于缺乏资源而不能生存。在最成功的国家，政府临危受命，并对这种市场失灵做出补偿，为穷人提供一个安全网。政府为所有人提供高质量的教育以及大部分的制度基础设施，比如法律系统，这是使市场有效运行所必需的。它们监管金融部门，保证资本市场以比它们本来的方式更有效率的方式运行。它们与欺诈和腐败斗争。它们促进技术进步，例如，通过设立技术制度和公共研究计划。有时候它们直接干预市场运行，如专栏1.8所讲述的欧洲移动电话市场。

专栏 1.8　　　　　　　　欧盟的市场干预

欧洲委员会对移动电话实施了价格上限，即所谓的"过度漫游费"。这是欧盟在市场上所做的一个典型的干预，尽管它遭到了运营商如沃达丰的强烈反对。由于欧盟的漫游规则，当欧盟第一次开始解决过度漫游费的时候，在欧盟内部国外拨打和接听电话的成本比2005年便宜了73%。在修订的漫游规则之下,最高漫游费是在国外拨打电话每分钟35美分,接听电话每分钟11美分。此外,2009年引入了短信价格上限,发送漫游短信的价格降低了60%。为解决手机在国外上网引发的消费者"账单冲击"问题,从2010年7月1日开始,旅行者的数据漫游限额定为去掉增值税后50欧元(除非他们已经选择了其他更高或者更低的限制)。当用户使用量达到数据漫游限额的80%的时候,运营商必须对用户发出警告。一旦达到上限,运营商必须切断移动互联网连接,除非是在特定月份消费者已经指示过他们想要继续数据漫游。

资料来源:http://ec.europa.eu/information-society/activities/roaming/tariffs/index-en.htm@European Union,1995—2012.

关于政府的适当角色以及一个政府在经济中达到的理想程度一直有许多争论。但是,在经济学家中有一个广泛的共识,那就是:政府在使任何社会、任何经济有效和人性化运作中发挥了作用(斯蒂格利茨,2002,p.218)。

除了政府之外,其他角色和因素在塑造市场中经济活动和公司的过程中也发挥作用。法律系统、工会、消费者协会、非政府组织,通常因为特定的理由扮演压力组织。除此之外,还有国家随着时间的推移发展起来的许多非正式的制度规则——传统、可以接受(或不能接受)的行为,以及具体的行为准则。

所有这些角色和因素的加总构成了特定的环境和制度框架,组织和市场的经济活动就在其中进行。不同的国家在这些方面可以做出不同的选择,环境会因国家而异。[1]在接下来的章节中我们会特别强调一些这样的不同点,比如,第14章第四节"企业集团",以及第15章"公司治理"。

总之,现在应该清楚的是,我们必须通过展示市场和组织如何嵌入一个环境中,特别是嵌入一个制度框架中,来完成基本的概念框架。环境和制度因素共同决定哪些市场和组织可以存在以及对它们的运作方式施加压力。这些因素不是静止不变的,而是随着时间而演变的,如当政府更迭、法律被修正、社会习俗发生变化以及产生需要社会解决的新的问题和挑战的时候。

对于社会中的经济问题,市场和组织是合适的解决方法。在这两种协调机制之间的选择由情景的信息需求来驱动,但是在某种程度上,也会由做选择的环境和制度背景决定。

下面总结一下我们用来解释组织的经济手段的基本概念框架。我们以社会劳动分工作为起点,它导致专业化,可以提高效率。但是,随着专业化水平的日益提高,就有了对协作的相关需求。协作通过市场和组织可以实现。信息是权衡市场和组织之间协作的关键因素。在这一部分,我们展示了市场和组织之间的权衡不是在真空中进行的,而是嵌入一个环境中,这个环境是市场和组织通过多种方式混合塑造和选择的,特别是通过制度背景(见图1.7)。

环境和机制

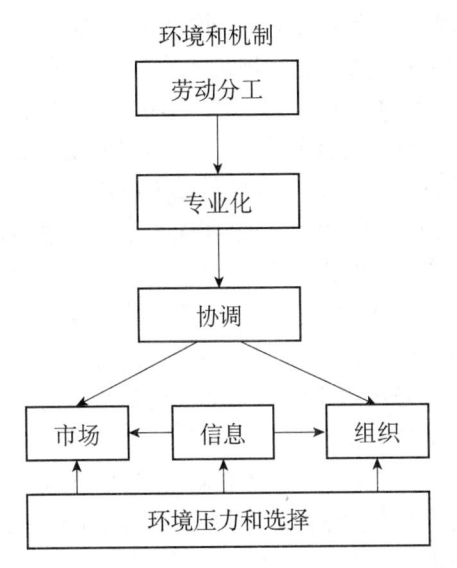

```
        劳动分工
            │
            ▼
         专业化
            │
            ▼
          协调
         ╱  │  ╲
        ▼   ▼   ▼
      市场 ← 信息 → 组织
        ▲   ▲   ▲
        │   │   │
       环境压力和选择
```

图 1.7　环境压力和选择共同决定市场/组织的混合

1.8 历史观点

人们可能会疑惑组织经济学为什么到最近才发展起来。比如说，为什么过了那么久才重新拾起科斯早在 1937 年就已经提出来的基本问题：为什么在市场如此有效的情况下我们会发现如此众多的组织？在我们看来，主要的原因可以归纳为以下两句话：

- 到目前为止，绝大部分的经济学家（不是全部）把他们的注意力都集中在市场中，组织和组织之间，以及组织和个人之间是如何进行协调的。
- 大部分组织理论家（不是全部）只研究组织内部的协调。

下面我们简单说明一下这两句话。

虽然早期的经济学家，比如亚当·斯密和阿尔弗雷德·马歇尔，在关于组织的功能方面仍有很多话要说，但是后来的经济学家却热衷于市场的功能，这使得他们几乎毫无例外地只研究市场的协调功能。这就造成 20 世纪的主流经济学家集中、详细地阐述一个市场理论，这一理论到现在已经是一个很完善的理论了。但是与此同时，也有一些非主流的经济学家，比如罗纳德·科斯，认识到社会上经济交易中一些重要的，并且在不断增长的部分不是通过市场而是通过组织进行的。也是直到现在，才有更多的经济学家对经济过程和组织内部，比如公司内部的配置结果产生了兴趣。原因之一是新的理论分析发展了，它比旧的理论分析更加令人满意。介绍这种新的分析方法正是本书的目的。

另外，组织理论学者的基本兴趣在于研究组织内部。第一位组织学者的研究重点放在"科学管理"上，也就是去发现能够提高生产力的工作管理原理。这些早期的学者中，有很多具有技术或者工程学的学术背景，并且拥有可以利用的管理经验。后来，"人群关系学派"学者将社会和心理方面的理论引入组织管理的研究中来。在对组织研究领域的早期贡献中，有很多学者尝试着阐明"一个组织的最佳形式"。直到 20 世纪

50年代和60年代，组织管理学家们才认识到组织的最佳方式依赖于组织所处的特殊环境，"权变管理"理论才得以发展。这些理论重点在于分析对组织的形成起重要作用的技术和环境因素。随后，到20世纪70年代，组织的研究才更加多样化、更加有规律性。有些人可能仍然认为研究主题逐渐分裂了。不同的观点和分析方法确实存在。社会学、心理学、政治学、管理学、人类学等学科都为组织学的发展做出了贡献。也许对于组织学这样一个多面的事物，需要从多个角度和背景出发进行研究。

在众多的贡献当中，自20世纪70年代以来，一些经济学的观点也加入进来。最初之所以出现这种情况是因为经济学家开始对组织学感兴趣了，并且把他们新发展的理论拓展到组织学的研究领域当中。正因为如此，当时经济学的观点在组织学里简单地同其他学科的观点并存。但是后来组织学的理论学家也开始对这些理论感兴趣了。他们感兴趣的原因之一是某些经济学的分析吸收了一些早期的管理学理论的概念，经济学家借用了某些早期的管理学理论进行经济分析。例如，交易成本经济学广泛使用了在组织学理论中得到发展和完善的有限理性的概念。通过这些概念的使用，经济学理论和管理学研究的融合就非常便利了。研究者对于用经济学方法研究组织管理问题感兴趣的另外一个原因就是：与其他学科的研究方法相比，经济学的分析方法独具特色。如第1章第一节提到的，经济学家总是在解决组织的经济学方面的问题——怎样有效地配置稀缺的组织资源。

我们用一个最终的介绍性的观察报告来总结这一节：对组织经济学进行整合。这些研究之所以可以整合在一起，形成一个体系，是因为这些研究都是关注组织管理不同方面的经济学问题，因此可以称作组织经济学理论。但是，这些理论既有相似性，也有多样性，原因是研究的角度不同。例如，它们在问题的选取方面有所不同，在基本分析模型方面有所不同，而在引入其他理论之后这些不同变得明显起来。因此在下一章中，组织经济学理论体系内部的不同之处可能比相同之处表现得更加明显。在第12章我们将返回这一观察报告来讨论两个问题：其一，讨论这些组织经济学理论之间目前的联系是多么紧密；其二，讨论这些组织经济学理论未来发展的方向。

1.9 小结：本书的概念框架

本章介绍了我们用来解释说明基础组织行为经济学分析所需要的基本概念框架（如图1.1）。这个框架以社会上的劳动力分工作为起始点。劳动分工导致了专业化，从而获得了效率。但是，随着专业化的发展相应地产生了对协调的需求。协调对于在专业化的经济实体之间建立巨大的交换网络来说是必要的。这在一篇现代的国际性文章中给出了说明，见专栏1.9。

专栏1.9　全球化、专业化和协调：利丰公司案例

在这一章里我们已经使用了亚当·斯密最初的制针厂商案例来说明劳动分工、专业化和协调的概念。但是这些力量不应该局限于一个企业内部，还应该应用于全球范围的企业之间。这可以通过利丰公司案例来说明。利丰公司是一个中国企业，它被《经济学家》杂志誉为"令人吃惊的供应链管理的全球引领者"：

> 以前，利丰公司仅仅是一家销售西方国家企业衣帽、玩具及类似商品的零售商，跟中国其他无数的工厂没有什么区别……但是，当公司的经营者冯国经和冯国纶兄弟在对全球化及其对亚洲的意义进行思考以后，他们为公司制定了一个令人振奋的全新战略。
>
> 对他们来说，全球化就意味着专业化，而专业化带来了复杂性。以前，公司的供应链可能仅仅由五个节点组成，但是以后可能就会变成由几十个甚至上百个节点组成。"必须有某个网主企业对这些节点进行整合，形成一条完整的价值链"，弟弟冯国纶说。而目前利丰公司就是扮演着这种网主企业的角色，而且看起来在任何方面，它都做得比它的西方竞争者好。
>
> 全球化、专业化和协调就是这样进行的：如果一家欧洲的服装零售商想要订购一千多件外衣，那么最佳的劳动分工应该是：韩国纺纱，中国台湾织布染色，在中国广东省的日本厂商处缝拉链（中国的纺织品配额在许多国家的进口条例下已经用完），在泰国进行缝纫。没有一个厂商可以单独完成所有工作，所以需要五个不同的供货商分享这个订单。船运和信用证必须联结紧密，质量必须有保证。
>
> 对这些经济个体的行动进行协调是对全球化的挑战……并且这也需要信息。孟加拉国村庄里使用缝纫机的妇女并不上互联网。因此，在任何时候，要找到最好的供货商都需要大量的调查——事实上，调查的复杂性和繁重性使得众多公司渐渐决定不再耗资在公司内部做这项工作。取而代之，他们从利丰公司外购这些信息。为了实现调查的目的，利丰公司拥有一支由 3 600 名员工组成的队伍，人员遍布 37 个国家及地区（"一只手拿着剪刀，另一只手拿着手提电脑"，冯国经喜欢这样自嘲）。
>
> 在这种情况下，利丰公司本身就是一种专业化的产物。一些公司的业务重点全部放在为其他公司提供信息、整合价值链上，这是当前的一种现象。
>
> 资料来源："Li & Fung: Link in the Global Chain", *The Economist*, 2 June 2001.

我们已经讨论过协调交换交易的理想形式有两种：市场和组织。市场使用价格体系作为协调的工具。组织使用的是非价格体系，比如权威。在现实中，协调的两种理想形式通常是混合存在的。我们已经讨论过在任何情况下市场和组织的混合都依赖于某种形势下的特殊信息需求。在（经济）交易内在固有的信息问题上，市场和组织使用的是不同的解决方法。从经济学的观点来看，它们具有不同的效率特性。对于不同情况下的交易，它们是否是有效的协调机制，取决于涉及的信息需求是怎样的。本书将就这一基本观点列举大量实例进行详细说明。

1.10 本书大纲

第 1 章已经通过简单的方法介绍了一些基本概念。这些概念将在第 2 章到第 11 章进行详细讲述。具备了这些基本知识后，我们会在第 12 章回顾这些一般的观点。在那里，我们能够更加彻底地讨论这些观点了，并且可以对经济学分析方法和传统的组织分析方法之间的相同之处和不同之处进行比较。最后我们会将这些经济学概念应用到第 13 章到第 15 章的企业并购、混合形式和企业管理中。这三章阐释了本书中介绍的方法在更大范围内的应用。

在第 2 章到第 4 章中，将对第 1 章中介绍的一般观念进行更加深入的探究。第 2 章主要介绍市场。经典微观经济学理论被用来解释在一个（理想）市场上，协调机制是怎样成功实现的。这个理论举例说明了价格机制在商品和服务达到供求平衡过程中的作用。这一章的讨论主要有两个目的：第一，介绍一些基本的经济学概念和分析模型；第二，作为测量其他经济学分析的一个基准。如果你已经对经典微观经济学很熟悉了，那么你可以快速浏览，或者直接跳过第 2 章。

为了总结带有导读性的第 1 章，我们借用经济学家庇古的名言："一个人在选择学习课程的时候，他的学习目标或者是'浅的'，或者是'深的'。'浅的'学习目标是指仅仅学习该课程包含的知识，而'深的'学习目标是指还要学习该课程引发的其他知识。"当你通过本书开始你的学习的时候，我们希望你能够将"浅的"目标和"深的"目标结合起来，并且在学习的路上充满乐趣。专栏 1.10 将为你介绍一些经济学家乐在其中的经典例子——灯泡笑话。

专栏 1.10

俄罗斯的电灯泡

经济学中有许多灯泡笑话，下面就是其中之一：

问："换一个灯泡需要多少个经济学家？"

答："两个——假设一个人有一把梯子，一个人上去换灯泡。"

另一种回答是：

答："八个——一个人换灯泡，另外七个人确保其他一切不变。"

约翰·麦克米兰说了来自俄罗斯的一种版本。

1992 年的俄罗斯正处于社会剧变之中，国家突然放开了对经济的控制。几年之后，当国家向市场经济转型的进展止步不前，国家陷入悲惨境地时，在莫斯科的街头流传开了一则笑话：

问："在共产主义制度下换一个灯泡需要多少人？"

答："五个——一个人抓住灯泡，四个人旋转那个人站的桌子。"

问："在资本主义制度下需要几个人呢？"

答："一个也不需要，市场会解决的。"

俄罗斯的讽刺指出了一个关键点——虽然市场可以做很多事情，却无法自动完成。不借助外力，市场无法解决任何问题。

资料来源：McMillan (2002, p.14).

□ **思考题**

1. 假设你是一位沙特阿拉伯的王子，你正在英国牛津大学学习经济学。你的家人给了你一份非常可观的月津贴来支付学费和其他开销。事实上，这份津贴比其他学生平均津贴的十倍还多。你是否认为你仍然存在经济问题？为什么？

2. 假设你是一个美国学生，你即将获得你的工商管理硕士学位，然后开始寻找一份工作。从经济学的角度来讲，你即将进入求职市场。比较求职市场和课文中描写过的那个"锡"市场，然后回答：工商管理硕士的求职市场也是一个理想市场的例子吗？在这个市场上价格是充足的决定指标吗？注意从雇主和应聘者两个角度出发，讨论后一个问题。

3. 在婚姻市场上，可能存在什么样的经济问题？

4. 专栏1.9描述了利丰公司的成功案例。严格地说，利丰公司的业务具体是什么？谁是利丰公司的顾客？在读了第1章包括专栏1.5之后，你认为案例所要表达的主要观点是什么？

5. 在专栏1.5中，我们认为互联网的出现已经大大降低了信息沟通的成本，因此企业将会比从前更多地倾向于外购。你认为这是正确的吗？《经济学家》杂志在分析这个问题的时候，做了一个隐含的假定，它与专栏1.5是高度相关的，但是在专栏1.5中并没有提到它，你看出来了吗？

☐ 注释

[1] 另一方面，随着世界全球化和经济一体化进程的发展，这种不同在近几十年内趋于缩小。

第 2 章 市　场

2.1 导论

当夏天的天气很糟糕时，国外休假的费用会上涨，但是国内的酒店开始降价。当中东政治局势紧张时，石油价格会上涨，但是油耗大的汽车价格会下降。许多国家的政府试图通过对酒精和香烟征收高额的税收来劝阻饮酒和吸烟行为。同时许多政府想通过创造一个排放交易权的市场来应对气候变化。

这些例子有什么共同点？它们都有以下相同之处：

（1）对某种商品或服务都有供给和需求。

（2）有一个市场可以在某个价格上使得需求和供给相等。

本章我们将探究经典微观经济学理论如何解释这种市场的作用。

经典微观经济学理论的重点是研究市场机制如何确定经济决策。经济决策必须由消费者和生产者共同决定。消费者可以在大量的商品中进行选择。对于每一种商品来说，消费者必须决定他们将要消费多少。生产者必须决定他们将要生产多少，以及他们如何生产。消费者和生产者彼此在市场上相遇。消费者全部数量的需求和生产者全部数量的供给之间的协调，通过市场上的互相作用实现了均衡。某一天将要海运到伦敦的番茄的数量不是由一个计划权威决定的，而是由"**市场互相作用的过程**"（the process of market interaction）决定的（见专栏 2.1）。这个市场互相作用的过程将在本章第二节讲述。在竞争市场，价格是由市场互相作用的过程决定的，而不是由个别的买者或者卖者决定的。

当给出了商品的价格时，个别消费者是怎样在不同的商品中进行选择的？这是需求理论的中心问题，我们将在本章第三节讲述。

个别生产者又是怎样决定他们要生产多少商品的呢？他们又是怎样决定如何生产这一数量的商品的呢？这是生产理论的中心问题，我们将在本章第四节讲述。

本章第五节我们将总结一下生产者和消费者如何独自做出决定并最后实现了市场的均衡：在没有中心调配的情况下，所有消费者需要的数量都被生产出来了。我们还将指出，虽然每个生产者都是按照利益最大化原则来生产的，但是没有一个生产者能够获取利润。这就是本章第六节讨论的"利润的悖论"。在列出了经典微观经济学的所有主要特征后，第七节对理论做了一些评论。这里我们重点强调了构成经典微观经济学理论基础的假设条件并将在接下来的章节中慢慢放宽这些假设条件。本章第八节主要关注经典微观经济学理论的一个很重要的假设条件：假设人是理性的决策者，他们仅根据自己的利益来做决定。第九节是一个总结。

专栏 2.1　　　　　　　　　伦敦蔬菜市场

在富裕国家里，市场是最常见的分配机制，因此它很难引起人们的注意，但是在其他国家未必如此。当时，苏联的计划经济者在改革早期访问英国的蔬菜市场时，给他们留下深刻印象的是：没有争相抢购的长长队伍，没有蔬菜的短缺，没有腐烂的堆成山的滞销蔬菜，也没有消费者不需要的蔬菜。于是，他们把英国人叫到身边说："我知道你们一定会说这全部是供给和需求作用的结果。但是，你们能不能告诉我们这究竟是怎样做到的？你们的计划者在哪？他们用的是什么方法？"

资料来源：*The Economist*，17 February 1996.

2.2　市场的相互作用：需求供给分析

对某种商品的总量需求取决于该商品的价格。以电视机为例。当一台电视机的价格是 500 欧元时，整个欧盟市场的总量需求可能是每年 1 000 万台。如果电视机的价格下降（假定其他条件都不变），有些目前只有一台电视机的家庭就可能决定去购买第二台电视机。另一些家庭则可能很快决定将旧的电视机换成新的。因此我们可以预期价格下降，总量需求将上升。这就是**需求规律**（law of demand）。价格和需求量的关系如图 2.1 所示。在图 2.1 中，**需求曲线**（demand curve）D 是一条直线，这只是一个简单的表示，这并不代表价格和需求量之间一定是线性关系。从这条需求曲线上我们可以看到一个价格水平对应一个需求量。500 欧元这个价格水平对应的需求量是 1 000 万台。

电视机是由电视机制造商供给到市场上的。商品的总量供给也取决于价格。如果价格

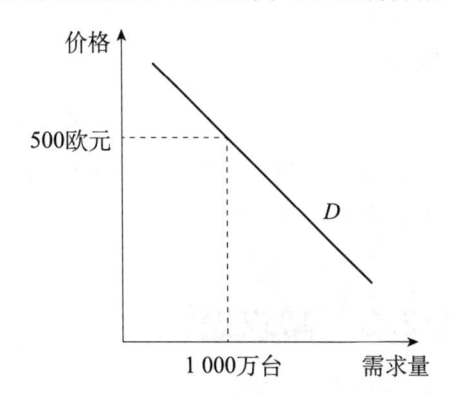

图 2.1　欧盟电视机的需求

上涨（假定任何其他条件都保持不变），电视机制造商会发现生产电视机会带来更多的利润，为了获得增加利润的机会，他们就会生产更多的电视机。因此我们预期价格上涨，供给会增加。这就是**供给规律**（law of supply）。图2.2的**供给曲线**（supply curve）S描述了价格和供给量之间的关系。例如，如果价格是500欧元，所有的电视机制造商将共生产2 400万台电视机。供给曲线也不一定像图中所示的是一条直线。

市场均衡（market equilibrium）出现在需求曲线D和供给曲线S相交的时刻。均衡价格是每台电视机400欧元（如图2.3所示）。在这一价格水平上，总供给是1 400万台，而总需求也是1 400万台。在每台电视机400欧元的均衡价格下，所有生产者生产制造的电视机都能够卖出。此外，所有想要以均衡价格400欧元购买电视机的消费者实际上也都能够买到。

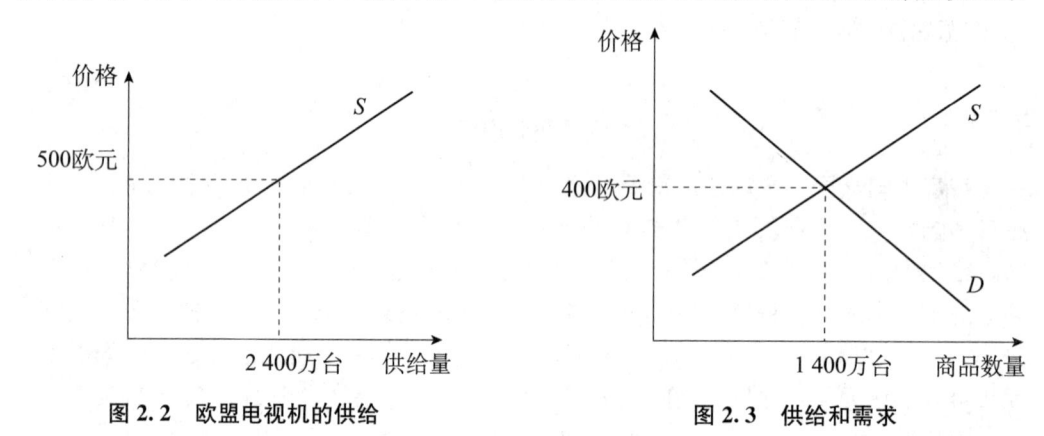

图 2.2　欧盟电视机的供给

图 2.3　供给和需求

假设欧盟对电视机的需求有所增加。出现这种情况可能是人口增加的结果，也可能是因为人均总收入的增加。它将导致整条需求曲线上移，如图2.4所示。

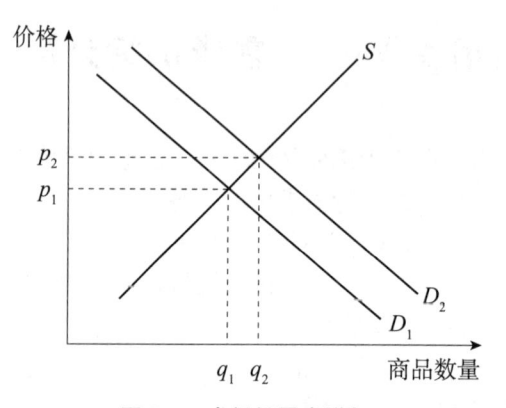

图 2.4　电视机需求增加

上移的需求曲线产生了一个新的市场均衡点：电视机的价格从 p_1 上涨到 p_2，供给量从 q_1 增加到 q_2。

2.3　需求理论

单个消费者如何在他或她所要购买的商品中进行选择？设想一个消费者面对着许多

商品束。经典微观经济学理论关于消费者偏好做了三个假定：第一个假定是偏好的完全性，就是说消费者总是可以比较和排列所给出的不同商品组合，每个人都可以按照自己的偏好把这些商品束进行排序。第二个假定是偏好是**可传递的**（transitive）。这意味着如果一个人喜欢商品束 A 胜过商品束 B，又喜欢商品束 B 胜过商品束 C，那么可以得出结论他喜欢商品束 A 胜过商品束 C。偏好的可传递性保证了消费者的偏好是一致的，因而是理性的。最后一个假定是偏好的非饱和性。如果两个商品组合的区别仅在于其中一种商品的数量不相同，那么，消费者总是偏好含有这种商品数量较多的那个商品组合。这就是说消费者对每一种商品的消费都没有达到饱和点，或者说，对于任何一种商品，消费者总是认为多比少好。

有了这些消费者偏好的假定之后，通过一组**无差异曲线**（indifference curves）说明某一个消费者的偏好就是可能的了。图 2.5 给出了一个消费者的一组无差异曲线，他可以在含有不同数量的苹果和梨的商品束中进行选择。

这个消费者的偏好在图 2.5 中已经得到了描述，他在 B_1 点（也就是商品束 B_1）和 B_2 点（也就是商品束 B_2）两处的效用是没有差别的。B_1 点代表每周获得 X_1 千克的苹果和 Y_1 千克的梨；B_2 点代表每周获得 X_2 千克的苹果和 Y_2 千克的梨。B_1 和 B_2 两点都在曲线 U_1 上。像 U_1 这样的曲线就叫作无差异曲线：无差异曲线 U_1 上的任何一点对于这个消费者的偏好程度来说都是没有差异的。而 B_1 点和 B_3 点之间是存在差异的：比起 B_1 点来他更偏好 B_3 点。这在图 2.5 所反映的事实中也可以看出来，B_3 点所处的无差异曲线离原点更远。消费者对无差异曲线 U_2 上点的偏好大于对无差异曲线 U_1 上点的偏好。

获得商品给消费者带来的满意度，经济学家通常称之为**效用**（utility）。这样上面我们所说的消费者对 B_1 点和 B_2 点的偏好是无差别的，还可以说成消费者从 B_1 点和 B_2 点所获得的效用是一样的。因此无差异曲线即效用水平相同的点所组成的曲线。无差异曲线 U_2 代表带给消费者的效用水平等于 U_2 的所有点的集合，而无差异曲线 U_1 则代表带给消费者的效用水平等于 U_1 的所有点的集合。

效用是不能用基数来量化表示的。经典微观经济学理论仅假设消费者能够根据偏好比较和排列不同的商品组合。这个假设事实上是说我们的消费者所能够确定的只是相对于 B_1 点他更偏好 B_3 点的商品组合，但是这两个点的商品组合的效用差异究竟有多大他是不能确定的。

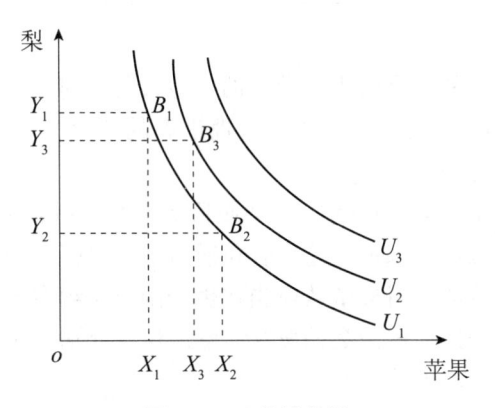

图 2.5 无差异曲线

我们的消费者想要购买的苹果和梨的数量不仅取决于他的偏好，而且取决于他的预算，他的偏好从无差异曲线中可以看出来。假设这个消费者每周可以花 3.00 欧元来购买新鲜水果，苹果是 1.00 欧元每公斤，梨是 1.50 欧元每公斤（简单地假设你想买多少都能买到，比如 0.683 公斤）。

在这个预算下，我们的消费者能够购买的苹果和梨的数量在图 2.6 中由直线 L 表示。直线 L 叫作**预算线**（budget line）。

我们假设每个消费者都想获得最大限度的效用，所以他会在预算线 L 上选择在他现有的预算能力范围内能够给他带来最大效用的一点。这就是预算线 L 上的点 P，即预算线 L 与无差异曲线 U_2 相切的一点。点 P 代表一个商品组合，包含 1.68 公斤的苹果和 0.88 公斤的梨。

比较这一组无差异曲线簇，我们发现一些无差异曲线（如 U_1）与预算线 L 相交；而另一些无差异曲线却与预算线 L 没有交点（如 U_3）。有一条且仅有一条无差异曲线与预算线 L 相切，这就是 U_2。切点代表这样一个商品束：在给定的预算约束下，消费者能够购买的，并能够实现自身效用最大化的商品组合。

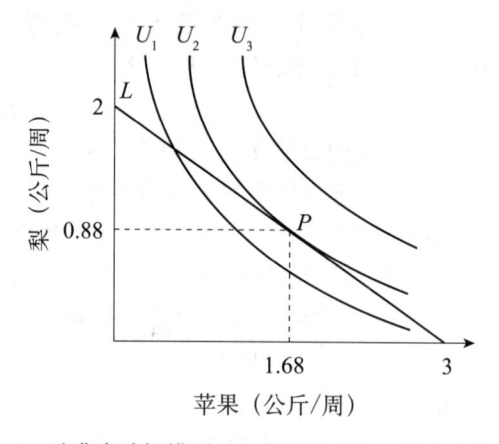

图 2.6 消费者选择模型：一条预算线和一簇无差异曲线

2.4 生产理论

生产者是怎样决定某种商品的生产数量的？他又是如何决定通过哪种方式生产这一定数量的商品的？这是经典微观经济学生产理论中的两个主要问题。为了回答这些问题，我们需要对企业进行描述。

在经典微观经济学中公司被描述成一个使**目标函数**（objective function）最大化的实体。一个公司的目标函数用来描述这个公司所追求的目标，通常这些目标包括利润或者公司在股票市场上的价值。目标函数应当在生产函数所约束的范围内实现最大化。

这一节我们将首先描述生产函数的概念，然后讨论公司为了获得最大利润，如何确定生产数量，如何决定生产方式。

2.4.1 生产函数

生产函数（production function）表示在一定时期内，在技术水平不变的情况下，生产中所使用的各种生产要素的数量与所能生产的最大产量之间的关系。举例说，考虑一个生产铅笔的厂家。为了生产铅笔，这个厂家需要机器、劳动力和原材料。假设简便起见，这个厂家只需要一种类型的机器、一种类型的劳动力和一种类型的原材料。这种假设不是很现实，但是它对我们下面要讨论的问题没有实质的影响。经典微观经济学理论可以很轻松地处理多种类型的机器、多种类型的劳动力和多种类型的原材料的情况，只要配以更加复杂的数学计算就可以了。

用 K 表示资本投入的数量，L 表示劳动力投入的数量，M 表示原材料投入的数量，厂家自己有处置权。K 可能由机器的数量来衡量，L 用一定时期的劳动时间来衡量（根据雇佣工人的数量可以测算出一定时期劳动时间的小时数），M 用原材料的体积或者重量来衡量。让 Q 代表这个厂家在 K、L、M 这几个变量的限制下所能生产的铅笔的最大产量。生产函数就是 Q 和 K、L、M 之间的关系，记作：

$$Q=Q(K, L, M)$$

生产函数描述了在投入的条件限制下能有多少产出。在 K 和 M 的值给定的情况下，随着 L 增加 Q 也增加。这说明，一个厂商在机器和原材料数量给定的情况下，雇用更多的工人或者延长劳动时间可以增加产出。但这也不是绝对的，随着劳动增加得越来越多，一定时期原材料的数量和资本的数量可能成为产出增加的瓶颈，造成了劳动增加无法导致产出增加。

对企业来讲，无论是增加生产投入还是减少生产投入都需要花费时间。因此我们在讨论生产问题的时候，把短期生产和长期生产区分开来是很有必要的。短期生产只有某些投入是可变的，即至少有一种生产要素是固定不变的。而长期生产所有的投入都是可变的。很多情况下厂商在一定时期内通过购买行为可以很简单地改变原材料的投入量。这意味着短期生产中 M 是可变的。建造一座新的工厂往往需要更多的时间，所以看起来我们可以假设 K 只有在长期生产中才是可变的。劳动的投入可能介于两者之间，取决于雇用和解雇工人的难易程度，或者工人熟悉工作流程所需要的时间长短。是否会改变劳动投入量可能还取决于劳动者的类型：也许用一个简短的通知雇用或者解雇一个非技术工人要比雇用或者解雇一个高技术工人容易得多。

对在短期生产和长期生产中都可以改变的投入要素和只能在长期生产中改变的投入要素进行区分是重要的。事实上，只需要对二者进行假设性的简单区分，就可以进一步发展我们的理论。

- 在短期生产和长期生产中都可以改变的投入要素；
- 只能在长期生产中改变的投入要素。

通常习惯用 L 代表在短期生产和长期生产中都可以改变的所有投入要素，如原材料，还有一部分劳动，而用 K 代表只能在长期生产中改变的所有投入要素，如资本和其余类型的劳动。现在，我们暂不去进一步讨论这种 L 和 K 所代表意义的新阐述，我们继续认为 L 表示劳动投入量，K 表示资本投入量，那么劳动投入量 L 就表示在短期生产和长期生产中都可以改变的所有投入要素，而资本投入量 K 就表示只能在长期生产中改变的所有投入要素。

只有两种投入要素的生产函数记作：

$$Q=Q(K,L)$$

这个生产函数在图 2.7 中说明。

图 2.7 中的曲线 Q_1 代表厂商计划生产产量为 Q_1 时，它可以选择的所有可能的 K 和 L 的组合。因此 Q_1 上的点代表产出量相同时 K 和 L 的组合。曲线 Q_1、Q_2、Q_3 和 Q_4 称为**等产量线**（isoquants）。在图 2.7 中这四条等产量线代表的产量的关系是：$Q_4 > Q_3 > Q_2 > Q_1$。

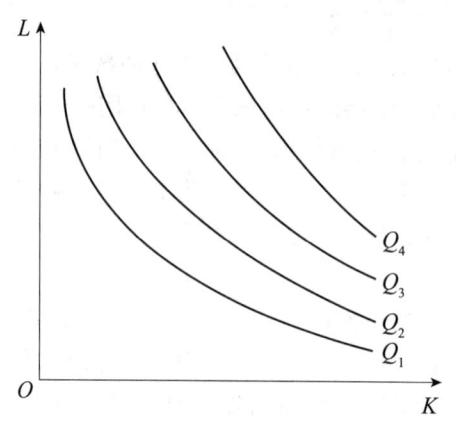

图 2.7 等产量曲线图：生产函数图形表示

2.4.2 完全竞争市场上的利润最大化

假设有一个厂商已经给定了生产函数。该厂商如何决定生产多少和怎样生产呢？为了回答这个问题，我们需要对这个企业的目标函数做一个假设。在经典微观经济学里通常假设企业总是想要获得最大利润。

一个厂商在给定生产函数的情况下怎样实现利润的最大化呢？答案在于厂商是否有为自己的产品定价的自由。在完全竞争市场上——完全竞争市场指一个市场有大量的买者和卖者，所有的资源具有完全的流动性——厂商不能决定商品的价格。在完全竞争市场上，商品的价格是在市场互相作用的过程中决定的。单个厂商只能接受这一作用过程产生的价格。下面我们讨论完全竞争市场的利润最大化。

首先我们需要引入一个利润的概念。利润定义为收益减去总成本，或者记作：

$$\pi = pQ - KP_k - LP_l$$

其中：

$\pi=$ 利润

$p=$ 产品的市场价格

$Q=$ 产品产量（销售量）

$K=$ 资本投入量

$L=$ 劳动投入量

$P_k=$ 单位资本投入量的价格

P_l＝单位劳动投入量的价格

PQ＝总收益

$KP_k + LP_l$＝总成本

这里，Q 是 K 和 L 的函数（注意：只有在企业生产函数的限制下，才能求解最大化利润），记作 $Q=Q(K, L)$。

现在，我们具备了讨论生产理论两个主要问题的所有条件：生产多少和怎样生产。生产多少意味着为 Q 选择一个值。怎样生产意味着为 K 和 L 选择一个值。这两个问题彼此不是独立的，因为 $Q=Q(K, L)$。所以厂商不能独立选择 Q、K 和 L 的值：它只能独立选择这三个变量中的两个。然后第三个变量通过 $Q=Q(K, L)$ 来确定。我们可以假定 K 和 L 是可以确定的变量，那么 Q 则是通过 $Q=Q(K, L)$ 确定的。

在短期生产中，K 是固定的，所以厂商所能确定的就只有 L 一个变量了。选择一个 L 的值（K 的值固定不变），通过 $Q=Q(K, L)$ 确定 Q 的值（见图 2.8）。这里 K^* 是厂商已经投入的资本数量。在短期生产中厂商不能增加或者减少资本投入量，所以它只能在位于直线 L 上的点中选择 K 和 L 的值。如果这个厂商选择了一个 L 值，记为 L_1，那么它也就确定了它的生产产量为 Q_1 [Q_1 是通过点 (K^*, L_1) 的等产量线]。

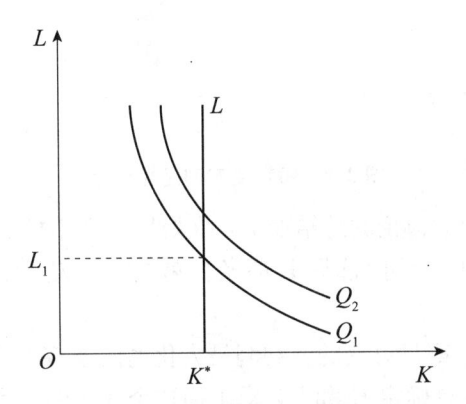

图 2.8 短期生产，K 固定，厂商在选择 L 的水平的同时也选择了 Q 的水平

现在我们可以用数学的方法把短期生产利润最大化的问题公式化。总利润作为 L 的函数表示为

$$\pi = pQ(K, L) - KP_k - LP_l$$

求利润最大化，第一步两边对 L 求导，得：

$$p\frac{dQ}{dL} - P_l = 0$$

或者表示为

$$\frac{dQ}{dL} = \frac{P_l}{p}$$

解这个等式得到 L 的值。然后产量 Q 也可以通过 $Q=Q(K, L)$ 得到。这个过程可以用一个例子来形象说明。

假设一个厂商正在生产铅笔。铅笔的市场价格是每支 0.25 美元，工资水平是每小时 20 美元。那么我们可以得到 $p=0.25$，$P_l=20$。

进一步假设，第一步生产函数对 L 求导得到的是一个关于 L 的递减函数。图 2.9

勾画出了 dQ/dL 是 L 的函数，叫作**劳动的边际产量**（marginal productivity of labour）。dQ/dL 的经济学含义是，增加一小时的劳动投入量，厂商能够多生产的铅笔的数量，即增加一单位可变要素劳动投入量所增加的产量。

给出了这个经济学的含义，我们就有足够的理由假设 dQ/dL 是一个关于 L 的递减函数。在我们的例子里，企业将通过求解以下方程式来获得 L 的值。

$$\frac{dQ}{dL}=\frac{P_l}{p}=\frac{20}{0.25}=80$$

这就是图 2.9 中的 L_{opt}。

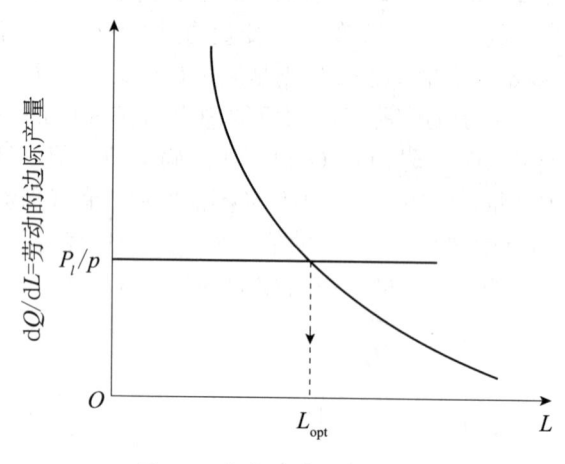

图 2.9　短期生产利润最大化

对短期利润最大化问题讨论的总结如下：在短期生产中厂商只能选择 L。通过选择一个 L 值，Q 也就确定了。厂商选择 L 的条件就是：劳动的边际产量（dQ/dL）等于 P_l/p。

长期生产中，K 和 L 都是可变的。利润最大化的问题现在变为 K 和 L 两个变量的确定问题。也就是需要通过确定 K 和 L，求下面这个式子的最大值：

$$\pi = pQ(K,L) - KP_k - LP_l$$

求利润最大化，分别对 K 和 L 求偏导。对 K 求偏导得：

$$p\frac{\partial Q}{\partial K} - P_k = 0$$

或者表示为

$$\frac{\partial Q}{\partial K} = \frac{P_k}{p}$$

对 L 求偏导得：

$$p\frac{\partial Q}{\partial L} - P_l = 0$$

或者表示为

$$\frac{\partial Q}{\partial L} = \frac{P_l}{p}$$

解这两个等式得到 K 和 L 的最优值。再代入 $Q=Q(K,L)$ 就可以确定 Q 的值。满足（1）资本的边际产量 $\partial Q/\partial K = P_k/p$；（2）劳动的边际产量 $\partial Q/\partial L = P_l/p$

两个条件，就可以得到厂商的最优投入 K 和 L。这个结果的经济学含义与前面给出的短期生产的经济学含义是一样的。

我们把这些结果归纳如下：

- 在短期生产中，厂商只能确定使用多少劳动。确定了劳动投入量也就相当于确定了产量。一旦 L 确定，从而 Q 确定，厂商几乎没有其他方面的自由空间。所以在短期生产时，厂商只能确定生产多少，而不能确定怎样生产。企业通过实现劳动的边际产量等于 P_l/p 这个条件来确定 L，进而确定产量。
- 在长期生产中，厂商能够确定生产多少，也能够确定怎样生产。这等同于独立地选择 K 和 L。企业通过实现（1）资本的边际产量等于 P_k/p 和（2）劳动的边际产量等于 P_l/p 这两个条件，来确定 K 和 L，进而确定产量，选择生产方式。

2.5 市场协调

市场协调是这样实现的：一个生产者会使他的利润最大化；对于任何给定的价格，它会计算使它获得最大利润的产量是多少。在短期，生产者只能调整 L，K 是固定的。一个产业中的所有公司都这样做的结果就体现为如图 2.2 描述的供给曲线。一个消费者会使他的效用最大化，对于任何给定的价格他会计算出他将要购买的数量。所有消费者都这样做的结果就体现为图 2.1 中所描述的需求曲线。只在一个价格下供给等于需求：供给曲线和需求曲线的交点（见图 2.3）。结果就是为生产者和消费者双方给定了一个价格。现在每个生产者都知道它将要生产的价格，每个消费者都知道他将要购买的价格。

如果消费曲线移动，例如，新的消费者进入市场，价格上升（见图 2.4）。生产者会生产更多的产品。短期，它们只会增加 L；如果生产者这样做，它们的供给曲线不变（见图 2.4）。如果价格一直很高，生产者在长期也会增加 K。这会导致供给曲线向上移动。

在石油产业，由于世界经济的快速扩张，1999—2008 年对石油的需求快速上升。石油价格随着供需的变化起伏。但是，长期来看，需求和油价的上升导致了对石油开发和新技术的持续投资，从而使石油公司可以生产更多的石油。这就是上面所说的长期效应。详细内容请看专栏 2.2。

专栏 2.2　　　　　　　石油价格以及新发现的步伐

在最近几十年油价是非常具有变动性的，从 1999 年年初的每桶 20 美元以下变到 2008 年年初的每桶 120 美元以上，2008 年年末降到每桶 30 美元，2011 年又回到了每桶 100 美元以上。2009 年《纽约时报》对油价波动如此大的影响报道如下：

> 石油产业在今年炙手可热，一系列大发现重燃了整个石油行业的热情，尽管是在价格下跌和经济形势严峻的情况下。这些发现跨越了五个大洲，是在 21 世纪初石油价格上涨的时候巨额投资的结果，并且新技术也允许开发者们钻得更深和凿穿更坚硬的岩石。

> 美国安达克石油公司的主席和首席执行官詹姆斯·哈克特说道："在一个自由市场中有关价格的信号是非常棒的东西，它使人们处在更有利的位置去冒更多开发的风险。"今年到目前为止在许多国家已经报道了超过200项发现，包括伊拉克北部的库尔德地区、以色列、伊朗、巴西、挪威、加纳、俄罗斯和亚洲地区。这些发现大多是由国际巨头，比如埃克森美孚做出的，但是也有发现是由行业中的小公司，如图洛石油做出的。
>
> 尽管最近几年的特点是对石油高价的来临和随后石油产量下降进行投机，但该产业内部人士说地下仍有大量的石油，特别是在海洋底下，虽然发现和开采变得越来越困难。他们还说价格和技术改进的步伐仍然是决定石油生产能力的关键因素。
>
> 资料来源：*The New York Times*，24 September 2009. See also Box 5.7.

2.6 利润的悖论

在一个竞争市场（即有大量买家和卖家，以及公司可以自由出入的市场），公司从长期来看是没有经济利润的。这里的经济利润指的是超过正常利润的利润，正常利润定义为一个公司为了维持经营需要赚到的利润。正常利润等于公司所有者提供的权益资本的机会成本。如果利润低于权益资本的机会成本，所有者会决定把他们的资金从企业抽出用在其他地方（在一个自由市场中资金抽出是免费的）。从长期来看，在竞争市场上没有公司可以获得经济利润。很容易理解这为什么是正确的：如果竞争市场中存在经济利润，将会有企业进入，供给会增加，价格会下降，经济利润会消失。这就是利润悖论，即尽管每个公司都设法赚得经济利润，但是长期来看没有公司可以做到这一点。

2.7 经典微观经济学理论评述

完全竞争市场模型是我们理解市场如何运行的一个重要基准。它说明了买者的需求量与卖者的供给量之间是怎样通过价格机制进行协调的。它介绍了一些基本的概念和经济分析技术。它还说明了尽管每个企业都把追求利润最大化作为它们的目标，但是任何企业都不能在长期获得经济利润。

如果所有企业都可以用完全竞争模型充分描述，那么我们将生活在一个效率达到最高极限的世界里。自由竞争的结果将带来资源的合理配置，经济学上称之为帕累托最优。**资源配置的帕累托最优状态**（Pareto-optimal allocation of resources）即对于某种既定的资源配置状态，任何改变都不可能使至少一个人的状况变好而又不使任何其他人的状况变差。这并不意味着每个人的需求满意度处在相同的水平上。有些人可能能够比其他人购买更多的商品，这取决于财富和个人禀赋的最初分配。资源配置的帕累托最优状态仅仅意味着没有其他任何一种资源配置能使至少一个人的状况变好而又不使任何其他人的状况变差。

完全竞争市场模型的这一结果已经引导经济学家和政策制定者得到了一个相同的结论：企业之间的竞争应该受到鼓励。这是反托拉斯政策背后的一个最主要的支持性观点。

当认识到了**完全竞争模型**（perfect competition）的重要性之后，我们也应当指出它的一些局限性。我们应当从总结作为完全竞争市场理论基础的基本假设开始。放宽三个基本假设，我们便会得到经典微观经济学课本中的其他模型：

- 假设一：市场上有大量的买者和卖者。这也就是说单个买者和卖者是如此之小以至于他们的决定不能对市场价格产生任何影响。在其他的经典微观经济学模型中，这一假设将被放宽，如垄断市场模型和寡头市场模型。
- 假设二：企业的进出是自由的。这也就是说企业进入市场和离开市场没有任何的障碍。在其他的经典微观经济学模型中这一假设也被放宽，如垄断市场模型和寡头市场模型。
- 假设三：市场上每一个厂商提供的商品都是同质的。这也就是说对于同一种商品，消费者不会介意从 A 企业购买还是从 B 企业购买。在消费者的眼里 A 企业的产品和 B 企业的产品具有完全的替代性。在其他的经典微观经济学模型中这一假设也被放宽，这是经典微观经济学的另一分支。

在这里我们不讨论经典微观经济学的其他模型。如果你愿意更多地了解这些模型，你可以参考其他微观经济学课本（见本章末尾的阅读材料）。在这里我们还想指出经济学中的几条其他的假设，这是所有经典微观经济学模型都隐含的几条假设：

- 企业被看作一个**整体实体**（holistic entities）。这意味着企业被认为是一个独立的统一实体。在经典微观经济学中生产者（一个人单独工作）的概念和企业（许多人协调配合共同生产）的概念是没有区别的。在经典微观经济学的假设中，企业其实仅仅是目标函数利润最大化当中的一个生产函数，用于解释完全竞争市场是如何运行的。但是，当分析的目的是解释企业如何制定决策，协调雇佣工人之间的生产工作的时候，我们就需要深入企业内部，进行新的描述。
- 企业被假设拥有**单一目标**（single objective）。经典微观经济学假设企业只有唯一的目标。通常假设企业的目标是利润最大化或者企业价值最大化。现在设想：如果一个企业有两个目标——利润最大化和雇佣工人满意度最大化，那么可推测用同一标准衡量利润和雇佣工人满意度是不可能的——二者之间不存在共同的衡量指标，不能用同一个单位表示。在经典微观经济学中这种情况可以通过以下两种方式之一来解决：一种方式是假设公司追求的目标是利润最大化，而把雇佣工人满意度的最低水平作为附加的限制；另一种方式是假设公司追求的目标是雇佣工人满意度最大化，而把利润的最低水平作为附加的限制。有的生产者可能会说，"对我而言，每一单位雇佣工人满意度的价值是每一单位利润价值的 3 倍"。这样就把企业的这两个目标合并成一个单独的目标：一单位的利润＋一单位的雇佣工人满意度×3。这种说法虽然没有什么依据，但是能够将企业多个目标合为一个。

这是因为如果存在追求两个目标的企业，经典微观经济学只有在它的两个目标合并成一个单独的目标的时候才能解决它的问题。要同时实现利润最大化和雇佣工人满意度最大化，这看起来是不可能的。

- 存在**完全信息**（perfect information）。经典微观经济学的另一个重要假设是每一个人都拥有完全信息：每一个人都知道每一件事。这里的"每一件事"是指与生产者和消费者制定决策相关的每一件事，生产者制定的决策是关于生产多少产品以及怎样组织生产，消费者制定的决策是购买多少消费品。因此每一个生产者都被假设知道所有产品的生产函数、所有消费品的价格、所有生产部件的价格、所有原材料的价格，以及工资和资本商品的价格，而且所有消费者也都被假设知道所有消费品的价格。在现代微观经济学中，这种完全信息假设被放宽了。在第4章第二节中我们将借助讨论健康保险对此加以解释。有一个人正在思考是否签一份健康保险单，而他对自己的健康状况的了解比保险公司多，即他对有关自己健康风险的信息掌握得比保险公司多。事实上，如果存在完全信息，保险市场将不复存在。另外一个例子是旅游销售人员提供服务的市场。关于销售人员对工作的努力水平，销售人员本人比坐在办公室里的老板拥有更多的信息。正如我们将在第4章第三节中讲到的，现在的问题是签一份合同，在不使销售人员承担风险的情况下，给他们以极大的激励使他们尽最大的努力。这是一个代理关系的例子。代理理论将在第7章讨论。

- 生产者和消费者的行为被描述成**最大化行为**（maximizing behaviour）。生产者被假设能够实现给定目标函数的最大化，通常即利润最大化。而本质的假设是生产者知道所有的选择（例如，我们知道的图2.7所示的完全等产量线），因此他们能够比较所有供选择的决策，并且选择使目标函数最大化的那个决策。对于有些类型的决策，例如开发新产品的决策，这种假设看起来确实是不现实的。这种类型的决策太复杂，以至于完全地评价一种选择都很困难或者成本很高。此外，产品开发本身具有不确定性，什么时间会成功，以及环境是否会发生变化，企业都无法准确预见。因此，企业在做出决策的时候，不可能事前知道所有的决策结果。

- 最后，经典微观经济学中的市场好像是**孤立地运作的**（function in isolation）——"自我运行"而完全不管背景环境。然而，正如我们在第1章中讨论的，市场是在环境中运作的，受到其所处的社会、政治、文化和制度环境的影响。市场已经被"嵌入"环境中。经典微观经济学将市场从这些环境中单独提取了出来。作为一种分析方法，这样做很有用，但是要理解市场在现实世界中的运行方式就不得不考虑环境的因素。在后续章节中我们还会回到这个主题。

2.8 经济人及其未来

在前面部分，我们已经阐述了在标准微观经济理论中，个人生产者和消费者如何做决定。消费者的决定是在他们的效用功能基础上做出的，效用解释了他们从消费特定商品或者服务中获得的满意度。他们也可以在不同的商品和服务之间比较,正如一条无差异曲线所解释的那样。同样,生产者(个人或者公司)有一个目标函数表示所追求的目标。消费者努力最大化他们的效用,生产者努力最大化他们的目标(通常是股票市场上公司的利润或者价值)。价格机制建立均衡价格,在这个价格上需求等于供给并且市场是出清的。

在这个标准的微观经济模型下,我们由此发现一个人类决策的观点(有时候也被表述为理性经济人)。这个观点的特点是决策是理性的,是最大化行为。进一步简化假设,经济人只会对自己的福利感兴趣,并且他手头上拥有了决策环境的所有信息。在模型中,在不同的时间段,经济人能够基于时间偏好率随着时间分配消费(或者生产)。

我们如何考虑关于人类决策的这些假设呢?考虑的一条途径就是把它们当作**简化假设**(simplifying assumption)来评估它们,允许构建有用的模型来解释和预测特定的经济产出,比如市场出清价格。从这一方面来看,我们不应该专注于假设的现实性而应该专注于解释和预测的精确性和有用性。类似于物理学,我们首先用简化的假设来建模,比如没有摩擦和空气阻力。为了解释和预测某些现象,比如一颗炮弹的运行,这样的模型已经够好了。只有当引起我们兴趣的现象要求模型进一步发展时,我们才会加入更多复杂的假设,比如摩擦和空气阻力。比如,要解释一片下落的羽毛的运行轨迹,这些假设就是必要的。所有的科学用的简化假设在某种程度上都是不切实际的。要考虑一个模型现象的错综复杂的细节和基于完全现实的假设通常是不可能的。经济人的观点只是这样的简化假设的一个表现。

但是,你也可以认为这种简化从内在逻辑上说是令人不满意的,首先在一个描述性的意义上(这不是人类做决定的方式)就是如此。因此,经济学家和其他的社会科学家已经广泛研究人类决策并且对许多简易模型进行了修正。我们将会在第5章中报告诸如最后通牒博弈和信任博弈实验的结果,表明许多人在这些决策中超越了狭隘的个人利益。并且我们会遇见这样的修正,比如第6章中讨论满意度法则(替代最大化法则)和有限理性(替代完全理性)时。我们也将注意到人们在决策时所用的许多直观推断和偏见,导致了对理性的进一步限制。总之,这种进一步洞悉已经将人们引入了**行为经济学**(behavioral economics)领域,行为经济学是基于关于人类决策的更现实的、被证实有效的假设的。本书所采用的观点是,在用标准微观经济模型解释市场产出的过程中用经济人作为一系列简化假设是没有害处的,因为对这样的总体现象完全采用现实主义假设是没有必要的。但是,如果模型不在这个范围内应用就要注意了,这时需要运用行为经济学的证据仔细评估简化模型。当经济模型被用来为政策制定提供参考的时候行为经济学变得甚至更重要了。对于人类的行为决策,我们不应该基于过于狭隘的视角。

2.9 小结:市场怎样协调经济决策

在完全竞争市场上,经济决策是通过供给和需求规律来协调的。供给规律表述为产品价格上涨,供给增加。需求规律表述为产品价格上涨,需求下降。这意味着总供给等于总需求的价格只有一个,这就是市场价格,或者叫均衡价格。市场价格就是供给曲线和需求曲线的交点。让我们再看一下图2.3。电视机的供给曲线和电视机的需求曲线在价格为400欧元这一点相交。在这个价格水平上，欧盟所有电视机生产厂商一共生产1 400万台电视机，这时候没有任何的计划权威告诉他们应该生产多少。每一个电视机生产厂商都会接受给定的价格400欧元。给定了这一价格，他们就会确定生产产量。欧盟有很多电视机生产商。在400欧元这个价格水平上，所有厂商生产的总产量是1 400万台。同样，在400欧元这个价格水平上，欧盟所有消费者的总需求量也是1 400万台。这意味着生产的所有电视机都能够销售出去，所有想要在400欧元这个价格水平上购买电视机的消费者都能买到。电视机的产量不是由计划权威决定的，而是由供给和需求规律决定的。

消费者不仅购买电视机，还购买许多其他商品。考虑一个消费者既喜欢苹果又喜欢梨。在预算给定的情况下，他将购买多少苹果和多少梨呢？

这取决于他的偏好及苹果和梨的价格。为了解释消费者如何制定这类决策，经济学家使用了一个相当抽象的效用概念。假设消费者追求他们的效用最大化。这使我们能够像图2.6那样画出无差异曲线。同一条无差异曲线上所有的点都能给消费者带来同样水平的效用。效用和无差异曲线是经济学家们常用的分析工具。这些工具在第7章将会再次用到。

厂商怎样确定生产产量？这里我们必须区分短期生产和长期生产。在短期生产中（几天或者几周），厂商不能增建另外的装配线，也不能关闭任何一条现有的装配线，但是可以增加劳动投入量，比如通过延长工人工作时间或者雇用临时工人（可能是学生）。

假设厂商增加越来越多的劳动投入量时，产出不是线性增加的，这是经典经济学理论。这是因为长时间的劳动会使工人疲劳，且工人数量的增加会使工厂变得拥挤。当厂商增加越来越多的劳动投入量时，由增加工人劳动时间带来的产出增加会减少。用经济学家的话来说就是：随着劳动的增加，劳动的边际产量递减。给定市场价格，企业会选择某一个量的劳动投入，投入这个量的劳动它才能获得最大利润。

在长期生产中，厂商能够改变资本和劳动两种生产要素的投入量。例如，厂商可以投资增建装配线，也可以雇用更多的工人。厂商在长期生产中比在短期生产中有更多的自由。在长期生产中，厂商不仅能决定产量的多少，还能决定如何进行生产，也就是使用多少资本、多少劳动生产出确定的产量。

本章讲述的标准微观经济学理论基于以下五点假设：

- 企业是一个整体实体。这意味着企业被假设为一个独立的统一实体。结果是，在经典微观经济学中，一个人不考虑发生在企业内部的事情，这就好像企业是一个完全的黑匣子，我们不能够看到里面。在更加现代的分析方法中，第一个假设被放宽了，在接下来的几章我们会讨论这些分析方法。非常明显，如果我们想要探讨组织，我们就不得不深入洞悉这些组织。
- 企业拥有一个单一目标函数，比如利润最大化或者企业价值最大化。这一假设意味着企业所有者的目标只有一个。在后面的章节里，特别是在第6章和第7章，这个假设会被放宽。
- 每个人都有完全的信息。这是经典微观经济学中一个非常重要的假设。但是，正如我们在第1章说过的，组织之所以产生主要是因为有信息问题需要解决。如果我们想理解为什么不是全部的经济决策都是通过经典微观经济学的价格机制进行协调的，那么我们就不得不放宽这个至关重要的假设。在接下来的全部章节里都放宽了这个假设。
- 生产者和消费者的行为可以描述成最大化行为。这个假设代表经济人假设，经济人知道每一件事情，他以计算出的某个最大化问题的结果为唯一的决策标准。经济人假设在第5章和第7章会再次出现。但是，在其他许多章节中，我们只假设人们试图实现某些事情的最大化，却无法计算得出所有情况的最佳解决方案。
- 经典微观经济学考察的市场是独立于环境之外的。虽然这种做法是一种有效的分析方法，但不包括环境因素我们无法真正懂得市场在现实中的一些运行方式。在第1章中我们着重强调了这些因素，在后续章节中我们还会增加一些说明。

☐ 思考题

1. 验证两条无差异曲线永远不能相交。提示：画一个两条无差异曲线相交的草图，说明其矛盾之处。
2. 验证两条等产量曲线永远不能相交。
3. 在第1章中我们引用了哈耶克（1945）的话："假设世界上某地发现了使用某些原材料比如锡的新机会……"对锡的需求量的增加是发现了利用锡的新用途的结果。正如你在图2.4中看到的，供给量增加（从 q_1 增加到 q_2）是需求曲线变动的结果。这同哈耶克的"锡的新用途将引起锡的现有使用者节约锡的使用"这一结论相矛盾吗？
4. 考虑图2.9，这个图形给出了劳动的边际产量，dQ/dL，作为 L 的函数。根据课文可知，企业应该在 dQ/dL 等于 P_l/p 的点选择 L，其中 P_l 是劳动的价格，p 是铅笔的价格。在课文给出的例子里，$P_l=20$ 美元，$p=0.25$ 美元，所以 L 必须选在 $dQ/dL=80$ 的点处。

    先说明当 $dQ/dL>80$ 时，企业可以通过增加劳动力来增加利润。再说明当 $dQ/dL<80$ 时，企业可以通过减少劳动力来增加利润。
5. 考虑一个非常大的公司，如荷兰皇家壳牌石油公司。你认为把这样一个公司看成一个整体实体现实吗？你能否举例说明在这样一个公司里不同部门之间产生冲突的情况？

☐ 注释

[1] 如果你还不熟悉机会成本的概念，请想想以下这个例子。假设一个牙医请了一天假去钓鱼，在正常情况下这个牙医一天可以赚1 800欧元，那么他请假一天的机会成本就是1 800欧元。更直白一点就是，某种资源的机会成本等于将该资源投入另一种用途所能产生的最高回报。

第 3 章

组　织

3.1　组织的世界

　　每个人都生活在一个组织的世界里。我们可以思考一下：你出生的时候，可能是在一家医院里——医疗健康组织；长大一点，你进了学校——教育组织；成年以后，你要在一个工作组织里赚钱养活自己；你是某个娱乐组织的成员；你从商业组织购买你所需要的商品和服务；你向政府组织交税；文化借助博物馆和图书馆等组织得以保存下来；交流沟通通过报刊发行组织、电视网络组织、电信服务组织等成为可能；发明创造在实验室和大学等组织中得以实现；社会再造在精神病院和监狱等组织中完成；最后，当你去世的时候，你的葬礼很可能被某个丧葬组织承办。

　　瞬间的影像使我们更加清楚组织是当今世界的一个普遍现象。组织如此普遍，以至于许多人都对此感到疑惑，甚至有一点震惊。在我们的社会中，组织执行了许多我们必须执行的愉快的和不愉快的任务。它们是个人通过合作，共同实现某种追求目标的主要工具。正如一位著名的社会学家帕森斯（1960，p.41）通过观察发现的："在高度分化的社会里，组织机制的发展是'做成事情'的基本途径，它能够实现凭单个人的能力所不能实现的目标。"

　　如果用我们开篇中的术语来表达，那就是：在一个以劳动分工的高度发展为特征的世界里，全部是专业化的，而组织是协调集体活动的基本工具。我们很难想象世界上只有市场机制在协调个人的活动。即使人们在家里独自工作，就像易趣上有实力的卖家，也不得不借助组织来完成工作。当然，他们要借助易趣，这本身也是一个组织，但是他们也要借助网络上（因此也是被组织起来的）与他人合作的标准方式，正如专栏 3.1 中所描述的。最后他们还要借助互联网本身，和大众想象的不一样，互联网也是被好好经营和组织起来的。

组织是怎样实现协调的呢？它与上一章介绍的以价格为中心的市场机制有何不同？这是第二节的主题，我们将区别六种不同的协调机制。基于这六种不同的协调机制，本章第三节我们将区分六种理想的组织类型。然后在本章第四、五节，我们将放宽组织协调机制和市场协调机制之间的某些严格界限。最后一节我们会概括总结到目前为止我们所讨论过的论点。

专栏 3.1　　　　　通过互联网产生的组织和专业化

互联网使人们能以一种看起来似乎相当独立的方式工作。因为互联网，我们能在家里、在路上完成工作。然而，在这种看似个人完全独立完成工作的现象背后是高度复杂的依赖事实。互联网催生了一种新的网络化的组织和工作方式：

> 在现代经济学核心观点看来，这产生了一种基本悖论：我们接受的教育程度越高或变得越专业，我们越需要他人的帮助来行事。互联网使得许多人像单独贡献者那样工作，或认为自己是自由球员或独立的专业人才。但讽刺的是其实互联网强调的是相互依存关系，只是并不能马上凸显出来。我们自认为我们生活在自己的世界里，可以作为独立的个人做出贡献，但只有当存在一些可以将我们的专业性工作变得有价值的组织形式存在时，这一切才有可能。

资料来源：Magretta（2002，p. 7）。

3.2　组织的协调

首先，让我们回顾一下经济学家关于组织协调问题方面的论点。当科斯把组织和市场看作二者择其一的协调工具时，他假设权威的命令代替了价格机制在组织内部对资源进行分配：

> 在企业之外，价格变动决定生产，这是通过一系列市场交易进行协调的。在企业之内，市场交易被取消，伴随着交易的复杂的市场结构被企业家所取代，企业家指挥生产……我们可以将这一节的讨论总结一下。市场的运行是有成本的，通过形成一个组织，并允许某个权威（authority，一个"企业家"）来支配资源，就能节约某些市场运行成本。

同样，当哈耶克在1945年称赞市场的功效时，他对市场体系和中央计划权威体系进行了比较：

> 人们赖以制订计划的知识传递给他们的多种途径，对任何解释经济过程的理论来说，都是至关重要的问题，而利用最初分散在全体人民中的知识的最好途径，至少是经济政策——或设计一个高效的经济体制——的主要问题之一。这个问题的答

案与此处所提出的另一个问题——谁来制订计划——的答案密切相关，而这正是所有关于"经济计划"的争论所围绕的中心。存有争议的并不是要不要计划，而是应该怎样制订计划：是由一个权威机构为整个经济体系集中地制订？还是由许多个人分散地制订？

我们在这一节里说哈耶克对这一问题的诊断是正确的：事实上，如何对分散的信息进行协调是一个重要的经济问题。但是，在对市场体系和中央计划体系的比较中，哈耶克忽略了一个事实，传递信息和协调经济活动的途径还有很多，不是只有价格和权威这两种途径。下面，我们要对除价格和权威以外的其他途径进行分析。

明茨伯格在1979年和1989年对原有的组织方面文献的观点进行了综合分析，总结出了几种典型的组织结构类型（根据组织各组成部分的大小或者某种程度上的地方分散）和组织结构的决定因素（如环境）。因此，他发展出了**组织配置**（organizational configurations）的类型。组织的几种典型类型将在下一节讲述。现在，我们把重点放在研究六种组织类型的协调机制之间的区别上，如图3.1所示。下面分别介绍这几种协调机制（明茨伯格，1989，p. 101）。

互相调节　　　　　　　直接管理

工作程序标准化　　　　产品标准化

技术标准化　　　　　　规范标准化

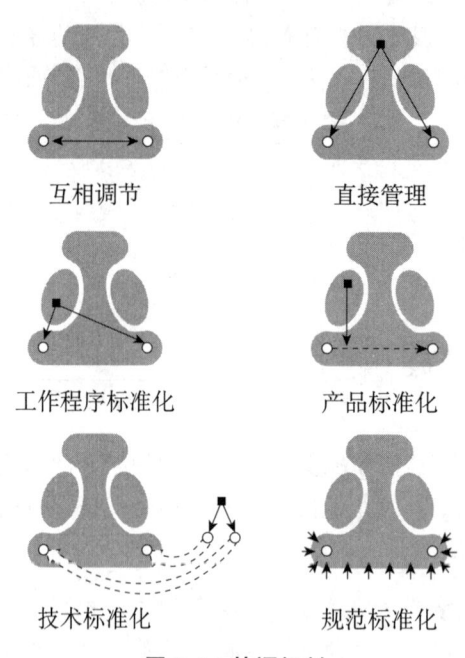

图 3.1　协调机制

资料来源：Mintzberg (1989), p. 102.

- **互相调节**（mutual adjustment），通过信息交流的简单过程实现协调（如在两个操作工人之间）。
- **直接管理**（direct supervision），通过一个人发出命令或指示，以及其他与工作相联系的人进行管理来实现协调（如老板告诉员工完成什么事情，同时同步）。
- **工作程序标准化**（standardization of work processes），通过细分工作程序实现协调，这里工作程序指员工完成互相联系的工作任务的过程及顺序。这些标准技术在顾问机构中得到发展，顾问机构作为组织的一部分包含了设计和控制别人工作的程序外的人员（如工作研究分析师、进度跟进师、质量控制师、预算编制师、规划师和会计）。操作中心运行工作程序，正如通过时间—动作研究获得的工作指示一般，参见专栏3.2关于工作程序标准化的例子。

- **产品标准化**（standardization of outputs），通过细分不同工作的结果来实现协调（它也通常在技术顾问结构中得到发展，如在一项财务计划中细分下级单元执行目标，又如细分新产品尺度的概括指标）。
- **技术标准化**（standardization of skills）（还有知识标准化），通过成功地对员工进行相关培训来实现不同工作的协调（如医药专家——在一间手术室里的一位外科医生和一位麻醉师——对彼此的标准化操作程序几乎是自动反应）。
- **规范标准化**（standardization pf norms），对于一个完整的组织来说，通常决定工作的规范是受到控制的，以至于每一个人功能的发挥都依据一组同样的信条或准则（如宗教秩序）。请看专栏3.3的例子。

专栏3.2　亚拉文眼科医院标准化的操作程序

印度亚拉文眼科医院始建于1976年，由一位退休的眼科医生文卡塔斯瓦密建造。他最初建造的是一家私人的非营利性的小型医院，只有11个床位。如今，亚拉文新增了六家医院，拥有4 000张床位，已经成为世界上最大的提供眼科手术的医院。从2010年4月到2011年5月该医院接待门诊数达2 646 129人次，手术台数达315 483台。2/3的门诊人次和3/4的手术都是免费或以极低的补贴为穷人实施的——尽管如此，它依然在盈利。

文卡塔斯瓦密医生的视野和方法很大一部分来自亨利·福特（文卡塔斯瓦密医生说麦当劳和亨利·福特是他的灵感来源）。在印度，由于白内障等疾病，成千上万的人失明。仅仅一个小手术就可以治愈大部分人。管理的瓶颈在于支付手术费用。一定程度上，文卡塔斯瓦密医生的梦想是为大众建造一家眼科医院。

白内障手术是文卡塔斯瓦密医生的T模型。亚拉文为白内障手术设计出了一套高效、大量、流水线型的手术过程。从病人的筛选登记到手术本身，每一个步骤都是标准化的。手术室的设计也是为了最大限度地提高医生的效率。做手术的医生从一个手术台转移到另一个手术台，只需要关注过程，其余问题交给团队里的两个执行护士处理，比如留在手术台上监督护理病人。当一台手术结束时，医生可以马上开始下一台手术，如此往复。

虽然为了遵循这些程序，医生放弃了一些自主权，但是一步步地，一套标准化的操作程序建立起来。通过专业化和标准化，亚拉文眼科医院的一台眼科手术费用仅仅是一家美国标准医院的1/50。同样，位于印度班加罗尔的纳拉雅纳医院是世界上最大的心脏护理中心之一，它提供的服务价格仅为美国标准水平的1/30。这些组织表明，专业化和标准化对提高生产力和控制成本十分有效。这些组织也启迪了越来越多发达经济体中的健康组织，纷纷朝着这个商业模式发展。

资料来源：Magretta (2002), C. K. Prahalad (2005), *The Fortune at the Bottom of the Pyramid*, Wharton School Publishing C. K. Prahalad, (2006), "The Innovation Sandbox", *Strategy+Business*, 44, Reprint No. 06306. http://www.aravind.org/aboutus/genesis.aspx.

这六种机制是组织内部协调工作的全部方式。它们也是组织内部员工交流知识和预期的方式。相应地，它们还是组织内部员工从别人那里学习他们完成自己的工作任务和实现别人对他们的预期所需要的知识的方式。简言之，对于交流信息和协调经济行为来说，这六种机制与价格机制都是二者择其一的关系。

只有在相对较小的组织里，权威才能成为首要的协调机制，我们在下一节会重点讲述这种情况。几乎所有的大型组织采取的都是多样化的协调机制，包括互相协调、工作程序标准化、产品标准化、技术标准化和规范标准化。其中工作程序标准化、产品标准化、技术标准化和规范标准化都可以通过培训获得。专栏3.3说明了迪士尼公司是如何在"迪士尼世界"里培训新员工以实现规范标准化的。

为了说明组织如何采取多样化的协调机制，我们可以举出一个现实中的例子。当你去了一所新的大学，你将学习如何通过多种方式协调你和别人的工作。首先，你会拿到许多制度章程，如计算机手册、行政执行手册、教职工规章制度和图书馆指南等。这些制度章程会告诉你协调工作的规范守则（工作程序标准化）。尽管大学是制度明确的官僚机构，但它还是没有官僚到全部工作都由条文来协调的程度。许多规范守则是不会得到执行的（比如某些规范守则已经过时了，又没有人愿意更新它们）。此外，很多协调是没有规范的，所以你要同你的工作伙伴协商如何一起工作（相互调节），你要同你的教授同事协调你的课程安排，再通过行政同事安排这些课程，然后协商你的教学秘书把它们打印出来。在你的科研工作中你可能会找一位合作伙伴，他了解你的工作模式并且拥有补充你的不足之处的知识和技能。在博士课程中你讲授的技能是你未来同事所需要的信息（技术标准化）。最后，你试图找到在你的新学院里真正被认为重要的东西：对于教课来说科研是多么重要；完成行政任务是多么重要；服务于社会又是多么重要；人们多么希望为社会多做一些事；等等（规范标准化）。通过所有这些方式你学会了如何在你的新学院里协调你的工作。

同样，也可以给出在其他模式的组织中如何学习协调。关键在于每一个组织都有一个可应用的交流和协调机制。通过这些机制，知识和信息得以传递。在某些模式的组织里，某些机制占据了主导地位，但不是任何组织都只使用一套机制，我们将在下一节中看到：只有在相对较小的企业家组织里，权威（直接管理）才占据主导地位。因此，当市场为组织让路的时候，把替代价格机制看成权威这种假设就有些片面了。只要我们离开理想市场，价格机制就一定会被替代，但是可供选择的替代方式是多样化的。

总结这一段，让我们回顾第1章讲过的一些问题。如果我们采纳仅使用价格机制作为协调工具的市场作为理想市场的定义，那么我们可以这样定义理想化组织：在内部协调中，根本不使用价格机制作为协调工具的组织。但是理想化组织也包含大量的组织形式，在这些组织形式里，各种机制主要是用于协调。在下一节我们将致力于研究这些形式。

专栏 3.3　　　　　　　　迪士尼公司培训：规范标准化

迪士尼公司以其提供给每一个新员工的严格培训著称。课程由迪士尼学院（迪士尼公司自己的培训组织）的教员讲授。入门课程被称作"迪士尼传统"，旨在使迪士尼团队的新成员了解它的传统、哲学、组织以及经营方式（公司手册）。培训人员通过向受训人提问的方式对他们进行培训，所提的问题涉及迪士尼章程、迪士尼历史、迪士尼童话等方面。当然他们还会反复申明迪士尼价值和迪士尼规范（迪士尼公司奉之若神明）的重要性：

培训人： 我们做什么业务？每个人都知道麦当劳卖汉堡。我们卖什么？

受训人： 我们使人们快乐。

培训人： 是的，很对。我们使人们快乐。无论他们是谁，他们说哪一种语言，他们做什么工作，他们从哪里来，他们是哪种肤色，等等。我们在这里是使他们快乐……

在迪士尼学院的课本里，迪士尼价值和迪士尼规范一再被强调：

在迪士尼乐园我们会疲惫，但绝不会厌烦，即使这是艰难的一天，我们也会表现得快乐。

你要真诚地微笑。微笑吧……记住，就算没有任何其他的益处，你也会为自己的微笑而有所收获。

文化甚至会伴随着它自己的语言产生，从这个意义上看，在迪士尼公司工作可被看成戏剧表演：

员工　　＝演员
顾客　　＝客人
群众　　＝观众
工作转换＝演出
工作职务＝角色
制服　　＝演出服
上班　　＝上台表演
下班　　＝下台休息

资料来源：Collin and Porras (1998); Tom Peters Group, *In Search of Excellence*-video and www.disneyinstitute.com.

3.3　组织的形式

我们已经介绍了六种可供选择的协调机制作为价格机制的替代。对这六种协调机制的描述是基于明茨伯格在1979年和1989年发表的两篇论文，他综合了很多早先对组织的研究，提出了六种组织类型。这一节的目的是分别介绍六种协调机制各自对应的组织形式。因为现实中的组织常常是六种纯粹形式的混合形式，所以这一节只对各种组织形式做一个总体的概述，我们把这些组织形式和市场协调视为二者择其一的关系。

上一节我们介绍的六种协调机制对应图3.2中的六种组织形式。也就是说，例如，当直接管理是主要的协调机制时，我们把这种组织形式叫作**企业家组织**（entrepreneurial organization）。这种类型的组织正对应与被科斯视为对市场的调节与补充的企业。在这种企业中，企业家（可能是所有者、经理人，也可能不是）直接指挥生产和配置资源。这种公司结构非常简单，企业家能够通过其个人的直接管理来控制组织行为。它的结构非常灵活，没有一定的模式，也不是经过精心策划的。它的运作环境是简单的、动态的。它足够简单以至于企业顶层的一个人就能够协调企业行为；它足够动态以至于组织具有灵活性，而不至于陷入官僚。零售商店或者计算机公司就是这类组织的例子。

我们以苹果计算机公司作为例子。在它出现的早期，它是在史蒂夫·乔布斯直接管理下的一个企业家组织。乔布斯是一位具有超凡魅力的领导，他非常清楚他想要苹果公司成为一个怎样的公司。在他个人的领导和管理下，苹果公司开发了麦金托什机，成为私人电脑市场上一个可靠的强有力的参与者。但是，随着公司的不断壮大，单一的高层协调机制出现了问题。一个人不再能够全面掌握公司各个部门的执行情况。为了未来的发展，对苹果公司进行再造成为必须做出的选择。乔布斯指定了一位经理——约翰·斯卡雷。最初他们两个人一起寻找解决的办法，但是时间长了以后，他们思想上的分歧渐渐多起来，最后乔布斯在1985年被迫离开了苹果公司（Isaacson，2011）。

从结构的观点来看，对苹果公司的窘境可以这样理解：它的规模已经发展得太大，以至于不能再在简单的企业家组织里经营了。直接管理作为主要的协调机制已经落后了。这个组织必须经过一个转换的阶段，使用一种或多种在图3.2中列举出的其他协调机制成为主要的协调工具。具体选哪一种或者哪几种取决于环境。从某种程度上讲，苹果公司的经营环境是稳定的，工作程序标准化应该是最可行的选择。例如，如果科技发展速度减慢，基本技术设计得到了长足发展，那么当没有人真正知道科技之马将奔向何方的时候，就会有比早期阶段更多的常规化生产。一旦生产常规化，其他功能也就能够实现标准化。标准化生产会产生标准化购买要求、标准化包装说明等。苹果公司的工作程序标准化程度越高，它就会越趋近于**机械组织**（machine organization）。

组织形式	主要的协调机制
企业家组织	直接管理
机械组织	工作程序标准化
专业人员组织	技术标准化
多元化组织	产品标准化
创新组织	互相调节
传教士组织	规范标准化

图3.2 六种组织形式

但是，这也不是唯一的可能。在公司的运营中，工作的专业化程度也很重要，专业化工作（如研究开发和系统设计）是不能够标准化的。对于专业化工作，组织所能做的只是使执行这项工作所需要的技术标准化，比如进行某种类型的培训。一个组织所需要的专业工作越多，它就越依赖受过良好培训的人才，这些人才可以借助自身良好的判断力来执行任务，借助通过长期培训获得的专业标准来协调他们的工作。大学和医院是**专业人员组织**（professional organization）的例子，但是苹果公司的某些部门也表现出了这种特性。

同样，图 3.2 列出的其他三种协调机制也可以使用。如果公司打算多样化经营，打入其他市场或者瞄准新的市场，它就应该实行产品标准化，包括产品种类和产品定价。这时候它就应该在向着**多样化组织**（diversified organization）的方向发展了，将产量目标细化给各分公司，然后在如何实现这些目标方面给它们极大的自主权。世界上的许多大企业，比如通用电器、联合利华、三菱，都是多样化组织，它们同不同的生产家族一起在多样化的市场上运作经营。

在计算机市场上不断地更新是非常重要的，这就要求硬件人员和软件人员通力合作，市场人员和生产人员通力合作。这类**创新组织**（innovative organizations）主要依赖于被称为互相调节的协调机制。但是当企业变大后，保持互相调节作为主要协调机制就变得非常困难。这一点在专栏 3.4 中以惠普公司的案例进行了说明。惠普公司发现很难保持曾经使企业发展壮大、给企业带来成功的企业家精神和创新精神。相反，1997 年史蒂夫·乔布斯回归苹果公司后试图保持苹果的创新和合作（相互调节）文化："苹果取得成功的一个关键之处是，苹果是一家令人难以置信的通力合作型公司。我们组织得像一家创业公司。我们是这个星球上最大的创业公司。"（见 http：//edition.cnn，com/2011/TECH/innovation/08/24/steve.jobs.team/index.html。）

专栏 3.4 　　　　　　　　　　　　　　**惠普之道**

1939 年比尔·休利特和戴维·帕卡德，两个 26 岁的工程师，在加利福尼亚州帕洛阿尔托的一间车库里创建了合伙企业休利特－帕卡德公司（简称惠普公司）。这间车库被很多人认为是硅谷的诞生地。企业的创建者把企业家精神和创新精神注入了他们的企业。惠普变成了独创能力的象征。它也以它的经营理念著称，这就是"惠普之道"。惠普之道经营理念的重点是：(1) 对社会做出科技贡献；(2) 尊重员工，并给他们发展的机会；(3) 在它的社区里做一个负责任的市民；(4) 把利润的增长作为成功实现其他价值和目标的工具。

惠普之道带给惠普公司极大的成功。它的著名产品包括计算器和打印机。到 20 世纪末，它的收入已经接近 50 亿美元，员工达到 8 万人。但是，正如我们的组织框架图所预计的，惠普公司发现，当它发展到如此庞大的规模时，保持它的企业家精神和创新精神渐渐变得非常困难。新产品开发令人失望，增长缓慢，利润迅速下降。此外，它的形象变为一个迟钝的、步履蹒跚的巨人，而且受到硅谷《纽约时报》的批评。

1999 年惠普董事会在改革方面，迈出了基础性的一步——从公司外部寻找一位新的总裁和 CEO。他们指定了卡莉·费奥莉娜女士，她成为领导了道琼斯工业平均指数排行榜上公司的第一位女经理人。卡莉·费奥莉娜发现公司仍然保持着一些核心的价值理念，如尊重、诚实、团队合作、贡献等，但是该公司也成为一家存在腐败问题的官僚机构。为了使这个公司获得新生，她挂出了这样的标语："去芜存菁，再创新机"。回顾公司的起源，惠普提出了新的"车库规则"，包括：

- 相信你能改变世界。
- 分享工具和思想。信任你的同事。
- 禁止政策。禁止官僚。(这是车库规则里荒谬的一条。)
- 激进的思想不是坏思想。
- 每天都做出贡献。没有做出贡献绝不离开车库。
- 相信团结起来我们就能做到任何事。

她采用流水线生产,将生产分工从 83 类削减到 16 类。此外,她减少成本投入和 50%的工作岗位,把公司发展方向重新调整为以服务为中心,而不是以硬件为中心。

2000 年一个大胆的尝试——他们试图通过咨询管理顾问和普华永道全球的相关 IT 服务来扩展以服务为中心这个概念——失败了。2000 年年末,经济发展放慢了速度,特别是对计算机及计算机相关服务的需求减少了。2001 年真正的衰退到来了。2001 年 9 月 4 日卡莉·费奥莉娜女士宣布惠普将获得世界著名的私人电脑生产厂家康柏公司 20 亿美元投资。卡莉·费奥莉娜女士说:"这是很长时间以来第一次,IBM 公司将有一个足够强大的对手和它正面竞争。"但是分析家打击他们走的这一步棋,认为"这是工业联合防御行动"。在之后的几年里,惠普努力整合康柏,然而戴尔的市场份额却持续增长(见专栏 10.6)。惠普的股价受到重创,费奥莉娜与比尔·休利特的儿子沃尔特·休利特(惠普董事会成员)之间爆发了一场激烈的争执。2005 年,费奥莉娜被解雇了。惠普继续努力进行了几次不成功的并购,2011 年再次更换了 CEO。这再次证明了,有一点是很清楚的,那就是对于成功的企业来说要保持它们的成功是多么困难,这个主题我们将在第 10、11 章再次探讨。

资料来源:Collins and Porras (1998);"The HP Way Forward", interview with Carly Fiorina in *Worldlink*, the magazine of the World Economic Forum, Jan/Feb 2001;"Rebuilding the HP Way", *Information Week*, 23 July 2001;"Hewlett-Packard and Compaq: Sheltering from the Storm", *The Economist*, 8 September 2001.

尽管小企业,如咨询公司或者建筑公司,可以依赖互相调节作为主要的协调机制,从而保持创新精神,但是对于较大的组织,如苹果公司和惠普公司,面临的问题就是如何将各种互相调节的协调方式组合起来,或者是将互相调节和其他协调方式组合起来,使专家们能够在动态的、复杂的环境之下进行合作。

最后,苹果公司将依赖于规范标准化(或者意识形态标准化)。在某种程度上,它的员工分享了一种共同的价值和信念,正是这些价值和信念直接指导着他们的行动。个人所拥有的强烈使命感、团队精神或者团队意识形态,告诉他们怎样一起协作,实现企业目标。宗教命令在很大程度上是依赖规范标准化的,进而形成了一种**传教士组织**(missionary organizations)。其他组织通常也有自己的文化。如果这种文化的力量很强大,能够在某种情况下告诉组织成员应该做什么,那么这种文化就是在扮演协调机制的角色。

1997 年,乔布斯回归苹果后,苹果公司尽可能地实施了直接管理。因为苹果公司的创新文化刺激了相互调整。它在设计的价值等方面有着强烈的共同准则。然而,苹果公司同样也实施专业化和分区化。苹果公司在 2011 年的收入超过 1 000 亿美元,工作人员达6万人,连锁店分布于30多个国家,它同样需要标准化其工作程序。这个例子说明即使有像乔布斯这样有性格的领导人,直接管理也不能作为公司成长中唯一的协调方式。更普遍的现象是,很多组织混合使用了多种类型的协调机制——专栏3.5给出了一个例子。

专栏3.5　　　　　　　　　　一个保险经纪公司

真正的组织通常是这六种纯组织形式中的两种或者多种的混合形式。举例说明,考虑一家保险经纪公司。一家保险经纪公司通常是一个专业人员组织和机械组织的联合体。

把保险经纪公司作为专业人员组织有一个重要原因,那就是它在允许保险经纪人单独工作之前要对他们进行广泛培训。结果,技术标准化就成为这些企业的一种重要的协调机制。

另外,在保险经纪公司里管理的过程趋向于标准化。当一位客户要求签订一份某种类型的保险单时,对这种类型的保险单公司里所有的经纪人都要严格使用相同的操作方法和程序。这是一个工作程序标准化的例子,正如本书中提到的,工作程序标准化是机械组织的一个重要的协调机制。

图3.3总结了组织形式可能的发展空间。相对的纯组织形式被置于这个五边形的中心。在这个五边形里,所有类型的混合形式都成为可能。一个特殊的组织将采取哪种组

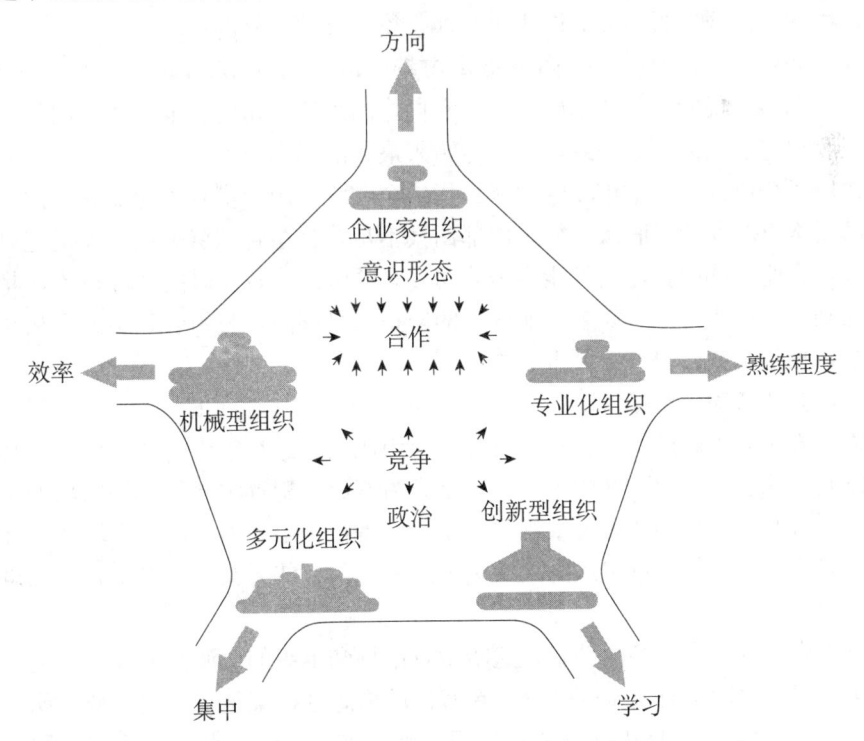

图3.3　组织形式和相关作用力的综合五边形

说明:在这个图形中你不会看到传教士组织,传教士组织形式主要依赖规范标准化或者意识形态标准化。

资料来源:Mintzberg(1989,p.256).

织形式是一个复杂的问题。对于相关作用力的讨论，可以参考明茨伯格1989年的论文。就我们的目的而言，只要主要的一点出现就足够了：市场被组织代替，价格机制的协调为其他机制的协调让路。组织可以采取多种形式，每一种特殊形式都依赖于特殊的环境——它能够处理不同类型的交易。毫无疑问，我们见过很多组织，经济生活的一大部分都包含在其中。

3.4　组织的市场

到现在为止，我们所讨论的好像都是市场协调和组织协调彼此互相排斥，也就是说好像这两种类型的协调机制是不能结合的。本节中，我们把讨论再进一步，说明市场也可以在组织内部存在。下一节我们将简短说明在某种程度上，市场中也是存在组织的。因此，在现实中，经常会发现市场协调和组织协调是联合在一起的。

举一个大型的多样化的组织的例子，如荷兰壳牌石油公司（简称壳牌公司）。在组织内部，不同部门之间的交易时有发生，如原油部门把原油运送到石油化工部门，使石油进一步进入商品化工原料的生产过程。在石化部门内部，类似的交易也时有发生，如商品化工原料被一个业务单位生产出来，然后被运送到下一个部门，进入下一步特殊化工原料的生产过程。通过内部价格（交换价格）进行这些交易非常正常。在这种情况下，壳牌公司就会说它拥有一个**内部商品市场**（internal markets for goods）。各部门是否在公司内部卖出或者买进商品取决于交换价格与外部价格的比较。

同样，壳牌公司也拥有一个**内部资本市场**（internal capital market），因为企业管理层要在各部门上报的计划的基础上，在它们之间配置公司的资金，各部门的这些计划要最大限度地与公司的政策一致，并且能带来最大的利润回报。在企业内部，壳牌公司管理层执行了企业外部资本市场的功能，指导金融资源用到最有用的地方。内部资本市场和外部资本市场保持了联系。如果内部回报不足，公司管理层是不会决定把可能的资本都投资在企业内部的。他们可能会为公司多余的资本寻找暂时的外部投资，将资金投到外部的某家公司。另外，如果企业内部的回报率足够高，公司管理层就会从企业外部引进资金，投到某些部门，以获得额外利润。

同样，**内部劳动力市场**（internal labor market）也是存在的，各部门通过竞相提高潜在工资的方式，争夺最优秀的人力资源。组织成员通过在组织内部申请有更高工资的职位，以获得能够胜任的更好的工作。如果人力资源的配置主要是一件内部的事情，那么外部人力资源市场的功能就被组织取代了。但是再重申一遍，内部市场和外部市场还是保持着联系的。新人通过组织的入口进入组织。另一些人又离开组织到外部市场上去寻找新的工作。

在组织内部有许多市场活动着。这暗示着市场和组织的协调是可以混合的，进一步暗示市场和组织之间没有明确的划分。在我们的概念性框架里，我们区分了两种理想形式："纯"市场协调（价格机制单独起作用）和"纯"组织协调（除价格机制以外的其他机制单独起作用）。绝大部分现实的情况是介于这两种纯粹的形式之间的，并且其特征也是由混合协调系统决定的。绝大部分市场的活动情况在下文中说明。

3.5 市场的组织

纯市场协调中,价格机制单独起作用,这是一个例外的情况。让我们回到第1章中讨论过的股票市场的例子。之所以举这个例子是因为这个市场非常接近完全竞争市场模型。大量个人买者和卖者对IBM股票的价格没有任何影响。IBM的普通股票是标准化的:产品没有任何不同。进出IBM股票市场没有任何障碍。因此这个市场符合第2章提出的完全竞争市场的主要假设。

但是,当我们更贴近地观察这种市场的活动时,我们发现至少有两个组织协调机制正在发挥作用。首先,市场是有规则的。它受政府和股票交易委员会的管制,政府通过证券管理条例管制市场,股票交易委员会则通过上市条件管制市场。这些规则把市场各个组成部分必须遵守的准则进一步细分了。例如,在很多国家,如果买者没有事先通知有关方面他们的购买意图,他们是无法得到上市公司的多数股权的。同样,IBM公司在发行新股票时也要遵守大量的规则和限制。这些规则使得市场各部分的工作程序标准化。证券管理条例和股票交易规则在组织里是起作用的,这里股票交易规则的功能等同于操作手册。市场价格能够使交易双方看出在特殊情况下需要什么样的行为。股票市场就是处于这种理性的管理之下。进一步地,股票市场的管理中也存在直接监督。股票市场被某些机构,如美国的证券交易委员会、股票市场委员会等直接监督。这些机构有权力干预自由市场活动,例如,当一个企业有明显的违规操作或不正当行为时,它们可以立刻对其股票实施停盘。这些例子说明市场并不是孤立地在起作用,而是被嵌入了制度环境中,这些制度环境制定了一系列的"游戏规则"。事实上,规则的存在很有必要,特别是在债务危机期间,这一点会显得特别突出,甚至是美联储前主席艾伦·格林斯潘和"放松管制"的鼓吹者也如此认为(参见专栏3.6)。

专栏 3.6　格林斯潘"震惊"地发现自由市场是有缺陷的

艾伦·格林斯潘是美联储前主席,他在2006年卸任之前已经担任了该职位18年。彼时,格林斯潘被广泛认为是一个成功的央行行长,他成功地降下了美国的通货膨胀率,并以低利率政策促进了美国的经济增长。他坚信金融市场的自我调节功能,支持放松管制。当2008年房地产泡沫破灭,次级抵押贷款问题浮出水面时,他参与了一次国会听证会:

> 多年来,艾伦·格林斯潘能参与国会听证会是一件大事,国会将他看作一个经济圣人。市场的涨落都在他的只言片语之中。所有政党中的政治家都想将这位大师纳入麾下。但是在周四,卸任美联储主席将近三年的格林斯潘谦逊地承认,自己将太多信念放在了自由市场的自我纠错能力上,而未能预见次级抵押贷款肆意的自我破坏能力。

> "那些指望自利的放贷机构去保护股东利益的人，包括我自己，都处于难以置信的状态"，他对众议院监管和政府改革委员会如此说道。他注意到因为一些庞大的业务不受监管，通过使用所谓的新型金融衍生工具广泛传播了金融风险，慢慢失去了控制，最后加重了今天的这场浩劫。早在1994年，格林斯潘就坚定并成功地反对对金融衍生品加强监管。
>
> 格林斯潘以及华盛顿的其他大多数银行监管机构还呼吁抵制对次级抵押贷款和其他高风险的新型贷款加强监管，这些贷款机制使得人们借的钱远远超过了他们能负担的水平。格林斯潘说他曾经在2005年告诫过公众警惕"风险溢价"，但是他万万没想到在2007年这场危机横扫了整个金融体系。
>
> 资料来源：*International Herald Tribune*，23 October 2008.

让我们再次研究这六种组织协调机制中的另外一种：互相调节。如上面解释的，这种机制是通过信息沟通过程实现协调的。这种信息沟通是很多市场的一个普遍特点。它的一个有害的形式被经济学家称为**勾结**（collusion）。例如它可以指在寡头市场上少数几个供应者私下共谋使价格高于自由竞争市场上形成的价格。还有一种可能就是信息联合可以使市场在它们之间分割，如此勾结限制竞争。

勾结可能是公然的，也可能是默会性的。**默会性勾结**（tacit collusion）是互相调节的一个主要例子，因为它涉及规范市场行为的规则的非正式发展。这种非正式发展的规则有很多，举一个例子来讲，一个特殊的厂商可以扮演价格领导者的角色就是一种非正式发展的规则。如果这个厂商改变了它的价格水平，其他供应者就会纷纷追随效仿。以这种方式在寡头市场上进行管理是不需要正式沟通的。

最后，考虑市场运行中文化影响的两个例子（规范标准化）。第一个例子是，伊斯兰国家禁止收取利息。这种禁止起源于伊斯兰教的《可兰经》。结果，伊斯兰国家的银行系统在管理它们的交易时不得不采取与西方惯例不同的方式。第二个例子是，亚洲的普遍惯例是对外和对内的价格有所区别。这些例子说明了经济交易是如何植根于文化传统的。

如果某些外国的风俗看起来与我们的相异，我们应该意识到我们的规范也是标准的，它允许我们本着对公正是什么，不是什么的相同的粗略预期参与经济交易。S. 麦考莱（1963，p.61）提供了一个这方面的例子：

> 一个采购代理机构负责人可能会对自己的员工说，"如果出现一些特殊情况，要尽量与对方电话沟通，并把问题解决掉"，而不是死板地按照合同的法律条文去做事情。对他们来讲，要想继续保持合作，就不能事事都走法律程序，而是要使自身的行为更加得体。

少量的例子就可以充分说明市场协调和组织协调的结合是规则而不是例外。分开来分析，严格区分作为市场协调工具的价格体系和六种组织机制是非常必要的。我们在以后的章节中还会继续这样做。只有通过明确的区分，我们才能正确分析在某种环境下哪种工具最有效。但是前面的讨论也已经讲得很清楚了，当我们从分析的世界转到混乱的现实世界时，我们往往发现是一组协调机制在共同发挥着作用。图3.4进行了举例说明。

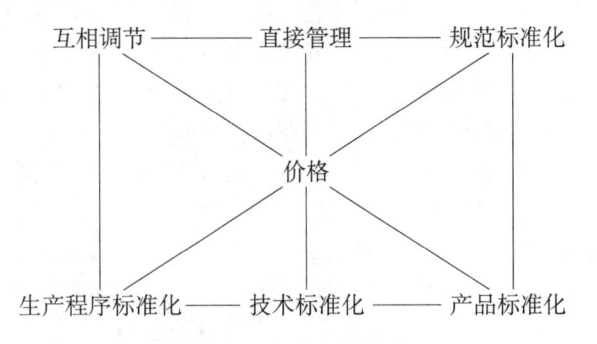

图 3.4 七种协调机制

3.6 小结：组织怎样实现协调

市场和组织是经济交易协调工具的两种理想类型。纯市场协调通过价格机制的单一作用实现。纯组织协调通过非价格机制的单一作用实现。本章已经介绍了六种非价格机制。所有这六种机制都能够沟通知识信息，这对于组织成员从事经济交易来说是必要的。在协调经济的活动中，这六种机制与价格机制是可以互相替代的。

单独把这六种机制中的一种作为主要的协调机制就构成六种纯的组织形式，例如，企业家组织就是把直接管理作为主要的协调机制。因此，企业家组织非常接近于科斯在把权威看作价格机制协调经济交易的替代物时提出的组织类型。但是，组织理论还指出标准化的四种类型（生产程序、技术、产品和规范），以及互相调节也可以扮演协调机制的角色。如果组织协调主要采取了这六种协调机制中的一种，我们将可以分别观察到六种类型的相对纯的组织形式。但是，大部分企业采取的都是这六种机制的综合体。因此，在现实世界里，我们通常面对的是组织的混合类型。此外，很多组织（如业务公司）也采用价格机制来实现某些内部目标。在这些公司里，市场和组织的协调便实现了联合。

最后，要简要说明相反的情况也经常出现：市场在某种程度上也是需要被组织的。也就是说，通过价格机制进行的市场协调往往与一种或者几种组织机制联合在一起。因此，我们得出结论，在现实中我们会经常发现经济交易被一组协调机制共同协调。单独一种机制发生作用是例外，而两种或者多种机制的联合作用是普遍现象。专栏3.7用互联网的例子说明了此种情况。

专栏 3.7　　　　　　　　互联网的管理和组织

计算机企业家沙龙·艾斯纳·吉列和米切尔·卡波尔（软件巨头莲花发展公司的创始人）表示，人们总认为互联网处于一种无政府状态，但事实正好相反，互联网也是受管理的，它的权利并没有完全下放。吉列和卡波尔说，互联网一天中99%的日常运作没有任何指向性，中央只需控制剩下的包括非常规运作在内的1%即可。此外，中央还需要建立起一套初始系统并将新的后续活动纳入其中。

一些互联网的核心决策从下向上来源于组织。技术管理和标准设定由一些专门的组织，如互联网工程任务组通过开放成员制和民主程序来负责。自律并不是中央决策的唯一形式，有时政府也参与其中。互联网并不是自发产生的，而是由政府兴建的。因为互联网，政府终于挑对了一次赢家。

　　国家补贴开启了互联网：美国政府花了大约1.25亿美元构建了互联网的前身。20世纪60—70年代，美国军方资助计算机研究项目，旨在实现计算机的互联以便数据共享，那项研究最后促成了大学计算机网络的形成。欧洲政府也做出过联合尝试，欧洲粒子物理实验室（以其法文缩写CERN著称）同样产生了关键的技术进步。20世纪80年代，美国国家科学基金会——美国政府的科研机构——从军方接手计算机网络工程后也为其提供了大量的资金。直到1995年，美国政府才停止对互联网的直接控制。

　　政府决策和政府的资金资助同样重要。讽刺的是，互联网正是集权决策的结果，如今却将权利下放到如此程度。20世纪80年代，美国军方为了使用的灵活性才将互联网设计成模块化结构。为了解决相互交流的问题，美国军方做出了另一项决定——采纳互联网协议，使不同类型的计算机有了通用语言。后来又解决了网络间出现的不可兼容性问题，使人们能够顺利地发送文件阅读网页。如果没有中央管理，互联网不可能发展成为今天如此灵活便利的工具。

　　有些管理仍然需要——特别是在域名和网络地址方面。为了让网络起作用，每个域名必须是唯一的，没有协调工作不可能做到这一点。因为域名服务器的存在，必然需要中央这一要素。每个服务器都以一个或几个地址结尾，比如".com"或者".edu"，这些地址就像电话簿，列出一串主地址，确保每一次通信都是准确送达的。给互联网用户分配名称的系统也必然需要集中起来。如果要使用，那么名称必须确保协调一致。

　　最初，美国政府自己或通过分包商来制定名称，1998年，美国政府成立了一家私人的非营利机构——互联网名称与编号分配机构（ICANN）——来完成这项工作。ICANN在那些将互联网看作自由非正式形式的人中间引起了争议，因为他们不能按自己的喜好来挑选域名，而是遵从某种必需的协调方式。"不管喜不喜欢，你都需要一个单根（single root）使这一切运转起来，"互联网先驱、ICANN主席温顿·瑟夫表示，"应该有一个共同的原则，这正是ICANN想要努力实现的。"与此同时，ICANN和美国政府已经签订了一项新的协议，基本赋予了ICANN自己运作事务的自主权。2012年，ICANN开始授予非拉丁语，比如阿拉伯语和中文字符的域名，这大大改变了全球互联网的面貌。

　　对于合同和知识产权的保护，互联网电子商务一直依托于现有的国家法律体系。反垄断监管设备保护了互联网公司免受掠夺性竞争，因为它屏蔽了传统公司。国家会指控那些传播计算机病毒的人。

　　互联网给我们提供了两个相互矛盾的经验。互联网的活力就在于它的权利下放（decentralization），群众的主动性和想象力推动了它的前进。然而权利下放是有限制的。互联网成功的一个重要方面在于对它的中央管理。

资料来源：Based on McMillan（2002，pp. 157-159），"ICANN Can Be Independent"，*The Economist*，26 September 2009 and http：//en. wikipedia. org/wiki/ICANN。

思考题

1. 你看过电影《义海雄风》吗？那是一部关于美国海军精英团队的电影。你认为在这样一个精英团队里主要的协调机制是什么？还有什么其他的协调机制会被采用？
2. 本章第四节给出了关于内部市场的两个例子：内部资本市场和内部劳动力市场。再仔细阅读这两个例子。你是否觉得作为内部市场的例子，内部劳动力市场的例子比内部资本市场的例子更好？讨论内部资本市场和内部劳动力市场可能存在的不同。
3. 英国年利达律师事务所是一个大型的国际律师事务所，它拥有的律师超过1 900人，包括429名股东，有26家分公司分布在欧洲、亚洲和南北美洲。年利达律师事务所由最高股东领导，最高股东每五年由股东大会选举产生。不是股东的律师要在一位股东的直接领导下工作，通常作为客户团队的成员。年利达律师事务所有16个主要的业务领域，如欧盟法、竞争法、诉讼和仲裁、知识产权、公司并购与公司治理等。它还有大量的业务组把分散的律师们集合到一起，而不是一个人办一个企业的案子。

    问：年利达律师事务所可能采取哪种或哪几种类型的协调机制？你是否认为年利达律师事务所接近明茨伯格六种组织形式中的一种？你是否认为年利达律师事务所更接近于一种混合的组织形式？

4. 法国国家铁路系统公司是法国的国有铁路公司，它由总公司法国国家铁路系统公司和500多个统一的分公司组成。1999年它雇用了211 265位工人，其中178 893位在总公司工作。它每年收入的70%是来自铁路运营自身。法国国家铁路系统公司的目标是成为欧洲公共服务公司的模范。它严格保证铁路运输的保险、准时、可靠、乘客人身和财产的安全以及卫生清洁。

    问：法国国家铁路系统公司可能采取哪种或哪几种类型的协调机制？你是否认为法国国家铁路系统公司接近明茨伯格六种组织形式中的一种？你是否认为法国国家铁路系统公司更接近于一种混合的组织形式？

注释

[1] 很有趣的是，从经济学家的观点来看，内部劳动力市场是通过形式化的存在来描述它的特征的（多林格和皮奥里，1971）。但是，假设我们正在处理组织的内部市场，假设组织一般是由某种程度的形式化来描述其特征的，那么对于一个组织理论学家来说，内部市场的不同特征是竞争所允许的，部分通过价格来实现。

[2] 关于经济行为植根于何处的问题，参见格兰诺维特（1985）。

第 4 章

信　息

4.1 协调和信息

在第 1 章我们提出了一个基础概念性理论框架，它涵盖了组织经济学分析的基本内容。组织经济学分析是从社会的劳动分工开始的，也正是劳动分工导致了对各专业化经济实体之间的协调成为必要。我们已经讨论了经济交易存在两种理想的协调机制：市场和组织。我们同样也说明了信息需求在任何情况下都存在，并且决定了协调机制的选择。这一章我们就要探究这些信息需求，阐明一些基本的信息问题，并且讨论组织是如何被看作这些问题的解决方法的。

在本章第一节中，我们要探究不同情况下信息需求的不同，并且说明它是怎样与市场和组织协调联系起来的。我们的目的是让你对这种情况有一个直观的感觉。在本章的许多课程里，我们会渐渐地使用更加准确的语言，进行更加准确的区分，进而引入涉及信息问题的经济分析的主要概念。

让我们再次把理想市场作为分析的起点。哈耶克关于锡市场的例子（见第 1 章）就非常接近理想市场。锡市场上有大量的买者和卖者在活动。让我们假设他们中每一个人的活动对市场上锡的价格都没有特殊的影响，因为所有的买者和卖者都是微不足道的。这也就是说，他们个人的交易对市场价格没有影响，因为交易量是如此大以至于个人交易的作用微乎其微。只有当所有这些个人交易集合起来的时候（经济学术语为聚集），它们才对市场价格的形成具有显著的作用。正如第 2 章讨论的，在这种情况下完全竞争是存在的。在完全竞争条件下，每一个单个的经济实体都是一个**价格接受者**（price-taker）：它不得不接受现有的市场价格，并且不能对价格水平产生任何影响。只有在价格能够为市场各部分传达全部必要信息的情况下，我们才能说价格是**充足的决定指标**（sufficient statistic）。

在完全竞争市场上价格之所以能够作为充足的决定指标，是因为经济实体能够做出的决定十分有限。给定现有市场价格，每一个卖者只能决定卖出多少（或者生产多少）；每一个买者只能决定购买多少。因此两方都只能决定锡的量。在完全竞争条件下，许多其他类型的决定与完全竞争模型的假设是不相关的。这些假设其中之一实际上就是市场上存在大量的买者和卖者。事实上，正因为存在如此多的买者和卖者，当我们想要以市场价格进行交易的时候，我们才能总是可以找到交易的另一方。另一个关键的假设是我们所交换的**同质商品**（homogeneous good），即市场上同类商品之间是无差别的，是按照唯一的一个标准化模式生产出来的，因此我们不需要关心商品制造和买卖的多样化。这里没有质的区别：我们卖给谁或者买谁的都没关系。此外，作为这些商品的购买者，我们能够很容易地观察到我们是否得到了我们所期望的东西：我们所要做的全部事情就是检查发货量。正如我们看到的，这些条件（大量的买者和卖者、同质商品）中的每一个都与现实世界中的绝大部分情况不相符。正如萨缪尔森（1976，p.43）在他关于经济学入门的著作中提醒人们注意的：

> 一个反对者一定会像伯纳德·肖评价基督教那样评价完全竞争市场：它唯一的问题在于它永远无法得到验证。

只有在一种情况下价格机制才能成为足够的协调机制，这种情况就是相关经济实体对信息的需求非常有限。基本上来说，只有当价格可以吸收、包含、反映所有必要信息的时候，我们才能把价格机制当作唯一的沟通工具。让我们来考察某些价格机制对沟通所有必要信息是不充足的这一情况，并且让我们将非常接近完全竞争市场模型的情况作为考察的起点。

首先，让我们看一看零售业市场，例如杂货店和超市。你是否曾经奇怪为什么各种产品看起来差别那么大？有些产品是有包装的，有些则没有；有些是有商标的，有些则没有；有些是可以被顾客检查的，有些则不能。我们提出存在这些差别的一个主要原因是产品质量的多样化寓于这些差别之中。例如，糖是一种非常标准化的产品，以至于大多数人都只在意它每斤的价格。人们没有意愿在购买糖这种商品之前去检查这种商品，也不太在乎它的品牌。现在把它与其他商品，例如水果做个比较。正常情况下，水果都放在顾客面前的货架上。顾客往往要挑选一下，并且选择一个他愿意接受的价格去购买。我们提出这种情况的主要原因是水果的质量是多样化的，造成多样化的原因有季节、地域、运输时间等。顾客在购买之前想要得到第一手的判断资料。价格作为衡量质量尺度的信息沟通工具是不充足的。一个较高的价格应该代表一个较高的质量，但是我们中的大多数人都不认为这种机制的运行是无瑕疵的。

对于许多零售产品来说，一个中间的解决办法是最大限度地使质量标准化。例如，汤料也是一种质量多样化的产品。但是潜在的购买者要在购买之前获得对汤料这种产品的第一手的经验资料是很困难的。通常对这种信息问题的解决办法就是打出品牌，假设品牌能够反映这种汤的质量等级。通过广告、消费者经验的积累，以及使用多种品牌的产品（汤料和佐料），我们学会了把品牌作为区分产品质量等级的标准。至少在我们第一次购买某种商品的时候,我们可以依赖于这种标准并把它视为一种精确的质量指示器。如果通过这种方法购买的产品与我们预期的质量相符,那么我们对这种标准的信任就会增加。商标可以被看成解决信息问题的一种办法。这种解决办法对那些愿意投资创建和保持他们的商标信誉的组织来说是可行的。专栏4.1强调了在汽车市场上商标信誉的价值。

专栏4.1　　　　　丰田汽车品牌作为高质量的一个标志

日本汽车公司丰田汽车在将自己的品牌打造成高质量和可信赖的标志方面努力了几十年。它率先开创了"丰田模式",开发出了一套最佳做法,如 kaizen(不断进取,精益求精)和 genchi genbutsu(现地现物,通过车间调查找到问题的根源)。同时,丰田采用的精益生产原则使其成为最具效率的汽车生产商。丰田对质量和效率的不懈追求使其成为全球最大的汽车销售商之一,2010年生产了860万辆汽车。

然而近几年丰田的品牌形象大打折扣。下面这个故事很好地阐述了一句老话:"信任走路来骑马去",也说明了当顾客不再将某一品牌作为高质量的标志时所带来的潜在后果:

> 对丰田汽车来说这是残酷的一周,它花费了如此漫长的时间才在汽车制造业建立起质量、可靠性和效率的黄金标准。上周五,公司总裁兼首席执行官丰田章男,就其全球汽车召回问题引起的顾客恐慌事件道歉。人们纷纷对丰田汽车的质量、公司的完整性和业务的未来表示担忧。自1月21日,因为在踩踏时会发生卡滞的有缺陷的油门踏板,丰田在美国召回汽车后,丰田的市值损失了至少1/5。召回范围已经扩大到欧洲及其他地区。
>
> 丰田在很多车型上共同使用的零部件是这次大范围召回事件的原因之一,有450万辆车受其影响,大部分位于美国和欧洲。虽然早期也有575万辆汽车因为脚垫使油门存在隐患被召回,但这次召回事件和以前的情况完全不同,即使有些车型在两次召回事件中都被涉及。丰田表示,与此次召回车辆相关的销售和生产都已被冻结——上周它暂时关停了在美国的5条组装生产线——这将对公司造成近20亿美元的损失,还不包括此次事件对未来销售造成的影响带来的损失。上个月,丰田在美国的销售量下降了16%,而它最大的两个竞争对手通用和福特都获利颇丰。它的下跌速度之快与它辛苦爬到行业顶端作为最有价值和最值得信赖的品牌之一的上升速度之慢形成了鲜明对比。

资料来源:"Toyota's Long Climb Comes to an Abrupt Halt", *The Financial Times*, 5 February 2010。

上面的例子假设存在一种真实的产品质量,因此,信息问题就是把这种真实的产品质量传达给消费者。但是在某种情况下,产品的质量可能对任何人来讲都是未知的。超市可能就是这种情况,它想要确保的是它下一年的水果供应,无论下一年水果收成怎样。在这种情况下,超市会同供货商签订一份长期合同。但是水果的收成取决于未来的天气,无论超市还是供货商都不知道它会怎样。在这种情况下我们认为水果的质量是不确定的。

市场可以在不确定的情况下运作，至少在某种程度上可以。这时候，超市和供货商就很难在合同上达成一致，合同只能就下一年水果的发货量做出规定（在某个价格水平上）。在确定了下一年的水果供应量之后，双方再制定一个公平的价格。在存在不确定因素的情况下，交易双方对于价格存在相反的利益。因此交易双方会根据下一年水果的实际质量水平，做出不同的价格规定。这种合同被称作**意外声明合同**（contingent claims contract）。这种合同条款的特殊之处在于承认相关的不确定性。注意，这种合同只有在双方能够对下一年水果质量进行测量的情况下才可能的。如果这种质量测量是不可能的，那么交易也是不可能的。

如果双方能够协商出一份包括了未来所有意外事件的合同，他们就可以签订一份完全合同。但事实上，我们经常观察到的都是在不确定情况下的**不完全合同**（incomplete contracting）。理由如下：

- 通常难以预见和准备好所有可能的意外事件。
- 协商所有事件来签订一份合同的费用可能很高。双方可能会在高费用和承担遗留的意外事件风险（发生的概率很小）方面做出权衡。
- 由于语言限制可能无法完全明确地描述出条款和情况，因此仍需要事后对事实进行解释。

在这种情况下我们可以看到，不完全合同可以覆盖一些但不能完全覆盖所有的不确定性。在第13章涉及的企业并购环境中我们将会进一步讨论不完全合同。

虽然市场可以处理某些具有不确定性的问题，但是它不能处理很多这样的问题。原因很简单，对人类的大脑来说同时玩转很多具有不确定因素的事情是不可能的，因此，在有很多不确定因素的情况下，我们是不能签订意外声明合同的。

假设水果供应商打算研发新品种的嫁接水果：比如将苹果和梨进行嫁接生产的苹果梨。设想这需要大量投资，例如投资在实验室里或者投资给专业的生物学家。如果供货商打算负担这些投资的一部分，然后通过给超市提供一份苹果梨的发货合同（预付）将这一部分投资转嫁给超市，这就存在一个问题——超市是否愿意承担这部分投资？

研发新品种的嫁接水果有太多的不确定因素（技术需求、大量生产的可能性、顾客口味等），以至于列明所有可能的意外情况或意外情况的组合几乎是不可能的。因此，这个合同不能签订，并且交易的基础也不稳固。

在这种情况下一个组织的解决办法可能是在超市和水果供应商之间实行纵向整合：一方吞并另一方。这种组织的解决办法也是价格机制和生产调节不能吸纳全部相关不确定因素这一事实的解决办法。（我们会在第8章回过头来讲这个问题。）

最后，让我们来研究存在有用信息但是信息分布不均匀的情况，这就是**信息不对称**（information asymmetry）。我们说供货商在实验室里开发了新品种苹果梨，但是他自己却没有足够的经济实力或者精力去建立种植这种苹果梨的大规模产业。这样他就有两条路可以走。一条是在市场上出卖他的知识，例如卖给其他供货商。但是这里有一个基本的困难。其他供应商想要确切地了解他们所购买的商品：苹果梨是怎样生长的？苹果梨生长的过程有哪几步？每一步必须投入什么？苹果梨对天气条件的敏感度怎样？它们能够抵抗一般的苹果和梨的病虫害吗？在潜在的购买者能够确定新的苹果梨的生产方法的价值之前，所有这些问题都必须回答。但是，如果所有这些问题都被回答了，其他供货商就已经得到他们自己生产苹果梨所需要的全部信息。这就是**信息的基本悖论**（fundamental paradox of information）：信息的价值必须通过揭露信息才能传达给另一方，但是这种揭露又使得信息失去了价值。

苹果梨生产者可以走的另一条路是利用组织。例如，他可以和其他生产者达成一个合作协议，这个协议可以有效分散风险。对此，我们将在第 7 章第六节详细论述。

到目前为止，我们已经讨论过下面几种情形：

- 价格不能反映商品的所有的衡量尺度；
- 存在不确定性；
- 存在信息不对称。

特别地，在信息不对称的情况下，产生了很多有趣的问题，原因在于信息不对称会造成**投机行为**（opportunistic behavior）。投机行为（也叫战略行为）问题将在第 8 章进行更全面的描述。这里我们仅仅举例说明一下，例子来自米尔格罗姆和罗伯特（1987，p.184）的论文。这个例子还介绍了完全信息、不完全信息和信息不对称之间的区别：

> 为了得到一个关于信息不对称在战略行为中的作用的观念，我们考虑三个简单的卡片游戏。在第一个游戏里，每个参与者得到五张牌，每张都是正面向上，各个参与者都可以看到所有牌的大小，然后根据大小来打赌。在第二个游戏里，每个参与者也得到五张牌，其中几张正面向上，其余的正面向下，在不看底牌的情况下，各个参与者根据大小打赌。第三个游戏的玩法和第二个游戏相同，只是每人可以看到自己的底牌，而不能看别人的底牌，然后打赌。
>
> 第一个游戏是一个完全信息的例子。每一个人知道每一件事，就像我们假设人们总是喜欢钱多而不喜欢钱少一样，完全信息情况下会发生什么事情根本不值得一提：肯定没有人去打赌，甚至根本没有人愿意费神去玩！……
>
> 第二个游戏是不确定信息或者不完全信息的例子，但是没有信息不对称……这种类型的游戏对学习保险、风险投资以及求学等问题来说都是一个很有用的模型（特别地，如果我们把这个游戏规则修改成同时掀开底牌，然后打赌）。但是，它的玩法本身不能产生任何有趣的战略行为模型。
>
> 第三个游戏涉及信息不对称：存在有用的公共信息，而每个参与者又有他的或她的底牌的私人信息……很显然，私人信息的存在能够导致有趣的战略行为：诈骗、发出信号、建立名誉等。这也是扑克能够流行不衰的原因。

下一节我们将继续研究信息问题的结果，特别是信息不对称的结果。从上面的例子中，我们希望你能从直觉上理解：信息问题对于解释某些特殊交易的协调问题至关重要。

所有的协调都需要信息。当双方希望进行一场交易时，他们都必须获得必要的信息。市场和价格可能传递某些类型的信息，但通常不是全部的必要信息。通过组织协调，其他类型的信息才能被传递。在下一节里，我们将通过介绍一些信息经济学的概念，进一步发展这一基本观点。

4.2 隐藏信息

信息经济学是经济学的一个年轻的分支。它通过研究信息问题和信息特征，启发我们的思想，进而发展经济学理论。它的一些主要的思想火花来自对保险问题的分析。我们将在本节和第三节使用其中的一些经典案例来介绍隐藏信息和隐藏行动的概念，隐藏信息又叫逆向选择，隐藏行动又叫道德风险。

首先，介绍隐藏信息。举例说明，设想一个国家没有健康保险。我们把这个国家叫作"死亡之国"。你已经移民到了这个国家，并且你也已经确定这里确实没有健康保险存在，所以你决定开展保险业务去填补这个市场空白。你要怎样做呢？正常的程序是雇用保险精算师。[1]保险精算师将确定这个国家人口的健康风险。他可能会画出一条钟形曲线（一个正态分布）（见图4.1）。

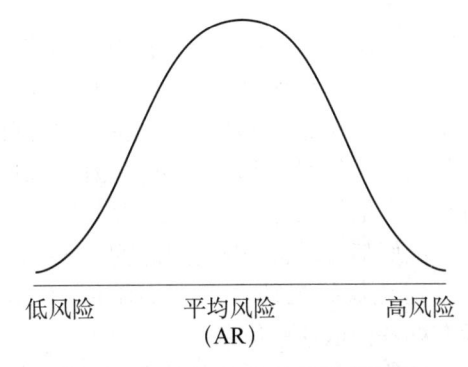

低风险　　平均风险　　高风险
　　　　　　（AR）

图4.1　死亡之国人口的健康风险

我们可以从图4.1中观察到，死亡之国的人口包括健康风险非常低的人（由图中向左的趋势表示），也包括健康风险很高的人（由图中向右的趋势表示）。可能的情况是，老人趋于向右的位置，因为健康风险随着年龄的增加而增加。再例如有遗传性健康风险的人或者吸烟的人都比同龄人趋于更靠右的位置。另外，也有年龄较大的人身体很好，因此比同龄人的健康风险低。在死亡之国，人们都或多或少知道自己属于哪个健康风险等级。

如图4.1所示，在健康风险分布的基础之上，保险精算师可以计算出保险费率，而为了能够确定开展这项保险业务的范围，你是一定要知道这个保险费率的。这个保险费率是在图4.1的基础上计算出来的，它说明了死亡之国全部人口的情况。在本质上，这个比率反映了平均风险。

现在你进入该市场，并根据平均风险率提供你的新产品——健康保险单。死亡之国里的哪些人会购买它？预计那些健康风险高于平均风险的人会热切地接受你的报价。原因很简单：在一个反映平均风险的比率上，你的产品对那些高风险的人有极大的吸引力。很少有健康风险低于平均风险的人会购买你的保险单。对他们来说你的产品没有吸引力。

在保险经济学中，这种现象被称为**逆向选择**（adverse selection）。这样的行为将会导致以下后果：你将结束你的这项业务，因为人口中风险高的那部分人购买你的保险单更多。风险高的人已经根据你的报价进行了自我选择。他们已经有了申请健康保险的动机。

作为这种逆向（客户）选择的结果，你将被迫提高你的保险费率——但是这也会产生一个逆向的影响。在这一较高比率上，保险单即使对平均风险的人群也失去了吸引力。这将导致他们停止投保，进而导致你的保险业务失败。还有极端的情况，逆向选择变成一个自我加固机制，它能使健康保险单成为不可能在市场上报价的产品。

在钻研这个问题可能的解决办法之前，让我们首先来考虑一下逆向选择现象的基本特征。

逆向选择是信息不对称的一个基本类型。它是一个**隐藏信息**（hidden information）（阿罗，1985）问题，潜在交易的一方比另一方获得了关于交易的更多信息，这里指死亡之国的人比你的保险公司获得了更多关于个体成员健康状况的信息。保险合同签订之前信息问题就已经存在了。用信息经济学的语言来说就是一个**事前信息问题**（*ex ante information problem*）。

对于你的保险公司来讲，问题是怎样确定你的潜在顾客代表的真正风险：确定潜在客户的风险程度是不是同死亡之国的平均水平一致。如果不是，你就可以据此调整你的保险率或者风险依赖率（例如，部分地依靠年龄）。在某种程度上，公司能够获得一些信息，如年龄，来确定这些风险。但是，那些寻求保险的人比保险公司更清楚风险因素，如遗传病、吸烟的习惯等。他们没有动机去诚实地反映这些信息，因为这会不利于他们购买健康保险。相反，他们却有动机隐瞒这些信息，例如，就算知道自己的健康风险高于平均水平，他们也会对此保持沉默，并且去购买一份健康保险。若当事人不合作，那么保险公司根本没有办法获取这些信息。

这个例子对上一节讨论的第三种卡片游戏的信息结构进行了回应。逆向选择现象的出现是因为一方拥有与潜在交易相关的私人信息，而这些私人信息基本上不能被另一方察觉。正是这种私人信息的不易察觉性构成了信息问题的实质，并把风险转嫁给了交易的另一方。

专栏 4.2

献血

世界上很多地方都存在一系列的用作输血目的的高质量血液的短缺问题。假设你是这种血液的一个潜在需求者，可以想象你一定希望这种血液是最高质量的，也就是说这种血液是完全未受感染的（如未受肝炎病毒、人类免疫缺陷病毒等的感染）。如果更多的人可以确信被捐赠了这样的血液，那将是非常有益的。理论上，这种血液是可以卖出一个很高的价钱的。但是，我们发现大部分这种血液的采集是在自愿捐献的基础上组织的，于是问题出现了，血液的供给问题就变为寻找自愿捐献者的问题。为什么这里不能有更多的商业行为呢？为什么血液的采集不能由价格机制控制呢？原因之一是用钱来收购血液导致了逆向选择问题的出现。在药物依赖人群中感染肝炎病毒、人类免疫缺陷病毒等的概率比较高，因为他们往往共用针头等从而互相传染。同时，他们对现金的需求也大。因此对这些人来说，"卖血"特

> 别有吸引力。这样在市场上采集血液的任何尝试都有可能吸引很大一部分病毒携带者。如果我们不能 100% 确定血液测试过程能够保证收购的所有血液都是完全未受感染的,包括任何可能的新的病毒变异的感染,那么这种逆向选择是绝对不可接受的。
>
> 相反,志愿捐献体系可以确保那些知道或者怀疑自己是病毒携带者的人没有动机成为献血志愿者 (Titmuss, 1971)。
>
> 另一个原因在专栏 8.4 中给出。如果你对当下的献血做法或潜在风险筛查感兴趣,你可以看下这个例子:
> http://www.fda.gov/BiologicsBloodVaccines/BloodBloodProducts/QuestionsaboutBlood/DonatingBlood/defaut.htm.

逆向选择问题大量存在于社会上。专栏 4.2 举了一个例子。另一个例子来自阿克洛夫在 1970 年对旧车市场所做的分析。阿克洛夫想要解释为什么在使用不久的旧车(未注册)和新车之间有如此大的价格差异。假设你刚刚买了一辆新车,比如福特,并且只开了很短一段时间,这时候你买彩票中了一辆梅赛德斯-奔驰。现在你打算卖掉福特。于是正常情况下你要接受这辆福特车原买价 20% 的损失。为什么?

阿克洛夫的回答从一个假设开始,假设市场存在好车和坏车。我们把坏车叫作"柠檬车"。当我们买了一辆新车时,我们全部面临着同样的风险。所有相关各方都不知道这辆车是不是柠檬车。你的福特经销商不知道他卖给你的是好车(正常情况下)还是柠檬车(例外情况下)。同样,你作为买方,也不能通过一次试驾就察觉出这有什么不同。所以,我们所有人都面临同样的不确定性——我们买了一辆新车而它却是一辆柠檬车。

但是,在拥有这辆车一段时间以后,车主会对这辆新车的质量有了切实的看法。可能这时候他才发觉某些(潜在的)问题。这就是信息不对称:旧车的卖者比潜在的买者知道关于汽车质量的更多信息。但是,买者没有办法区分旧车的好坏。正因为他们无法做出区分,好车和坏车就一定会以同样的价格被出售。在这个价格水平上,好的旧车的车主没有动机出售他们的汽车,而这个价格对出售柠檬车的车主却很有吸引力。因此,在旧车市场上买到一辆柠檬车的可能性要远远高于在新车市场上买到一辆柠檬车的可能性。这种风险将会反映在市场价格上。尽管你的福特车没有任何问题,它的卖价也反映了旧车是柠檬车的可能性更大这一点。

重申一遍,基本的问题是对买者来说旧车的真实质量是不易察觉的。卖者拥有私人信息,但是他们没有同买者分享坏车信息的动机。坏车风险自我选择进入了旧车市场,而买者无法规避坏车风险。如果不采取对应的解决方法,旧车市场可能无法存在。

这种"柠檬效应"也会出现在劳动力市场上(专栏 4.3 举例进行了说明),甚至会出现在电影市场上(见专栏 4.4)。

专栏 4.3　　　　　　　　　　下岗工人和柠檬车

假设你在一家公司工作，你受到了国际竞争的严峻挑战和严重威胁。在即将到来的公司重组中将有 10% 的白领工人被解雇。但是，公司也有可能破产：一旦破产，每个工人都会失去他或者她的工作。你认为由于公司重组或公司破产你失去工作有什么不同吗？

在一个信息不对称的世界里，假设你现在的雇主比你潜在的未来雇主拥有更多关于你的生产能力的信息——这个假设是合理的。如果由于公司重组的原因你被解雇了，那么你未来的雇主就可能会认为，在你当时的雇主看来，你是属于那 10% 生产能力最差的工人里的。这样你就很难再找到一份新的工作，或者你不得不接受一份比现在低的工资。你被解雇这个事实对于你未来的雇主而言是一个消极信号。如果公司破产了，那么就不会有这个消极信号，因为所有工人都必须离开。所以如果公司破产，你会比较容易找到一份工作。这种影响在统计调查中得到了证实：下岗失业白领工人的收入明显低于由于公司破产而失业的白领工人的收入，并且下岗失业白领工人的待业时间也比由于公司破产而失业的白领工人要长（Gibbons and Katz, 1991）。

因此，你最好在公司破产的时候离开，而不要在公司重组中被解雇。

专栏 4.4　　　　　　　　　　提防好莱坞柠檬

在许多国家，投资者有机会投资电影以换取获得未来收益的股权。在美国，有人甚至已经尝试建立一个"期货交易中心"，就未来电影的收益促成买方和卖方之间交易。菲茨杰拉德公司（Cantor Fitzgerald）就提议建立这样一个期货交易中心（康托交易所，Cantor Exchange），并在 2010 年获得美国商品期货交易委员会（CFTC）批准。然而，沃顿商学院保险和风险管理教授凯特·斯麦特斯（Kent Smetters）就曾告诫这个新交易中存在逆向选择问题：

> 个人合同履行中的赌注——这个例子中特指电影——常常受逆向选择的诅咒，即市场上出售的都是质量差的产品。问题不在于期货交易本身。类似于猪腩、玉米、石油、货币汇率等期货合同的交易额每年高达数万亿美元。理论上，电影的期货交易确实需要一家电影公司来分散未来的风险，通过有效出售未来不确定的现金流来为当下筹资。
>
> 但电影的期货交易无法领会柠檬市场背后的经济学。每当有质量参差不齐的产品出售时——关于产品质量卖方比买方拥有更多的信息——往往是低质量的产品先被销售出去。换言之，因为该电影公司可以通过内部市场测试认识到哪些电影是真正的柠檬，康托交易所最后会因为出售这些柠檬电影而面临倒闭。
>
> 传统的商品（像小麦和货币）期货交易所之所以能发展得如此顺利，是因为买卖双方拥有关于潜在风险的相同信息。此外，交易的商品在某种程度上

都是标准化的，卖方无法通过挑选只出售低质量的产品。事实上，营销人员通常会将产品"商品化"，这意味着产品间的质量差异很小。但电影不是商品，在电影上映之前，电影公司有大量的关于电影质量的私人信息。新成立的康托交易所很可能会鼓励电影公司仅简单地拉高价格出售它们的柠檬产品。

与此同时，美国国会颁布了新法规，禁止将票房收入作为任何期货合同的交易基础。与上述顾虑相似，美国电影协会表示出了对私人信息滥用等的深切担忧：

"我们电影工作者、创业者、独立的生产商、分销商、商业组织和影院业主组成了一个联盟，一致反对这种在线赌博服务，这将严重危害电影事业和依存于这一行业的240万美国人民的生活。"一份声明如此说道。该联盟反对电影的期货交易，因为它认为基于票房表现的期货交易将催生滥用和内幕交易。技术人员或其他制作人员可以利用他们关于电影质量的信息和对某部特定电影的前景看法在市场上索取经济利益。

无论你是否是电影公司的工作人员，从事内幕交易都是违法的。所以，当康托交易所放出关于交易标的电影的市场期望成功率时，电影行业的真正目的也许是逆价格信息而行？

资料来源：Based on "Betting on Future Movie Receipts: Beware the Hollywood Lemons", Knowledge@Wharton, 28 April 2010; "CTFC Approves Second Hollywood Futures Exchange", *The Financial Times*, 21 April 2010; and http://www.cantorexchange.com/MarketOverview/Market-Launch-Announcement.aspx.

幸运的是，在许多情况下，对隐藏信息的问题都有很多解决办法，尽管这往往只是部分解决办法。因为问题的实质是某些信息不容易被察觉，所以我们就要试图增强这些隐藏信息的可察觉性。在健康保险的案例里，我们可以要求被保险人做身体检查。这至少可以揭示已经存在的问题，当然还是不能揭示遗传性疾病的风险。同样，一个旧车的买主可以坚持要求给汽车做检查。这种检查可以由资深的汽车经销商完成，这些汽车经销商可能对自己品牌的汽车在旧车市场上的交易情况很感兴趣。在有些国家，可以由汽车联合会安排独立的检查。因此在这些国家消费者组织起来共同应对信息问题。再次申明，检查只能揭示表面问题，而不能确保这辆车到底是不是一辆柠檬车。

如果我们不能通过直接观察来解决隐藏信息问题，也许我们可以试试另一种间接的方式。这就是迈克尔·斯宾塞（Michal Spence, 1973）为就业市场提出的**信号**（signalling）概念，我们可以思考一下信号隐含的意思。假设一个雇主希望招聘到一个人，这个人能够在商业环境中快速吸收新信息。当然所有的应聘者都会说自己具备这项能力，并且也只有他们知道自己关于这项能力的水平。如此一来雇主和应聘者之间就会存在信息不对称问题。

斯宾塞认为就读商学院或获得一个工商管理硕士文凭可以作为具备该种能力的信号。原因是，如果教育信号真的和能力相关，那么雇主最好雇用那些投资于这些（昂贵的）信号的人。在企业并购那一章我们将会看到一个例子，创业公司将首次公开募股（IPO）所需的耗资不菲的申请过程作为收购目标可信度的信号。

应对隐藏信息还有其他办法。这些办法大多指向相关风险。对于健康保险中的逆向选择问题，一个解决办法是集中风险。如果这份保险单能被制作成一份对死亡之国全体居民的集体保险单，那么问题就可以解决了，因为这时候保险精算得出的保险费率能够反映人口的真实健康风险。当然，这种解决办法只有在互助保险公司或者国家保险的情况下才能被采纳。

另一个可供选择的办法是重新分配相关风险。在一笔旧车交易中，买卖的旧车是一辆柠檬车的全部风险都由买者一方承担。事实上，我们可以对其中的部分风险进行重新分配——要卖方提供一个担保，担保某些风险在一定时期内仍由卖方承担。通常修车厂可以提供这样一个担保。这个担保的可信度在很大程度上依赖于出具它的组织的类型。你不会轻易相信一个废旧汽车修理厂出具的这类担保。

最后，风险有时候能够被自然地、粗略地分割，然后被分别解决。在许多国家，健康保险被分割成两部分，一部分由个人自行购买，另一部分通过社会保险集体解决。在旧车市场上，实际上你能够选择是从个人那里购买，还是从废旧汽车修理厂购买，或者从被普遍认可的经销商那里购买。你应该知道市场的每一部分其风险特征都是不同的，从而其交易条款也是不同的。

总之，我们必须强调的一点就是：隐藏信息是一个无论在市场上，还是在组织中都存在的问题。它可能导致健康保险市场的崩溃和保险公司的破产。某一交易方无法观察到的私人信息会导致许多交易被排挤出市场或者组织。这些交易包括你作为个人试图把你的福特车卖给个人，以及你作为某个部门的主管要把某辆车、某个人或者某个思想卖给另一个部门。隐藏信息，或者仅仅是一种怀疑，就会阻止这两种类型的交易。

但是，我们希望从上面的例子里你可以明白：对于解决隐藏信息这一特殊问题的方法，市场和组织是不同的。对某些类型的问题，市场有合适的解决办法，如市场分割。对另一类型的问题我们就需要组织了，如互助保险公司和客户协会。因此隐藏信息的问题为我们引出了本书的基本观点：市场和组织提供不同的方法来解决经济交易中涉及的信息问题。哪种协调机制或协调机制的组合最合适，取决于相关信息问题的类型以及解决这一信息问题的方法的类型。我们在下一节中将进一步发展这一观点来解决隐藏行动的问题。

4.3 隐藏行动

隐藏行动（hidden action）或者道德风险是在市场和组织两种情况下都能够发生的一种信息不对称行为。但是，它不是一个事前信息问题，而是一种事后信息现象。也就是说，它是指交易各方可能采取的行动发生在他们同意进行这项交易之后。如果这些行动是交易的另一方不易察觉的，并且如果这些行动会损害交易另一方的利益，那么这些隐藏行动就会阻碍这项交易的完成。更严重的是，对这种隐藏行动的可能性的预期也会阻碍这项交易的完成。我们举例说明这几种情况，还是从保险领域开始。

例如财产保险。在荷兰，个人财产保险单适用于由失火引起的个人物品损害，失火的原因可能是烟头。这种保险现在已经废止了，原因是保险公司面临着这样的窘境：要求这项保险覆盖面扩大的呼声一浪高过一浪。例如，投保人认为衣服和家具的损毁也是火灾的结果,也应该在理赔范围内。有趣的是,这些衣服并不是新衣服而是上一年的老款。

这里有一个典型的隐藏行动的问题。一旦对这种事故进行理赔,就会出现投保行为的动机问题。投保人就会开始不注意他的行为,比如因为大意泄漏了某些可燃物,甚或会出现极端的情况,比如恶意纵火。这个例子给出了**道德风险**(moral hazard)这个术语。调查落实火灾到底是由不可抗力引起的还是投保人故意制造的,对于保险公司来说,几乎是不可能的。结果,当要求这项保险的覆盖面扩大的呼声过高时,这项保险业务就不能继续下去了。

旅游保险是同样的例子,它也提供了解决此类问题的一种组织方法。在旅游保险项下,我们可以对我们在国外旅行途中丢失的个人物品提出理赔要求。在这种情况下,许多人不再害怕遗失事故的发生,甚至出现了某种程度的谎言和诈骗。

显然,投保人的数量在不断增多,他们试图用旅游保险索赔的方式来部分解决他们的旅游资金问题。为了对抗这种趋势,荷兰的保险公司已经建立起了一家合资公司,该公司负责管理集体数据库并记录这些索赔。此外,它们还在戳穿诈骗行为的尺度上达成了一致,比如联合拒绝索赔数额特别高的客人的要求。通过这个数据库,他们分享信息并遏制这些诈骗行为,如揭穿那些用一份失物清单在不同的保险单中申报两次的人,还有那些通过从一个保险公司跳到另一个保险公司实施诈骗行为的人。显而易见的是,这些组织安排是为了克服或者部分克服隐藏行动的不易察觉性。

当我们离开保险领域的时候,我们会发现隐藏行动问题有很多。拿旅游销售人员的例子来说,他与公司签约去开发一个新地区的旅游业务。如果他带回来一个数量令人失望的订单,那么原因可能有多方面:可能他没有尽最大的努力而去追求其他利益了;也可能这一地区的竞争是僵化的;或者消费者的偏好不同;一年中的旅游时机选择得不好;等等。问题是公司不能区分原因,因为这些是不易察觉的。专栏4.5讨论了一家主要的咨询公司麦肯锡如何建议使用"随行者"(ride-alongs),作为解决现场服务技术人员的工作缺乏可察觉性这一问题的方法之一。

专栏 4.5　麦肯锡对提高现场团队工作效率的建议

拥有大量现场服务团队(例如安装电话线或机顶盒的技术人员)的公司发现很难提高这些团队的工作效率。一方面,管理人员无法很容易地观察到雇员的工作方式;另一方面,许多公司不知道如何安排现场技术人员的工作——公司会低估雇员们在一天内能完成的工作量,也没有意识到可以取消的工作机会一般比新的工作机会多。

如何解决?对于新建团队,安排给他们的工作要比他们实际能完成的工作多——就像航空公司超额出售机票,因为他们知道有些乘客会取消航班。公司对这些现场团队的安排更加灵活,当客户取消了某项服务而其他地方又有新的服务需求出现时,要及时将这些团队安排过去。最后,管理人员应该安排"随行者"来观察团队的工作,利用观察中的发现想方设法提高工作效率。

资料来源:http://www.mckinseyquartery.com/newsletters/chartfocus/2008_02.htm.

正如上文所讨论的，一种战略是增强可察觉性。这可以通过监督销售人员的行为或者进行市场调查来实现。另一种战略是考虑分担风险的安排。如果销售人员接受的是固定工资，风险就完全由公司承担。无论销售人员多么努力，他始终获得同样的工资，所以在这种交易中他不承担任何风险。同时，他也没有动机投入本该投入的努力，更不用说额外的努力。结果，令人失望的产出的风险全部由公司承担了。另外，如果发给销售人员的工资是完全变动的，那么全部风险将由销售人员承担：没有订单就没有工资。这应该是不能被销售人员接受的。因此，公司应该和销售人员通过谈判达成关于工资的一致意见，即工资包括固定和变动两部分。这两部分工资共同决定了特殊的风险（和动机）分配。第7章我们讨论代理理论的时候将回过头来讲这种类型的解决方法。

最后一个例子，假设即使你能够观察到它们，你仍然不能确定行为的正确性。内科医生和病人的关系是这种情况的一个例子。这种关系中最基础的就是医生在医药方面拥有的高级知识。即使医生告知你治疗的每一步，你通常也不能判断他的行动是否是用心的，他是否能为他所做的治疗负责。这里由于专业知识的存在有一个基本的信息不对称问题。一般情况下你没有正确解读医生行为信号的能力。你想要得到某些担保，保证这种信息不对称不会剥夺你的最大利益：你想要得到你能够得到的最好的治疗。在这种情况下，医药协会通过开发专业操作代码，通过要求对它的成员进行不断的教育并总结病人投诉（坚决打击不合标准的医疗行为）等方式试图提供给你某些这样的担保。因为这些组织安排可以给你提供一些担保，你就不需要更高水平的担保了。最后，职业道德和个人的责任感成为唯一的解决医生和病人之间的信息不对称的办法（Arrow，1963，1973）。

总结这一节，我们要列举隐藏信息（逆向选择）和隐藏行动（道德风险）这两个概念之间的某些相同点和某些不同点。一个基本的相同点是它们都是不易察觉性问题的结果。任何时候，如果交易的各方都能观察到他们所需要的所有信息并按此来准备和进行这场交易，则与这两个概念毫无关系。第二个相同点是信息分布不均匀。交易的一方拥有私人信息，而这对于另一方来说是不易察觉的。这些私人信息是有价值的，它会影响交易的条款。因为这些信息是私人的，它的所有者能够决定揭露它还是不揭露它。当揭露它会不利于其所有者的利益时，其所有者就没有动机这样做。最后一个相同点是这两个问题都可以在市场上和组织里发生。但是，市场和组织会对这些问题提供不同的解决方法，虽然是部分解决的方法。

这两个概念的不同点如下：**隐藏信息**（hidden information）是一个事前概念，它是指私人信息存在于各方达成一项交易之前。**隐藏行动**（hidden action）是一个事后概念，它是指私人信息形成于交易执行的过程中。此外，它还代表了一个私人信息的特殊类型：关于交易中某一方的不易察觉的行为。进一步来讲，这种行为是有价值的，它会影响交易的条款。如果一家保险公司发现有疏忽和欺诈现象发生，它就会停止这项保险业务，因而投保一方就没有动机揭露这样的信息。道德风险和逆向选择这两个概念之间的相同点和不同点在专栏4.6中进行了举例说明。所有这些概念都会在第13章有关并购的内容中广泛使用。

专栏 4.6　　保险从业者最可怕的噩梦

保险可以降低由意外事故带来的经济损失，但是它也增加了这些意外事故发生的风险。

飞机相撞、石油泄漏、生产故障一般都是不可预测的，但它们并不是完全随机的：有时候它们的发生是受人类活动的影响的。尽管保险可以在经济方面保护人们不蒙受灾难带来的损失，但它会反过来促成更多灾难的发生。

保险公司开展业务的理论基础是集中风险，它收取每一位客户保险金的唯一依据是所有风险的平均值。这种方式是很有吸引力的，但是仍然出现了两个问题，经济学家称之为"逆向选择"和"道德风险"。

投保动机最强的客户往往是那些让保险公司承担最大风险的人，这就是逆向选择。例如，如果一个人已经生病了，那么他一定非常急于购买健康保险。这增加了保险公司赔偿的可能性，因此，增加了健康人投保的成本，但是这不会增加社会的总体风险。

而道德风险会增加社会的总体风险。也就是说保险金对于保险公司的客户来讲是一个诱惑，一旦某个人购买了保险，他就愿意冒比正常情况下更多的风险。道德风险有很多不同的表现形式。例如某个人明知道某些事情会给他带来损失，他还是会增加从事这些事情的机会；再如某个人购买了汽车保险，那他开车就会比没有购买保险的时候更加不计后果。即使一个投保人会试图降低发生灾祸的概率，他也会用一种增加潜在损失的方式来做这件事。例如，一家企业发现它的产品有问题，它不会在开始的时候通过诉讼自己解决这个问题，而是会隐藏这个问题，直到后来发生了更大的风险问题，而让保险公司承担这些损失。

资料来源：*The Economist*，29 July 1995.

逆向选择在 2007—2011 年的金融危机中扮演了重要角色，原因是大银行承担了太多的风险，而这仅仅是因为银行认为自己"太大而不能倒"（请看专栏 4.7）。如果一项风险投资结果良好，银行高管将获取巨额奖金；如果累计亏损威胁到了银行的生存，纳税人将会买单。请注意，这种情况下仍然存在道德风险问题，即使银行和政府之间没有签订合同迫使政府为银行保驾护航。

专栏 4.7　　大而不倒：银行把球踢进了别人的球场？

一些组织可以发展到很大的规模，大到让人认为它们不会倒闭。最典型的例子就是银行业。一些银行的规模已经大到一旦发生违约将会危及整个金融系统，不仅是他们国家，甚至是整个世界。这个问题已经在 2007—2011 年的金融危机中浮出了水面。当投资银行雷曼兄弟的破产点燃了金融危机的导火索时，许多其他银行从本国政府那里得到了救助，将自己从违约风险中拯救出来，如花旗集团和美国银行、德意志商业银行、英国的苏格兰皇家银行、荷兰国际集团银行和比利时的德克夏银行。

> 从本质上讲，"大而不倒"是道德选择问题。当一个组织认为自己已经大到不能倒闭时就会鼓励过度冒险行为。比如，一家银行可能会投资于高风险资产，因为它潜意识里认为当它的累计亏损威胁到它的财务稳健性时，政府会出手救助。这些机构的私人风险监管可能也不够严格，最好是让它们自担风险，自负盈亏。换句话说，当企业规模足够大时，冒险的奖励是私人的（著名的银行家奖金），惩罚却要由公众来承担（纳税人为救助行为买单），这些机构的行为也会发生改变。
>
> 当然，银行业是"大而不倒"问题最突出的行业，但并不是唯一行业。2008—2009年，美国政府以超过500亿美元的成本救助了美国的一家汽车公司——通用汽车公司。世界各地的许多足球俱乐部同样认为自己"大而不倒"：
>
>> 没有一家大型足球俱乐部因为债务问题消失，无论俱乐部浪费多少钱总有人为其买单。当你知道无论你花多少钱都有人买单时，你会肆无忌惮地浪费。
>
> 2011年曼城公布了英格兰足球史上最大的亏损，最近一个财政年度亏损近1.97亿英镑，超过了之前最大的亏损额（2005年切尔西的1.41亿英镑）。这些案例中的损失分别由俱乐部的所有人——石油大亨谢赫·曼苏尔·本·扎耶德·阿勒纳哈扬和阿曼·阿布拉莫维奇承担。根据欧洲足球最高管理机构欧足联对665支球队的审计，欧洲顶尖足球俱乐部的亏损在2010财政年度扩大了36%，达到16亿欧元（21亿美元）。球队的债务高达84亿欧元。
>
> 资料来源：S. Kurper & S. Szymanski, *Socioecnomics*, New York, NY: Nation books, 2009 and http://www.bloomerg.com/news/2012-01-25/european-socccer-clubs-losses-widen-36-to-2-1-billion-in-2010-uefa-says.html.

现在这些概念已经通过举例说明了，下面我们要更正式地继续介绍信息经济学的基本概念。这将有助于我们明确它们的确切含义，并在接下来的章节中使用这些精确的术语。

4.4 信息的价值

如果世界上每一个人都知道每一件事，那么信息经济学就没有存在的必要了。如果信息资源不是稀缺的，经济学关于信息也就没有什么可研究的了。从经济学的角度研究信息，就是要研究信息的稀缺性，以及这种稀缺性的价值。

我们首先举一个个人决策者的例子，他在面临着不确定因素的条件下，要做出决定选择一种行动方案。用博弈论的语言来说（下一章的主题），这就是个人与自然博弈的情况。这一节我们要讲的是信息的价值是如何在这个游戏中体现出来的。

假设你是标准早餐公司的市场经理。你们公司开发了一种新的产品，你必须决定是否把它推向市场。如果推出这种产品成功了，你将获利，假设获利数为8，单位是百万美元。如果失败了，你会受损，假设受损数为2，单位还是百万美元。你预计推出这种新产品成功的概率是0.3，失败的概率是0.7。你会做出什么决定呢？图4.2

概括了可能的情况。

	自然情境	
	成功	失败
行动 推出	8	-2
不推出	0	0
情境概率	0.3	0.7

图 4.2　不确定情景下的个人决策：是否推出新产品

如果你是一个风险中立者，你就会简单地计算出新产品的期望价值：

$$0.3 \times 8 + 0.7 \times (-2) = 1（百万美元）$$

这个结果是正的，所以你会决定推出该产品。

另一种描述这种情景的方法是使用**决策树**（decision tree）（见图 4.3）。决策树一般包含两种类型的节点：一种节点处在个人能够进行选择的位置，在图中用方块表示；另一种节点处在自然随机选择的位置，在图中用圆圈表示。逆向思维，也就是从右往左看，我们能够计算出每一个节点的期望价值。图 4.3 中节点的期望价值是：

$$0.3 \times 8 + 0.7 \times (-2) = 1（百万美元）$$

节点 B 的期望价值是 0。因此在节点 C 处你就可以选择 A 而不选择 B。节点 C 的期望价值也是 1（百万美元）。这就是这个人与自然博弈的期望价值。

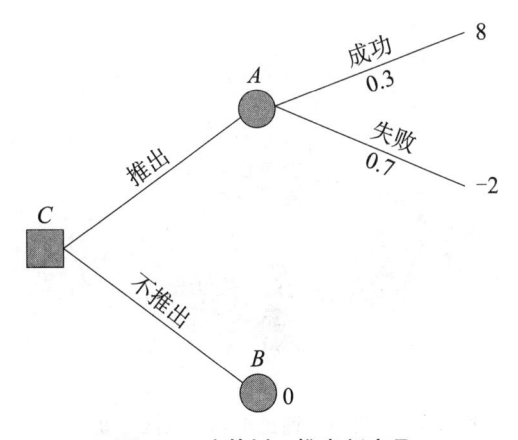

图 4.3　决策树：推出新产品

现在假设开始做市场测试。首先假设市场测试给了你**完全信息**（complete information）。完全信息的意思是，这里的信息消除了所有的不确定性。在所有市场测试中，测试者要做的第一步都是弄清推出这种新产品是否会成功。

在这种情况下完全信息的价值有多大？推出这种新产品成功的概率是 0.3（见图 4.2）。通过市场测试，厂商获得完全信息，证明推出这种新产品能够获得成功，因而推出新产品。而不通过市场测试，厂商也会推出这种新产品，所以同样有 0.3 的概率市场测试不会改变你的决定。但还有 0.7 的概率市场测试的结果是失败。在这种情况下，因为市场测试，厂商能够避免损失 2，单位是百万美元。所以通过市场测试，厂商可以有 0.7 的概率保住这个 2（百万美元）。在这个市场测试中，信息的价值是：

$$0.3 \times 0 + 0.7 \times 2 = 1.4（百万美元）$$

如果市场测试的成本低于这个金额，那么对新产品进行市场测试就是合理的。

在现实中，市场测试很少能给出完全的信息，在大多数情况下，都会遗留一部分不确定因素。例如，如果市场测试是成功的，你可能就会认为新产品真的会成功，也许成功的概率会提高到 0.8。如果市场测试失败了，你就会估计可能新产品真的会失败，也许失败的概率会提高到 0.9。图 4.4 概括了这种情形。如果图中的第一行和第二行所表示的概率中分别含有一个 1 和一个 0，那么我们就可以认为这里的信息是完全的。而现在图 4.4 中所示的就是一种不完全信息。

	新产品实际情况	
市场测试情况	成功	失败
成功	0.8	0.2
失败	0.1	0.9

图 4.4　来自市场测试的不完全信息

为了确定不完全信息的期望价值，我们考虑图 4.5。下面我们用逆向思维来计算每一个节点的期望价值。

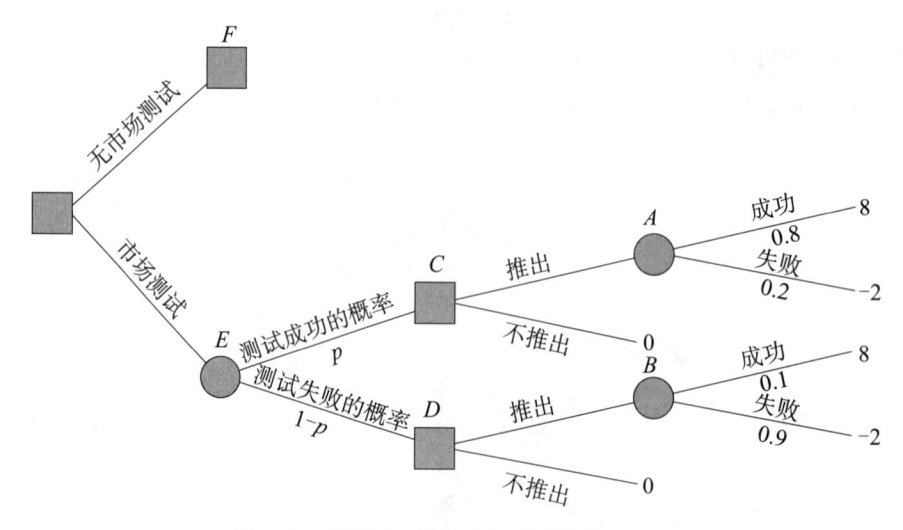

图 4.5　决策树：通过市场测试推出新产品

节点 A 的期望价值是
$$0.8 \times 8 + 0.2 \times (-2) = 6 (百万美元)$$
在节点 C 你会选择 A，节点 C 的期望价值也是 6。节点 B 的期望价值是：
$$0.1 \times 8 + 0.9 \times (-2) = -1 (百万美元)$$
在节点 D 你决定不推出新产品，节点 D 的期望价值是 0。为了得到节点 E 的期望价值，我们需要得到概率 p，即市场测试成功的概率。我们可以用如下的方法计算 p。新产品成功的真正概率等于
$$p \times 0.8 + (1-p) \times 0.1$$
这个表达式一定等于 0.3，这是已知的新产品成功的概率。所以我们得到：
$$p \times 0.8 + (1-p) \times 0.1 = 0.3$$

解这个等式得

$$p = 2/7$$

节点 E 的期望价值是

$$2/7 \times 6 = 12/7 (百万美元)$$

通过比较节点 E 和节点 F 的期望价值就可以计算得出由市场测试得到的信息的价值。我们知道节点 F 的期望价值是 1，所以市场测试得到的信息的价值是

$$12/7 - 1 = 5/7 (百万美元)$$

大约为 71.4 万美元。重申一次，如果市场测试的成本低于该数值，你就应该对你的新产品进行市场测试。

4.5 小结：市场和组织的信息问题

在这一章中，我们从经济学的观点考察了信息。我们讲述信息如何被看作一种经济商品，如何由它的稀缺性得到它的价值。

本章以具有完全信息的理想市场为出发点。在完全竞争条件下，价格是一个充足的决定指标，它可以向市场各方传达所有必要的信息。我们已经说明了完全竞争市场只有在信息需求很有限的情况下才能运行。例如，如果商品不是同质的，那么为商品购买者建立一个衡量商品质量的尺度就是必要的。传达这类信息的价格机制往往是一个不充足的机制。同样，在具有不确定性因素的情况下，价格机制就可能完全不能作为一种协调工具了。我们要特别注意的是信息不对称的情况。在这种情况下，信息的分布是不均匀的。这将导致在进行经济交易的过程中，某些交易方会利用他们的信息优势获取经济优势。

在信息经济学中，事前信息问题和事后信息问题是有着基本的区别的。逆向选择（或者隐藏信息）是一个事前信息问题。这类信息问题出现在交易的一方拥有与交易相关的私人信息的时候。这种私人信息对于交易的另一方来说是不易察觉的。在逆向选择的情况下，这种私人信息在交易各方同意进行交易之前已经存在。我们已经通过死亡之国的健康保险的例子和旧车市场的例子分析过这一概念。隐藏信息，或者只是怀疑隐藏信息存在，会阻碍交易在市场上或者在组织内部进行。但是，市场和组织是使用不同的方法来解决逆向选择问题的。

道德风险（或者隐藏行动）也会在市场上和组织中发生。它是一个事后信息问题，是在交易各方同意进行交易之后发生的。隐藏信息和隐藏行动都是关于私人信息的问题，也就是私人信息被交易的一方占有。在隐藏行动的情况下，这种信息是关于交易一方不易察觉的行为的。这种信息是有价值的，因为一旦交易的另一方察觉到，它就会影响交易的条款。但是，拥有私人信息的一方没有揭露这些信息的动机。重申一遍，市场和组织是使用不同的方法来解决隐藏行动的问题的。

最后，我们举例说明了一种确定信息价值的方法。要区分两种条件下做出的决策，一种是在通过移除所有的不确定因素得到完全信息的条件下做出的决策，另一种是在保留了不确定因素得到不完全信息的条件下做出的决策。在两种情况下我们都可以使用决

策树来大概厘清决策的脉络。这种决策树也描述了一种个人同自然的博弈。下一章我们将研究更多的博弈案例，包括两个或者多个参与者的博弈。

思考题

1. 当前有很多关于社会公仆偷懒的笑话。你认为这些笑话有一定的真实性吗？出于讨论的目的，让我们假设政府官员要比企业员工懒惰。你能用隐藏信息和隐藏行动的概念来解释这种现象吗？
2. 本章第二节讨论了"柠檬车"市场，认为可以通过买者和卖者之间的信息不对称来解释旧车和新车之间的巨大价格差异——卖者知道这辆旧车是不是"柠檬车"，而买者不知道。关于新车和旧车之间的巨大价格差异，你是否有其他解释？
3. 假设你是 I. G. Metall 工会——德国最大的工会——的谈判代表。你预期在未来的 4 年里会有很多公司大量裁员。你知道如果一个公司裁员达到公司现有员工的 10%，就一定会产生"柠檬效应"。为了消除这种"柠檬效应"，你会向你的员工提出什么要求？
4. 在欧洲许多国家存在大量的互助保险公司，它们与投资人所有的保险公司并存。大部分互助保险公司是由农民创建的，而且直到现在，它们还与农业有着紧密的联系。在 18 世纪的头 10 年，在许多国家，如比利时、法国、德国和荷兰等，只有很少一部分社会等级很低的农民拥有土地和农场（从前国家的大部分农场是贵族所有的）。这些农民非常贫穷。他们生产自己的食物，多余的食物便到附近的市场卖掉。他们农场的房子通常是用稻草和干草搭盖的。在农村是没有消防队的。一旦农场失火，农民便会失去他所有的东西，包括他生存的工具。当时也有投资者所有的保险公司，但是它们大多拒绝这种小农民的投保。你能否说明为什么在那个时候会出现农业互助财产保险公司？
5. 在棒球比赛中，有一个"指定打击"规则，允许一个团队指定除投手之外的参赛选手击球。用指定打击手（擅长击球的人）代替投手（不擅长击球的人）可以增加击到球并跑到指定位置得分的机会。有趣的是，该规则被适用于美国棒球联盟（AL），但不适用于全国棒球联盟（NL）。美国棒球联盟的投手掷球击中击球手的次数比全国棒球联盟更多。白普利和利宁认为这和"道德风险"有关。你能说说这是为什么吗？

注释

[1] 保险精算师是确定保险风险的专家。对保险精算师这一职业的另一个著名的描述是"计算生命的会计师"。

第 5 章

博弈论

5.1 导论

在第 4 章里我们把是否推出新产品的决策作为例子,讨论了信息的价值。正如我们在上一章第四节中所述,这种情况可以被看作一个人与自然之间的博弈模型,讨论个人在面对不确定因素时是如何决定自己该怎样做的。

这一章我们将进一步介绍博弈论。在每一个博弈中,都至少有两个参与者。此外,这些参与者的决策是相互依存、相互作用的。我们的意思是说博弈论中的任何参与者的决策都受到其他参与者的决策的影响。任何参与者在制定自己的决策时都要考虑其他参与者的决策。本章我们假设任何参与者都是理性决策者,他们所有的行为都只为实现自己的利益。另外,我们还假设所有参与者都认为其他参与者是理性的。

博弈有多种类型,它的两个重要特征是:

- 相关参与者人数;
- 博弈阶段数。

图 5.1 综合了这两个特征,从中我们可以区分我们这一章要讨论的博弈的类型。

本章的目的是让你熟悉博弈论的一些重要内容。博弈论已经渐渐成为许多学科(如政治、外交、军事等,当然也包括经济学)的重要研究工具。经济决策是在不同的情景下制定的,我们希望通过介绍博弈论让你对这些情景有一个印象。本章的一条重要线索就是不同的情景(如不同的博弈结构)为博弈参与者提供了不同的动机,并且出现了不同的策略。因此,无论是在理论上还是在现实中,识别经济学博弈的基本特点都是非常重要的。

	两个参与者	N个参与者（N > 2）
一个阶段	协调博弈 （本章第二节） 单阶段囚徒困境 （本章第五节第一部分）	拍卖 （本章第四节）
M个阶段（M > 1）	进入博弈 （本章第三节）	重复剔除囚徒困境 （本章第五节第二部分） 进化博弈理论 （本章第六节）

图 5.1　本章讲述的四种类型的博弈

5.2　协调博弈

我们用有两个参与者的博弈的例子作为开始。在这个博弈中，博弈双方只博弈一次，即只有一个博弈阶段。它的主要问题是参与者怎样才能协调他们的行为，因此我们把这种博弈叫作**协调博弈**（coordination game）。协调博弈介绍了**同步博弈**（simultaneous game）和**继起博弈**（sequential game）的重要区别。

为了得到各自最好的结果，参与者不得不协调他们的决策，类似这种情况的有很多。新技术标准化就是一个例子。假设飞利浦公司和索尼公司必须决定一项新的电子技术，比如视频（VIDEO）和光盘（DISC）结合的技术［我们就叫它视频光盘（VIDISC）技术］的规范标准化，见专栏5.1。两家公司都在为实现这一突破而努力。

有两种可供选择的系统类型。如果飞利浦公司和索尼公司选择了同样类型的技术系统，我们假设这时个体消费者从飞利浦公司购买这种新产品的价格是 A，从索尼公司购买这种新产品的价格是 B；如果它们选择了不同类型的技术系统，我们假设这时个体消费者从飞利浦公司购买这种新产品的价格是 C，从索尼公司购买这种新产品的价格是 D。我们说价格 A、B 一定高于价格 C、D，原因很简单：如果飞利浦公司和索尼公司选择了不同类型的技术系统，那么新产品的价格竞争不仅在于消费者要选择品牌，还在于消费者要选择系统，这时的价格竞争更激烈，价格自然更低。也就是说，当飞利浦公司和索尼公司选择了同样类型的技术系统的时候，每个企业获利更多。相比 DISC 技术（在 CD 技术的基础上增加视频设备），VI 技术（在视频技术的基础上增加 CD 设备）对飞利浦公司和索尼公司来说都有更高的盈利。VI 技术对飞利浦公司和索尼公司的吸引力是 DISC 技术对其吸引力的两倍。图 5.2 简单总结了这个例子的博弈特点。

索尼公司

		VI	DISC
飞利浦公司	VI	4, 4	-2, -2
	DISC	-2, -2	2, 2

图 5.2　飞利浦公司和索尼公司的 VI 技术

图 5.2 中的数字表示参与者双方的获利：第一个数字始终指行参与者的获利（这个例子中指飞利浦公司），第二个数字始终指列参与者的获利（这个例子中指索尼公司）。获利是指在博弈的最后使参与者感到愉悦的报酬。例如，如果飞利浦公司和索尼公司都选择了 VI，那么它们将都会获利 4 亿美元；如果它们都选择 DISC，那么它们将都会获利 2 亿美元。最糟糕的情况是一个公司选择了 VI 而另一个公司选择了 DISC。在这种情况下，它们都会遭受 2 亿美元的损失。哪种结果会出现呢？

> **专栏 5.1　现实世界的飞利浦公司、索尼公司和视频光盘**
>
> VIDISC 技术的例子在本书第一版中就已经有了，它最早出现在 1991 年。与此同时，在现实世界里 VIDISC 技术的博弈也上演了。现实世界里的 VIDISC 技术博弈有下列特点：
>
> - 多个参与者涉及其中。至少有 10 个电子公司对设置数字化视频光盘（DVD）的标准感兴趣。比起现在市面上的压缩光盘，DVD 具有强得多的数据存储能力，并被预期在将来会完全取代压缩光盘的地位。
> - 最初，参与者分成两个阵营，飞利浦公司/索尼公司对东芝/松下/时代华纳公司。这两个阵营都试图以自己的标准来设置 DVD 的标准，如此便会有爆发"标准大战"的危险，这种情况已经在视频技术发展过程中出现过，虽然在 CD 技术发展过程中没有出现这种情况。
> - 1995 年 9 月，这两个阵营达成了一项协议：建立一个协会，目的是设置共同的技术标准。
> - 但是，在这个协会内部关于彼此贡献的争论仍未休止。争论的焦点在于许可费（单个参与者可以凭借它们对于共同标准的贡献要求获得许可费）。冗长的争价阻碍了这项新技术迅速成功地推向市场。
> - 1996 年飞利浦公司和索尼公司威胁要独自向对 DVD 感兴趣的硬件和软件公司出售它们的执照。这没有破坏共同标准，但是，这会使其他对 DVD 感兴趣的公司又要从两个分裂的阵营分别获取必需的许可证了。
> - 1997 年，飞利浦公司、索尼公司和先锋公司（三家主要的 DVD 专利所有者）宣布它们取得了一致。其他想要生产 DVD 的公司必须向这三家公司上交售价的 3.5% 作为许可费。
>
> 真实世界的博弈说明了我们本章介绍的博弈的某些特点。我们是从两个参与者的博弈开始一直讲到 N（>2）个参与者的博弈。我们会讨论协调的潜在利益，如在工会或者企业联合里，当然也会讨论一些固有的困难。特别地，我们将说明对单个参与者来说，博弈的中心问题是协调还是不协调。

这取决于博弈的方式。如果博弈双方必须同时做出选择，那么在没有任何关于另一方偏好的信息的情况下，无法做出任何预计。原因是参与者都不清楚彼此会怎样假设另一方的做法。例如，如果飞利浦公司能够预计索尼公司选择 DISC，那么它就会被诱惑也去选择 DISC。如果一个参与者被允许在另一方行动之后再采取行动，我们就可以预言两个公司将会选择同样的技术。这是因为，对第二个参与者来说，跟随第一个参与者的行动永远是最有利的选择。假设飞利浦公司必须先采取行动，那么索尼公司一定会观察它的行动并采取同样的行动。

现在我们可以把这个博弈的过程用**博弈树**（game tree）图形表示出来（见图5.3）。博弈树和第4章介绍的决策树基本是一样的，所不同的是博弈树中有两个理性参与者为他们自己的利益行动，而决策树中只有一个。在博弈树节点的最后是两个数字，第一个代表先采取行动一方的盈利，第二个代表后采取行动一方的盈利。

飞利浦公司先采取行动。它会采取什么行动呢？假设所需信息方面没有问题，负责制定这一决策的飞利浦公司的经理会查看图5.3的博弈树。他会直接发现索尼公司会在节点 B 选择 VI，在节点 C 选择 DISC。也就是说他会发现无论他选择了什么，索尼公司都会做出和他同样的选择。所以如果飞利浦公司选择了 VI，那么索尼公司也会选择 VI。这时候两个公司都会获利4亿美元。

在这个博弈里有一点非常重要，那就是其中一个参与者被允许先采取行动。在继起博弈里，参与者双方协调彼此的选择是很容易的，但在同步博弈里要观察参与者双方如何协调彼此的选择是根本不可能的。

什么时候的博弈是**同步博弈**（simultaneous game）？真的需要参与者双方在同一时间做出选择吗？当然不需要。参与者双方可以在不同的时间做出选择。关键是当索尼公司要做选择的时候，它不知道飞利浦公司做了怎样的选择或者将做怎样的选择。信息不足使同步博弈与继起博弈区分开来。

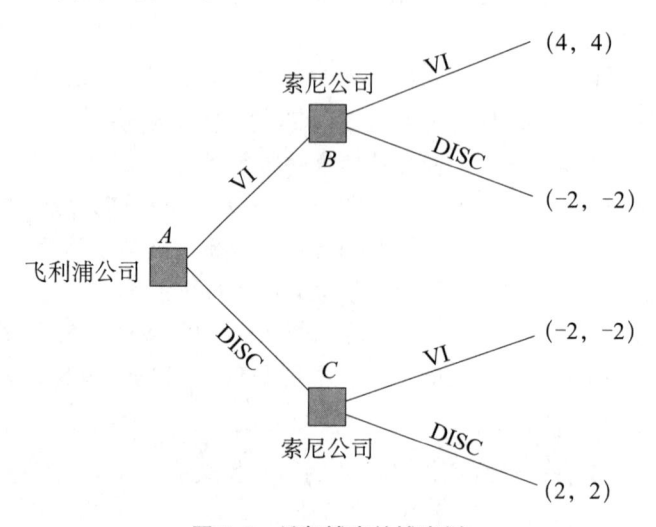

图 5.3 继起博弈的博弈树

在这个博弈中，飞利浦公司在做出了最后的决策之后把自己的选择告诉索尼公司，这是飞利浦公司的利益所在。对于索尼公司来说没有理由不相信从飞利浦公司获得的这一信息。所以用继起博弈来描述现实中的这种博弈比用同步博弈更合适。

继起博弈可以用获利列表矩阵表示，也可以用博弈树表示。所以图5.2既可以代表同步博弈又可以代表继起博弈。如果这个矩阵代表一个继起博弈，那么在我们画博弈树之前，我们也需要知道谁是先采取行动的一方。

同步博弈可以用获利矩阵和博弈树共同表示。我们在图 5.4 中给出了这种博弈树。图 5.4 和图 5.3 非常相似，除了在图 5.4 中包含环绕索尼公司两个决策节点的椭圆之外。这个椭圆代表索尼公司的信息集。它暗示了一个事实：当索尼公司必须做决策的时候，它是不能区分这两个节点的。索尼公司的经理不知道他做决策的时候他是在节点 B 还是在节点 C。因为信息不足，这种博弈是不能预测的。

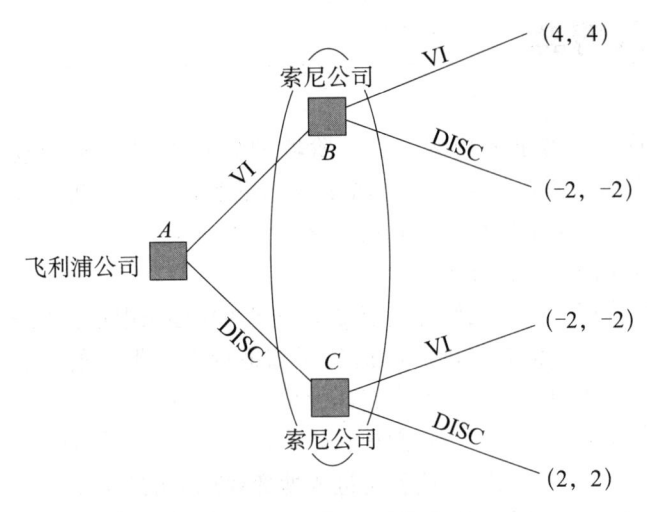

图 5.4 同步博弈的博弈树

协调博弈是一种非常简单的博弈。如果只有两个参与者，那么只要这两个参与者之间进行沟通，就可以得到最好的解决方案（很显然，飞利浦公司和索尼公司会一致选择 VI）。如果参与者的数量增多，那么就很有必要制定一个规则。这里有一个例子：汽车应该在公路的哪一侧行驶。

在一个国家里如果只有两个汽车所有者，那么政府就没有必要制定这一规则，这两个汽车所有者之间很容易达成一致。如果汽车所有者的数量庞大，那么他们彼此之间要达成一致就会十分困难，并且成本高昂。在这种情况下，政府就应该出面制定一个规则，建立一个秩序。

在小提琴和钢琴的二重奏中，两个演奏者必须以同一个节奏演奏。如果他们的演奏不合拍，那么他们演奏的产出（这里的产出指他们自己对演奏的满意度或者他们 CD 的销售量）就是"零"。但是，要做到合拍对他们来说是很容易的。如果演奏者的人数很多，比如一支管弦乐队演奏一场交响乐，那么大家要都和一个拍子就比较困难了（这也是管弦乐队演奏交响乐需要指挥的一个原因）。

飞利浦公司和索尼公司、两个汽车所有者、两位音乐家，他们通过互相协调就能得到最好的解决方案（见第 3 章）。人数众多的汽车所有者或者成员众多的管弦乐队就需要另一种协调机制来得到最佳解决方案了，如标准化或者直接管理。

这一节举例说明了博弈论的两个特点，这在组织经济学的研究中是非常重要的：

- 第一个特点是，同步博弈和继起博弈是有区别的。在继起博弈中，第一个参与者的行动能够被第二个参与者观察到，协调是很容易实现的。第二个参与者决策的基础是获得了第一个参与者的信息。相反，同步博弈的信息是不足的，因此它也是不能预测的。
- 第二个特点是，两个参与者或者少量参与者是如何通过互相调节实现协调的。但是因为参与者的决策是互相依赖的，这种协调机制会因为参与者的增加而崩溃。这时它就必须被其他协调机制所代替（见第 3 章）。

5.3 进入博弈

这一节我们通过考虑进入博弈，从一阶段博弈转而讨论**两阶段博弈**（two-stage games）。进入博弈是垄断者和潜在进入者之间的继起博弈。首先假设垄断者限制产出和维持垄断高价。这正给了潜在进入者进入该行业的机会。我们先从一阶段博弈分析这种情况，再从两阶段博弈进行分析。

假设一家电信公司——让我们把这家电信公司叫作国家电信公司——在市场上有对移动通信的合法垄断权。但是，国家电信公司知道现在它拥有的合法保护不会是永久的。它预计在未来不久的几年里，就会有其他公司获准进入该市场。

假设有一个潜在的进入者——我们把它叫作移动公司——拥有进入该市场的技术和资源。移动公司会进入该市场吗？这就是进入博弈要思考的问题。

在一个像进入博弈这样的继起博弈中，哪一个参与者先采取行动是已知的。让我们假设移动公司先采取行动。它要决定是否进入该市场。它知道国家电信公司收取了一个相对较高的价格。它也知道在它进入该市场之后，如果国家电信公司保持这一较高的价格水平，它会获得可观的利润。但是，如果国家电信公司在它进入之后大幅降低了自己的价格，那么它就不一定会有利润。移动公司会怎样做？我们假设移动公司非常清楚国家电信公司在每一种情景下的获利情况，图 5.5 的博弈树做了说明。

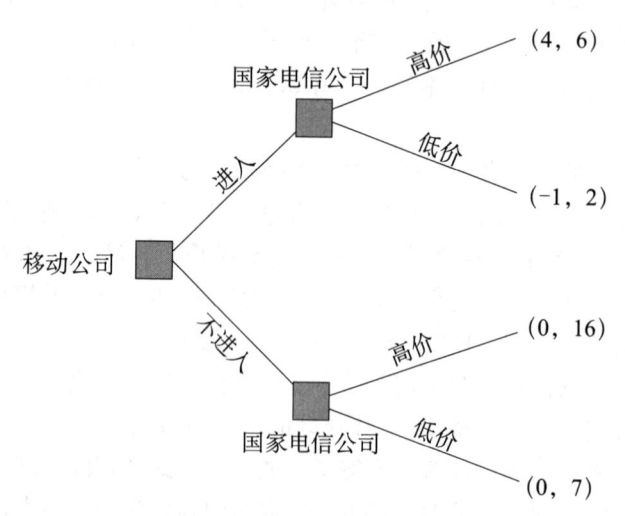

图 5.5　进入博弈的博弈树

移动公司的决策依赖于国家电信公司在它进入该市场之后所选择的价格水平。所以，移动公司不得不密切关注国家电信公司的一举一动，目的是预测出在它进入市场之后国家电信公司的行动。如果移动公司没有进入市场，那么预测国家电信公司的行动是很容易的。这时国家电信公司收取高价时其获利是 16，而收取低价时其获利是 7，因此国家电信公司在移动公司没有进入市场时一定会选择收取高价。

与移动公司更加相关的是预测在它进入市场之后国家电信公司的行动。移动公司可以很容易看出来：这时国家电信公司收取高价时其获利是 6，而收取低价时其获利仅是 2。移动公司还知道国家电信公司是一个理性参与者，只为自己的利益而行动。因此它预测在它进入该市场之后国家电信公司会选择继续收取高价。因此移动公司进入了该市场，并且知道它的获利将是 4。这说明了一个解决继起博弈问题的重要法则，这就是**前瞻后溯法则**（principle of looking ahead and reasoning backwards）。通过前瞻后溯，移动公司可以做出预测——进入该市场会获利。

国家电信公司有没有办法阻止移动公司的进入？假设国家电信公司在移动公司制定决策之前威胁在移动公司进入该市场之后它选择低价。如果移动公司相信国家电信公司在它进入市场之后会实践它先前的威胁，那么它就不会进入市场，因为国家电信公司选择低价会使它产生亏损。但是，移动公司很可能不会相信国家电信公司会真正实践它先前的威胁。毕竟，一旦移动公司真正进入了，低价可不是国家电信公司的利益所在。国家电信公司的威胁不是一个**可信威胁**（credible threat）。

假设在移动公司进入该市场之前，国家电信公司已经拥有一个大网络。拥有这个大网络的结果是：国家电信公司有较高的固定成本。但是如果移动公司真的进入该市场，那么由于国家电信公司已经有了一个大网络，因此它就可以降低价格，以非常低的附加成本来吸引更多的新顾客。总体来讲，如果移动公司真的进入了，对于国家电信公司来说实行低价实际上要比实行高价有利可图。图 5.6 展示了在国家电信公司拥有这个大网络之后，重新修正的获利情况。移动公司将不会预计到它进入该市场之后的这种低价情况。一旦它知道了进入该市场会给它带来损失，那么它是一定不会做出进入市场的决定的。这时候如果国家电信公司威胁说在移动公司进入该市场之后它将选择低价，移动公司是会相信的。国家电信公司的威胁现在是一个可信威胁了。

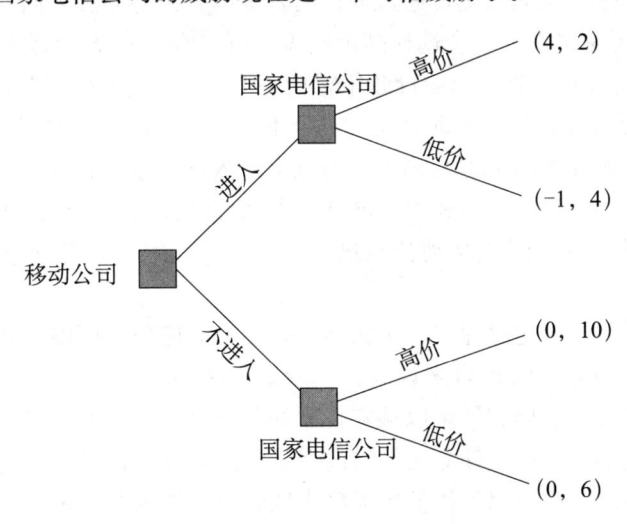

图 5.6 另一种进入博弈的博弈树

我们能够看到如果国家电信公司只拥有一个小网络会发生什么，如果国家电信公司拥有一个大网络又会发生什么。如果国家电信公司先在建立小网络还是大网络之间进行选择，它会怎样选择呢？这就是一个两阶段继起博弈，国家电信公司先在建立小网络还是大网络之间做选择，然后移动公司决定是否进入该市场，最后国家电信公司在实行高价还是低价之间做选择。决策树如图5.7所示，它是结合了图5.5和图5.6两个博弈树的一个大博弈树。

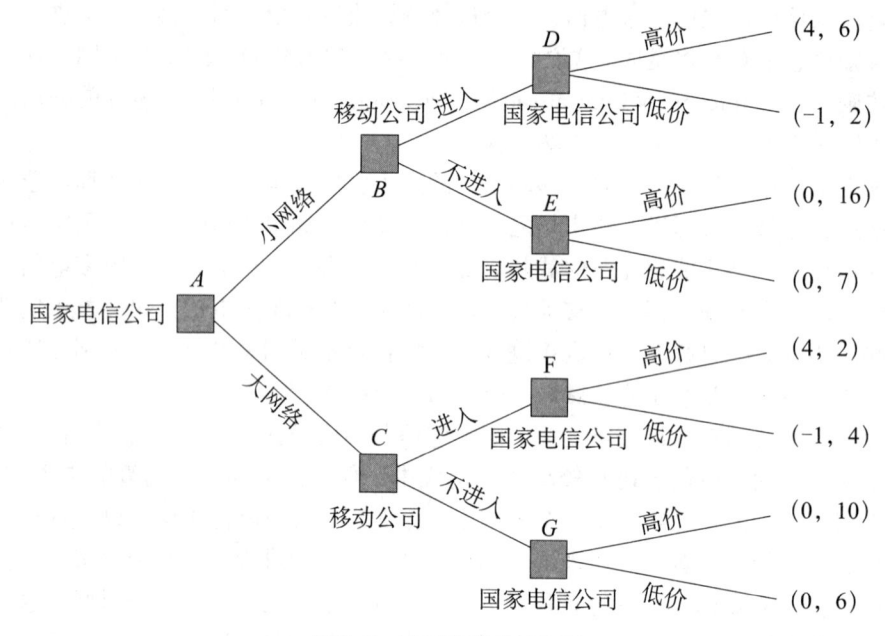

图5.7 承诺博弈的博弈树

国家电信公司究竟会选择大网络还是小网络？移动公司针对国家电信公司对大网络或小网络的选择又会给予怎样的反应？国家电信公司对移动公司的选择又会给予怎样的反应？可以使用前瞻后溯的法则，通过分析两阶段博弈树的办法来回答这三个问题。在节点D和节点E国家电信公司会选择高价政策。所以在节点B移动公司会决定进入该市场。在节点F电信公司会选择低价政策，而在节点G它会选择高价政策。移动公司知道这一信息，所以在节点C移动公司会决定不进入该市场。现在国家电信公司知道了这一信息：如果它选择小网络那么移动公司就会进入该市场，这样它的获利就是6。它也知道了另一信息：如果它决定建立大网络，那么移动公司就不会进入该市场，这样的它的获利是10。所以为了阻止移动公司进入该市场，国家电信公司会决定建立一个大网络。

这个例子的关键是，通过建立一个大网络，国家电信公司可以在其他竞争者进入市场时降低价格。用博弈论的语言来说就是：**承诺**（commitment）是一方参与者可以预先改变其收益的过程，这样它就可以从它自己的利益出发给其他参与者实施威胁。在这个例子中，国家电信公司通过建立大网络改变了它的利益，这样在移动公司进入市场之后它就可以从它自己的利益出发用低价策略来威胁对方。因此这种承诺使得国家电信公司的威胁成为可信的。

从本节的讲述你可以得到下列推断：

- 在继起博弈里你要预测你的竞争者的反应。这一点你可以通过使用前瞻后溯的法则分析博弈树的办法来做到。即使博弈树包括多个阶段,这一法则仍然适用。
- 威胁可以通过承诺成为可信的。通过示威承诺的行为,一方参与者可以让另一方参与者知道实践这一威胁是它的利益所在。为了使其更有效,承诺必须可以被另一方参与者观察到并且必须是可信的。专栏5.2举例说明了不可信威胁的危险性,因为它们是没有相应承诺支持的。

专栏 5.2   **劳动谈判中的承诺**

企业与劳工之间的劳动谈判也可以从博弈论的观点进行分析。在任何一个这样的谈判中,谈判的一方都会在谈判的某个阶段试图明确表示这样一种意图:"要么接受要么放弃。"为了使这种战略更有效,"要么放弃"这部分的承诺必须是可信的。如果谈判的其他方不相信这是最后通牒,那么谈判就会严重受阻,下面的故事就是一个例子。

通用电气公司一度在它与劳工的劳动谈判中使用了一个著名的战略,这个战略被称为"博尔韦尔制度",是以通用电气公司的人力资源部和公共关系部前副总裁的名字命名的,他在20世纪50年代提出了这一战略。在这个战略中,它最初的报价(这里指和劳工谈判所提出的条件)是经过对通用电气公司本身及其竞争对手的工人工资和工作环境等情况做了仔细调查后得出的,它的这一最初报价就是它最终的报价。尽管这一"要么接受要么放弃"的报价本来的目的是体现公平,从而让工人接受,但是工会强烈反对——这是可以理解的,之所以出现这样艰难的讨价还价的局面就是因为承诺。工会的一种反应是他们还是要提出一系列要求,并声明他们是绝对不会屈服的。另一种反应是终止谈判。更强烈的一种反应是罢工。当然还有的反应是把通用电气公司的所作所为反应到国家劳工关系委员会。国家劳工关系委员会发现通用电气公司确实存在劳工待遇不公正的现象,仲裁人员认为在这场谈判中公司一方确实缺乏真正的让步,这说明通用电气公司没有谈判的诚意。到1970年,工会的反抗最终导致了通用电气公司停止使用它的承诺战略。

资料来源:McMillan (1991).

5.4 拍卖

现在我们再次回到一阶段博弈上来讨论两个以上参与者的情况。这里的一个典型例子就是拍卖。拍卖有多种形式和种类,其中重要的两种是**公开式拍卖**(open auction)和**标单密封式拍卖**(sealed bid auction),前者是指所有的投标者都能看到投标价格的一种拍卖方式,后者是指只有拍卖商能看到各投标者投标价格的一种拍卖方式(我们这里先不讨论这种拍卖方式)。我们会再一次看到信息的可察觉性起了关键的作用。

设想你作为经理出席一场与你的工厂毗邻的一块土地的公开拍卖会。因为你早有意在现在的工厂范围外扩建新的厂房，所以对这块土地你非常感兴趣。你认为这块土地对于你的价值要高于对其他竞标者的价值，但是你不确定。有几个你不认识的人也出席了这场拍卖会。你的竞标战略是什么呢？拍卖商为了从竞标者那里获得可能的最高买价会采取何种拍卖方式呢？这正是我们将要讨论的问题，这些问题的答案是相关的。

如果拍卖商采取"渐升式拍卖"，那么作为一个潜在的购买商，你最佳的战略是直截了当地投标。你可以一直参加竞标直到竞标的价格达到这块土地所能为你创造的最大价值，一旦竞标的价格超过这块土地所能为你创造的最大价值你就要马上退出竞标。如果所有竞标者都是理性的并且都采取这一战略，那么在所有竞标者中就会有这样一个人——这块土地为他创造的价值在所有竞标者中是最高的，这个人就是最终竞拍到这块土地的竞标者。注意在整个竞标的过程中你会获得关于这块土地对其他竞标者的最大价值的信息。在竞标开始以后你可以观察哪些竞标者仍在参与竞标，哪些退出了，以此来获得关于这块土地对其他竞标者的最大价值的信息。竞标的过程迫使竞标者表现出他们的偏好。

但是，从拍卖商的视角来看，这种"渐升式拍卖"并不是完全最优的拍卖方式。为了理解这一点，设想你是所有竞标者中坚持到最后的两位中的一位。这两位中的一位拥有这块土地的最高价值：比如说你拥有最高价值。可是这时候另一位竞标者是要比你先一步退出竞争的。一旦价格超过了这块土地所能为他创造的最大价值他就会马上退出竞标。但是这一价格还远远低于这块土地所能为你创造的最大价值。因此你就会得到一个好消息：你以大大低于你原本打算支付的价格获得了这块土地。相反，拍卖商就会得到一个坏消息：他的这块土地本应卖一个更高的价格，而现实中却没有。

拍卖商抵御这种风险的战略还是很多的。其中最有趣的一种战略就是使用"**荷兰式拍卖**"（Dutch auction）代替这种渐升式拍卖，荷兰式拍卖也叫"渐降式拍卖"。在荷兰式拍卖中，拍卖人是从一个很高的价格开始拍卖的，在拍卖人眼中这一价格远远高于所有竞标者的最高私人价值。拍卖人大声喊出递减的拍卖价格。当有竞标者喊出"我要"时，这个递减拍卖的过程就停止了。在荷兰式拍卖中你必须喊出你的报价，也就是你要喊出"我要"，这时候你并不知道其他竞标者会出什么样的报价。如果这块土地对你的价值是100万美元，而你估计对拥有第二高使用价值的竞标者来说它的价值是70万美元，那么看起来你的最佳战略是在拍卖人喊出70.1万美元的时候喊"我要"，但这是有风险的，因为你的估价可能过低。如果你认为对拥有第二高使用价值的竞标者来说它的价值是65万～75万美元，你会把70万美元当作预期的价值，那么你的最佳战略就应该是在拍卖人喊出70.1万～75.1万美元的时候喊"我要"。

在荷兰式拍卖中，拍卖商至少获得了来自拥有最高使用价值的竞标者和拥有第二高使用价值的竞标者之间差价的一部分。但是，对于拍卖商来说仍然存在风险：在渐升式拍卖中，拍卖人是从最低价格开始喊价的。而在荷兰式拍卖中，最低价格是不存在的。

为了建立一个最低价格，拍卖人可以把拍卖活动从一阶段博弈转变为两阶段博弈。在第一个阶段用渐升式拍卖进行博弈。第一个阶段的获胜者得到一个经济报酬（一笔固定的费用或者他的竞标价的一部分），但是还不能得到这块土地。这块土地随后将进入第二个拍卖阶段，在该阶段使用荷兰式拍卖。如果在第二个阶段，在拍卖人喊出第一个阶段达成的土地价格之前，没有人喊"我要"，那么第一个阶段胜出的竞标人才能以他在第一个阶段竞标的价格购得这块土地。通常第一个阶段的竞标获胜者往往只是为了获得奖给第一个阶段获胜者的经济报酬，而无意于真正获得土地。

请注意公开拍卖博弈的几个有趣的特点：

- 这种博弈是有私人信息的：土地对于每一个竞标者的私人价值。
- 这些私人价值中的绝大部分在博弈开始的时候就成为公开信息了。但是，在渐升式拍卖的情况下，胜出者的私人信息是能够也是唯一能够最终不被公开的。
- 这种博弈的设计决定了参与者公开他们私人信息的动机。通过增加第二个阶段的荷兰式拍卖，拍卖商试图诱惑潜在的购买者在第一个阶段的最终价格之上公开他们的私人信息。
- 这里的私人信息是有价的——拍卖商为了把这种设计付诸实施准备支付给第一个阶段的胜出者一个价格（一笔固定的费用或者他的竞标价的一部分）。

在**一阶段标单密封式拍卖**［sealed-bid（one-stage）auction］中，所有的竞标者必须在同一时间把他们的竞价密封在一个信封里。这种拍卖方式同公开拍卖的最严格的区别是在拍卖的过程中你无法获得其他竞拍者的私人信息。你只有一次机会，在其他参与者的私人信息不确定的条件下，把你的报价置于一个信封内。

当拍卖商把博弈设计成这种一阶段标单密封式拍卖时，对于竞标者来说什么样的战略才是一个好战略呢？寻找这一问题的答案，首先要考虑作为一个竞标者你拥有其他所有竞标者价值的全部信息的情况。如果你的价值是最高的，你会怎样报价？看起来很显然的是，你的报价刚刚比价值第二高的竞标者高就可以了。如果你的报价比价值第二高的竞标者低，那么你就有输掉这场竞标的风险了。但是报价过高也没有必要，这会使你的支出高于你真正需要的支出（用俗语讲就是你白白把钱给了别人）。

信息完全的情况给了我们一条线索，告诉我们如何进一步分析更加现实的、没有人知道的其他竞拍者价值的情况。假设你正想对一个被总公司拍卖的业务单元投标。这家公司已经申请了一家投资银行的帮助，准备搞一场一阶段标单密封式拍卖。

首先，你必须确定可能的竞争者。其他哪一家公司会对获得这个特殊的业务单元感兴趣？哪一家公司仅仅是因为觉得自己可以使这一业务单元运营得更好而参加投标（金融竞标者）？哪一家公司相信它可以通过合并其现有的业务部门和被拍卖的这个业务单元而实现企业合并后的协同优势或协同作用而参加投标（战略竞标者）？

作为一个潜在的竞标者，你必须确定存在这样一个合理的选择，就是你的价值在所有竞标者的价值中是最高的（例如你是最高战略竞标者）。如果这样，你需要做的就是估计价值第二高的竞拍者的价值，然后报一个仅比这个水平高一点点的价格就可以了。

举例说明，假设这个业务单元在现在的运营水平上的价值是1亿美元。但是它现在的这一运营水平很快就会提升。如果它的运营水平提升到了"最佳现实水平"，它的价值就会增加到1.2亿美元。这意味着1.2亿美元是最强的金融竞标者愿意投标的价格。但是战略竞标者愿意投标的价格会高于这个数字——如果他们能够提高这个业务单元的运营水平，或者他们能够实现企业合并后的协同优势或协同作用的话。如果两者共同作用的效果超过了0.2亿美元，那么战略竞标者就会胜过金融竞标者。如果你是最高价值的战略竞标者，那你报价的原则就是只要高出第二高价值的战略竞标者的报价就可以了。

上述例子突出了一个事实，即作为最高价值的战略竞标者，你的报价的价值依赖于大量的估计：

- 你能使这个业务单元的运营水平提高多少；
- 通过合并你现有的业务部门和被拍卖的这个业务单元而实现的协同优势或协同作用；
- 在这场拍卖中你最大的竞争者的私人价值。

在众多估计中，你犯一个错误或者犯几个错误都是很可能的，你所有的估计都是正确的这事基本是不可能的。肯定会有一些人太消极，又有一些人太乐观。但是在许多竞标者激烈竞争的情况下，最终的胜出者往往是估计最乐观的人。如果你是获胜者，这往往既是好消息又是坏消息。好消息是你得到了这个业务单元。坏消息是你可能最乐观地估计了你的所有竞争者，而实际上没有那么乐观。在博弈论里这种现象叫作**赢者的诅咒**（winner's curse）。它是指这样一种情况：赢者中标并不是因为他的价值是最高的，而是因为他做了过于乐观的估计。

公开拍卖和标单密封式拍卖之间最主要的区别是其他参与者的私人价值具有不确定性。在公开拍卖中绝大部分参与者的私人价值随着拍卖的进行是可观察的。只有赢者的私人价值是不可观察的。拍卖商希望以他拍卖的资产的现有价值获得最大的收益，因此他希望设计一个复杂的与众不同的拍卖过程，例如增加第二个阶段的荷兰式拍卖。但是，由于拍卖公开的自然属性，理性赢者支付给拍卖商的金额永远不会高于他的私人价值。可是在标单密封式拍卖中，所有参与者的私人价值始终是不可观察的。在拍卖物品的真实价值具有不确定性的情况下，所有的私人价值只能基于一系列的估计（在我们的例子里就是对这个被拍卖的业务单元的三点估计）。在这种情况下，赢者就很可能要面对"赢者的诅咒"——由于做了过于乐观的估计而中标，见专栏5.3的举例说明。在第13章我们将会回顾"赢者的诅咒"，我们会在并购的背景下探讨产生这种现象的原因。

专栏 5.3　　课堂上的赢者的诅咒

为了证明"赢者的诅咒"，贝泽曼和萨缪尔森（1983）在一次MBA的课堂上进行了一系列拍卖。拍卖标的物是一个装满8美元硬币的玻璃瓶。玻璃瓶的价值并未透露，但是同学们可以通过观察得出自己的估价，然后各自提交密封式标单。

在大量的此类拍卖中，平均报价为5.13美元，而平均中标价为10.01美元。平均来说，赢者的损失是2.01美元，这是"赢者的诅咒"的一个很好的例子。

资料来源：Bazerman and Samuelson (1983).

虽然在拍卖中赢者的诅咒对购买者来说是一个潜在的问题，但对拍卖者来说也有一个潜在的问题：购买者之间的勾结。在第3章关于经济参与者之间互相调节的例子，如在卡特尔中，我们就遇到过勾结。在拍卖中也会发生这种行为，特别是潜在购买者数量很少的时候（而且这些人是已知的）。这些人可以密谋不抬价，或者商议如何分配拍卖标的物。投标者甚至有可能在渐升式拍卖中利用前几轮发出信号表达意图。专栏5.4给出了一个例子。显而易见，拍卖中购买者之间的勾结会使拍卖者无法获得标的项目的全部价值。

专栏 5.4　　　　　　　　　　拍卖中的信号和勾结

在渐升式拍卖中，特别是当只有少数几个投标者时，人们常常会怀疑参与者之间会勾结，因为他们可以利用前几轮发出信号表达意图。

1999年，德国通过拍卖的方式出售一些移动电话的频谱，其中规定了一点，任何新的出价必须超出前面最高出价的10%。其中涉及了两个严重勾结的投标人。

一家公司以1 818万德国马克拍得了1~5段的频谱，另一家以2 000万德国马克拍得了6~10段的频谱。为什么两家公司的价格不同？请注意在1 818万德国马克的基础上增加10%就是2 000万德国马克。第一家公司给第二家公司发出了信号："我们认为2 000万德国马克是合适的价格，不要相互抬价了。"信号策略就起作用了：两轮竞价后拍卖结束，每个竞标人都以相同的低价拍得了一半的区段。

资料来源：H. R. Varian, "Tales of Manipulation and Design Flaws from the Crypt of Auction History", *The New York Times*, 1 August 2002.

总结这一节，我们要强调的是拍卖方式的设计在很大程度上决定了拍卖的结果。本节我们只讨论了最基础的几种拍卖方式：一阶段渐升式拍卖、荷兰式拍卖（它只是两阶段拍卖的一个例子），还有一阶段标单密封式拍卖。拍卖的结果进一步取决于竞标者的人数、拍卖条款的数目，以及团体信息传播或禁止的规则。所有这些因素对于拍卖的结果都有着重要的作用，见专栏5.5的举例说明。

专栏 5.5　　　　　　　欧洲的3G移动电话频谱拍卖

2000年许多欧洲国家的政府部门都在思考怎样配置一种新的稀缺商品：第三代(3G)移动电话许可证。3G移动电话将利用通用移动通信系统UMTS（Universal Mobile Telecommunications System），目前许多宽带都是由这种技术支持的，它可以使你的移动电话具有快速上网和视频连接的功能。政府拥有UMTS所必需的无线电频谱的所有权。政府会怎样在对这一技术感兴趣的电信公司之间配置这一资源呢？

某些国家的政府，如芬兰、波兰、西班牙、瑞典，选择在"选美"的基础上分发3G许可证。在"选美"中，各个对这一技术感兴趣的电信公司激烈竞争，纷纷展示它们依据政府设置的标准获得的资格证书。"选美"的优势在于政府可以设定任何它们认为与政治相关的标准。当然"选美"也有不利的方面，那就是这可能引起政府的中意主义，例如政府有可能特别中意现有的国家电信公司。

经济理论暗示了拍卖可以有效配置这种新的资源（这里指3G移动电话许可证），也就是说拍卖可以把这一新资源配置到最有价值的地方，而不是管理者所中意的地方。政府的兴趣在于获得最高的价格，因此它们是会考虑采用拍卖的方法的。事实上，2000年4月英国政府率先对3G许可证进行了拍卖。9家电信公司希望进入英国市场。这些新的进入者同现有的4家电信公司展开激烈的竞标，最终获得了所有许可证的1/5。结果，英国政府获得了令人震惊的拍卖结果——225亿英镑。这使得全欧洲的财政大臣都对他们本国的拍卖前景充满了信心。

接下来荷兰也对3G许可证进行了拍卖。在荷兰有5个现有的和5个新的许可证。荷兰政府预计还会有很多新的进入者参与到竞标中来。事实上，这些潜在的新的进入者中有很多与现有的电信公司结成了联盟：如BT公司和Telfort公司的联盟、KPN公司和NTT Docomo公司的联盟，以及Ben公司和Deutsche Telekom公司的联盟。就在拍卖当天早上，最新进入者中有2/3退出拍卖，最后只剩下6家公司参加竞标：5家现有的公司和1家力量很弱的新进入公司（Versatel）。结果荷兰政府仅获得了27亿美元，还不及它们依据英国的经验预计的数额的1/3。

如下表所示，欧洲各国的3G移动电话频谱拍卖收入相差很大。继英国政府之后德国政府又获得了一个较高的收入，但是瑞士政府和奥地利政府的收入却很低。存在这样大的差异的原因包括：参与者逐渐积累起了经验，市场情绪发生了变化，不再支付较高金额。但是贯穿于这些拍卖中的鲜明对比说明了对拍卖过程进行设计还是非常重要的。重要的设计特点包括：

- 仅采用渐升式拍卖还是增加拍卖的第二阶段并在该阶段采用荷兰式拍卖？
- 新进入者有没有竞争的动机（比如新进入者是否会有回报）？
- 结成联盟的规则是什么？拍卖过程中"共谋行为"的规则又是什么？

2000年欧洲3G移动电话频谱拍卖收入

	人均收入（欧元）
奥地利	100
德国	615
意大利	240
荷兰	170
瑞士	20
英国	630

很多博弈理论家受雇于政府，负责设计最优的拍卖方案；还有很多博弈理论家受雇于企业，负责设计最优的竞标战略。他们在工作中就有机会实践他们的理论（Klemperer，2002，2006）。此外，在很多公共部门和业务领域里博弈论培训的现实价值是很明显的。正如《金融时报》引用的一位电信分析家的话："所有那些认为自己早年在大学里听枯燥的博弈论讲座浪费了时间的人，如今都在伦敦金融城里混得风生水起，并对之前的'浪费时间'感激涕零。"

资料来源：Based on Klemperer (2002, 2004); "Best Bids Guaranteed", *The Financial Times*, 8 November 2000; "The Price Is Right", *The Economist*, 29 July 2000; www.paulklemperer.org/index.htm.

5.5 囚徒困境：单次博弈囚徒困境和重复剔除囚徒困境

最后我们来介绍一个著名的经典博弈类型：囚徒困境。我们从单次博弈囚徒困境（两个参与者）开始来说明它的基本结构。然后我们进一步讨论有两个或者更多参与者的重复博弈囚徒困境，目的是说明单次博弈囚徒困境和重复剔除囚徒困境之间的区别。

5.5.1 单次博弈囚徒困境

有两个人，我们分别叫他们强盗和小偷，被指控涉嫌银行抢劫。他们被隔离审讯。他们都知道，如果他们都坦白，那么他们每个人都会被判处入狱 5 年。如果他们都不坦白，他们每个人将只被判处入狱 3 年，监禁原因是非法携带枪支。但是如果强盗坦白而小偷不坦白，那么强盗将只被判处入狱 1 年，而小偷将被判处入狱 6 年。如果小偷坦白而强盗不坦白，则判刑年数相反。这组博弈的收益如图 5.8 所示。

		小偷	
		不坦白	坦白
强盗	不坦白	-3, -3	-6, -1
	坦白	-1, -6	-5, -5

图 5.8 囚徒困境

强盗的心理应该是这样的：如果小偷不坦白，那么我的最佳选择是坦白（入狱 1 年比入狱 3 年好）；如果小偷坦白，那么我的最佳选择也是坦白（入狱 6 年不如入狱 5 年好）。所以无论小偷怎样做，我的最佳选择都是坦白。用博弈论的语言说就是强盗有一个**占优策略**（dominant strategy），即无论其他参与者采取什么策略，某参与者都有唯一的最优策略。强盗的占优策略就是坦白。

小偷的心理应该也是这样的，所以他也会选择坦白，结果这两个人都坦白了。而实际上如果他们都不坦白也许对他们都更好。

假设在隔离审讯之前强盗和小偷被允许进行交流。可能他们是被关押在同一间牢房，但是隔离审讯是在不同的房间里进行的。假设强盗和小偷互相承诺绝不坦白。他们会坚持自己的承诺吗？

如果我们假设每一个人都是完全自私的和理性的，那么我们就完全可以预言他们是不会坚持自己的承诺的。如果小偷向强盗承诺他不会坦白，那么强盗的利益所在是向小偷承诺他会合作，然后违背这个承诺。这时候无论小偷是否坚持他的承诺，强盗的最佳选择都是违背承诺。

问题是如果每个人都是不诚实、不忠诚的，就像现实中的银行抢劫犯那样，那么他们根本不可能对彼此履行诺言。因为他们不可能对彼此履行诺言，他们就不可能实现合作。但是如果他们能够对彼此履行诺言，他们的合作就能够实现。

现在我们用一个矩阵表示出囚徒困境的一般形式，如图 5.9 所示，这里的"合作"

等于原来的"不坦白",这里的"背叛"等于原来的"坦白"。

		列参与者	
		合作	背叛
行参与者	合作	R, R	N, T
	背叛	T, N	P, P

R = 合作的报酬；N = 守信的收益
T = 背叛的诱惑；P = 互相背叛的惩罚

图 5.9 囚徒困境的一般形式

如果在每一个参与者可能得到的四种结果中存在某种关系,那么图 5.9 所表示的博弈就是一个囚徒困境。这种关系是

$$N<P<R<T$$

当 $N<P$ 时,它表示如果列参与者背叛他的诺言,那么行参与者最好也选择背叛；
当 $P<R$ 时,它表示互相背叛的收益低于互相合作的收益；
当 $R<T$ 时,它表示如果一个参与者坚守诺言,那么另一个参与者最好背叛诺言(由于背叛的诱惑)。

注意图 5.8 给出的两个囚徒的收益是符合这一不等式的。

专栏 5.6 提供了一个例子,说明政府是怎样提供奖励以增加在卡特尔中叛变的诱惑的。

专栏 5.6　　　　用宽大政策激励叛变

博弈论的课程在许多情况下都可以用到。其中之一就是政府针对竞争者之间非法密谋(卡特尔)价格协议、限制产品供应和瓜分市场的反垄断政策。政府从囚徒困境中学到一招——可以通过加大激励促使参与者叛变这种卡特尔。政府越来越多地采用宽大政策刺激公司从卡特尔叛逃。在 2002 年欧洲采用的宽大政策下,第一家在卡特尔内"吹响哨子"的公司被授予了罚款(非常强硬)的豁免权,可以拒绝支付欧盟委员会征收的罚款。

宽大政策效果很好。例如,瑞士 ABB 公司抖出了一个卡特尔气体绝缘开关(GLS)项目:

> 基于豁免申请人提供的大量文档和企业报表(包括 1988 年签订的两份详细的书面协议)以及委员会在现场视察期间发现的文件,委员会得出结论:有些企业非法参与了卡特尔。至少从 1988 年起,当成员之间签订书面协议时,GIS 供应商就 GIS 投标会相互通报并根据各自的卡特尔配额相互协调它们之间的投标以确保项目被卡特尔成员拿下。或者,它们会同意遵循最低投标价。企业之间将达成协议,日本公司不会在欧洲销售,欧洲公司不会在日本销售。欧洲投标通常是根据卡特尔规则,如果非本国卡特尔成员赢得了欧洲项目就会被计入商定的全球卡特尔配额。所以,日本公司也受到了处罚,虽然它几乎完全

没有参与欧洲的 GIS 市场，但是它同意放弃投标直接限制了欧盟市场的竞争。

最后欧盟委员会处罚了 10 个卡特尔成员国家，罚款共计 7.5 亿欧元，而 ABB 公司被授予了罚款豁免权，否则它也要交纳总计 2.15 亿欧元的罚金。受处罚最重的是德国西门子公司（3.96 亿欧元）。

资料来源：http://europa.eu/rapid/PressReleasesaction.do?reference=IP/07/80&guiLanguage=en（IP/07/80），24 January 2007.

囚徒困境的基本问题是：对于每一个参与者来说占优策略都是背叛诺言，而其实互相合作他们的收益才是最大的。

实际上像囚徒困境这样的情况有很多。考虑下面的情况：假设世界上只有两个生产石油的国家。我们假设这两个国家是沙特阿拉伯和俄罗斯。这两个国家都要选择一个产出水平。如果它们都选择了一个较低的产出水平，那么石油的价格就会比较高，这时假设每个国家可以获得 3（亿美元）的利润。如果它们都选择一个较高的产出水平，那么石油的价格就会比较低，这时假设每个国家只能获得 1（亿美元）的利润。如果沙特阿拉伯选择了一个较低的产出水平，而俄罗斯选择了一个较高的产出水平，那么石油的价格会适中偏高。这时候俄罗斯会以它的高产出获得 5（亿美元）的高额利润，而沙特阿拉伯却会因为它的低产出得不到任何利润。如果俄罗斯选择了一个较低的产出水平，而沙特阿拉伯选择了一个较高的产出水平，那么情况则正好相反。每个国家的获益情况见图 5.10。

	俄罗斯 合作	俄罗斯 背叛
沙特阿拉伯 合作	3, 3	0, 5
沙特阿拉伯 背叛	5, 0	1, 1

图 5.10　两个石油生产国面临的囚徒困境

在这个例子里，合作意味着选择了低的产出水平，背叛意味着选择了高的产出水平。如果石油生产国达成了一项协议，每个国家都许诺要限制产出以保持一定的价格水平。但是，有了这个许诺，每个国家的利益所在就是背叛诺言，生产和销售比它所许诺的更多的石油，并且还是以一个稍低的价格。因为每一个国家都会这样做，这项协议必将被撕毁。

在现实中，我们看到石油输出国组织（OPEC）在 20 世纪 70 年代石油危机的时候能够有效抬高石油价格，但是在其他时间就做不到这一点。特别地，由于石油的实际产出水平是不易观察的，某些国家利用这一点反复地获利，专栏 5.7 举例说明了这种情况。进一步来讲，非石油输出国组织有助于保持石油输出国组织的"忠诚"。

这表明我们讲的囚徒困境模型并不能包含现实中所有类似的情况。现实世界中一个重要的类似囚徒困境的情况是多次博弈而不是单次博弈。在下一节，我们会发现多次博弈囚徒困境与单次博弈囚徒困境有很大不同。

□ 5.5.2 多个参与者的重复剔除囚徒困境

假设那两个自私和理性的参与者进行了多次囚徒困境博弈。这就是重复剔除囚徒困境。

在重复剔除囚徒困境中，每个参与者必须在每一轮博弈中都在合作与背叛之间进行选择。在选择的过程中每个参与者都可以参考其他参与者在上一轮中所做的选择。在重复博弈中策略被定义为一套规则，用来详细说明自博弈论产生以来至今所有的可能被采取的行动。为了说明重复剔除囚徒困境策略的概念，下面我们给出几个例子。

专栏 5.7　　　　　　石油输出国组织里的欺骗行为

在石油输出国组织的协议中，欺骗行为是一个由来已久的问题了，不论石油价格是高还是低。在20世纪70年代和80年代的石油危机之后，只要石油价格水平超过50美元，它就会马上重新跌到20美元左右。但是，在20世纪90年代后期，石油价格水平慢慢滑向了10美元。这在石油输出国组织内部引起了很多次骚动，各个成员国也彼此互相指责了：

> 沙特阿拉伯和委内瑞拉的石油官员在远程互相指责了数周之后，终于面对面地坐到了同一间屋子里怒目相对：结果委内瑞拉人根本不买账。就在最近的3月初，委内瑞拉的能源大臣欧文发表声明，他由于工作太忙无法出席计划召开的石油输出国组织会议，并且宣称委内瑞拉不会削减石油产量，"哪怕一桶也不会"。对于石油输出国组织最大的投机者来讲，这种态度是毫无用处的。自1997年1月以来，石油价格已经下跌了55%，达到有史以来最低的价格水平11.27美元/桶，并且连续几个月以每周50美分的速度继续下跌。现在通过中间人墨西哥的调节，与它们位于同一个半球的非OPEC国家委内瑞拉已经同意不再明目张胆地进行欺骗，并且沙特阿拉伯也会对自身石油产量进行相应的削减。另外10个石油生产国唯它们的马首是瞻，也同意削减各自的石油产量。石油生产国希望通过在世界市场上每天减少110万～200万桶石油的供给量来稳定石油价格。

石油价格恢复到了原来的水平，并且在2000年重新超过了30美元/桶。过高的石油价格对某些地区的经济发展是一个威胁。因此石油输出国组织的成员国原则上同意石油价格保持在22～28美元/桶的目标水平上。如果石油价格连续20个贸易日超过28美元，它们就会达成一项协议，每天增加50万桶石油的供给量。但是，这种"自动"的增加在2000年7月石油价格超过目标线20多天的时候却没有发生。《经济学家》是这样分析这种情况的：

> 各国的能源大臣经常提出一些令人困惑的和自相矛盾的解释，但是这些解释对石油的产量不会产生很大的影响。因为只有在下一次官方会议上它们才会提出一个增加石油供给的计划，而这个增加量一定是小得可怜的。即使能源大臣们会破天荒地提出每天增加50万桶石油产量的惊人数字，实际上真正能够进入市场

的石油还是很少，几乎没有什么增加。其中的原因就是，无论计划还是数字都没有虑及欺骗行为。与此同时协议的官方限额总共是2 540万桶/天，而上个月实际的石油产量最高达到了2 600万桶/天。50万桶/天的增加量只能使得欺骗行为的存在合法化。无论达成了什么协议，在各个石油生产国中都会再次出现欺骗行为。

资料来源：*The Economist*，28 March 1998 and 9 September 2000.

- **一报还一报策略**（tit-for-tat）也叫**针锋相对策略**，它包含以下决策规则：你在第一轮对局中选择了合作，那么你在以后的每一轮对局中都要跟随上一轮对局中其他参与者的选择。
- **终极报复策略**：你在第一轮对局中选择了合作；无论其他参与者在哪一轮选择了背叛，你在以后的每一轮对局中都选择背叛。
- **总是选择 D 策略**：无论其他参与者选择什么，你总是选择背叛。
- **总是选择 C 策略**：无论其他参与者选择什么，你总是选择合作。
- **随机策略**：你对合作还是背叛的选择是随机的，可以通过扔硬币来决定。
- **一报还一报附加策略**：你在第一轮对局中选择了合作；那么在后面的对局中，如果其他参与者在前一轮中选择了合作，则你选择合作的概率是 $1-\varepsilon$，你选择背叛的概率是 ε；如果其他参与者在前一轮中选择了背叛，则你也选择背叛。
- **两轮之后一报还一报策略**：你在前两轮对局中选择了合作；如果其他参与者在上两轮中选择了背叛，那么在下一轮对局中你选择背叛，而不是选择继续合作。
- **奇数策略**：在第一轮对局和以后所有的奇数轮对局中你都选择合作；在第二轮对局和以后所有的偶数轮对局中你都选择背叛。

现在假设你属于一个10人小组。你要同这个小组的其他成员进行连续的重复剔除囚徒困境博弈。这就是多个参与者的重复剔除囚徒困境。你的最佳策略是什么？答案依赖于很多因素：

- 收益：如果 T 很大（T＝背叛的诱惑，见图 5.9），那么偶然的背叛就成为你的最佳策略的组成部分。
- 其他参与者的策略：一报还一报附加策略在对付两轮之后一报还一报策略方面很有效，但是在对付终极报复策略上就不怎么有效。
- 你将未来的收益折现成现值的方法。

艾克斯罗德在 1984 年对重复剔除囚徒困境进行了调查研究。艾克斯罗德邀请了许多不同学科的科学家，包括数学到心理学等领域，来为囚徒困境制定策略，收益可以用图 5.10 给出的数字。注意在这种收益情况下永久的互相合作将比轮番的互相剥削要好得多，永久的互相合作在每一轮都可以给每个参与者带来 3（亿美元）的收益，而轮番的互相剥削意味着在连续的两轮中收益分别是 5（亿美元），0 和 0，5（亿美元），即平均的收益是 2.5（亿美元）。在绝大部分情况下永久的互相合作比轮番的互相剥削要好。在重复剔除囚徒困境中这种情况也可以表示为 $0.5(N+T) < R$。

依据图 5.10 给出的收益并且忽略对于未来收入的折现问题，艾克斯罗德使用计算机来进行博弈试验，并组织了两场计算机竞赛。他先把自己收集到的策略编入计算机程序，然后把这些程序随机地成对组合。结果在这两场计算机竞赛中获胜的都是一报还一报策略。

一报还一报策略有很多特征，这些特征可以解释它的成功。第一，一报还一报策略是"善良的"。这意味着从不首先背叛。如果一报还一报策略与它本身成对组合，或者与两轮之后一报还一报策略成对组合，或者与终极报复策略成对组合，再或者与总是选择 C 策略成对组合，那么它在每一轮中都将获得 3（亿美元）的收益。

第二，一报还一报策略是"宽容的"。这意味着如果其他参与者只背叛了一次，然后重新开始合作，那么在一报还一报策略下它只会受到一次惩罚。因此，不像终极报复策略，一报还一报策略在单独一次背叛之后会重新选择合作。

第三，一报还一报策略是"现时现报的"。如果其他参与者选择了背叛，一报还一报策略会马上对它进行惩罚。由于这些原因，要战胜一报还一报策略是很困难的。

艾克斯罗德的结果很好地说明了两个自私的理性参与者是如何在重复剔除囚徒困境博弈中成功实现合作的，即使他们没有彼此承诺（他们根本不信任彼此会坚守承诺）。这包含了组织成员合作方式的一个重要结果。假设这两个参与者是沙特阿拉伯和俄罗斯，并且每个国家可以自由选择它每周的石油生产量。那么这两个国家实际上就是在进行一场重复剔除囚徒困境博弈。在这种情况下，它们彼此的合作会增多是毫不奇怪的。现在假设这两个参与者是两个已经建立了合资公司的大企业。合作意味着给你的合作伙伴提供全部的相关技术秘诀。如果两个公司都期望将来建立相同的合资公司，那么合作的可能性就会增大。对于这些公司来说它现在是在投资它的信誉，它作为一个值得信赖的合作者的信誉。建立信誉也是许诺的一种形式（见专栏 5.8）。在单次博弈中是不可能建立信誉的：你采取第一次行动之后博弈就结束了。但是在重复博弈中参与者可以投资建立自己的信誉。值得信赖的信誉和坚持合作的信誉有助于实现合作，即使是在囚徒困境中不利的情况下。

专栏 5.8　　　　　　　　　　作为承诺的信誉

信誉是承诺的一种形式。迪克西特和奈尔伯夫曾在 1991 年解释过建立这种信誉的问题，内容如下：

> 如果你在博弈的过程中突然退出，那么你就会失去你所有的信誉，你将不再被人们认为是可信赖的人。在一生只有一次的博弈中，信誉不是那么重要，也没有什么实际意义。但是，更多的时候你是同时与不同的竞争对手进行多次博弈，或者与同一个竞争对手在不同的时间进行多次博弈。这样你是有动机建立自己的信誉的，这有助于增强你的决策的可信性。
>
> 在 1961 年柏林危机时，肯尼迪说明了美国信誉的重要性："如果我们没有在柏林兑现我们的承诺，以后我们将立足于何方？如果我们不能在那儿实践我们的诺言，那么我们建立在这些诺言之上的在集体安全方面取得的所有成就都将化为乌有。"

资料来源：Dixit and Nalebuff（1991）.

同样的情况还出现在两个人合作完成一项任务的时候。他们可以各自在较高的工作努力水平（假设这就相当于合作）和较低的工作努力水平（假设这就相当于背叛）之间进行选择。如果他们不得不在一起工作很多次，合作的可能性就会比他们只在一起工作一次的情况要大得多。如果参与者只相遇一次，那么我们就可以预言他们一定会选择背叛。

如果参与者知道他们将会相遇1 000次，这时候会发生什么事呢？在最后一轮对局中他们还是会选择背叛，这是确定无疑的，因为从此以后他们不再相见了，对方也就没有机会对这一背叛行为实施报复了。在前面999轮对局中他们也会选择背叛，因为他们知道无论怎样最后一轮他们都会选择背叛。虑及极端情况，这个逻辑将不可避免地导致这样的结论：这两个参与者在第一轮就会选择背叛。当然，不止1 000这个数字，任何有限的数字都会得出同样的结果。只有当两个参与者的相遇是无限次的，或者他们不知道多久还会相遇的时候，才可能不适用这个结论。

□ 5.5.3 参与者可以试错的囚徒困境

艾克斯罗德的结果给我们的启示是什么呢？它是否意味着在现实中一报还一报策略是最好的策略呢？没有必要费心考虑这些问题。现实世界和计算机竞赛之间的重要区别就是犯错误可能性的问题。在计算机竞赛中参与者是不可能犯错误的，而在现实世界中就不一定了。

假设安塔拉和布利齐分别是两个黑手党组织的头目，他们都是一报还一报策略的信奉者，再假设犯错误是可能的。因此出现下面这种情况就是可能的：在某一轮对局中安塔拉和布利齐都选择了合作（假定这一轮为第n轮），而布利齐错误地认为安塔拉在这一轮中选择了背叛。这样布利齐就会在第$n+1$轮选择背叛。那么安塔拉就会在第$n+2$轮也选择背叛。这就意味着布利齐又会在第$n+3$轮继续选择背叛。这被称为**回声效应**（echo effect），一次犯错的影响将是无限次的（见表5.1）。

表5.1 　　　　　　一报还一报策略中两个参与者犯错的可能性

轮次	安塔拉	布利齐
1	合作	合作
2	合作	合作
⋮	⋮	⋮
n	合作	合作
$n+1$	合作	背叛
$n+2$	背叛	合作
$n+3$	合作	背叛

一次错误激起了惩罚的回声效应。安塔拉和布利齐现在轮番剥削对方，这比合作糟糕得多。当可能犯错误的时候，一报还一报策略就未免太具攻击性了。在博弈论里这种随机误差被称为**噪声**（noise）。当我们在重复囚徒困境的博弈中允许噪声存在时，我们最好能对一报还一报策略做一些修改，比如：

- **慷慨**（generosity）：对背叛的回应少一点挑衅，随着时间的流逝报复会慢慢减弱，新的合作基础会建立起来；

- **忏悔**（contrition）：如果你意识到你是意外背叛的，你应该通过释放信号表现出忏悔，比如对他人选择背叛的报复不做出反应，如此一来，用背叛来报复的恶性循环就可以被打破。

所以将噪声引入系统中要求一报还一报策略比之前更宽容。然而这需要在环境中维持住一个很好的平衡，因为环境中的其他策略很有可能从这种宽容中获益。正如艾克斯罗德总结的那样：噪声需要宽容，但太多的宽容会引致剥削。

现实世界中也能看到一报还一报策略，如不同国家和地区推行的贸易政策。专栏5.9给出了一个例子，你可以问问你自己如果在这个例子中布什总统犯了错误将会发生什么，如果例子中允许宽容和报复存在又会发生什么。

专栏5.9　　　　欧盟和美国之间的一报还一报策略

一些国家和地区，如美国和欧盟，在世界贸易组织（WTO）中合作，建立起一套国际贸易的共同规则以期营造公平竞争的环境。尽管存在WTO贸易规则，还是会不时发生具有一报还一报特色的贸易战：

- 2002年年初，布什总统对钢铁进口新增了30%的关税，严重损害了欧洲出口商的利益，欧盟将关税异议提交了WTO——等待世界贸易组织的最终裁决可能需要2~3年。
- 2002年年中，欧盟公布了一份清单，对诸如柑橘类水果、服装和太阳镜等产品征收报复性关税——很显然，选择这些产品施加关税将会给布什总统在州选举中造成痛苦，而州选举被视为重要的政治战场，更何况迫在眉睫的参议院选举马上将在2002年11月举行。
- 此外，欧盟还制定了自己的钢铁限制，防止廉价钢材从美国转而充斥欧洲市场。
- 欧盟推迟了实施报复性关税，希望等到WTO的最终裁决，因为它们承诺加快裁决流程的进展。2003年秋末，WTO反对钢铁关税，认为钢铁关税给自由贸易施加了非法壁垒。
- 收到判决后，布什宣布仍然维持关税不变；在WTO贸易规则下，欧盟实施报复性关税威胁直到现在。
- 面对可信的威胁，美国屈服了，在2003年11月取消了关税。

在国际贸易背景下，两个参与人之间（如上所述）、多个参与人之间（在针对扩大WTO规则范围的贸易谈判中）和多回合（持续一段时间的贸易谈判）中都能看到一报还一报策略的身影。当我们进入多回合多参与人的情况时，就会用到博弈论的一个分支——"进化博弈理论"。我们将会在下节中简要介绍这个分支并用进化博弈理论方法回答三类问题。这一简要介绍会在本章和第11章之间建立起一个有效连接。

在第5章第二节和第五节中，我们假设参与人是理性决策者，仅根据自己的利益行事。这正是理性经济人会做的事。然而，请思考专栏5.10中的结果，它并不真正符合这一有关人类行为的观点。

> **专栏 5.10　最后通牒博弈**
>
> 在我们结束博弈论之前，我想讨论另一种几乎迅速变得和囚徒困境一样有名的博弈。这个博弈是单阶段最后通牒博弈，其中两个参与者匿名互动。
>
> 第一名参与者（提议者）有一笔钱，并被要求向另一名参与者（响应者）提出一种金钱分配方案。如果响应者同意这一方案，则按照这种方案进行金钱分配。如果不同意，则两人什么也得不到。
>
> 按照理性经济人模型假设，只要提议者将少量金钱分配给响应者，响应者就应该同意，因为这要比什么都得不到好。考虑到响应者的这种理性行为，提议者只要拿出很少的一笔钱就可以拿走剩下的所有。
>
> 事实上，无论文化和金钱数额多么不同，提议者通常都会提供一个很可观的分配比例（模型中提供了40%~50%），而通常响应者会拒绝接受分配比例低于20%的方案。很显然，提议者和响应者的行为中都暗含了"公平"的概念。在最后通牒博弈中所有的参与者都会用到公平。
>
> 对这个实验结果的解释通常表明，理性经济人模型是不完整的。理性经济人模型可以近似模拟人类在经济决策方面的行为，但是不足以作为估测非纯经济层面的现实生活决策的模型。除了（完全）理性外，人类行为还受互惠和公平等概念的影响。我们将会在第8章中回顾这一点（见专栏8.3）。
>
> 材料来源：Guth, Schmittberger and Schwarze (1982) and Gintis (2000).

5.6　进化博弈理论

重复囚徒困境博弈是一个包括多个参与者的动态博弈。在艾克斯罗德的电脑锦标赛里，作为总冠军会用到不同的策略，也会以牙还牙。想象一下锦标赛中所有的参与者都使用以牙还牙手段。现在的人能够免受替代策略比如"总是叛逃"的打击吗？这是进化博弈理论中最古老的问题之一。它其实是在问"进化稳定策略"是否已经进化了。

如果一群人采取的行为不能被任何竞争替代策略入侵，这种行为就被定义为**进化稳定策略**（evolutionary stab strategy，ESS）。考虑人群中所有人都使用以牙还牙策略并且一组新成员偏好"总是叛逃"策略（他们设法欺骗他们遇见的每一个人）。然后叛逃者将不会像采取以牙还牙策略的参与者那么成功。如果我们进一步假设不成功意味着后代更少，那么采取以牙还牙策略的参与者将会统治种群数量。相比于"总是叛逃"战略，以牙还牙战略是进化稳定策略。

图5.11描述的鹰鸽博弈是一个不同的博弈。这个博弈中只有两种策略：一种策略是"一直战斗"，另一种策略是"一直合作"。该博弈起初用来分析"动物冲突的逻辑"，在这个博弈中两种鸟（或者参与者）为食物（或者资源）而竞争：

- 鹰使用"一直战斗"策略：它们发起一次战斗，直到筋疲力尽或者对手被击退才停止；
- 鸽子使用"一直合作"策略：当对手发起一次战斗它们立刻撤退。

		B	
		鹰	鸽子
A	鹰	-1, -1	9, 1
	鸽子	1, 9	5, 5

图 5.11　鹰鸽博弈：A 和 B 分别获得的好处

在图 5.11 描述的博弈中，当遇见一只鸽子的时候鹰得到最多的食物。鸽子不得不满足于吃剩的食物。但是，当两只鹰相遇的时候，它们使用超过了食物能够补充的能量来战斗。当两只鸽子相遇时，它们分享食物。

如果吃得好的鸟繁衍的后代更多，随着时间发展鸟类的数量会如何演变呢？我们通过观察发现，任何一个全部由鸽子组成的鸟群都不是"演化稳定的"，因为它们会被鹰入侵。起初，这样的鹰入侵者在每一次食物争夺战中都很容易获胜。鸟群中鹰的比例会提高，起初鹰会花时间繁殖。但是逐渐地，它们会因为食物而和其他鹰发生冲突，并将能量投入到一次战斗中。结果就是不能实现整个鸟群由鹰绝对主导，因为鹰会相互战斗到饿死（每次战斗所花费的成本比得到的食物要多）。但是，每只鸽子在它们的食物冲突中总是能够获得一些东西（要么得到1，要么得到5）。结果就是，鸽子群通常会繁衍成功。当鹰的数量达到某个点时，它们会相互战斗直到死去，鸽子将会比鹰有更高的繁衍成功率。因此，可以看到鸟群中鸽子和鹰会实现平衡。如果整个鸟群失去平衡，偏向一种策略，那么其他策略将会变得更有优势，于是它在这个鸟群中的比例将会上升，以重新达到平衡。

在商业领域争强好胜的环境中可能产生鹰鸽博弈，因为业务而激烈竞争。鲍威尔（2003）给出了如下的例子：

> 一些买家在签订大的工程的时候要求"竞标飞行"。在一个"竞标飞行"中，投标者们必须做大量的风险投资来发展技术原型，然后技术原型被用来相互对决，结果就是赢家完全控制了工程。在这个博弈中，能做出的一个反应就是将投资投入这个有很大不确定性的竞标程序中并且正面迎接竞争者。能做出的另外一个反应就是从赢家那里寻找小的分享成果，获得更小的回报，但是在程序中也使用更少的资源。在这个环境中承包商可以被清楚地分为两组，一组是和领导者（主要的业务份额）激烈竞争；另外一组是作为附属承包商，也就是说，生产或者专门出资。通常这些"鸽子"是和"鹰"一样成功和庞大的，但是它们的核心能力非常不同，后者有高度发展的竞标团队，很擅长在鹰鸽博弈中战斗。

注意上面分析的两个博弈（重复囚徒困境博弈和鹰鸽博弈）与群体中固定策略的成功有关。如果我们放松假设并且允许策略随着时间而改变，进化博弈论会带我们往前再走一步。如果我们的模型中策略慢慢改变会发生什么呢？我们能观察到多少东西呢？会产生新的战略吗？

进化博弈理论的新分支强调了这些问题。通过运用以下进化机制（或者基因演算法），策略可以随时间而演进。

- 策略行为的**变化**（或者突变）或者对环境的回应；
- **选择**：测试变化是否是成功（或者恰当）的；
- 成功变化的**记忆**（或者遗传）。

这是我们在第 11 章中会遇到的相同的机制，在那里我们会介绍组织的进化方法。它是我们基因的运行机制，带来了人类的进化。它也是一种可以用电脑模拟出来的使用战略的机制（表示为字符串）。这正是艾克斯罗德与约翰·何兰德合作的结果。

不同于人类为囚徒困境提议的策略，他从一群使用严格随机策略的人开始。他在电脑中允许策略演进并且在"适者生存"规则下打到分出胜负为止。本质上，遗传算法使学习成为可能。

首先，他通过使用演进策略对决固定比例竞争者策略使环境保持不变。结果如何呢？好吧，结果是令人印象深刻的。若初始是严格随机的，那么遗传算法会使种群得到演进，种群中居于中等者和锦标赛中最好的法则——以牙还牙——是一样成功的。大多数策略类似于以牙还牙：在同一个情景下，他们有 95% 的概率会做出和以牙还牙策略相同的选择。但是，有效的策略都是使某些变动演进了的，比如（Axelrod, 1997, P.21）：

> 非常有效的规则是从打破在电脑锦标赛中发展的最重要的建议进化而来的，即变得和善，也就是永远不要成为第一个背叛的人。这些高度有效的规则通常的缺陷是，在第一步，有时候也在第二步，通过其他参与者的选择来判断下一步该做什么。这些高度有效的规则接下来的回应是允许它们"道歉"并且和最不可开发的代表进行多方位合作，其他不同的回应是允许它们开发可开发的代表。

因此，在一个不变的环境中，了解哪些竞争者是可开发的，哪些竞争者是不可开发的是要花费成本的。要实现效率最大化，就要通过合作策略来最大化合作，通过可开发策略来最大化开发。请注意结果关键取决于环境，环境是由固定比例竞争者策略构成：尽管被利用，可开发策略仍保持它们的比例不变。

然后，艾克斯罗德放松了环境不变的假设，不同于与固定比例竞争者策略对抗，现在环境本身也是变化的。这被称为**生态模拟**（ecological simulation），生态模拟选择程序用不同策略的平均支出作为最合适的标准来决定人口的演化。较成功的策略增加它们在种群中的比例，不太成功的策略减少它们的比例。现在会发生什么呢？

典型的是，合作会先减少，然后增加：

> 从一个随机的状态开始，种群首先会进化，从而与合作最开始的表现产生一定差距。不那么合作的原则比合作更多的原则表现要好，因为最开始这里只有很少的能做出回应的其他参与者，并且当其他参与者不回应的时候，对个体来说能够做的最有效的事情就是背叛……但是，10～20 代之后，趋势开始反转了。一些参与者改进了使他们寻找到的合作继续下去的模式，这些往复合作的参与者一般会表现得更好，因为他们可以与其他人（即没有做那些就会叛逃的人开发很久的往复合作

者）合作得很好……随着往复合作者做得越来越好，他们会在种群中扩展，结果就是合作越来越多，效率越来越高。

因此，在一个生态模拟中，在种群中策略的比例随着它们的成功而变化，"不和善"策略破坏了它们最开始成功的基础，因为开发（不成功的）策略在环境中的比例越来越低。现在，区别会往复合作的参与者和不允许往复合作的参与者的能力发生变化，会往复合作的参与者将做得更好并且会增加它们在人群中的比例。

如果在一个种群中所有的策略都是可以演变的，就是模拟**共同进化**（coevolution）。策略可以学习和进化。它们的成功取决于它们与种群中其他参与者相比的学习速度。成功从来不是铁定的，因为新的变化持续产生，无论是通过随机变化还是重组（两种战略以一种新奇的方式结合）。

尽管大部分都会失败，但仍有一小部分将会代表成功的变革。成功的变革将会在种群中扩展，直到达到成功的边界或者遇到新的竞争者。为了了解这些种群的共同进化，请看图5.12。不深入了解模拟的细节，一个允许记忆发展（字符串越长，记忆越久）的关于超过26 000代的囚徒困境策略的共同进化模拟是很关键的。因此，在这个模拟中，策略从简单发展到复杂。注意在模拟中的连续性：

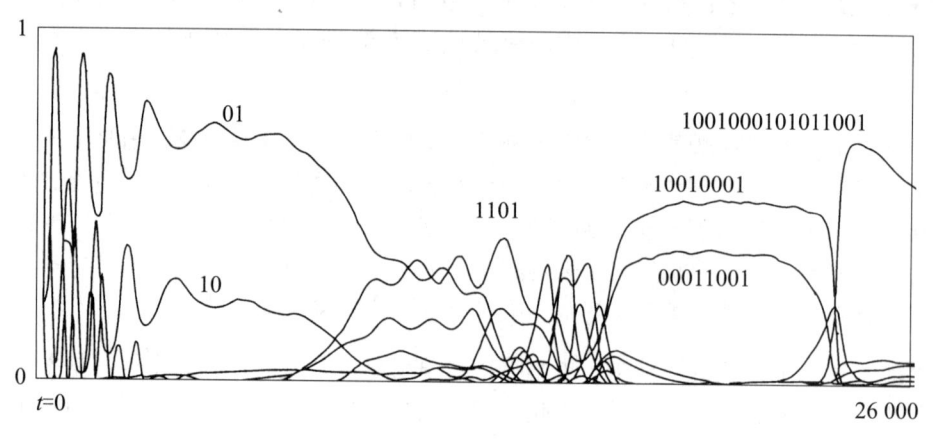

图5.12 共同进化策略

资料来源：Lindgref (1997).

1. 最开始，一小部分简单的策略一决雌雄（01最成功）。

2. 然后，进化出有更持久记忆策略并且其中有一段时间的动荡（1101最成功，但是有很多竞争者）。

3. 下一步，两种策略出现，共同存在并且一起击败几乎所有的竞争者，直到经历一段相对稳定的时间。

4. 一个新的有更持久记忆（1001000101011001）的突变策略发展起来，并迅速成为统治者，但是它的成功已经开始褪色，模拟几近结束。

这个模拟的例子允许策略演进，展示了一个种群随着时间可能会如何发展：永远达不到任何稳定平衡——随着学习的增加和新的革新持续不断地突然出现，一段相对稳定的时间将会被更高水平的动荡时期所代替。

总结一下，将遗传算法运用到重复囚徒困境的过程中我们所学到的经验：

- 进化是比人类更好的设计师，遗传算法得出的策略比在特定环境中的以牙还牙更有效。允许代理商变得有适应性（比如在进化博弈论中）比只允许他们表现得理性（比如在古典博弈论中）更有效。
- 合作可以从往复过程中产生，这不仅在进入锦标赛的人中得到了证实，也被不变和进化环境中出现的策略所证实。
- 在合作和开发策略之间通常有一个最佳的平衡。我们已经在锦标赛中设定，噪声的引进要求宽恕，但是太多的宽恕引致开发策略。如果环境包含可开发策略，学会识别它们以及利用它们的开发性通常是要花费成本的。
- 策略和环境互动及共同进化。根据策略的特定性，环境可以被一种（环境稳定）策略控制，达到策略之间的一个（动态）平衡（比如在鹰鸽博弈中）并且随着策略不断进化（见图 5.12）变得更加动荡。或者，环境的特性决定了策略的相对成功。在第 11 章和 12 章，我们进一步探索组织和环境的共同进化。

我们这里不会进一步钻研进化博弈论的令人兴奋的新领域（Gintis，2000）。但是，当我们在第 11 章中讨论组织的进化方法和在第 12 章中讨论复杂自适应系统的时候，我们以其为基础。概括来说，进化博弈论的关键是研究**种群**（populations）的发展而不是个人的理性决策。在这些种群中有多种（$N \geq 2$）生存和竞争战略。参与者（或者代理商）之间的互动通过电脑组织偶遇（随机配对）来模拟。在许多轮中，不同参与者的策略被测试成功性或适合程度。成功的策略增加但是不成功的策略被"选择出来"。如果整个种群采用一种策略，并且不会被竞争替代策略入侵，那我们说已经选择了一种"进化稳定策略"。或者，两种策略可能达到一种（动态的）均衡，正如在鹰鸽博弈中那样。如果允许策略进化（通过突变），那么随着新的变革被持续测试并且成功的那些被选择用于进一步的回应（和突变），这种均衡会被证明是难以实现的。后者对进化动态的阐述可能接近于真实世界中组织种群随着时间的发展，我们在第 11 章和 12 章将会谈到这个主题。

5.7 小结：洞悉博弈论

在这一章中我们已经给大家初步介绍了博弈论。博弈论是一种有力的分析工具，它可以很好地分析两个人或者更多个人在制定决策时相互制约、相互依赖的问题。

我们讨论了四种类型的博弈。在两个参与者一阶段博弈中，我们区分了继起博弈和同步博弈两种情况。在继起博弈中，其中一个参与者先行一步，另一个参与者可以观察到对方的行动。在同步博弈中，每一个参与者都必须在不知道另一个参与者做了什么决策或者将做什么决策的情况下制定自己的决策。继起博弈和同步博弈的不同在于信息是否充分。没有可观察的信息，合作很难实现。

在继起博弈中要记住的主要法则是"前瞻后溯"。我们已经看到了在进入博弈中一个潜在的进入者是如何使用这个法则的了。如果在潜在的进入者进入市场之后，原来占领市场的企业的利益所在不是降低价格，那么这个企业的降价威胁就是一个不可信的威胁。当然，这个企业可以通过改变收益的安排来使它的威胁变为可信威胁，这样当潜在的进入者进入市场之后，履行诺言就成为企业的利益所在。

通过使用"前瞻后溯"法则，我们看到原来占领市场的企业是怎样制定决策进而把它的威胁变为可信威胁的。当然，进入者能够获得关于收益安排的信息也是一个必要条件。如果进入者能够获得关于这个承诺的信息，那么它同样可以使用"前瞻后溯"法则来确定它进入该市场后获利的可能性。通过改变博弈的结构，原来占领市场的企业能够影响进入者的动机，并且因此影响这次博弈可能的收益。

在讨论拍卖的不同类型时，可观察的信息的作用变得更加明显。在公开式拍卖中，大部分竞标者的私人信息都会被依次公开，只有获胜者的私人信息可以最终不被公开，这使得他可以从中牟利。我们讨论了拍卖商如何改变拍卖方法，设计新的拍卖方案，比如设计两阶段拍卖，把荷兰式拍卖作为拍卖的第二个阶段。这是关于参与的一方改变博弈结构，进而改变另一方动机，最终改变博弈收益的另一个例子。

在一阶段标单密封式拍卖中，没有私人信息被公开。面对这种不确定性，胜利者又有了新的风险——赢者的诅咒：赢者获得奖励并不是因为他的价值是最高的，而是因为他做了过于乐观的估计。

对于继起博弈，比如囚徒困境，我们介绍了占优策略的概念。占优策略即无论其他参与者采取什么策略，某参与者有唯一的最优策略。在囚徒困境中每一个囚徒都有一个自己的占优策略。这个策略就是背叛。因此，如果博弈只进行一次，我们就可以预言参与者双方都会选择背叛。但是互相合作实际上对双方都更好。如果他们能够信任对方——也就是说，他们都能够兑现自己的承诺——那么他们就一定会同意合作。

囚徒困境的问题在于，在这种协议达成之后，双方都有了一个背叛的动机。这也是企业联合协议稳定性方面存在的主要问题：在协议成员国达成限制石油产出的协议后，各国都获得了一个增加石油产出的动机。

最后，我们探讨了重复博弈。我们发现单个参与者之间的合作变成了囚徒困境的不利条件。在重复博弈中策略被定义为一套规则，用来详细说明自博弈论产生以来至今所有的可能被采取的行动。

在计算机竞赛中，一报还一报策略被证明是一个好的策略。这大概是因为一报还一报策略是"善良的"，从不首先背叛；是"宽容的"，只惩罚背叛者一次；是"现时现报的"，对背叛者马上进行惩罚。但是当存在犯错误的可能性时，一报还一报策略就变得太具有攻击性了。因为策略包括了到目前为止博弈的历史，所以参与者可以投资建立自己的信誉。可以看到信誉被看作一种资产，它能够反映履行承诺的诚意。

当产生多次重复博弈并且更多的是关注种群而不再是个人时，我们就进入了进化博弈理论。我们已经探究了进化博弈论解决的几个问题：

- 进化稳定策略是什么，就是一个群体对另一个群体策略入侵的免疫？
- 当没有进化稳定策略时，我们如何在一个群体中建立混合策略模型（用鹰鸽博弈）？我们可以看到一个群体可能会在竞争策略中达到一个均衡。
- 当我们放宽假设条件——策略并不是混合的，可以允许策略演进（通过运用遗传算法）——后，将会发生什么？我们会看到学习和创新，群体可能不再趋近于均衡，而是会不断演进和变化，就像我们人类的进化，组织同样也会出现这种演进。在第 11 章我们将会继续讲到组织的演进。

这样我们就讲完了第 2 章到第 5 章的知识，在这三章中我们介绍了组织经济学的基本概念和分析方法。在第 6 章到第 10 章，我们将在这些知识的基础上介绍 5 种组织的经济学分析方法。你将会看到不同的问题有不同的分析方法，对不同的概念和不同的语言有不同的分析方法，对不同的模型也有不同的分析方法。这一章对博弈论的介绍将有助于你辨别接下来的几章中参与者制定决策的不同情景的特点。在最后一章，我们会回到这些分析方法的基本观点上，并点明它们的相同点和不同点。

□ 思考题

1. 当总公司打算剥离某个独立的业务单元时，它们通常需要，比如美国高盛公司或者摩根士丹利公司等投资银行的帮助。这些投资银行往往采用拍卖的办法来寻找适合这项业务的购买者。按照惯例，这种拍卖的形式通常是两阶段标单密封式：

    ● 第一阶段，向大范围的潜在购买者发出无约束力的投标邀请，其基础是标书上发布的一般性信息。
    ● 第二阶段，就是审查评鉴的过程，范围内的一组潜在购买者可能会对候选人进行深入调查，作为它们最终投标与否的基本依据。

    请为打算卖掉本公司某个业务单元的企业讨论这种程序的优势。

2. 假设你就是上题中所描述的即将被卖掉的业务单元的一个竞标者。（1）你没有兴趣或者没有足够的资金获得即将被取消的业务单元。但是，你有可能获得私人信息，这会在第二轮的调查中显示出来。（2）你预期到了在第一轮中足够高的无约束力报价在第二轮中被接受的可能性，第二轮中的约束性报价最终只会下降。

    除法律原因之外（在良好的信念下你是不能进行谈判的），还有什么经济原因可能会阻止你参与这场拍卖？

3. 看一下第五节第二个大问题中艾克斯罗德的一报还一报策略列表。它与从终极报复策略到奇数策略的全部其他策略的特点都相去甚远。就个人策略而言，你估计哪种一报还一报策略将胜出，严的策略还是松的策略？为什么一报还一报策略赢了比赛？

4. 你能解释为什么艾克斯罗德的一报还一报策略是一种"进化稳定策略"吗？

第二部分 经济学方法

组织经济学：经济学分析方法在组织管理上的应用（第五版）

第 6 章

公司行为理论

6.1 公司行为理论介绍

商业公司如何制定经济决策？这是公司行为理论的中心问题，马奇、西蒙和西尔特共同发展了这一理论（March and Simon，1958；Cyert and March，1963）。经济决策的例子包括价格决策、产出决策、广告水平和机械投资等。

在主流微观经济学中，通常假设公司是一个追求利润最大化的整体实体。相反，公司行为理论把公司假设成一个由一组参与者组成的联合体，每一个参与者都有自己的目标。这就是本章第二节的主题。这样一个参与者的联合体不需要把最大利润作为它唯一的目标。事实上，确定组织目标是制定决策的第一步。第二步描述组织如何形成期望，这是整个决策过程的基础。第三步，也是最后一步，描述组织选择的过程。这三步都会在本章第三节至第五节中详细说明。

公司的行为学理论基础并不是经典微观经济学的假设（见第 2 章），即"完全理性"，而是使用了"有限理性"的概念。"有限理性"着重强调理性认知和信息的有限性。这一概念将在本章第五节组织选择的背景下加以解释。第六节我们将讨论越来越多的研究如何帮助我们进一步洞悉人类做出的决定和选择。特别是，卡尼曼和特维斯基的工作表明，人类不仅不是完全理性的，而且会对完全理性概念表现出一定的系统偏差。这些见解是行为经济学的基础。第七节是对本章的总结。

6.2 公司是一个参与者联合体

公司行为理论把公司假设为一个参与者联合体。每一个参与者都从组织获得激励，作为他们对组织所做贡献的报答。只要组织提供给他们的激励的价值等于或者大于要求他们所做的贡献的价值，每一个参与者就都会贡献他们的力量，衡量激励价值的依据是参与者的价值和参与者面对的选择。因此，只要公司能够提供给参与者足够大的激励从而获得参与者的贡献，而这些贡献对于公司的发展又是充足的，那么公司就会持续存在下去。

在一个公司里，参与者可能是员工、投资者、供货商、分销商、顾客，以及其他人等。员工的**贡献**（contributions）不仅包括他们投入到公司的工作时间，还包括他们对于公司发展理念创新的贡献、他们的智慧等方面。公司提供给员工的**激励**（inducements）不仅包括货币报酬（工资、退休金等），还包括非货币收益，如自我成就的实现、工作的舒适度等。图 6.1 中举例说明了公司和它的员工之间的关系。其他任何参与者的情况都可以像图 6.1 这样画出。该图暗示了公司不是仅由一组参与者（这里是员工）构成的。它还暗示在公司之外员工还有其他作用（例如，在邻里关系中、教堂里、家庭里等）。

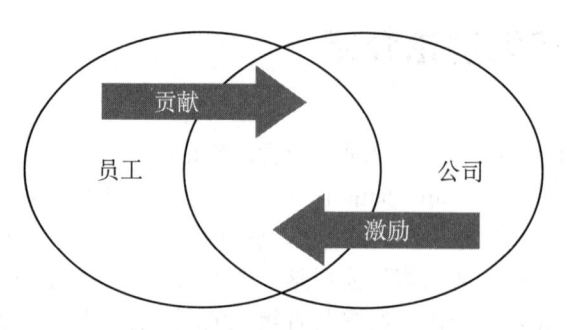

图 6.1　行为理论中的公司和它的员工

为了说明行为理论和主流微观经济学的不同，我们讨论一个员工决定继续作为这个公司的参与者的决策。在我们主流微观经济学的描述里，员工获得工资是他们付出劳动时间的报酬。在行为理论里，员工获得不同的激励，包括货币报酬和非货币报酬。从数学的角度看，我们说他们获得一个激励向量（也就是说，多个不同类型的激励）。同时他们所做的贡献也是一个向量。但是，这并不是行为理论和主流微观经济学的根本区别，因为主流微观经济学也可以把激励和贡献作为向量来处理。它们之间的根本区别在于信息，员工拥有选择其他工作机会的信息。

在主流微观经济学中，我们假设每一个员工都清楚地知道他在别处的收益。一旦他发现在别处他可以获得更多的收益他就会马上去从事那一份工作，所以对于相同的工作，所有公司都要支付相同的工资：在一个完全竞争的劳动力市场上，某种特殊类型的劳动只能有一个价格。在行为理论中我们假设每一个员工有一个关于他的工资比率的**抱负水平**（aspiration level）。只要他获得的工资高于或者等于他的抱负水平，他就会满足于现状，不会去寻找另一份工作。如果他获得的工资持续高于他的抱负水平，那么他的抱负水平就会慢慢调整提高。因此，在抱负水平达到他正常获得的工资水平之前是有一段时间的。如果他听说有其他公司支付的工资高于他对这项工作的抱负水平，那么他的抱负水平也会调整提高。因为这种调整的发生是比较缓慢的，所以在他对现在的工作感到不满意之前也是有一段时间的。

如果一段时间之后，他的抱负水平和他获得的工资之间的差距足够大，他就会开始寻找另一份工作了。如果他找到了一份工资大大高于现在的公司的工作，他就会离开。这种调整个人抱负水平和寻找另一份工作的过程可能会花费大量的时间。

实际情况可能比上面描述的更加复杂，因为激励不仅包括货币报酬，而且包括各种各样其他的收益。关于这些其他收益的信息可能比工资比率的信息更加难以获得。例如，要发现其他组织内部同事之间的关系到底怎样是非常困难的。关于其他公司对员工的激励和要求员工所做的贡献的信息越难获得，调整抱负水平的过程越慢。在行为理论中，劳动力市场不是一个完全竞争市场。工资以及其他劳动条件的差异之所以能够长期存在，是因为工人不能比较其他公司对员工的激励和要求员工所做的贡献。他们只是信息不足。

对于其他参与者比如消费者，我们可以画一个关于留在公司还是离开公司决策的简图。在完全竞争市场模型里，对于消费者来说，价格就是全部（记住在完全竞争市场模型里，产品是同质的，不同的生产者生产的同种产品之间是没有差别的）。此外，我们假设消费者确切知道不同生产者的报价。很自然地，他们只会从价格最低的生产者那里购买产品。因此，在完全竞争市场模型里所有的价格都必须是相等的。如果生产者的报价各不相同，那么只有价格最低的生产者才会卖出他的产品，所有其他的生产者都将不复存在。

在行为理论中，我们假设消费者不清楚其他生产者的报价。只要价格低于或者等于他的抱负水平，这个消费者就会连续从同一个生产者那里购买这种商品。如果一个消费者得到了更多关于其他生产者更低报价的信息，那么他就会慢慢地向下调整他的抱负水平。

如果我们允许不同生产者生产的同种产品的质量是不同的，那么这个简图就会更加现实。也就是说，消费者关于产品质量也有一个抱负水平。假设消费者对于不同生产者生产的同种商品的质量水平只有一个模糊的信息看起来是完全合理的。因此消费者关于产品质量的抱负水平只能被慢慢地调整。

对于每一组参与者我们都可以画出类似图6.1这样的简图。如果我们这样做了，并且把所有这些简图组合起来，我们就会得到图6.2。图6.2表明公司是一个由很多组参与者组成的联合体，并且每一组参与者在公司之外都有其他的作用和兴趣。

图6.2中的几组参与者通常被称为利益相关人（每一组人都在这个公司里下了一个赌注）。利益相关人包括投资者（股东）、员工、供货商和消费者。根据主流微观经济学理论，经理只为股东的利益服务。但是，根据行为理论，一个公司要生存下去，它的经理就必须顾及所有利益相关人的利益，而不仅是股东的利益。（专栏6.1进一步讨论了这一点。）

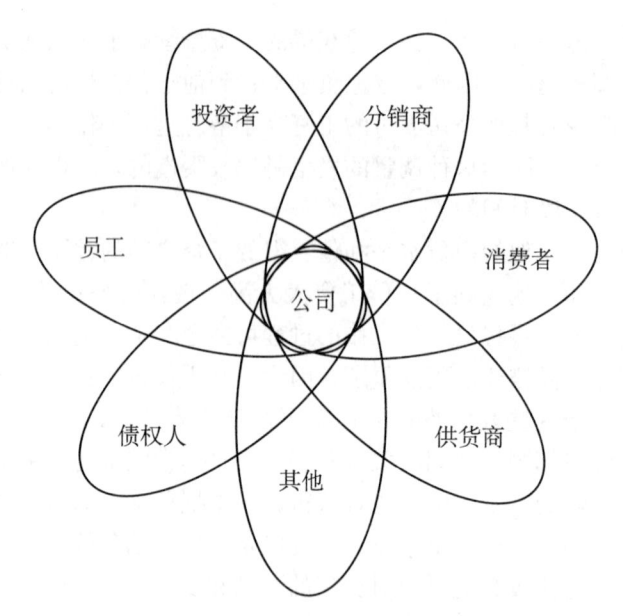

图 6.2　公司是一个由几组参与者组成的联合体

> **专栏 6.1　利益相关人和股东**
>
> 在管理领域中，现在流行的最激烈的争论之一就是关于公司的管理应该为谁的利益服务的问题：为股东的利益、只为股东的利益，还是为更广泛的"利益相关人"（包括员工、客户、供货商、社区，当然也包括股东）的利益？
>
> 不同的经济理论对这一问题有不同的回答。在第 7 章我们将会看到代理理论倾向于把股东看作公司的所有者。在这种观点看来，经理人应该扮演的角色是公司所有者的代理人，他所追求的应该是所有者财富的最大化。在日常的管理语言中，这种观点暗示了公司的管理应该是为了股东价值的最大化。
>
> 公司行为理论对此有不同的观点。它把公司看作各个参与者的联合体。在这种观点看来，管理的任务不是为了任何特殊的参与者团体，比如股东的财富最大化；更恰当地说，它认为管理的任务是通过服务于各个参与者集团（等于利益相关人）的利益增加公司的财富。（在关于如何处理所有参与者都获得了自己所需要的激励之后剩余利润的问题上，行为理论没有给予回答。在代理理论中，这部分剩余属于股东。）
>
> 实际操作中存在各种不同的观点。其中利益相关者模型的突出支持者是彭明盛（Sam Palmisano，萨缪尔·帕米莎诺，中文名彭明盛），他在 12 年的成功任期后辞去了 IBM 首席执行官的职务。
>
> 在他任职期间，IBM 成为一个关于如何推动大公司变革的正面教材。彭先生说，他的指导框架可以归结为四个问题：
>
> - "为什么人们会为你花钱——即你有什么特别之处？"
> - "为什么有人会为你工作？"

> - "为什么社会会允许你在他们划定的地理范围——国家——里运营?"
> - "人们为什么把钱投资于你?"
>
> 保罗·波尔曼先生是联合利华公司的首席执行官:
>
> > 波尔曼先生很清楚股东在他心里并不是排第一位的。"说实话,我并不是在为股东工作,我为客户工作,我为的是消费者,"他说,"很久以前我就发现,如果我专注做一件正确的事,可以长期改善全球各地消费者和客户的生活,企业业绩就会蒸蒸日上……我不需要别人来推动我,我也不需要通过增加股东价值来推动这种商业模式。我需要的是以负责任的方式专注于消费者和客户来推动这种商业模式,我知道,这样做之后股东价值会自然而然地增加。"
>
> 资料来源:"Retired Chief Leaves Behind a Refashioned IBM", *The New York Times*(global edition),2 January 2012;"The Outsider in a Hurry to Shake up His Company", *The Financial Times*,5 April 2010.

通过这些讨论我们搞清楚了在行为理论中公司与公司之间存在很多竞争,如劳动力市场、产成品市场、资金市场等。但是,行为理论的重点不在于公司之间的竞争,而在于公司内部决策制定的过程。各种市场的竞争环境是既定的。

6.3 组织目标

6.3.1 讨价还价和组织松散

公司内部决策的制定过程是以公司目标的确定为开始的。在主流经济学中,我们假设公司具有单一目标,通常即利润最大化。在行为理论中,公司被看作**各个参与者的联合体**(coalition of participants)。每一个参与者都有他或她自己的目标。这些目标通常是不一致的。一般而言,我们预期各个参与者的目标是冲突的。在不降低利润的情况下,消费者不可能得到较低的价格,员工也不可能得到较高的工资,这里利润是对股票买卖的激励。

在行为理论中,假设公司目标是通过讨价还价的过程实现的。在讨价还价的过程中,联合体的组成和目标都被确立起来。每一个潜在参与者的**讨价还价能力**(bargaining power)依赖于他能够为联合体所做的贡献是多么独一无二,所以在一个无技术劳动力富余的国家里,一个无技术劳动力是不具有太强的讨价还价能力的(除非这里有很强大的工会组织)。拥有特殊高技能(而这种技能对于联合体的成功又有决定意义)的劳动力具有更强的讨价还价能力。对于股本提供者来说,追求利润最大化或者公司价值最大化是他的一个重要目标。他成功实现这一目标的程度,则取决于其他参与者群体的相对讨价还价能力。

讨论的结果是认为一个真正的公司通常没有一个单一的目标,或者说没有一个确定的目标函数,只有个体参与者才有目标,这些目标是以抱负水平的形式实现的。所有参与者所取得的报酬水平在绝大部分时间里，应当等于甚至高于他们的抱负水平，只是在短时间里可以暂时低于他们的抱负水平。

维持联合体所必需的全部资源和全部报酬之间的差异用术语来说叫作**组织冗余**（organizational slack）。参与者的抱负水平会依据实际的报酬和组织外部其他选择的报酬水平进行调整。因此从长远角度来说，我们可以预期抱负水平等于实际的报酬水平和组织外部其他选择的报酬水平。如果是这样，那么就不存在组织冗余问题了。那么联合体成员所获得的报酬率就应该相当于完全竞争市场上要素的价格。但是，行为理论认为市场是不完全竞争的。基本的原因是关于参与者加入另一个组织所能够实现的目标水平的信息是很难得到的，特别是在非货币报酬的情况下，所以抱负水平的调整只能是缓慢的。在一个没有变化的世界里，抱负水平在一段时间内应该等于实际的报酬水平和组织外部其他选择的报酬水平。在一个充满变化（比如技术进步）的世界里，我们通常可以预期存在组织冗余。

□ 6.3.2 执行子目标

在一个真正的公司里，总目标，比如利润最大化，需要被转换成许多个**执行子目标**（operational subgoals）。但是，要想完全避免在这些子目标之间发生冲突是不可能的。

举一个例子，设想一家制造肥皂的工厂。生产的产品是面条形状的小块肥皂，是在化学工厂里制造的，主要以动物脂肪为基本原材料。这些肥皂被卖给肥皂制造商，肥皂制造商把肥皂条压成肥皂块，再给它们上色着味，最后贴上商标。

假设由你负责这家肥皂工厂。有两个经理向你汇报工作，一个生产经理，一个销售经理。你知道肥皂的销售量取决于三个因素：（1）价格；（2）你的销售经理的努力程度；（3）随机因素。你也知道实际的单位生成成本也取决于三个因素：（1）年销售量；（2）一年中生产规模和生产次数的改变情况；（3）你的生产经理的努力程度。销售经理决定对单个客户的报价，生产经理决定每周的生产量。

假设这时肥皂工厂的库存是没有成本的。你打算给每位经理一个执行子目标，当然子目标与你的利润最大化的总目标是一致的，详细要求如下：

对销售经理：

$$最大化\ N \times (P - SC)$$

其中

$N =$ 销售数量

$P =$ 价格

$SC =$ 标准单位成本

对生产经理：

$$最小化\ RC$$

其中

$RC =$ 实际单位成本

这相当于 SC 固定不变，最大化 $(SC - RC)$。

为了简便起见，现在假设单位生产成本不取决于销售单位量（也就是说，假设在生产中不存在规模经济）。那么生产经理的目标就等于

最大化 $N \times (SC - RC)$

现在我们可以把两位经理的目标这样联立起来：

最大化 $[N \times (P - SC)] + [N \times (SC - RC)]$

这就等于

最大化 $N \times (P - RC)$

因为我们假设库存成本为零，$N \times (P - RC)$ 最大化也就相当于利润最大化。如果库存没有成本，那么销售经理和生产经理就可以各自独立地进行决策。如果库存成本是不能忽略的，那么你要想给你的两位经理制定执行子目标而不使他们产生利益冲突，这看起来是不可能的。

谁应该对库存成本负责呢？库存水平是由销售经理和生产经理的决策共同决定的。如果你让生产经理负责库存成本，那么你会制造一个冲突。对于生产经理来说库存成本越低越好，但是这对于销售经理来说将带来库存亏空的风险。比起在库存的水平上销售，销售经理更希望顾客的需求总是能够得到满足。但是如果你让销售经理负责库存成本，那么你也会制造一个冲突。这回对于销售经理来说库存成本越低越好。为了做到这一点，他会经常签订一些小订单。这意味着生产也要小规模进行。而生产经理为了实现成本最小化希望进行大规模的生产。如果你招聘一位库存经理，你会给他制定什么子目标呢？你肯定会在你的库存经理和销售经理之间制造一个冲突，也肯定会在你的库存经理和生产经理之间制造一个冲突。

这个例子说明了制定与利润最大化一致的执行子目标而不使得各职能部门经理之间产生冲突是非常困难的或者是不可能的。

在行为理论中，我们假设执行子目标被制定并且指派给了各职能部门的经理。每一个子目标都对应一个期望水平，只要经理们最低限度地达到了这些期望水平他们就会得到奖赏。这并没有消除各职能部门的经理之间的冲突——它只是从表面上似乎分解了冲突而没有真正解决冲突。

6.4 组织的期望

主流微观经济学的一个重要假设就是信息的对称性：每个人都会获得同样的信息。在行为理论中，这个假设被放宽了：每个人获得的信息是不同的。

在肥皂工厂里，你有一位生产经理和一位销售经理分别向你汇报工作。生产经理决定每周的产量。在决定每周产量时，你的生产经理需要关于未来销售情况的信息。他可以通过分析实际发货的历史数据做一个销售预测。他也可以要求销售经理给出销售预测。销售经理可能能够做出更好的预测：销售经理可以和生产经理一样分析实际发货的历史数据，但是他可以通过他对目前市场形势变化的了解来提高预测的准确度。

假设销售经理每周做一份销售预测。那么生产经理在决定生产量的时候会不会仅仅参考这些销售预测呢？经验证据证明大量生产经理都不会。他们还是继续做自己的销售预测。原因是他们认为：

- 销售经理都过于乐观（也许具有乐观天性的人有成为销售经理的倾向）；
- 销售经理有做出乐观销售预测的动机，目的是减少库存亏空的可能性。

这个例子说明了公司内部制定决策时对期望的使用。期望就是根据有用信息得出的结果。公司内部制定决策时，信息可能是不同的。此外，即便是相同的信息也会得出不同的结果。因此，即使是同一个公司里拥有同样信息的两个人也会持有不同的期望。

6.5 组织的选择

主流微观经济学的另一个重要假设是公司的行为被描述成追求最大化的行为。这又产生了两个假设：

- 当制定决策的时候，公司知道所有可选择的决策；
- 公司能够对所有可选择的决策进行比较，并且选择使目标函数最大化的决策。

行为理论否认这两个假设。在现实世界里，公司不得不在部分无知的情况下做决策。也就是说，它在做出一项决定的时候（比如接受或者拒绝一项开发新产品的建议），它并不知道明天会出现什么其他的选择。当然，它也可以决定在决策之前投入大量资源并调查其他的选择。

在主流微观经济学的课本里，我们有可能假设公司能够计算出调查其他选择所带来的预期边际收益和造成的预期边际成本。大概公司还会继续进行其他调查直到额外调查产生的边际成本等于额外调查带来的边际收益为止。如果有很多选择是潜在可行的，那么公司就会投入很多的时间（和资源）进行调查。事实上，如果你的调查太多，你就会使得其他公司获得一个巨大的优势，那就是：迅速做出决策。此外，在现实世界里，公司不可能权衡所有潜在新产品的价值。

因此在行为理论中我们假设一次只能确定一个选择的价值。公司不能实现目标函数的最大化。它只能对决策选择的各种结果做一个粗略的估计。例如，对于一个开发新产品的建议，它会试图估计：

- 市场的规模；
- 预期的市场份额；
- 新产品的价格和生产成本；
- 开发成本。

可能还有一些其他变量。他们对所有这些变量都有相应的期望水平。如果市场"足够大"，如果他们预期的市场份额是"充足的"，如果价格和生产成本之间的差是"合理的"，并且如果开发成本"不是太高"，那么他们就会接受这项建议。他们不可能同时衡量开发一种新产品的所有可能的情况。他们的行为可以更确切地描述为**满意**（satisficing），也就是说，寻找一个符合期望水平的解决办法，并因此能够被接受。

在行为理论中，我们假设公司追求的是满意而不是最大化。其原因之一是一次只能做出一个决定。原因之二是决策制定者通常没有能力做所有必要的计算来比较所有可能的选择。这种计算太复杂，或者换句话说，人进行这种必要的计算的思维能力太有限。在行为理论中我们假设**有限理性**（bounded rationality），也就是说，我们假设决策制定者可能试图追求最大化，但是往往做不到。在第8章我们介绍交易成本经济的时候，我们会重新回到有限理性的概念上来。它被证明是一个非常重要的概念。因此，我们在这里用詹姆斯·玛奇（1994，pp.8-9）的话总结一下：

> 真实世界中的决策研究表明，不是所有可供选择的方案都是已知的，不是所有的结果都能考虑到，不是所有的优先权都能同时夺得。不是考虑可供选择的所有方案，一般来说，决策者看起来只是考虑一小部分方案，并且是循序地观察它们而不是同时观察它们。决策者考虑不到可供选择的方案的所有结果。他们专注于一些而忽略了其他。有时候决策者不去寻找关于结果的相关信息，有效信息也没有得到使用。不是有一系列完整的偏好，决策者似乎有不完整的和不连续的目标，而不是同时考虑所有的目标……他们不是计算"最可行的行动"，而是寻找一个"足够好的"行动……限制的（或者说有限的）理性是个体假装理性。尽管决策者试图变得理性，但是他们受有限的认知能力和不完全信息的限制，因此，他们的行为可能不是完全理性的，尽管他们有最好的动机和最大的努力。

最后，公司追求满意而不是最大化的原因之三是：公司被看成一个参与者的联合体，每一个参与者都有它自己的目标。如果公司没有唯一的目标函数，那它怎样实现最大化？而组织选择被描述为一个一次只做出一个选择的过程。一旦一个选择符合了所有联合体成员的抱负水平，它就会被接受。

假设一家公司打算购买一个新的软件包用于订单处理。进一步假设销售经理、生产经理和老板组成了一个三人委员会来制定决策。行为理论假设每个人对于选择软件包都有自己不同的标准。例如，销售经理希望购买的软件包能够适时提供可供销售的存货信息；生产经理则希望购买的软件包能够使自己做出可靠的销售预测；而老板则希望购买的软件包能够在签订订单后，马上开出发票。这个三人委员会不可能实现最大化，因为他们三个人的标准不能转化为唯一的标准（见专栏6.2）。于是他们就开始寻找一个分别符合三个标准的最低标准（抱负水平）的软件包了。一旦这个软件包被他们找到，他们就都会接受它，并停止寻找其他的软件包。

专栏6.2   **委员会的决策制定**

考虑一个三人委员会。假设每个人都希望实现自己目标的最大化。进一步假设所有的目标都是可以计量的，分别记为：C_1、C_2、C_3。当且仅当三个人的目标可以合成唯一的目标函数的时候，这个三人委员会才能实现最大化：

$$C_0 = \alpha C_1 + \beta C_2 + \gamma C_3$$

这就要求三人委员会做到：

- 接受彼此的目标；
- 对加在每个目标上的权重达成一致。

只有当委员会成员的抱负水平两两相等的时候，才能实现总目标函数的最大化。如果任何两个抱负水平不相等（这往往是现实生活的真实情况），那么就只有用满意来取代最大化了。满意的要求只是委员会的每一个成员实现他的抱负水平。如果有一种选择符合所有三个抱负水平，那么这就是无异议的选择。

6.6 从有限理性到行为经济学

赫伯特·西蒙和詹姆斯·玛奇关心经济人的"完全理性"模型的局限性。他们坚持认为大多数决策者是假装理性，但其实只是有限理性。后续的研究证实这可能仍然是一个在某种程度上来说对人类决策太慷慨的描述。卡尼曼和特维斯基发现了理性的进一步局限性。他们发现许多的判断和决定是在不确定环境下做出的，容易遭受**偏差**（biases）（系统错误）并且陷入**启发式方法**（heuristics）（简单拇指原理）的泥淖，如下所示：

- 有效性。人们对结果的预测基于最近信息的生动性和情绪上的影响而不是基于事实上的可能性。比如，相对于汽车，大多数人过高估计了飞机坠毁的可能性，因为飞机事故报道得更加频繁和生动。
- 锚定。在做决策的时候过度依赖于一条（早期的）信息。那条特定的信息之后变成一个"锚"——人们总想从这一初始值开始并做出调整，然后寻求结果。比如，当你问一群人"并购的成功率是多少？你的估计是高于还是低于50％？请表明高多少或者低多少"时，你会得到比你已经设定的一个锚定在30％的水平更高的值。那是因为大多数人以给定的锚为初始值进行调整。
- 代表性。你的预测不是基于单个案例而是基于你认为单个案例属于（或者代表）的一类案例。偏见导致你"跳起来总结"单个案例。看专栏6.3的例子：

专栏6.3　斯蒂文代表谁

考虑下面的问题并且假设斯蒂文从一组有代表性的样本中被随机挑选出来：

某人已经被一个邻居描述为："斯蒂文是一个害羞和沉默寡言的人，总是乐于助人，但是对人或者真实世界没多少兴趣。他有着一个温和而干净的灵魂，喜欢井然有序，并且热衷细节。"斯蒂文是不是更容易成为图书馆管理员或者农民呢？

你已经下定决心了吗？

要回答这个问题，大多数人用代表性的启发式方法，基本上是用固定模式去判定斯蒂文或者属于图书馆管理员阶层，或者属于农民阶层。大多数人所忽视的是男性农民比男性管理员多得多（在美国多出20倍以上）。在统计术语中，人们倾向于忽视这种基础比率的差别，将他们的判断建立在给定的描述以及他们对管理员和农民的固化思维的基础上。这导致了系统的偏见，高估了不可能（低可能）结果的可能性。

资料来源：D. Kahneman (2011), *Thinking, Fast and Slow*, London: Penguin.

自从卡尼曼和特维斯基的首创工作之后，已经有非常多的误差从经济人的"完全理性"模型中被固定地建立起来。一些进一步的例子包括：

- 损失规避。在许多决策环境中，这儿有一个"上部"（得到的机会）和一个"下部"（损失的机会）。损失规避的意思是大多数人不是公平地衡量这些机会。你可以通过问你自己以下问题来衡量你规避损失的程度：为了平衡一笔以同样概率出现的 100 美元我需要的最低利润是多少？对大多数人来说，这个数额为 150～250 美元，他们的"损失规避率"为 1.5～2.5。
- 原赋效应。假设你是一个足球迷，你已经拥有了一张门票观看你的国家队比赛。你花了 200 美元购买这张票，但是你的意愿支付价格为 500 美元。比赛门票已经被抢购一空，你从网上了解到其他人（可能更富有或者更加狂热）愿意为得到这张门票出价 2 000 美元。你会卖掉门票吗？事实上，大多数观众在满座的赛事上不会卖掉。这是原赋效应的表现之一，即倾向于对我们所拥有的用来消费或者享用的商品估出一个比我们在拥有它们之前愿意支付的更高的价格。
- 互惠主义和公平。在第 5 章（专栏 5.10）我们用最后通牒博弈展示了大多数人会运用社会规则比如互惠主义和公平来交换场景。在最后通牒博弈中，提案人提供比经济人模型可以预测的更多的钱，然而，回答者拒绝比他们的公平门槛低的金额。进一步的分析请看专栏 8.4。

这种经验主义结果已经提供了一个对人类制定决策的认知基础的更加丰富的描述。这个更加丰富的描述构成了行为经济学的基础，在行为经济学中认知心理学的洞察力与新古典经济理论结合起来了。

在特定的决策环境中，行为经济学对人类制定决策的解释比标准微观经济学要好得多，并且它还为怎样应对启发式方法和偏见的影响提供了政策指示。

专栏 6.4　框架

我们展示一个特定的治疗方案如下所示，你认为两者中的哪一个会产生作用？

- 90%一个月存活率；
- 10%一个月死亡率。

客观来看，这两个陈述是一样的。情绪上，它们是不同的。医院病人和医生一样都更倾向于选择一个有 90%存活率的治疗方案而不是另外一个有 10%死亡率的治疗方案。这是框架效应的一个例子，在这里关键问题或统计的措辞对决策结果有一个动态影响。框架与损失规避有关：人们对收益和损失的感觉不同。

许多国家对器官捐赠进行监管，但是这些监管使得在邻国产生明显不同的器官捐赠率：

- 在澳大利亚接近 100%，但是在德国只有 12%；
- 在瑞典有 86%，但是在丹麦只有 4%。

再一次地，造成这种现象的原因在于关键问题的设计。高捐赠率国家有一个退出系统，在退出系统里个人必须采取一个简单的行动表明他们不愿意成为捐赠者；在低捐赠率国家，在退出系统里，个人必须选择一个复选框，表明自己希望成为捐赠者。

资料来源：E. J. Johnson and D. Goldstein（2003），"Do Defaults Save Lives?"，*Science*，302：1338－1339，and Kahneman（2011）.

行为经济学已经向我们展示了必须足够重视做决策的环境。根据所提供的决策的环境，理性（完全理性）的局限性有时候会导致非常不同的结果（正如专栏 6.4 所示）；在其他案例中，它们通常又与经济理论的预测不相关，而在某些情况下这些经济理论的预测非常精确，在其他许多情况下，这些经济理论的预测也提供了对现实的良好近似（Kahneman，2011，p. 286）。进一步地，我们必须记住在这本书中我们特别关注决策的组织环境。组织可能采用一定的程序来理性决策：

> 避免错误的时候组织优于个人，因为很自然组织考虑得更慢并且它们有权利利用有序的程序。组织可以规定并且加强有用的备忘录的运用，以及更加详尽的练习……至少部分通过提供独特的词汇，组织也可以鼓励一种文化，在这种文化中当他们接近雷区的时候会相互提防。无论它生产的其他东西是什么，一个组织事实上都大量"生产"判断和决定。每个工厂在初始设计阶段，在制造过程中，以及在最后检查程序中必须有方法来保证它的产品质量。决策的相关步骤是确定要解决的问题，搜集相关信息来决策，并且做出反应和进行检查。一个努力改进它的决策产品的组织，应该在每一个步骤中按惯例寻求效率的改进。有效的概念是惯例（Kahneman，2011，pp. 417－418）。

组织惯例的概念会在第 11 章讨论组织的进化方法时重点介绍。

6.7　小结：行为理论中公司内部的目标和决策制定

在行为理论中，公司被假设为一个由参与者或者参与者集团组成的联合体，如股东、员工、经理、供货商、客户等。这是行为理论与主流微观经济学的主要不同，主流微观经济学把公司看作一个整体实体。每一个参与者都以其为公司所做的贡献从公司那里获得激励。只要在参与者看来他从公司那里获得激励的价值大于他为公司所做贡献的价值，那么他就会留在这个联合体里。

在行为理论中，我们假设不是所有人都拥有相同的信息。例如，一个雇员可能不能确切地知道如果他受雇于其他雇主他能够获得的收入是多少，其他公司同事间的实际工作气氛又是怎样的。

在行为理论中，我们还假设人是有限理性的。这意味着人不可能在同一短暂的时刻进行多项复杂的计算，也不可能同时处理他所获得的全部信息。这并不意味着人们不想追求某些事情的最大化，只是他们并非总有能力这样做。人的行为可以更确切地被描述为追求满意而不是追求最大化。例如，一个雇员对于他想得到的工资有一个抱负水平。只要他获得的工资高于他的抱负水平，他就会满意。由于信息不足，他可能会满足于一个较低的工资水平，而他在别处可能会获得更高的工资。

在公司行为理论中，每一个参与者或者参与者集团都有他们自己的目标，这个目标通常是以抱负水平的形式出现的。这些目标一般是不一致的。结果是公司一般都有许多目标，这些目标是通过各参与者或者各参与者集团之间讨价还价的过程实现的。

为了得到现实价值，公司的总目标需要被转换成多个执行子目标。即使一个公司仅有一个目标，比如利润最大化，这也是一件非常复杂的事情。

考虑一个公司被某个企业家一个人所拥有和管理的情况。对这个企业家来说，雇用一些人只做他们分内的工作而不涉及决策问题是不可能的，为什么？在小公司里这也许还有可能。像我们在第3章里讲的，在非常小的公司里，直接管理通常是最重要的协调机制。但是，在一个大公司里，所要做的决策数量庞大，以至于企业家不可能完成所有的决策问题。例如，一个人不能够制定关于市场管理、生产管理和库存管理的所有决策。另外，把所有的信息都集中到一个人，让他或者她制定所有的决策，这也是很没有效率的事情。所以我们在决策制定程序中，要有两个或者更多的人参与其中，而这些人也把他们自己的目标带进了组织。

假设企业家的目标是利润最大化。如果由他指定了职能部门经理，那么要在不产生利益冲突的情况下细分执行子目标是不可能的。所以，企业家给职能部门经理制定的执行子目标是有一个目标水平的。职能部门经理的任务就是实现他们的目标水平，而不是最大化或者最小化什么。通过给职能部门经理一个目标水平，企业家为互相协调留下空间。这样互相协调作为一种协调机制就在直接管理的联合中得到了应用（见第3章）。

在行为理论和经典微观经济学理论之间主要有以下4点区别：

- 行为理论假定公司是一个参与者联合体。
- 行为理论假定公司没有唯一的目标。
- 行为理论假定信息的传递是有成本的。
- 行为理论假定决策者是有限理性的。

正如我们在接下来的章节中将要看到的，在各种组织经济学分析中，公司内部决策制定的很多特性已经被合并了，并且在后来得到了发展。这一点在西尔特和马奇1992年为他们的经典论著《公司管理理论》（第二版）所写的前言中得到了承认：

> 我们在1963年就有一个议案。我们认为研究经济学的人和研究组织的人应该对彼此说一些什么。我们认为公司理论应该和对公司的观察经验联系起来。我们认为对公司内部所发生的事情的观察经验应该和任何有趣味的理论思想联系起来……这个议案和我们目前的实际情况有一点不一致。在本书首次问世的时候，它的观点既不同于占主导地位的经济学理论也不同于占主导地位的管理学理论。自1963年以来……本书中讨论的大量观点已经成为被人们普遍接受的信条的一部分。特别地，把公司看作一个复杂的冲突利益的联合体，在有限理性的条件下使用标准尺度和程序来经营，这一观点现在已经被广泛用于描述公司和公司理论。

同样，现在许多来自行为经济学的概念正在成为经济学理论和组织学理论的主流。我们现在越来越意识到做出决策的背景和目前关于这个问题框架的重要性。我们经常将启发式方法作为直观判断的快捷方式，并且倾向于犯一种叫作"偏差"的系统性错误。因此，无论是个人还是组织，我们都可以从理性出发力求减轻这种偏离。在组织中，我们可以通过惯例来仔细审查和质询关键的决策。如今，组织经济学方法包含了各种行为假设，从下章的完全理性（在代理理论中），到下下章（在交易成本经济学中）的有限理性，再到组织演化方法有关章节中的组织惯例。

思考题

1. 在经济萧条时期，大部分企业都会在不降低产出水平的情况下通过减少劳动力来提高生产效率。很显然，只有在利润率降低的时候，公司才会采取行动降低成本。看起来很多公司可以通过采取这种类型的行动来维持原先的利润水平。为什么公司不在经济萧条到来之前先使生产成本达到最小呢？

2. 重新阅读专栏6.1。我们假设你同意彭明盛和保罗·波尔曼的观点，认为经理应该为公司里所有利益相关人的利益服务，而不是只为股东的利益服务。从道义上讲，这样做是正确的。现在假设你遇到一个经典微观经济学理论的支持者，他告诉你："是的，我很同意你这个观点：员工的利益是非常重要的。但这正是经理只需要考虑股东利益的原因：如果经理只考虑股东利益，结果将会实现经济上的帕累托最优的资源配置——这是经典微观经济学理论的主要结论，并且关于这种表述的正确性是毫无疑问的。结果是当经理不明确地考虑员工利益的时候，员工的经济状况反倒会更好。如果他们明确地考虑员工的利益，他们做出的决定将导致经济上的非帕累托最优。例如，经理可能试图推迟一个车间的关闭，因为关闭这个车间就会使工人失业，结果将是工人必须继续做现在的工作。而如果经理经常关闭没有效率的车间，那么工人就会总是在最现代的车间里工作，在那里获得最高的工资。"

   假设你被邀请与这位经典微观经济学理论的支持者辩论。你的主要论点和论据是什么？

3. 在公司行为理论里，管理的任务不是最大化股东的利益，而是实现所有公司利益相关人的均衡满意度，公司利益相关人包括员工、客户、供货商和股东等。在现实世界里，公司的最高管理团队面临这样的选择：

   （a）它可以在它的政策表述中强调股东价值，并且在战略决策的制定中把股东价值作为主要目标；

   （b）或者它可以在它的政策表述中强调利益相关人的价值，并且在战略决策的制定中把各种目标包括主要利益相关人的满意度作为主要目标。

   你是否能够论证：为什么与选择（a）的公司相比，选择（b）的公司不能够产生更多的股东价值？

4. 歌利亚公司是一家自行车制造企业。它位于英格兰的赫默尔·亨普斯特德（Hemel Hempstead）地区。歌利亚公司生产20多款不同样式的自行车，比如歌利亚山地车、歌利亚城市车等。每一款又都有男式车和女式车两种，以及不同的型号和颜色。总体来说，歌利亚公司的产品范围包括600多种不同的自行车。对这600多种自行车的每一种做出可靠的需求预测是非常困难的。

   歌利亚公司主要通过零售商来销售它的自行车。每个零售商的销量很小，平均来说每个零售商只有不超过30辆自行车的库存。经常会出现这种情况：某个潜在的购买者选中了一款自行车，但是零售商那里没有合适的型号或者颜色。这时候零售商可以到互联网上查询顾客想要购买的这种自行车在歌利亚公司总部的中心仓库里有没有存货。如果中心仓库里有存货，那么零售商点击鼠标就可以订购一辆这样的自行车，72小时内它就可以被运送到英格兰的任何一家零售商那里。如果中心仓库也没有存货，那么歌利亚公司就可能失去这笔生意。

普赖姆太太是歌利亚公司的销售经理。她负责每四周做一份新的销售预测。在定价和扩大市场的成本方面她有非常大的自由。她的报酬的很大一部分是与销售部门的业绩紧密联系的。这里销售业绩是指销售额减去销售成本（以标准成本价格）再减去促销成本（如广告费等）。

格里芬先生是歌利亚公司的生产经理。他负责制订生产计划并组织生产。他的报酬的很大一部分是奖金的形式，奖金的多少取决于每辆自行车的生产成本。小规模生产的成本是很高的，格里芬先生很不愿意进行小规模生产。

罗宾斯先生最近被任命为分管经理，直接监督销售经理和生产经理。他很快发现普赖姆太太和格里芬先生之间存在很多冲突。某种样式的自行车缺货的情况经常发生，所以普赖姆太太总是向罗宾斯先生抱怨格里芬先生拒绝按照市场的需求调整生产。而格里芬先生则向罗宾斯先生抱怨普赖姆太太的销售预测太不可信。

为了促进普赖姆太太和格里芬先生之间的合作，你认为罗宾斯先生应该怎样做？

第 7 章 代理理论

7.1 导论

代理理论最简单的形式就是讨论两个人之间的关系,即委托人和代表委托人制定决策的代理人二者之间的关系。下面是几个代理关系的例子。

- 公司的所有人(委托人)和公司的经理(代理人):公司经理制定的决策影响公司所有人的财富。
- 不动产的所有人(委托人)和不动产的管理者(代理人):不动产管理者制定的决策影响不动产所有人的财富。
- 经理(委托人)和他的下属(代理人):下属制定的决策影响经理的声誉。
- 病人(委托人)和他的医生(代理人):医生制定的决策影响病人的健康。
- 保险公司(委托人)和它的持有财产保险单的客户(代理人):持有财产保险单的客户制定的决策影响保险公司的现金流转。
- 出租人(委托人)和承租人(代理人):承租人制定的决策影响出租人的财产。

代理关系既存在于公司内部(如经理和下属的关系),又存在于公司之间(如授权方和特许经营方的关系)。在本章中我们将把公司股东和公司经理之间的代理关系作为我们的主要讨论对象。

在代理理论中要区分两个主要的流派:**实证代理理论**(positive theory of agency)和**委托—代理理论**(theory of principal and agent)。

首先,在实证代理理论中,公司被视为契约的联结。实证代理理论研究的主要问题是：契约怎样影响参与者即委托人和代理人的行为，以及为什么我们要在现实世界中观察某些组织的形式。在实证代理理论中我们一般假设存在的组织都是有效率的，如果没有效率，这个组织就不会继续存在。因此实证代理理论试图去解释为什么组织会以它现有的形式存在，并且不以数学模型的形式来表述。

第二，在委托—代理理论中，核心的问题是委托人怎样设计代理人的薪酬结构，并且通过正式的数学模型来解决问题。

在论述所有权和控制权分离的著作中，这两个流派都有各自的渊源（本章第二节）。

本章剩余的部分是这样组织安排讲授的：第三节至第五节讨论了实证代理理论的三个互不相同但密切相关的理论。西方社会两种重要的组织形式是企业家公司和上市公司。企业家公司是所有权和管理权属于同一个人的公司。上市公司是股份公开交易、所有权关系广泛分布的公司。在企业家公司里不存在所有权和控制权的分离；而在上市公司里存在所有权和控制权的分离。

第三节我们讨论所有权关系的结构怎样影响管理的行为。第四节我们讨论怎样用团队生产解释企业家公司的存在。第五节我们讨论怎样用决策过程和剩余权益解释企业家公司和上市公司的存在。第六节我们讨论委托—代理理论。第七节我们进行总结。

代理理论的应用在第 13 章第十节和第 15 章进行了介绍。

7.2　所有权和控制权的分离

亚当·斯密已经认识到了由所有权和控制权的分离所引起的问题："疏忽和浪费，就常常成为股份公司业务经营上难以避免的弊端。"（见专栏 7.1。）

专栏 7.1　　　　　　　　　　　　股份公司

> 股份公司的经营，按惯例由董事会处理。董事会在执行任务时不免受股东大会的支配，但股东对于公司业务多无所知，如他们没有派别，他们大抵心满意足地接受董事会每年或每半年分配给他们的红利，不找董事的麻烦。这样省事且承担的风险只限于一定金额，无怪乎许多不肯把资产投入合伙公司的人，都投资于股份公司。因此，股份公司吸收的资本通常超过任何合伙公司。……不过，在钱财的处理上，股份公司的董事为他人尽力，而合伙公司的成员，则纯为自己打算。所以，要想股份公司的董事们监视钱财用途，像合伙公司成员那样用心周到，那是很难做到的。这样，疏忽和浪费，就常常成为股份公司业务经营上难以避免的弊端。唯其如此，凡属从事国外贸易的股份公司，总是竞争不过私人的冒险者。所以，股份公司没有取得专营的特权，成功的固少，即使取得了专营特权，成功的亦不多见。
>
> 资料来源：Adam Smith. *The Wealth of Nations*, Book V, Chapter 1, 1776.

所有权和控制权分离的问题没有获得其他早期经济学家太多的关注。这种情形直到 1932 年阿道夫·伯利和加德纳·C. 米恩斯的著作《现代公司与私有财产》一书出版，才得到了改善。在这本著作中，伯利和米恩斯描述了典型的20世纪公司的**所有权和控制权的分离**（separation of ownership and control）。他们说大型企业被如此多的股东所有，以至于没有一个股东拥有已发行股票的较大份额，因此没有一个股东真正有力量控制公司管理者的行动。

一般来讲，公司管理者自己也拥有很小一部分本公司的股票。因此现在的情形有以下几个特征：

- 大量股利流向了公司外部的股东。
- 所有主要的决策都是由公司的管理者制定的。
- 公司外部的股东不能控制公司的管理者。

在这种情形下，伯利和米恩斯认为公司管理者和股东的利益产生了很大分歧。管理者寻求的是权力、威望以及为自己赚钱；而股东感兴趣的只是利润。在伯利和米恩斯看来，高级经理在他的位子上用股东的钱富了自己，而且他们担心高级经理有时候甚至还会做出掠夺公司的勾当。

在大部分公司里，管理者自己只拥有全部股份中的很小一部分，这种公司被称为所有者控制型公司。在某些大公司里，管理者拥有的股份虽然份额不大，但是因为小股东较多，所以管理者能够影响公司某些方面的决策，这种公司可以被称为股份广泛分布的管理者控制型公司。如果伯利和米恩斯的论点是正确的，我就可以预期所有者控制型公司和管理者控制型公司在收益率上存在巨大的差别。所有者控制型公司会比管理者控制型公司获得更多收益。在伯利和米恩斯的著作中直接暗示了这种观点。而在实证主义的著作中是很少或者不支持这种观点的。为什么管理者控制型公司的管理者要与所有者控制型公司的管理者执行相同的任务呢？如果他们有机会利用股东的钱使自己致富，他们为什么不这样做呢？也许这些管理者出于道义的考虑有意节制自己不要这样做，但是我们也可以建立一些机制来限制管理者的行为。

首先是股票市场的存在。如果一个公司由于管理者的原因而经营不善，如管理者个人能力差，不能胜任管理者的职务，或者懒惰，或者有能力但是没有真正的兴趣经营这家公司等，那么该公司股票的市场价格就会下跌。此外，一旦该公司股票的市场价格如此之低的原因被发现，一个原本绝对没有取胜希望的局外人就会尝试以一个很低的价格收购其大部分的股份。然后，他就可以把原先的管理者赶走，另设一批新的管理者，并加强对他们的控制。因此，那些经营不善的管理者总是会担心他们的公司被别人接管。市场不仅是分散股份的市场，也是全体公司的市场。为了加以区别，我们说还有一个关于经营公司的权利的市场。这个市场通常被称为**公司控制权市场**（market for corporate control）。市场上各个管理团队为争夺公司控制权而展开的竞争给管理者施加的压力，使得他们能够更好地对公司进行经营管理。

其次是管理层劳动力市场的存在。比起小公司，在大公司里，最高职位的管理者通常会获得更多的权力、更多的威望、更多的金钱和更舒适的工作环境。因此我们可以预期管理者之间存在为获得最高职位的竞争。因此每个管理者都会担心他的名誉。如果他得了一个谋私利的名声，大家都认为他只追求一己私利而不去积极主动地追求获得更多利润的机会，那么很可能他获得更好职位的概率就很小了。

再次是公司产品市场的存在。产品市场上的竞争越激烈，管理者为自己谋求私利的概率就越小。如果管理者在经营管理中谋求自己的私利，那么其产品的单位成本就会比竞争者高，或者产品质量会比竞争者低。最终这家公司就会失去市场份额并破产。因此，产品市场的竞争也制约了管理者追求自己的利益。市场如何制约上市公司管理者的行为问题将会在第15章第六节中讨论。

最后，即使公司的管理人员也不一定会拥有公司的股份，他们的收入可能包括与年利润挂钩的奖金，以及日后的股票期权等。这也会带来更加符合股东利益的高级管理者的利益。薪酬结构的作用是委托—代理理论的关键问题。这一理论将在本章第六节中展开讨论。如何为管理者设计薪酬的问题将会在第15章第三节详细讨论。

让我们回到之前的话题，是否所有者控制的公司的盈利状况比管理者控制的公司的盈利状况更好？从上面的讨论来看，目前尚不清楚各种市场上的有效竞争和管理者薪酬制度如何有效约束过度的在职消费。所有者结构和公司盈利能力之间的关系是公司管理方面的主要议题。在第15章中我们将会更细致地探讨这个问题。这里想说的是，没错，从道德层面出发，管理者能够也应该避免过度的在职消费。此外，管理者并不是在一个真空的环境中工作，还必须考虑工作所处的环境和体制，包括公司法、审计、反垄断当局和舆论。

7.3 管理行为和所有权结构

7.3.1 信息确定和信息对称世界里的管理行为和所有者结构

在前一节中我们用非常笼统的术语讨论了所有权和控制权的分离。这一节我们用更准确的术语进一步讨论这个问题。公司的所有权结构是怎样影响该公司管理者的行为的？为了回答这个问题，詹森和麦克林在1976年提出了一个理论，我们将在这一节中对此进行讨论。

首先考虑管理者拥有他所管理的公司的全部股份的情况。这时候公司的所有权和管理权集于一身，这位大老板就会同时有两个相互冲突的目标。他会同时关心两个最大化的实现，一个是公司价值最大化，另一个是**在职消费**（on-the-job consumption）最大化。后者可能会以不同的形式出现，比如购买一架喷气式飞机作为公司的交通工具；把办公室装修得豪华奢侈；或者花费很少的时间在工作上，等等。这里我们不是说购买喷气式飞机作为公司交通工具总是和在职消费相关。为了澄清这一点，我们考虑如果管理者只关心他管理的公司的价值最大化，他会怎样做。这时候公司经理会首先做如下计算：

- 通过购买喷气式飞机作为公司交通工具节省的管理时间的现值（a）；
- 购买普通航班机票的现值（b）；
- 购买和驾驶喷气式飞机的现金流的现值（c）。

如果公司经理只关心他管理的公司的价值最大化，那么当且仅当 $c-a<b$ 时，他才

会购买一架喷气式飞机作为公司的交通工具。

现在我们定义 d，设 $d=c-a-b$，且 $d>0$。即使一位经理他不止关心他所管理的公司的价值最大化，他还关心他的个人声望和个人满意度，他还是会购买一架喷气式飞机作为公司的交通工具。如果他确实这样做了，那么 d 就是他在职消费的金额。

虽然并不总是以专栏7.2中的例子那样显眼的方式出现，但现实世界中确实存在在职消费。

专栏 7.2

凯西·雷金纳德·威廉斯的代理成本

有时在职消费的代理成本不仅很高，还很搞笑。下面的文字摘自对凯西·雷金纳德·威廉斯关于公司破产的审讯内容，威廉斯是澳大利亚兴业保险有限公司的创始人和前首席执行官。

威廉斯先生与审讯员马丁·韦恩先生的问答内容如下：

马丁：你能否告诉我，在你经常去伦敦的头等舱旅行中，你是否会为你的公文包预定你旁边的座位？

威廉斯：具体我记不清了，但在某些情况下确实有过这种事。

马丁：你的公文包也坐头等舱旅行？

威廉斯：也许吧。

马丁：你有向澳大利亚航空公司表达过这个公文包也应该有常客资格这一观点吗？

威廉斯：我不记得了。

马丁：你是不是后来得知，公文包不能申请常客资格的理由是，事实上公文包并不是一个人？

威廉斯：这也许是航空公司在这个问题上的立场。

马丁：公文包是不是从那时起就以凯西·雷金纳德·威廉斯的名字订购机票？

威廉斯：是的，以凯西·雷金纳德·威廉斯的名字。

资料来源：HIH Royal Commission, Day 131, Wayne Martin QC examining Raymond Reginald Williams, AM (founder/former CEO of HIH) as reported in Nederlandse Corporate Governance Stichting, *Corporate Governance in Nederland* 2002, p. 63.

从这个例子中我们可以清楚地看出，如果一个经理热衷于在职消费，那么他就不可能实现公司价值的最大化。他的在职消费越高，公司的价值就越低。如果他花费了100万美元进行在职消费（在我们的例子里就是 $d=100$ 万美元），那就等于他使公司的价值降低了100万美元。

图7.1绘出了在职消费现值 C 与公司价值 V 之间的关系。从图中我们可以很清楚地看到两个变量，在职消费现值 C 与公司价值 V，二者之和是一个常数。如果经理决定

消费 C_4，那么公司的价值就是 V_4；如果经理决定消费 C_5，那么公司的价值就是 V_5。直线 V_0C_0 代表 V 和 C 的全部可能的组合。这条直线给出了经理可以选择的全部 V 和 C 的组合，被称为**预算约束线**（budget constraint）。在图 7.1 中，预算约束线 V_0C_0 的斜率是 -1。如果经理只关心公司价值的最大化，不以任何形式进行在职消费，在工作中不消费任何东西，那么公司的价值才可能达到 V_0。

经理选择的 V 和 C 的价值取决于他的效用函数。在图 7.1 中，曲线 U_3 上所有的点都代表相同的效用。曲线 U_1 上所有的点也都代表相同的效用。但是曲线 U_1 上的点所代表的效用水平要高于曲线 U_3 上的点所代表的效用水平。曲线 U_2 上的点代表更高的效用水平，但是公司经理是没有办法达到这一效用水平的。公司经理的最大效用是在 P_1 点处实现的，此时他的在职消费现值是 C_1，公司价值是 V_1。对于公司经理来说，在这一点处增加 1 美元在职消费所带来的边际效用等于增加 1 美元财富所带来的边际效用。

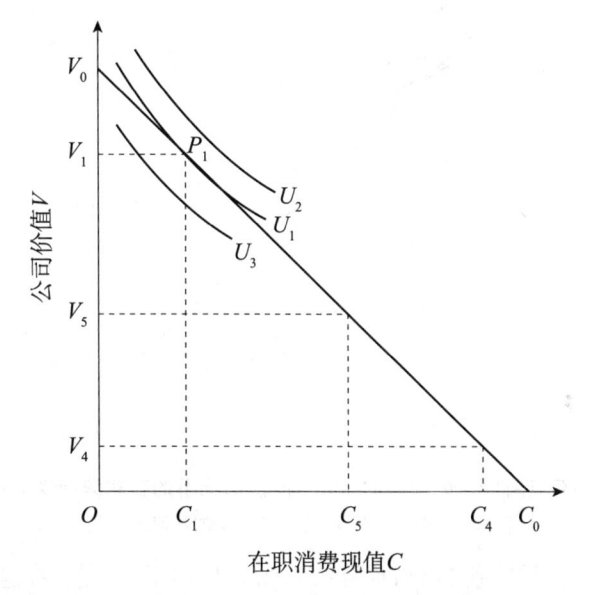

图 7.1　管理者拥有其所管理的公司的全部股份情况下的在职消费现值 C 与公司价值 V

图 7.1 中的曲线 U_1、U_2、U_3 叫作无差异曲线[1]，因为这些曲线代表经理的等效用点。因此，在同一条无差异曲线上，经理在各个点上的效用水平是没有差别的。由于我们仍然在讨论管理者拥有其所管理的公司的全部股份的情况，我们只需要用图 7.1 中的信息来确定公司经理是怎样平衡公司价值和他的在职消费的就可以了。

现在假设公司经理卖出了一部分他的股份，这部分股份我们记为 $(1-\alpha)$。那么这时公司经理自己拥有的股份就是 α。例如，如果 $\alpha=0.7$，这就意味着公司经理向外部卖出了 30% 的股份，自己还保有 70% 的股份。如果他决定支付 1 美元额外的费用用于在职消费，公司价值就会减少 1 美元。但是现在公司经理个人的财富只会减少 70%，外部股东的财富会减少 30%。这时候增加 1 美元在职消费带给公司经理的边际效用等于增加 0.7 美元个人财富带给公司经理的边际效用。所以我们可以知道这时公司经理会把更多的钱花在在职消费上。

公司经理究竟会更多地支出多少钱用于在职消费，取决于他可以选择的个人财富和在职消费的可能组合。个人财富和在职消费的可能组合取决于公司经理为他对外卖出的股份制定的价格。公司经理对外卖出的股份的价格又取决于外部股东是否预先知道公司经理在卖出股份之后会进行更多的在职消费。

假设外部股东预先不知道公司经理会在卖出股份之后进行更多的在职消费。由于外部股东占有公司30%的股份，所以这时候天真的外部股东愿意支付30%的V_1。现在公司经理的预算约束线的斜率变为-0.7，因为公司经理进行1美元的在职消费只相当于增加了0.7美元的个人财富。这条新的预算约束线也必须经过P_1点。在P_1点公司经理的在职消费是C_1，个人财富是V_1，这时V_1的30%是公司经理的现金，V_1的70%是公司经理的股份。所以这时公司经理的预算约束线就是图7.2中的直线L，直线L经过P_1点，斜率为-0.7。

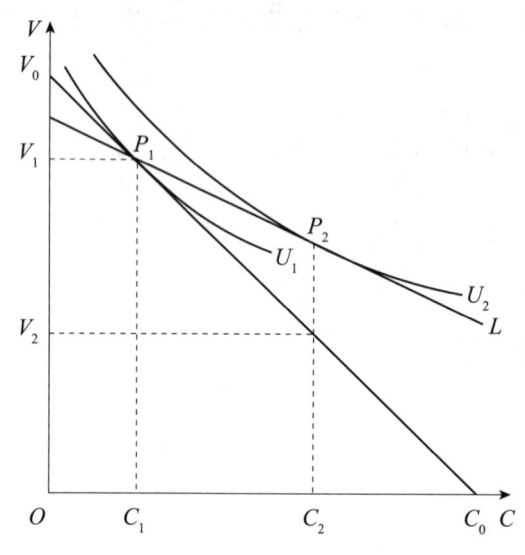

图7.2 管理者拥有其所管理的公司的α部分股份情况下的在职消费现值C与公司价值V

说明：管理者卖出$(1-\alpha)$部分股份之后，外部股东不希望增加任何的在职消费。

在图7.2中，无差异曲线U_2与预算约束线L相切于p_2点。在这一点上，公司经理的在职消费是C_2，公司价值降到了V_2。因此由于购买了该公司股份而支付了30%的V_1的外部股东现在发现他的股份价值只有30%的V_2。

现在假设外部股东没有那么天真，意识到公司经理会增加他的在职消费。这样我们可以假设外部股东预期到了公司经理一卖出他的股份马上就会增加他的在职消费。进一步假设外部股东确切地知道公司经理的无差异曲线的形状。如图7.3所示，外部股东会找到一点P_3。P_3点位于V_0C_0上，经过P_3点的无差异曲线在P_3点的斜率是$-\alpha$，也就是说这条无差异曲线与经过P_3点的一条斜率为$-\alpha$的直线相切。

外部股东很快就会发现存在一点且只存在一点P_3。他们会知道公司经理在P_3点增加1美元的在职消费带给他的边际效用等于增加0.7美元的个人财富带给他的边际效用。因此他们只会支付V_3的30%，而不是V_1的30%。如果他们支付了V_3的30%，公司经理的预算约束线就变为直线M，直线M的斜率为-0.7。这时公司经理就会决定在C_3点进行在职消费。公司价值就会是V_3，外部股东不会因为购买了该公司的股份而损失什么，但也不会得到什么。

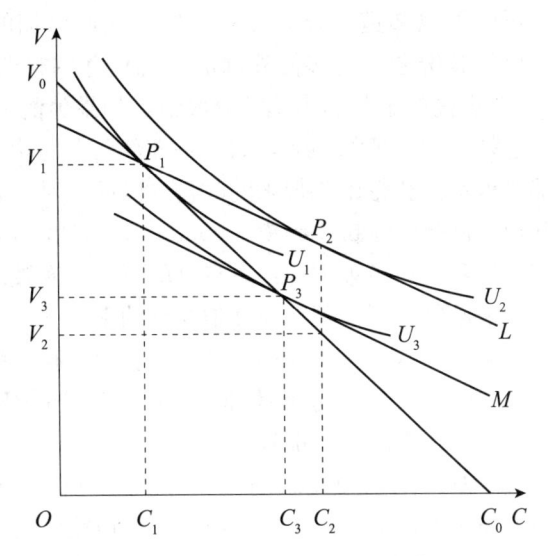

图 7.3 管理者拥有其所管理的公司的 α 部分股份情况下的在职消费现值 C 与公司价值 V

说明：外部股东知道公司经理的无差异曲线的确切形状，并且相应地调整了他们愿意支付的价格。

公司经理的个人财富现在是 V_3，其中 $(1-\alpha)$ 部分是现金，α 部分是股份。他的财富下降了 V_1-V_3，而他的在职消费现值增加了 C_3-C_1。结果是他的效用水平降低了：现在他的效用水平在无差异曲线 U_3 上，而开始的时候他的效用水平在无差异曲线 U_1 上。所以很明显，没有一个公司经理愿意卖掉其公司的部分股份，除非有什么其他原因（不包括上面我们分析的）。三种可能的原因是：

- 公司经理倾向于把自己全部财富的一部分变成现金形式，来代替全部财富都以股份形式存在的状况，因为他可以将现金用于他处。
- 公司经理想分散与公司相关的风险。
- 公司经理看到了一个好的投资机会，但是单单以他自己个人的财富不足以抓住这个机会。

7.3.2 外部监督和自我约束

在本章第三节第一部分中我们讨论了一种情况，一位公司经理想将自己的部分股份出售给外部投资者，一旦他这么做了，他的在职消费行为就会增加。他为什么不简单地承诺自己不会这样做呢？如果他可以做出一个可信的承诺，他就可以以 $(1-\alpha) \cdot V_1$ 的价格卖出 $(1-\alpha)$ 部分的股份。问题是他不能做出一个可信的承诺。在上面的分析中，我们忽略的一个潜在的问题就是，外部股东可以在**外部监督**（monitoring）公司经理的行为。在现实生活中，外部股东在某种程度上是可以观察公司经理的行为的，比如通过聘请外部的审计师对公司账目进行审计就可以做到这一点；还可以通过成立董事会来实现监督。

监督公司经理的行为是需要成本的。通过花费一定成本，外部股东是可以降低公司经理的在职消费的。他们在监督上花费的成本越高，他们对公司经理的监督就越得力，从而就可以越大幅度地减少他们的在职消费。

我们从图 7.3 的分析中可以知道，公司经理承担了他们增加的在职消费的所有成本。如果在公司经理卖出其股份之前能够使外部股东确信他的在职消费将低于 C_3，那么他就能够以比 V_3 的 30% 更高的金额卖出这部分股份。如果他的在职消费低于 C_3，那么公司价值就会增加，这是公司经理的功劳，而不是外部股东的功劳，公司经理会获得由此带来的收益，外部股东不会获得由此带来的收益。因此，对于公司经理来说对自己进行必要的约束是有利的。这就叫作**自我约束**（bonding）。自我约束和外部监督实际上是同一回事。自我约束意味着公司经理主动约束自己的行为从而被外部股东监督；外部监督意味着外部股东主动来监督公司经理从而使他受到约束。

正如外部监督一样，自我约束也是需要成本的，它和外部监督一样涉及很多种行为：公司经理主动把公司的账目交给外部审计师审计；或者公司经理主动成立董事会，等等。外部监督的成本和自我约束的成本都是由公司经理负担的。通过把在职消费控制在 C_3 的水平以下，公司经理提高了他的效用水平；通过在外部约束和自我监督上花费成本，公司经理又增加了公司的价值。由于这些原因，公司经理的预算约束线不再是先前给出的直线 V_0C_0，他现在的预算约束线是图 7.4 中的曲线 S。

在某一个时刻存在外部监督和自我约束的最优成本支出量，在图 7.4 中为 P_4 点。在 P_4 点他支付了 MB 金额的成本进行外部监督和自我约束，MB 等于 P_5P_4 之间的距离。这时他的效用水平是 U_4，高于 U_3 但低于 U_1。

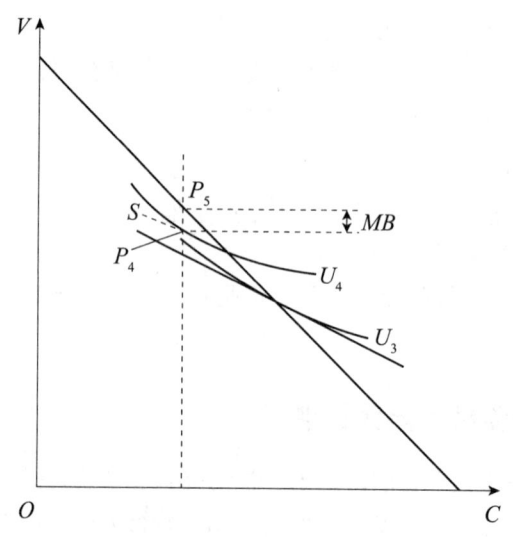

图 7.4　存在外部监督和自我约束成本时的在职消费现值 C 与公司价值 V

7.4　企业家公司和团队生产

为什么会存在企业家公司？我们所说的**企业家公司**（entrepreneurial firm）是指被同一个人所有和管理的公司。这个人，也就是企业家，协调和监督其他人也就是员工的工作；他在公司进行了固定支付和债务偿还（比如工资和利息）之后获得剩余的利润。

在这样的公司里，直接管理是最重要的协调机制。另外一个可以选择的管理模式是工人合作，也就是工人之间平等地进行合作。在工人合作的管理型模式中，互相调节是最基本的协调机制。在制造工业中，很少有工人合作的管理模式存在。阿尔奇安和德姆塞茨在1972年通过使用**团队生产**（team production）的概念解释了这个问题。

团队生产的情况是指，两个或者更多的人进行生产活动。如果大家共同进行生产，那么比起每个人单独进行生产，可以生产出更多的产品。一个经典的例子就是两个人往卡车上装载重货。假设两个人要把重货装载到两辆不同的卡车上。他们可以选择两种不同的工作方法：每人各装一辆车，各干各的；或者一起工作，先装一辆再装另一辆。如果第二种方法被有效采纳，这就是一个简单的团队生产。某些商品生产或者服务提供是不能由一个人完成的，比如交响乐团录制音乐、外科开胸手术等，这也是团队生产的例子。

一个自我雇用，且只雇用自己的人，可以得到自己努力的全部成果。如果他付出更多的努力，他就会生产出更多的产品从而赚到更多的钱。他付出多少努力取决于他的效用函数，应该在增加一单位的休闲所带来的边际效用等于增加一单位的收入所带来的边际效用的均衡点处。现在假设 n 个人组成了一个团队，分享共同的生产行为的产出收益。每一个人都知道自己增加一单位额外的投入，只会得到由自己努力带来的收益增加的第 $\frac{1}{n}$ 部分。由于这个原因，每个人都会有强烈的意图只想付出极低水平的努力。

这样我们就知道，在团队里工作的人，共同分担工作过程，他们将会付出比只雇用自己工作的人少得多的努力。这种现象叫作**逃避责任**（shirking）。每一个团队成员都会试图逃避责任。在每一个团队成员都逃避责任的情况下，团队的总产出要远远低于没有逃避责任的情况。假如其他成员也付出更多的努力，每一个团队成员都会愿意付出更多的努力。

团队成员可以集体讨论这个问题。讨论的结果可能是每个人都承诺不逃避责任。如果单个团队成员逃避责任的行为很容易被其他团队成员察觉，这种互相承诺就可以起作用，这个逃避责任的成员将被开除出该团队。但是，如果逃避责任的行为是不易察觉的，那么这种互相承诺就是无效的。这里我们再次看到，团队成员付出努力的不易察觉性引发了一个信息问题。

你认为现实中会有逃避责任的行为发生吗？专栏7.3是一个关于人们逃避责任的倾向的调查结果。

专栏7.3　关于逃避责任人们会说点什么

2000年，有机构就工作的成年人对工作的态度在美国全国范围内进行了一次电话调查，完成了略多于1 000次的访谈。这次调查通过询问以下几个问题来测试人们的逃避责任倾向。

假设你的雇主几乎不可能检查你的工作，你会同意下列哪项：你很可能会努力工作，一定程度上会努力工作，一定程度上不会努力工作，基本不可能努力工作。

> 在所有的回答中，82.7%的人选择的答案是"很可能会努力工作"，12.1%的人选择了"一定程度上会努力工作"，1.9%的人选择了"一定程度上不会努力工作"，1.6%的人选择了"基本不可能努力工作"。
> 你怎么想？这些结果证实还是反驳了潜在的推卸责任问题？
> 资料来源：Minkler（2004）.

假设虽然对其他的团队成员来说某一个人逃避责任的行为是不易察觉的，但是对于专职负责调查逃避责任行为的人来说却不是很困难。我们把这个人叫作**监督人**（monitor）。一个有监督人的团队会比一个没有监督人的团队生产出更多的产品。如果设立监督人产生的额外成本非常高，那么是否设立监督人就涉及所有团队成员的利益了。

监督人付出的努力又是怎样获得相应报酬的呢？假如监督人和其他团队成员以相同的标准获得报酬，那么监督人本身也会有逃避责任的动机。所以到这里问题变为：谁来监督监督人？如果设立第二个监督人来监督第一个监督人，那么谁来监督第二个监督人？解决的办法只有一个：给予监督人在支付了其他团队成员固定工资之后可以获得剩余利润的权利。如果监督人获得剩余利润，那么他就失去了作为监督人逃避责任的动机。

如果一位监督人非常高效和强有力，那么他必须要有强权可以修改单个团队成员的合同条款，而不用同所有的团队成员协商。他必须有权力终止合同，吸纳新的成员，以及根据每个人的边际生产力调整每个人的工资水平。最后，监督人还必须有权力卖掉他作为监督人的权力。监督人的某些活动，比如他改变团队组成的活动，只有在一段特定的时间之后才会有收效。所以他没有动机从事这种类型的活动，除非他迟早会得到进行这种活动的回报。如果监督人有权力卖掉他作为监督人的权力，那么他就会有很强烈的动机去建立一个高效的团队。

因此我们有了企业家公司。监督人就是公司的所有者，他获得剩余利润；有权力卖掉他的公司；有权力雇用和解雇团队成员，单个调整他们的工资水平。监督人就是企业家，其他的团队成员是他的员工。

在这一理论中，企业家的出现是作为解决团队内部逃避责任的问题而出现的。这一理论有赖于两个至关重要的假设前提：

- 存在团队生产。
- 监督的作用主要是降低逃避责任事件的发生率。

第二个假设前提的真正意思是，相比于设立专职的监督人，由一般的团队成员来监督其他成员是困难的或者是成本很高的。如果一般的团队成员可以很容易地看出谁在逃避责任谁没有逃避责任，那么他们就可以自己调整团队成员关系，而不需要一个监督人。因此，监督人必须能够比一般的团队成员更容易地发现逃避责任的行为。

7.5 作为合同联结体的公司

在第三节和第四节中，公司的所有权是一个至关重要的概念：所有权限制公司经理的在职消费和逃避责任。那么，我们要怎样解释大公司的存在呢？大公司的股份公开发行、公开买卖，而公司经理不拥有公司的股份，或者不拥有较大份额的股份。

为了回答这一问题，我们需要对那些所有权和控制权分离的大型公司进行更加具体的审视。注意，这里我们引入了所有权和控制权的概念。这里我们解释一下，在这个理论中公司的所有权是一个不相关的概念。一个大型上市公司的股东只拥有大量的股份。尽管拥有股份意味着被赋予了某些权力，但是这并不意味着股东或者所有股东的联合在任何意义上拥有这个公司。他们只与获得剩余利润相关联，就像工人与获得固定工资相关联一样。股东只是一个合同联结体中捆绑在一起的许多部分中的一个部分。专栏7.4给出了一个公司仅仅作为合同联结体的例子。

专栏 7.4　　　　　　　　作为合同联结体的单轨公司

在一本杰出的关于公司演化的薄薄的书上，迈克尔斯维特和伍德里奇讨论过关于公司未来的几种不同观点。

一种观点——在反全球化的人士中特别流行——认为大型公司将会主宰世界（经济）。然而经验证据表明，大型公司正在节节败退。

第二种观点正好相反——公司变得越来越不重要了：

> 放眼未来，这种观点的支持者举例说明了一家出售计算机的单轨公司。单轨公司没有工厂、仓库或其他任何形式的有形资产。它在亚特兰大的一幢办公大楼里租了一层用于办公。电脑是由自由职业者设计的。下订单时，客户通过拨打免费热线连接到联邦物流快递服务中心，由联邦快递将订单传递给电脑组装制造合作商，然后由联邦快递将计算机运送给客户，并将发票寄送给单轨公司的代理商太阳信托银行。除了一个好的想法，在亚特兰大的少数几个人和一堆合同（再次强调），单轨公司不需要任何别的东西。

第三种观点认为公司将会越来越快地被网络取代——在边界上——少数几家公司在松散的联盟里一起运营。迈克尔斯维特和伍德里奇总结道：

> 这三种未来模式没有任何一种会必然发生，但看起来最后两种似乎比第一种更合理。目前公司的发展趋势是变得越来越小，大型组织自行拆分成了更小的企业单元，因为在科斯交易成本下小公司（或者只是企业家的集合）行事更方便。这对大公司的统治地位是一种挑战，对企业家来说，进入松散的企业家联盟甚至比共同组建一个长期发展的公司更具吸引力。

在第 14 章中，我们将会进一步探索网络角度的观点。

资料来源：Micklethwait and Wooldridge (2003)。

法玛和詹森在1983年使用这一观点解释了企业家公司和上市公司两者的存在。他们把公司看作生产要素所有者和客户之间合同的联结体，这里的合同可以是书面的也可以是非书面的。其中最重要的合同是规定剩余索取权特性的合同和规定代理人之间在决

策过程中的步骤分配的合同。大部分代理人都获得了许诺的固定付款或者基于特殊执行标准的激励付款。剩余风险是随机现金流和许诺付款之间存在差额的风险。剩余风险是由剩余索取权索要人或者剩余风险承担人来承担的。

决策过程包括四个步骤：

- **开始**（initiation）：提出资源利用和合同结构的建议。
- **批准**（ratification）：选择将要执行的决策。
- **执行**（implementation）：执行批准的决策。
- **监督**（monitoring）：监督代理决策的执行和报酬的情况。

开始和执行两个步骤的任务通常交给同一个代理人完成。这两个功能在**决策管理**（decision management）项下合二为一。类似地，**决策控制**（decision control）项下也包括批准和监督两个功能。

这时候法玛和詹森提出了关于风险承担和组织决策过程关系的相互补充的两个假定：

- 剩余风险承担从决策管理中分离出来，导致了决策体系的建立，决策体系又使得决策管理从决策控制中分离出来。
- 在一部分代理中，决策管理和决策控制的结合导致剩余索取权的出现，剩余索取权又大大限制了这些代理的行为。

如果在一个组织中关于决策的特殊信息集中在一个或几个代理人手里，法玛和詹森就称这个组织是非复杂性组织。特殊信息就是详细信息，它在代理之间传递的成本非常高。大部分小型组织都是非复杂性组织，而大部分大型组织都是复杂性组织，只是信息交流不是很通畅。

在小型的、非复杂性的组织里，对那些拥有特殊信息的决策者来说，决策的管理和控制都是高效的。当决策管理和决策控制联合在一起时，剩余索取权就无法受到保护，以免受决策代理人的机会主义行为的影响。因此在小型的、非复杂性的组织里，剩余索取权也被分配给那些重要的决策代理。小型企业家公司就是这样的一个例子，所有权和管理权属于同一个人。这个例子符合第二个假定。

现在假设一家小型企业家公司（我们把这家公司叫作公司 E）被一家大公司（我们把这家公司叫作公司 L）收购。公司 E 的经理现在不再拥有公司 E 的剩余索取权。但是，他可能还拥有关于公司 E 制定决策的特殊信息。这时候任命公司 E 的经理负责决策管理就是有效率的。但是，决策控制必须掌握在公司 L 的经理和员工手里。剩余风险承担从决策管理中分离出来使得决策管理从决策控制中分离出来成为可能。这符合第一个假定。

在大型上市公司里有很多股东。股东多是有优势的，因为股东多，分担的风险就多，而且为了给予其他代理人固定许诺，股东对资本的需求也很大。让所有的股东都参与决策的控制其成本是非常高的，所以他们把决策控制委派给董事会。在大型上市公司内部，决策管理是分散执行的，而决策控制是由董事会代表股东集中执行的。

7.6 委托—代理理论

在第三节中，我们假定任何条件都是确定的，从而分析了外部股东和公司经理的代理关系，这就是说在第三节的分析中风险是不起作用的。此外，无论是委托人（外部股东）还是代理人（公司经理）都有自己的私人信息。在委托—代理理论中，风险被引入分析中来。另外，在这一节的讨论中我们放宽了信息对称的条件。

委托—代理理论的数学模型非常完善，即使是最简单的形式也已经发展得十分完备了。关于这些众多的数学模型的实质可以给出一个例子加以说明。

就拿一块土地的所有者和某个想要使用这块土地种植草莓的人之间的关系来举例。土地的所有者是委托人，另一个人是代理人。委托人愿意让代理人使用他的土地一个夏季去种植草莓。委托人的问题是设计代理人的报酬结构。夏季过后可以出售的草莓数量和质量取决于两个因素：代理人对草莓的照顾和天气情况。用委托—代理理论的语言来说就是，盈利（这里指出售草莓赚到的钱）取决于两个变量：代理人的努力水平和随机变量（天气情况）。

在委托—代理理论中，一个至关重要的问题是委托人可以在多大程度上观察到代理人的行为。从这个角度来讲，有三种情况需要讨论：

- 情况一：委托人能够观察到代理人的行为。
- 情况二：委托人不能够观察到代理人的行为。
- 情况三：委托人不能够直接观察到代理人的行为，但是能够观察到单个相关代理人的努力程度。

在情况一中，信息是对称的；在情况二和情况三中，信息是不对称的。在情况二和情况三中代理人知道自己的努力水平，但是委托人不知道。代理人拥有私人信息（关于他自己的努力水平；可参见第4章关于信息不对称和私人信息的概念）。

□ 7.6.1 委托人能够观察到代理人的行为（信息对称）

假设委托人能够观察到代理人的努力水平。在委托人看来怎样的报酬结构是最优的呢？

代理人可以基于本身的努力水平获得报酬。我们知道代理人是不喜欢努力的。他们之所以会付出努力，只是因为他们可以因此获得高额的报酬。在图7.5中，曲线 I 代表代理人的一条无差异曲线。整幅图描绘出了相对于收入水平，代理人的努力水平。代理人的努力水平越高，他对增加一个单位的努力所要求的报酬也就越多。

曲线 I 实际上是一组无差异曲线。但是，我们假设代理人不能签订一个合同保证当他的努力水平为零时他能够获得基本的收入，则曲线 I 代表代理人愿意接受的最低的效用水平。代理人没有必要接受一个给他最低效用水平的合同，因为工作或不工作是他的自由，所以代理人可以永远选择原点的努力水平，这一点的效用水平是曲线 I 给定的。

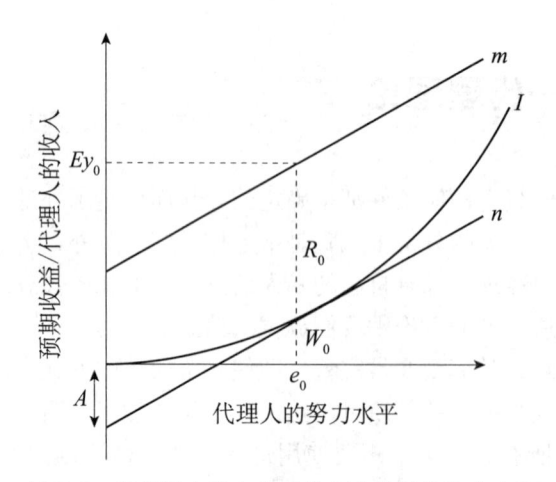

图 7.5　从委托人的角度看代理人的最优努力水平

代理人的努力水平越高，预期的收益就越高。这种关系由图 7.5 中的直线 m 给定（为简便起见，我们假设这种关系为一条直线）。

现在委托人必须给代理人选择一个报酬结构。在处理这件事之前，让我们先从委托人的角度出发找出代理人努力的最优水平。对于委托人来说，代理人努力的最优水平在 e_0 点。这一点的预期收益是 Ey_0；代理人获得的收益是 W_0；委托人获得的收益是 Ey_0 与 W_0 的差额，即

$$Ey_0 - W_0 = R_0$$

在其他任何点处，直线 m 和曲线 I 之间的垂直距离都小于 R_0。委托人想要选择的报酬结构一定是能够诱导代理人选择 e_0 的努力水平的那个报酬结构，当代理人选择了 e_0 的努力水平时，委托人将支付给代理人的报酬是 W_0。

解决委托人问题的一个非常简单的合同叫作**强制合同**（forcing contract）。

在强制合同之下，委托人承诺如果代理人的努力水平最低达到了 e_0 点，那么委托人会支付给代理人相对于 e_0 点的报酬 W_0；如果代理人的努力水平低于 e_0 点，则不会支付给代理人任何报酬。在这样一个合同下，代理人将被迫把自己的努力水平提高到 e_0 点，否则他将不能够获得任何报酬。但是，他也不会再提高自己的努力水平，因为他不会因为多付出的努力而得到额外的报酬。因此代理人将被迫在努力水平 e_0 点处工作。

另一个解决代理人报酬结构问题的办法可以用图 7.5 中的直线 n 表示。在这种报酬结构下，如果代理人的努力水平低于零，那么他就要支付给委托人金额 A。对于增加的每一单位的努力，代理人都会得到由直线 n 的斜率确定的相应金额的报酬。为了能够获得这种报酬结构下的最高的效用水平，代理人仍然会选择 e_0 点处的努力水平。

我们刚才全部讨论的关键是：如果委托人可以观察代理人的努力水平，则（1）委托人能够从他自己的角度确定代理人最优的努力水平；（2）委托人可以通过强制合同强迫代理人选择这个最优的努力水平。因为委托人能够观察代理人选择的实际努力水平，所以只有当代理人在努力水平 e_0 点处工作时，他才会支付给代理人 W_0 的报酬。

□ 帕累托最优解决方案

在上面的讨论中我们假设曲线 I 代表代理人愿意接受的最低效用水平。我们把这一

效用水平（或者说预期效用水平）记为 EUA_1。EUA_1 代表代理人可以在别处获得的预期效用水平。给定约束条件代理人不会接受使他的预期效用水平低于 EUA_1 的合同，委托人通过设计报酬结构实现了自己预期效用的最大化。给定 EUA_1，我们把委托人的最高效用水平记为 EUP_1。

现在假设代理人察觉到有机会在别处获得一个 EUA_2 的效用水平，$EUA_2 > EUA_1$。给定 EUA_2，我们把委托人的最高效用水平记为 EUP_2。因为委托人现在面对一个更严格的约束条件，所以 $EUP_2 < EUP_1$。

在图 7.6 中，横轴代表代理人的预期效用，纵轴代表委托人的预期效用。如果代理人愿意接受的最低效用水平是 EUA_1，那么委托人的最大效用水平就是 EUP_1，这就是图 7.6 中的点 1。如果代理人在别处可以获得 EUA_2 的效用水平，那么委托人的最大效用水平就是 EUP_2，这就是图 7.6 中的点 2。通过选择不同的 EUA 值，我们就可以计算出委托人的每一个最大效用水平 EUP。这样连接计算出的所有的点就构成曲线 cs。

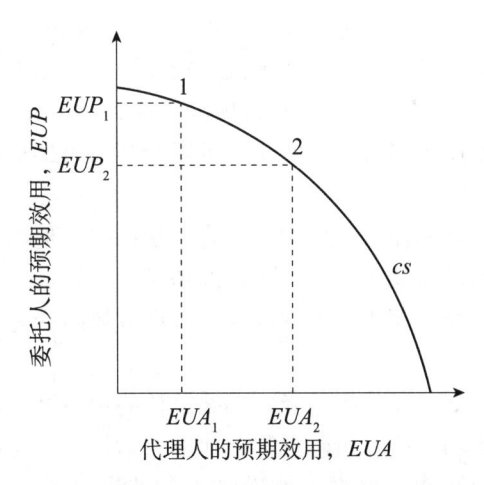

图 7.6 信息对称情况下的帕累托最优解决方案

对于委托人面临的问题的**帕累托最优解决方案**（Pareto-optimal solution）实际上是这样一种解决办法：在不减少一个人的预期效用水平的情况下，是不可能增加另一个人的预期效用水平的。图 7.6 中的点 1 代表的是这样一种帕累托最优解决方案：只有在代理人获得了低于 EUA_1 的效用水平时，委托人才会获得高于 EUP_1 的效用水平。图 7.6 中的点 2 代表的也是这样一种帕累托最优解决方案。事实上，曲线 cs 给出了这样一组帕累托最优解决方案。

7.6.2 委托人不能够观察代理人的努力程度（信息不对称）

现在我们假设委托人没有办法观察到代理人的努力水平，并且夏季过后他也无从知道整个夏季的天气情况。所有委托人能够观察到的就是收益情况，也就是卖掉草莓赚到的钱。如果收益高，说明代理人付出了高水平的努力并且天气情况比较好；或者说明代理人付出了较高水平的努力并且天气情况很好。

委托人无法分清代理人和天气情况谁对这个好的结果做出的贡献大：是代理人的努力还是天气状况的作用大？现在的条件是委托人必须在夏季开始之前给代理人制定出报

酬结构。他要怎样做这件事情呢？有两个极端的解决办法。

第一个极端的解决办法是不管收益怎样都向代理人支付固定工资。这种报酬结构可以叫作**工资合同**（wage contract），就像固定工资的雇用合同一样。这种报酬结构的问题是代理人没有任何好好完成工作的动机。在委托—代理理论中，假设代理人希望获得更多的钱，而不愿意付出更多的努力，所以如果代理人的收入与最终的收益不挂钩，那么代理人就会选择一个等于零的努力水平。

第二个极端的解决办法是代理人获得减去一定金额后的全部利润收益，该金额是在夏季开始时委托人和代理人双方确定的。这种报酬结构可以被叫作**租金合同**（rent contract）。代理人以固定的金额向委托人租用了这块土地。租金与收益无关。代理人种植草莓，在向土地所有人支付一定的租金之后，他承担一切经营活动的后果，无论好的还是坏的。在这种报酬结构下，代理人拥有最强烈的动机把他的工作做到最好。

工资合同和租金合同的不同不仅表现在报酬的分配方面，还表现在委托人和代理人承担的风险分配方面。在工资合同下，委托人承担了所有风险。例如，如果恶劣的天气摧毁了草莓植株，委托人仍然要支付给代理人工资，而他自己无法获得任何回报。在租金合同下情况正好相反，代理人承担了所有风险。无论草莓的生长情况和销售情况如何，代理人都要支付给委托人租金。因此我们可以看到，报酬结构决定了委托人和代理人之间的风险分配。

怎样的报酬结构能够被委托人和代理人同时接受取决于他们对风险的态度。他们可能是风险中立者，也可能是风险厌恶者，还可能是风险爱好者。在大部分代理模型中委托人都被假设成风险中立者，而代理人则或者被假设成风险厌恶者，或者被假设成风险爱好者。

如果委托人和代理人都是风险中立者，那么最佳的报酬结构就是租金合同。租金合同为代理人提供最大的激励，所有风险也都由代理人承担。但是由于代理人是风险中立者，他不会太在意风险的存在。更准确地说，一个风险中立的代理人不要求**风险补偿**（compensation for risk-bearing），因为他不太在意风险的存在。由于风险可以由代理人承担而没有任何成本，所以租金合同（给予代理人最大的激励）对于委托人来说是最佳的报酬结构。

假设委托人是风险中立者，而代理人是风险厌恶者。在租金合同下，虽然代理人获得了最大的激励付出高水平的努力，但是他也不得不承担所有风险。因为我们现在假设代理人是风险厌恶者，所以代理人现在很在意他所承担的风险的水平。只有在承担这些风险可以带给他更多的收入补偿的时候，代理人才会愿意承担更多的风险。图7.7举例说明了这种情况。曲线 U 是代理人的无差异曲线。我们假设代理人还有选择接受其他工作的机会。假设有一份工作没有风险，且提供 W 的收入。W 是代理人的**保留工资**（reservation wage）。

如果委托人打算雇用这个代理人，他就应该与这个代理人签订一份合同，向代理人支付 W 的工资。委托人还可以提供一份合同，规定代理人的收入取决于收益。假定代理人具有同样的无差异曲线，那么他是愿意接受这样的合同的。

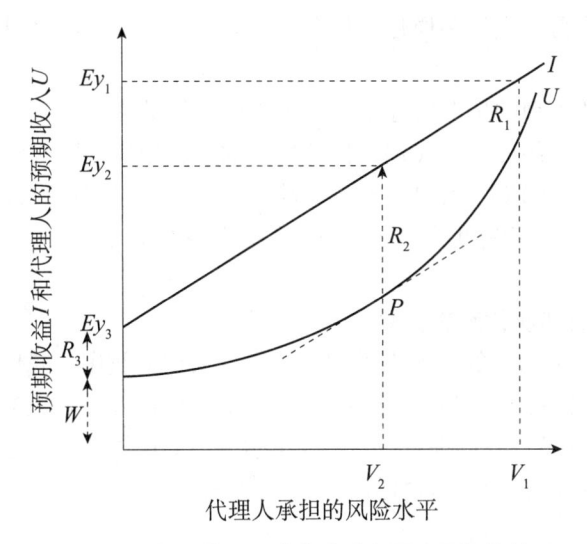

图 7.7　委托—代理理论中激励和风险承担的关系

图 7.7 中的直线 I 说明了预期收益和代理人承担的风险量之间的关系（我们假设这种关系可以用直线说明）。代理人承担的风险水平越高，代理人想要好好做这份工作的动力就越大，预期收益也就越高。如果代理人不承担任何风险（工资合同），那么预期收益就是 Ey_3。如果委托人支付给代理人的工资低于 W，那么代理人将不接受工资合同，委托人能够得到的最大收益是 R_3。如果代理人承担了所有风险（租金合同），那么预期收益就是 Ey_1。委托人可以获得等于 R_1 的租金。如果委托人收取了一个比较高的租金，那代理人就可能会不接受这个合同。委托人通过在代理人的无差异曲线 U 上选择 P 点实现了他的预期收益最大化，无差异曲线 U 上 P 点的斜率等于直线 I 的斜率。在这一点，代理人承担了部分风险（V_2），但不是全部风险（V_1）。

图 7.7 描绘了委托人必须进行的权衡。为了使代理人付出更多的努力，委托人想要给予代理人一些激励。为使委托人真正做到这一点，代理人必须承担一定的风险。只有当代理人认为他所承担的风险以更高的预期收入的形式得到了补偿的时候，代理人才会愿意承担风险。所以委托人必须在给代理人激励（激励越多，预期收益越高）和让代理人承担更多风险（代理人承担的风险水平越高，委托人以预期收入的形式支付给代理人的工资就要越高）之间进行权衡。

正如我们在图 7.7 中看到的，对于委托人来说，最优的合同应该涉及代理人和委托人之间的风险转换。代理人承担的风险量等于 V_2；委托人承担的风险量等于 V_1-V_2。如果委托人是风险中立者而代理人是风险厌恶者，那么结果就是正确的。

为什么委托—代理理论假设委托人是风险中立者而代理人是风险厌恶者呢？如果委托人和代理人都是风险中立者，那么最优合同就是租金合同。这个理论不是很有趣。如果委托人可以做多样化的投资，而代理人不能这样做，那么看起来假设委托人是风险中立者而代理人是风险厌恶者也是合理的了。例如，假如委托人是土地所有者，代理人是农民，委托人可能在全国不同的气候带里拥有很多块土地。那么委托人就可以和几个不同的代理人签订几份合同，同时分散大部分风险。但是代理人只能在一块土地上劳动，不能分散他的风险。如果委托人是一个公司的所有者，而代理人是这个公司的经理，情况是一样的：委托人可以进行多样化的投资（通过在几个公司拥有股份），而代理人通常不能。

我们这里讨论的模型的情况实际上代表了现实世界的真实情况，毫无疑问，对于委托人来说最好设计一个部分基于代理人执行情况的报酬结构。因为股东可以被看作风险中立者，而高层经理（CEO）可以被看作风险厌恶者，所以我们可以预期高层经理获得了资历工资。这实际上正是我们在现实世界中发现的（详见第15章第三节和专栏15.2）。

□ **最优解决方案和次优解决方案**

图7.7中曲线 U 上所有的点给出了相同的代理人预期效用。我们把这一效用水平称为 EUA_1。与 EUA_1 相关的是 EUP_1。给定 EUA_1，EUP_1 代表委托人的最大效用水平。对应于每一个水平的 EUA，我们都可以计算出相关的 EUP 的水平。这样我们得到图7.8中的曲线 ca。曲线 ca 代表一组帕累托最优的解决办法。

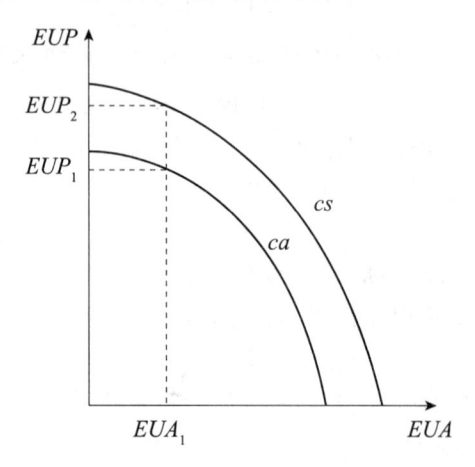

图7.8 最优解决方案和次优解决方案

图7.8中的曲线 cs 与图7.6中的曲线 cs 是同一条曲线。也就是说，曲线 cs 代表对于委托人来说在信息对称情况下的解决方法（委托人可以观察代理人的努力水平）。曲线 ca 代表信息不对称情况下对于委托人的问题的解决方法（委托人不能观察代理人的努力水平）。

曲线 cs 代表的解决方法被称为**最优解决方案**（first-best solutions）；曲线 ca 代表的解决方法被称为**次优解决方案**（second-best solutions）。如果 EUA_1 是代理人愿意接受的最低效用水平，那么如果委托人不能观察代理人的努力水平，则委托人可以获得 EUP_1 的效用水平，如果委托人可以观察代理人的努力水平，则委托人可以获得 EUP_2 的效用水平。$EUP_2 - EUP_1$ 代表委托人由于不能观察代理人的努力水平而损失的预期效用，但是要考虑到道德风险问题。回顾第4章的有关内容可知，道德风险是指关于私人信息的事后信息问题。在这种情况下，代理人关于自己的努力水平具有自己的私人信息，而且可以使这些信息不对称。

考虑到这一点，我们假设在某一时刻委托人不能观察代理人的努力水平，但是委托人可以相信代理人所说的话。那么我们的情况就变成图7.5描绘的那样了，从委托人的角度来看代理人最优的努力水平应该在 e_0 点。委托人简单地要求代理人付出这一水平的努力，代理人也承诺能够做到这一点。如果委托人可以信任代理人，那么委托人就没有必要观察代理人的努力水平了。所以最优解决方案和次优解决方案的不同是由道德风险在当下的不可观察性引起的。

7.6.3 委托人能够观察到关于代理人的努力程度的某个信号

现在假设委托人不能直接观察到代理人的努力水平，但是能够观察到关于代理人的努力程度的某个**信号**（signal）。例如，委托人能够观察到代理人花费在他的工作上的时间。代理人工作的小时数可以给委托人一个关于他的努力水平的暗示。但是代理人真正的努力水平对于委托人来说仍然是不可观察的。比如要求代理人上班和下班都要打卡计时，这种情况可能就是这样一个例子，但是他真正的努力水平仍然是不可观察的。

在正式的代理模型中，当且仅当代理人是风险厌恶者的时候，代理人的报酬水平才必须基于这样的信号。为了使这一结果更加直观清楚，便于理解，我们先假设代理人是风险中立者。这时候代理人不太在意承担了多少风险，所以即使承担了很大的风险，他也不要求以更高的预期收入的形式获得补偿。因此，当代理人是风险中立者的时候，让代理人来承担风险，对于委托人来说是没有成本的。在这种情况下，委托人最好是通过让代理人承担所有风险（比如通过租金合同）的方式来激励代理人。虽然委托人还可以通过给代理人提供一个报酬结构的方式来激励代理人（这个报酬结构是在代理人的努力程度的不健全信号的基础上制定的），但是前一种方式要比这一种方式好得多。

现在假设代理人是风险厌恶者。在这种情况下，对于委托人来说，让代理人承担多一点的风险就是有成本的了。在这种情况下，从委托人的角度来看，既基于关于代理人的努力程度的信号又基于利润收益情况的报酬结构比只基于利润收益情况的报酬结构要好得多。

因此，当且仅当代理人是风险厌恶者时，关于代理人努力程度的信号中包含的信息对委托人才是有价值的。

思考下一种情况，委托人可以通过付费的外部监督观察到代理人努力程度的某个信号。进一步假设外部监督的费用越高，信号的质量越好。再假设委托人是风险中性的，代理人是风险厌恶的。在这种情况下，委托人需要同时决定最佳监督水平和报酬结构。

7.6.4 模型推广

在这一节中我们已经介绍了委托—代理理论。这一理论的最简单形式是关于一个委托人和一个代理人的关系的情况。此外，这种委托—代理关系还是在一个时期的模型里分析的。当我们考察一个委托人和几个代理人的关系时，会得到什么结论呢？当我们在多于一个时期的模型中分析一个委托人和一个代理人的关系时，又会得到什么结论呢？

一个委托人和几个代理人

我们首先考虑一个委托人和几个代理人的情况。我们思考一下土地所有者把自己的土地分割成许多小块的土地这个例子。现在有许多代理人希望在这些相邻的小块土地上种植草莓。天气情况对于所有的小块土地都是相同的。委托人无论夏季之前还是夏季来临时都不知道天气情况，但是他知道天气情况对于每一小块土地都是相同的。这为委托人提供了在各个代理人的收益之间做比较的机会。

假设委托人是风险中立者，而部分代理人是风险厌恶者，部分代理人是风险中立者。我们首先考虑作为风险中立者的代理人。这些代理人对于承担风险是不要求补偿的，所以最好与他们签订一份租金合同。这时候委托人就可以与其他代理人签订一份强制合同："如果你的产出收益不低于签订租金合同的风险中立者的产出收益，那么你就可以得到与他们相同的补偿；如果你的产出收益低于风险中立者的产出收益，那么你将会什么也得不到。"

现在假设所有代理人都是风险厌恶者。在这种情况下，委托人要在各个代理人之间做比较还是可能的，委托人可以通过比较某个代理人的产出收益和所有代理人的平均产出收益来做到这一点。某个代理人的产出收益和所有代理人的平均产出收益的差额只能归因于这个代理人个人的努力水平。对于委托人来说，这只是一个关于代理人努力程度的信号。从委托人的角度来看，最优的报酬结构应该是同时建立在某个代理人的产出收益和所有代理人的平均产出收益两者的基础之上的。

□ 多个时期

现在我们来考虑一个委托人和一个代理人在多个时期的情况。进一步假设委托人不能观察代理人的行为，并且代理人是风险厌恶者（如果代理人是风险中立者，那么最好的合同还是租金合同）。这时候委托人就可以把代理人的报酬结构同时建立在一个时期的产出收益和所有时期的产出收益两者的基础之上了。从委托人的角度来看，这种报酬结构比只建立在一个时期的产出收益基础之上的报酬结构要好得多。

□ 7.6.5 应用委托—代理理论

在前面几节中我们描述了许多种委托—代理理论模型。作为本书的作者，我们希望你能通过阅读本书对这个有趣的领域产生浓厚的兴趣。在委托—代理理论的最后一部分，我们打算重点讲一下如何把极端的情况应用到实际，也就是讲一下委托—代理理论的应用。

我们来考虑一个有很多业务单元的公司作为例子。这是一种一个委托人和几个代理人的情况：执行总裁是委托人，各个业务单元的经理是代理人。假设执行总裁雇用你作为咨询师为各个业务单元的经理设计激励合同。在这种情况下你应该怎样使用前面几节里我们讲的理论呢？如果你没有完全理解这些理论的局限性，那么这些理论就真的有被错误应用的危险了。这里列举几个原因：

第一个原因，我们在本节第一个小问题、第二个小问题、第三个小问题中讨论的模型都是一个时期的模型。这就是我们使用的例子是种植草莓一个夏季的原因。但是你现在面临的情况是各个业务单元的经理会被执行总裁周期性地考核。这就需要一个多时期模型。而我们只在本节第四个小问题中对多时期模型做了一下简单的描述。

第二个原因，你现在面临的是一个委托人和几个代理人的情况。一个委托人和几个代理人的情况我们也只在本节第四个小问题中做了一下简单的描述。在这个模型里，有许多个代理人在相邻的小块土地上种植草莓。这意味着天气情况对于所有的小块土地都是相同的，所以我们可以假设每一个代理人都面临相同的随机因素（相同的天气条件）。而在许多个业务单元经理的情景下，每一个业务单元的经理可能都面临着不同的随机因素，比如欧元汇率的浮动或者重要客户的去留等。

第三个原因，执行总裁可能会搜集一些关于各个业务单元经理的努力程度的信息。由于监督减少了信息不对称的问题，所以它很可能会减少委托人的预期效用的损失（见图7.8）。但监督是有成本的，所以现实的问题不是是否进行监督，而是怎样进行监督，进行多大程度的监督。这是一个非常复杂的问题，没有简单的解决办法。大部分执行总裁都是以某些财政的或者非财政的指标来衡量各个业务单元经理的工作价值的，然后以这些指标来比较和考察各个业务单元经理的工作情况。这种价值衡量的量化也可能被用来确定奖金报酬。当这种机制有效地激励了一个业务单元经理更加积极负责任地做他的工作时，绝大部分执行总裁都不情愿绝对依赖这种价值衡量量化机制。执行总裁会倾向于在这种定量的考评之外再加上对各个业务单元经理的职业资格和工作能力的定性考评。

最后，现实世界中业务单元经理的调整不仅受他们的合同和薪酬收入的影响，还受公司文化和晋升机会的影响。除了金钱还有很多影响因素！

将代理理论应用到实际情形中绝不是那么容易的。但是代理理论有助于我们对一些问题的思考，比如（应该）如何管理上市公司。第15章将会讨论这一问题。

7.7　小结：所有者、管理者和员工之间的代理关系

在代理理论中，我们区分了实证代理理论和委托—代理理论。实证代理理论把组织看作一个合同的联结体。它试图解释为什么组织形式是这样的。这一观点存在的两个重要问题是：公司的所有权结构是怎样影响该公司管理者的行为的？我们为什么要在现实世界里观察某一组织形式？

为了解释公司的所有权结构是怎样影响该公司管理者的行为的，让我们首先考虑企业家公司。企业家公司是所有权和管理权归同一个人所有的公司。在这样的公司里不存在所有者和管理者的利益冲突。

上市公司是股份在股票市场公开交易的公司。在上市公司里，存在股东和公司经理的真实利益冲突。通常情况下，股东关注的是其投资的高额回报（表现形式有股息红利、股票市场上股票价格的上涨等），所以股东希望看到公司经理使公司在股票市场上的价值实现最大化。但是，公司经理有其他的利益。某些公司经理喜欢豪华的轿车，或者去旅行，或者住总统套房，而账单是由公司支付的。换句话说，公司经理可能进行在职消费，并降低公司的价值。即使是在企业家公司里，公司经理也可能进行在职消费。如果他把他的股份向公司外部卖出一部分，他就会增加他的在职消费，而使公司价值降低。外部股东预计到了他的这种行为，这反映在外部股东愿意支付的股票价格上。

在大部分制造业工业中只有企业家公司和上市公司这两种类型的公司，而很少有合伙公司，合伙公司就是由工人所有的公司。为什么我们在现实世界里观察到如此多的企业家公司和如此少的合伙公司呢？

答案是这可能与团队生产的存在有关。团队生产的情况是指，两个或者更多的人进行生产活动，如果大家共同进行生产，那么相对于每个人单独进行生产，可以生产出更多的产品。团队生产的一个问题是它导致了逃避责任现象的产生；如果团队生产中的某

个成员只获得了由他的努力所带来的团队产出的一部分，那么他就会付出比只雇用自己工作的人少得多的努力。结果团队的总产出大大下降。因此团队成员希望减少逃避责任的情况发生的次数。

一种解决方法是设立一个监督人专职监督逃避责任的情况。在合伙公司里，监督人和团队里的其他成员的权利和义务是一样的，这就给了他作为监督人逃避责任的动机。但是如果这个监督人是公司的所有人，那么他就没有逃避责任的动机。这可以解释为什么企业家公司比合伙公司更加有效率。因为我们可以预期大部分有效率的组织形式会继续存在下去，所以我们就不用对那么多的小型制造业公司都选择企业家公司的形式，而基本上没有选择合伙公司感到奇怪。

委托—代理理论构成现代代理理论的核心。在委托—代理理论中，风险被引入到分析中来。它的最简单的形式是研究一个委托人和一个代理人之间的关系问题。代理人执行了一项任务，同时选择了一个努力水平。产出不仅取决于代理人的努力水平，还取决于随机因素，比如天气情况等。委托人的问题是为代理人设计一个报酬结构。如果委托人可以观察代理人选择的努力水平，那么他就可以规定最低的努力水平。如果代理人不能达到这个最低的努力水平，他就不能得到任何报酬。如果代理人的努力水平超过了这个最低的努力水平，他就可以得到一份固定工资。

如果委托人不能观察代理人的行为，委托人的问题就会变得更加有趣。在这种情况下，代理人对待风险的态度变得重要起来。如果代理人是风险中立者，他就会愿意承担风险，而不要求承担风险的补偿。这时候委托人问题的最优解决办法就是简单地与代理人签订一个租金合同。这样就把所有的风险都转移给了代理人，同时也给代理人提高他的努力水平的最大激励。如果代理人是风险厌恶者而委托人是风险中立者，那么委托人必须在给代理人激励和让代理人承担更多风险之间权衡。在这种情况下，最优的解决办法是给代理人一个某种程度上取决于产出收益但是还包括不依赖于产出收益的固定因素的报酬结构。这样的合同涉及委托人和代理人之间的风险转移。

再次强调：

- 代理问题真实地存在于许多环境中。
- 经济学家已经开始思考代理问题，并建立了相应的模型，得出了一些有见地的观点。
- "纯"代理问题（仅仅关注一个或少数几个变量）和"混乱"的现实世界之间还是有一定差距的，现实世界中包含了许多因素。

☐ 思考题

1. 你的汽车最近一直有奇怪的噪音，你不知道车子出了什么毛病，但是感觉很不舒服，所以你把车送进了修理厂。你早上把车送进修理厂，晚上把车取回来。你和修理厂的关系是代理关系吗？谁是委托人？谁是代理人？代理人采取了什么类型的行动？委托人认可代理人采取的实际行为吗？为什么代理人的决定或行为影响委托人广义意义上的财产？
2. 考虑委托人和代理人理论中委托人认可代理人的行为的例子。从委托人角度看，最佳的利润构成是取决于代理人对待风险的态度吗？给出你的理由？

3. 法玛和詹森（1983a，b）认为决定过程包括四步：发起、批准、执行和监控。另外，他们引入了术语：决策管理和决策控制。考虑这样一种情况，一家小公司 S 是一家大公司 L 的分公司。假设 S 公司的经理正在准备进行一项大投资，那么谁来行使决策管理？谁又来行使决策控制？为什么？这符合法玛和詹森的假定吗？如果符合，法玛和詹森如何表述这种假设？

4. 在委托人和代理人理论中，考虑这种情况：委托人不赞同代理人的行为且委托人和代理人都是风险中立者。从委托人的角度看，什么是最佳合同？

5. 根据本章对团队生产的定义，下面哪种情况是团队生产？给出你的理由？
   (a) 演奏莫扎特音乐的小提琴四重奏；
   (b) 在一个工厂工作生产祖父时钟的 18 个人（参看下一章的案例 8.1）；
   (c) 共同设计一辆新车的 20 位工程师。

6. Ummels Services BV 是荷兰一家有限责任公司，它为化学处理厂提供维护服务。1984 年，斯达夫·尤迈斯先生创立了这家公司。一直到 1995 年他去世前，尤迈斯先生都拥有和经营 Ummels Services BV 公司。之后，Ummels Services BV 公司 50% 的股份归他的儿子保罗·尤迈斯所有，另外 50% 的股份由他的女儿劳拉·尤迈斯继承。保罗·尤迈斯自从他父亲去世后就一直在经营公司。劳拉·尤迈斯是一名医学院的学生，她打算成为一名泌尿科医生。

   2002 年 3 月，保罗和劳拉开始商谈把劳拉持有的公司股份卖给她的哥哥。劳拉希望把股份换成现金，因为她对经营公司没有兴趣。保罗很有兴趣购买这些股份，因为他很想成为公司唯一的所有者。保罗确信他能借到足够的钱来购买劳拉的股份。他们雇用了独立金融顾问施洛瑟先生来评估劳拉所持有的股份的价值。

   施洛瑟先生把公司的所有未来现金流折算成现在的价值。在估算未来现金流时，他使用的是 5 年来的历史现金流，计算的结果是公司的价值是 460 万欧元。他建议劳拉以 230 万欧元的价格把她所持有的股份卖给保罗。

   劳拉现在向你询问对于施洛瑟先生所采用的算法的看法。你看到施洛瑟先生忽略的地方了吗？劳拉如何证明她所持股份的价值高于 230 万欧元？你认为保罗有兴趣以高于 230 万欧元的价格购买劳拉的股份吗？为什么？

7. 霍华德·罗斯先生在英格兰伯恩茅思海滩上有一家冰激凌店，他已经经营这个店好几年了。海滩上的冰激凌销售有很强的季节性：几乎所有的销售额都集中在 5—9 月这段时间内。由于这个原因，罗斯先生从来没在这个季节度过假。但是，现在他想在 7 月份的时候去阿拉斯加州探望他的儿子和儿媳。所以，他想在 7 月份雇一个人来照看他的店三周。22 岁的亚历克思·沃特曼是巴斯大学的学生，他正在寻找一份暑期工作。罗斯先生正在考虑应该和他签订什么样的合同。罗斯先生很清楚冰激凌的销售额将在很大程度上取决于亚历克思对待顾客的方式（在委托—代理理论中，我们说冰激凌的销售额取决于亚历克思努力的程度）。当然，天气也非常重要。7 月的英国南部海滩非常美，阳光充裕，但也有可能几个星期都阴雨连天，非常寒冷。

   (a) 罗斯先生应该和亚历克思签订一份强制合同吗？

(b) 罗斯先生应该和亚历克思签订一份工资合同吗？如果他这样做了，亚历克思也接受了，亚历克思的努力水平会是什么样？

(c) 罗斯先生还能提供其他类型的合同吗？

(d) 如果罗斯先生和亚历克思·沃特曼都是风险中立者，对于罗斯先生来说什么样的合同最好？

(e) 现在假设罗斯先生是风险中立者，亚历克思·沃特曼是风险厌恶者。图7.9给出了这种情况下提供的激励和承担风险的水平之间的权衡关系。

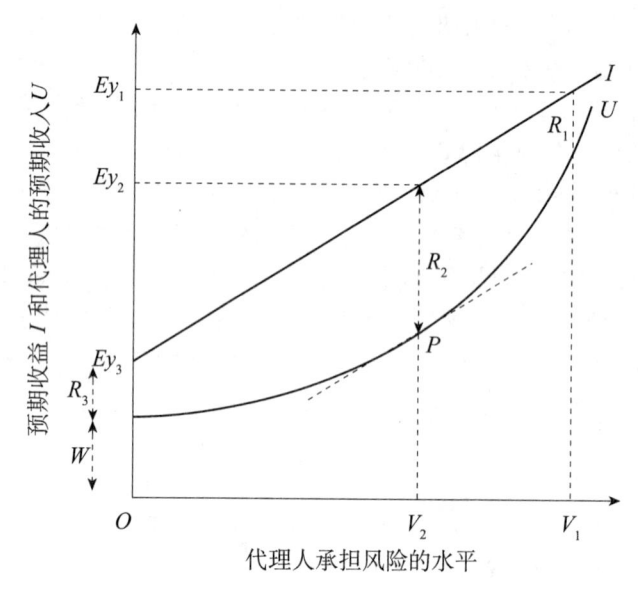

图7.9 委托—代理理论中激励和承担风险的水平之间的权衡关系

- 横轴有什么变化？
- 图中直线 I 代表什么？
- 图中曲线 U 代表什么？

(f) 图7.9得出了对于罗斯先生来说最优的方案，指出在图7.9中亚历克思·沃特曼能从最佳方案中拿到多少钱？

8. 大型跨国公司有许多外国分公司。那些外国分公司的经理和公司总部的关系就是一种代理关系，外国分公司的经理是代理人，总部是委托人。外国分公司的经理可以根据他们所在分公司的财务情况获得分红。然而，这种财务奖励的相对重要性有相当大的变化。

一个能够部分解释这种变化的因素是产业波动性（产业波动性是指国外分公司的产业波动程度：一些产业相当稳定，另一些在需求和客户偏爱上显示了巨大的波动。）你认为产业波动如何影响财务奖励的应用？

在应用财务奖励时还有其他因素可以解释这种变化吗？

---

* 无差异曲线的概念解释见第二章第三节。

第 8 章 交易成本经济学

8.1 导论

在第 1 章中我们确立了本书的框架。这个框架被概括在图 1.1 中，其基本观点是劳动分工促成了专业化，这使得经济决策的协调成为必要。存在两种相对理想的协调机制：市场和组织。

在交易成本经济学中，基本的分析单位是交易。交易可以通过市场或者在组织之内发生。一个交易发生在市场上还是发生在组织中取决于交易成本最小化。交易成本经济学强调交易成本和传统生产成本都要考虑。交易成本这个术语既包含市场交易成本，也包含内部交易成本。

根据目前已有的观点，企业之所以存在是因为在某些情况下内部协调成本要低于市场交易成本（见专栏 8.1）。这种说法几乎就是同义反复。如果我们看到某个企业，那么显然其内部协调成本低于市场交易成本。这根本称不上是一个理论。这样一个"理论"根本不会得到经验的验证。假如我们真的想要确立一个理论，那么我们应当事先详细阐述在什么情况下市场交易成本高于内部协调成本。假如我们这样做，那么我们希望获得适于经验检验的假设。

奥利弗·威廉姆森在大量的著作中几乎单独地发展了这样一个理论。本章主要是建立在威廉姆森的著作，尤其是《市场与等级制》（1975）和《资本主义经济制度》（1985）的基础上的。

威廉姆森发展的交易成本经济学是建立在这样的假设之上的，即人类是有限理性的，有时会采取机会主义行为。这两个行为假设将在本章第二节里讨论。某一交易的交易成本的高低取决于这个交易的主要维度。交易的主要维度将在本章第三节里讨论。在这两节里，交易成本经济学的基础基本被建立起来了。

在接下来的章节中，我们要运用交易成本理论进行推理。首先，我们讨论几种组织形式：同侪团体（peer group）、单层级组织和多层级组织。然后我们讨论公司内部市场。第八节将讨论对抗机会主义行为的信誉和信任的作用。第九节将落在分析层面，重点关注交易治理与宏观（制度的）和微观（个人的）层面的关系和互动。

专栏 8.1　制造落地钟（grandfather clocks）的工厂

企业为什么存在？个人为什么不自我雇用（self-employed）？

让我们看看一个雇用 18 个人制造落地钟的工厂。5 个雇员专门锯木头零件，这些零件可组装成表壳。2 个人安装木头零件，将这些零件安装成表壳。另外有 2 个人给表壳喷漆，2 个人给表面喷漆。4 个人将表壳、表面连同指针安装成为完整的钟表。这个公司有 2 个销售人员、1 个总经理。总经理同时也是这个公司的所有者。为什么前面提到的 17 个人作为雇员为别人工作？他们为什么不自我雇用？答案是：交易成本。考虑下面三个情景：

情景 1：17 个在地理位置分散的地点自我雇用的人。
情景 2：17 个在同一个地点自我雇用的人。
情景 3：17 个被工厂所有者雇用的人。

首先比较情景 1 和情景 2。在情景 1 中，运输半成品的成本比在情景 2 中要高。在情景 2 中，17 个自我雇用的人之间的市场交易成本很高，因为这种交易多是少数交易（交易双方面临的可供选择的交易伙伴很少甚至只有一个）。举例来说，假如这两个给表壳喷漆的人共谋，那么他们可以试图降低未喷漆表壳的价格并且提高喷漆表壳的价格。这可能会导致工作流程经常中断。在情景 1 下，这 2 个喷漆工可能不得不与许许多多的其他同行竞争，这将限制他们的议价能力。

现在来比较情景 2 和情景 3。在情景 3 中，不存在成本高昂的对于半成品的讨价还价（不会因为各方对半成品价格达不成一致而使工作流程中断）。每个人生产的半成品数量是由总经理决定的，而不是由自我雇用的人们之间协商决定的。总经理必须评估每个人的努力水平。这三个情景可以总结如下：

	情景 1 在地理位置分散的 地点自我雇用的人	情景 2 在同一个地点 自我雇用的人	情景 3 被工厂所有者 雇用的人
运输成本	高	低	低
市场交易成本	低	高	低
内部协调成本	低	低	高

在市场经济中，只有最有效的组织形式才能持久生存。因此，假如我们观察这三个类型的落地钟制造工厂，会发现情景 3 显然是最有效的组织形式。

8.2 行为假设：有限理性和机会主义

8.2.1 有限理性

有限理性的概念在第 6 章中被引入。**有限理性**（bounded rationality）意味着人类阐明和解决复杂问题的能力是有限的。下棋是一个很好的例子。一个国际象棋选手具有他需要用于决策的所有信息：在他打算走某步棋的时候，所有白棋和黑棋的位置就是他需要的全部信息。为了评估某一步棋，他仅仅需要分析他的对手可能会走什么样的棋，并且评估为了应对每步可能的棋他要怎么走。下棋的问题仅仅在于，即使对于世界上最好的棋手来说，走棋和对抗的可选择结果也太多了，而不是棋手不想做完全理性的决策。棋手很想做完全理性的决策，但是他评估所有可能的决策结果的能力是有限的。所以，有限理性指的是"有意图的，但仅仅是有限的理性"（Simon，1961）。

从这个探讨中显然可以看出，在下棋游戏中，有限理性成了一个问题，因为下棋是一项很复杂的游戏。比如桥牌游戏以复杂性和不确定性著称。在桥牌游戏中，参与者并不知道对手的出牌方式，如果他们知道了，那么这个游戏就不太有趣了。在桥牌游戏中，有限理性由于不确定性和复杂性的存在而成为问题。

现在让我们回到交易。有限理性只有在**不确定性/复杂性**（uncertainty/complexity）环境中才会成为问题。当你为汽车加油时，并不存在不确定性或复杂性。你知道产品很好，并且不用为售后服务担心，而卖者在你直接付款的情况下也不需要了解关于你的任何信息。买汽油并不需要签合同。

现在来考虑政府想要购买一种新型武器系统的例子。在这个例子中，签合同是非常必要的。这样的合同很复杂。产品的规范应该在合同中被清晰地罗列出来，但这是很困难的，因为技术存在不确定性。研发一种能够满足某些清晰定义的规范的新型武器系统是可行的吗？要花费多少钱才能研发、生产这种系统？这些都是在购买新型复杂武器时所面临的不确定/复杂因素。有限理性加上不确定性/复杂性很可能使签订购买新型武器系统的合同付出巨大成本。

8.2.2 机会主义

按照威廉姆斯的观点，人不仅具有有限理性，他们还时常表现出机会主义行为。威廉姆斯把**机会主义**（opportunism）定义为"不择手段地谋求私利"以及做出"不实陈述"，可能还包括公然撒谎和欺骗［很遗憾，这种情况在现实生活中确实时有发生（Ariely，2012）］。但是机会主义同样也可能更多的是对真相的扭曲。专栏 8.2 就是这样一个例子。

专栏 8.2	网络约会和不实陈述

在一些社会中网络约会已经发展得十分成熟。在美国，曾经只占据网络破落一

角的网恋如今简直和电子商务一样普遍。美国人口普查结果显示，美国8 700万单身男女中有近一半的人曾经尝试过网络约会。根据一些调查结果，估计五分之一的新恋爱关系和六分之一的新婚姻结缘于网络。像 Math. com 和 eHarmony 这样的交友网站汇集了网络约会和婚姻市场的供求。

当你在这些网站上注册时，你会被要求提交一份个人资料。当然，你可以提交一份只反映了真实情况的个人资料。相反，你也有可能会忍不住对自己的个人资料做一点润色，也许只是稍稍扭曲了一点实情，以便更好地吸引他人的注意力。你认为在网络市场上会发生什么？杜克大学心理学和行为经济学教授丹·艾瑞里的报告如下：

> 如果你认为所有在网站上注册的人都会稍稍夸大自己的体态数据和过往经历，那就对了！当芝加哥大学的两位教授和我深入了解网络约会时，我们发现男性最关注的是女性的体重，女性最关注的是男性的身高和收入。不出所料，我们还发现，网上女性登记的体重大大低于平均水平，男性的身高和收入也会高于平均水平。这表明，男性和女性都知道对方要找什么样的人，所以他们在表述个人特征时都会撒点小谎。典型的情况是，一个身高五英尺十英寸（大约175cm）、年收入6万美元的人会给自己的身高额外增加一英寸，收入增加3万美元，登记的结果就是身高五英尺十英寸（大约178cm）和年收入9万美元。同样，他未来的另一半会记得自己大学时的体重，再打个九五折，登记为133磅。

资料来源："Inside Match. com", *FT Weekend Magazine*, July 30/31, 2011 and D. Ariely (2009), *Predictably Irrational*, NY: Harper Collins.

简单地说，机会主义就是开拓有利于自己的情景。威廉姆斯并未假定每个人都会表现出机会主义行为。他假定仅仅有些人可能表现出机会主义行为，并且很难事先（也就是说，在你进行交易之前）区分出来。即使那些表现出机会主义行为的人也并不是始终如此行事。威廉姆斯假定只有那些表现出机会主义行为的人有时候这么做，并且事先预测他们什么时候做或者不做都是很困难或代价昂贵的。有时候人们指责威廉姆斯对人性太悲观，在这么悲观假设的基础上建立一个理论无论如何都似乎不正确。假如这也是你的第一反应，那么请看下面的例子。

假如你想去希腊度假。你找到一个旅行社，发现今年几乎每个人都想去希腊。你必须当场决定，于是你订了假日酒店，但是这个假日酒店有一点儿贵，并且并不是你真正想要的。第二天你在另一家旅行社看到了相当完美的假日酒店，它是你真正想要的，而且更便宜。如果你能做到的话，难道你不想取消第一个预订吗？

假如旅行社并没有让他们的顾客签订有法律约束力的合约，难道你不承认有时有些顾客会否认他们先前已经预订了那个昂贵的假日酒店吗？显然，旅行社认为有这样的事情发生。这就是它们要让顾客签合同的原因。

专栏8.3是一个关于机会主义行为的例子。

> **专栏 8.3**　　　　　　　　　　　　**退货**
>
> 　　零售商从为顾客提供良好的服务和慷慨的退货政策中获益。大部分顾客只有遇到真正的质量问题时才会退货。但是有些顾客却会利用这一退货政策做出一些零售商称为"亚消费"(de-shopping)的行为，服装店也把它叫作"衣橱消费"(wardrobing)：
>
> 　　　　经济形势可能很严峻，但妇女们仍然需要一些小黑裙以便参加时髦的聚会。所以有些人会购买一些精美的服装晚上穿着去跳舞，回来后就把服装退掉，假装衣服不合适。为了确保能退货，他们甚至拆开接缝处，然后向商家报怨衣服有瑕疵。这个问题越来越突出。
>
> 　　　　美国全国零销联盟的调查显示，2011年，次品退货给美国零售商造成了144亿美元的损失，网店更是深受其害，其中多数是女性退衣服。英国克兰菲尔德管理学院的塔玛拉·金表示，大多数人不认为他们的行为是欺骗行为。如果他们认为某个零售商比较容易上当，退货比较容易，就会更多地愚弄这个零售商。很少有人会越过界限实施入店行窃行为，因为他们清楚行窃行为是犯罪。
>
> 　　艾瑞里(2009, p.301)还说到，每年衣橱消费造成的损失是每年估算出的入室盗窃和汽车盗窃带来的损失的总和。
>
> 　　资料来源："Return to Vendor: A Dress on Loan", *The Economist*, 3 March 2012; D. Ariely (2009), *Predictably Irrational*, NY: Harper Collins.

　　再考虑下面这个例子。假如你想从某个不熟悉的人那里买二手车。卖者告诉你这辆汽车没有缺陷。你相信他吗？假如你可以让一个第三方专家帮你检测这部车，你愿意在购买前支付检测费用吗？假如你准备支付检测费用，这意味着你不信任任何人。

　　假如你可以从两个不同的卖家（A和B）以及从二手车A和B之间进行选择。你可以发现两辆车都没有缺陷。但是有一个差异：A车被第三方专家检测过，并且他告诉你车没有缺陷；B车没有被检测过。卖家B告诉你B车没有缺陷。难道你不是更乐意选择A车吗？这意味着你并没有排除卖家B采取机会主义行为的可能性。

　　从这两个例子中可以很清楚地看到，旅行社和二手车买家都必须花一些钱（起草合同或让车得到检测），不是因为他们预料所有的交易伙伴始终都会表现出机会主义行为，而是有些人有时候会表现出机会主义行为。

> **专栏 8.4**　　　　　　　　　**陌生人之间的交易演变**
>
> 　　保罗·西伯莱特写了一本杰出的书《陌生人的公司：一部经济生活的自然史》(2004)。在书中，他考察了人类的经济进化史，具体而言，即为什么我们能在相对如此短的时间里（仅仅1亿年——如果从人类脱离动物王国起算，将人类进化史看作一小时，1亿年仅仅相当于其中的两分半钟）建立起这样一个复杂的、相互关联的经济体。西伯莱特认为，进化的最显著特点是我们与陌生人进行的大量的（经济）互动：

> 智人是唯一会和同一物种中的基因无关人员合作，从事复杂的任务共享活动——有时也被称为劳动分工——的动物。这是一种非凡的、人类特有的现象，就像语言的出现。现在人们日常生活中的大部分物品都是由他人提供的，这些人和你没有任何血缘或婚姻关系。
>
> 这就是西伯莱特要说的关于该进化的行为基础。
>
> 有两个条件（dispositions）对我们这里的进化来说十分关键：对合作成本和收益进行理性分析和计算的能力；对被称为互惠倾向——以德报德、以怨报怨——的意愿，即便理性分析给出的最好建议并不是如此。两者缺一不可。只有理性分析没有互惠倾向会导致机会主义，无法得到他人的信任。只有互惠倾向没有理性分析和计算能力太容易被人利用。看起来自然选择比较赞成我们的祖先在这两者之间取得平衡发展。确实如此，这种平衡对社会生活的发展来说是必不可少的，即便我们的祖先还没有以一种系统的方式开始与陌生人交易。但是一旦存在这两个条件，随时可能发生陌生人之间的交易。
>
> 西伯莱特的说法完全符合威廉姆森的观点：不是所有人自始至终都是机会主义的，这两种条件确实存在。特别是当我们的很多交易都是和"陌生人"进行的时候，我们有一段时间会过得特别痛苦，我们必须区分谁是可信的，谁是不可信的。这里请联系一下5.6节的进化博弈论，进化博弈论向我们展示了公司如何从互惠中演化而来，但在这个过程中我们通常会因为被利用而付出学习成本。本章接下来还会回到信任、互惠和信誉这个主题上。

从这两个例子中还可以看出，机会主义行为可以事先出现（卖者可能在你买之前不会告诉你车有缺陷），也可以事后出现（在你订了你想取消的酒店之后）。事先出现的机会主义行为导致逆向选择。这个概念已经在第4章第二节中介绍过。事前机会主义只有在信息不对称时出现：二手车的卖家拥有信息而买家没有。

现在假定存在众多的买家和卖家，他们之间经常发生交易。假设某一小城有10个人从事二手车买卖交易。你要买一辆二手车。假定你同其中一位交易者打过交道并且有过不好的体验，你不想再从他那里买车。因此，机会主义行动的交易者将损害其声誉。交易者们都知道这一情况，并且你也知道他们知晓此情况。所以，当一个交易者告诉你他的车没有缺陷时，你愿意相信他。在这种情况下，由于存在众多的卖家，而且由于交易双方很看重声誉，所以此时机会主义问题就被削弱了。你可以节省检测费用。（注意：只有在声誉很重要并且关于声誉的信息可自由获得时，你才可以节省检测费用。）机会主义只有同少数交易对象一同出现时才会成为一个问题。这用术语来表达就是**少数交易**（small numbers exchange）。假如只有一位交易者，他就不会在乎他的声誉，因为除他之外你别无选择。此时，你只好请人对车辆进行检测，所以你不得不支付交易费用。

以上论述已在图8.1中得到阐述。存在两个人的因素和两个环境因素。有限理性结合复杂性/不确定性、机会主义结合少数交易条件导致交易成本的产生。

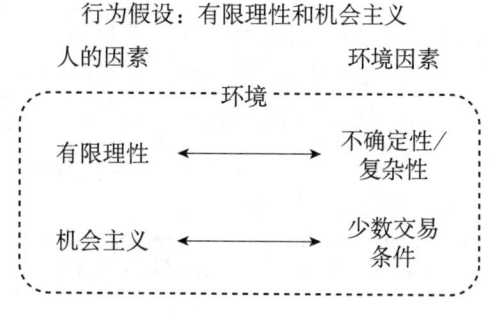

```
                    行为假设：有限理性和机会主义
        人的因素                        环境因素
                    ┌─────── 环境 ───────┐
                    │                    │
            有限理性 │ ←──────→  不确定性/ │
                    │            复杂性   │
                    │                    │
            机会主义 │ ←──────→  少数交易  │
                    │            条件    │
                    └────────────────────┘
```

图 8.1　交易成本框架

8.2.3　环境

交易方式（这里是指交易是通过市场还是通过组织进行的）取决于生产和交易成本总量的最小化。然而，**环境**（atmosphere）也是决定交易方式的一个重要因素（见图 8.1）。

环境因素指的是交易的参与者会对交易方式进行评估，请看表 8.1 中制造落地钟的工厂的案例。或许他们的满足要从自我雇用中获得。如果这是正确的，那么他们只有当收入足够高以至于能够补偿环境损失时才愿意成为雇员。由于这个理由，一个拥有 17 名雇员的雇主可能竞争不过一个由 18 个自我雇用的个体组成的团体，即使前者的交易成本要低于后者。

有时人们为了自由宁可放弃某些东西。在无偿献血的例子中，给予的行为要比从中获得金钱更能让人满足。这说明多数人都会评估交易的本质。请看专栏 8.5 关于献血的例子。

在交易成本经济学的框架中，环境因素是指交易所在的本地环境。正如概念框架（详见图 1.1）中指出的事实，经济交易以某种"正式或非正式"的规则嵌入在环境和制度背景中。第 1 章第七节也阐明了，非正式规则是指行为规范、公约和公司文化中实施这些规范的内部规则。威廉姆森（1998，2007）将环境因素和"非正式组织"联系起来。他不仅承认了非正式规则的重要性，还表示非正式组织的概念和环境经济学都还有待发展。

专栏 8.5　　　　　　　　　　无偿献血

如专栏 4.2 所述，用于输血目的的质量好的血液严重短缺。显然存在对血液的需求。质量好的血要价就高。然而，我们注意到血液的收集仍然采用自愿捐献的形式。献血是免费的，为什么献血不被支付报酬呢？

专栏 4.2 中给出的一个理由是逆向选择（adverse selection）。然而，还有另外一个理由：假如献血者想要得到报酬，这将会从根本上改变交易的本质。献血者认为献血是为了公共利益，他们从这种理念中得到满足，所以他们自愿献血给那些身体不适需要输血的人。给献血者支付报酬将把献血行为变为普通商业交易，蒂马斯（Timuss，1971）指出这样做的结果很可能是良好的献血者越来越少。这就是所谓的"挤出"效应。将献血行为转变为普通商业行为就是一个干扰"环境"的例子。

梅尔斯特洛姆和约翰内森（2008）在瑞士做的实证研究测试了挤出效应。他们发现在女性身上挤出效应十分明显，男性则没有。此外，他们还发现，如果允许个人将所得捐给慈善机构，挤出效应可以被完全抵消。很显然，（女性）血液捐献者认为捐献还原了交易的自愿性，而不再是商业交易。

资料来源：C. Mellström and M. Johannesson（2008），"Crowding Out in Blood Donation: Was Titmuss Right?",*Journal of the European Economic Association*，6（4）：845-863.

8.2.4 根本转换

假定一家汽车公司生产的一种新型汽车需要购买某种零部件，这家公司面向众多潜在的供应商进行招标。假设这家公司同其中一家初始招标者签订了5年的合同。在这5年间，这家供应商学会了如何有效地生产零件。当合同需要续签时，最初获得合同的这家公司相比其他潜在供应商就拥有了较大优势。威廉姆森（1975）把这种情况称为**锁定**（lock-in）。通过"干中学"（learning by doing），最初存在许多投标者的情况转变为该公司独家垄断的情况——这个合同获得者所获取的经验将他置于垄断地位。然而，这家供应商只能将经验用于该家汽车公司所需的零部件的生产，所以这种情况是一个双边垄断。关于现实世界中的锁定的例子，参见专栏8.7。

当"干中学"发生时，初始的多数交易就转变成为少数交易。这被称为**根本转换**（fundamental transformation）。

8.3 行为假设：交易维度

一项交易的交易成本取决于交易的几个主要维度。有三个**主要的交易维度**（critical dimensions of transactions）：

- 资产专用性；
- 不确定性/复杂性；
- 交易频率。

8.3.1 资产专用性

交易的**资产专用性**（asset specificity）是指交易需要**交易专用资产**（transaction-specific assets）支持的程度。一项资产只有当它的价值如果没有减损就不可能重新用作另一替换性用途时，才成为交易专用资产。资产专用性涉及物质资产，还可以涉及人力资产。为了清楚地阐明这一概念，请看下面关于物质资产的例子。

假设在一个人口稀少的地区有一个小城——阿普罗普里亚（Appropria）。目前这个地区没有本地的报纸，但是有一位出版商P先生，他想创办一份本地的报纸。

出于节省运输成本的考虑，这份新报纸必须在本地印刷。P先生不懂印刷技术，所以他必须依靠一位本地印刷商的技术。本地有很多家印刷商，但没有一家适合印刷报纸。

印刷商Q夫人考虑买一台印刷报纸的设备。假如她买这样一台印刷设备，这个设备就将会是交易专用资产。她只可以用该设备同P先生进行交易，因为本地没有别的报纸，并且将报纸运到别的小城所需要的费用十分昂贵。用交易成本经济学的语言来说，P先生和Q夫人之间的交易就是资产专用性交易。

对于具有较高资产专用性的交易而言，市场交易的成本是很高的。这个断言为什么正确？让我们重新返回到阿普罗普里亚这个例子来寻找答案。假如这台新的印刷设备的经济寿命是5年。因此，Q夫人在购买这台设备之前想与P先生签订5年的合同。乍看上去，签订一个5年的合同似乎并不困难。为了阐明签订这样一份合同存在的困难，我们用下面这些数据作为例子。

假定这台新设备每天的固定成本是3 500美元，它将在5年内贬值。再假定运行这台新设备的各种费用是每天1 500美元。Q夫人不能把印刷服务卖给另一家出版商，而且她也不能把这台设备卖掉。假设Q夫人从P先生那里获得了一份每天5 000美元的5年期合同，并且在此基础上Q夫人订购了这台设备。很快Q夫人发现P先生有机会主义的动机。尽管Q夫人同P先生之间存在一份有约束力的合同，P先生仍可能会反悔。假如他告诉她：“瞧，这份报纸并没有我预料的那么成功。每天5 000美元的合同会让我破产，那么你的设备也就没有任何价值。如果你同意把价格降为每天4 000美元，这样可以帮我一点儿，我就能够运营下去。我很抱歉这样做，但我没有别的出路。"

假如Q夫人相信这个诉说，那么她除了接受低价之外别无选择。事实上，她必须接受高于每天1 500美元的任何价格。借用商业术语我们可以说高于1 500美元的价格仍然存在正的准租金。通过不实陈述，P先生试图占有（一部分）**准租金**（quasi-rent）。在阿普罗普里亚的这个案例里，试图占有别人的准租金是有利可图的。如果有人试图占有你的准租金，经济学称之为**套牢**（hold-up）风险。专栏8.6给出了另一个关于套牢威胁（以及适用的情形）的例子。

专栏8.6　　《指环王》的套牢

当某部电视连续剧大火后，在下一个季度开拍前，主演往往可以和制片方重新协商片酬问题。电影中也可能会面临相似的套牢威胁——比如当有一个拍摄三部曲的计划时：

> 为了避免发生这种问题，《指环王》在第一部上映前就已经拍完了三部曲。很显然，电影公司就是为了避免再次遇到《魔戒》三部曲中的情况。因为在《魔戒》第一部大获成功后，主角费罗多·巴金斯的扮演者伊利亚·伍德以此为筹码，就后两部的拍摄和制片方重新签订了一份报酬十分丰厚的合同。

资料来源：Gilson et al.（2006）.

假如P先生在任何情况下都不会破产，那么将不会存在任何问题。在上述案例中，

一个有法律约束力的合同会保护Q夫人免遭P先生签订合同之后的机会主义行为。然而，如果P先生可能会破产，Q夫人将不会仅仅在一个简单的5年合同基础上购买印刷设备。她需要P先生的银行担保。在破产时，银行将会在5年合同期的剩余时间内支付她的固定成本（每天3 500美元，假设没有报废价值），尽管这时的银行容易遭受P先生的合同后机会主义行为。现在P先生可以去他的银行经理人那里说："瞧，如果你每天向我支付1 000美元，我就不会破产，而且你也可以免去支付给Q夫人每天3 500美元的合同义务。"所以这么做并没有解决这个问题，而是将问题转移给了别人。

事实上，Q夫人可能愿意同P先生签合同，但在此之前她需要了解关于P先生的商业计划、人格以及他个人健康等方面的更多信息。获取这些信息的成本很高。此外，她需要有让独立审计人审查P先生的账目的权利，这样做成本也很高。最后，既然她的钱仍存在风险，那么她就需要为承担风险而得到补偿。这种补偿可以是以每天高于5 000美元的合同价格的形式出现，也可以是以持有P先生的利润份额的形式出现。

解决这些合同难题的另一个方案是P先生和Q夫人的公司合并。那么在出版商和印刷商之间的交易将退出市场而在组织内部进行。合并后，P先生和Q夫人共同拥有资产、分享利润，所以P先生不会再有对其交易伙伴采取机会主义行为的动机。

在这个案例中，资产专用性很高，因此，一系列连续的即时合同（每天议定合同并且协商第二天的价格）是不可行的（Q夫人不会接受，因此也就不买印刷设备）。所以只剩下两种选择：要么P先生和Q夫人的公司合并，要么签订一个详细表明Q夫人有审查P先生业务的权利的合同。这样一个长期合同是一个市场与组织之间的中间形式。在交易成本经济学上，它被称为**关系合同**（relational contracting）。

顺便提一下，在上述案例中，还有一种资产有较高的交易专用性。新创办的报纸在创立的最初几年内往往会遭受亏损。为了给这些亏损融资，P先生投资一种无形资产。我们称这种无形资产为信誉。信誉也是一种交易专用资产。Q夫人也有合同后机会主义的动机。比如，她可能说："瞧，我的计算出了错误，你每天不是向我支付5 000美元，而是必须每天付我5 700美元，如果你不这么做，我就会破产，你在信誉方面的投资价值将是零。"如果其他印刷商至少需要好几个月才能开始印刷这份报纸，Q夫人的说法将为P先生带来麻烦。

所以P先生和Q夫人都必须投资一项交易专用资产。这意味着他们投资之后将被锁定在一个双边垄断上：他们都在某种资产上对对方具有垄断地位。

在这一章的导言中，我们已经区分了物质的和人的资产专用性。专栏8.7给出了一些更为细致的区分。

专栏8.7　　资产专用性和锁定：风险与收益

交易成本经济学已经从管理学著作中独立出来了。请看下面来自《麦肯锡季刊》的有关几种资产专用性的讨论：

> 有三种主要的资产专用性……设厂位置的专用性出现在买卖双方将固定的资产比如煤矿和电站确立在空间上最近的位置，从而降低运输和投资成本时。物质资本的专用性出现在交易一方或双方投资一台只供一方或双方使用的设

备，而该设备用于其他用途的价值较低时。人力资本专用性出现在雇员培养起对于特定买家或客户关系专用的技巧时。

上游铝制品产业有较高的资产专用性。这个产业有两个重要的生产阶段：铝土矿的开采和铝的提炼。铝土矿和炼铝厂通常锁定在一起，地理位置接近（地点专用性），这样做是考虑到相对于铝土矿的价值而言，运输铝土矿的成本较高，而且，在炼制过程中，百分之六七十的铝土矿要被损耗掉。炼铝厂为了提炼自己的铝土矿而被量体裁衣式地修建，它有自己独特的化学和物理特征。转换供应商或消费者要么不可能要么代价极其巨大（技术专用性）。因此，铝土矿和炼铝厂通常是出于经济考虑而锁定在一起。

然而，和供应商"锁定"在一起并不是毫无风险的。在一个快速扩张和全球化的时期，丰田公司可能因为过度依赖单一的供应商而使得自己的供应链捉襟见肘。

通过指定特定的供应商作为某些特定零部件的唯一来源，丰田对汽车供应链管理进行了改革，从而和长期合作伙伴建立起了亲密的合作关系和共同利益感。丰田急速扩张的一个后果是，它越来越依赖于这些不在日本的供应商，而这些供应商并没有几十年的工作经验。丰田也没有足够的高级工程师来监督供应商。然而，丰田不仅继续信任它的独家采购渠道，甚至通过在跨越多个市场的所有汽车内使用一家供应商来获取空前的规模经济。

一旦某个零部件出现了瑕疵，全球"唯一货源"政策就会使丰田遭受大规模的召回和停产，正如专栏4.1中总结的那样。

□ 8.3.2 不确定性/复杂性

交易的第二维度——不确定性/复杂性不需要进一步解释：我们已经知道有限理性仅在高度不确定性/复杂性的交易中才会成为问题（请回想购买石油和订购新型武器的例子）。

□ 8.3.3 交易频率

当资产专用性很高时，我们希望交易发生在组织内而不是通过市场来进行。然而，设立一个专门的治理结构（比如垂直联合企业）包含着某些固定成本。通过这样一个专门的治理结构进行的交易量是否达到最大化则是另外的问题。一个专门的治理结构的成本更容易被较高的交易频率所抵消，因此交易频率是第三个相关的交易维度。

□ 8.3.4 组织形式之间的竞争

一项交易的交易费用取决于交易的几个主要维度。对于资产专用性高、不确定性/复杂性高以及交易频率高的交易，其市场交易成本要比内部交易成本高得多。这样的交易倾向于在组织内进行，至少从长远来看是如此。

在现实社会中，我们可能看到某些市场交易存在的同时，类似的一些交易也会发生在组织内。这意味着这两种交易形式的交易成本大体上相等。假如这两种形式下的交易成本差别很大，那么最有效的形式最终将会盛行。然而，如专栏 8.8 所述，这可能需要很长的时间。

专栏 8.8 也阐明了组织形式之间如何进行竞争。专栏 8.8 中的例子关注的是合作经营的乳品企业与企业主乳品企业之间的竞争。这是交易成本经济学中一个最基本的假设：不同组织形式之间总是存在竞争，而且最有效的组织形式最终将会生存下来。

专栏 8.8　乳品企业的组织形式为何是农场主之间合作？

乳品企业的组织形式，尽管不总是，但经常是农场主之间合作，为什么？在给出答案之前，让我们先给出荷兰第一家乳品合作企业出现的一些细节，或者更为详细地介绍荷兰的两个省——弗里斯兰和北荷兰——的一些情况。

在 19 世纪中期，只有三种乳制品：乳酪、黄油和鲜奶。那时候农场主在农场里制造乳酪和黄油（通常由妇女制作）。1878 年，有人发明了一种从牛奶中分离奶油的离心机。这项发明使规模经济成为可能，并且导致乳品工厂的产生。在弗里斯兰，第一家乳品工厂成立于 1879 年，由一个私人企业主创立。7 年后，即在 1886 年，弗里斯兰已经有 7 家乳品厂被企业主拥有和运营。在同一年，一群农场主以合作型企业的形式设立了一家乳品工厂。以农场主合作方式组织起来的乳品企业并没有股东，因此，利润最大化不是它的主要目标。这种农场主间的合作企业拥有成员，并且成员为企业提供牛奶，企业则支付给成员尽可能高的牛奶价格。在弗里斯兰，由农场主合作设立的企业数量迅猛增长，但是由企业主运营的乳品企业的数量增加也很迅猛。1898 年，弗里斯兰有 46 家由企业主运营的乳品工厂和 66 家由农场主合作运营的乳品企业。然而，在接下来的一个世纪（20 世纪）的前 25 年，农场主合作社运营的乳品企业在规模和数量上都发展得比较快，一些企业主运营的乳品企业则衰落了。因此，1925 年之后，农场主合作在乳品企业的组织形式中一直占据主导地位。在北荷兰北部，乳品企业的发展同样遵循了弗里斯兰地区的方式：大约在 1900 年左右，既有由企业主运营的乳品企业也有由合作社运营的乳品企业，但是合作运营的企业发展比较快。因此，合作运营的企业在这个地区也占据主导地位。在北荷兰南部，1900 年左右还没有农场主合作企业。这个地区靠近阿姆斯特丹、哈勒姆、莱顿以及乌得勒支。来自这个地区的牛奶主要是作为鲜奶由各分销商提供给顾客。这些分销商主要是私人企业主。

为什么合作型乳品企业在弗里斯兰和北荷兰北部地区远远超过企业主运营的企业？为什么北荷兰南部地区没有出现合作型乳品企业？

答案与牛奶是一种易变质的产品有关。在 19 世纪，牛奶的储藏不能超过 1 天（冷藏技术还不存在）并且长途运输牛奶也行不通。牛奶必须在短时间内、在距离农场不远的地方被加工成奶酪和黄油。因此，将牛奶卖给企业主经营的乳品企业的农场主面临只有一个顾客的处境。他们对母牛的投资是一项资产专用性投资。这些农场主除了继续沿用旧方式在农场对其牛奶进行加工之外别无选择。在乳品企业发展的早期阶段，这可能是一个可行的替代选择，因为农场主仍有制造黄油和奶酪的设备和技术。然而，随着规模经济越来越显著，而且农场主制造黄油和奶酪的设备不再良好运转，在农场制造黄油和奶酪不再是一个理想的替代选择。农场主对于来自企业主经营的乳品企业的机会主义行为无能为力，尤其是由于黄油和奶酪与鲜奶相比，不太容易变质。这促使越来越多的原来将牛奶卖给企业主经营企业的农场主转变成为地域上最近的农场主合作企业的成员。这就解释了弗里斯兰和北荷兰北部地区发展的原因，那里几乎所有的牛奶都被用来制作黄油和奶酪。

在北荷兰南部地区，情况有所不同：这里的鲜奶分销商与农户相互依赖。农民对母牛的投资是交易专用性的，但是分销商对客户的投资及其分销手段也是交易专用性的：因为鲜奶的储藏期不超过1天，分销商需要鲜奶每天都能得到供应，这使得分销商对其供应商不可能做出机会主义行为。鲜奶分销商与制造黄油和奶酪的企业主经营的乳品企业之间的主要差异似乎就在于前者需要每天得到鲜奶的供应，而后者不需要。这就解释了为什么在北荷兰南部地区没有出现合作型乳品企业。

8.4 同侪团体

在第二节和第三节里我们已经介绍了交易成本的基本理论。在接下来的章节中，我们将运用交易成本理论来解释不同组织形式的存在。

第一种将要被讨论的组织形式是**同侪团体**（peer group）。同侪团体是指工作在一起、没有等级之分的一群人。在同侪团体中，最重要的协调机制是相互适应。同侪团体出售产品，产品收益由团体所有成员根据某些共同遵守的规则分享。同侪团体的典型例子是小型的合作关系（律师、审计师、医生）。

8.4.1 同侪团体的优势

为什么同侪团体会出现？比如，为什么多数管理咨询专家往往采取合作而不是独立工作的方式？同侪团体与自我雇用的人相比有哪些优势？

首先，同侪团体可以取得规模经济。假设有两个牙医形成了合作伙伴关系，这个合作团体就可以购买X光设备，每位牙医使用这种设备的时间是每天不超过一小时。然而，还有一种替换方式，即两位牙医在同一幢楼里独立工作（收入不汇集在一起）。他们也可以共同拥有或使用X光设备。

在这个例子中，规模经济出现了，因为牙医仅仅在某段时间需要使用昂贵的设备，那么共同拥有（就像农场主有时就以这种方式拥有收割机一样）就是一个达到规模经济的可行安排。通过租赁获取这种不可分割的专用实物资产也是可行的。（收割机提供了这方面的一个典型例子。这种机器可以很容易地从一个农场移动到另一个农场。）

规模经济也可以出现在信息收集中。假设有两个专门研究药品企业的专家。两人都不断需要有关药品企业发展的背景信息。如果他们雇用一个年轻的经济学家进行文案研究（desk research），那么通过形成合作关系，他们可以节省研究成本。

假如这两个专家决定独立进行研究，但仍然希望节省研究开支，他们中的一人能停止进行文案研究而从他的竞争对手/同事那里购买他所需要的信息吗？现在虽然没有这方面的详细情况，但是购买信息似乎比购买一些专用设备的服务更为困难。一般来说，由于信息的基本悖论（fundamental paradox of information）的存在，信息交易是很困难的（见第4章第1节）。所以在信息收集中获得规模经济比较困难。

其次，同侪团体与一群独立的个人相比在风险承担方面更具优势。请看下面这个有关10个独立的市场咨询专家的例子。每位专家的主要风险是在长时间内没有任务。形成一个合作群体是分担这类风险的一种方式。此外，探询这种风险分担方式能否通过保险市场获得也是很有用的。

没有任务而进行保险是可能的，但是很困难。那些在提供服务方面能力弱的专家尤其需要这样的保险，而且，在这些专家取得这样一份保险之后，保险公司也很难检查这些人是否真正为获得任务而付出了足够多的努力。因此，逆向选择和道德风险将是保险公司面临的严重问题。

如果同侪团体可以比保险公司更好地筛选潜在的合作伙伴，那么形成一个同侪团体将会减少逆向选择。合作关系似乎也能够减少道德风险问题：与保险公司对这些专家的努力程度的观察相比，同事对于合作伙伴的观察所出现的问题要少一些。

最后，同侪团体可以提供联合收益。也就是说，这些咨询专家作为合作团体成员工作要比单独工作更有成效。假如他们属于一个团体，那么每个人就会感觉到有做份内之事的责任，但是单独工作就有可能产生懈怠。他们也会为成为同侪团体中的一个成员而感到有价值。这是环境维度的一个典型例子：人们可能会偏好某一种组织形式。

8.4.2 同侪团体的局限性

在一个小型同侪团体中（比如，两位作者编写一本组织经济学理论方面的书），可能不存在逃避工作的问题。相反，每个人都以做超过他应有份额的工作而自豪。然而，在一个大型同侪团体中，逃避工作往往成为一个严重的问题。非常大的合作团体（在审计和/或咨询工作中）确实存在。然而，在这样的大型合作团体中有些合作伙伴被选举为经理。他们的职责在于通过评估其他合作伙伴的业绩来约束逃避工作的行为，并且相应地调整收入分配规则。因此，这些大型合作团体，与其被看作同侪团体，不如被看作简单等级制。

8.5 简单等级制

简单等级制（simple hierarchy）是一群工人加一个老板。老板有权调整工资级别，改变团体的构成以及告诉团体的成员该做什么。多数小型制造工厂（比如制造落地钟的工厂）是以简单等级制而非同侪团体来组织管理的。

在同侪团体中，所有成员是平等的：他们得到同样的收入，有同样的决策权。在等级制中，一些人可以命令别人做什么，所以，直接监管是一个重要的协调机制。在等级制中，一个人的收入经常与他或她过去或预期的未来业绩有关。

为什么我们只观察到极少的同侪团体，尤其是在制造业中？简单等级制与同侪团体相比有哪些优势？

8.5.1 团队生产

在第 7 章第四节中，我们已经解释了按照阿尔奇安和德姆塞茨（1972）的观点，团队生产如何导致简单等级制的出现。他们认为，团队生产将会诱导人们逃避工作。因此，有必要设置一个监督员来减少逃避工作的行为。为避免监督员出现逃避工作的行为，监督员必须是具有剩余索取权的人。

威廉姆森（1975）不同意这种观点。他认为，大多数生产过程都包括技术上可分的几个步骤。让我们重新考虑制造落地钟的工厂这个案例。这种生产包括好几个步骤，比如锯木头、安装以及喷漆。这些步骤可以被中间产品的发明所分开，所以，锯木头的工人与进行安装的工人可以分开。在这个例子中，不存在团队生产。然而，我们看到很多公司都以简单等级制而非同侪团体进行组织管理。

8.5.2 交流和决策的经济性

在同侪团体中，每个成员都参与决策。在简单等级制中，决策只由老板来做。现在假定制定决策的相关信息来自每位成员。在同侪团体中，每个成员都必须与其余所有人交流。在简单等级制中，他只需要与老板交流。在同侪团体中，交流渠道的数目是 $\frac{1}{2} \cdot n(n-1)$；在简单等级制中，交流渠道的数目是 $n-1$。这里的 n 是指团体成员数（见图 8.2）。信息转移由于有限理性的存在而代价昂贵（需要花费时间向其他团体成员进行解释；信息转移时有可能被歪曲）。因此，与同侪团体相比，$n-2$ 的简单等级制可以实现**交流的经济性**（economies of communication）。

简单等级制也可以实现**决策的经济性**（economies in decision-making）。在同侪团体中，只有在整个团体讨论之后决策才被做出；而在简单等级制中，老板独自做出决策，因此做出决策所需要的时间较短。

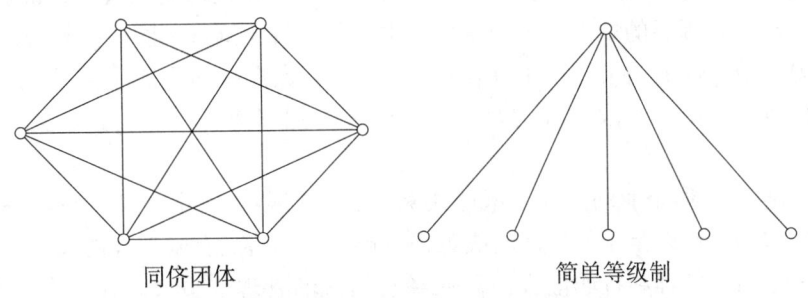

图 8.2 同侪团体和简单等级制的交流渠道的数目

8.5.3 监督

在第 8 章第四节中我们已经指出，逃避工作成为大型同侪团体的一个严重问题。因此，在大型同侪团体中经常会有一个或几个员工被指派去监督生产并且相应地调整团体成员的报酬。然而，这违背了同侪团体的本质，无论它的合法形式是什么（合伙关系或者相互合作），现在都被转换成了简单等级制。

鉴于上述所解释的理由，我们看到在现实经济中很少有同侪团体。威廉姆森强调等级制可以作为同侪团体内相互适应的一个替换性选择。大多数组织都是涉及比相互适应和直接监督更多的协调机制的更为复杂的类型（见第3章）。

8.6 多等级制：U形和M形企业

在简单等级制中，只有一个领导来协调团体成员的工作。假定规模经济出现在那些规模很大的团体中。那么，由于有限理性的存在，仅一位经理不能够协调所有团体成员的工作。现在需要多位经理。这为管理工作的分工创造了机会，因此，每位经理都可以专注于一项工作，比如，某位经理可以专门管理生产，另一位经理可以专门管理市场营销。因此，在企业内按职能划分的部门被设立，而且每个部门都有一位经理。这些职能部门的经理由一位总经理来协调。这种组织形式被中型企业广泛采用。威廉姆森称这种组织形式为一元化组织结构或U形企业。在**U形企业**（U-form enterprise）内，至少有两级经理。对应于单级或简单等级制，这是一个**多级等级制**（multistage hierachy）。

现在假定一个U形企业通过增加几种新产品来实现扩张。钱德勒（1966）研究了几个美国大型企业的历史后发现，在19世纪后期，大多数这类企业都从事简单的生产活动（比如钢铁、肉食品包装、烟草、油）并且按照职能的划分来进行组织管理。

在20世纪早期，很多企业已经开始产品多元化的发展。起初，很多这类企业仍然保持U形组织管理形式，但一段时间之后，它们发现对于大型多产品企业而言，U形组织管理形式存在很多弊端。这些弊端有两种类型。

第一，在一个大型U形企业中，存在很多管理层。两个职能部门（比如市场和生产）之间的协调主要发生在最高层。因此在做出决策之前，信息不得不在多个层级之间传递。在信息传递过程中通常会有信息损失。数据在往上级传递的过程中被总结和解释，命令在往下级传递的过程中会被操纵。这会导致**累积性控制损失**（cumulative control loss）：随着管理层的增加，公司董事会失去了对每天例行工作的控制。这种累积性控制损失是有限理性的结果。由于有限理性的存在，数据在到达最高管理层之前被总结和解释，而且正是由于有限理性的存在，总经理不能够使自己做出详细的、可操作的指导。

第二，随着U形企业的成长，战略决策过程的特征会发生变化。总经理深入参与日常运营的协调工作以至于长期战略决策很少被关注。这是有限理性的又一体现。假如公司成立一个由总经理和各职能部门高层经理组成的管理委员会。在一个大型U形企业里，各职能部门的高层经理可能对增加他所在部门的利益比对企业的整体目标更感兴趣。就像在第6章第三节中所解释的，将整体目标，比如利润最大化目标，转化成为各职能部门可操作的子目标是很困难的，各职能部门之间的利益冲突不可避免。在小的U形企业中，这种利益冲突被减轻，因为总经理仍然能够断定各职能部门经理对整体目标的关注和贡献。在大型 U 形企业中，总经理可能发现只有自己在关注公司范围内的整体目标。各职能部门的经理极力追求可操作化子目标，以至于他们所表达的部门利益进入了战略决策过程。

总之，大型、产品多元化的 U 形企业面临两个问题：累积性控制损失和战略决策过程的侵蚀（corruption）。解决这两个问题的方法是引入多部门企业或 M 形企业。在 20 世纪 20 年代，多部门结构作为一个重要组织创新首先在美国出现。二战前很多美国大型多产品企业都采用了这种结构，大量的欧洲大型多产品企业在 20 世纪 50—60 年代以后也相继采用了这种结构。

M 形企业通常在最高层按照产品线划分为多个准自治业务分部（quasi-autonomous operating divisions）。分部的最高管理层在一个总办公室（由公司参谋人员组成）的协助下开展工作。M 形企业组织的特征和优势如下（Williamson，1975）：

- 业务决策的责任被指派给在一定程度上独立的业务分部，分部作为准企业运营。
- 隶属于总办公室的公司参谋人员发挥咨询和稽查功能，这两个功能都可以保证总部对于各业务分部行为的控制。
- 总办公室主要关注在各业务分部之间进行资源配置以及各种战略决策的制定。
- 总办公室从日常经营业务中摆脱出来，这使得总办公室的高级经理人员能够专注于组织整体绩效而不是被职能部门的琐事和子目标分散了精力。

与有同样业务活动的 U 形企业相比，M 形企业可以减少有限理性和机会主义。有限理性在 M 形企业中的问题要比在 U 形企业中的问题小，因为信息转移次数在 M 形企业中要比在 U 形企业中少。在 M 形企业中机会主义行为减少，因为容易取得目标一致性：将公司整体目标（比如，利润最大化）转换成每个业务分部可操作的子目标（例如每个分部的利润最大化）。

8.7 组织市场

8.7.1 中间商品和服务的市场

在 M 形企业内，业务分部经理的业绩主要依据财务指标，比如销售回报率和资产回报率等来衡量。在各业务分部之间会发生大量的中间商品和服务的交易。在 M 形企业内有进行中间商品和服务的交易的内部市场。每个分部的财务成果都会受到价格（通常被称为转移价格）的影响，内部交易按照这个价格进行。转移价格或者由公司总部决定，或者由各分部之间协商决定。假如各分部自由协商内部交易的转移价格，那么组织相对于市场的一个优势就被破坏了。也就是说，由组织决定价格可以降低交易成本，而如果各分部之间协定价格，交易成本就会由于代价昂贵的讨价还价以及工作流程的中断而上升。

交易也会发生在企业总部和各业务分部之间。请看下面这些作为公司参谋人员的内部管理咨询专家的例子。假如这些内部管理咨询专家并不向业务分部收取费用，那么他们的报酬将由总部来支付。在这个例子中,业务分部每接受一小时额外咨询服务的边际成本为零,所以业务分部将会需要更多服务,直到它们接受一小时额外咨询服务的边际收入为零。这样做的后果是公司将养活过多的管理咨询专家。

现在假设管理咨询专家并不向业务分部收取全额的服务费。如果业务分部不被允许雇用外部的咨询专家,那么内部咨询专家对于咨询服务就会具有垄断地位。结果是内部咨询专家将会垄断价格和逃避工作。

这个问题可以通过允许业务分部自由雇用外部咨询专家这一方式来解决。这时,内部咨询专家不得不与外部咨询专家相互竞争,而且必须建立一个存在众多咨询服务提供者的市场。

此外,当内部咨询专家被允许在外部市场提供服务时,内部市场和外部市场的差异实际上就消失了。这时只存在一个由服务提供者(这些内部咨询管理专家就是其中一员)和众多顾客(业务分部和众多的其他公司)组成的市场。

□ 8.7.2 内部劳动力市场

人力资源也存在内部市场。这里将考虑两种组织内部管理的劳动力市场的组织方式。

第一种组织方式是公司人事部根据计划安排经理在各个业务分部之间轮换。业务分部如果有空缺就会告知公司人事部门,人事部门会挑选一个人填补这个空缺。

第二种方式是业务分部可能仅仅在内部管理的劳动力市场上为争取最好的经理而竞争。如果有空缺,它们会在公司简报或者公司内部互联网上发布广告,对此感兴趣的其他业务分部的经理就可以申请。如果他们必须同来自公司外部的应聘者竞争,那么内部管理的劳动力市场和外部市场之间就不存在差异。

□ 8.7.3 内部资本市场

最后看一下内部资本市场。三种组织内部资本市场的方式将被讨论:

- 情形1:各业务分部不被允许自主地对它们所产生的现金流进行重新投资。相反,总办公室将现金流在各业务分部之间进行重新分配。而且,各业务分部不被允许在外部资本市场融入债券资本和债务资本。
- 情形2:各业务分部不被允许对所产生的现金流进行重新投资。而且,各业务分部可以自由地在外部市场融入债务资本,但不被允许融入债券资本。
- 情形3:各业务分部被允许对所产生的现金流重新投资。而且,它们被允许在外部市场融入债务资本和债券资本。

情形1是大多数M形企业的正常状态。总办公室在各业务分部之间重新分配现金流以达到高效的利用,这是M形企业的本质特征。

威廉姆森认为,与外部资本市场相比,M形企业的总办公室可以较好地将资本进行分配以达到最高效的利用。下面是他的论证:他将一个有5个业务分部的M形企业与一组5个独立的公司进行比较后发现:与外部资本市场相比,M形企业的总办公室在监督业务分部经理的业绩方面具有很大优势。这是因为总办公室与分部之间具有内在关系，并且因此而有较好的获取信息的途径，而外部投资者与独立公司之间则不具备这样的优势。此外，总办公室还可以较好地对投资方案进行评估。业务分部的经理可以向总办公室提供便捷的信息，而这些信息是不会对外人（包括竞争对手）泄露的，否则可能会危及投资项目。

在情形2中，总办公室本质上变成了为财务报告做准备的办事机构。总办公室的角色只是一个大股东：只要业务分部的财务成果令人满意，总办公室就不会干预。只有当业务分部的财务成果恶化时，总办公室才会采取措施撤掉分部经理或者卖掉分部。威廉姆森称这种组织形式为**控股公司或H形公司**（holding company, or H-form）。

在情形3中，业务分部是作为真正自主的公司来形成的一个松散的联盟。比利时兴业银行（Belgian Société Générale）就是这样一个例子。它有一个中央控股公司，控制着众多业务公司的不同比例的股份。此外，业务公司之间也相互控股。风险资本公司也是这样的例子，它们也是在众多业务公司拥有不同比例的股份。

8.8 市场和组织：是否已穷尽？

在这本书的概念框架（见图1.1）中，市场和组织被看作协调经济决策的两种可替换方式。市场通过价格机制进行协调；组织通过我们在第3章介绍的六种机制的任意组合来协调。为了加深你的印象，这些组织机制连同与之相关的组织配置（organizational configuration）在图8.3中又被重复给出。

主要协调机制	组织形式
直接管理	企业家组织
工作程序标准化	机械组织
技术标准化	专业人员组织
产品标准化	多元化组织
互相调节	创新组织
规范标准化	传教士组织

图8.3 六种组织协调机制

实际上，在第3章中，我们也已经探讨过这些组织形式经常会被结合起来使用。尽管我们可以区分图8.3中所提到的那六种清晰的组织结构，但是我们经常会看到几种协调机制结合起来对特定的交易进行治理。而且，我们在第3章中已经说过，市场协调和组织协调经常结合起来发挥作用：在组织内存在市场，而市场也总是或多或少地被组织起来。

迄今为止，在这一章中，对于组织的分析都是从一个较为狭窄的角度展开的。威廉姆森的市场交易成本经济学也被称为"**市场和等级制**"（markets and hierarchies paradigm）范式。在这一观点中，当价格协调机制失灵时，市场被等级制取代。在这一意义上，威廉姆森是罗纳德·科斯思想的继承者。科斯也认为组织的主要特征是"权威"（用我们的术语表示为：直接管理）。然而，在组织内还有其他协调机制，比如互相调节和规范标准化。在一个小型同侪团体（比如由几个咨询专家组成的合作关系）中，互相调节是主要的协调机制。在较大一些的组织中，相互适应也很重要，并且在U形企业各部门之间（比如市场和产品研发）以及在M形企业的各业务分部之间互相调节也会出现。互相调节也可以出现在两个组织，比如供应商和购买者之间。在表现出机会主义行为的两方之间很难看到互相调节平稳地发挥作用。由于这一原因，威廉姆森的交易成本经济学引起很多尖锐的批评也是不足为奇的。

这些尖锐的批评集中表现为以下两点：

- 交易成本经济学过多地依赖机会主义行为的假设。在现实生活中，人们由于彼此信任而经常相互合作。许多商业交易如果没有双方对这一交易的一定程度的信任就不可能发生，这对持续时间较长的交易尤其适用。
- 市场和等级制不应该被看作两个相互排斥的治理结构（governance structures）。在现实世界中，我们也看到诸如买方和卖方之间保持长期关系，合资企业以及各种形式的网络组织等很多组织形式。这些都是中间或**混合组织形式**（hybrid organizational forms）。我们的意思是，这些组织形式处在市场和等级制之间。在第14章我们将会更详细地讨论混合形式。

威廉姆森也承认混合组织形式的存在。他认为这些混合组织形式只是作为与资产专用性的中等程度相匹配的治理结构出现的。另有学者认为有些混合组织形式只有在机会主义假设被放宽之后才能被理解。对这些学者而言，对威廉姆森的两个尖锐批评是紧密相关的。

我们首先要讨论这样一种方法：在这种方法中，机会主义的假设部分地被相互信任的考虑所取代。在这种方法中，家族被定义为某种程度上相互信任的组织。这种方法在市场、官僚组织结构和家族作为三种可替换的协调经济决策的方式之间做了区分。本书第8章第八节的第一部分对这种方法进行了解释。在第8章第八节的第二部分我们较笼统地介绍了信任的作用。

☐ 8.8.1 市场、官僚组织结构和集团

威廉·大内提供了市场和等级制框架的最早的一种扩展。这位管理学教授运用组织理论来说明一个更为合适的框架包括市场、官僚组织结构和集团（大内，1980；大内和威廉姆森，1981）。在这个扩展部分，等级制被官僚组织结构所取代，而且集团被列为第三种协调经济交易的方式。

管理机构代替等级制与主流的组织社会学理论相一致。德国社会学家马克思·韦伯（1925）认为在现代组织中，个人权威已经被组织权威取代。当旧的组织还依赖规则制定者的个人权威时，现代组织已经取得了用组织规则代替个人权威的合法性。这样的现代组织被韦伯定义为官僚组织结构。因此，大内认为在组织协调中，价格被规则取代。规则包含着协调所必需的信息。因此这类协调的本质不是等级制的而是官僚的。

此外，大内认为存在第三种协调交易方式，这种方式依赖于个人的社会化，社会化使人们具有共同的价值和信念。接受过相同方式的社会化的人们有共同的行为准则。这

些准则也包括交易必需的信息。顺便提一个例子，大内曾指出，日本企业注重将公司的目标社会化为工人自己的目标，并且根据工人为公司服务时间的长短和其他不履行规则的标准进行奖惩。对这些公司而言，它们往往并不需要衡量员工对规则的履行情况，因为这些员工很自然地倾向于为公司尽力（由于社会化的作用）。

因此，大内认为，威廉姆森的框架并未承认图8.3中所总结的组织协调的丰富性。市场和等级制范式也很少注意到规则和准则的作用。然而大内关于市场、官僚组织结构和集团的提法也没有穷尽所有的组织协调方式。按照我们的观点，大内的提议被包含在图8.3所展示的明茨伯格类型学中：大内对规则重要性的强调是与工作程序标准化以及产出标准化相适应的，而社会化则等同于规则标准化。鉴于此，在本书中不采用大内对三个治理结构的区分。相反，我们认为当价格机制失效时，市场既不能被等级制取代，也不能被管理机构取代，而是被组织所取代。组织并不仅仅依赖于权威（直接管理），而是使用明茨伯格所界定的六种协调机制。

□ 8.8.2　信任的作用

威廉姆森的交易成本经济学建立在机会主义假设之上。我们在第8章中已经解释过，威廉姆森并不是假定每个人每时每刻都表现出机会主义行为。相反，他认为有些人有时可能会表现出机会主义行为，而且事前（也就是说在从事交易之前）预测你的交易伙伴是否将有机会主义的行为是很困难的。这意味着你不知道该相信谁（尤其是那些你以前从未与之打过交道的人）。

有些学者已经批判过这个假设（Goshal and Moran, 1996）。我们已经说过一个人是否有机会主义行为倾向取决于两个方面：这种行为的直接净收益以及对交易伙伴的情感倾向。这就认可了很多人可能仅仅因为不喜欢欺骗就在交易中不欺骗对方的情形。如果你喜欢你的交易伙伴并且感觉他信任你，你就可能不会欺骗他，即使欺骗可以让你获得一些金钱收益。如果你信任你的交易伙伴而且他也信任你，那么你们可以建立起长期互利的关系。因此，现在许多经济学家都承认信任是一个重要的概念，而且有些学者已经试图调查在哪些环境下信任可以被建立。专栏8.9列出了这方面的一些研究成果。

专栏8.9　　　　　　　　　　信任的经济研究

经济学家已经开始对信任进行衡量，目的在于确定信任何时存在以及探索信任在何种情况下会随时间增强或减弱。早期的一些研究成果表明：

● 不同的人有不同的行为。这已被实验性的博弈，比如"重复囚徒困境"（见第5章）博弈所验证。在这个博弈中，囚徒必须在很多轮博弈中决定是合作还是背叛。例如，在一个由克拉克和塞弗顿（2001）建立的博弈模型中，先行者在57%的时间内信任对方，后行者作为回报也会在35%的时间内信任对方。在其他情况下，参与者都会选择背叛，并因此破坏了最好的结果（也就是双方都信任对方时的结果）。

- 在一定程度上，这些不同可以追溯到他们的人格特质。例如，人们在其成功或失败的归因方面就有差异。有些人倾向于把成功归因于外部环境因素，而有些人愿意把自己的成功与失败归因于他们自己的选择和行为。前者更愿意选择合作策略，而后者更愿意支持竞争策略。其他一些人格特质，比如情感寻求，也有助于解释参与者行为上的个体差异（Boone, de Brabander and Van Wittcloostuijin, 1996, 1999）。
- 文化也至关重要。韩瑞奇（2000）的研究中就有这样一个显著的例子。他发现，秘鲁亚马孙河流域马奇根嘎部落的印第安人的行为极大地背离了西方讨价还价博弈中的理论预测。
- 随着时间的推移，信任可以增加或减少。在克拉克和塞弗顿（Clark and Sefton, 2001）建立的博弈模型中，先行者对其伙伴的信任在第1回合时是57%，到第10回合时就已下降到了32%。信任是脆弱的，在负面体验的情况下很容易破碎。
- 激励因素也很重要。假如在囚徒困境博弈模型中，一旦单独坦白的报酬增加，背叛行为就有可能增加。
- 已经知道彼此会相互帮助。格雷赫等（2000）设计了一个博弈模型。在这个模型中，第一个参与者得到15美元，他会将其中任意一部分送给第二个参与者。研究人员送给第二个参与者双倍于第一个参与者的金额（30美元），第二个参与者可以决定送给第一个参与者的金钱数额。如果双方相互信任，结果就是第一个参与者决定将15美元全部送给第二个参与者，第二个参与者将其数额的一半（也是15美元）送给第一个参与者。这使得双方皆大欢喜，都能得到15美元。然而，在这个模型中，第一个参与者送给他的伙伴12.41美元的一半（6.205美元），而他的伙伴返还给他其总数额（30美元）的45%的一半（6.75美元）。参与者事先彼此了解会很有用。然而，无论是第一个参与者送出的金钱数额还是第二个参与者的返还比率，都与双方认识的时间长短成正比。认识时间长，送出和返还的金钱就多。
- 属于同一群体也会有影响。在格雷赫等（2000）建立的博弈模型中，当参与者属于不同种族或民族时，返还比率较低。阿莱茜娅和拉·法勒（Alesina and La Farrara, 2001）发现，种族混合社区的成员比同一种族社区的成员之间相互信任的可能性要小。
- 个人经历表面上不相关，实际上也发挥作用。阿莱茜娅和拉·法勒（2002）的报告表明，近期遭受个人挫折，比如，重大疾病或财务问题的行为者，信任程度也较低。

总体说来，这些一手研究资料表明，信任在很多情况下普遍存在，而且有助于取得最好的合作成果。然而，信任不能被当作理所当然的，并且人们在与别人打交道过程中的信任也不一样。此外，信任是脆弱的，破坏信任比建立信任更容易。经济研究因此既赞成信任是许多经济交易的重要基础这一观点，也赞成威廉姆森关于机会主义从一开始就不能被排除的警告。

信任（trust）在组织间和组织内都发挥作用。组织之间经常建立长期交易关系。这些长期关系很大程度上建立在相互依赖的基础之上。这种长期关系对组织的成功至关重要。

在组织内，雇主对雇员产生一定程度的信任也是非常重要的。感到被老板信任的雇员比感到不被信任的雇员更倾向于真诚地行动。雇员可能把被老板密切地监督看作不被信任的表现。这将会对他们对公司的"情感倾向"产生不利影响并且会增加而非减少机会主义行为。通常假定他的雇员会出现机会主义行为，从而实施密切监督的雇主的确将会发现他的雇员在机会主义地行动。机会主义行为因此成为一个自我实现的预言。

□ 8.8.3 非私人信任：机构和信誉

正如上面讨论的，信任在经济交易中是一种很重要的协调机制。纵观大部分经济史，信任都建立在个人交易的基础上。发生在小团体中的重复交易和相互知悉个人背景使得交易成本可以维持在低水平上。然而，随着经济的发展和扩张，陌生人之间的交易日益取代了个人交易（详见专栏8.4）。结果就是，出现了越来越多的基本交易问题。"私人信任"需要更多地辅以其他非私人性质的方式。

下面有两种重要的"非私人信任"形式：

- 在机构中（见本书第1章第七节）。我们必须能够信任法律准则及法律的执行。同样，我们也必须相信央行能维持货币价值，回顾第1章第七节中引用的道格拉斯·诺斯的话："这种框架必须能有效地取代个人交易附带的信任。不能创造出基本的制度基础是经济发展的核心问题。"
- 信誉。一个人的信誉好意味着这个人是交易中值得信赖的伙伴，随着经济的发展，这种信誉会越来越多地包括非私人因素。起初，一个商人的信誉会仅在一个小团体中建立起来，小团体通常能够通过同侪团体的压力施行标准行为规范。当你在一个小团体中实施欺诈时，你的事迹会迅速扩散开来，严重损害你的信誉，影响他人和你交易的意愿——请看专栏8.10中令人印象深刻的例子。然而，当交易发生在越来越大的团体中时，依靠小团体的压力和制裁变得越来越困难。在我们这种现代经济中，许多交易都发生在陌生人之间。想象一下网上交易的例子，当你在易趣上参加一场拍卖时，你甚至不知道卖方的真实姓名。那你如何信任卖方呢？有趣的是，易趣已经找到一种为你提供卖方信息的方法，那就是通过使用"反馈系统"来建立卖方的信誉。通过对之前交易的反馈，买家集体建立了一种方式，使得易趣可以和准买家交流关于某个卖家的信誉——见专栏8.11。最后，一个卖家的信誉不再局限于一个小团体环境中，它变得大众化了。

专栏8.10　　　　　　　加强钻石贸易中的诚信

在纽约钻石批发中心，经销商之间相互传递一袋袋价值百万美元的钻石而不需要签订任何书面合同。双方一握手，说一句"mazal u'brache"——"上帝保佑你，祝你好运"——就创建了一份有约束力的协议。口头合同可以发挥一定作用，因为经销商绝大多数是哈西德犹太人，观念相同。然而，赌注如此庞大，个人关系并不能提供有力的制裁，所以设计出了钻石集市，在这个集市上，如果一个人违约，不仅被骗的人不会再和他合作，其他所有的钻石商都不会将业务交给他。钻石交易商俱乐部负责制裁。一旦加入，新成员必须同意将所有争议提交俱乐部仲裁。会员一旦违约，就可能会被罚款，或者长达20天无法参加交易。未缴的罚单都会被公开。更极端的情况下，会员可能会被俱乐部除名，因而再也无法参与钻石交易。最后交易中留下来的钻石商必定是诚实的。

资料来源：McMillan (2002, p. 57).

专栏 8.11　　　　　　　　　易趣上的信誉

1995年，计算机程序员皮埃尔·奥米迪亚创立了拍卖网站，后来这个拍卖网站发展成易趣。10年后，易趣获得了巨大的成功，部分是因为它的文化和理念，但肯定还有部分是因为它发明了一种方法，使得信誉公开化成为现实。

易趣有如此多温暖和模糊的一面，但无疑这不足以说明为什么仅仅在上个季度就有这么多冷冰冰的现金易手。为此，你需要的不仅仅是同情感，还有坚如磐石的信任。易趣是真正的天才，这不只是因为它复活了中世纪的市场摊位，还因为它重建了前工业化时代的信用体系。每一个在古集市的人都知道谁是骗子，谁是诚实的；易趣已经尽其所能地在网络集市上建立起了相同的确定性。秘密就在于易趣的"反馈"系统：在每一次交易完成后，买卖双方都会相互评级——肯定的、否定的还是中立的。通过这种方式，每一个易趣的会员都建立自己的信誉。每一个会员的拍卖地址旁边就是他们的反馈意见评分，如我的是786，是100%的肯定。这样的信誉是无价的，也许某天我可以写入我的简历中。

反馈解释了易趣之谜：陌生人为什么从陌生人那里买东西？买家在收到商品或检查商品之前就必须付钱——没有反馈，很难相信他们会如此愚蠢。一位研究网上陌生人之间信任现象的研究员写道：在某些方面，反馈是一个关于永恒问题的古老的解决方案。反馈可以确保在一个自利人社会中人们会实施良好的行为，而自利人通常都有欺骗他人的短期激励。然而，易趣的信用系统和经过了千百年发展的确保市场信誉的系统是不同的。密歇根大学的一位教授保罗·雷斯尼克表示，在线下买东西，我们可以看到商品，触摸它们，从我们的邻居那里对卖家有所了解，也许我们之前就在这个店里消费过，或者这个卖家认识我们的继兄。在网上，我们不能用这些经验买东西，我们对商家的信息了解得少之又少，有一些易趣卖家甚至不用他们的真实姓名。我们拥有的唯一信息就是如何有效地分配商品。

正如超级卖家伍德指出的："当你走进一家商店时，你无法从之前的600名买家那里得到任何建议！"在易趣上，如果你欺骗了你的顾客，那么所有人都会知道。

资料来源：E. Waldmeir, "Sold on the Web", *FT Weekend*, 2004.

总结之前先让我们回顾一下保罗·西伯莱特在专栏 8.4 中给出的关于人类社会中经济交易的演变原因。

最令西伯莱特印象深刻的是，人类如何做到不仅在个人关系网中交易，还越来越多地和陌生人交易。他认为人群中必须出现两个"条件"才可能发生这种进化：理性计算的能力和互惠。威廉姆森的机会主义是指仅有理性计算而不为他人利益考虑。再次强调，威廉姆森并不是说所有人都是这样的。他说的是，这种特征会出现在人群中，而且事前很难知道你什么时候在哪里会碰到。最终，出现了坚定反机会主义的经济机构。

本节中，我们考察了信任的作用，并将其从私人领域延伸到了非私人领域。我们还得出结论，经济研究至今还未发现增加信任或减少信任的因素。我们认为这些争论表明西伯莱特是正确的：经济交易会发生在一个同时具备理性计算能力（包括完全机会主义）、互惠和信任的环境中。

在本节中，我们已经学习了混合组织形式，大内将"集团"作为第三种交易的协调方式。在这本书中，我们采纳了所有非价格协调本质上是组织协调这一视角。我们采纳了明茨伯格对于 6 种组织机制的描述。因此，在我们的框架中，所有的非市场协调都被定义成组织的。这样我们也维持了威廉姆森在市场和"其他协调机制"之间所做的两极区分（bipolar distinction）。对威廉姆森而言，"其他协调机制"包含等级制（建立在权威之上的垂直协调）；对我们而言，"其他协调机制"是各种形式的组织。

组织理论家正确地认识到，威廉姆森把机会主义作为人类行为的一个基本假设的观点是狭隘的。因此，威廉姆森只能看到一种非市场协调：等级制。考虑到规则（标准化）和交易双方可以建立信任，我们可以采纳由明茨伯格提出的这套完整的组织协调机制。在这本书中，我们所做的两极区分是市场和组织的区分。我们多次强调，这种两极区分指的是理想的协调类型。实际上我们将会遇到许多混合的案例或混合形式。第 14 章我们将讨论一些混合形式的例子。

8.9 三级层面架构上的治理

交易成本经济学主要关注的是与合同相关事项的治理。然后不得不承认的是治理并不能独立运作。一方面治理被嵌入了更广泛的制度环境中（宏观层面），另一方面治理和经济参与者的个人属性有关（微观层面）。因此，威廉姆森（1995）提出了三级层面架构上的治理，如图 8.4 所描绘。

在此架构中，制度环境被看作**移动参数**（shift parameters）起源的背景因素。移动参数引起治理的相应成本变化。宏观的制度环境定义了治理的"游戏规则"。举个例子，如果财产权、合同法或者社会规范的变化促使治理的相对成本发生变化，那么通常就会触发经济组织的重新配置。

交易成本经济学的运作基础是个人层面的**行为属性**（behavioral attributes），它的基本假设为人是有限理性和机会主义的。

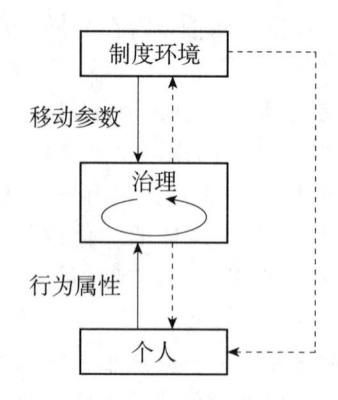

图 8.4　交易成本经济学中一个架构图层

资料来源：from *Organization Theory: From Chester Barnard to the Present and Beyond*，© Oxford University Press (Williamson, O. E. 1995)，p. 23.

最后，威廉姆森还认识到系统中存在反馈效应。比如，经济参与者可能会试图改变制度环境决定的游戏规则。再想一想世界上所有对政治资本进行游说的群体，同样，他们试图用宣传等方式来影响个人。无独有偶，个人也会被广泛环境中的发展和舆论影响。图 8.4 中的虚线显示了这三种反馈效应。平心而论，交易成本经济学的框架并没有很好地涵盖反馈效应，因为该框架主要关注的核心概念是治理，并从其他两个层面关注了参数的转变和行为属性。

第 12 章将会介绍本书所阐述的组织经济学概况。在那里我们将进一步在分析层面上区分不同方法的适用范围，以此来比较不同分析层面上组织经济学所涉及的范围（见图 12.4）。

8.10　小结：交易成本在选择市场和组织以及组织方式上的作用

交易成本经济学试图解释哪种交易将会通过市场进行，哪种交易将会在组织内部进行。交易成本经济学建立在关于人的行为的两个假设之上：

（1）人是有限理性的；

（2）人是机会主义的。

相比之下，行为理论也假设有限理性但没有机会主义，而委托—代理理论则假设完全理性和机会主义。

专栏 8.12　为什么奥利弗·威廉姆森获得了诺贝尔经济学奖？

2009 年，奥利弗·威廉姆森（和埃莉诺·奥斯特罗姆）一起获得了诺贝尔经济学奖。《经济学家》解释了威廉姆森如何在罗纳德·科斯工作的基础上对其理论进行了实证检验。

> 科斯先生的理论解释了为什么公司会存在，但是他的理论在预测哪种情形下公司（或市场）是最好的组织形式方面还不够明确。威廉姆森的卓越贡献就是清晰地阐明了该问题。威廉姆森在 1971—1985 年撰写的一系列论文和书中认为，在现货市场完成交易的成本会随着交易复杂性的增加而上升，特别是当交易还涉及某种专用性资产（例如，一种专门为某家汽车公司按特定规格生产的后视镜）时。
>
> 因为存在这些特征，想要签订和执行一份包括了所有可能性的合同变得困难重重，甚至完全不可能。因此，在某些时候，有必要将这些关联交易纳入一个法律实体而不是在市场上进行。汽车公司也许更乐意（比如）买下这家后视镜公司，然后自己"在家"生产。这将会减少花费在讨价还价上的时间和资源，因为此后决定会简单地通过行政命令做出。
>
> 威廉姆森先生的理论帮助确定了交易的度量属性，这使得市场上的交易行为或多或少变得可检验。这意味着他的思想可以被用于检验企业所做出的整合部分供应链的决策。这个看法已经被显著地验证了。例如，若干研究发现，当发电商可以选择附近的很多家煤矿生产的同一品质的煤时，它倾向于在公开市场上购买煤。但如果附近只有一家煤矿可以供应煤时，发电商倾向于拥有这家煤矿。本来在市场上进行的交易现在被转移到了公司。
>
> 威廉姆森和奥斯特罗姆的研究都建立在科斯的理论基础上，即所有交易都有成本，但是通过不同场合下不同的制度安排可以降低成本。他们使用的工作方法和观点都来源于实践——具体的案例分析，这是很多经济学家所不熟悉的。在奥斯特罗姆的例子中，一个受过训练的政治科学家，从法律视角出发分析了威廉姆森的案例。他们的成功提醒了经济学家，学科的边界可以有益的方式被跨越，就像企业和市场之间的边界一样。
>
> 资料来源："Economics Focus：Reality Bites"，*The Economist*，17 October 2009.

市场和组织间的选择取决于交易的三个关键维度：资产专用性、不确定性/复杂性以及交易频率。当交易需要由那些只能用于特定交易的资产来支持时，这种交易就可以称为资产专用性程度较高的交易。资产专用性、不确定性/复杂性和交易频率越高，通过市场进行交易的成本就越高。因此，资产专用性、不确定性/复杂性和交易频率高的交易倾向于在组织内而不是通过市场进行。

交易成本经济学也可以被用来解释为什么我们会看到在不同情况下存在不同的组织形式，比如同侪团体、简单等级制、U 形组织形式和 M 形组织形式。

专业服务的提供者，比如管理咨询专家、会计师、律师和医生，经常会形成合作关系。他们之所以这样做是因为形成合作关系会带来很多好处，比如会产生信息收集的规模经济、分担风险等。这些好处很难通过独立的职业者之间的市场交易来获得。

小型合作团体可以作为一个同侪团体来运转——也就是说，作为一个平等协作没有等级的团体来运转。在一个较大的同侪团体中，交流和决策变得相当复杂和耗时。这就是大型合作团体会有一个管理层，并且因此而变为等级制形式的原因。在一个大型合作团体中，等级制也有助于减轻逃避工作的问题。

小型生产企业通常以简单等级制形式进行组织管理：一群工人加上一个老板。它的出现主要是因为简单等级制在交流和决策方面具有优势。如果存在团队生产，就可以解释为什么简单等级制是一个有效的组织形式。

假如出于规模经济的考虑，一个高效运转的企业需要雇用100个工人。这样一个企业至少需要两级经理，因为一个经理不能直接指导那么多工人的工作。在这种规模的企业中，如果工人专注于一种活动，比如生产、销售或记账，那么企业通常会更有效率。这导致了职能部门的产生，各位经理也可以专注于自己所在职能部门的活动。这是一元结构或U形组织。

现在假定企业通过增加越来越多的产品线的方式进行扩张。假如企业继续采用U形组织，那么其各个职能部门的高层经理将会遭受累积性控制损失。公司也会由于各职能部门高层经理对各自部门表现出过分的忠诚而面临战略决策被侵蚀的危险。解决这些问题的方法就是创立一个多部门（M形）企业，在这种形式中，每个业务分部负责一个有限的产品范围的生产和营销。各业务分部作为准自治企业运营，负责所有的日常决策。在M形企业中，有一个总办公室负责战略决策以及在各分部之间分配现金流。

对交易成本经济学的一个主要批评是，它忽略了社会关系和文化的作用。人们之间的许多关系建立在信任的基础之上。没有信任就很难理解在一个公司内的人们如何合作或者建立持久的商业关系。

我们已经考察了信任的重要作用，以及能够提高和降低信用的主要因素。我们同样看到了在现代经济的大部分交易中，需要对陌生人的信任。

这就是为什么家族被提议为除市场和等级制之外的第三个治理结构的原因。家族密切地与严重依赖规则作为主要协调机制的组织相对应。这就是我们认为市场不会被等级制而是会被组织所取代的原因。实际上，存在许多混合组织形式（比如特许经营），这些混合形式将市场关系与组织内使用的协调机制结合起来（见第14章）。

对交易成本经济学的另一个批评是，它是静态的，在比较不同的组织形式时，它仅仅假定只有最有效率的形式才能存在。这忽略了不同组织形式之间竞争的动态过程。这个过程将在下一章重点介绍。

🞎 思考题

1. 假设你是西班牙人，住在塞维利亚。你从塞维利亚一家汽车修理厂购买了一辆汽车，并且你经常开车去这家汽车修理厂做日常维护。现在你正在荷兰度假。最近你的车一直发出奇怪的噪声。所以你决定去当地一家汽车修理厂维修。早上，你将车开到汽车修理厂，晚上你回去取车。当然，存在来自这个汽车修理厂的机会主义行为：故意拖延修车所需的时间。你能预料到这个问题会比你将车开到塞维利亚那个修理厂维修更严重还是更轻吗？
2. 迈耶公司是一家从事小汽车维修的德国小型企业。迈耶公司雇用了10个工人：哥特·迈耶拥有迈耶公司的全部股份，其他9人是雇员。维修的程序包括3个步骤：零件维修、喷漆和安装。其中4人维修零件，2人喷漆，3人安装。迈耶负责开拓市场、营销、记账，以及管理。

　　奥特菲克斯公司是迈耶公司的一个竞争对手。奥特菲克斯公司是一个工人合作团体并且是最近成立的，它由 10 个人组成，其中 4 个人维修零件，2 个人喷漆，3 个人安装，1 个人负责开拓市场、销售和记账。奥特菲克斯公司内部的所有决策都由这 10 个成员组成的总工作组决定。这 10 个人每周轮流主持总工作组的工作。

    a. 怎样用明茨伯格的组织结构类型学来描述迈耶公司的特征？在这个结构中，什么是主要的协调机制？请回答针对奥特菲克斯的同一类问题。

    b. 怎样用交易成本经济学语言来描述迈耶公司、奥特菲克斯公司的特征？试用交易成本经济学来比较迈耶公司的组织形式与奥特菲克斯公司的组织形式的优缺点。

    c. 假定小汽车维修企业之间的竞争非常激烈。这两个公司中哪个将有可能在竞争中生存？为什么？

3. 在有些行业中存在私有企业与非营利组织的竞争。美国的医院就是这方面的一个例子。在美国，私有公司设立的医院与基金、慈善团体和政府设立的医院竞争。私立医院和公立医院同样面临自制还是外购的决策（"make-or-buy" decision），有些服务比如洗衣、疗养、饮食、物理疗法、图书馆以及药品都可以从外部供应商那里购买或者内部供应。交易成本经济学预测资产专用性、不确定性/复杂性和交易频率高的交易将会由内部提供，而资产专用性、不确定性/复杂性和交易频率低的交易则会由外部供给。最近有一项研究审视了这种观点是否属实。这项研究也调查了交易成本经济学的这项预测是否适用于私人医院和非营利性医院。你认为交易成本经济学的这项预测适用于私人医院和非营利医院吗？为什么？

4. 很多摇滚乐队于 20 世纪 50 年代末 60 年代初以年轻男性合作团体形式出现在英国的沿海地区（比如利物浦）。这些乐队最初只是在舞台上表演，并不创作自己的歌，并不能赚很多钱。这种情况随着甲壳虫乐队的迅速崛起而发生改变，甲壳虫乐队建立在成员自己创作原创歌曲的基础之上。甲壳虫乐队集创作与表演于一身的做法很快被许多乐队模仿。这导致了乐队成员间由于创作版税的不同而引起的收入不均。

    大多数摇滚乐队是以合作团体的形式组织起来的。然而，有些摇滚乐队是以等级制形式组织的，由一个乐队成员担任企业家的角色，其他成员作为工人领取工资。你认为在摇滚乐队这个例子中，合作团体与等级制相比有哪些优点和缺点？

5. 蕾娜塔·根特从瑞士一所著名的大学获得了一个商业管理方面的学位。她有在瑞士一家大型药剂企业工作 3 年的经历。她在这家企业的主要任务是调查进入东欧市场的途径。

    安娜玛利亚·沙尔克从同一所大学获得了学位，她有在一家总部位于德国法兰克福的大型国际咨询公司工作 5 年的经历。她的主要工作经验是为德国和东欧企业之间的合资企业做规划。

    蕾娜塔一直想作为一个自我雇用的咨询专家开展自己的业务。安娜玛利亚也有这样的想法。当她们在毕业那天相遇时，她们彼此萌生了成立一个合作团体的想法。在这个合作团体中,她们将分享收入和分担费用。这个团体的业务对象将重点放在有意通过战略联盟进入东欧市场的企业上。

对蕾娜塔而言,作为一个自我雇用的咨询专家开展工作的主要风险就是在某段时间内没有咨询任务。她意识到,与安娜玛利亚形成一个合作团体可以分担这种风险。你认为蕾娜塔是否愿意为这种风险从保险公司那里购买一份保险?保险公司提供这样的保险会遇到什么问题?当蕾娜塔和安娜玛利亚通过形成一个合作团体来分担风险时,还会出现同样的问题吗?除此之外,你认为蕾娜塔和安娜玛利亚形成一个团体相比她们单独开展业务具有哪些优势?

第 9 章 经济学对竞争战略的贡献

9.1 导论

第 6 章、第 7 章和第 8 章已经讨论了三种不同却紧密联系的组织经济学理论（行为理论、代理理论和交易成本经济学）。本章将集中探讨经济学对战略管理领域的贡献。正如你将看到的，虽然这些贡献有很多共同之处，但它们仍然不能形成一个完整的理论。关于战略，有很多不同的观点和定义。专栏 9.1 中总结了罗曼尔特的观点，它的观点在概念上十分接近本书的基本框架。他认为战略的精髓在于，一个组织基于对其所处环境的正确判断和未来发展的指导方针，采取连贯、协调的行动。

> **专栏 9.1　　　　　　　　　优战略，劣战略**
>
> 理查德·罗曼尔特在战略领域做出了许多重要的（经济）贡献。2011 年，他出版了《优战略，劣战略》一书，在书中他基于自己广泛的咨询经验总结了自己关于什么构成了一个优战略的看法。图 1.1 介绍了我们的基本框架，该书中罗曼尔特采用的战略观点和我们的基本框架十分吻合：
>
> 战略的核心包含三个要素：判断、指导方针和协调一致的行动。协调一致的行动不是指实施的细节，而是指战略的推动力。行动的协调在战略中是杠杆作用和优势最基本的来源。
>
> 协调本身能带来优势，这是非常重要的一个原则。但这一点常常会被低估，因

为人们习惯于将协调想成代理商之间不断地互相调整。战略的协调性或连贯性，并不是临时安排的互相调整。它是政策和设计对一个系统连贯施加的。

协调的成本很高，因为它和组织活动中最基本的经济——专业化——的成果反向而行。好的战略和好的组织依赖于在正确活动上的分工和只实施最基本的协调活动。

资料来源：Rumelt（2011）。

在多业务企业里有两个层面的战略：竞争战略（也叫作业务战略）和公司战略。**竞争战略**（competitive strategy）是对单个业务单元而言的：它说明业务单元的管理者怎样在某一个产业内竞争。**公司战略**（corporate strategy）是业务战略的组合：它说明一个多业务企业在哪一领域里（也就是说在哪一个产业内，或者是在哪一个国家内）竞争。

和很多其他经验性领域一样，战略管理领域也有规范性和描述性之分。规范性问题涉及的是企业应该做什么。描述性问题涉及的是企业实际上做什么。战略管理文献可以进一步划分为侧重于战略管理的过程或内容的文献（见表9.1）。经济学致力于分析公司战略的内容，并将分析结果与企业实际行为进行比较，看看这种分析是否具有解释力。如果分析与真实的企业行为确实符合，进一步讲，如果它指出哪种选择最好，那么我们就有了一个规范性推荐的基础。这就是难以将战略管理内容的经济学贡献划分为规范性贡献和描述性贡献的原因。

表 9.1　　　　　关于战略管理的文献

	过程	内容
规范性文献	针对战略管理过程的规范性模型	经济学对战略管理的贡献
描述性文献	针对实际战略管理过程的描述	

早期的战略管理文献（例如，Ansoff，1965）主要致力于满足从业者制定战略规划过程的需要。**战略规划**（strategic planning）是战略管理的组成部分，其目的是制定公司战略。

文献中的一个重要问题是战略规划过程应该怎样被组织。通常认为战略规划过程应该包括一系列合理的步骤，例如图9.1中列出的七个步骤。该图展示了一个战略规划的规范性模型的例子。你或许想知道为什么这一系列步骤是最合理的，或者是否这一系列步骤会导致最好的结果。但是由于我们想要关注的是经济学对战略管理的贡献，因此我们不试图回答这些问题。

你或许也想知道在现实的企业中，战略规划过程是否总是像图9.1那样被巧妙地组织起来。对实际战略规划过程的描述表明事实通常不是这样的，但是这个问题同样不是本章所要探讨的。

经济学对战略规划和战略管理的贡献主要集中在战略管理的内容而不是过程上。经济学涉及的是企业在制定它们的战略时所需要的实际信息和它们不得不做的实际选择，而不是它们用来做出这些选择和实施它们所选择的战略的过程。经济学对战略管理的主要贡献体现在图9.1的第2～5步；少数几个经济学贡献体现在其余三步中。

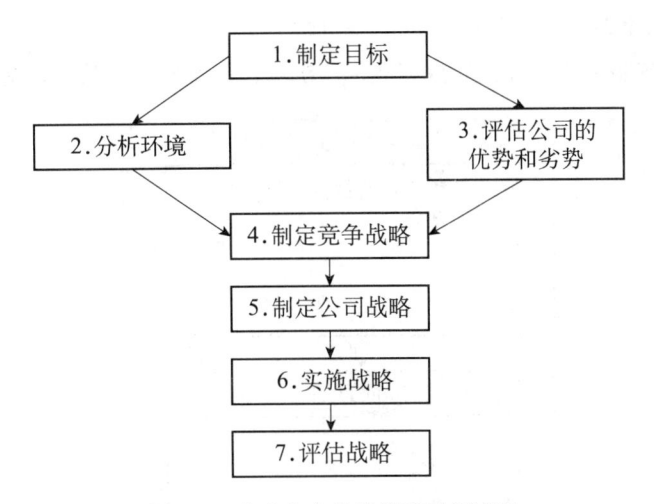

```
        1.制定目标
       ↙        ↘
 2.分析环境    3.评估公司的
              优势和劣势
       ↘        ↙
       4.制定竞争战略
            ↓
       5.制定公司战略
            ↓
         6.实施战略
            ↓
         7.评估战略
```

图 9.1　多业务企业的战略规划过程

由于本章关注的重点是经济学对战略管理的贡献（单个商业企业的战略或多业务企业中的一个业务单元），所以我们只关注图 9.1 的第 2~4 步。下一章讨论的是经济学对公司战略的贡献（图 9.1 中第 5 步）。

本章第二节讨论经济学对产业分析的贡献。这与战略规划过程的第 2 步有关，因为公司所处的产业是其环境的一个重要组成部分。经济学为产业分析提供了一个重要视角。

第三节将讨论经济学对竞争者分析的贡献。这与战略规划过程的第 3 步有关。这是一种评估一个公司相对于其竞争对手的优势和劣势的方法。经济学对竞争者分析的贡献也来自产业组织领域。

第四节讨论的是第 4 步，制定竞争战略。

第五节将会回到第 3 步来介绍企业资源基础观，这是另一种评估一个公司优势和劣势的方法。根据企业资源基础观，如果一个企业拥有其他企业不容易获得的资源，那么这个企业的优势就可以持续下去。这表明企业资源基础观对第 4 步制定竞争战略同样至关重要。

第六节基于企业资源基础观的动态能力同样为第 3 步和第 4 步提供了重要的视角。

第七节从博弈理论中吸收了一些概念来讨论动态情景下竞争战略的制定（第 4 步）。

9.2　产业分析

经济学对产业分析的贡献来自产业组织领域。产业组织作为理论学科出现于 20 世纪 50—60 年代，其主要范式是**结构—行为—绩效范式**（structure-conduct-performance paradigm，S-C-P paradigm）。结构指的是产业特征，比如一个产业内企业的数目、规模分布以及阻止其他企业进入该行业的壁垒等。图 9.2 列出了其他一些决定产业结构特征的因素。

行为指的是产业内企业的行为或战略。企业行为表现为串谋（也就是说，企业合作的程度)、产业内企业的定价策略以及产品策略。

绩效指的是按照某些指标比如盈利性、产出增长以及雇佣人数等来衡量的产业绩效。

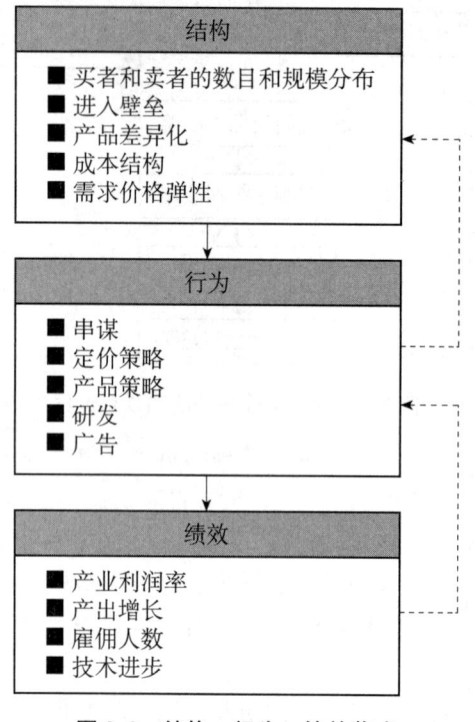

结构
- 买者和卖者的数目和规模分布
- 进入壁垒
- 产品差异化
- 成本结构
- 需求价格弹性

行为
- 串谋
- 定价策略
- 产品策略
- 研发
- 广告

绩效
- 产业利润率
- 产出增长
- 雇佣人数
- 技术进步

图 9.2　结构—行为—绩效范式

根据 S-C-P 范式,产业的结构决定了产业内企业的行为,而行为反过来决定了产业的绩效(见图9.2)。作为结构如何决定行为,行为又如何决定绩效的一个例子,请看20世纪60年代美国汽车产业的情况。

当时只有4家企业:通用汽车公司、福特汽车公司、克莱斯勒汽车公司和美国汽车公司。通用汽车公司和福特汽车公司比克莱斯勒汽车公司和美国汽车公司都要大。存在很多买者(交易者),所以供应方数目较少并且规模不等,而买方众多。而且,进入汽车产业的壁垒很高。在这一产业内,规模经济很重要,只有当规模很大时,才能高效率地生产汽车。如果一个新的竞争者想进入汽车产业,它必须实现规模经济。这将导致这一产业的生产能力过剩,价格下降,并且没有一家企业会盈利。因此,在汽车产业内,规模经济构成了进入壁垒。

另一个进入壁垒是研发新车所需要的技术知识。在20世纪60年代的美国汽车产业内,通用汽车公司和福特汽车公司是最有效率的生产商,所以它们可以设定价格,而克莱斯勒汽车公司和美国汽车公司只能追随通用汽车公司和福特汽车公司的定价策略。尽管这4家企业可能并没有协调定价策略,但结果可能是它们在价格上相差无几。如果只有少数几个规模不等的卖者并且存在很大的进入障碍,那么这样的**默会性串谋**(tacit collusion)就更容易实现。无论是以默会性串谋还是以一种更明确的方式勾结,都更容易发生在集中的寡头垄断行业,如20世纪60年代的美国汽车产业。专栏9.2是最近在全球范围内发生的一个例子(汽车产业是垄断价格的受害者)。

> **专栏9.2**
>
> **打破玻璃卡特尔**
>
> 四家玻璃制造业的领导厂商，一起控制了约90%的欧洲汽车玻璃市场，2008年被欧盟判定操纵价格罪名成立。在过去的5年中，它们在欧洲各地的酒店和机场举行秘密会议协调定价，虽然并非所有公司都全程参与。
>
> 法国圣戈班公司（St Gobin）所遭受的8.96亿欧元（12亿美元）罚款是欧盟针对一家企业开出的最高罚单。之所以对圣戈班公司开出总额如此高的罚单，是因为它有"卡特尔前科"。皮尔金顿（Pilkington）、日本的旭玻璃（Asahi Glass）和比利时的索里瓦（Solivar）分别被处以3.7亿欧元、1.135亿欧元和440万欧元罚款。
>
> "在卡特尔最后的年份里，这些公司在价值20亿欧元的市场上欺骗汽车行业和消费者长达五年，"欧盟竞争委员会专员尼利·克勒斯说，"这些通过参与卡特尔，损害消费者和欧洲汽车产业利益的公司管理者和股东们，必须付出惨痛的代价来吸取教训——如果你欺骗，那么就得接受重罚。"
>
> 欧盟的这一裁决为玻璃购买者——只要是汽车制造商——打开了追偿之门，他们可以以价格违法虚高的理由要求涉嫌公司弥补他们的私人损失。
>
> 资料来源："Record EU Fine for Glass Cartel", *The Financial Times*, 13 November 2008.

因此，结构（买者和卖者的数目及规模、进入壁垒）决定了行为（定价策略），定价策略则直接影响利润率。因此，行为的一个要素（定价策略）就可以影响绩效（利润率）。这些关系通过图9.2中自上而下的箭头表示出来。

在S-C-P范式中因果关系的发生方向是从结构到行为，从行为到绩效。然而，现在人们渐渐承认企业行为也可以影响产业结构，产业绩效也可以影响本产业的企业行为。例如，企业可以试图设立进入壁垒。比如，企业可以通过申请专利来保护它们的产品创新和过程创新。如果被授予这样的专利，企业可以阻止竞争对手使用最新的技术。专利可以被看作进入的策略性壁垒。企业行为（它们的专利行为）因此会影响产业结构。此外，绩效也可能会影响行为，如同产业利润率影响研发完成数量一样。这些关系可以通过图9.2中打点的"反馈"箭头体现出来。

很多早期经验研究的核心观点是，既然结构决定行为，行为决定绩效，那么人们在试图分析绩效时就可以忽略行为而直接审视产业结构。因此，许多研究者致力于将结构要素作为决定因素来解释产业绩效的一个指标（比如产业利润率）。通过对同一时期不同产业进行比较可以清楚地看到：（1）并不是所有产业的利润率都相等；（2）产业间利润率的差异在很大程度上可以用图9.2中的结构要素来解释。因此，多元化经营企业的利润率在一定程度上由企业选择在哪个产业内进行竞争所决定。

这些来自产业组织的发现给波特带来了灵感，他由此提出了著名的**驱动产业竞争的五种力量**（见图9.3）。排除其他一些因素后，现有企业间的竞争强度主要取决于企业数目和规模、产品差异程度以及成本结构。新进入者的威胁取决于进入壁垒。排除其他因素后购买者的讨价还价能力主要取决于购买者数目和规模的分布以及产品差异程度。类似的陈述也适用于供应商讨价还价的能力。因此，在波特的五力模型中，产业结构决定了竞争强度并且由此决定了产业利润率。

波特的**五力模型**（five-forces model）在分析某一产业现有的和未来的竞争程度与利润率水平方面是一个非常有价值的工具。专栏 9.3 对此进行了图解。

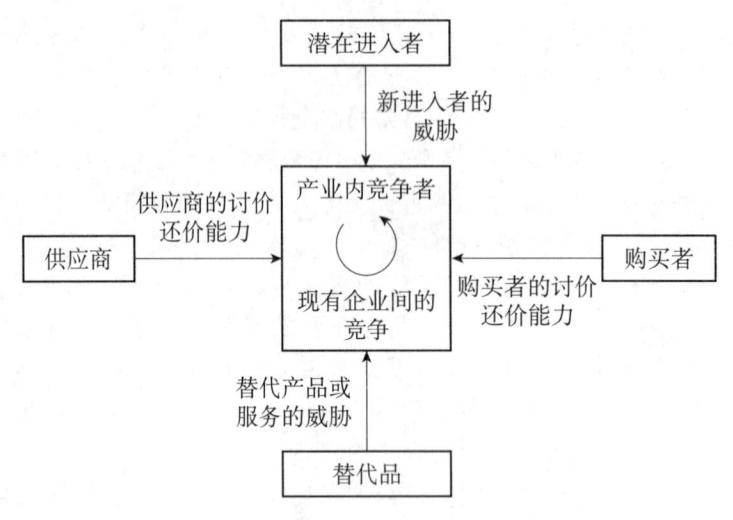

图 9.3　驱动产业竞争的五种力量

资料来源：Porter (1980)，p. 4.

专栏 9.3　波特的五力模型在航空业的应用

航空业历来是表现最差的行业之一。波特表示，它的平均收益率（ROIC）在 1992—2006 年仅为 5.9%，而所有被审查行业的平均收益率为 14.9%，更不用提平均收益率为 40.9% 的证券经纪行业和平均收益率为 37.6% 的软饮料和预打包软件行业。为什么航空业的表现如此令人失望？

下面总结了五力：

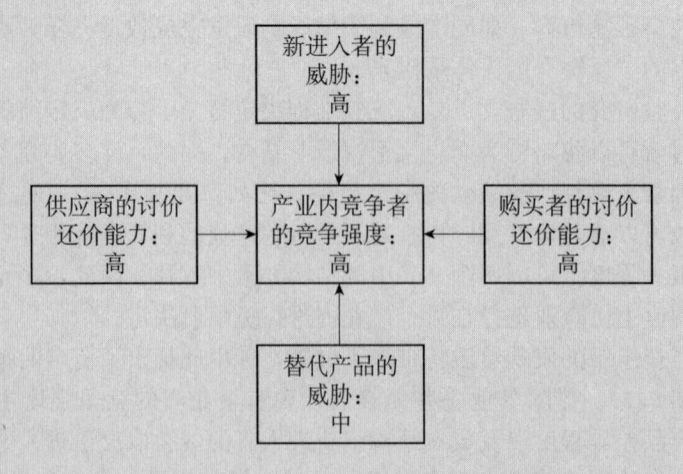

- 因为航空业的进入壁垒很低，所以来自新进入者的威胁很大。所有国家都希望使用本国的民族航空公司，此外还鼓励低成本竞争。来自阿拉伯联合酋长

国的阿提哈德航空公司的出现被看作来自中东的全球竞争对手。
- 供应商的议价能力很强。世界上只有少数几家飞机制造商，空客和波音公司主导了大型喷气式客机市场。通用公司（GE）和罗尔斯-罗伊斯（Rolls-Royce）公司占据了喷气发动机市场。此外，许多国家航空公司的工会力量很强大，特别是对飞行员。
- 来自替代品的威胁虽然不大，但也存在。旅途较短的乘客可以选择汽车或火车。货物也可以通过火车（或管道）或船舶运送。
- 鉴于市场各自为战，消费者的议价能力相对较强。对大部分航线来说，许多运营商提供的产品是可以相互替代的。即便油价上涨，也很难大幅提高价格。
- 对手之间的竞争十分激烈，而且主要集中在价格上。无论是在客运市场还是在货运市场，实施异质化战略的空间都很小。

鉴于这5种力的特性和强度，我们发现很少有航空公司能够盈利也就毫不奇怪了，事实上大部分航空公司都遭受了长期亏损。

9.3 竞争者分析

在第二节讨论的S-C-P范式中，分析的单位是产业。在这个范式中，产业结构决定企业行为，企业行为反过来决定产业绩效。如果产业结构完全决定企业行为，那么同一产业内的企业行为就不存在差异。例如，如果产业结构决定一个企业的定价策略，该产业内的所有企业将会采用相同的策略。而且，如果一个产业内所有企业的单位成本都相同（它们使用相同的技术，具有相等的规模），那么该产业内企业间的利润率差异的原因只能被归结为随机干扰。

与同一产业内企业间的差异相比，产业间的差异有多重要？鲁梅尔特（1991）研究过这个重要问题。他在历时4年的研究中，以财富500强企业的众多业务单元为样本进行了一个大样本研究，结果发现同一产业内企业间的差异远比不同产业间的差异重要。

同一产业内的企业可能在很多方面都不同。这些不同表现在定价策略、广告水平、研发水平、纵向一体化程度、产品线宽度、成本定位等方面。它们可以归因于信息的差异：企业在进入一个产业时会察觉到不同的获利机会。比如，由于两个企业不具有相同的信息，A企业可能侧重于为一项高品质的产品做宣传，而B企业则可能侧重于追求大容量的生产线。

一旦A企业和B企业做出决定，它们可能就会坚持自己的战略选择。A企业投资培育一个品牌；如果A企业决定改变战略，那么其过去的广告支出就会丧失价值。只要它坚持其目前的政策，这些过去的开支就还构成一项无形资产。同样，B企业必须投资一些大容量生产所需要的设备。如果它改变其竞争策略，其大容量生产设备很可能贬值。所以如果这两个企业改变战略，那么它们所投资的资产很可能会贬值。

这就是企业战略很可能是"稳固的"而且很难发生剧烈改变的理由之一。另一种解释是企业在制定战略决策时使用组织惯例：只要利润绩效令人满意，企业就倾向于继续采用过去用过的拇指规则（在确定广告投入水平、研发投入水平等方面）。

在第 6 章中已经介绍过，由于有限理性的存在，企业并不是按照最大化原则来行事，而是按照满意的原则来行事。也就是说，只要它们的惯例能够带来满意的结果，企业就很少有寻求更好惯例的动机。在一些产业中（比如有很多小企业并且进入壁垒很低的产业），竞争非常激烈以至于只有一种战略能幸存。在另外一些产业中（比如有几个大企业并且进入壁垒很高的产业）可能会有两个或者更多的战略由于盈利性较好而幸存。

那么，同一产业内的企业看上去可能会由于某些关键变量的不同而不同。这些关键变量就是该产业的**战略维度**（strategic dimensions）。此外，由于战略集团之间存在**流动性壁垒**（mobility barriers），这些差异似乎要持续好几年。如果这两个主张都正确，那么一个产业可以被看作是由众多企业集团组成的，每个集团都是由一些遵循相似竞争战略的企业构成的。

一个企业的竞争战略就是该企业对于其所在产业的战略维度的选择。战略维度可以随着被研究企业的不同而不同。战略维度的例子包括广告水平、研发水平、成本定位、产品差异、产品生产线的宽度以及纵向一体化程度等。

遵循相似的竞争战略的企业集团被称为**战略集团**（strategic groups）。一个战略集团内的企业彼此间非常相似。属于相同战略集团的企业间的利润率差异很可能非常小。然而，不同集团（实行不同战略的企业）企业间的利润率差异可能非常大。

沿着这个思路推理下去，以下两个经验问题必须得到回答：

- 战略上的差异将长时间存在吗？（如果答案是否定的，战略集团这一概念几乎没有意义。）
- 战略集团间的利润率差异很重要吗？

有些研究已经审视过这些问题。大部分研究的结论是战略集团在很多产业中都可以被识别出来。而且，战略集团倾向于在一段时间内保持稳定。在战略集团间很少发现大的利润率差异。因此，在许多产业中似乎有很多条成功的路（其实这些路差不多属于同一种类）。战略规划者可以用战略集团这一概念构造一个示意图来表明他们自己公司的竞争战略以及他们竞争对手的竞争战略。例如，专栏 9.4 就展示了 2001 年欧洲啤酒业的**战略示意图**（strategic map）。

专栏 9.4　　　　　　　　　　欧洲啤酒产业

欧洲啤酒产业由很多公司组成。在德国，有许多（几百个）小型酿酒厂，每个酿酒厂供应一个小的地区市场。只有一个牌子，在本地或全国市场销售的小酿酒厂在欧洲各国随处可见。荷兰的喜力啤酒公司使用很多品牌进行销售：喜力、红爵和爱尔兰 Murphy's（该啤酒差不多在欧洲所有国家都有售）以及大量的国内品牌，比如莫雷蒂和德莱赫。比利时的因特布鲁啤酒公司也使用很多品牌，比如其最著名的国际品牌时代以及很多地区品牌。南非国际酿酒集团（SAB）已经吞并了多家欧洲酿酒企业，每一家都有一个品牌，但是 SAB 并没有一个泛欧洲（Pan-European）的品牌。美国的百威啤酒公司和米勒啤酒公司分别以其旗舰品牌百威啤酒和米勒啤酒活跃在欧洲市场上。因此，根据品牌战略和市场份额，四个战略集团出现了（见图 9.4）。

H=喜力啤酒公司
I=因特布鲁啤酒公司
Anh-B=百威啤酒公司
Miller=米勒啤酒公司

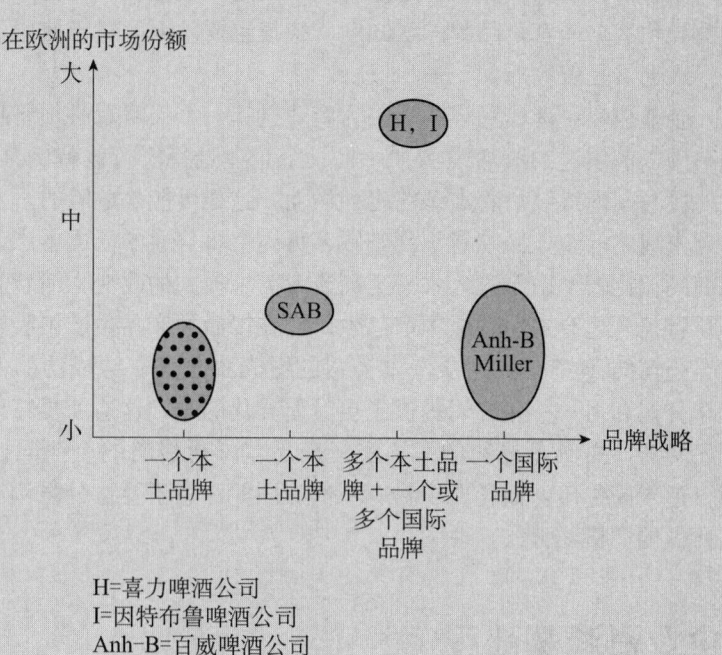

图 9.4 欧洲啤酒产业的战略示意图

图 9.4 中展示的战略示意图使用了品牌战略（一个本土品牌、多个本土品牌、多个本土品牌+一个或多个国际品牌、一个国际品牌）和在欧洲的市场份额作为战略维度。啤酒酿造业中另外一些很重要的战略维度（比如多元化程度、广告水平或者纵向一体化程度）无法展示在同一张示意图上。

9.4 竞争战略

竞争战略就是企业对于其所在产业战略维度的选择。由于存在许多战略维度，并且不同产业会有不同的战略维度，因此存在多种竞争战略是可能的。然而，在许多产业中，两种成功的竞争战略可以被识别出来：成本领先和产品差异化。这两种战略可以用于整个行业也可以只用于少数几个业务单元。这些所谓的**一般竞争战略**（generic competitive strategies）已被波特（1980，1985）集中讨论过。

在**成本领先战略**（strategy of cost leadership）下，企业试图以尽可能低的单位成本生产和分销产品。成本领先通常可以通过大规模的生产（规模经济）实现或者通过经验获得。如果一个企业有很大的份额，那么规模经济和经验都很容易获得。

在**产品差异化战略**（strategy of product differentiation）下，企业通过提供比其他竞争者的产品更能得到消费者认同的产品来参与市场竞争。它也可以通过提供在品质、安全性、设计、可靠性、方便维修、耐用性、口味或者其他方面不同于其他产品的产品的方式参与市场竞争。如果购买者认可这些附加值，这个企业就可以将产品价格定高一点儿。对产品差异化战略而言，品牌的认知度一般很重要。因此对于使用这种战略的企业而言，广告投入通常是较高的。

如上所述，企业战略可能是稳定的，因为企业选择一个战略后必须坚持实行，并且企业也倾向于采用以前用过的成功惯例。一旦一个企业选择实行波特的某项一般战略，它就很可能在一段时间内继续沿着那条路走。然而，这很可能是危险的。

采取成本领先战略的企业必须意识到其顾客可能会将普通的低成本产品与其他公司提供的差别化商品相比较。由于收入水平提高或者需求模式的改变，消费者可能越来越需要一些差异化特征，这会迫使低成本产品生产商在以后的产品生产中吸收这些差异化特征。福特汽车公司的 T 型车和大众汽车公司的甲壳虫车是非常成功的低成本产品的例子。通用汽车公司和另外一些公司提供了更具差异化的车，这迫使福特汽车公司和大众汽车公司开发新的、更具差异化的车。实行产品差异化战略的企业同样不能忽视成本，购买者不仅追求高价值，而且要求物有所值。因此注意不要过分强调波特对于三种一般竞争战略所做的严格区分。

9.5 企业资源基础观

前面已经讨论过成本领先和产品差异化这两种竞争战略。企业可以通过大规模生产（规模经济）或者经验积累实现成本领先。企业资源基础观认为，竞争优势总是建立在某些资源之上，比如拥有大规模的工厂或者拥有经验。一项竞争优势能持续多长时间取决于其他企业获取同样资源的困难程度和代价的大小。

在**企业资源基础观**（resource-based view of the firm，RBV）中，资源的定义很广。资源包括财务资源、有形资源（比如工厂、设备和建筑物）以及无形资源（例如专利、诀窍、品牌、经验和组织惯例）。有些资源在（接近）完全市场上可以很容易地买到和卖出，大多数财务资产（比如可流通证券）就是这样的资源。另外一些资产不容易买卖。比如，新的和二手的汽车和卡车交易市场非常活跃，但是没有进行"组织惯例"（这一概念将在第 10 章第五节介绍）交易的市场。

企业资源基础观认为，只有当资源具有某种特性时，资源才会是竞争优势的基础。首先，资源必须有价值。它或者能促进公司比其他公司更有效地运营，或者能使公司传递给顾客更多的价值。其次，资源必须是稀有的。这也就意味着其他公司很难或基本不可能获得相同的资源。再次，资源是难以被其他企业完全模仿的（也就是难以复制的）。最后，资源必须是无法被替代的，或者说很难找到替代资源。

综上所述，企业资源基础观最初的框架包含四个条件，只有满足这四个条件才能对提高竞争优势有所裨益。这四个条件是：

- 有价值（valuable）；
- 稀有（rare）；
- 不可模仿（inimitable）；
- 无法替代（non-substitutable）。

有时这些条件也被称为竞争优势的 **VRIN 框架**（VRIN-framework）。

为了更好地理解这些条件代表的含义，我们来假设有这样一个市场：这个市场有 5 家相同规模的企业，每家企业占据 20% 的市场份额。假设 A 企业具有比其他企业更先进的设备，并且因此享有成本优势。如果其他企业可以很容易地买到与 A 企业相同的设备，A 企业的优势就是短暂的。然而，如果 A 企业研发出自己的设备，并且这类设备的研发需要专门的技术或经验，而这些技术和经验只有 A 企业的雇员才掌握，那么 A 企业的竞争优势就可以持续存在。但是在这个例子中也有人可以反驳说，有价值、稀有和无法模仿的并不是设备本身，而是 A 企业的雇员拥有的技术和经验。总的来说，无形资产（像技术和经验）比有形资产更容易满足 VRIN 框架。

对无形资源进行区分是很有必要的。无形资源可以被区分为两种：一种是产权得到明确界定的无形资源（比如专利、品牌和版权）。另一种是产权不能得到明确界定的无形资源（比如不被专利保护的技术诀窍、组织惯例以及高层管理团队的技能和经验）。由于信息根本矛盾的存在（见第 4 章第一节），不被专利保护的诀窍很难交易。这种类型的诀窍也可以作为竞争优势的基础，并且这种诀窍可以使优势持续存在下去。如果多家相互竞争的企业通过支付专利费获得了使用相同的专利诀窍的许可，那么这种诀窍就不可能成为具有竞争优势的资源。

下一节将会回顾竞争优势的问题，现在我们先来评价一下企业资源基础观对组织经济学方法的贡献。

首先，企业资源基础观认为，一个公司的竞争优势取决于其所拥有的资源。只有当其他公司难以取得相同的资源，或取得相同资源付出的代价很高时，公司才能长期保持竞争优势。可持续竞争优势可以在一段时间内使公司取得优异的经济绩效。基于以上理由可以得出，公司的资源和其绩效之间有直接的因果关系。因此，了解哪种资源有助于实现这种优异的经济绩效变得十分重要。专栏 9.5 就是一家顶尖的战略咨询公司从这个角度出发进行的讨论。

专栏 9.5　　　　　麦肯锡的"特殊能力"

企业资源基础观已经被整合进了顶尖战略咨询公司的观点，麦肯锡关于"特殊能力"的讨论表明了这一点：

> 公司总是在宣称特殊能力方面表现得漫不经心。对于真正的高产优势，特殊能力必须是产生利润的关键，并在组织内部大量存在，同时对组织外部来说是稀有的、难以模仿的。正因为如此，稀有能力往往具有具体的属性和稀少的

> 常常会在认清特殊能力方面犯错，不是错认了规模优势的大小，就是高估了它们跨市场的杠杆功能，或通过结果观察来推定特殊能力，而没有考虑其他的解释（类似于运气或地理优势）。在将公司的未来希望寄托于任何宣称的特殊能力之前，都应该对其进行谨慎的考察。
>
> 　　关键的一点是不要将特殊能力和最佳做法混淆，最佳做法可以让你不被竞争淘汰，但无法让你获得比赛的胜利。此外，最佳做法通常被视为孤立的。而在现实中绝大多数可持续优势是难以被复制的，它往往和行动结合在一起贯穿整个业务体系。
>
> 资料来源：Mckinsey, *10 Timeless Tests of Strategy*, September 2009.

在标准的经济学理论中，公司拥有的资源传统上被分为以下几种：

- 土地（包括自然资源）；
- 劳动力（人力资源）；
- 资金（金融和实物资源）。

经济学上的一个争议点是信息是否应该被纳入第四种资源（也叫"生产要素"）。

正如在第2章中指出的，在标准微观经济学中，所有的生产要素被一起投入企业，企业被看作一个整体实体。换句话说，经济学理论没有探究企业内部，而只是将企业视为一个黑盒子。

企业资源基础观是一种深入探究企业内部的经济学理论。它试图清楚界定到底什么资源构成了可持续竞争优势的基础。正如上文中所强调的，它对资源的界定更广泛。接着，企业资源基础观还探究了资源必须满足哪些条件才能作为可持续竞争优势的基础。

很显然，企业资源基础观作为组织经济学方法的一种，是对微观经济学的一种改进。但是，它还必须解决两个有关最初框架的质疑：

- 企业的资源基础观在一定程度上存在同义反复。它试图将企业的优异绩效解释为使用了某种有价值的资源。但问题是，某种资源是否有价值往往需要看它是否使公司取得了优异的绩效。这样问题就陷入了循环。这里缺失一种独立检验资源是否有价值的选择机制。
- 企业的资源基础观是静态的。它只是简单地假设资源"存在"，企业的任务就是在这些存在的资源中进行挑选。在企业的资源基础观的原始框架中，既没有询问资源来自何方，也没有询问资源随着时间的改变将会发生怎样的变化。

为了解答这些疑惑，我们对企业的资源基础观做了进一步的发展，一共分为两步。

下一节我们将介绍动态能力的概念。正如字面暗含的意思，动态能力的概念解决了作为公司可持续竞争优势基础的能力发展问题。因此它解决了上述第二个质疑，还对产生可持续竞争优势的资源和能力的属性做了进一步探究。

在下一章的最后，在组织的演化方法部分，我们将重新回顾动态能力的概念，并引入了解决第一个质疑的选择机制，即演化选择。因此，动态能力是连接战略和组织的演化方法的桥梁。

9.6 动态能力

动态能力（dynamic capabilities）可以被定义为"一个组织有目的地创建、拓展或改造其资源基础的能力"。一个企业的资源基础包括企业资源基础观中的有形资产、无形资产和人力资产（或者资源），同样也包括一个企业能优先拥有、控制或取得某种资源的能力。举个新产品开发过程中的例子。一个创业公司可能有有形资产（工厂）、无形资产（知识产权）和人力资产（研究人员）并能拿出一个好的产品发明，但是它可能要借用合作伙伴的资源和能力来使之商业化。如果它能够通过联盟优先获得此类互补的资源和能力，那我们可以说，它已经通过创建联盟扩大了其资源基础。

动态能力不同于**运营能力**（operational capability），运营能力涉及一个组织现有的操作。因此，企业当下为了盈利使用的任何形式的能力都是运营能力。目前的生产方式，包括营销策略和人力资源招聘活动的惯例都是运营导向型的。相比之下，动态能力旨在改变，它们改变了一个组织的资源基础。经典例子就是结盟和收购活动。另一个例子是星巴克，其以惊人的速度在国外开设新网点。引而申之，借助动态能力，一个组织的资源基础可以有目的地被创建、拓展或改造。同时意味着，在一定程度上，需要组织的高层管理者或者中下层管理者（比如辛巴克集团的地区经理）进行事前设计。在结盟的时候，必须有一个搜寻和选择的过程，以便确定合适的合作伙伴。除此之外，还必须具备与合作伙伴合作的能力。因此，在这种情况下，企业必须具备相应的联盟管理技能。从这个角度看，一个组织的战略管理涉及有目的地应用动态能力来改变该组织的资源基础。

企业资源基础观在动态能力概念上的发展为我们提供了一种可能性，以便深入研究产生可持续竞争优势的资源和能力的属性。经济学家发现，一些特定的因素和环境有助于动态能力实现其价值，变得稀有、独特。下面罗列了一些确定的特征：

- **联合专用化**（co-specialization）。可以参见上文中创业公司的例子。我们可以想象这是一个从事生物技术药物开发的公司。该公司已经创建了专用的实验室和制造设备，雇用了生物技术部门特定分支的前沿研究人员，申请了新发现的专利权，可以说，所有的资产和资源都是专用的。不仅如此，厂房、专利和研究人员都是联合专用化的，也就是说，所有这一切只有结合在一起才拥有独一无二的价值。构建这样一套互补的资产可能会花费大量的时间和金钱。脱离该组合，任何单个的资产都会失去其独特的价值。因此联合专用化有助于资产增值。

专栏 9.6 　　　　　**资产联合专用化的一个例子**
　　　　　　　　——苹果公司的音乐播放器 ipod

苹果公司的音乐播放器、手机和平板电脑取得成功的诀窍在于其大胆的创新。蒂斯（2009）认为，时下的创新往往需要联合专用化的资产在全球范围内的结合：

史蒂夫·乔布斯和他苹果公司的同事们将已知的技术（已经发明的数字音乐播放器）和 iTunes 音乐商店（一项苹果公司开创的联合专用化资产，CEO 史蒂夫·乔布斯曾亲自劝说重量级艺术家将其作品上传）以及数字版权管理（DRM）软件结合起来。数字版权管理软件能够确保艺术家创作的音乐不被剽窃。这些要素都被合并在一个高档的精心设计的套件里（就是音乐播放器本身），打败了个人音响市场上的率领者索尼（索尼的"漫步者"）。

然而，组成 ipod 的零部件几乎是完全外包的。有人曾说："将一个 ipod 拆开，几乎 83% 的零部件是日本公司制造的。"简言之，这就是苹果公司的动态能力——捕捉市场需求，并以独特的方式汇集所有需要的联合专用化的资产——通过全球范围内的苹果商店出售的产品，苹果公司捍卫了它的成功。

资料来源：David J. Teece, *Dynamic Capabilities & Strategic Management*, Oxford: Oxford University Press, 2009.

- **资产编排**（asset orchestration）。如果所有能力都是联合资源依赖型的话，那么管理协调任务将会变得十分艰巨。管理决策应该考虑资产的最优配置。资产编排这个术语是指管理搜索、选择、资源和能力的配置及协调。它试图说明的是，在资产的最优配置方面，总体大于部分之和。
- **默会知识**（tacit knowledge）。如果部分能力依赖于默会知识，那么便不可能使之明朗化。因此，这种能力也不可能被完全阐明，而是部分遗留在人们的头脑和行为中，难以被竞争对手完全模仿。在第 11 章中我们将会回顾默会知识。
- **公司特征**（firm specificity）。动态能力往往取决于企业的发展历史和特殊情况，通常在实践中通过"干中学"发展。路径依赖的一个要素就是企业采用的某种特定路径已经决定了其某种特定的"干中学"机会。毫无疑问，一个企业的动态能力就具有了企业专用性。企业专用性使得动态能力稀缺而难以被模仿。

专栏 9.7　资产编排和生产纤维素生物乙醇的专用性能力

2012 年，皇家帝斯曼公司（一家全球性的生命科学和材料科学公司，以下简称 DSM 公司）和 POET 公司（世界上最大的乙醇生产商之一）宣布成立合资公司作为商业示范和取得纤维素生物乙醇许可。该公司被命名为 POET-DSM 先进生物燃料有限公司。该合资公司旨在证明用玉米类作物商业化生产的第二代生物乙醇可以和用玉米本身生产的第一代生物乙醇相提并论。第一代生物乙醇陷入了"食品对簿燃料"的困境，然而第二代生物乙醇通过使用玉米生产过程中产生的废弃物——穗轴、叶子、壳和谷物收获后留在田里的茎——可以解决这个问题。通过两家公司贡献的专利和互补技术，合资公司清晰地展示了资产编排的原则。POET 公司已经拥有了一个有将近 30 家玉米乙醇工厂的网络体系，也有能力掌控从田地到燃料的价值链。DSM 公司在纤维素乙醇的发展方面有其独一无二的位置，它是唯一能够同时提供酵母和酶溶液的公司，这两种东西能够提高转化率，使该技术具有商业可行性。

除此之外，这个例子还阐述了 DSM 公司特殊能力的路径依赖。该路径起源于该公司在 1998 年收购了一家酵母和酶溶液领域的领导者——皇家生物技术集团。随后几年，DSM 公司将生物工业技术领域划定为新兴业务领域之一，持续投入了大量资源用以进一步发展。如果 DSM 公司没有收购皇家生物技术集团，或者接下来的年份中它做了不同的战略抉择，那么它将没有这种特有能力吸引 POET 公司选择自己作为纤维素生物乙醇生产的合作伙伴。

资料来源："DSM and POET to Make Advanced Biofuels a Reality by 2013", joint press release, 23 January 2012.

■ **隔离机制**（isolating mechanisms）。动态能力如果能被有效的隔离机制包围，则也是难以被模仿的。对于一个公司来说，这种隔离机制就是进入某个行业的准入门槛，它能有效防止别的竞争对手分走其利润。如果某种能力是公司高度特有的，并且部分依赖于默会知识，那么就具有显著的因果不确定性，无法确定究竟是通过何种方式产生了竞争优势。这已经使得该公司的管理者难以搞清楚这种能力和竞争优势之间的因果联系了，更何况是外部管理者想简单地模仿该能力。此外，公司还可以进一步投资其产品和服务，使自己成为一个"移动的目标"：

> 另一种普遍用于加强隔离机制的方法是创造时刻移动的模仿目标。想想微软公司的 Windows 操作系统就能明白。如果这套系统长时间不变，那么随着时间的推移，毫无疑问，世界各地聪明的程序员可以创造出一个完美的替代品。然而，通过程序的不断更新——即使这种更新并没有带来进步——工程师想要制造出一系列完美的替代品就将付出巨大的代价。Windows 操作系统就是一个移动的目标。

本节的讨论说明，动态能力的概念是企业资源基础观的一个有用延伸，有效解决了早期对企业资源基础观只提供了静态角度的批判的问题。动态能力旨在改变组织的资源基础。这些资源基础会随着时间的发展而发展，并可能会需要众多的人为管理来使之维持和拓展。管理的任务不仅在于从现有的资源中挑选，而且在于积极地搜索、挑选、配置和编排资源与能力。其目标是维持可持续竞争优势。如何取得竞争优势很大程度上依赖于至今为止公司的特殊发展状况（也就是路径依赖），正如专栏 9.8 中所讨论的。

专栏 9.8　　　　　　　协调技能的梯级

理查德·罗曼尔特讨论过技能的发展（或者叫动态能力）具有怎样的时间逻辑。只有当一个人或者一家公司的基础技能或能力成为一种定式，他才会渴望发展下一层级：

> 我将协调技能看作梯子上的梯级，只有先到达低的台阶才能更上一级。事实上，技能的分层概念解释了为什么有些企业能专注于某些问题而另一些企业却不能。这种认识也有助于形成我为客户提供的建议。
>
> 当我为一家小型创业公司服务时，它们的问题往往围绕着协调工程、市场营销和分销。建议这样一家公司的 CEO 将重点置于在欧洲开设办事处可能是毫

> 无意义的，因为该公司尚未学会"飞"的基本技能。一旦该公司在那个台阶上站稳了脚跟，它就可以转移到国外发展国际业务。但是，反过来，建议一家像宝洁那样的老牌跨国公司将其知识和技能转移到全球进行布置也是毫无意义的。首先必须克服在各种不同语言和文化中运营的复杂性，才能有技巧地从全球信息中套利。
>
> 资料来源：Richard P. Rumelt（2011），*Good Strategy/Bad Strategy*，New York，NY：Crown/Random House.

通过动态能力的概念，我们能更深入地了解影响产生竞争优势的资源及能力的因素。若资源和能力能够被很好地配置和联合专用化，那么两者将会实现增值。具有（部分）默会知识依赖性、企业专用性并被隔离机制所包围的资源和能力更加稀缺，并且比不具备这些的资源和能力更加难以复制。潜在地，这些特性有助于资源和能力满足VRIN框架。然而，这种讨论至今只强调了国际组织背景下的动态能力。如果要使其具有价值并能产生持续的竞争优势，则有必要引入外部维度。该种能力必须应用于竞争性的环境。

竞争是一种环境选择机制。只有在环境选择竞争中优胜的动态能力才有价值。所以，在下一章介绍环境选择之后我们还会回到动态能力的概念。

9.7 行动和反应行动

在前一节的讨论中，我们忽略了这样一个事实：在现实世界中，企业选择竞争战略通常会考虑竞争对手可能会做出何种反应。

当企业选择一个竞争战略时，它其实是在选择其所在产业战略维度的价值。比如，它选择广告费用投入程度、研发投入等。当一个企业在做这些选择时，它应当（实际上通常也就是这么做的）考虑竞争对手会做出何种反应。如果它不这么做，就会像一个棋手在走一步棋时不考虑对手可能会做出的反应一样。如果你曾经下过象棋，你就会知道那样做会输棋。

在这一章中，我们想说明企业在打算进行一项战略行动时，如何考虑来自对手的可能的反应。我们将通过探讨一个垄断者怎样阻止潜在进入者进入其所在产业来达到上述目的。这是一个复杂的问题，因为各种行动和反应行动都有可能存在。为了使下面的解释尽可能简单明了，我们用冰激凌销售这个产业作为例子来演示垄断者的行动以及潜在进入者的反应。分析完冰激凌销售产业后，我们将用我们的结论解释其他产业。

9.7.1 冰激凌销售产业

设想有一片长 1 000 米的沙滩。潜在消费者均匀地分布在这片沙滩上。有两家公司打算在这片沙滩上设置销售点。让我们分别称为彼得（Peter）和珊朵拉（Sandra）。另有一家名为租赁站（Rent-a-Stand）的公司专门出租冰激凌销售点，这个公司本身对销售冰激凌不感兴趣。冰激凌销售点可以被租赁，每天的租赁费用是255美元。彼得和珊朵拉可以想租多少销售点就租多少。

每个冰激凌的价格是3美元，这个价格是市政当局制定的，彼得和珊朵拉不能以其他价格出售。他们俩都必须从分销商那里以1美元的价格购进冰激凌，所以他们能从每个冰激凌上赚取2美元的毛利润。这片沙滩上均匀地分布着1 000名冰激凌消费者。每一个消费者每天从离自己最近的销售点购买一个冰激凌。

9.7.2 冰激凌销售点的数目

有一天，彼得来到海滩上。他必须决定在海滩上设置多少个冰激凌销售点？在哪里设置冰激凌销售点？彼得刚设置好销售点，珊朵拉也来到了海滩。她必须决定是否以及在海滩的什么位置设置销售点。当然，这是一个进入博弈（entry game）（见第5章第三节中另外一个进入博弈的例子）。

让我们回到彼得决定在海滩设置多少个销售点这件事情上来。假如他首先仅设置一个销售点。如果珊朵拉决定不进入冰激凌销售业，那么彼得先生每天的销售量是1 000个冰激凌，他的毛利润是2 000美元，他必须支付255美元的摊位租金，所以他的利润是1 745美元。

然而，如果彼得只设置一个冰激凌销售点，就会给珊朵拉留下进入的空间。如果彼得将销售点设在沙滩的中点，珊朵拉就可以分别在彼得的左右250米处各设一个销售点。这样做她的每个销售点每天都可以售出375个冰激凌，每个销售点的毛利润是750美元，这可是一笔十分可观的利润。事实上，珊朵拉还可以将左右两边的销售点设在离彼得尽可能近的地方。这样，珊朵拉就可以卖出1 000个冰激凌，而彼得什么也卖不出去。

但是彼得没有天真到只在沙滩上设置一个销售点。他可以通过在沙滩上设置4个销售点来阻止他人的进入。在相距沙滩最左边的125米处设置一个，相距左边375米处设置第二个，相距沙滩最右边375米处设置第三个，相距右边125米处设置第四个（见图9.5）。如果珊朵拉现在在彼得的销售点之间设置一个新的销售点（比如在销售点A和B之间），她每天的销售量将为125个冰激凌，获得毛利250美元，这还不够摊位的租金。如果她将销售点设在彼得A销售点的左边，她的销售量将不超过125个冰激凌。所以珊朵拉不会选择进入，彼得每天可以获得2 000－4×255＝980（美元）的利润。

这个分析的结果显示在图9.6的博弈树中。如果彼得使用前瞻后溯法则，他就会决定设立四个销售点。请注意这个博弈中两个有趣的特点：

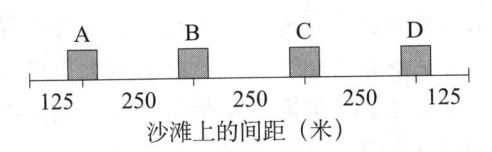

```
   A      B      C      D
   ▯      ▯      ▯      ▯
───┼──────┼──────┼──────┼───
 125  250    250    250  125
        沙滩上的间距（米）
```

图9.5　沙滩上的4个销售点

- 如果彼得能取得合法垄断资格，他就会选择只设立一个销售点。选择设立四个销售点可以有效防止他人进入。这个战略的本质是覆盖冰激凌的潜在需求，不给珊朵拉进入的余地。在本章第七节第六部分中讨论产品竞争时我们会重新回到覆盖战略上。

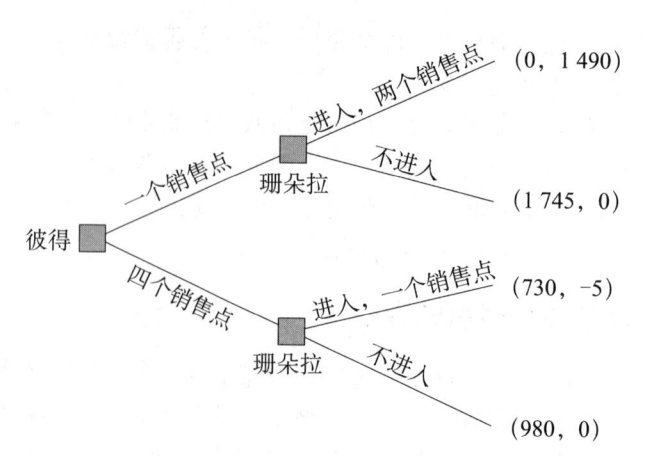

```
                                        进入，两个销售点    (0, 1 490)
                            ┌──────────┐
                    一个销售点 │  珊朵拉   │
                   ┌────────┤          │ 不进入
                   │        └──────────┘           (1 745, 0)
              ┌────┤
              │彼得│
              └────┤        ┌──────────┐ 进入，一个销售点  (730, -5)
                   │ 四个销售点│  珊朵拉   │
                   └────────┤          │
                            └──────────┘ 不进入
                                                  (980, 0)
```

图 9.6 冰激凌销售博弈的博弈树
(彼得能够先采取行动来决定他的销售点的数目和位置)

- 对彼得来说，比珊朵拉先到达沙滩是一个很大的优势。因为他可以在博弈中先行动然后防止珊朵拉进入。如果珊朵拉先到，她就可以阻止彼得进入，并将所有冰激凌销售利润纳入囊中。所以这个博弈涉及了一种明显的**先行者优势**（first mover advantage）的情形。本章第七节第七部分将会更全面地探讨这个概念。

□ 9.7.3 承诺

在第 5 章第三节中，我们介绍了承诺的概念。在那一章中，我们讨论了一个情景：现有企业进入一个行业后可以采用低价格战略。冰激凌这个例子提供了一个机会来说明另一种形式的承诺。

到目前为止我们假设的是未来只有一天，现在假设彼得和珊朵拉都有一个 7 天的时间跨度。假设彼得可以选择两种类型的租赁合同：固定合同和可变合同。如果彼得选择了固定合同，他就要签订一个 7 天的租赁合同，在这 7 天中彼得都无法取消合同，即使彼得一个冰激凌也没有卖出去，他还是需要支付（每天每个销售点 255 美元）7 天的摊位租金。如果是可变合同，彼得可以选择在一天结束后取消合同。在彼得和租赁站签订合同后，珊朵拉必须决定是否租赁销售点。为了简单起见，我们假设珊朵拉仅可以选择固定合同。

为了分析这种情况，首先假设彼得决定签订可变合同。他租了四个销售点，分别放在图 9.7 所示的位置。如果珊朵拉没有进入，那么彼得每天的利润是 2 000－4×255＝980（美元）。一周下来的总利润是 6 860 美元。如果珊朵拉进入了，她签订固定合同，在这 7 天中租赁 5 个销售点。她会将销售点设置在如图 9.7 的位置。第一天，珊朵拉可以卖出 625 个冰激凌，获得 1 250 美元的毛利，即 1 250－5×255＝－25（美元）的"利润"。彼得将会卖出 375 个冰激凌，获得 750 美元的毛利，即 750－4×255＝－270（美元）的"利润"。第一天结束后，彼得就会选择不再续签合同。所以接下来的时间里，珊朵拉就可以每天销售 1 000 个冰激凌，获得 2 000－5×255＝725（美元）的利润。七天下来，她的总利润是 6×725－25＝4 325（美元）。第一天结束的时候彼得就需要决定是否取消和租赁站的合同。如果他不取消合同，接下来的 6 天他就要遭受每天 270 美元的损失。如果他取消合同，7天中他的所有损失仅为270美元，珊朵拉将会在剩余6天里每天赚取725美元的利润，一周的利润就是4 325美元。

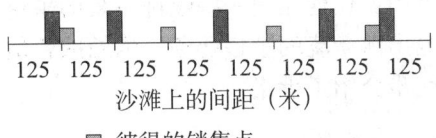

```
  125 125 125 125 125 125 125 125
         沙滩上的间距（米）
    ■ 彼得的销售点
    ■ 珊朵拉的销售点
```

图9.7 沙滩上的9个冰激凌销售点

如果彼得签订了一份固定合同，租了4个销售点，珊朵拉也没有进入，那么彼得每天可以赚取利润 2 000－4×255＝980（美元），一周共 6 860 美元。如果珊朵拉进入，并租用了5个销售点，她每天卖出625个冰激凌，每天的损失是25美元，一周的损失就是175美元。此时，彼得每天卖出的冰激凌数量是375个，每天的"利润"为750－4×225＝－270（美元），一周就是－1 890 美元。

结果显示在图9.8的博弈树中。彼得和珊朵拉都使用前瞻后溯法则。所以彼得会选择固定销售点的合同，珊朵拉也不会进入。这是一个时间承诺的例子。通过签订一份七天的合同而不是一天的合同，彼得对自己许下了销售冰激凌的承诺，从而阻止其他人的进入。

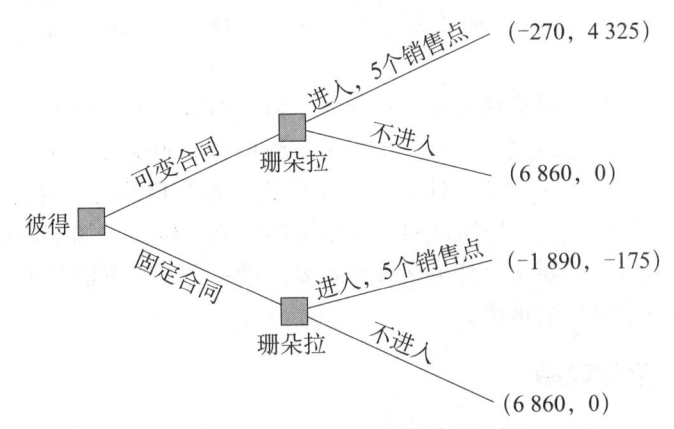

```
                    进入,5个销售点   (-270, 4 325)
          可变合同  珊朵拉
                    不进入          (6 860, 0)
  彼得
                    进入,5个销售点   (-1 890, -175)
          固定合同  珊朵拉
                    不进入          (6 860, 0)
```

图9.8 冰激凌销售博弈的博弈树
（彼得能够先行动，在可变合同和固定合同之间选择）

9.7.4　从冰激凌销售案例中获得的经验

从冰激凌案例中可以获得两条经验。首先我们看到彼得可以通过设置四个而不是一个销售点阻止他人进入。类似于这个发现的结论也出现在产品竞争中。我们将在下面（本章第七节第六部分）介绍。

其次，从本节第三部分中，我们知道彼得可以通过一个**可信的承诺**（credible commitment）来阻止他人进入。如果彼得必须在一份固定租赁合同和可变租赁合同之间做出选择，他可以选择固定合同来阻止他人进入。假定彼得选择了可变合同，然后仅仅告诉珊朵拉无论她是否进入自己都会在这七天中销售。然而，珊朵拉不会相信他。彼得的问题在于他无法让珊朵拉相信他不会在第一天后放弃冰激凌的销售。彼得必须做出一个不会放弃冰激凌销售的可信威胁，并且他可以通过选择固定合同来做出这种威胁。

从图9.8的博弈树中得出的经验是彼得必须做出一个可信威胁。简单但很重要的一点是让某人相信一些真的事情比让他相信一些或许不真的事情要容易一些。通过签订一份长期合同，彼得不能够退出冰激凌的销售业务。他的威胁是可信的，因为他已经做出了自我承诺。专栏9.9进一步介绍了承诺。

专栏9.9　　　　　　　　承诺是战略管理必不可少的

承诺是战略管理必不可少的。承诺是公司用来保护生存所需资源的手段。投资者、客户和员工都倾向于避开那些管理层拒绝公开承诺某个战略，或拒绝以投资行动支持其规划的公司。

然而，承诺不仅是必需品，若广泛使用起来，它还是帮助公司打败对手的强大工具。在生产能力、品牌识别方面先发制人的投资可以阻止潜在竞争对手进入市场，同样，对具有持久性、专业性和流动性的资源进行大量投资可以减缓被其他公司复制的速度。有时候，一个主要承诺发送的信号就可以使竞争对手被"冻结"在路上。例如，当微软宣布即将推出新产品时，潜在的竞争对手就得重新考虑他们的计划。

资料来源：D. N. Sull, "Managing by Commitments", *Harvard Business Review*, June 2003, pp. 82-91.

普遍的观点是，战略灵活性总是一种优势。但在本节第三部分中，我们研究了在哪些情形下灵活性（可以退出这一产业）不再是一种优势，而变成一种劣势。

当你与自然做斗争的时候灵活性总是一个优势，因为自然的变化是一个随机过程：它们不受你是否已经对某一个特定战略做出承诺的影响。然而，如果你和一个人类对手竞争，或许做出可信承诺要比保持灵活性更重要。做一个军事方面的类比，"破釜沉舟，背水一战"就是一个可信的承诺。

9.7.5　空间竞争

选择在沙滩上设置冰激凌销售点的位置是一个**空间竞争**（spatial competition）的例子。空间竞争的一个更为清晰的例子是超市间为争夺新的营业地点而展开的竞争。这与冰激凌的例子在以下方面有所不同：

- 它是有两个维度而不是一个维度的空间竞争（我们的沙滩用一条直线表示，因此只有一个维度；一个区域有两个维度：北/南和东/西）。
- 分区法规和现有建筑排除了将区域的某一部分作为新超市选址的可能性。
- 消费者倾向于在最近的超市购物，但不是每个人每次都在最近的超市购物。
- 这个区域的人口分布不均匀，因此需求分布也不均匀。
- 人口会发生流动。能够准确地预测人口流动是一项重要的竞争武器。

9.7.6　产品竞争

空间竞争与产品竞争有很大的相似之处。想象一下，有两家销售不同品牌碳酸饮料的公司，这些饮料只是在某一方面不同（例如在甜度方面不同）。如果甜度可以用数字表示，那么品牌的地位也可以被赋予数字。

推出一个新产品就相当于在海滩上开设一个冰激凌销售点。潜在消费者有不同的口味。口味的分布类似于海滩上的潜在消费者的分布。每个消费者都会购买与其口味比较接近的品牌。

当然，产品可以在不止一个方面有差异，消费者的偏好可以随着时间的推移而改变。在这些条件下，推出新品牌的博弈类似于为一个新超市选址。

在现实生活中，企业往往会在多个方面进行竞争。比如，可口可乐（Coca Cola）和百事可乐（Pepsi）不仅在产品甜度方面进行竞争，也会在产品特征、分销渠道以及价格等其他方面进行竞争。这些方面的重要性可能会随着时间地点的改变而改变，这给"可乐战争"的行动和反应行动竞争博弈增添了复杂性。

你认为可口可乐和百事可乐谁是可乐市场的先进入者？哪家公司首创了健怡可乐？第一个进入这类产品市场的公司会具有优势吗？什么决定了成功？这些问题将在下一章（我们将会在那里回答这些问题）中探讨。

9.7.7 先行者优势

在本章第七节第二部分中，我们看到彼得作为第一个到沙滩的人具有优势。在本节中，我们将会探索哪种情形下有**先行者优势**（first mover advantages），为什么并不是所有第一个行动的人都有这种优势，为什么许多第一个进入市场的先驱企业无法利用他们的领先优势。

先行者优势可能会出现在下面几种情形中：

- 先行者能够获取产生竞争优势的某种资源，正如我们的冰激凌销售案例中的情形。彼得能够垄断这片沙滩，比如通过首先设置两个销售点的覆盖策略或做出可信的承诺。彼得在沙滩上的位置就是一种有价值的、稀有的、难以模仿的和无法替代的资源（VRIN）。因此沙滩上的位置符合产生竞争优势的 VRIN 框架（详见本章第五节）。然而，如果博弈是租赁合同到期后可重复的，那么这种优势就是暂时的。珊朵拉将出钱购买第一个去沙滩的机会。但是，矿业公司通过收购开采自然资源的最佳地点是在构建一种能产生可持续竞争优势的资源。同样，独一无二的专利技术也提供了这样一种基础。

- 先行者能"锁定"消费者或供应商。一个真实的例子是可口可乐，它发明于1886年，并在同年首次上市（1898年百事可乐紧随其后）。可口可乐最初的定位是药用饮料之一，能提供古柯叶的功效，并用可乐果制作。可口可乐的原始配方能使消费者些微上瘾（因为它里面包含可卡因，一直到 1903 年可卡因才从配方中被剔除），这可能就是它的锁定路线。更一般的是，我们在第 8 章第二节第四部分中看到的锁定发生的情形，因为存在"干中学"，当多数交易转换为少数交易时可能会发生锁定。如果彼得能取得和租赁站的独家长期合同，他可能就能够锁定他的供应商（将珊朵拉锁定在外）。

- 先行者能够从学习中收益。在许多行业中，生产的平均成本会因为学习而随着时间的积累下降。因此第一个行动的人每单位的生产成本可能低于后进者。

- 先行者能适当地增加收益。通常情况下，经济学符合收益递减原理：需求曲线向下倾斜。第一个产品的要价通常高于后面的产品。然而，有时候也会出现产品的收益递增——即你的消费者群体或用户群体越大，你的产品和服务越有价值。典型的例子就是脸书（Facebook）。从本质上来说，第一个脸书账号是毫无价值的，因为他无法与任何人交流。但是每增加一个脸书账号都增加了其他用户的价值。这被称为**网络效应**（network effect），或者更正式一点，叫作**正的网络外部性**（positive network externality）。还有别的例子是创建标准（比如，Windows 创建了电脑操作系统的标准）和主导设计（如，因特尔创立了微处理器）。第 11 章和第 12 章我们还会讨论这些概念。可以肯定地说，对一个先行者或先驱来说，要启动收益递增的进程并获得适当的收益通常是很困难的。

是不是每一个先行者第一个带着自己的产品进入市场都有优势？答案是否定的。事实上，更常见的是第一个进入市场意味着第一个失败。原因如下：

- 先驱者必须让大众接受新产品。这个过程的失败率很高，即使成功了也是多年之后的事。通常对先驱者来说，这些障碍已经高得无法跨越了。在下一章中，我们将看到，"新创企业的劣势"（liabilities of newness）在创建新市场的早期阶段导致了企业的高死亡率。
- 发明（发现）和创新所需的技能和能力是不同的（发明的商业成功）。擅长创意和原型创作（制作产品的第一版）的创业公司往往不擅长市场普及工作。当他们在建立市场方面取得成功时，那也往往是一个小众市场。他们缺乏建立一个真正的大众市场的能力。要做到这一点，需要营销和分销技巧以及制造能力和低成本心态，这往往很难与创业文化相协调。另外，大型老牌企业往往难以将它们的**探索**（exploration）能力和对现有概念与产品的**开发**（exploitation）能力结合起来（详见第 11 章和第 12 章）。

对于最后一点的解释可以参考健怡可乐市场。哪一家大型的老牌可乐公司创建了市场？是可口可乐还是百事可乐？答案是两者都不是。先驱者是 Kirsch，一家在 1952 年出售"No-Cal Cola"的公司，它首先建立起了一个小众市场。而大众市场是由可口可乐公司凭借它的健怡可乐发展起来的（1982 年，请注意间隔的时间！）。这只是一个例子，有许多这样的老牌公司获得了创新的成功，却并不是发明者，发展起大众市场的也不是原来创立小众市场的先驱者。马尔基斯基和罗斯基（2005）因此将先行者优势的原始意义转成了第一个进入大众市场：

> 先行者几乎可以保持永久的竞争优势，因为他们可以利用先行动的优势保护自己不受后来者或模仿参与者的竞争威胁。他们是第一个进入大众市场的人，但正如我们之前看到的，他们不一定是第一个在市场上的人。

他们对老牌公司的建议是遵循快速创新案例中的**第二个快速行动**（fast second）战略，即让先行动者建立一个小众市场，并成为第一个将其巩固并发展为大众市场的公司。实际上，这种战略不需要"很快"。特里斯和戈尔德的研究表明，先驱者进入（小众）市场和巩固者进入（大众）市场的平均间隔时间为 19 年。

巩固者可以利用他们已有的资源（如品牌和分销网络）和建立的锁定关系（零售渠道和供应商）在大众市场上实现先行者优势。在巩固的过程中，进入小众市场的先行者通常（也不总是）会以失败告终。

可以说，关于先行者优势的研究仍处于起步阶段。我们希望关于什么时候第一个行动有优势，什么时候（快速的）第二个行动比较好的深入探究会在接下来的几年内有所进展。

9.7.8 行动的经验

让我们总结一下从本节关于行动和反应行动的内容中学到的主要经验。

- 考虑到对某种产品的（潜在）需求，公司最好能通过覆盖需求来阻止他人进入——也就是说，不给其他公司留下任何进入获利的空间。然而，如果它们给潜在进入者留了一条缝，潜在进入者可能就会利用这条缝来获利。这条缝可能是地理上的，也可能是产品的不同特征。
- 现存者还可以通过展示自己对（自己所在的）行业做出的承诺来阻止进入者。为了产生阻吓的作用，必须使潜在进入者看到并相信这个承诺。
- 一个推论是，灵活并不总是和人们认为的一样，是一个战略优势。如果潜在进入者将现存者的灵活性看作能够容纳新进入者的可能性，事实上将会鼓励进入者的进入。
- 同样，先行动在某种情形下是一种优势，然而这种情况的发生并不如我们想象的那么频繁。有时，最好还是等一等成为第二个（快速）行动者。特别是在发明/探索的技能不同于创新/开拓的技能的情况下。第11章和第12章将会回顾这个主题。

9.8 小结：经济分析如何对竞争和公司战略的形成做出贡献

每个单业务公司、每个综合业务公司中的业务单元都需要有一个竞争战略来具体规定如何在既定的行业中参与竞争。

制定一个竞争战略，首先应当分析周围环境并且对自己的优势和劣势进行评估。波特的五力模型建立在传统的结构—行为—绩效范式的多项研究成果的基础之上。实践证明它是评估企业所在产业吸引力的一个有用工具。战略集团这个概念为分析同一产业内不同公司（或业务单元）间的绩效差异提供了基础。这种分析为战略制定者对一个业务单元的优势和劣势进行评估提供了一个工具。

在制定竞争战略时，企业有很多选择。这些选择是否可用取决于产业以及企业在该产业内的处境。然而，成本领先和产品差异化这两个成功的战略在很多产业中被证明是切实可行的。任何公司都起码应当考虑这些所谓的一般竞争战略。

一个竞争战略的目标是创建一种打败对手的竞争优势。最好这种竞争优势能够维持得尽可能久。企业的资源基础观探讨了哪种资源可能成为形成这种竞争优势的基础。概括起来，这种资源必须是有价值的、稀少的、难以模仿的和无法替代的（VRIN 框架）。企业的资源基础观还被拓展到了动态能力，即一个组织有目的地建立、拓展和修改它的资源基础的能力。这使我们能够进一步研究能影响提供竞争优势的资源和能力的因素。本章中的该种因素是联合专业化、资产编排、默会知识、公司特征和隔离机制。在第 11 章中我们将探讨动态能力的演化和选择。

在制定竞争战略时，企业应当考虑其竞争对手会如何反应。寡头垄断产业（也就是说，一个产业由少数几个大公司组成）尤其应该这样做。当谷歌公司决定推出一个新的手机开源平台（安卓）时，它必须考虑到它的竞争对手（苹果、微软及其他公司）将会如何反应。第 5 章探讨的博弈理论可以在这个方面有所帮助。在沙滩上销售冰激凌这个博弈表明：(1) 公司怎样通过使用多个竞争品牌来阻止其他公司进入；(2) 通过对其所在产业做出一个可信的承诺，公司可以阻止其他企业进入该产业。

□ 思考题

1. 请思考一个你很熟悉的产业，比如你所在的小城里的酒吧行业。用波特的驱动竞争的五力模型描述该行业的竞争强度。
2. 假设你是一家小型、年轻的电子企业的常务董事。你企业的一位工程师开发了一种专用的记忆芯片。可以通过两种方式生产这种新型芯片：购买高度专用的设备或者购买专用性低一些的设备。这种专用设备只可以被用来生产这种新型芯片。专用性低一些的设备可以被用来生产这种新型芯片，但是如果附加上一个小额投资，它就可以被用来生产很多其他的芯片。对这种新型芯片的需求极度不稳定。这种芯片很可能在市场上最畅销，也可能会完全失败。此外，不确定性还来自其他企业是否已经致力于研发类似的芯片。你知道不可能通过专利来保护这种新型芯片。

　　假设专用设备与专用性低一些的设备的投资额和单位成本相同。你认为购买专用设备有利可图吗？

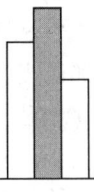

第 10 章 经济学对公司战略的贡献

10.1 导论

在多业务企业里有两个层面的战略：竞争战略和公司战略。第 9 章讨论的是经济学对竞争战略（也叫业务战略）的贡献，本章讨论的是公司战略（也叫公司层面的战略）。

假设一家多业务企业（A 企业）有 4 个业务单元（a1、a2、a3、a4）和一个公司办公室（总部或 HQ）。该企业的每一个业务单元都是一家准独立运作的公司。换言之，他们从外部供应商那里购买投入品，将产品卖给外部客户，并（尝试）赚取利润。公司总部从资本市场上引进资金并将资金分配给各个业务单元，挑选和监督业务单元的管理者，为业务单元提供咨询建议，并可以购买或出售业务单元。业务单元 a1 可能出售其部分产品给业务单元 a2，业务单元 a3 和业务单元 a4 可以交流知识。

多业务企业的替代方案是设立一套完全独立的公司体制（如此一来，a1、a2、a3、a4 将会成为完全独立的公司）。这些独立公司将不得不从外部供应商那里购买所有的投入品（包括资金、管理人员和咨询建议），也不得不将其产品完全出售给外部客户。

所以，多业务企业中公司总部和业务单元（资金市场、管理人员市场、市场建议）以及业务单元之间（部件、技术诀窍）的交易退出了市场，实现了交易在公司中的内部化。

从概念框架角度出发，我们会提出以下疑问：多业务企业内部的组织协调比市场协调更有效吗？如果答案是肯定的，我们会说公司的形式创造价值；如果答案是否定的，则可以说公司的形式损害价值。

我们也可以选择将注意力放在公司 A 的总部上。一个首要问题就是公司总部能否增加价值。这个问题可以分两步来回答。首先要确定的是，如果多业务企业的内部协调（不）比市场协调更有效率，公司总部则会（损害）创造价值。请注意，这和上面采用的测试相同。在我们的概念框架中，第一个测试在组织协调和市场协调之间进行。从这个角度看，说"组织协调比市场协调更加有效率"，也就是说"公司总部能够增加价值"，即使A公司的总部和业务单元以及业务单元之间的交易都退出了市场，如果在第一步测试中公司总部不能增加价值，那么业务单元也不如改成完全独立的公司，以期能与外部世界做好市场协调。

另一个问题是，是否另一家公司的总部成为A公司一个或多个业务单元的所有者更好，因为另一家公司的总部相比A公司的总部可能会为业务单元增加更多的价值。这就是古尔德等（1994）提出的"母合优势"问题。请注意，第二次测试比较的是两种潜在的组织协调形式。在第二次测试中，如果公司现有的总部增加的价值比其他潜在的总部小，那么公司的业务单元最好还是由其他总部接管。这个问题和第7章讨论的公司控制权市场密切相关。

一个多业务企业内部可能产生在市场上不可能发生的交易。一个例子是产权不明确的知识（或经验）的交换。在这种情况下，如果交易的收益大于成本，就创造了价值。

公司总部对业务单元的干预也可能适得其反。专栏10.1描绘了这样一种情景：一家公司最后得出结论，两个不同公司之间相互独立运作的收益，大于它们同作为一家公司的一部分时的收益。

专栏 10.1　　随时间变化而改变的卡夫公司战略

卡夫食品公司的历史向我们展示了，它是如何在成为一家在市场上独立运作的公司还是作为一家更大的公司的一部分之间做出选择的。该公司在2007年获得独立，在2011年宣布拆分。

1903年，J. L. 卡夫以卖奶酪起家。到1914年，该公司开始自己制作奶酪。整个20世纪，公司增长强劲，凭借收购发展成为一家拥有雄厚品牌实力的多元化食品公司。20世纪80年代，菲利普·莫里斯烟草公司想实现自身的多元化，它首先以56亿美元收购了通用食品公司，后又以129亿美元收购了卡夫，将这两家公司纳入旗下。菲利普·莫里斯公司允许卡夫增长，比如2000年其以189亿美元收购纳贝斯克公司再将其并入卡夫。

2001年卡夫食品部分由菲利普·莫里斯公司上市后，在2007年又获得了完全独立。它持续增长，除此之外还在2010年斥资115亿欧元（189亿美元）收购了英国糖果公司吉百利公司。2011年，卡夫食品宣布它想将自己高速增长的全球零售公司和高利润的北美食品杂货业务拆分开来，这两者分别有标志性的品牌组合。

在成功地执行了其转型计划并在对吉百利进行了18个月的整合后，卡夫公司事实上已经分别打造了一个全球零食平台和一个北美食品杂货业务，现在它们有各自的未来战略重点、发展重点和业务重点。比如说，卡夫食品的零食业务重点在于把握全球的零食消费趋势，在快速增长的发展中市场和即时消费渠道中建立优势；北美食品杂货业务主要专注于，通过产品创新和世界级的营销，增加传统杂货店渠道的创收，同时获得丰厚的利润和现金流。

该公司认为，创建两家上市公司能够带来一系列机会：

- 每一家公司都会将关注点放在自己特殊的战略重点上，制定最适合自己市场和机会的财务目标。
- 每一家公司都能以符合战略重点的方式配置资源和资金，最终优化股东的整体回报率。
- 投资者可以根据两家公司的特定操作和财务特征对其进行估值，据此做出投资。

卡夫公司的历史表明，随着时间的推移，收购和有机增长增强了组织的协调性，而通过资产剥离、上市和现在的拆分能够增强市场的协调性。

资料来源：Kraft Food press release, August 4, 2011.

请注意，至今为止的讨论一直在谨慎地强调市场和组织协调的效率只能通过比较确定，依赖于环境和做权衡时所处的体制。例如专栏10.1中的卡夫食品公司的成功是基于美国高度发达的市场经济。资本市场和管理人员市场都十分完善，也就意味着组织协调需要超越一个相对"强硬"的（市场）效率标杆。在其他欠发达市场环境中，（市场）效率标杆可能会降低，相对来说组织协调可能更受欢迎。事实上，商业团体和集团在新兴经济体中更为常见，有关于此，我们将会在第14章进一步探究。专栏10.2已经基本揭示了这个基本原理的一些要素。

专栏10.2　企业集团在新兴市场中的价值

印度第二大工业集团塔塔横跨多个领域，从通信领域到能源领域，涉及材料、工程、服务业和化妆品业。中国最大的私人控股集团复星，拥有房地产、钢铁、零售和医药四大主导产业。哈佛商学院教授塔伦·卡纳（《赢得新兴市场》的作者之一）表示，在基础性制度缺失的市场中，一个集团拥有更广阔的业务范围十分必要。他说："比起硅谷、纽约或伦敦，进入印度和中国的大部分风险资本更为不易。""一旦拥有基础广泛的业务，只要你合规并进行了披露，现有的资金流可以很容易地从一个组织转移到另一个组织。"

也有人说，市场中政府对经济的监控仍然存在，母体组织关于官僚过程的谈判以及与公共部门的网络连接可能有利于大型多样化公司的内部操作。一个顾问指出，这些优势来源于一个委婉的标题——"监管协同"。

企业集团仍然如此受欢迎的另一个原因是，一个大型集团更能够吸引潜在的管理人才，因为它能提供广阔的职业发展机会。卡纳教授表示，一个大品牌可以使消费者认为他们的决定是正确的。

资料来源："Conglomerates Valued in Emerging Markets", *The Financial Times*, 24/25 September 2011.

在一定背景下，组织协调的潜在利益依赖于业务单元相关性的类型和程度。如果我们有一个公司总部和两个业务单元（A和B），则A和B之间的关联性可以有不同种类：

- 如果A给B供应零部件（或者B供应给A），业务单元A和B垂直相关，这就是纵向一体化。
- 如果A和B在同一行业经营，则业务单元A和业务单元B水平相关。如果A和B在不同国家的同行业经营，则这种情况就是水平多国化。
- 如果A和B既不水平相关，又不垂直相关，那么A和B仍然可能以某种其他的方式相关，比如，它们使用同样的技术或服务于同样（类型）的客户，我们称这种情况为相关多元化。
- 如果A和B无关，则我们称这种情况为无关（或者集团）多元化。

在公司层面，企业需要决定它想要在哪个国家进入哪个行业。通过收购新业务、出售旧业务，开发新业务、关停旧业务，企业可以调整其项目组合，即所谓的**项目组合管理**（portfolio management）。这是公司战略的一个重要因素，因为公司可以通过调整其组合来影响关联性的类型和程度（从而可能带来组织协调的潜在利益）。

我们从无关多元化讨论开始（在本章第二节中）。即使在这种情况下，我们也能看到，公司总部可以扮演多个角色；它是否比市场有效率取决于这些市场的效率。然后我们会讨论具有相关性的多元化情况（本章第三节），其中公司总部除了扮演上述角色外新增加了一个角色，那就是促进业务单元之间的合作。本章第四节着重于水平多国化，第五节讨论纵向一体化，第六节进行了总结。

10.2　无关多元化

想象这样一家公司，它有一个总部和多个业务单元，相互之间没有任何关系。这种公司通常被称为一个集团。无关业务单元的协调行动不能产生任何收益，于是有人怀疑为什么会（继续）存在集团。然而，甚至在发达经济体中也确实存在集团。专栏10.3给出了一个例子。

专栏10.3　　　　一个成功的集团：伯克希尔·哈撒韦公司

伯克希尔·哈撒韦公司是一家美国的跨国集团，总部位于美国内布拉斯加州奥马哈。刚开始，它只是一家纺织品公司（见专栏10.4），如今，它的业务遍布海外，掌管着大量多样化的子公司，包括保险公司、糖果、零售、铁路、家居用品、百科全书、真空清洁工具的制造、珠宝销售、报纸出版、服装的制造和分销，以及一些地区的电力和天然气公用事业。

伯克希尔·哈撒韦公司的业务范围最终能如此广泛得益于其董事长兼首席执行官（CEO）沃尔·巴菲特的投资理念。在利用伯克希尔·哈撒韦公司保险业务提供的浮存金（即投保人在保单签订、理赔尚未发生前所缴的保险费）进行投资的过程中，巴菲特已经应用了"价值投资"原则来检测价值被低估的公司。他只投资于他所了解的公司，例如高科技领域就不在他的投资范围内。基于对业务的深刻理解，

> 巴菲特当然会在自己的投资中应用一些财务标准和计算，但他的正确管理至少占据了大半。在他2010年的致股东书中，他解释道：
>
> 首先我们拥有一个核心——具有真正的管理才能的管理人员，他们对自己的业务在伯克希尔公司可以说一不二……在伯克希尔，经理们可以专注于自己的业务。他们只是每两年从我这里收到一封信，但是只要他们希望，他们就可以随时与我会面。他们每一个人的愿望都不相同：去年，我还没有和他们中的许多人谈过话，但是我几乎每一天都和一个人谈话。我们真正信任的是人而不是程序。他们和我都适用"好雇佣，少管理"的准则。
>
> 伯克希尔的首席执行官来自各处。有些人获得了MBA学位；有些人永远也没能完成大学学业。有些人使用预算，是所谓的学院派；有些人则凭感觉行事。我们的团队酷似由风格迥异的击球全明星组成的棒球队。我们的阵容很少需要变化。
>
> 此外，他还寻找具有显著可持续竞争优势的公司，称此为"护城河"："某样东西，可以使公司具有显著超越他人的竞争优势，保护公司在竞争中不受侵犯。"用经济术语表达，就是第9章介绍过的隔离机制。
>
> 他的投资战略获得了巨大的成功：伯克希尔·哈撒韦公司在过去的46年中平均每年为股东带来20.2%的账面增值，同时利用了大量的资本并最大程度上减少了债务。2000—2010年，相对于标准普尔500指数-11.3%的回报，伯克希尔·哈撒韦公司股票的回报达76%。根据2011年《福布斯》全球2 000强名单，伯克希尔·哈撒韦公司在全球最大的上市公司中排名第10。一个开放性问题是，当沃尔·巴菲特和他的"右手"查理·芒格都80多岁时，伯克希尔·哈撒韦公司将如何应对，如何获得成功。
>
> 资料来源：from http://www.berkshirehathaway.com/letters/2010ltr.pdf. 经作者授权使用。

如果业务单元之间毫无联系，总部将把业务单元看作完全独立的单元。接下来的问题是：公司总部如何通过实施独立的影响实现增值？答案是，总部可以通过执行以下一种或多种角色来达成这一目标：

- 引进资金并将资金分配给各个业务单元；
- 任命、评估和奖励业务单元经理；
- 提供建议；
- 提供功能和服务；
- 项目组合管理。

10.2.1 引进资金并分配给业务单元

比起各个业务单元，通常是公司总部负责引进资金。集中引进资金可以减少各种形式的交易成本。对债务融资来说，跨行业的多元化可以降低破产的概率。和大型集团的联合，可以使类似于标准普尔和穆迪的评级机构对其做出较好的评价。评级越高，融资成本越低。同样,由于公司的股票市场流动性越高,市值越高,通常股权融资具有规模经济。

总部接收来自业务单元现金流的同时将资金分配给业务单元。为什么在资金配置方面公司总部能比资本市场做得更好?答案是资本市场的信息不对称。

- 公司总部可能可以比外部投资者获得更好的信息,因为业务单元的经理们会与公司办公室分享一些机密信息,而他们是不会将这些信息披露给外部投资者的(以防被潜在竞争对手知悉)。
- 公司总部比外面的投资者能更好地评估投资机会,比如,因为它有相关业务领域的专业知识。

因此,可以说,集团组织的出现解决了资本市场的信息问题。

在一个资本市场特别是风险资本市场完善的国家,相对于缺乏这些市场的国家,这些优势的重要性会降低。

□ 10.2.2 对业务单元经理的任命、评估和奖励

作为企业的所有者,每一个公司组织都会对业务单元的经理进行任命、评估和奖励。这是一个极其重要的角色:为业务单元任命最合适的高层管理人员将在日后业务的开展中发挥巨大作用。这里的相关问题是:"如果业务是独立的,相较于业务单元自己产生高层管理人员而言,公司总部是否能够找到并挑选出更加合适的人选?"

众所周知,一开始,大型公司集团就有一个可用的管理资源"蓄水池"。长期的绩效评估可以发现大量候选人的强项和弱点。因此,关于这些候选人的信息会比市场上常规获得的信息丰富。在这个意义上,内部候选人和外部候选人之间会存在信息不对称。公司组织可能更占优势,因为他们可以进入外部市场寻求业务经理,也可以根据积累的关于内部候选人的有效信息利用他们的内部劳动力市场。经过一段时间的训练,内部候选人也可能具备了公司特定的知识和技能,一个很好的例子就是人力资本的专用性。

这种优势到底有多重要呢?很大程度上取决于环境和制度。在一个合格候选人稀缺的环境中(比如,发展中国家或者发展中行业),"培养自己的管理人员"是一个很大的优势。然而,在许多发达经济体中,管理人才市场运作良好,有类似猎头公司的专门机构协助,这些机构专业化于搜集整理它们自己对相关候选人了解的信息。随着这些市场的发展,"培养自己的管理人员"的比较优势可能会削弱,而挖掘外部劳动力市场的吸引力会越来越大。

总部也要设计一套针对业务单元经理的奖励机制。这就是委托—代理问题。奖励机制也许可以包括根据业务单元的表现来发放奖金,也包括向更重要的业务单元晋升等形式。公司总部工作中的重要部分就是评价业务单元经理的表现。

□ 10.2.3 提供建议

在大部分情况下,业务单元的管理人员最知道如何运营他的业务。他对他的产品、市场、客户和使用的技术成竹在胸。此外,他还可能从他人的建议中获利。独立的创业者通常拥有非正式的顾问网络,也可以使用专业的管理咨询服务。业务单元的经理同样可以这么做,而且可能还能挖掘总部已有的有经验的管理人员和员工。许多公司总部还

会和他们的业务单元经理一起做"战略评价"。在业务单元的经理为自己的战略负责的同时，她还需要在母公司的董事会上解释和捍卫自己的战略。业务单元的经理也会因此从董事会成员给出的建议中获利。然而，有一种危险是董事会成员提出的建议将会支配非正式顾问提出的宝贵建议。

这里的问题是："如果业务是独立的，那么相较于局外人，公司董事会在战略评价方面是否做得更好？"如果董事会成员对业务的理解比局外人更深刻，这个答案也许是肯定的。

10.2.4 提供功能和服务

公司组织通常会在总部设置一些核心功能，如财务、人事、工程等。他们旨在为公司董事会提供专业的功能性领导、业务指导和功能性建议。此外还提供了类似养老金管理、餐饮和安全的中央服务。原则上，个体工商户承包经营市场也有这种功能和服务。

中央服务的经济原理很简单，就是达到临界值以便提供具有成本效益的服务，这种服务一般不会和个体工商户签订合同。中央服务也避免了重复劳动：例如，对养老金规则或安全标准变化的解释只需要进行一次，而不需要在每个业务单元里各进行一次。因此，和个人承包经营相比，效率来源于（集团）经济规模。核心功能还包括额外的专业化经济，如可以发展稀缺的技能和高度专业化的知识。

10.2.5 项目组合管理

通过收购和出售业务单元——或者发展新的业务单元——一个公司可以调整其业务单元组合，这被称为公司的项目组合管理。这样做能否增加价值取决于公司的知识和谈判技巧。专栏10.4陈述了巴菲特的观点，说明资金配置和项目组合管理如何有力地促进了伯克希尔·哈撒韦的成功。然而，第13章我们将讨论兼并收购的成功率，并说明从收购公司股东的角度出发，这总体来说是一项冒险的行动。伯克希尔·哈撒韦公司的例子表明，这种普遍规则也有例外。如何解释这种例外呢？

专栏10.4　伯克希尔·哈撒韦公司的资金配置和项目管理组合

继正确的管理选择后（详见专栏10.3），巴菲特继续向他的股东们解释伯克希尔·哈撒韦的优势所在：

> 我们的第二个优势和我们如何分配企业赚到的钱有关。在满足这些企业的需求后，我们还有一大笔资金留存下来。大部分企业会将它们的再投资资金局限于自己所在的行业，然后，这经常将它们自己的资金配置限制在了一个渺小的、和广阔的世界相比微不足道的天地中。抢夺少量可用机会的竞争越来越激烈。
>
> 在伯克希尔，部署资金时我们不受任何制度限制。唯一限制查理和我的是我们对可能发生收购的未来的理解能力。如果我们能清除那个障碍——但是通常我们并不能——我们就能将任意一个机会和一系列其他的机会做比较。

当我在1965年接管伯克希尔时，我并没有利用这个优势，当时伯克希尔只在纺织品行业经营，因此在过去十几年中损失了大量金钱。我做过的最愚蠢的事恐怕就是寻找机会提高和扩大现有的纺织品业务——那确实是那几年我做的事。然后，在希望最终破灭后，我收购了另一家纺织公司。

终于，我找到了窍门，首先进入了保险行业，然后进入了其他行业。关于创造"世界是我们的"这一优势，还要补充一点：除了将一家企业和其他企业做比较评价外，我们同样比较评价企业在有价证券上的有用机会。这是一种大部分管理人员没有做过的比较。通常，仅凭可以从股票或债券获得的可能性投资收益，企业的定价可能就会高得离谱。这种时候，我们会选择买入证券来韬光养晦。

我们能取得今天的进展，资金配置的灵活性功不可没。我们可以将我们，比如，从时思糖果或商业资讯（我们旗下两家运营情况最好的公司，同时也是两家只提供有限再投资机会的公司）赚来的钱作为我们需要的资金的一部分来购买北伯灵顿（一条铁路）。

资料来源：from http://www.berkshirehathaway.com/letters/2010ltr.pdf. 经作者授权使用。

第9章介绍了动态能力的概念，其目的是改变组织的资源基础，举了联盟和收购的例子。事实上，大量的证据表明，一些公司的收购成功率大大高于一般公司，它们成功的一个重要原因在于它们涉及的此类交易的频率。此类公司被称为"连环收购者"（详见第13章）。它们从不断的收购中学习，因此积累了经验和最佳做法。类似地，最近麦肯锡的一项研究调查了不同公司在各个业务之间资金再配置比例的区别（既包括正常的资金支出，也包括收购和撤资）。麦肯锡发现，积极的再分配活动可以为股东带来更高的回报，同时也更偏好保持独立性。另外，有关资金再配置方面动态能力的存在可以作为对杰出表现的一个解释。

必须在无关多元化的收益和成本之间做好平衡。随着企业集团的扩张和成长，总办公室趋于扩大，企业的管理成本也会上升。进一步地，由于官僚制度的引进，激励被削弱了，总部的干预往往适得其反。因此，一般来说企业集团的财务表现平平。

将一个公司的项目组合划分为相关或者不相关并不是一件简单的事。也许说关联程度更好。举个例子，可以考虑专栏10.5中吉列公司的产品项目组合。

专栏10.5　吉列公司的产品项目组合

吉列是一家总部设在马萨诸塞州波士顿的美国公司，拥有三大产品部门：去毛产品、便携式电源和口腔护理。去毛产品包括男性修面产品，如剃须刀（手动和电动）、刀片、剃须制剂和须后水。吉列的去毛产品还包括女性脱毛产品。吉列的便携式电源业务主要有金霸王——一家为各种消费产品提供碱性电池的公司。1996年吉列收购了金霸王。

> 吉列的口腔护理产品涉及手动牙刷和博朗品牌下销售的各种口腔护理器具。
>
> 乍看之下，吉列的这三个部门之间不可能存在范围经济。如果一个部门有闲置的设备，其他部门也不太可能用得上，比如生产剃须刀的设备与生产电池和牙刷的设备完全不一样。因此，专用的不可分割的物质资产不可能是范围经济的来源。技术诀窍（电池和剃须刀以及牙刷完全不是一个概念）和品牌名称（电池是在金霸王品牌下销售，而口腔护理器具则是在博朗品牌下销售）同样如此。
>
> 然而，在一个销售组织中销售三个部门的产品完全是有可能获得范围经济的，特别是在特定的发展中国家（吉列的产品畅销200多个国家）。在那种情况下，范围经济建立在组织诀窍（诸如在中国和印度等国家的本地营销诀窍）基础上。
>
> 吉列的产品项目组合可以被归为相关的一类（在特定国家联合使用市场营销和销售渠道所产生的范围经济），但仅仅是泛相关。
>
> 2005年，吉列被宝洁公司收购，成为该公司的业务单元之一。

10.3 相关多元化

本节讨论相关多元化。在一个囊括一个公司总部和一些相关业务单元的公司中，公司总部可以执行所有上一节所描述的五个角色：

- 它必须引进资金并将资金分配给各个业务单元；
- 它必须任命、评估和奖励业务单元经理；
- 它可能提供建议；
- 它可能提供功能和服务；
- 它可能执行项目组合管理，收购、出售业务单元和发展新的业务单元。

除了执行上述角色外，一个相关多元化公司的总部还能够通过鼓励和协调业务单元之间的合作来创造价值。

当一个公司开始或者收购和公司现有业务在某种程度上相关的业务时，就产生了相关多元化。相关多元化的例子有：一家咖啡公司兼营奶精（市场相关），一家目前只生产奶酪、黄油和鲜奶产品的公司生产咖啡奶精（投入相关），商用飞机公司兼营军用飞机（技术相关）。

实现相关多元化的一个重要理由是**范围经济**（economies of scope）的存在。当联合生产两种产品的成本小于分别生产这两种产品的成本时就产生了范围经济。借用蒂斯（1980）的一个例子，我们可以考虑联合生产水果和绵羊。

果农必须在果树间留出足够的空间，这样可以保证果树的充分生长，并且可以使农用机械能在果树间移动。这块土地可以被用作牧场，可以在那里放牧绵羊。由于土地可以作为普通投入要素，水果和绵羊在一块地上联合生产比各自在两块不同的地上单独生产成本低。工业方面的一个例子是啤酒和软饮料联合使用一个物流体系。

范围经济的存在并不意味着产品应该由同一家企业生产，蒂斯（1980）已经指出了这一点。果农可以通过实施多元化进入放牧绵羊的产业，因此而实现范围经济。然而，他还有另外一种选择，那就是他可以将土地租给牧羊者。在这种情况下，普通投入要素的市场交易出现了。果农可以在两种治理结构间进行选择：企业（如果他实施多元化）和市场（如果他将土地租给牧羊者）。这两种安排的最终选择取决于涉及的交易成本。因此，让我们一探究竟，到底什么因素可以决定这些交易成本。

范围经济也总能在普通生产要素中出现。如果这种生产要素的市场交易成本相对较高，那么两种产品在一个企业内联合生产将可以达到成本最低。能够导致范围经济的普通生产要素有以下几种：

- 专用的不可分割的物质资产；
- 技术诀窍；
- 组织诀窍；
- 品牌名称。

专用的不可分割的物质资产（specialized indivisible physical assets）的服务很难出售（尤其当这些资产是专用资产的时候）。请回顾一下那个孤立的小镇上的报纸出版商的例子。假设这个报纸出版商自己印刷报纸。每周有 6 天使用这种印刷报纸的设备，剩余一天设备闲置。假设那些闲置可以被用来印刷 1 期周日报。或者假设一家小公司有一个完美的方案来开办周日报。这个报纸出版商可以买下这家小公司，然后将设备充分利用起来，也可以选择和这家小公司签订一份关于印刷周日报的长期合同。

技术诀窍（technological know-how）也可以导致范围经济。技术诀窍很难通过市场进行交易，原因有两点：

- 产权难以界定；
- 技术诀窍在企业内的转移可能要比通过市场转移更容易。

并不是所有的技术诀窍都能获得专利。另外，即使可以获得专利，企业通常也会选择不申请。理由之一是它们必须在专利局注册登记。在登记过程中它们必须展示科技成果。但是这种做法不一定总是具有战略优势。如果技术诀窍的产权不受专利法的保护，那么它可能很难被卖出。卖者必须使买者相信其技术成果有价值，而要做到这一点就必须泄露一些技术诀窍。潜在的买者只有在获得了这项诀窍之后才能评估该诀窍的真正价值，但是那时他已经拥有了这项诀窍，因此他会拒绝购买。这就是**信息根本矛盾**（fundamental paradox of information）。第 4 章第一节已经讨论过这个问题：信息只有披露给对方才能被确认价值，然而这种披露破坏了其价值。

之所以出现这种矛盾是因为潜在的购买者实施机会主义行为。假设购买者同意提前支付技术诀窍的价款。现在卖方可能会通过只转让一小部分技术诀窍来实施机会主义行为。因此买方和卖方可能的机会主义行为都会导致信息根本矛盾。

假设现在专利法保护了技术诀窍的产权。一个潜在的购买者知道自己购买的是什么。那么买方和卖方的机会主义行为将不再是一个问题。

企业内诀窍的转移仍然会比企业间的转移容易一些（因此也便宜一些）。如果一项诀窍或一个蓝图就是需要转移的全部内容，那么不管是在企业间还是在企业内都很容易实现转移。然而，通常需要转移的不仅仅是诀窍或蓝图：如果一些诀窍还包含"干中学"的因素，那么培训和咨询也是转移的一部分。如果在同一家公司工作的工程师接受的培训类似，那么对在同一家公司工作的工程师进行转移，会比对在不同公司工作的工程师进行转移来得容易。在上述情况下，相关多元化再次变得相对有效。

中央实验室的研发行为也能促进技术诀窍的转移。中央实验室的研发项目可以由业务单元制定，并由它们支付费用，而研究人员可以在研讨会或仅仅是在实验室食堂吃午饭的时候交流想法。

组织诀窍（organizational know-how）是导致范围经济的第三个要素。组织诀窍是指组织知道如何应对外部事件。组织通常用惯例来应对外部事件。惯例的一个特征是它们在很大程度上具有默会性：组织成员会发现他们很难说清楚为什么自己会用某一特定方式来应对刺激。是的，组织似乎是"干中记"（remember by doing）。

组织惯例这一概念是由尼尔森和温特（1982）提出的。我们将在第11章第五节中做更详细的讨论。这里我们想表明组织诀窍通常是可互换的，也就是说，组织诀窍通常有很多种应用（Teece, 1982）。比如，汽车公司可以将它们的组织诀窍应用于制造坦克（二战时曾有公司这么做过），酿酒企业可以将它们的组织诀窍用于生产软饮料等。专栏10.6描述了皇家帝斯曼公司如何打包利用它现有的市场诀窍、技术诀窍和法规知识打造生物医用材料的新业务。

专栏10.6

皇家帝斯曼公司
在生物医用材料上的整合诀窍

皇家帝斯曼公司是一家总部位于荷兰的全球性生命科学和材料科学公司（另见专栏9.7）。2012年，它宣布收购台湾美强股份。台湾美强股份是一家总部位于美国的技术驱动型生物医药公司，主要从事再生医学方面。皇家帝斯曼公司的雄心是在生物医用材料领域打造新的业务，这次收购对它来说有着里程碑式的意义。

这一战略雄心是在它2005年公布的公司战略愿景2010框架下形成的。在这一战略中，皇家帝斯曼公司表示，它想建立新兴业务领域，其中之一便是生物医用材料（BMM）。皇家帝斯曼公司相信，自己在生物医用材料领域发展新业务方面占据了优势地位，因为它可以借鉴：

- 市场诀窍，通过在制药市场（药物成分和抗生素）和工程材料及涂料市场上运营取得；
- 技术诀窍，来源于在生命科学和材料科学方面拥有的强大科研基础；
- 法规知识，例如通过美国食品和药品监督管理局审批程序所需的知识。

皇家帝斯曼公司为生物医用材料新单元网罗了大量的研究人员、营销人员和其他一些商界人士，生物医用材料产品同样也结合到了皇家帝斯曼公司的其他业务中。一个例子是有一种强韧的迪尼玛纯墨纤维（Dyneema Purity），可适用于人体缝合；另一个例子是有一种亲水性的涂料，可适用于心脏支架。

诀窍、人员、产品和新的组织投入的结合很快就开始带来强劲的有机增长。最重要的是，皇家帝斯曼公司在2008年收购了聚合物技术集团。2010年它和杜邦公司成立了一家合资公司，基于杜邦的生物可降解水凝胶技术，皇家帝斯曼公司的一系列产品实现了商业化。通过对台湾美强股份的收购，皇家帝斯曼公司展示了其"连环收购者"的技能（详见第13章），通过聚焦收购促进了其新兴业务领域的有机增长。

资料来源：Vision 2010，Royal DSM（2005）；DSM press release，3 May 2012.

组织诀窍几乎不可能通过市场进行交易。如果某位经理从一个企业转到另一个企业，那么他必须学习新企业的组织诀窍。组织诀窍很难转移。通过多元化，组织诀窍可以被用于多种用途。因此，组织诀窍是企业进行多元化的一个根本原因。

品牌名称（brand names）也会导致范围经济。这是因为，在已有品牌名称下推出新产品比使用新的品牌名称来推出新产品通常会便宜一些。如果奔驰公司想通过多元化进入摩托车行业，它使用梅赛德斯（Mercedes）这个品牌名称就比使用一个新品牌便宜一些。品牌名称也可以通过市场进行交易。我们将在本章第四节中详细介绍这个问题。

有时范围经济非常重要。专栏10.7讲述了亚马逊（利用互联网的范围经济）对例如巴诺等传统书店的冲击。这种基于互联网的范围经济因行业不同，其优势体现方式也各不相同。专栏10.7将通过比较图书和食品零售业来说明这一点。

专栏 10.7　　砖头和/或鼠标

随着互联网时代的到来，各行各业的工作人员都受到了挑战，如亚马逊（Amazon.com）网站对传统书店的冲击。自2002年以来，美国有将近500家相互独立的书店倒闭——几乎占到五分之一。此外，大型连锁书店或已歇业（如边界），或岌岌可危（像巴诺）。

不管是亚马逊还是书店都要慎重选择它们的业务范围。最初，亚马逊建立了一套图书发行的基础设备，之后它又扩大了自己的业务范围，出售像玩具、饰品和服装之类的商品。一旦拥有了仓库、电脑系统并位于图书分销的价值链中，通过以类似的方式订购分销其他商品、扩大产品范围就能获得范围经济。亚马逊还通过成功推销它的电子阅读器Kindle进入了数字下载领域，借此拓展了自己的业务模式。

对于类似巴诺的从业者们来说，是时候好好重新思考一下自己的商业模式了。纯"砖头"模式（仅拥有实体书店）的时代已经过去，"砖头和鼠标"模式（加入互联网服务）的时代已经来临。电子阅读器Nook（一种程序）已经面世。如今，巴诺在美国的市场占有率是27%，而亚马逊至少占到60%。

音乐行业的数字下载完全挤占了CD的销售，图书行业也会步此后尘吗？"砖头和鼠标"模式会成功吗？就像百货零售业中的西夫韦、特易购和阿霍德公司那样成功击退（通过完善"店铺挑选系统"，网上订单主要来自现有仓库和商店的书架）网络创始企业吗？答案在很大程度上取决于谁拥有最强大的范围经济。英国书商水石书店已经和亚马逊达成了一项协议，在它的书店销售电子阅读器 Kindle。该书店希望通过在店里安装全新的无线网络来销售电子书。

资料来源："The Bookstore's Last Stand", *New York Times*, 28 January 2014; "A Page Is Turned", *Financial Times*, 9 February 2010; "Waterstones in Kindle Deal with the 'devil'", *Financial Times*, 22 May 2012.

至此，我们可以总结出以下几点。实施相关多元化的一个重要原因是存在范围经济。范围经济总是依赖于一个共同使用的生产要素。可以总结出四个因素：

- 专用的不可分割的物质资产；
- 技术诀窍；
- 组织诀窍；
- 品牌名称。

两个企业之间的范围经济既可以通过市场安排也可以通过公司总部的协调来实现。

如果范围经济依赖于物质资产的联合使用，那么两个相互独立的企业进行市场协调可能更有效率。

如果范围经济依赖于难以交易的无形资产（如非专利诀窍和品牌名称），那么组织协调可能更有效。在一个多业务企业内，如果两个业务单元看到了共赢的机会（比如共享客户信息），为了实现范围经济，各个业务单元之间的合作可能会自然实现，根本无须总部的干预。这是一种互相调节的合作，更容易在两个业务单元经理相互了解和信任的时候达成。公司总部可以以多种方式促进业务单元之间的合作。比如，公司总部可以尝试营造一种氛围，让业务单元经理之间发展个人联系和信任。员工轮岗同样可以帮助"最佳做法"在业务单元之间转移。

在本章第二节中我们确定了在无关（企业集团）多元化情况下公司总部创造价值所要扮演的五种角色。在相关多元化情况下，正如本节所探讨的，我们又确定了总部所扮演的两个角色：总部要积极发现更多实现范围经济的机会（管理学中所说的协同增益的机会），并说服业务单元的经理们抓住机会。综上所述，可以说总部在相关多元化情况下也可以通过以下做法尝试创造价值：

- 确定协同机会；
- 促进业务单元之间的合作。

然而必须意识到的一个危险是，公司办公室的干预也可能适得其反。比如，公司总部可能要求业务单元的经理们出席会议确认协同的机会，但其实当时这种机会根本不存在。或者更糟糕的是，公司总部可能强迫业务单元经理共享通用设备（如采购），因此可能会推诿个人责任。当业务单元之间的合同不是自发的而是需要总部的推动时，很可能会出现破坏价值的危险。更普遍的一个观点是：如果不小心谨慎地为每一次的商业需求和机会量体裁衣，那就会导致"成也总部、败也总部"的结果。

10.4　横向多国化

在之前的章节中我们已经讨论过为什么企业会通过多元化扩展其业务单元组合。企业也可以通过横向多国化来扩展业务单元组合。**横向多国化**（horizontal multinationalization）是指在别的国家从事相同的业务。德国一家卡车公司对美国一家卡车公司的兼并就是这样的例子。

假设一个企业在两个不同的国家（比如美国和德国）运营两家不同的工厂。进一步假设这两个工厂生产相同的产品（卡车）并且两者之间不存在中间产品的运输。再假设因为运输成本和进口税的存在，开两家工厂（在美国和德国）比开一家有效率。通过将美国工厂和德国工厂放置在一个管理等级制下可以实现什么优势？一个优势是实现范围经济，另一个优势是应用动态能力。

10.4.1　规模经济

既然在中间产品和最终产品之间没有运输，那么必定是通过无形资产的联合使用而实现规模经济。这里有三种相关的资产形式：

- 技术诀窍；
- 组织诀窍；
- 品牌名称。

这三种资产形式在前述章节中已有所提及。此前我们讨论了范围经济，本节将讨论规模经济。

相关多元化（实现范围经济的一种方式）和横向多国化（实现规模经济的一种方式）之间有着很强的相似性。由于这一原因，这里的讨论与前一节的讨论非常相似。

- 技术诀窍。我们还是以德国卡车公司兼并美国卡车公司作为例子。假设德国公司在设计空气动力卡车方面能力突出。它可以有两种方式在美国使用技术诀窍：它可以将这种能力卖给美国卡车制造商，也可以兼并一家美国卡车制造商并把技术转移到子公司。因此，存在可以被用来实现来自技术诀窍的规模经济的市场安排或组织安排。技术诀窍的交易困难已经在本章第三节中讨论过了。
- 组织诀窍。假设荷兰一家啤酒公司，比如喜力，在质优价高的啤酒营销方面具有专业知识。通过横向多国化，这种诀窍可被应用于其他国家。通过市场出售组织诀窍会遇到很多困难，请看本章第三节中的有关论述。
- 品牌名称。假设美国一家酒店连锁企业（希尔顿或喜来登）重点投资培育一个品牌。进一步假设这家酒店重点吸引那些在国外游历甚广的商业人士入住。显然，如果用希尔顿这个品牌，那么无论这家酒店是在北京、新泽西还是阿姆斯特丹，都将更吸引美国的商业人士。现在希尔顿有三个选择：一是在其他国家开设自己的酒店（比如购买一个已有的酒店）；二是一次性地全权出售希尔顿这个品牌；三是特许经营。

假设希尔顿想在美国继续使用希尔顿这个品牌名称，但是它决定将希尔顿这个品牌一次性卖给荷兰的一家企业使用。对于希尔顿公司而言，这么做包含着很大的风险：交易完成后，这家荷兰企业可能会实施机会主义行为——索要高价（顾客可能由于喜欢希尔顿这个品牌才订房）并且不按照希尔顿的质量标准提供服务。美国希尔顿酒店的利益迟早要受到损害，因为荷兰这家企业的机会主义行为会使希尔顿这个品牌贬值。

然而，特许经营是个可行的选择。通过特许经营，这家荷兰企业只获得了在限定的一段时间内使用希尔顿这个品牌的权利。特许经营者（美国希尔顿）在这段时间内有权检查被特许经营者（荷兰这家企业）的酒店。如果被特许经营者不遵守规定的质量标准，它将会失去在接下来的时间内使用希尔顿这个品牌的权利。特许经营是混合组织形式（一种介于市场和组织之间的形式）的一个例子。第14章第六节将进一步讨论特许经营。

10.4.2 动态能力

一家公司可能会仅仅因为它在某个国家看到了盈利的机会而在这个国家开展业务。对于这样一种跨国扩张，一些公司可能处于苦苦挣扎的困境，然而一些公司可能取得了成功。那些成功实现国际化的公司可能通过"干中学"在一段时间后建立起国际性扩张的动态能力。这样的公司真正实现了多国化，一些甚至可以被称为"全球公司"。

最简单的一个例子就是麦当劳。最初，麦当劳设计了一种商业模式，并在美国获得了巨大的成功。这种商业模式详细地明确了公司的目标客户、价值传递方式和公司盈利方式（详情请参见第11章第七节）。麦当劳发现了一套在美国供应快餐食品的成功模式。20世纪70年代，麦当劳在美国的门店增加到了1 000多家，并且第一次涉足国外，在1967年进入了加拿大。第一次体验了在邻国市场取得跨国扩张成果后，麦当劳进一步扩张了其地理版图，加快了国际化的步伐。2012年，它在119个国家拥有了超过33 000家门店，每天服务将近6 800万人次。它已经成为一家真正的全球化企业，甚至已经成为全球化的象征。正如专栏10.8所述，麦当劳必须因地制宜地调整它的商业模式，并不断地进一步改善其国际化扩张的动态能力。

专栏10.8　麦当劳国际化扩张的动态能力

麦当劳的商业模式起源于美国，用于适应快餐食品的高效配送。无论是产品（标准的菜单）还是工作程序，都有严格的标准化要求。这种商业模式在美国和类似加拿大的邻国为麦当劳带来了显著的效益增长。然而，在麦当劳进军远方世界的过程中，这种"美国式"的标准商业模式开始遭受来自不同国家的抵制，没有任何证据证明该模式有利于它的进一步增长。1999年，法国"反全球主义者"若泽·博韦攻击了麦当劳公司，声称麦当劳公司传播"垃圾食品"并摧毁了法国农民。2002年，麦当劳的销售额确实下降了2个百分点，2003年，公司不得不宣布其第一季度亏损。最后，麦当劳重新审视了它的商业模式，并做出了一系列调整。

首先，麦当劳对菜单做了一些当地化的调整。在法国，麦当劳已经开始使用法国奶酪，如山羊芝士以及全麦的法国芥末酱。在印度，麦当劳推出了可供素食者选择的菜单以适应当地口味。在以色列，麦当劳既有犹太餐厅也有非犹太餐厅，提供了鸡肉和鱼肉但是没有牛肉和猪肉选项。

其次，麦当劳不断推出新配方，如麦当劳沙拉和麦咖啡。麦当劳沙拉是一个全沙拉餐厅，顾客在这里不会找到任何传统的汉堡包、薯条和奶昔。麦咖啡则模仿星巴克，提供高质量的咖啡，营造休息室般的氛围。在法国，麦咖啡还提供三明治。

最后，如今麦当劳十分强调自己是当地经济发展的一部分。在法国，它强调自己与法国农业经济的紧密联系，并自豪地标榜企业所用的原材料95%来自法国，其他则来自欧盟。同样，在许多国家，麦当劳和当地政府合作，为年轻的员工提供了"入门级"的工作，而这些员工往往是挣扎在劳动力市场边缘的人。

在所有上述方式中，麦当劳不得不调整它的商业模式，以确保国际化扩张的实现。这些向我们展示了麦当劳如何对它的国际化扩张的动态能力进行改善和本地化调整，因为它开展业务所处的环境在不断改变。在下一章中，我们将再次讨论动态能力及其环境背景。

资料来源："Born in the USA, Made in France：How McDonald's Succeeds in the Land of Michelin Stars", Knowledge@Wharton, article ID=2521, 2011.

10.4.3 小结

简单总结，我们现在可以说三种无形资产的类型——技术诀窍、组织诀窍、品牌名称——也许在公司母国之外使用时导致了规模经济。原则上，市场安排和组织安排都可以实现规模经济的利益。在实现这些利益的过程中公司总部的作用是什么？

首先，公司总部可以促进业务单元之间的合作。如果两个业务单元看到了共赢的机会，那么即使没有公司总部的干预，它们也会自发地联合使用无形资产。这是通过互相调整实现的协调。但是，公司总部可以营造出一种氛围，使业务单元经理之间可以建立起个人的联系和信任，来促进业务单元之间的这种互相调整。员工轮岗同样可以帮助"最佳做法"在业务单元之间的转移。

其次，公司总部可能（试图）找出并确定协同的机会，然后鼓励业务单元经理充分利用这些机会。

再次，总部可以通过某些集中的活动（如研发）促进无形资产（如技术诀窍）的共享。公司总部应该做的事必须符合实现规模经济的要求。

最后，拥有总部的公司可以在其他国家抓住成功的机会，因为它能比潜在竞争对手提前察觉并捕捉这些机会。通过将国内成长起来的商业模式"出口"到位于其他地方的市场，这些公司可以由此开始其国际化扩张路径。随着成功的到来，它们也开始建立起国际扩张的动态能力。正如专栏10.8所述，这样一种动态能力需要随着时间不断调整和改进，因为目标市场在地理位置上不断扩大，环境背景也在不断改变。

10.5 纵向一体化

大多数生产过程都包括技术上可分离的几个阶段，比如，汽车生产包括很多安装阶段，如安装车体、发动机、变速箱、车轮等零部件。每个零部件又由其他零件组成。纵向一体化是指进入生产的前一个阶段（后向一体化）或后一个阶段（前向一体化）。

显而易见，没有企业可以实现完全一体化。比如，一个教材出版商要实现完全一体化意味着它不仅要印刷、装订以及经营书店，还要生产纸、墨水、计算机、印刷设备、装订设备以及生产纸、墨、计算机等的材料。所以问题不在于是否要实施完全一体化，而在于你打算囊括生产过程的哪个阶段。比如，一个汽车企业可以考虑是否生产自己的变速箱或点火系统，然而，它不可能会考虑生产轮胎或者灯泡。

我们可以直接运用第 8 章介绍的交易成本经济学来分析纵向一体化。一个汽车企业愿意生产自己的座位，而一位小建筑承包商从五金店里购买铁钉，这两种不同的行为是由它们不同的治理结构决定的：前者采用管理的等级制而后者依靠市场。在这两个极端之间可以有另一种选择——长期合同。比如，这个汽车企业可以与一个座位生产商签订一个 5 年期合同。这种长期合同有时也被称为准纵向一体化。特许经营和授权合同（licensing contract）是涉及企业间长期合同的准纵向一体化的另一些例子。这些都是混合形式，既不是纯市场也不是纯等级制度，而是介于两者之间。第 14 章将会进一步拓展讨论混合制度。

10.5.1 技术依赖

技术有时被认为是关于两个相邻生产阶段能否纵向一体化的决定因素。请看炼钢的例子。

炼钢包括两个阶段：首先，铁矿石在高温熔炉里锤炼出铁，然后，铁通过一个旋转的炼钢机提炼出钢。当这两个生产阶段被放置在一起操作时，可以节约大量的能源。因为这样可以使融化的铁不需要冷却和再加热就可直接投放到旋转的炼钢机里。因此，通常人们认为铁和钢的生产应当实行纵向一体化，因为它们之间存在技术依赖。

威廉姆森认为，仅仅因为技术依赖并不一定会导致纵向一体化。高温熔炉和炼钢机可以被独立的两个企业拥有和运营。当然，它们应当将企业设置在彼此邻近的地方，这样可以节省能源。

10.5.2 交易的主要维度

实际上，我们通常看到铁厂和炼钢厂是一体化经营而不是作为两个独立的企业经营的。为了解释这个现象产生的原因，除了技术因素之外我们还需要借助交易成本理论进行探讨。

什么因素决定了人们在纵向一体化、通过长期合同实现的准纵向一体化或者一系列现货合同之间做出选择？正如第 8 章探讨的那样，交易的三个维度十分重要：

- 资产专用性；

- 不确定性/复杂性；
- 交易频率。

资产专用性和不确定性/复杂性比交易频率更重要。所以，为了简化讨论，我们暂时忽略交易频率。

交易双方的资产专用性可以都很低，也可以一方较低，而另一方较高，或者两方都高。如果交易一方的资产专用性较高，而另一方较低，那么资产专用性较高的一方容易遭受对方的机会主义行为。然而，如果交易双方的资产专用性都很高，那么他们处于同一位置，就像敌对双方相互握有对方的人质一样。如果一方伤害人质，另一方也可以报复。这样一种处境使得双方都很小心。按照军事上的说法，双方都有休战的动机。按照经济学的说法，都具有较高资产专用性的交易双方可能希望签订长期合同。如果一方违背合同，那么双方都会受到损害。在这种情况下，倘若没有太多的意外发生，长期合同可以很好地发挥作用。

将双方资产专用性都低、一方高而另一方低、双方都高这三种情况连同不确定性/复杂性低或高的情况进行排列，我们将会得到 6 种不同的交易类型（见图 10.1）。

下面我们将讨论这 6 种交易类型，并且分析在每种交易类型中哪种治理结构最有效。

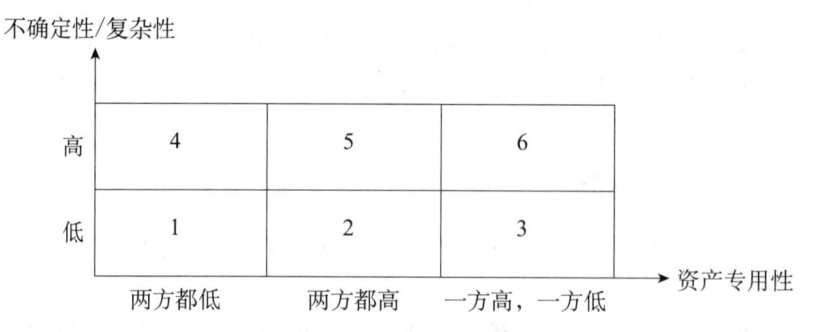

不确定性/复杂性	两方都低	两方都高	一方高，一方低
高	4	5	6
低	1	2	3

图 10.1　不同资产专用性和不确定性/复杂性组合的六种交易类型

□ **类型 1：双方资产专用性都低，不确定性/复杂性低**

一个小建筑承包商购买铁钉就是这种类型的一个例子。在这种情况下，现货合同非常有效。

□ **类型 2：双方资产专用性都高，不确定性/复杂性低**

有关这个处境的例子，请回顾第 8 章第三节中讨论的一个孤立小城里的报纸出版商和印刷商之间的关系。印刷设备对于印刷商而言是交易专用性的，因为那个小城里只有一家报纸出版商。由于存在运输成本，这家印刷商不能将服务出售给其他小城的报纸出版商。对于报纸出版商而言，由于只有一家印刷商，所以他投资在订阅者和广告商方面的信誉也是交易专用的。因此，双方的资产专用性都很高：他们为了进行交易而相互依赖。

不确定性/复杂性的主要来源是出版商是否能够支付费用。如果印刷商对该出版商的支付能力确信无疑（无论是因为她知道出版商的资金很充足，还是因为她知道这份报纸会产生足够的现金流），长期合同将会很好地发挥作用。

□ 类型3：一方资产专用性高，不确定性/复杂性低

有关这个处境的例子，请看一个汽车零部件生产商和一个汽车公司之间的关系。假设这个零部件生产商不得不为某些只能卖给一家汽车公司的零部件投资一些专用设备，而这家汽车公司却有好几家供应商为它供应这种零部件，那么这家生产商的资产专用性高，而汽车公司的资产专用性低。进一步假设人们可以很好地预测到该零部件的需求量，同时也很容易生产，那么不确定性/复杂性低。这种情况下零部件生产商就容易遭受这家汽车公司的机会主义行为。所以纵向一体化可能是较好的选择。另一种解决方案是，汽车公司自己购买专用设备然后和生产商签订长期合同。

□ 类型4：双方资产专用性都低，不确定性/复杂性高

有关这个处境的例子，请看一个石油公司和一个管理咨询公司之间的关系。潜在的交易可能是咨询公司向石油公司提供有关组织政策的建议。双方的资产专用性都很低：石油公司可以寻找其他的咨询公司寻求指导；管理咨询公司可以有很多其他的潜在客户。然而，很难在合同中详细列明管理咨询公司提供的服务。通常来说，只有随着咨询工作的开展，具体问题才能被解决，所以不确定性/复杂性非常高。现在交易频率成为一个重要的维度。

如果交易频率很低（假如石油公司很少寻求这类咨询），那么纵向一体化并不是一个很好的解决方案。双方必须以某种方式签订一份合同，即使面对较高的不确定性/复杂性。或许咨询工作可以被分成若干阶段，在这个咨询公司做完初步研究后，石油公司有权重新考虑这项交易。然而，如果交易频率很高（假设石油公司经常需要这类咨询），纵向一体化将是很好的选择。石油公司可以设立一个内部咨询管理团体。

□ 类型5：双方资产专用性都高，不确定性/复杂性高

重新思考炼钢这个例子。假设炼钢的这两个阶段（高温熔炉和旋转炼钢机）属于两个独立的企业。为了节约能源，高温熔炉企业和旋转炼钢机企业所在的位置必须相近。高温熔炉企业只为一个客户提炼铁，而旋转炼钢机企业只有一个熔铸铁的供应者。这暗示着对高温熔炉企业和旋转炼钢机企业而言，大部分物质资产都具有交易专用性。

不确定性/复杂性也很高。不确定的来源之一可能是不同等级的钢的质量很大程度上取决于熔铸铁的质量，然而熔铸铁的质量很难衡量。因为熔铸铁的质量取决于铁矿岩的质量，而且，不同等级的铁矿岩的质量和价格也不同，高温熔炉的拥有者可以有机会实施机会主义行为。在这些情况下，很难签署和实施一项意外索赔合同（contingent claims contract）。在这种情况下，纵向一体化是最有效的解决方案。

□ 类型6：一方资产专用性高而另一方资产专用性低，不确定性/复杂性高

请考虑一家零部件生产商必须投入巨额资金来研发一种只有一个买家的零部件这个例子。这种投资就具有较高的资产专用性。不确定性/复杂性高可能有两个来源：研发费用可能是不确定的和/或对最终产品的需求（这里是指对零部件的需求）很可能是不确定的。如果这两种来源的不确定性都很高，那么就很难签署和实施一项意外索赔合同（contingent claims contract）。纵向一体化是最有效的解决方案。

上述讨论的6种交易类型被总结在图10.2中。

	双方都低	双方都高	一方高，一方低
高	取决于交易频率	纵向一体化	纵向一体化
低	现货合同	长期合同	纵向一体化

不确定性/复杂性（纵轴），资产专用性（横轴）

图 10.2　资产专用性和不确定性/复杂性如何决定治理结构

所以，在上述第 5 种和第 6 种交易类型下（资产专用性和不确定性/复杂性都很高）纵向一体化比两家独立的公司更有效。如果已经实现了纵向一体化，公司总部又将起什么作用？正如炼钢这个例子，如果一家工厂将所有产品"出售"给了另一家工厂，那么根本无须像对待两个业务单元那样对待这两家工厂，否则这两个生产阶段最好是由联合业务单元的经理来协调。但如果第一个阶段的产品除了供应给兄弟业务单元外还出售给其他客户，那就很有必要设立两个相互独立的业务单元。此时，公司总部起到了调解两个业务单元之间纠纷（如讨价还价）的作用。比起两个业务单元都停下工作聘请律师对簿公堂，由公司总部调解纠纷成本低得多。

图 10.2 中的总结是比较静态分析的例子之一：各种治理结构的效率和性能是在某个时间点上进行比较的（因此是静态的）。当我们动态分析治理结构时可能会发现，市场和组织的界限随着时间的改变而改变。专栏 10.9 是一个计算机行业的例子，计算机行业的技术进步导致该行业结构从纵向一体化转向了（水平）专业化。另一个例子是，我们看到，一方面许多企业和行业有"外包"（将组织中的生产经营活动承包给市场）趋向，另一方面当（全球）供应链遭遇多次断裂时这种趋势又发生了逆转。这些例子都告诉我们组织和市场的界限并非固定不变，而是随着环境的变化而变化的。下一章我们将介绍组织的演化方法，届时将会详细介绍组织和环境之间的相互作用。

专栏 10.9　　纵向一体化：计算机行业的动态界限

当计算机行业应运而生时就包含了纵向一体化企业，如 IBM 公司自己生产芯片，自己组装电脑，自己编写操作程序和应用软件，并通过自己的销售渠道销售。你可以数一数"自己"这个词在这句描述中出现的次数。事实上，最初的电脑公司拥有生产和销售电脑的所有（专有性的和纵向性的）环节链。竞争就是一条环节链（IBM）和另一条环节链（惠普、DEC）的比赛。

20 世纪 80 年代，一切都变了：行业结构从纵向一体化转向了水平化。在价值链的每一个环节上都出现了一些专业化公司，而不再是纵向一体化的大型公司。英特尔专注于芯片和微处理器，戴尔和惠普的重点在于电脑组装，微软则占据了操作系统的绝大部分市场。传统的纵向一体化公司如今岌岌可危（如 IBM），有些甚至已经销声匿迹，如王和斯佩里通用自动计算机（Sperry Univac）。

> 这个例子说明一个行业的结构和界限可能会随着时间的变化而变化。在计算机行业这个例子中，引起变化的是技术进步。微处理器的出现将计算机价值链分成了几个不同的阶段。独立的微处理器控制了现代计算机的各种组件，并用一种标准化的方式将其连接起来。这使该行业变得"模块化"，促使了各专业化公司将重点放在单独的模块上。
>
> 用图10.1的语言来说就是从第5种交易类型转移到了第1种和第2种类型：市场上的合同关系已经取代了组织的纵向协调关系。也可以这样总结，计算机行业的技术进步使得市场解决问题的方案比组织更为有效。用查理德·鲁梅尔特的话来说就是：
>
> 现代计算机行业真正令人震惊的不是关系网络，而是没有一个从事所有系统工程的大型一体化企业，无法实现内部化协调。当前的关系网络依旧是传统IBM血肉和骨架的精神残骸。
>
> 资料来源：Richard P. Rumelt (2011), *Good Strategy/Bad Strategy*, and Andrew S. Grove (1996), *Only the Paranoid Survice*.

10.6 小结

本章主要讨论的是公司层面的战略，即一家综合业务公司总部层面上的战略。总部的作用就是促进业务单元之间（以及总部和业务单元之间）的协调。除了组织协调方式外还有市场协调方式，当业务单元之间像两个完全独立的公司那样行事时就需要市场进行协调。

如果由总部进行组织协调的收益大于成本，那么组织协调方式就优于市场协调方式。一旦发生此种情况我们可以说总部创造了价值，反之则可以说总部损害了价值。在特定的制度背景下，组织协调的潜在收益取决于业务单元关联性的类型和程度。

在公司层面，企业需要决定它希望在哪个国家进入哪个行业。通过收购新业务、出售旧业务，开发新业务、关停旧业务，企业可以调整其项目组合。这是公司战略的一个关键要素，因为公司可以通过调整其组合来影响关联性的类型和程度（从而可能带来组织协调的潜在利益）。

在无关多元化企业（也称为集团），总部将业务单元看作完全独立的单元。总部可以通过扮演以下角色中的一个或多个来独立地施加影响，从而增加价值：

- 引进资金并将资金分配给各个业务单元。首先，通过公司总部引进资金往往效率更高，可以降低交易成本；其次，集团企业的信用评级往往高于单个企业的信用评级，可以获取更低的融资成本。通过公司总部将资金分配给各个业务单元也比通过资本市场效率更高，因为集团子公司往往会将机密信息披露给总部，同时总部在业务的相关领域也可能具备专业知识。
- 任命、评估和奖励业务单元经理。公司组织可能在为公司高管职位寻找最合适的候选人方面更具优势，因为它们可以在内部劳动力市场上充分利用已经积累起来的关于内部候选人的信息。此外，公司组织还可以在外部市场上寻找业务经理，从市场上吸引到更优秀的人才。
- 提供建议。如果公司董事会成员或企业员工对公司业务有着深刻理解，也许他们能比局外人提供更好的建议。
- 提供功能和服务。公司办公室可以提供专业化的功能和服务。如果能实现专业化经济或规模经济就能取得优势。
- 项目组合管理。一个公司往往通过收购新业务、出售旧业务、开发新业务来调整其业务单元的项目组合。问题在于它是否能通过这样做增加价值，这取决于公司拥有的知识和技能。

当一个公司的新业务和旧业务有关联的时候就产生了相关多元化。通过相关多元化公司可以获得范围经济。当两种产品联合生产的成本低于单独生产的成本时就产生了范围经济。这种情况往往出现在一家公司投入一种生产要素生产出两种不同产品时。当难以或无法在生产要素市场上出售这种生产要素时，相关多元化就是实现范围经济的有效方式。有关会导致范围经济同时难以在市场上交易的生产要素的例子是专用设备、技术诀窍、组织诀窍和品牌名称。如果一家公司拥有以上生产要素，同时在别的行业发现了使用这些生产要素的机会，我可能会建议这家公司抓住这个机会以实现相关多元化。

在一家相关多元化的公司，总部除了要扮演上述5种角色外，还要促进业务单元经理之间的合作以及找到并确认实现范围经济的机会。

横向扩张是指一家公司在同行业内拓展业务活动。当这项拓展活动跨越了国界时就涉及横向多国化。当一家公司的工厂在不同国家生产相同的产品时可能会实现范围经济，前提是所有工厂共享类似于技术诀窍、组织诀窍和品牌名称的无形资产。一般来说这类无形资产都难以跨市场销售，所以横向多国化或许是获取相关利益的唯一途径。此外，公司可能会追求横向多国化，因为它想在别的国家成功探索出一套在国内商业模式基础上改进后的模式，以此建立起国际扩张的动态能力。

纵向一体化意味着企业将要从事之前由它的供应商或者客户负责的事项。当需要为纵向一体化支付费用时可以借鉴交易成本经济学（第8章讨论过）的相关分析。分析涵盖的最重要的交易维度是资产专用性和不确定性/复杂性。两种极端交易类型需要重点关注。第一种，如果资产专用性和不确定性/复杂性都很低，那么现货合同很有效，这种情形下不需要纵向一体化那样的保证。第二种，如果资产专用性和不确定性/复杂性都很高，那么就值得开展纵向一体化。

思考题

1. 专栏10.7描述了"砖头和鼠标"模式如何在食品零售业取得了成功。你认为传统的食品零售业和互联网食品零售业之间存在潜在的范围经济吗？你是否认为对其他零售业（比如图书）来说潜在的范围经济同样重要？在食品零售业和图书零售业中，哪种生产要素可能会导致范围经济？
2. 在过去的20年时间里，一些全球大型会计师事务所（如毕马威、普华永道和安永）通过进入类似咨询、IT服务、法律咨询和猎头（也称经理招聘，executive

recruiting）等领域实现了多元化。2001年7月7日出版的《经济学人》上有一篇文章专门讨论了相关原因。该文指出，会计师事务所自己说它们转变成专业的服务集团有两个原因：

- 第一个原因是降低风险。如今审计人员最担心的是被起诉的风险，因为股东起诉产生的支付巨额和解费的案例越来越多。该文表示，降低风险的最佳方法不是提供更多的服务，而是成立有限责任公司。
- 第二个原因是为了满足公司客户的需求（这个原因是专业化服务公司给出的）。该文同时也对此表示怀疑——许多大型全球企业都聘用几个不同的咨询公司。

该文还给出了第三个原因——人际关系网。在专业化服务集团中，旧式的人际关系网是业务上的强大影响力。为大型公司增加法律（或其他）服务将会大大拓展它们的潜在人际关系网。当所有专业服务费用出现下行压力时，这有助于解释为什么它们对多元化具有如此高的热情。

请用文中给出的相关和无关多元化的逻辑分析比较上述三种原因。你能在分析的基础上给出其他一些可能的原因吗？如果想要在这些原因之间建立联系，你还需要什么信息？

第 11 章 组织的演化路径

11.1 导论

前几章探讨了常见的几种组织形式。现在我们转换视角，重点探讨组织形式随着时间的推移而经历的发展过程。用经济学术语来表达就是从静态视角转换到动态视角。在组织理论中，这种动态、发展的视角通常被称作演化。当我们在第 5 章讨论进化博弈理论时我们已经遇到过演化方面的内容，下一节将用生物学的（长颈鹿）例子来做进一步介绍。然后我们会在第 11 章第三节思考这种演化理念在解释组织现象时的有效性。

有关演化方法的两个例子阐述了本章的核心内容。一种演化方法在本质上确定无疑是经济学的，另一种演化方法是从社会学角度提出的。本章的第三节和第四节将分别介绍这两种方法，第六节将对这两者做一个比较。

第七节接着回到第 9 章介绍的动态能力。现在我们可以探究动态能力的演化问题，以及回答如何挑选出这种能力来产生可持续的竞争优势。这些广泛的联系（经济学的、社会学的、战略学的）说明演化这一视角跨越了多个学科，并且能够在对某一特定组织现象进行研究的过程中将这些不同学科的成果结合起来。本章最后一节将介绍这种结合的可能性。

11.2 长颈鹿的故事

我们借用的是一个很著名的生物学例子：为什么长颈鹿会有长长的脖子？这个简单的问题为我们区分了进化论和创造论，以及进化论阵营中的达尔文（Darwinist）思想和拉马克（Lamarckian）思想。

创造论对该问题的回答相当直截了当：因为造物主按照那种方式创造了长颈鹿。创造论思想中包含着造物主精心设计的观点。长颈鹿的长脖子是被设计出来的，这种特征使得它们能够战胜其他一些物种，从而生存下来。在以树叶为食物的物种中，只有长颈鹿能够吃到树顶的叶子，这种垄断行为保障了长颈鹿的食物供应。

相反，进化论思想强调**累积性适应**（cumulative adaptation）。长颈鹿的长脖子不是被设计出来的，而是逐渐进化形成的。这是一个涉及很多代长颈鹿的过程。这个进化过程存在于很多的小阶段中，这些小阶段随着时间的推移可能会产生巨大差异。而且，进化论者认为，正是这些变化的累积性效果使得物种能够适应环境。对特定环境类型的适应使得某一物种能够在与其他物种的竞争中幸存下来。长颈鹿由于占据了"能够吃到高处树叶"的"生态位"所以能够幸存。在这个有利位置，几乎没有来自其他物种的竞争。

在演化视角内，有一些解释阐述了累积性适应的过程。一个解释是拉马克做出的，另一个是达尔文做出的。

拉马克解释（Lamarckian explanation）建立在两个原则之上：**使用/废止原则**（principle of use and disuse）和**已获得特征的遗传原则**（inheritance of acquired characteristics）。使用/废止原则是指被有机体使用的身体部分会越长越大，那些不被使用的部分将会萎缩。将这个原则应用于个体长颈鹿，结果就是：长颈鹿为了吃到较高位置的树叶不断伸长脖子，脖子会越来越长。

已获得特征的遗传原则考虑到了代际的影响。个体已经获得的特征可以遗传给后代。长颈鹿父母已获得的长脖子特征可以传递给它们的子孙。因此，每一代长颈鹿死亡时，其脖子都要比其前辈稍长一些，并且这一特征将被传递给下一代。这种进化方面的进步一直持续到长颈鹿可以碰触到最高位置的树叶为止。

相反，**达尔文解释**（Darwinian explanation）强调累积性**自然选择**（natural selection）的作用。达尔文主义者将长颈鹿具有长脖子的原因解释为，长颈鹿基因中的小变异（或变体）经过很多代，一步一步地进行累积性选择的结果。设想进化过程中的一个阶段，在此阶段长颈鹿有中/长脖子，可以碰触到最高树木的中间部分。在那个阶段，那一代的长颈鹿基因中出现了许多小变异。这些变异中，只有一种或少数几种变异能够使长颈鹿的脖子变长，有这种变异的长颈鹿（在其他方面不变的情况下）在环境中会有更多的生存机会，因为它们可以碰触到更高位置的食物。换言之，在竞争食物资源方面，环境更倾向于选择脖子较长的长颈鹿，因为它们能更好地适应环境。随着时间的推移，能够引起脖子变长的变异将会越来越多地被输送到长颈鹿这一物种的基因库中。因此，尽管个体变异是一个随机过程，累积性选择却不是。经过若干代长颈鹿的生死交替，自然选择将会倾向于支持长颈鹿脖子的加长，并且使这个物种更好地适应环境。因此，作为适应环境状况结果的个体（随机）**变异**（variations）、自然**选择**（selection）以及适应性特征的**保持**（retention）（在基因库中）形成了达尔文解释的因果链。我们已经在第5章中讲述过，那时它是进化博弈理论中的进化机制（遗传算法）。

为什么要在与组织有关的书中不厌其烦地介绍长颈鹿的进化故事？原因是，这个生物学例子是一个很好的类比，可以用于思考组织形式演化的各种可能解释。在下一节中，我们将探讨生物学解释在多大程度上可以被运用到组织领域。作为这一节的总结，我们要强调：尽管类比是有用的，但是没有理由认为它是完美的。在生物学上，达尔文解释似乎有最科学的证据（尽管并不是每个人都信服——见专栏 11.1），然而，组织是不同于生物学家研究的物种的"怪兽"。或许创造论者的观点或者拉马克的观点（或其他的解释）在组织领域中更为重要。事实上，我们将看到在现阶段各种解释是并驾齐驱、相互竞争的。

专栏 11.1　　　　　公众对进化的接受

达尔文在 1859 年发表了他的进化论著作《物种起源》。这一理论暗含的一个意思是人类是猿的后代。这种暗示很难被全世界的人所接受，迄今为止，还有一些人仍然怀疑这个观点。下面的数字显示了一些国家的公众对这个问题的看法："正如我们所知的，人类起源于早期的动物：这是真的还是假的？"（或不确定/不清楚。）

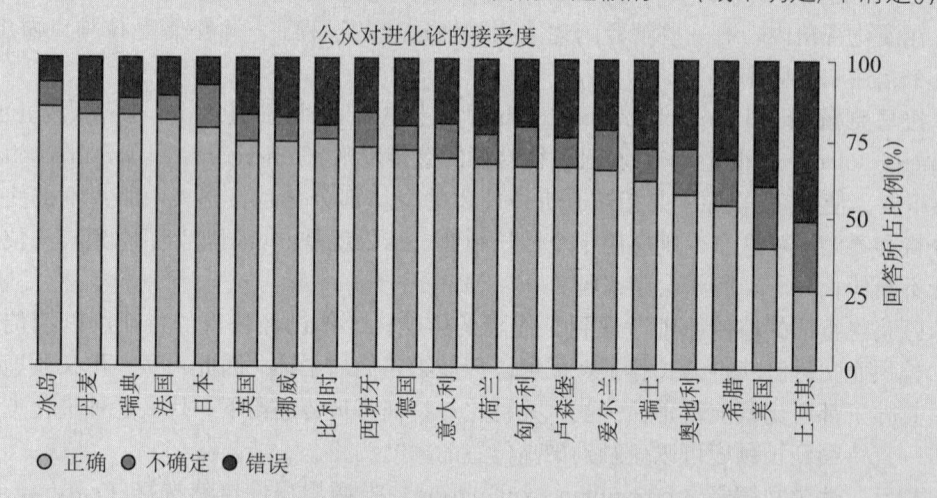

公众对进化论的接受度

国家顺序：冰岛、丹麦、瑞典、法国、日本、英国、挪威、比利时、西班牙、德国、意大利、荷兰、匈牙利、卢森堡、爱尔兰、瑞士、奥地利、希腊、美国、土耳其

○ 正确　● 不确定　● 错误

美国人比欧洲人还不愿意接受达尔文的说法。图 11.1 显示了美国人中相信不同说法的人数所占的比例，相信创造论的是最顶端的线，相信神灵设计论的是中间的线，相信进化论的是最底端的线。

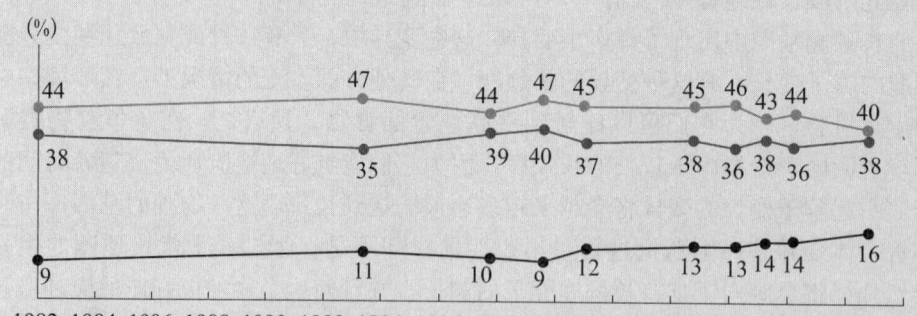

相信创造论（%）：44 (1982), 47 (1993), 44 (1997), 47 (1999), 45 (2001), 45 (2004), 46 (2006), 43 (2007), 44 (2008), 40 (2011)

相信神灵设计论（%）：38, 35, 39, 40, 37, 38, 36, 38, 36, 38

相信进化论（%）：9, 11, 10, 9, 12, 13, 13, 14, 14, 16

● 相信创造论（上帝以礼物的形式创造了人类）　● 相信神灵设计论（人类在神的指引下进化）
● 相信进化论（人类进化但神灵未参与其中）

图 11.1　美国人中相信创造论、神灵设计论和进化论的人数所占的比例

资料来源：J. D. Miller, E. C. Scott and S. Okamoto (2006), "Public Acceptance of Evolution", *Science*, vol. 313.

11.3　组织和长颈鹿

首先，我们重申我们正在处理一系列不同于前几章的问题。随着时间的推移，组织形式不断发展。我们感兴趣的是如何解释这些组织形式的发展。当然，我们可以把"为什么目前存在如此多不同的组织形式"[1]这个问题作为出发点。然而，对现有组织形式的解释必将包括这样一些观点：如果我们把组织形式看作动态的或演化的，这些组织形式就是随着时间的推移而发展的。

其次，我们现在进行的分析涉及的是组织形式的种群（等同于生物学的物种）层次。我们感兴趣的不是单个组织，而是相似的组织形式的类别。

再次，对组织形式的发展的分析不是脱离组织运行的环境而孤立进行的。环境选择在下面几节列出的两种演化方法中发挥了重要作用。

我们可以从生物学类比中得到什么启示？组织形式和生物学物种之间有哪些差异和相似之处？我们简单讨论一些差异和相似之处。这些差异与组织是**人的建构**（human constructs）这一事实有关。把组织看作人的建构有两种含义。

下面哪种说法最接近你关于人类起源和发展的观点：

- 在1万多年前，上帝在同一时间创造了和现在差不多的完美的人类。
- 人类经历了上百万年才从低级的生命形式发展到现在，但是这一过程都是在神的指引下完成的。
- 人类经历了上百万年才从低级的生命形式发展到现在，但是这一过程没有神的任何参与。

第一种含义是指组织是被人的活动创立和建构的。企业家创立小企业；政府设立办公机构；管理层定期重组组织以及决策制定者决定组织的合并与停办。长颈鹿不能设计或重新设计它们自己。组织在一定程度上至少是被有目的地创立和设计的。当然，它们通常会变得与它们最初被设计时的意图有所不同——打个生物学的比方，组织可以有自己的生存轨迹——但是有目的的人类行为和理性的建构总是存在的（斯科特，1992）。这意味着创造论者强调有目的的设计这一观点将会在组织领域发挥较大的作用。

第二种含义来自"建构"这一术语。从"建构"的字面含义来讲，组织的建构是指深思熟虑的设计，从"建构"的哲学层面来讲，组织的建构是人类精神活动的产物。或许这可以通过一件趣事得到阐明，这件趣事就是三个棒球裁判在接受采访时关于差球和好球的回答。下面是他们的回答：

- 第一个人：当差球和好球存在时，我才裁判它们。
- 第二个人：当我看见它们时，我才裁判它们。
- 第三个人：只有当我做出裁判时，才存在差球和好球。

第一个裁判假定了有差球和好球处在某个未知的地方，而且他能正确地区分出来。第二个裁判承认实际情况与他的感知或者判断存在差异。第三个人表示只有经他裁判才会有差球和好球出现。当然，按照棒球规则，第三个人是正确的，因为棒球规则指明只有裁判的判断才能算数。在哲学层面上,第一个裁判是一个存在主义者。第三个裁判是理念主义者或建构主义者。建构主义者认为,现实必须是通过人的精神建构形成的。

组织和长颈鹿是怎么形成的?在没有深入探讨哲学问题的情况下,许多组织理论家往往认为组织在本质上比长颈鹿更具有建构性。请思考下面的问题:

- 组织/长颈鹿是由什么组成的?
- 组织/长颈鹿的边界是什么?

对组织的判断比对长颈鹿的判断有更大的差异空间。一般说来,组织不太可能是那种"处在或被留在某个未知地方的实体":在我们发现组织存在之前,我们首先要在思维中建构它们。这种微妙的哲学观点有重要的后果。后果之一就是:与人们对生物学物种的看法不同,人们很难对关于组织形式的描述达成一致意见。另一个后果是:对在接下来的几代中究竟什么东西会被"选择""复制"等一些问题的回答非常不清楚,存在选择的余地,并且所做的选择部分取决于谁做出选择。本章后面探讨的两种方法也采用了这两种不同的观点。

众多的相似之处是从对以下两点的认可中发展而来的:(1)无论组织是什么,它们都处于一定的环境中,并且(2)环境在解释组织形式的发展中起了重要作用。在前面一些章节中,我们在没有涉及环境的情况下已经研究过组织现象。例如,代理人关系是在"与环境没有一点关系"的情况下进行分析的。在交易成本经济学中,环境是用两个变量表示的:不确定性/复杂性以及小数交易。

在产业经济学和战略管理领域,环境开始发挥重要的、复杂的作用。这个作用在本章中得到扩展。这种扩展体现在两个方面:第一,我们明确分析组织形式的发展,而不是分析单个企业的发展(大部分战略文献都分析单个企业的发展)。第二,环境概念在本章含义十分广泛。它包括影响选择过程的所有维度。这些维度在本质上不仅仅是经济的,而且是社会的、政治的、文化的或者是制度的。正如我们将要看到的,在下一节中,组织形式的合法性概念很重要。因此,这一章将在我们的概念框架下,大量阐述环境的重要性,包括环境压力和选择等,正如第 1 章所谈到的(见第 1 章第七节)。

通过使用生物学的类比,我们将注意力集中在选择过程而非适应过程。大多数组织理论重点关注单个组织对环境情况和变化的调整适应。然而,不能否认选择过程也很重要。存在诸如组织死亡之类的情况,比如组织可能会破产,被成员抛弃或者以其他方式停止存在(比如被禁止存在)。组织形式也会有生命周期:新的形式出现(通常是新技术应用的结果),旧的形式消亡。专栏 11.2 阐述了 1912—1995 年这一期间世界上最大的 100 家工业企业的命运。在很多职业或者产业中,古老的行业协会让位于较为现代的组织形式。所以毫无疑问,选择、出生、死亡、取代以及其他的一些现象也是对组织进行研究的目标。在接下来的几节中列出的方法将阐明生物学类比的用途。

专栏 11.2　1912 年最大的 100 家工业企业

1912 年世界上最大的 100 家工业企业的名单中,有许多都是我们耳熟能详的。如我们认识的宝洁、西门子、通用电气和荷兰皇家壳牌。但是如今谁还知道俄罗斯的布里安斯克铁路和工程、德国霍亨洛钢铁、美国的中央皮革和国泰包装？经济史学家莱斯利·汉娜重现了世界上最大的 100 家工业企业在 1912—1995 年的命运。下面是其几项发现：

消失了 48 家企业，其中 29 家破产；

幸存下来 52 家企业，其中在 1995 年仍位于世界前 100 位的有 19 家。

这些最大的公司中将近一半的公司没能作为一个独立的实体在这 80 多年里存活下来。几乎三分之一的公司破产，只有 28 家公司在 1995 年发展得比 1912 年还大。消失或衰弱的公司数量几乎是成长起来的公司数量的三倍。保罗·奥默罗德对这些发现的评论指出："常常有人问我，企业家能够逃离大型公司结构中的生活吗？——'我能够为自己建立一家小公司吗？'答案显而易见：买下一家大公司然后等待。"

资料来源：Paul Ormerod (2005), *Why Most Things Fail*, London: Faber and Faber; L. Hannah, "Marshall's 'Trees' and the Global 'Forest': Were 'Giant Redwoods' Different?" in: N. Lamoreaux, D. M. G. Raff, and P. Temin, eds., *Learning by Doing in Markets*, *Firms*, *and Countries*. (Chicago: University of Chicago Press, 1999)

11.4 组织生态学

第一个方法被称为种群生态学，更准确地说，应当被称为**组织生态学**（organizational ecology）。在过去的 10 年中，只有少数学者阐述过这个方法，其中较为著名的有迈克·汉南和约翰·弗里曼。在接下来的论述中，他们的思想将会发挥非常重要的作用。

汉南和弗里曼将他们的方法看作社会学的方法。然而，很显然，他们的方法也使用了诸如竞争等经济学概念，并且经常与经济学分析联系在一起。我们也相信这种方法与经济学分析相互影响，两者可以富有成效地结合在一起（见本章第六节）。因此，他们的方法被包括在对组织的经济学方法进行的全面评述中。

组织生态学根据其分析的复杂程度可以分为三个层次。第一个层次涉及的是组织的种群统计学。在这一层次中，组织种群的各种变化率是关注的中心。其中最重要的是组织的出生率和死亡率。

第二个层次关注组织的种群生态学，并且试图将各种群的重要比率连接起来。各种群之间的出生率和死亡率是如何相互联结起来的呢？

第三个层次关注的是组织的群落生态学。在这一层次中，关注的中心问题是种群之间以及种群内的联结如何影响群落作为一个整体持续的可能性。

公平地讲，迄今为止大部分研究都只关注第一个层次（种群统计学）。有些研究关注第二个层次，如比较不同环境状况下的一般餐馆和专用餐馆存活率的研究。[2] 很少有研究有勇气涉及第三个层次。

生态学研究使用个体组织的数据。然而，这些数据现在被用来分析种群这一层次的发展。比起解释个体组织的出生、成长、衰落和死亡，生态学家更感兴趣的是找出种群这一层次的综合比率（aggregate rates）。因此，我们需要一个种群的定义并且需要一个程序来将组织形式的各个种群区分开来。

对于生物学家而言，区分不同物种种群的主要标准是异种间的交配繁殖。一个生物学物种是一个可以异种间交配繁殖，或者说可以构成一个基因库的所有生物类型的集合。组织分析却没有这样的可操作性定义。使用异种间交配繁殖做类比可能不是很有用，因为我们发现在现实中各种企业间都可能存在合并或者合资现象。我们该如何对待这种混合的情况，或者说该如何对待集团企业？

理论上讲，区分组织形式的种群并不是一件简单的事。实际上，大多数生态学研究主要关注的是诸如报纸、餐馆和工会等那些能与其他种群很容易地区分开来的种群。就可以使用的定义而言（采纳了来自卡罗尔和汉南1995年的文章中的定义），**组织形式**（organizational form）总结了使一组组织具有生态学相似性的核心特性。因此，相同形式的组织以一个共同的方式依赖物质和社会环境。如果环境变化以同样的方式影响它们，那么这一组组织在这一意义上就拥有相同的形式。

组织种群（organizational population）包含了在特定时间和空间条件下具有某种特定形式的一组组织，例如公共事务管理局和投资银行。日本在1946—1997年的那组公共事务管理局和美国在同一时期的那组投资银行就是令人感兴趣的组织种群的例子。

组织生态学的一个重要假设就是组织具有**相对惯性**（relative inertia）这一特征。它们对环境的变化反应相当缓慢。这并不是说组织从不改变；而是说，如果需要进行剧烈的变化，组织很难迅速地做出改变。这些难得的改变不仅容易被拖延，而且往往不会成功。因此相对于环境的变化而言，组织是迟缓的。这是一个重要的假设，区分了组织生态学和其他强调适应性的组织方法。下面我们要考察构成组织生态学理论基础的前提假设并说明相对惯性这一假设是怎样符合组织生态学理论的基础要求的。

专栏 11.3　惯性和变更：局外人对抗内部首席执行官（CEO）

文学上从来不乏有关"英雄式 CEO"的趣闻轶事。他们总是被一个身陷困圈的公司从外部任命，随后成功地扭转了公司的乾坤，改变了公司的命运。事实上确实会发生这种事，正如 IBM 的路易·郭士纳。然而，很少有相关系统性的证据表明，这种从外部任命的"英雄式 CEO"在实际中一般都有效果。吉姆·柯林斯的研究得出了不同的结论，其中涉及了缓慢变化和相对惯性，《金融时报》总结如下：

> 吉姆·柯林斯的研究发现，转变通常是内部人员的工作。在他的著作《从优秀到卓越》中，柯林斯先生发现了11家公司在经过15年的业绩不佳后，在接下来的15年给股东带来了至少是市场平均回报率三倍的收益。这11家公司中有10家公司的首席执行官来自公司内部。
>
> 大部分这些扭转公司局面的老板都是我们没有听说过的人，例如金伯利-克拉克的达尔文·史密斯，美国零售商克罗格的吉姆·赫林。
>
> 他们的成功并不是来自外部人的建议，而是他们对公司和产业的直观感受和深入了解。

> 组织很难让步，大多数人抵制变化，解雇他们的同事可能可以吓唬他们使其更努力地工作，但不会赢得他们的热情和决心。生产性能的改进来自对市场的详细了解和对公司文化的解读。另外，也需要知道组织中谁有支配权。
>
> 柯林斯先生列出来的这些首席执行官也常常跳槽，但他们往往会三思而后行。其中一人说："我们是一个爬—走—跑的公司。"关于英雄行为和拯救的故事总是能引起我们内心深处的共鸣，但我们不能一味相信。
>
> 吉姆·柯林斯对自己的评价是："我们在多个领域的研究（《从优秀到卓越》《基业长青》《巨人如何倒下》，以及我们正在研究的如何在动荡的环境中制胜）都显示出建立伟大的公司和外聘首席执行官之间存在极显著的负相关关系。"（Collins, 2009, pp. 94-95）。
>
> 资料来源：Michale Skapinker, "Slowly Does It", *The Financial Times*, 27 March 2002, p.11; J. Collins (2009), *How the Mighty Fall*, London: Random House.

为什么组织被假定是具有惯性的？迄今为止，在所探讨的众多方法中经常使用的是效率观点。效率驱使组织发生变化，否则这些组织将被效率更高的组织取代。汉南和弗里曼走了一条不同的路线，他们认为组织有不同的能力。首要能力是**可靠性**（reliability）。理论上讲，组织提供的产品和服务通常也能由那些临时由技术熟练工人组成的团体提供。然而，与这些临时团体相比，组织的生产能力更为可靠，生产的产品的质量（包括产品生产的时效性）更加稳定。在未来的不确定性既定的情况下，潜在的成员、投资者和客户可能更看重可靠性而不是效率。换言之，他们肯为这种确定性（即符合最低质量要求的产品或服务在需要时都可以得到）支付相对较高的价格。因此，他们愿意同组织进行交易。

在组织内，指导经营活动的**惯例**（routines）逐步形成。这样的惯例可以在组织内得以保留，但是不会保留在成员不断变化的临时团体内。惯例在确保产品的可靠性方面发挥着重要作用。为了着重突出这一观点，请将你自己设想成为一个商人，旅行到了一个陌生的国家并且需要租赁一辆汽车。你愿意从一个国际连锁租车公司（比如艾飞斯或赫茨）租赁一辆车，还是愿意通过邮件联系的方式从某个当地人那里租赁？的确，在一些特定情况下，我们更多地会选择国际连锁酒店、国际租车代理商和国际金融服务，因为此时我们想要得到的是可靠的服务，而不是为了降低成本。

组织不仅比临时团体更可靠，而且它们也可以更容易地让人相信它们是负责任的。**责任感**（accountability）是现代社会的一个重要品质。社会学家认为（程序上的）理性规则是普遍的。决策和行为必须用理性来解释。例如，投资者需要对资源配置做出合理的、内在一致的说明。作为对这种需求的回应，出现了会计师这一职业。对于雇用和解雇行为，雇员需要合理的解释，并且他们会根据人们广泛持有的社会标准（比如机会平等）来评价这些解释。消费者要求厂家提供有关产品性能的合理说明。在一些诉讼案件中人们可以明显体会到这一点：如果消费者因为产品责任问题向法庭提起诉讼，那么生产者对案件的令人信服的辩护必须建立在提供有关生产过程、决策和行为的证明材料之上。

汉南和弗里曼认为组织可以比临时团体更容易地提供对其决策和行为的合理说明。一个重要的原因就是组织内存在适当的规则和程序。拿生产惯例来说，这些规则和程序在组织内比在其他集合体内（比如临时团体）更容易形成和保留。组织收集和存档的这些信息意味着它们可以记载资源是怎样被使用的，可以重现那些有效果的决策、规则和行为的制定和执行过程。当今社会越来越需要程序理性，这种责任感给组织带来了临时团体所不具备的优势。

汉南和弗里曼（1989a，p.74）将目前的一些观点总结如下：

> 现代社会支持那些显示出或者至少是合乎理性地声明自己具有做出可靠行为的能力，并且可以合乎理性地为自己的行为做出解释的那些集体行动者。所以它对组织的支持超过了对其他集合体的支持，并且对某类组织的支持超过了对另一些组织的支持，因为并不是所有的组织都在同等程度上拥有这些品质。组织种群内的选择倾向于消除那些可靠性和责任感较低的组织。因此，我们认为现代社会组织种群的选择倾向于支持那些行为可靠性较高以及责任感较强的形式。

从上面这个总结过渡到"组织呈现较强惯性"这一结论还需要承认以下这一点：组织要具有可靠性和责任感，组织结构必须是高度**可复制的**（reproducible）。这些决定可靠性和责任感的惯例、规则和程序必须各安其位。因此，今天的组织结构，包括角色结构、权威结构和沟通结构，必须跟昨天的状况相同。也就是说，必须一直是可复制的，这样可以确保组织的可靠性和责任感。就像一家大型金融服务公司的主管人员所说的那样（专栏11.4），这就需要一个严密的组织。

专栏 11.4　　　　荷兰国际集团的复制能力

荷兰国际集团是一家总部设在荷兰的大型银行和保险集团。它是首次在一个集团内大规模地将银行业和保险业结合起来的公司之一。它在全球的雇员超过100 000人，其网络银行服务非常著名。下面的内容是从一篇访问稿中摘录下来的，这篇访问稿的采访对象是荷兰国际集团董事会成员亚历山大·刘易斯·肯：

> 我们在复制能力和文件整理入档方面有严格的程序要求，这是我们集团业务活动的主要特征。在这一方面，全球范围内的所有分销渠道、所有金融产品、银行业和保险业各自的监管部门都没有例外。这些严格的程序要求是对活跃的金融行业的一个必要限制。想要将这些要求融入主要强调创新性、灵活性以及即兴发挥能力的环境，并不是一件简单的事。在金融领域，今天的幻想不会变成明天的产品。
>
> 我们不是要忽视荷兰国际集团提供哪些产品。我们这里是要强调，在提供产品的过程中诸如信任、可预测性以及可靠性等概念是至关重要的。尤其在当前，人们处在紧张而忙碌的环境中，对金融服务更加依赖。试想如果电子银行（一开始[3]）被证实不如人们想象的那样可靠会发生什么事情。因此，我们有必要保持信任，尤其是在混乱发生时。我们可以把信任作为企业价值观念的一

> 个重要部分。因此，我们要小心翼翼地维护所有的程序以确保我们提供高品质的服务。这需要一个严密的组织。
>
> 资料来源：*Management Scope*，October 2000 (translated by the authors).

选择压力会对组织的复制能力产生影响。组织结构是（几乎）可以复制的这一结论等于说组织结构具有（相对而言）较强的惯性。因此，选择压力将会支持结构具有较强惯性的组织。汉南和弗里曼认为，结构惯性是选择的结果而不是前提条件。

前面的论述可以用一个图描绘出来，这样可以更好地说明各种基本假设之间的相互关系（见图11.2）。

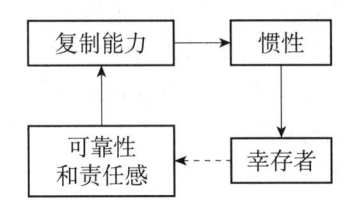

图11.2　四个基本假设之间的相互关系

资料来源：Young (1988).

我们不打算清楚地说明建立在组织生态学基本假设基础之上的整个理论结构。接下来我们将转移到更为可靠的经验研究成果上来。这些成果能够解释组织种群内的出生率和死亡率。显然，生态学视角已经令人信服地表明这些重要的比率都与种群密度相关。下面，我们首先关注经验工作背后的理论推导，然后总结一些研究成果。

什么决定了组织种群的大小？换句话说，在一个特定种群内，我们希望发现多少个体组织？答案取决于很多因素。首先，我们必须知道这个种群处在什么样的**环境生态位**（niche）？位置反映了种群在一个群落中的生存方式、角色和功能。生态位被假设有一个特定**承载能力**（carrying capacity）。在社会中，我们需要履行特定的角色和功能。这种角色和功能的履行程度受到社会的和物质的限制。比如，我们吸收的"书面信息"是有限的。因此，环境只允许一定量的报纸存在。然而，这个容量可以用少数几份大报纸来填满，也可以用许多小报纸来填满。因此，环境生态位的承载能力只代表一个特定组织形式的总体活动水平的上限。

一个特定生态位内的实际组织数目取决于出生率、死亡率，以及随着时间推移发生的合并率。假设我们发现在某段时间内，某一种群的大小一直保持不变（见图11.3），怎么解释这种现象？如果我们正在研究的是生物学种群，答案将会是：

- 在那段时间内，种群还是由原来那些个体组成。
- 出生率等于死亡率。

对于组织种群而言，第二个解释在没有出现合并的情况下仍然是一个有效的解释。因此，这个解释还应该加上一个条件：

- 出生率＝死亡率＋合并率

图 11.3　随着时间推移，一个假设种群的组织数目情况

此外，如果我们研究的是组织种群，那么"出生率"这个术语的解释必须稍微做一些变化。这里的出生率不仅包括新出生的组织，还包括从其他种群迁移过来的组织。动物无法改变自己所属的种群，但是组织可以。比如，3M 公司最初被称为明尼苏达矿务及制造业公司。尽管开矿是其最初的业务，但现在 3M 公司在电焊和煤炭行业都有很强的影响力。3M 公司通过改变其主营业务，可以说如今已经迁入了一个新的种群。

随着时间的推移，组织种群实际会怎样发展？汉南和弗里曼认为，主要有两种力量影响其实际发展，那就是竞争和合法性。这两种力量都会影响**种群密度**（density of the population）（种群内的组织数目），但是它们会产生相反的影响。经济学家对**竞争力**（force of competition）都很熟悉。如果生态位内的资源是稀缺的，种群内就会存在对这些资源的竞争。而且，种群之间也存在竞争。可以联系零售业领域各类商场和商店对最佳位置的竞争情况来思考。

经济学家对**合法性**（legitimation）这个力量不是那么熟悉。这是一个社会学概念。本质上讲，它是指社会对组织形式的"认可"。新的组织形式的合法性较低，但是随着时间的推移，新组织表现出来的可靠性和负责任性会为自己赢得越来越高的合法性。然而，如果随着时间的推移，它们并不遵守社会规则，它们就可能无法取得生存所必需的合法性。

大体来说，组织生态学假定合法性和竞争力都会随着组织形式延续时间的拉长而增强。如上所述，一个新的形式有较低的合法性，它必须随着时间的推移而取得合法性。当一种组织形式取得了合法性时，就能很容易地成立这种形式的组织。除了日益增长的合法性，许多其他因素也有助于一个产业早期成长的自我加强（self-reinforcement）或正反馈（positive feedback）。这些因素包括消费者口味和习惯的变化、市场的发展、从"干中学"中获得的效率方面的集体经验以及有关的辅助制度的出现。因此，我们预测组织的出生率会随着组织形式延续时间的拉长而提高（至少开始时情况是这样）。另外，竞争也会增加。当越来越多的组织开始定居在某个生态位内时，这个生态位内的种群内部竞争就会越来越激烈。竞争会对出生率产生负面影响。建立一个新组织或者迁入一个竞争更为激烈的环境都是很困难的。

使用组织生态学的语言来表达，一个组织种群的重要比率——出生率和死亡率——都体现了**密度制约性**（density dependence）。合法性过程对出生率产生正密度制约，而竞争对出生率产生负密度制约。通过类似的推理，我们可以假定死亡率起初很高〔由于不具备足够的合法性，存在"**新创组织的劣势**"（liability of newness）〕，后来由于密度的不断增大，死亡率下降到了一个很低的百分点（接近承载能力），然后死亡率又会随着密度的增大（竞争会导致密度增大）而提高。总而言之，组织生态学预测：

- 密度和死亡率之间的关系呈 U 形；
- 密度和出生率之间的关系呈倒 U 形。

迄今为止所做的经验分析大部分都能得出这些预测（Carroll and Hannan，1995）。已经观察到的组织种群密度可以绘制成类似图 11.4 那样的图形。这个曲线图列举的是旧金山湾区的报纸印刷企业数目，其他一些报纸印刷企业种群、协会以及餐馆等也都可以绘制这样的曲线图。组织生态学方法已经带领我们用经验探索了出生率密度制约和死亡率密度制约，也给我们提供了一个"典型的"种群随时间发展变化的近似模式。在下面的几节中，我们将把组织生态学方法同经济学家尼尔森和温特（1982）提出的另一种演化方法进行比较。

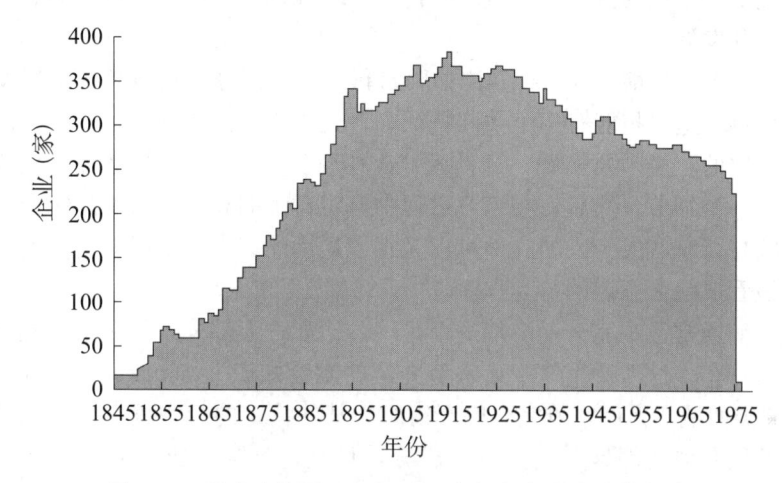

图 11.4 旧金山湾区 1845—1975 年报纸印刷企业的密度

资料来源：Hannan and Freeman（1998a，P.239）.

11.5　经济变迁的演化理论

在经济学家理查德·尼尔森和西德尼·温特的《经济变迁的演化理论》（1982）一书中，他们提出了另一种演化视角。这个视角与组织生态学之间有大量的共同特征，包括：

- 强调组织惯例并且强调组织适应性的局限性；
- 分析的种群或制度层面。
- 环境选择的重要性。

同样，尼尔森和温特的理论在很多方面与汉南和弗里曼的理论也存在很大差异。一个重要的差异是尼尔森和温特试图提供一个替代理论，以取代他们所认为的正统经济学理论。他们所谓的正统经济学理论就是指标准的微观和宏观理论，尤其是指企业最大化行为和市场均衡等标准化的概念。相反，他们所提供的替代理论则强调企业的惯例行为和经济系统的演化。

尼尔森和温特的替代理论为宏观经济学提供了一个"微观基础"。例如，他们的模型表明，技术变化会影响宏观经济。在这一节中，我们将集中探讨他们的理论的"微观基础"的主要特征：企业行为模型和选择过程模型。这为我们在本章第六节中对两种演化方法进行比较提供了可能。

尼尔森和温特认为，一般来说，组织在一个不变环境中的自我维持能力要比它们面对重大变化时的自我维持能力强很多，并且组织的自我维持能力在面对很大程度上相同的变化时要比面对不同类型的变化时强一些。他们用来指代组织功能的主要概念是惯例。**惯例**（routines）是指企业有规律的、可预测的行为模式。一个企业可以有生产惯例、广告惯例、雇用和解雇惯例以及战略惯例。往往是惯例而不是深思熟虑的选择在很大程度上决定了组织怎样运转。惯例可以解释组织为什么会抵制变化。打个生物学的比方，惯例就类似于组织的基因。在组织遗传学中环境选择了惯例。让我们看一下这些观念是如何形成和发展的。

将惯例比作个人**技能**（skills）（比如骑自行车、打网球或玩电脑）可以使我们更好地理解组织惯例。这些技能有两个共同特征。首先，它们需要练习。只阅读怎样骑自行车的书籍是不够的，必须要实践，这涉及"干中学"。起初，学习是有意识的，需要关注到行为的每一个细节。然后，在练习过程中，对行为的有意识的关注转变为一个行为程序。于是骑自行车就成为人的一种可以无意识运用的能力。组织惯例，就像个人技能一样，可以被看成是无意识的行为程序。

其次，人们通常很难完全说清楚这个程序。比如，大部分人几乎不可能完全用语言表达怎样骑自行车。这涉及第9章第六节介绍的**默会知识**（tacit knowledge）概念（见专栏11.5）。类似地，人们很难完全解释组织内某些特定的行为程序，比如对工作候选人的选择。技能和惯例都具有这种默会成分，只是这种默会成分的重要性可能有所不同。与上述提到的例子相比，有些技能，比如计算机操作以及其他惯例，比如生产计划或许能够被更为完整地阐述出来。然而，这些阐述对于正确执行这些惯例和技能通常是不必要的。当需要时，这些陈述很难被复制，也几乎不可能被完整复制下来。

专栏 11.5　默会知识

迈克·波兰尼（1962，1967）提出了"默会知识"这个概念。如今默会知识的重要性已得到广泛承认，这一点可以从下面这篇文章中得到体现。这篇文章摘自亚瑟咨询公司出版的一本杂志：

> 当第一银行决定通过兼并发展壮大时，它需要不断地学习。学习方面的挑战主要来自过程层面：怎样创建一个非常有效的过程来成功地实施并购？这个过程包括识别、兼并以及整合那些在战略上、经营上和文化上匹配的公司。
>
> 当奔驰公司在印度开设一家新工厂来生产汽车时，印度的这家工厂需要学习一些程序来获得和使用奔驰公司那些制造汽车所需要的直接知识。

> 过程和程序有本质的区别。程序只包括那些外在的、明显的知识，而过程植根于默会知识的程序中，这些知识既有专业方面的，也有社会各方面的。组织再造（re-engineering）的很多问题可以被追溯到将过程误认为是程序这一错误造成的——也就是误认为人们的默会知识不重要。
>
> 资料来源：Nayak et al. (1995).

组织惯例（organizational routines）类似于个人技能。在执行这些无意识的行为程序时，选择受到抑制。当我们骑自行车接近红灯时，我们通常并不考虑所有的选择机会。类似地，组织内的许多行为都是被无意识引起的。时钟可以告诉人们午餐时间或者每周例会的时间到了。日历可以告诉人们预算的结束时间。一个行为无意识地导致了另一个行为，比如一个打字员一件接一件地处理文件筐里的草稿文件，或者产品在生产线上从一个环节到另一个环节。对外部信号的反应也几乎是无意识的，手表的定价会随着竞争而削减。还可以列举大量例子。在各种情况下，大部分行为都会受到惯例性的程序支配，深思熟虑的作用很少超过正统经济学的作用。

组织生活中存在大量的惯例。在将组织惯例分类之前，有必要指出另外两点。第一点是惯例可以作为**组织的存储器**（organizational memories）来使用。尼尔森和温特认为，组织在很大程度上通过实践获得记忆。一段时间不用，惯例可能就会消失，组织就会失去履行这些惯例的能力，个人就会失去履行这些惯例所需要的技能，从而无法再扮演组织赋予的角色。这种惯例性的协调被打乱了。如果存在人员调整，组织的记忆将会进一步受到损害。我们将会在后面看到人员调整是组织惯例变异的一个原因。

第二点是惯例可以用作**组织停战协议**（organizational truce）。停战协议是尼尔森和温特打的一个比方，指的是他们的组织概念的行为基础（见第 6 章）。满意（satisficing）取代了最大化，并且假设组织冲突仍然存在。惯例在组织内部冲突中代表着停战协议，在这个意义上，惯例或许被看作一种组织的平衡力量。惯例的变化会扰乱已存在的政治平衡（Nelson and Winter, 1882, pp. 111-112）：

> 结果可能是，由于受既有利益的限制，组织惯例作为一个整体会被限制在非常狭窄的空间里。……一般而言，对停战协议被打破的担心将会产生一种强大的力量，这种力量会将组织局限在相对不灵活的惯例里。

可以区分三种显著的组织惯例：

- 运营特征（operating characteristic），它与一个企业每时每刻的活动密切相关，前提是其工厂、设备以及其他生产要素等主要配备在短期内不会增加；
- 存在可以预测的有关企业总股本逐渐变化的模式（短期的生产要素固定不变）；
- 可以随时调整公司各方面运营特征的惯例。

最后一类惯例代表着"较高序列"的惯例，这类惯例偶尔也会对"较低序列"的惯例进行调整。因此，不断审视研发政策、更换广告代理或者做出竞争性分析可能会成为企业习以为常的事情。尼尔森和温特认为，这种"战略性"的行为也经常受企业内部严格规则的影响。因此，惯例的改变过程是以惯例自身为指导的（或者以第 9 章第六节和本章第七节中提到的动态能力为指导）。在尼尔森和温特的术语中，组织搜寻本身就是惯例性的。这一过程可能会导致组织惯例的变异。就像在生物学的物种中，基因构造过程部分地决定了潜在的变异。所以企业的惯例构造过程也部分地决定了组织搜寻的结果。

因此，组织惯例的变异可以是偶然发生的，也可以是深思熟虑的结果。惯例产生于偶然的一个例子就是企业内的人员变更。一个深思熟虑的变异可能会来自组织搜寻。然而，深思熟虑的变异将会首先出现在现有惯例的周围。在这一方面，尼尔森和温特再一次使用了来自行为学派的观点（就地搜寻，local search，见第 6 章）。无论什么样的变化发生，都会有最起码的抵抗，紧跟普遍惯例的做法可以最大限度减少对组织停战协议的干扰。而且，这样做也可以增加成功的可能性，因为企业能够最大限度地使用他们已经获得的默会知识和经验。

环境选择会支持成功的惯例。对于企业而言，成功的惯例就是能够创造较高利润的惯例。如果一个现有的惯例是成功的惯例，很有可能就会产生复制那种成功惯例的需求。演化理论重点强调的一点就是，如果一个企业在某一既定的活动中获得了成功，那么该企业通过在更大范围内应用自己的惯例获得成功的可能性更大。成功的惯例将会不断地被吸收到相关行业的"惯例库"中（Nelson and Winter，1882，pp. 19）：

> 搜寻和选择是演化过程中同时发生的、相互作用的两个方面：对选择进行反馈的价格也会影响搜寻方向。通过搜寻和选择的联合作用，企业随着时间的推移会进行演化，在每个阶段，企业会借助产业的现有状况为下一阶段做准备。

在他们的模型中，惯例的分配通过随机（马尔可夫）过程从一个阶段延伸到另一个阶段。虽然在这里我们对这种模型的技术细节不感兴趣，但是它的基本观点是清楚的。下面是所有演化方法的基本观点：惯例的变体（或变异）、环境选择（根据惯例对企业在种群内获取生存机会的价值），以及成功惯例的累积性保留。

尼尔森和温特最初的贡献导致了越来越多的使用这种演化方法的经济学文献出现。纵览这些文献，尼尔森（1991）评论说，这些文献有一个共同点，即都集中关注企业特有的动态能力。他提出，通过事后明智的洞察发现，由于对钱德勒的著作，尤其是对他的《战略和结构》（1966）的研究不充分，他们以前的著作存在很大缺陷。

他继续指出，如果想要充分描述钱德勒的思想，就必须承认企业的三个强相关但是不同的特征：战略、结构和核心能力。对这三个特征的演化洞察一起构成了"动态企业能力的新兴理论"。在这个理论中，战略这个概念意味着企业做出一套宽泛的承诺来详细规定其目标并使其目标合理化，并且战略还意味着它们打算怎样去实现这些承诺。有些战略可以形式化并且可以被书写下来，但是有些战略植根于组织文化和管理技能中。战略倾向于粗略地而不是详细地决定一个值得采用的企业结构。结构涉及企业的组织和治理方式，以及决策实际被制定和执行的方式。因此，在战略明确给定的情况下，组织结构在很大程度上决定了组织做什么。战略上的改变可能会要求结构上的改变，但后者很难执行。理由是结构不仅涉及组织计划，更为根本的是惯例支配着业务层面的决策。改变这些是耗时的，代价是昂贵的，所以形成新结构并且能够平稳运行就成为一个重要的任务。

我们之所以要关注组织结构变化是因为变化可能会有助于一个企业把一些事务处理好，即增强**核心能力**（core capabilities）。战略和结构产生和塑造了组织能力，但是一个组织能够做好什么事情也在一定程度上取决于它的自身行为。尼尔森和温特（1982）指出，企业运营得好可以借助成熟的组织惯例的等级序列来理解。这个等级序列不仅决定了较低序列的组织技能以及这些技能之间的互相协调，而且决定了较高序列的决策程序，这些决策程序为较低层面选择所要做的事情。**组织惯例等级**（hierarchy of organizational routines）这一概念是尼尔森和温特的核心组织能力概念的基石（本章第七节进一步阐述了这种思路是如何在动态能力的著作中进一步发展的）。

对经济文献中演化方法发展历程的总结展现了这个流派的思想所具有的影响力。例如，尽管大多数人都认为核心能力或核心竞争力这一概念是普拉哈拉德和哈默尔提出的，并且因他们非常成功的一本书《为未来竞争》（1994）而得以流行，然而这一流派的思想其实可以追溯至更早的时期。同样，正如组织生态学家为组织文献提供了一种新鲜的、动态的方法一样，演化经济学家为避免经济学家沉迷于（比较研究的）静态和平衡思考提供了有益的矫正。

在结论中我们要总结一下尼尔森和温特模型中经济变化的基本过程。这种变化始于那些具有行为主义观念的企业。这些企业追求满意而不是追求最大化，它们不愿意打破组织内的平衡，而且，如果它们不得不改变，它们就会就地探求解决方案（也就是说，它们探求与其现有惯例尽可能接近的解决方案）。通过把发现一个较好方法（通过创新或模仿）的概率假定为这个探寻过程的总投资额的一个函数，这个探寻过程就可以用概率模型表示。这种探寻可能会受到负面情况的诱导，或者它本身就是一个惯例——企业通常会将研发和战略规划惯例化。

市场力量将会有利于那些碰巧发现较好的方法或者碰巧使用较好的探寻规则的企业。它们的这些特征（那些使它们成功的方法或者探寻规则）将会在企业种群内蔓延开来，这种蔓延部分是通过扩张，部分是通过模仿实现的。然而，在这个过程中会产生惯例的新变种。成功企业的惯例复制往往已经不那么完美了，其他企业的模仿很可能会导致较高的变异率，这时会出现创新。

尼尔森和温特从改变惯例的行为角度对企业创新活动进行了模型化，认为创新在很大程度上是由现有惯例新组合而成（但是不连续的、激进的创新并没有被排除在外）。通过这些来源，经济制度不断地被注入惯例的新变种。因此，经济制度是不断变动的，平衡只是例外而不是规则。但是不断变化的经济制度使公司和惯例所处的环境不断演化，带来了随时间不断变化的选择压力。新的惯例影响了经济体制，经济体制又影响了（新的和旧的）惯例的选择。第5章第六节我们用共同进化的概念表示了尼尔森和温特的方法的这种特征。

11.6　比较

让我们回顾一下对生物学各流派观点所做的导言性评论，并以此作为对两种演化方法进行比较的起始点。我们区分了进化论和创造论观点，并且在进化论这一分支内，我们区分了达尔文主义和拉马克主义。本章探讨的这些方法与这些区分有何关系？答案非常直接：汉南和弗里曼的视角是达尔文主义的，而尼尔森和温特的观点是拉马克主义的。（两者都为创造论者的观点留下了发挥作用的余地。）

尼尔森和温特（1982，p.11）将他们自身做了如下归类：

> 为那些将"盲目的"与"深思熟虑的"过程交织在一起的企业行为建立模型既不是很困难，也不是不可能。事实上，在人类解决问题的过程中，"盲目"和"深思熟虑"都包含在内而且很难区分开来。因此，我们可以大言不惭地说，我们的理论就是拉马克式的：它既考虑获得性特征的"遗传"，也会考虑在不利因素刺激下的各种变异的适时出现。

汉南和弗里曼（1989a，pp.20-22）持下述立场：

> 我们对于组织种群随着时间的推移而发生变化的本质的立场接近马尔萨斯-达尔文主义（Malthusian-Darwinian）。我们认为，现存的组织形式多元化反映了长期的变异和选择的累积性影响，这些变异和选择包括组织成立过程、死亡过程以及合并过程等的后果。我们提出的这派理论建立在这样的假设的基础之上：组织种群的核心特征的变化是达尔文式的，而不是拉马克式的。这一理论认为惯性压力阻止了大部分组织激进地改变战略和结构。

这两种方法（组织经济学和演化经济学，或汉南和费里曼的演化方法与尼尔森和温特的演化方法）都不仅给组织成员为各种变化制定合理的规划留有余地，而且为通过合理的设计来建立组织这种可能性留有空间。在后一种意义上，两种方法也都容许创造论存在。两种方法都承认组织显示出阻碍变化的内在僵化性。最后，两种方法都主张组织适应性是与环境变化相关的，而不是要么全有要么全无。汉南和弗里曼后来认为最初的组织"印记"基本上保持完整。惯性压力会阻止大的变化，并且会在个体变化意图与组织（惯性）产出（见专栏11.6）之间制造一条巨大的鸿沟。生态学家普遍认为不存在成功的适应性（Carroll and Hannan, 1995），理由有两点：第一，组织通常不能做出有关未来环境状况的准确预测；第二，人为设计的组织适应性是否会实现预想的效果是不确定的（如果不能实现的话，治疗将会比疾病更糟糕）。

因此，生态学家基本上认为，关于未来的适应性是随机的。相反，尼尔森和温特顾及更多的学习、模仿以及通过探索来有意识地进行适应。然而，他们也认为现行的一些惯例将会严重约束这些过程，组织也不像其他组织理论所认为的那样具有适应性。在本章的总结部分我们将会继续回到相对惯性和相对适应性的区别这一话题上（下一章也会提到）。

专栏 11.6　　　　　　　　　　柯达的最后一刻？

很长一段时间里，柯达几乎就是相机和胶卷的代名词。19世纪后期，柯达为消费市场生产出了第一部相机，其营销口号是："你只需要按下快门即可，其余的都交给我们。"它不断创新自己的相机，生产出了消费者喜欢的勃朗宁（Brownie）和傻瓜相机。柯达的名字代表了高质量的胶卷。20世纪30年代，柯达开发出最成功的产品之———彩色胶片柯达克罗姆（Kodachrome）。1976年，柯达在美国胶卷市场的占有率达到90%，相机市场的占有率达到85%。1996年它的收入达到160亿美元，1999年的盈利为25亿美元。2011年柯达提出破产申请保护。

是因为柯达错过了登上数字技术这条巨轮吗？是，也不是。不是，是因为柯达在1975年开发出了世界上第一台数码相机，并且很清楚数字技术会大大削弱它的传统产品和技术；是，是因为它未能调整自己以适应新的现实。未能适应的具体原因如下：

- 它近乎垄断的地位滋生了自满的文化。
- 它为了避免和自己旧产品的"自相蚕食"，未能全身心地投入推动新数字技术的发展。
- 基于它的化学发明，柯达试图多元化自己的业务，进军药品生产领域，结果失败了，这再一次分散了其调整核心业务的注意力。

更一般地，在技术发展如此迅速的时代，让现有公司认清形势做出必要的转变非常困难，胜算不大：

> 消费者技术方面更是如此，在这方面达尔文主义的生存斗争在不断惩罚开拓者，从RIM（Research in Motion，加拿大一家通信公司）到奔迈（Plam）、雅虎和诺基亚，它们都失去了领先地位。

然而，请注意，富士（柯达的日本对手）成功地进行了必要的改革。请参见本章第八节。

资料来源："The Last Kodak Moment？"，*The Economist*，14 January 2012 and "The Smart Technology Loser Folds"，*The Financial Times*，11 January 2012.

应当注意，作者并没有过分强调生态学的类比。在这两种方法中，作者对这个问题的态度非常明确。尼尔森和温特（1982，p.11）表示：

> 我们乐意使用任何有助于我们理解经济问题的生物学观念，但我们也同样打算忽略任何棘手的东西，或者为了获得更好的经济学理论，我们也随时准备大幅度地修改已经接受的生物学理论。

汉南和弗里曼（1989b，p.428）以同样的方式做了如下解释：

> 我们不打算使用生物学理论来解释组织变化，也不打算在生物种群和组织种群之间使用比喻……我们之所以使用来自种群生态学的模型是因为这些模型看上去能够将利益的社会过程进行归类……我们将生态学的模型进行调整，做了社会学的使用，并且在这个过程中，这些模型已经改变了很多。

> 因此，在这个过于简单的问题（关于组织或经济现象，生物学上有什么看法？）的基础上判断这些方法是不适当的。合适的问题是这些引进的、调整过的观念是否有助于我们对这些现象的理解。对后面这个问题，我们愿意给出肯定的回答。

我们已经指出，这两种方法主要的相似之处在于：(1) 对组织管理的强调以及对组织适应性的局限性的强调；(2) 分析的种群或制度层面，以及 (3) 环境选择的重要性。现在，指出一些差异也许是有用的。

一个重大的差异就是环境会选择什么这个问题。在组织生态学中，环境选择的是"组织形式"。尽管缺乏关于组织形式的准确定义，但组织形式是组织核心特性的集合这一点是很清楚的。比如，报纸或工会整个特性的集合就是环境要选择的内容。相比之下，尼尔森和温特认为组织的某些具体特征（特定的惯例）会被环境所选择，他们采用的是一个"像基因一样的惯例"方法（Winter, 1990）。由于他们的拉马克视角，他们认为这些具体的特征会发生变化，而组织形式在其他方面仍保持不变。他们的视角还考虑到了特定能力被其他组织"遗传"的可能性，比如可以通过兼并或者结成联盟来共享。

接下来我们讨论另一个重大的差异。尼尔森和温特更多地探讨组织内的过程。这两种方法都对种群层面的现象感兴趣，但是只有尼尔森和温特为种群层面的变化提供了一个微观基础。他们明显地将大量的行为特征吸收进组织模型中。因此，我们能够对有助于稳定和变化的微观力量有一个大体的了解。相比之下，组织生态学中的组织只是一个相对较空的盒子。组织生态学重点关注对组织的外在要求（可靠性和可复制性的要求），并不热衷于关注组织的内部过程，也很少研究组织内发生的事情。

第三个也是最后一个差异与这两种方法对组织以及对组织成功的描述有关。组织生态学通常把某一种群内的所有组织都视为相似的：它非常依赖组织数目的计算。这种研究战略倾向于忽略种群内成员之间差异。演化经济学的描述角度不同，它赋予了组织的规模和组织的成功某种特定意义。这两者当然是相关的：成功的组织被认为是不断增长的。这种经济学方法倾向于将企业看作特定的利益主体，因此可以用利润指标以及资本积累来标示成功。然而，组织生态学则试图成为一个更为普遍的组织理论，能够经验地审视非企业类型的组织（比如工会）。这注定了用一种具有一般性的方法来对成功例子建模更加困难。

11.7 动态能力的演变

第 11 章第五节介绍了尼尔森和温特在其作品《经济变迁的演化理论》(1982) 中取得的开创性成果。文中我们注意到，尼尔森在 1991 年的评论中已经表示，企业动态能力理论正在酝酿中。事实上，在第 9 章第六节我们就已经基于资源视角（企业资源基础观）拓展出了动态能力的概念，并在最后部分强调了之前章节的内容主要关注的是动态能力的组织内部环境。直到本章更广泛地介绍了环境选择概念后才引入了外部环境，尤其是环境（竞争性）选择。如今，我们可以接着引入外部环境对动态能力的影响作用，或者说本节关注的是企业有价值的动态能力的环境选择问题。

先回忆一下，**动态能力**（dynamic capabilities）的定义是"一个组织自觉地创建、扩展或修改其资源基础的能力"，主要针对的是组织资源基础中的变化问题。这一点区分了动态能力和**运营能力**（operational capabilities），后者主要关注的是一个组织当前的运营问题。如何区分尼尔森和温特最初提出的组织惯例概念和这里的能力概念呢？

一些主要的相同点和不同点如下：

- 惯例和能力都需要通过实践才能持续存在，只有干了才能记住。一旦没有实践，惯例和能力都会消亡，例如，研究能力——对半导体的开发。如果英特尔考虑将研发搁置几年，企业的研究能力将会被严重削弱。正如一句格言所说的："不用则废。"从这个意义上来说，尼尔森和温特的惯例概念和动态能力概念都是绝对的拉马克主义：惯例和动态能力获得的特征需要通过积极的实践来维护。
- 惯例和动态能力都会产生"模式化的行为"。当遇到一个问题时，有一个"正常方式"来解决。这种"正常方式"并非一切从零开始，或者来自对一个临时问题的解决过程中（Winter，2003）。相反，这种方式开始于我们的惯常做事方式。例如一些已经拥有关于整合收购方面独有的"最佳做法"的公司，在进行一项新的收购时，除了应用"最佳做法"之外还可以根据新收购的特征做出一些改变。在第13章"企业并购"中有一些证据可以证明，经常从事企业并购活动的公司（系列并购者）并购的成功率更高。部分原因是这些系列并购者已经形成了一套经过千锤百炼的收购惯例和动态能力。

正如尼尔森（1991，也见第11章第五节）指出的，他本来希望组织惯例的概念与钱德勒的著作《战略和结构》联系得更加紧密，但是客观来讲动态能力的概念与战略管理文献的联系更为密切，特别是基于资源基础的视角（企业的资源基础观）。正因为如此，将其作为企业资源基础观的进一步发展，我们在第9章第六节就引入了动态能力的概念。在本节的剩余部分，我们将继续详细阐明环境背景，特别是动态能力的选择问题。因此，动态能力的概念就像一个连接点，将演化理论和战略管理相联系。

动态能力可以作为这种联系的原因是，动态能力更多地强调了企业进行战略管理的必要性。虽然惯例也包括一些深思熟虑的选择，但明显少得多。有关动态能力概念的文献可以查看组织的战略管理部分（Helfat et al.，2007，pp.20-21；Teece，2009）：

> 高级管理层有几个显著的重要作用，这有助于经济体制解决特殊的问题，否则这些问题可能会导致"市场失灵"。因此，没有精明的管理者，竞争性的市场将无法很好地发挥作用。此外，商业机构也无法发挥作用。在经济理论中，管理者承担了七类特殊的经济功能，它们是：（1）策划专业资产的合作；（2）选择组织/管理模式和相关的奖励制度；（3）设计商业模式；（4）培育变化（创新）流程/程序；（5）做出投资选择；（6）提供领导力、视野和对员工的激励；（7）设计及执行控制和基本操作……经理们需要保证市场运作良好，组织正常运行。

尼尔森和温特引入了组织惯例的等级制度的概念，这已经是核心能力的思维基础。动态能力和运营能力的区别可以看作对这种方法的进一步细化。运营能力是一个企业在当前环境中生存和竞争的能力基础。动态能力通过有目的地改变组织的资源基础，提供了变化（较高序列）的能力。将动态能力和企业的资源基础观相联系进一步具体化了动态能力的概念，一些变化能增加企业的竞争优势，其余的变化则不能。在第9章第六节中我们已经研究过了，一些特定的因素和条件在提升动态能力的价值、稀有性和无法复制性方面是有帮助的。如果资源和能力是联合专用性的，并且得到了有效配置，这将大大提升动态能力的价值。如果它们（部分）依赖于默会知识并被隔离机制所保护，那么它们的动态能力会更为稀有，更加难以复制。这种特性有助于提升动态能力，达到

VRIN框架的要求，以创造可持续的竞争优势。另外，如果动态能力可以很容易地在市场上交易，或者可以被简单地复制，那么这种动态能力就不太可能提供持续的竞争力。举个例子，如果能产生竞争优势的"最佳做法"（如国家上最先进的IT系统）可以从咨询公司获取，那么这种做法将会迅速在参与竞争的企业之间传播开来。结果就是，这种优势是短暂的，因为快速模仿会严重削弱它。相反，如果一家公司拥有独一无二的创新文化（如苹果公司），能够吸引来自五湖四海的人才，并通过专利保护自己的创新成果，该公司便能长期保持自己的竞争优势。

到目前为止，我们已经比较了动态能力概念与尼尔森和温特的组织惯性的原始概念，希望我们已经将以下两点阐述清楚了：第一，动态能力深深融入了公司的战略管理视角；第二，不仅要理解动态能力的概念，而且要理解产生竞争优势的潜在基础。然而，竞争优势必然是一个外向型概念：它是在外部竞争环境中获得的。按本章的说法，环境的选择将最终决定其动态能力在外部环境的价值（并且，可以提供一个可持续的竞争优势）。因此，我们现在开始研究外部环境是如何选择动态能力的，以及选择或不选择是否有助于竞争优势的产生。

专栏11.7总结了对戴尔公司变革的思考。迈克尔·戴尔于1984年创建了戴尔公司，15年后该公司成功地成为美国市场上的领导者，此后不久又成为全球的领导者。这一成功是由于一个商业模式创新，即以空前的低成本提供个人电脑。

专栏 11.7　　戴尔公司的演化（第1部分）

1934年，迈克尔·戴尔在得克萨斯大学学生宿舍创立了一家公司出售个人电脑。1999年，他的公司已经成为美国最大的个人电脑销售商，2006年年初，它拥有全球个人电脑市场的最大份额（18%～19%）。戴尔是如何实现如此惊人的成功的？

有以下几个重要的原因：

- 虽然大多数大型电脑制造商，如IBM和惠普，通过零售商或自己的商店出售自己的产品，但戴尔开发了一个直接面向消费者的销售模式，最初主要是通过电话，后来通过互联网。这样一来，戴尔消除了中间人，缩短了供应链并保留了零售商的利润率。
- 戴尔电脑由标准元件组装而成，但客户可以订购自己配置的那些组件。这使得戴尔既能获得提供标准化组件的好处，又能提供客户选择的计算机配置，因此戴尔可以密切匹配其消费需求。
- 戴尔在客户订购时实行即时组装，并根据需要寻求供应商组建。它是精益生产的拉动系统，大幅节省了组件和终端产品的库存。
- 因此，戴尔公司在支付其必要组成部分的供应商费用之前，已经收到客户支付的必要的组件费用，这就是所谓的负现金转换周期。再加上低库存，这意味着戴尔只需要非常低的营运资金水平。
- 戴尔相比其竞争对手更快地享受到了互联网的好处，例如订购过程的节约。它还率先建立了客户支持和外包呼叫中心。

> 在所有这些方面，戴尔已经能够建立一个低成本的商业模式，为消费者提供了一个前所未有的超低成本的选择范围。世界各地越来越多的家庭使用互联网，戴尔的目标市场也相应扩大。此外，它也能够进入企业客户市场，扩大其产品范围，包括服务器、打印机和电视。
>
> 资料来源：Dell (1999)；http://en.wikipedia.org/wiki/Dell。

到目前为止，在我们的讨论中戴尔最初是通过建立一个低成本的直接面向消费者的商业模式获得成功的。后来的成功是通过运用戴尔的动态能力来调整业务模式及其所需的资源基础，充分利用互联网等的优势坚持成为成本最低的供应商而实现的。

到目前为止，一切都很好。不过，我们也知道，相比成功的尝试有更多新的商业模式失败，有些因为自身的内部原因而失败，但戴尔显然是成功的那部分。

更多的时候，公司失败是因为外在的原因。从外部视角如何解释戴尔的成功？为什么戴尔的新商业模式的成功在于其相关环境？为什么戴尔会在竞争中取得成功？为何戴尔不是像许多其他尝试者那样"出局"？

我们认为，在戴尔的案例中，主要涉及以下三个因素：

- 新的商业模式以显著低价为消费者提供了众多功能各异的产品。更一般地，我们可以说，该模型具有良好的"技术适应性"（见下文）。
- 在快速增长的个人电脑市场，对标准化的低成本产品有一个庞大且不断增长的需求。
- 竞争环境相对较"软"，因为一些老牌制造商（IBM 和惠普）在应对戴尔的低成本竞争时存在四大困难：
    ◇ 老牌企业一般做了自身的纵向整合，覆盖了从研发到制造和销售的价值链，而戴尔仅仅专注于组装和直接销售；
    ◇ 它们覆盖了内部所有的芯片、操作系统、计算机、硬件和应用软件；
    ◇ 它们在向直销模式转型的过程中困难重重，因为这与它们主要通过零售商的销售渠道的做法存在天然冲突；
    ◇ 它们慢慢意识到创新驱动行业的发展，在这个它们竞争并多年来一直成功的行业中，个人电脑已经发展成为大宗商品类产品。

戴尔公司崛起的案例说明，对某种能力能否提供竞争优势的回答是取决于环境的：能力是在环境中发挥作用的，我们不能在没有考虑该种环境特征的情况下贸然给出答案。我们需要一种衡量能力成功的方法，以便解释对环境的依赖性。

对于运营能力，衡量方法是**外部适合**（external fit），体现在所谓的"组织的应急理论"中。外部契合衡量了组织和环境特征之间的时空匹配，它可以用静态方法测量。

对于动态能力，衡量方法是**演化适应性**（evolutionary fitness）。它是一个动态的概念。演化适应性指的是动态能力如何使组织通过创建、扩展或修改其资源基础获得生存。这取决于外部环境的选择：演化适应动态能力能帮助一个公司生存和成长，以及在不断变化的市场中蓬勃发展。在戴尔的例子中，赫尔法特等（2007）提出，演化适应性受到三个重要因素的影响：

- **技术适应性能力**（technical fitness）。当涉及成本时，如何有效执行其预定功能？简言之，它可以表示为质量的单位成本。在示例中，戴尔的商业模式以绝对低价不断向客户提供众多功能各异的产品，这种能力就是技术适应性的最好体现。
- **市场需求**（market demand）。对某种能力的派生需求，来源于该种能力引发的对最终产品和服务的需求。如星巴克以惊人的速度开新店的能力来自浓缩咖啡、卡布奇诺和拿铁咖啡在不同国家的最终需求。
- **竞争**（competition）。竞争环境（包括与其他公司的竞争和合作）影响了动态能力的演化适应性。戴尔的案例说明，"软竞争"加快了戴尔建立和扩大其商业模式的步伐，使其在20多年内维持了竞争优势（专栏11.8是戴尔故事的第2部分）。竞争越激烈，公司越难以生存和繁荣发展。

到目前为止，让我们先进行一番回忆。我们在第9章第六节讨论过一系列的"内部"因素，能够为资源和能力提供可持续的竞争优势，包括联合专业化、资产编排、默会知识、公司特征和隔离机制。在这些内部因素基础上我们增加了外部因素，包括技术适用性提供所需的质量单位成本、足够的市场需求和参与生存竞争的能力。总之，这些外部因素决定了企业动态能力的演化适应性。生存演化适应性带来了公司的增长和经济价值的增加。

总结之后，我们现在可以回答这个问题："动态能力何时能够产生竞争优势？"答案如下：

- 竞争性组织中的企业动态能力的技术适应性必须存有差异，如此技术适应性能力强的企业便能够在竞争性组织中存活下来。
- 必须要有对终端产品或服务的市场需求，而这些产品或服务离不开某种能力，因此就会派生出对该种能力本身的需求。
- 相对于需求来说，这种能力是稀缺的。这符合标准的经济推理：物以稀为贵。

为了竞争优势，实现可持续发展，以下几个条件都必须符合：

- 这种能力在竞争中应该是独特和不可替代的。
- 这种能力应该能够应对快速变化的外部环境。因此，调整速度跟不上快速变化的环境不应该成为该种能力被淘汰的理由。
- 这种能力需要有一个良好的资产编排来维持（作为战略管理的一个要素）。

因此，可持续的竞争优势来自内外部因素的相互作用，是优秀的战略管理和演化的环境选择共同作用的结果。专栏11.8说明了一个企业不能忽略了对可持续竞争优势的维护。内外部因素也可以共同起作用，一起削弱这种竞争优势，导致商业模式的落伍。在20多年的持续成功之后，戴尔也开始面临经营困难。

> **专栏 11.8** **戴尔公司的演化（第 2 部分）**
>
> 2004 年，凯文·罗林斯接任迈克尔·戴尔的 CEO 位置，成为戴尔公司董事会主席。2005 年 2 月，《财富》杂志授予戴尔年度"最受尊敬企业"称号，但不久之后，它的商业模式出现弱点：
>
> - 到 2005 年第二季度戴尔公司的收入和盈利目标未能完成，而且该情况在随后的季度一直保持。
> - 运作问题浮出水面，如某些型号的主板出现故障，耗资超过 3 亿美元来解决。
> - 从戴尔的客户支持系统接到的投诉在 2005 年翻了一番，主要是关于服务质量问题。
> - 戴尔开始在个人电脑方面失去市场份额，2006 年被市场领导者惠普公司超越。在 2009 年，它第二的位置也被台湾电脑制造商宏碁取代。
> - 类似的问题在其他产品如服务器和电视中也出现了。
>
> 述评戴尔的问题可以发现内部和外部因素都发挥了作用。竞争对手对戴尔的成功也做出了反应：惠普接管了康柏，IBM 出售了其 PC 业务给中国公司联想。其他低成本竞争对手，比如宏碁出现了。因此戴尔面临日益强大且同样低成本的竞争对手。作为应对措施，可能就是降低客户服务和产品质量，以求进一步降低成本。正如《商业周刊》引述的："他们是一招鲜，吃遍天。这个伟大的伎俩已沿用数十年，我们其他人都已理解，但戴尔还没有找到新的办法，这时戴尔要富有想象力，但戴尔的文化只希望谈谈执行。"
>
> 2007 年 1 月，凯文·罗林斯突然辞职，迈克尔·戴尔回到 CEO 的职位。他的策略是继续销售个人电脑，特别是在美国中小型企业以及新兴经济体，如中国、印度和巴西。与此同时，他的工作也向 IT 服务、软件、数据中心、服务器和网络安全公司拓展。这主要通过收购来执行，如在 2009 年收购 IT 服务公司佩罗系统（39 亿美元），2010 年收购了另外 8 家公司。基本上，戴尔现在是在仿效 1993—2002 年由郭士纳成功扭亏为盈的 IBM 公司。这是否会迎来一个新的时期，仍有待观察。
>
> 资料来源：Based on "It's Bad to Worse at Dell", *Business Week*, 1 November 2005; "Dark Days at Dell", *Business Week*, 24 August 2006; "Transitions: Michael Reinvents Dell", *Forbes*, 5 September 2011.

戴尔公司所面临的问题，我们将在下一节和第 12 章进一步阐释，主要是关于可持续发展的主题。像戴尔这样的企业，过去已经取得了战略上的成功，需要做的是进一步巩固和扩大这种成功。沿承着标准的"变异—选择—保留"路径，企业想要选择、保持和提升获得成功的能力毋庸置疑。对戴尔公司来讲，进一步发展和完善低成本直销的商业模式，是加强其竞争优势的需要。但同样也存在另一种威胁，即企业仅仅根据自己的"主导逻辑"进行投资难免缺乏远见，一旦环境发生了改变，这种投资就可能会使企业遭受重大损失。我们在第 5 章看到了进化博弈理论模拟了环境中的这些变化，包括被竞争对手学习和出现新的创新战略（见第 5 章第六节）。演化方法有助于我们深入感受在战略选择中一触即发的紧张感，本章只是提供了一个基础框架。

11.8 进一步的发展

总体来看，我们所描述的演化学研究方法在未来仍存在很大的发展和整合空间。组织演化理论仍属于新兴研究领域，也吸引着越来越多的研究人员。我们也希望该领域能被进一步开发和改进。在这一过程中，我们一直期望着能出现一个更综合的演化分析框架。生态和演化模型在整合不同学科见解方面有很大潜力，希望能在组织研究等涵盖多学科的领域中得以实现。

为了详细阐明这种潜力，我们可以仔细关注两个相关领域。第一个领域是对组织的深入研究，认为组织是"惯例化的能力束"以及"动态能力和操作能力的能力束"。尤其是在演化经济学的视角下，将企业概念化为一个能力的集合体就可以为大量的理论和经验观察资料提供一个一元的框架。这些理论和经验的观察如下：

调查发现，一个在能力建设路径上拥有良好开端的公司（更正式地称呼为，先行者优势）最终获得成功可以证明以下观点：一个成功的企业往往经历过显著的**报酬递增**（increasing returns）过程（Arthur，1994b，1996）。微软和苹果公司就是例子。一个可以为新的环境生态位发展设置标准的公司可以获得生态位提供的丰厚的资源份额（见专栏 11.9）。

专栏 11.9　　收益递增（或正反馈）的一个例子

录像机的历史提供了一个正反馈方面的简单例子。录像机市场出现时只有两种录像系统相互竞争：VHS（家用录像系统）和 Betamax（Beta 制大尺寸磁带录像系统），二者以相同的价格出售。随着市场份额的增加，每一种录像系统都可以实现收益递增：大量的 VHS 鼓励录像机储存更多预先录制的录像，由此也增加了拥有一台 VHS 的价值，并且引导人们购买。（当然，Betamax 的情况也是如此。）同样，一种录像系统即使只获得一小块市场份额，也会提高它的竞争地位并且帮助它进一步强化其领先地位。

这样的市场开始是不稳定的。这两种录像系统几乎同时被推入市场，并且占据大体上相等的市场份额，这些市场份额在早期由于外部环境、"运气"以及公司运营策略等原因会出现波动。早期所得的递增收益最终向 VHS 倾斜：它积累了足够的优势，因此实际上它几乎占据了整个录像机市场。然而，我们不可能一开始就知道哪个录像系统会获胜，以及两个可能的均衡中哪个会被选择。类似的例子还有战胜 HD-DVD 的用于光盘存储的蓝光，以及脸书和 LinkedIn 在早期的特定细分市场与社交媒体市场的竞争。

对于这样的企业而言，成功会孕育成功。出现这种现象的原因有多个，其中之一是早期的资源积累，这些积累为企业更为野心勃勃地追求生态位的主导地位提供了基础。另一个组织方面的原因可能是这些企业早期的先行优势可以促进企业较早发展出必要的

辅助能力。最后，这些企业需要达到对能力的"配置"（configuration）地位，可以有效挖掘生态位的所有可能性。可以参见 IBM 的各种能力，正是这些能力使 IBM 可以数十年如一日地主导着计算机主机市场的生态位；或者是麦当劳拥有的各种能力，这些能力先是帮助麦当劳占据了生态位上的美国市场，随后又帮助其成功占据了全球市场。

然而，这样的成功配置通常包含着死亡的种子。米勒（1990，1994）已经指出，随着时间的推移，有些成功的企业会变得故步自封，只专注于自己的成功惯例而无法容忍任何的偏离和改变。最好的例证就是 IBM，它低估了个人电脑的潜在影响，如今追赶得颇为吃力。同样的道理，以前曾在演唱乐器行业占主导地位的施坦威钢琴（Steinway pianos），曾主导缝纫机械行业的歌手牌缝纫机（Singer sewing machine）都已经丧失了在行业内的主导地位，甚至已经不复存在。大一点的公司，比如 ITT 公司和得克萨斯仪器公司现在也步履维艰。米勒将这种现象称为**伊卡洛斯悖论**（Icarus paradox），就像古希腊神话中的伊卡洛斯那样，在到达成功的巅峰之后惨遭滑铁卢。

成功的企业可能会因为以下原因难以完成调整：

- 正如第 8 章讨论的，企业会通过投资专用性资产来做出承诺。然而，越是做出专用性强的投资，企业越容易被锁定（见第 8 章第三节），因此锁定是一把双刃剑：它体现了承诺，但会损害灵活性。用本章术语来说就是会造成相对惯性。
- 由于害怕研发**同类产品**（cannibalization）会对本企业的现有产品产生威胁，企业的相对惯性往往会增强。一个在现有市场中没有份额的局外公司可以期待获得创新的全部好处。一个现存公司，创新产品有可能会取代其已有的产品，所以其决策还将考虑现有产品的利润损失。相对而言，局外公司引入创新的激励会更高。
- 成功可能产生自我满足感（Tellis and Golder，2002，chapter 7）。例如，外部创新的潜力可能由于"非我发明"的态度被低估。有时候，企业过分专注于为它们的产品提供前所未有的功能，从而追逐"颠覆性创新"，反而忽略了以低成本提供的基础功能（Christensen，1997，2003）。
- 在许多方面，过度专注于**开发**（exploitation）成功的现有路径，而未**探索**（exploration）成功的新路径，也就是说，企业在开发已有路径来获得成功方面做得很好，但对于新路径的探索投资不足。

许多企业的确会存活很长时间。有些企业历经数十年的经济和社会变革仍然能够坚守行业领头羊的地位（比如通用汽车、壳牌公司）。另外有些企业完全转型了。比如瑞典的斯道拉公司，在迄今为止 700 年的历史中，这家公司已经从铜矿开采业转到森林开发、造纸以及发电等行业（见专栏 11.10）。

专栏 11.10　　　　　　　　　　斯道拉的历史

斯道拉可能是世界上最古老的公司。1288 年，彼得主教签署了一份交易契约，这标志着这家公司正式成立。这是 1988 年斯道拉公司成立 700 年纪念日所依据的档案材料。公司的宣传册《斯道拉的世界》将其历史描述为：

> ### 世界上最古老的公司
>
> 斯道拉的历史开始于铜矿开采。在14世纪，斯道拉每年的天然铜矿开采量接近200吨。300年以后，铜矿的开采进入了黄金时代，富含铜的矿石的产量在这个时期比以前任何时候都要多。在17世纪，铜矿每年都会产出1 500吨天然矿石。在1687年，巨大的塌陷发生了，这标志着黄金时代的结束。然而，伴随着新产品，比如硫黄、硫酸盐以及用来制作红漆的颜料（最后一种产品直到今天还被整个瑞典的许多家庭用来装修）的发展，开采仍在继续。
>
> 依靠"纵火焚烧"过程进行铜矿开采需要大量的木材。为了获得木材，需要采伐森林。18世纪末，斯道拉的业务渐渐地向森林和制铁业转移。19世纪70年代中期，大量的铁厂和欧洲最大的锯厂之一都建在铜矿附近。
>
> 19世纪末，一家硝酸盐（牛皮纸）和亚硝酸盐浆厂在瑞典中部的斯屈特谢尔成立。大约在同一时间，第一家造纸厂也在离佛仑不远的卡瓦思维顿成立。在1972年，卡瓦思维顿生产了将近300 000吨新闻纸和杂志用纸。20世纪70年代末，公司的采矿和制铁业务逐渐地停止了。
>
> 在接下来的10年内，瑞典的比尔鲁德公司、纸草公司以及瑞典火柴公司等相继被斯道拉集团收购或兼并。随着1990年对德国费德米勒公司的兼并，斯道拉无疑成为世界上森林产品的领头羊之一。1998年，斯道拉与芬兰的森林产品公司恩索合并，成为斯道拉·恩索公司。
>
> 该公司不断创新和适应。它现在正在研究向生物能源和绿色建筑材料——它花了数年开发的领域——扩张。"未来40年与以往700年会截然不同"，斯道拉·恩索公司发言人乔纳斯·诺德隆德强调，该公司的愿望是扩展到欧洲以外，在巴西、中国和乌拉圭投资发展交叉层压木材（cross-laminated timber）用于建筑材料，以隔离二氧化碳。
>
> 资料来源：Stora company brochure "Stora's Wworld"; "Can a Company Live Forever?", BBC News, 19 January 2012.

组织和环境之间的相互影响产生了组织演化路径并引发了各种事件，人们希望演化方法的进一步发展可以实现对这种关系的更系统的研究。由此可见，研究的一个重要主题将是在不同环境下惯性与适应性的相对重要性。这个主题与我们在第9章探讨的产业组织以及战略管理中关于"承诺与灵活性"（commitment versus flexibility）的内容极为相似。因此，说不定各种方法的交流可以为我们进一步理解这些重要现象提供大量机会。

上面已谈到，组织生态学很少探究组织内部发生的事情。而演化经济学对企业内部过程则有颇多研究，特别是，该理论吸收了在现有惯例周围进行就地搜寻的行为主义概念。就组织变化而言，就地搜寻这一概念意味着企业将会驻足于现有能力的周围。于是组织变化将会显著增加（Quinn，1982）。这种不断增加的组织变化使得企业缓慢地跟上并能缓和环境的变化。这似乎并没有解释为什么企业可以在动荡的变化中幸存，也没有说明像斯道拉那样的公司为什么能实现完全转型。

有助于我们理解这些现象的一个有可能成功的探究方法与**组织内生态学和演化**（intraorganizational ecology and evolution）有关。这里的基本观点是选择也会发生在组织内部；组织成员可能会有各种各样的世界观；对于组织挑战的不同分析也会竞相显示各自的重要性；对资源配置的过多需求可能会引发对稀缺资源的争夺；宣传不同的战略；等等（Bettis and Prahalad，1995）。在这样的环境下，组织的内在选择过程是怎样发挥作用的？

伯格曼（1990，1991，2002）对战略过程做了区分，也许有助于研究战略形成的组织内生态学。他将这些战略过程划分为诱导过程和自主过程。**诱导战略过程**（induced strategic processes）与最高管理层宣传的现行战略相符，并且能够与流行的惯例和能力和谐共存。诱导过程要确保组织活动与现行战略中包含的管理层选择一致。在这层意义上，诱导过程在现行战略领域之内并且因此能够区分出企业不能做的事。伯格曼将这一过程称为减少变动。

自主战略过程（autonomous strategic processes）是指在现行战略领域之外的主动性战略。这一过程是"自下而上"的，开始于那些能够直接接触新技术发展、能够改变市场条件并有一定预算自由的经理。通常无法预料这种自主的主动性会在何时出现，但它也不是完全随机的，因为它植根于并且受制于组织的演化能力集合（包括新获得和认识到组织的较低层次的能力）。因此这一过程倾向于增加变动，而不是减少变动。最高管理层的一个重要任务是培育这种操作层面的战略主动性，因为这会激发连续不断的战略更新。

伯格曼在他的著作《战略就是命运》中总结了他的观点。该书介绍了伯格曼的概念框架是如何形成的，这与他在英特尔的工作及其首席执行官安迪·格鲁夫有着密切关联。用他自己的话说，伯格曼将战略决策和组织生态学的观点整合如下（2002，pp.20-1）：

> 几乎所有的公司都是从小规模做起，具有新创企业的劣势（默默无闻、未经检验、缺乏合法性等）。小公司、新公司面对的主要压力是环境选择。大多数企业无法在外部压力中生存。组织生态学提供了一个有用框架，以便我们更好地理解小公司的演化动力学。一些公司确实生存了下来并做大做强。虽然这些大型老牌公司依然受制于外部环境的选择压力，甚至许多企业长期屈从于这种选择压力，然而它们却可以得到用内部选择替代外部选择的机会。类似于外部选择，内部选择长期专注于公司在新旧业务上的进入和退出。

换句话说，伯格曼认为，随着小公司的成长壮大，公司战略将被添加到经营战略当中。公司战略的生态方法在外部环境选择（外部适应性）之外，又增加了内部选择。在内部环境选择中：

- 诱导策略过程发生在熟悉的环境中。它们强调当前的能力，契合当时的战略和"协同"。因此诱导过程相较探索而言更有利于开发，有利于战略惯性。
- 自主战略过程涉及新的竞争力组合，都是目前尚未被发现对公司有显著重要作用的竞争力，其目标是新兴的环境而不是公司已经十分熟悉的环境。这一过程也许并不适合现行的公司战略，但随着时间的推移，它会被越来越多的人认可，甚至被吸收到新的公司战略中，但那都是成功之后的事了。

总而言之，伯格曼认为变动增加和机制减少之间的平衡增强了企业的长期存活能力。变动减少机制（或诱导策略过程）导致了组织的惯性和递增的适应能力的产生，变动增加机制（或自主战略过程）扩展了组织的领域并且更新了组织的能力基础。下面这些观点似乎有道理：

- 两者的最佳平衡将取决于环境条件；
- 我们前面观察到的组织成功和失败的案例都取决于企业在当时的主要环境条件下做出的实际选择的恰当性。

在后一种陈述中，我们这两个"需要仔细关注的领域"走到了一起，把企业概念化为一个能力束使得我们可以分析企业是否能够对环境挑战做出适当的选择。这不是巧合。我们认为演化视角能够把来自各个学科的理论贡献和经验贡献融为一体。

11.9　小结：演化视角

本章已经介绍了两种组织的演化视角以及一些近期的发展。

我们从生物学入手，对长颈鹿的长脖子做了各种不同的生物学解释，区分了创造论者和演化论者的观点，并进一步区分了演化论中的拉马克解释和达尔文解释。这些区分在组织领域内也是很有帮助的。然而，我们不得不提醒一句，组织形式和生物学物种之间既有差异又有联系。这些差异意味着成功的生物学解释并不一定能够运用到组织领域。尽管达尔文的视角目前在生物学中有强有力的科学证明，但是创造论或拉马克（或其他一些）观点对组织演化或许更为重要。

我们看到尼尔森和温特关于经济变化的演化理论在本质上的确是拉马克式的，而汉南和弗里曼的组织生态学则是达尔文式的。然而，两者都使用变异—选择—保留的基本环境机制作为解释工具。

演化视角将我们的注意力引到了组织形式与环境相互作用的发展过程上。因此，与其他很多倾向于强调组织适应性的组织理论相比，这些视角赋予了环境选择过程更大的重要性。在组织生态学中，组织被假定为具有相对惯性。也就是说，它们很难尽快地对环境的变化做出反应。这种惯性之所以存在是因为人们对组织有可靠性、责任感以及可复制性等要求。选择压力将会支持那些结构具有较大惯性的组织。因此，组织生态学将惯性视为选择的结果。这种方法下的经验工作倾向于关注重要的组织种群的比率：出生率和死亡率。这些比率具有密度依赖特征。

尼尔森和温特的经济变化的演化理论集中关注组织惯例，这些组织惯例是用来描述组织机能（organizational functioning）的主要概念。惯例是指有规律的、可以预测的企业行为模式。它们通常包含着默会知识。惯例可以解释为什么组织会抵制变化，因此，它也能解释组织的相对惯性。

在这种方法中，惯性类似于生物学的基因。成功的惯性是那些在环境选择中幸存下来的惯性。它们是组织存储器。此外，它们可以被看作组织的稳定力量，代表着组织内冲突的停战协议。

尼尔森和温特显然将理论建立在企业的行为理论基础之上。他们对组织惯例的强调已经被扩展到了对所有企业特定的动态能力的强调。因此，组织本身已越来越多地通过演化视角进行研究。从演化的角度来看，组织可被视为一个具有模式化活动的生态。

我们讨论的两个例子越来越多地关注组织内部的演化过程。第一个例子研究动态能力。这些都是在前面的章节作为企业资源基础观有关策略的延伸介绍的。重点是动态能力的建立和维持这种能力所需的战略管理任务的内部环境。在这一章中，我们已经添加了外部环境。我们已经阐述技术适用性、充足的市场需求和生存竞争的能力如何决定动态能力的演化适应性。因此，我们可以将其具体化为动态能力提供可持续竞争优势的内外部条件。竞争成功来自内部和外部因素的相互作用：它是充分的战略管理和环境选择的结果。

第二个例子是对公司的内部选择环境的伯格曼分析。伯格曼通过变异—选择—保留的演化视角明确地分析了流程与竞争选拔机制。

通常情况下，企业内部存在变化，在任何时刻都有可能出现新的战略。诱导策略过程是减少变化，以符合当前的战略。另外，自主战略的过程是增加变化，因为它们导致在当前战略之外的战略变革。

还有就是不同的战略举措之间的内部竞争，以获得必要的资源增长和增加在公司的重要性。调节资源和关注不同创新的管理工作有助于战略的内部选择。

确保在内部和外部竞争中生存下来的战略举措能够运行。这些举措能够得到发展，并在公司中越来越重要。

组织的演化方法使组织机能的动态性逐渐清楚地显示出来。它们也考察了长期的组织演化。这些方法也表明，在组织种群与其环境之间发生相互作用的过程中，情况可能会随着时间的推移而发生变化。组织生态学说明了竞争和合法性的力量怎样随着种群密度的变化而变化。总而言之，组织的幸存条件会发生巨大的变化，这种变化会贯穿一个种群的一生。

同样，将企业看作惯例化的能力束的分析使得大量以前根本不同的理论和经验观察逐渐清晰地显示出来。这些分析阐明了企业如何通过沿着一条新的路径来增强能力，以获得主动的成功。成功将会增强这些能力的惯例化。随着能力变得更为惯例化，企业的相对惯性也会增加。因此，当环境条件发生变化并且需要组织进行适应性调整时，成功就不仅仅会孕育成功，它也会孕育自己的死亡。许多企业确实会存活较久，而且能够在必要时成功地做出调整来适应新状况。

对这些状况更进一步的理解是目前组织理论面临的最大挑战之一。我们将会在下一章关注这个主题。

□ 思考题

1. 在组织的演化方法中，生物学类比发挥着重大作用。就像长颈鹿种群那样，组织形式的种群由于环境选择的作用会随着时间的推移而发展。然而，组织和长颈鹿之间的一个重大差异就是组织是由人类构建的。对于组织种群和长颈鹿种群之间的类比而言，这个差异有两种含义。请解释这两种含义。

2. 在尼尔森和温特提出的关于经济变化的演化理论中，技能和惯例是两个重要的概念。
   （a）给出一个技能的例子；
   （b）说出技能的两个典型特征；
   （c）给出一个惯例的例子；
   （d）技能和惯例之间有什么重大的差异？有什么相似之处？
   （e）惯例和动态能力之间有什么异同？

3. 在很多国家中，有针对新型药品的分销实验：通过邮件订购药品。这种新的分销形式使得病人能够通过邮件接收他们的常规药方。在荷兰，这种新的药品分销形式的早期实验是由企业主发起的。但是，这些早期的努力并不成功：企业主经营的企业失败了（这个实验还在继续，但现在是在健康保险公司的赞助之下）。如果你采纳组织生态学的视角，你认为是什么导致了早期这些实验的失败？

4. 请重新回顾专栏11.10中关于有着700年历史的斯道拉的阐述。如果你从尼尔森和温特的经济变化的演化理论这一视角来看待这段历史，你认为什么因素有助于斯道拉作为一个公司如此长时间地存活？

5. 1959年，北美各个重要城市的汽油几乎都是通过服务站来销售的。服务站除了提供汽油之外还提供简单的汽车维修服务，并且销售轮胎、电池以及汽车装饰品。它们也雇用"汲油泵的操作员"，这些人从事灌油罐的工作并且也可能提供诸如擦洗挡风玻璃之类的其他服务。30年后，这个情况已经极大地改变了。售出的汽油总量中，不超过30%的汽油是通过传统的服务站售出的，其余汽油是通过"汽车吧"（只销售汽油）、便利店（销售汽油加上零售便利品）以及洗车店（销售汽油和自动化的洗车服务）售出的。不同方式销售的汽油数额大体上相同。表11.1提供了加拿大阿尔伯塔省埃德蒙顿市的相关数据。

表11.1　加拿大阿尔伯塔省埃德蒙顿市汽油销售点的数量（个）

年份	1959	1998
服务站	262	104
汽车吧	1	73
便利店	0	73
洗车店	1	84
其他汽油销售点	15	40

资料来源：Usher and Evans (1996).

如果用种群生态学理论，你如何解释1959—1988年发生在埃德蒙顿市的这种转变？为了知道你使用种群生态学的观点做出的解释是否正确，你将需要哪些信息？

□ 注释

[1] 与汉南和弗里曼（1989a）一样。他们的方法将在下一节中介绍。

[2] 一些研究处于这两种分析层次之间，比如，将环境变量作为其他组织形式竞争的"代理变量"的研究。

[3] 当金文洛提到早期网上银行安全方面的一些漏洞时，作者增加了这些内容。

第 12 章

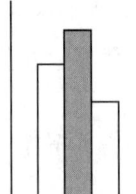

整 合 篇

12.1 导言

迄今为止,你已经了解了现有的几种主要的经济学方法,而且已经熟悉了各种经济学方法所要处理的问题、使用的基本概念以及特定的分析模式。在本部分最后一章中,我们的任务是对本书所探讨的各种方法进行全面的审视。

首先,让我们回到第 1 章列出的基本的概念性框架。在回顾这个框架之后,我们将在本章第三节讨论组织经济学方法的家族相似性,紧接着在本章第四节讨论经济学方法的家族差异之处。这两节共同提供了一个对经济学方法这个家族的平衡看法。这些方法之间相互矛盾吗?存在明显的家族特征吗?它们有相同的观点或研究侧重点吗?本章第五节总结了我们的研究结论,第六节在接下来应用这些方法之前简略地给出了一个总结性的看法。

12.2 基本概念性框架

在第 1 章中,我们提出了一个基本的概念性框架,这一框架被重新引入本章,见图 12.1。这个框架将社会劳动分工作为起始点。劳动分工使得对专业化进行研究的经济学成为可能。然而,这只是问题的一方面。问题的另一方面是:在专业化经济中,协调是必需的。没有某种协调,专业化经济的参与者之间不会发生交易。因此,专业化以及(所需要的)协调是劳动分工的不可分割的结果。

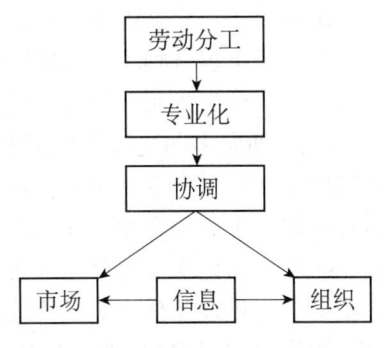

```
        劳动分工
           ↓
         专业化
           ↓
          协调
         ↙   ↘
    市场 ← 信息 → 组织
```

图 12.1　基本概念性框架

我们认为市场和组织为交易成本的协调提供了可以相互替换的解决方案。我们通过市场和组织各自使用的协调机制来辨别它们各自的特征。市场使用价格机制，而组织则运用六种可相互替换的机制中的任何一种。我们认为纯粹的市场协调和纯粹的组织协调是很少见的。实际上，我们通常会发现多种协调机制的混合。我们在任何情景下发现的这种实际的混合都主要取决于执行交易所需要的信息。因此，信息是我们的基本概念性框架的决定性要素。最后我们会将框架放入环境和制度背景中，重点强调在市场和组织中的环境压力和选择过程。

在第 1 章中，我们已经说明了图 12.1 表达的这个基本经济学视角是如何被追溯到一些现代经济学之父那里的：劳动分工及其后果是亚当·斯密的主要论题；价格体系的市场协调效率受到弗里德里希·哈耶克的极力鼓吹；主张组织协调可以作为市场协调缺陷的补救措施而出现这种观念首先是由罗纳德·科斯系统地进行阐述的。既然我们已经审视了很多最新的组织经济学方法，那么我们可以在多大程度上认为这个基本概念性框架能够成为目前可用的那一系列方法的基础？

我们的答案是：在某种程度上。如果前几章的很多问题都已经弄清楚了，那么这些方法之间的差异就应该成为考察对象了。在本章第四节，我们用图表更为详细地展示了这种差异。尽管存在这种差异，但我们也可以看到组织的这些经济学方法之间存在一个共同的基础。下面我们将讨论这个框架包括的三个共同元素。

12.3　家族类同之处

12.3.1　组织和市场

组织经济学方法中的第一个共同元素是经济学家总是倾向于将组织与市场进行比较。经济学家的知识背景导致了他们通常把市场看作对组织进行评价的自然基准。这一点可能在第 8 章我们所探讨的交易成本经济学中有着最明显的体现。威廉姆森对市场和等级制这种方法的开创性阐述明显地体现了这一点。

这种方法的首要问题是如何解释作为经济交易治理结构的市场和企业的相对出现（要么选择市场，要么选择企业）。它代表了一种对科斯基本问题的延伸——如果市场可以有效发挥作用，为什么会有如此多的实行交易内部治理的企业存在？科斯和威廉姆森都把市场看作他们理论的出发点并且将组织解释为"市场失败"的一个结果。

将组织与市场进行比较的另一个或许更为明显的方法是分析组织的边界。请考虑第10章探讨的公司战略。纵向一体化、横向多国化以及公司多元化都超出了组织的边界。实行纵向一体化的企业会兼并供应商或客户企业。如果企业通过兼并或合并实现多国化或多元化，那么这两个企业就会一体化为一个企业。在所有的这些例子中，我们现在只发现一个企业而不是两个企业。一个一体化企业与存在市场关系的两个企业之间存在相应的比较。如果纵向一体化、横向多国化以及公司多元化政策追求的都是内部增长（而不是并购），那么从经济学角度来看分析的标准仍然是创建一个完整实体和建立市场联系。将一个一体化企业与存在市场关系的两个企业之间进行相应的比较，这种比较也可以简单地归结为交易的组织协调与市场协调之间的一个比较性评估。

再来看看代理理论对企业存在的解释。就像第7章所阐述的那样，这种解释涉及团队生产这一概念。团队生产指明了这样一种情况：当两个或更多人的力量联合起来之后，他们的生产力就会比每个人单独活动时的生产力高很多。同样，这个（暗含的）比较也出现在组织安排（organizational arrangement）和市场安排（market arrangement）之间。当市场安排较差时，组织安排就会产生。

最后，组织的演化方法将我们的注意力导向了组织所在的环境。环境的重要组成部分之一是市场——产品和服务市场，产品和服务都是组织提供的，但是也有组织所需的资源市场甚至"公司管理"市场（见第7章）。在所有这些市场里，竞争的作用就是一个外部的选择机制。只有当能够承受这种市场竞争压力并通过了选择机制时，组织才能存活下来。从这种意义上来说，同样可以在组织的演化方法里看到市场和组织的对抗。

☐ 12.3.2　效率

根据什么标准来判断市场安排的优劣？这个问题将我们引向组织经济学方法的第二个共同元素。研究表明，评估市场与组织协调的主要标准是效率。

正如第1章中所定义的那样，**效率**（efficiency）标准指的是稀缺资源的最优配置。也就是说，如果某些资源的使用可以达到最大化的产出，这些资源就可以得到有效的配置，或者换一种表达方式，就是一个既定数量的生产可以用最少量的资源来实现。而且，如果所有的资源都可以用货币来表示，这个标准就会转变为"最低成本"，大多数人都会直觉地将这个概念与"效率"这个术语联系起来。但是请记住，广泛地说，资源的经济定义包括所有可能有助于满足人类需求的一切手段（见第1章）。

效率考虑在前几章中大量存在。在行为理论中，组织参与者会衡量他们必须为组织做出的贡献和组织提供给他们的诱因。他们会将贡献与诱因的比率与从别处可得到的替换选择进行比较。他们努力寻求最有效率的资源配置。在代理理论中，经理会考虑购买一架公司用的喷气式商务飞机对其效用（他的效用取决于企业的价值和他的在职消费）最大化目标产生的影响。他会考虑资源用在购买商务飞机上是否有效率。有些企业的战略家可能会考虑从成本领先战略转变为差异化战略。他会得出结论说，只有当收入的增长超出成本的增长时，这种战略转变才是可行的。

因此，效率考虑会在经济活动参与者的假定思维和行为中或多或少地出现。经济学家倾向于假设人们并非完全受到资源运用的预期效率的影响。然而，效率考虑在经济学分析中发挥一个辅助性的但很重要的作用。效率是经济选择机制。当选择压力开始发挥作用时，效率就是我们用来评估哪个协调安排具有最高存活价值（highest survival value）的主要标准。经济学家通常会假设最低效率的安排将会被淘汰（一时段间以后）。

这一点在尼尔森和温特的企业理论中也是很明显的。环境选择支持成功的惯例。如果拥有这些惯例的企业拥有较高的利润水平，就表明这些惯例是成功的。利润是效率的一个指标。因此，有效率的企业将会为环境所选择，而没有效率的企业（具有较少成功惯例）将会被淘汰。同样，在交易成本经济学中，那些节省生产和交易成本的治理结构（因此，这种治理结构更有效率）将会超出那些效率较低的治理结构。严格来说，这些例子指的都是最常用的效率概念，即**静态效率**（static efficiency）和配置效率。另一个问题是如何随时间变化（再）配置资源，以便适应一个经济体或组织不断变化的环境，保持经济体或组织的高效和成长。这就是**动态效率**（dynamic efficiency）的问题。

在第11章我们已经介绍了"演化适应性"的概念，适应演化的动态能力能帮助一个公司生存和成长，以及在不断变化的市场中蓬勃发展。因此演化适应性和动态能力在概念上的标准是相关的，都指适应性。威廉姆森（2009，p. xiv）在他后期的文章里开始强调："交易成本经济学一直认为，经济组织的核心问题是适应。"

因此，效率是将各种组织经济学方法结合到一起的第二个共同元素。效率考虑被部分地隐含在图12.1的基本概念性框架中。如上所述，效率是决定市场还是组织将会成为特定交易协调工具的主要经济学准绳。接下来，我们将通过重点关注效率的一个特定来源——信息优势——来说明各种组织经济学方法的最后一个共同元素。

□ 12.3.3 信息

对信息的关注是我们在这里要讨论的第三个也是最后一个共同元素。**信息经济学**（economics of information）的发展为代理理论和交易成本经济学提供了一个重要的动力。人们越来越认同：信息自身就是一种分布不均衡的稀缺资源。信息的这种不均衡分布为战略行为提供了机会。就像我们在第5章所看到的，在人们（或组织）所参与的博弈中，参与者能否观察到相关信息会产生很大的差别。私人信息具有很大的经济价值。信息不对称可以通过采用机会主义或使用其他方法被利用。

代理理论以及交易成本经济学都关注这种情况。这两个理论都认为[经济]生活中到处都存在信息问题，并且这两个理论都主张寻求有效的合同安排来处理这些问题。由于市场和组织能够处理的信息类型是不同的，所以选择市场还是组织需要根据特定交易的信息要求来决定。

信息在其他组织经济学方法中也是一个重要概念，尽管乍看上去也许不那么明显。例如，企业的行为理论是从标准微观经济学的下述假设出发的：（1）经济参与者通常只能够获得不完全信息，并且（2）这些行为者在处理这些可得信息的过程中只有有限理性。

我们看到，这些行为假设推动了组织经济学后来的发展，并且已经被吸收进了各种组织经济学方法中。在演化理论中，大量的信息被储存在组织惯例中。这些惯例包含着**默会知识**（tacit knowledge）。默会知识很难被清楚地阐发出来，因此，默会知识之间很难进行交流。结果是，第三方也很难获得这些知识。在这个意义上，默会知识包含在组织惯例中为组织的私有信息提供了一种很好的保护形式。在具有成功惯例的企业和不具有成功惯例的企业之间存在一个根本的信息不对称。正如 DNA 储存了我们的（编码）基因信息，组织惯例和能力储存了组织运行和成长所需的必要信息。如贝哈克（2006，p.12）指出的：

> 进化是一种算法……进化不仅可以发生在 DNA 中，而且可以发生在任何具有正确信息处理和信息储存特点的系统中。

我们不想过分强调组织经济方法之间的共同之处。上述讨论的每一个共同元素都有可能存在争议。然而，这些共同元素是将这些方法联系在一起的主要特征。在下面几节中，我们将这些方法之间的一些重大差异与它们的相似性放在一起进行探讨和总结。这样做可以提供一个平衡的、全面的描述。

12.4 家族不同之处

现在我们开始探讨组织经济方法家族之间的差异。读完本书的第 6 章到第 10 章，你可能已经注意到了大量的差异。这里我们的目的不是要列举所有的差异，而是要试图提供一些结构，这些结构是通过给各种方法排序产生的，而这种排序则是按照某些我们认为很有指导意义的维度进行的。下面我们将讨论这三个维度。

12.4.1 过程方法和内容方法

第一个维度指的是各种方法所要研究的主题，即它们处理什么问题。这里我们从战略文献中借用一个区分来为我们的方法归类。这个区分就是战略的过程理论和内容理论之分。

过程理论涉及的是战略形成过程。内容理论涉及下列战略内容：企业在市场上的态势和定位。同样，我们要在**组织经济学的过程方法和内容方法**（process and content approaches to organizations）之间做出区分。前者处理组织过程，但几乎不会告诉我们这些过程的结果；后者重点关注实质性结果，但不太了解产生这些结果的过程。

为了更详细地阐明这个维度，我们对组织经济学方法中的两种方法做对照研究。企业的行为理论是一种过程方法。当企业被看作特定团体的联合时，企业的行为理论可以解释企业的内部职能。这一理论不仅强调这些群体之间的潜在冲突，也强调那些可能会产生这些冲突的准解决方案的组织过程，例如满意的、连续的决策。然而，这一理论并不会告诉我们这些过程的具体结果是什么。这些结果完全取决于相关的组织参与者的具体决策和行为。

我们将这一理论与委托—代理理论进行对照。就种植草莓这个例子来说，委托人和代理人如何在一个工资合同和租赁合同之间达成选择意向（见第 7 章第六节）？这会成为双方进行尖锐的讨价还价的一个激烈争端吗？或者会不会由于一方别无选择，另一方就会处在一个有利的讨价还价位置上？这只是一个双边交易情况，还是威廉姆森所命名的大数交易情况（事前）？

委托—代理理论对这些过程和内容问题保持沉默。它只是展现它所关注的变量（效用、保留工资、努力程度等）既定的情况下的预期结果以及它所使用的效率标准。

图 12.2 按照这个维度对各种方法进行了排序。行为理论是非常纯粹的过程理论。组织生态学是唯一导向较多内容的理论。内容指的是种群随着时间推移的预期发展以及出生率和死亡率的密度依赖。

尼尔森与温特的演化理论刚开始只是单纯的过程理论，然而正如第 11 章提到的，他们开始意识到他们的理论可以借鉴一些战略文献中的见解。这使得他们开始寻求与钱德勒的著作《战略和结构》的联系，并在后来对**动态能力**（dynamic capabilities）有所贡献。特别是温特，他个人一直以来都对这方面主题的深入研究表现得十分积极（Winter，2003）。最后，演化理论强化了它的微观基础，并获得了内容研究的可能，如研究产生可持续竞争优势的动态能力的属性。因此，我们将（纳入了动态能力的）演化理论认定为过程理论，比它的最初形式更能产生实质性成果。

在这个序列的另一端，完全代理理论比委托—代理理论更强调过程导向，因为完全代理理论有时候更明显地关注那些产出特定结果的机制，比如关注公司控制权市场（market for corporate control）的运作。交易成本经济学与完全代理理论在这个序列中的位置非常接近。交易成本经济学明显地关注一个特定过程：随着资产专用性的不断增强，根本性转换将会出现（见第 8 章第三节）。然而，选择过程（一般认为选择过程可以导致有效率的结果出现）在交易成本经济学那里仍旧悬而未决。

```
过程 ↑    行为理论
          组织生态学理论
          演化理论
             ┊
             ↓
          动态能力
             ↑
             ┊
          资源基础观
             ↑
          战略
          
          交易成本经济学
          完全代理理论
内容 ↓    委托—代理理论
```

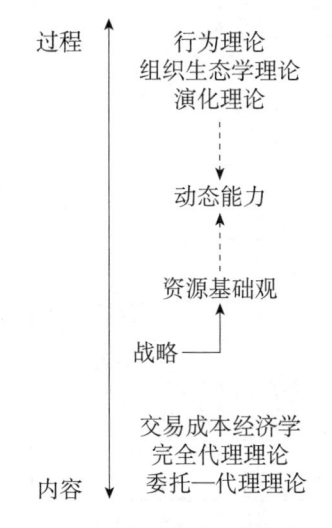

图 12.2　过程方法和内容方法

最后，我们探讨战略的经济学方法的归类。在第9章已经解释过，传统产业组织理论显然是一个内容理论。它试图解释一个产业（内部的企业）的结构、行为和绩效。就产业组织理论是我们战略管理方法的基础而言，我们正在使用一个内容理论。这个理论告诉了我们产业内以及产业间的企业的态势和定位。由于我们对行动和反制行动的讨论考虑了战略随着时间推移的发展历程，因此在这一层面上我们可以说这个讨论仅仅部分地具有过程导向。然而，战略管理的经济学贡献没有探讨战略形成和发展的内在过程。但是，随着资源基础观的发展，特别是动态能力的拓展，战略的经济学贡献开始考虑到了过程。动态能力的概念在战略的经济学贡献和进化理论之间建立起了联系，为缩小内容理论和过程理论的鸿沟提供了激动人心的机会。这种联系以虚线形式呈现在图12.2中。

图12.2清楚地表明了目前过程导向的方法和内容导向的方法之间存在一条很大的鸿沟。这种说法对组织的经济学理论而言是正确的，它也反映了组织研究领域更为普遍的一些趋势。一个完全将内容和过程联合起来的组织行为和发展的模型现在仍未出现。

12.4.2 静态方法与动态方法

我们给组织经济学方法进行排序所使用的第二个维度与上述讨论的第一个维度相关。然而，第二个维度与第一个维度之间又存在很大的不同，这种不同足以要求我们将这两个维度分开讨论。这种不同是静态理论和动态理论之间的区分。这种区分使得我们可以对理论中使用的各种分析模式做一些考察，而且可以对每个理论的时间框架做出评论。

在图12.3中，纵轴相当于图12.2，代表过程/内容维度。现在我们沿着横轴增加了静态/动态维度。纵轴和横轴都被划分为三个部分，这些划分界定了图中的各个区域。

沿着纵轴，我们发现过程方法在最顶端的区域内，而内容方法则在最底端的区域内。中间空白区域说明了将过程和内容结合起来的理论目前还不存在（但是我们已经暗示了尚在研究的动态能力开始填补这部分空白了）。

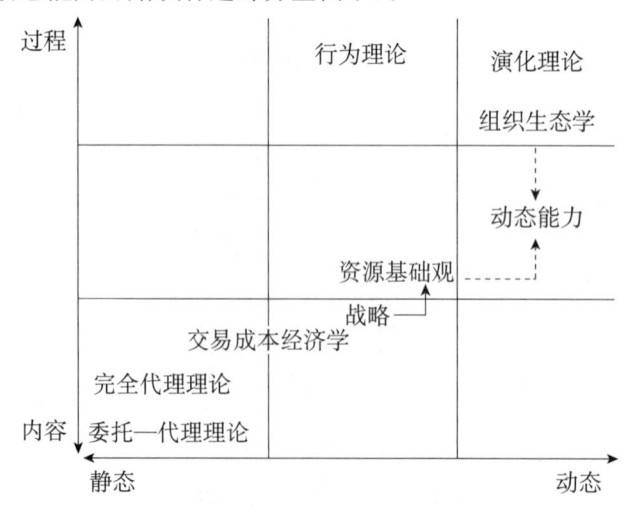

图 12.3 静态和动态方法

横轴也被划分为三个部分。横轴界定的区域将在下面被依次讨论。

在横轴的左面区域,我们发现了代理理论。这些理论运用了经济学上著名的**比较静态**(comparative-static)理论作为分析模式。比较静态分析是将一种(静态)情况与另一种情况进行比较。例如,将工资合同下的委托—代理与租赁合同下的委托—代理进行比较。这种分析的目的是发现(在分析中包括的各种变量和效率标准既定的情况下)一种情况是否比另一种情况更优。因此,如果这些分析使用的效率标准既定,那么这些分析所揭示的内容就是一系列可以相互替换的情况。但是静态分析不会告诉你目前的情况会怎样发展。如果你正处于较差的情景中,静态分析也不会告诉你该如何从这种境况转到另一种境况。

在横轴的右面区域,我们发现了具有长期视角的生态学和演化理论。这些理论认为累积性选择和适应性过程在组织的演化中起到很重要的作用。这一点明显地指出了生态学和演化理论的长期、动态特征。

行为理论和战略处于这两个极端之间的中间位置。他们通常把当前情况作为分析的起点,然后问下一步要做什么?在行为理论中,我们可能会分析员工士气的提升所带来的影响。在战略理论中,我们会思考一个战略行动。因此,虽然这两个理论都部分地具有动态化特征,但是它们肯定不会像演化理论和组织生态学那样具有长期的时间框架。

我们来看交易成本经济学的归类。从图 12.3 中可以明显看出,在静态/动态维度所界定的三个方框中,交易成本经济学究竟属于哪个方框是不明确的。原因是交易成本经济学使用了**比较制度**(comparative-institutional)分析模式。它将一种制度的职能(比如市场)与另一种制度(比如等级制)的职能进行比较。这种比较的标准也是效率(当然,现在包括交易成本)。从这一方面来说,这种比较类似于将一种情况与另一种情况进行比较的比较静态方法。然而,它也回答了一些诸如"下一步要做什么"的问题。等级制形式的发展过程——从同侪团体经由简单等级制再到更为复杂的等级制就是一个恰当的例子。根本性转换也是一个例子(见第 8 章第三节)。交易成本理论的这些要素处在横轴的中间栏内。这就是我们将这种方法既放在静态/动态坐标轴的左面区域又放在右面区域的原因。

□ 12.4.3 分析层面

我们的第三个也是最后一个维度指的是理论的分析层面。**分析层面**(level of analysis)说明了一个理论所要试图分析的问题处在哪一个层面。例如,心理学理论主要致力于个体层面的分析:它们试图解释个体行为。

组织经济学方法的分析层面是什么?令人吃惊的是,我们可以列出很多层面。我们有必要区分下面的 7 个分析层面:

- **两个个体构成的二分组合**(person dyad):交换关系中的两个个体构成的二分组合;
- **群体**(group):一定数量(相对较少)的个体由于共同的目标、兴趣或职能而联结在一起；
- **群体之间**（intergroup）：有着不同目的、利益或职能的组织群体之间的关系；
- **组织**：（organization）比如，合同关系、参与群体结成联盟或者是形成一个统一体并且被承认为合法的管理结构等；
- **两个组织构成的二分组合**（organization dyad）：在一个交易关系中的两个组织构成的二分组合；
- **组织种群**（population of organizations）：某个特定类型或形式的所有组织；
- **系统**（system）：与整体现象分析相关的组织种群、环境特征以及两者之间关系的整体。

这 7 个分析层面构成了图 12.4 的纵轴。该图展示了本书介绍的那些方法具体涉及哪一个分析层面。下面将依次探讨这些方法。

代理理论的范围横跨多个层面：从两个个体构成的二分组合层面一直到分析的组织层面。委托—代理理论明确地适用于两个个体构成的二分组合层面，它考察两个个体构成的二分组合之间的代理理论。试图将委托—代理理论扩展到多代理或多委托的情况被证明是很困难的。当代理人或委托人之间的异质性被提出后，这种尝试就遇到很多棘手的问题。因此，从委托—代理理论中所获得的见解只适用于一个委托人、一个代理人的分析层面。然而，这些见解通常被用作较高层次分析的一个范式。显然，应当非常谨慎地使用这些见解。在群体层面，所有的异质性和群体的相互作用已经开始发挥重要作用。在分析的更高层面，环境和制度因素将会起作用。

完全代理理论的分析占据了多个层面：从群体层面到组织层面。对管理报酬的结构进行的分析可以作为分析的群体层面的一个例子。例如，对公司总部报酬的建议与对业务分部报酬的建议应当有何不同？当我们对潜在的冲突，比如对上市公司的股东和债券持有人之间的潜在冲突进行分析时，这种分析就会落在群体之间的这一层面上。分析的组织层面与公司接管以及公司控制权市场有关。

当交易成本经济学分析同侪团体时，它将重心放在了群体层面。但是在其他时候，它的关注重心是组织层面（例如，U 形、M 形以及 H 形之间的比较）以及两个组织构成的二分组合层面（例如，纵向一体化）。有趣的是，参与群体之间的潜在冲突很难在群体间层面进行分析。交易成本分析有一个对组织的非常完整的看法。第 8 章第十节从制度环境中引进了移动参数，从个人层面引进了行为假设。

当然，对行为理论而言，处理组织间的活动，尤其是处理群体间的冲突是它的一个明显特征。该理论通过把组织看作一个特定群体间的联盟进行分析，并且组织行为也是从这个角度得到解释的。

经济学和战略理论横跨三个分析领域。它分析个体组织并且思考组织的战略发展（比如，多元化问题）。然而，它也会既在两个个体构成的二分组合层面（两个战略参与者的行动和反制行动）也在种群层面（产业内的竞争）研究竞争和敌对状态。企业资源基础观主要是在组织层面。它主要研究企业内部哪种资源是产生可持续竞争优势的基础。正如第 9 章第六节和第 11 章第七节讨论的，企业资源基础观的发展不仅纳入了

（静态）资源，也纳入了动态能力。这种发展为最初由尼尔森和温特发展出来的演化理论建立起了一座有趣的"桥梁"。

生态学和演化理论都处在分析的种群层面。它们都分析特定类型或形式的组织种群。这两个理论也都有潜力扩展到系统层面，但都在两个组织之间的互动方面或组织构成的二分层面上保持了沉默。

随着公司被概念化为惯例的等级制，尼尔森和温特的演化理论最初就包含了一些组织层面的分析。这些惯例受发展和变化的影响，如学习、模仿和通过（本地）搜索后的自主适应。但是这些变化都受到了通行惯例的严格制约。因此，进化理论着重强调了公司的相对惯性。有趣的是，动态能力搭起了通向战略理论的"桥梁"，惯例在动态能力上的概念延伸意味着现在的进化理论比起最初的框架可以有更多的**针对性适应**，也意味着需要更多地意识到建立、维持和修改组织资源和能力基础的管理任务。蒂斯（2009，p.8）最近做出的贡献探索了动态能力的"微观基础"："组织和管理流程、程序、系统和强调每类能力的结构。"

汉南和弗里曼（1989a）最初构建的组织生态学将组织看成一个惯性的"黑盒子"（见第11章第六节）。因为在他们的方法中，组织这个整体中的"组织形式"受选择的影响（而尼尔森和温特的选择是在惯例的组织内部水平上进行的）。所以，对尼尔森和温特来说，没有必要看到组织内部。然而，在接下来的研究中，生态角度也被应用于组织本身。伯杰尔曼（2001，p.7）将公司概念化为一个生态，"在这个生态里面战略行动以某种模式化的方式出现"。结果是，他可以将内部选择的力量叠加到在公司里运行的外部选择力量上。通过这些成果，图12.4的组织内生态学已经成为自己研究领域的一个完全成熟的分支。

我们可以对组织的经济学方法所涉及的分析层面做出三个总结性评论。首先，组织的经济学方法涉及的范围很广。这可能是归因于这样的事实存在：只要令我们感兴趣的现象中存在经济学因素，经济学都会有所贡献（见第1章）。在所有的分析层面，从两个个体构成的二分组合层面到系统层面，各种经济因素都涉及了。

其次，不同的方法倾向于阐述不同的问题。这一点可以部分地归因于分析层面的不同。组织形式在一段较长时间内的演化非常不同于公司在一场战略斗争中所做出的短期战略行动。每一种分析层面都有自己的特征：群体不只是两个以上的人的集合，组织也远非一个众多群体的集合。注意要详细地说明特定的理论所运用的分析层面，并且对其他层面要做出充分的推断。

最后，即使我们站在同一分析层面，不同的理论也可能对相同的问题产生不同看法。我们以几乎所有理论都涉及的组织层面为例（在本书中一点儿也不奇怪）。代理理论倾向于将组织看作合同关系；交易成本经济学将组织看作一个治理结构；行为理论将组织看作一个参与群体的联盟；演化理论将组织看作惯例或能力的联盟。不同的理论通过不同的视角来看待这个世界。每一种理论下的组织形象都会强有力地影响该理论所观察到的问题种类以及这些问题的重要性。

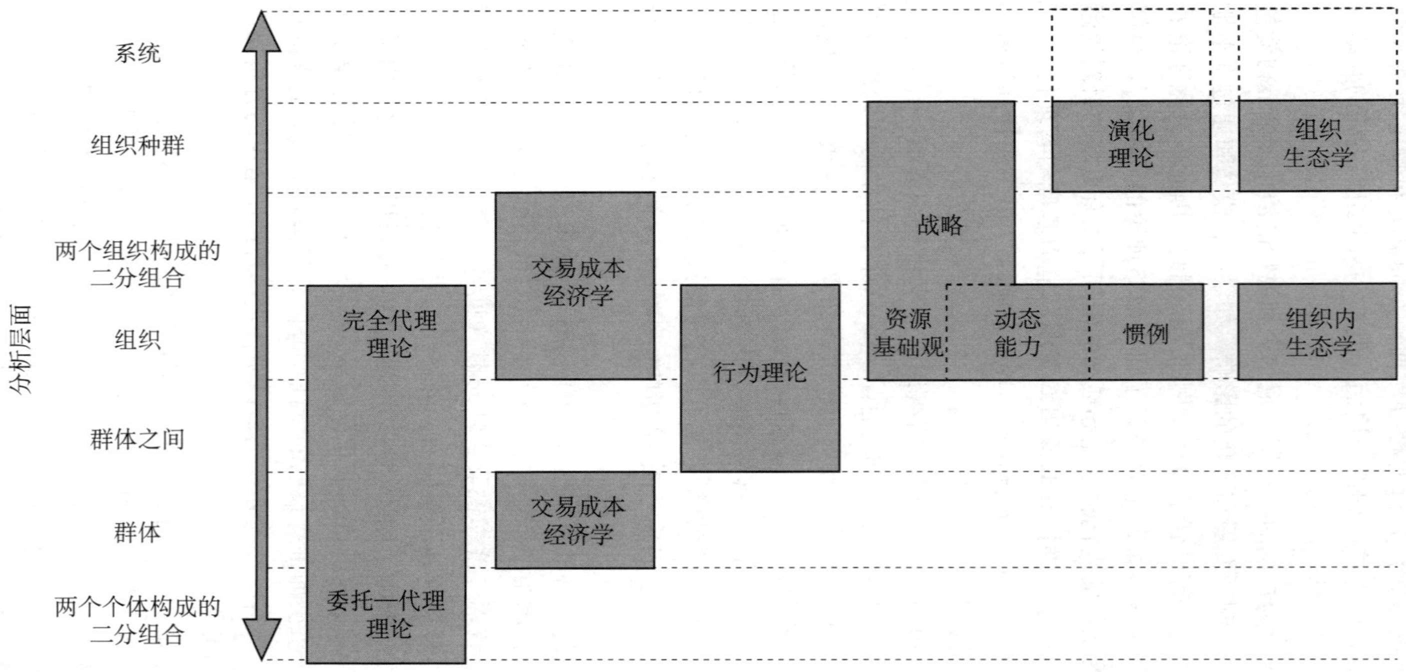

图12.4 分析的层面

12.5 小结：全家福

现在我们已经讨论了组织的经济学方法中我们所观察到的三个主要相似之处以及它们之间差异的三个主要维度。这些都被总结在表 12.1 中。最后一个问题仍然是相似之处是否比差异更为重要。本书囊括的方法都是一个家族的成员吗？

在最后一章中，我们将这个问题留给读者来回答。我们已经介绍了这些方法本身，也详细介绍了我们对这些方法之间的相似之处和差异之处的看法。这应当能够使读者形成自己的判断。显然，我们的判断是它们的确属于一个家族。我们继续使用家族这个比喻，同时提供一些关于这个家族结构的研究结论。

代理理论、交易成本经济学以及产业经济学和战略理论以及博弈论都是核心家庭的成员。它们代表着目前存在的组织经济学方法的中坚力量。这些理论是目前最受关注的领域，目前组织经济学中的大部分研究工作都属于这些领域。

其他方法都是延伸家庭的成员。我们可以把行为理论看作祖父母。它在许多领域都发挥作用。在组织经济学内，行为理论所产生的最大影响是对交易成本经济学和演化理论的影响。微观经济学和组织行为理论还有其他兄弟姐妹。通过将启发式教学和偏差纳入人类决定模型中，行为经济学进一步探索了有限理性。

演化理论可能是一个堂兄（妹）（可能是关系相隔一代的堂亲的孩子）。它的组织概念的行为基础是一根家庭纽带。最近它还和战略氏族的成员资源基础观有所联系。它将演化理论与组织理论联系起来。另外，演化理论在经济学中有一个清晰的血统谱系。这样一个族谱无疑可以证明演化理论是组织经济学这个家族的一员。

最后，组织生态学可以被看作家庭的"奇怪成员"。组织生态学显然是一个相对的演化理论，并且它也是组织理论家族中的一个成员。然而，它与经济学家族的联系是较少的。它与经济学最密切的联系是通过竞争这一概念，但由于这一概念在组织生态学中并没得到很好的阐发，所以关于它到底是不是经济学的家族成员仍有疑问。我们将其包括在本书中的理由有两点：（1）它与演化理论的关系，以及（2）我们对它随着时间推移而与经济学建立更多联系的预期（见第 10 章第六节和第七节）。事实上，组织生态学对产业经济学和战略理论具有相当大的吸引力，两者共享一些基本的看法（比如 Barron，2003；Baum et al.，2006）。

表 12.1　　　　　　　　　　家庭相似性及其差异

主要相似之处	主要差异
组织与市场	过程方法与内容方法
效率	动态方法与静态方法
信息	分析的层面

以上内容是组织经济学家族结构的完整呈现。对于我们而言，本章第三节讨论的相似性以及我们对整个家族结构的认识使我们将这些经济学方法介绍进我们这本书中。然

而，一些评价意见也被收录进本书中。况且，家族结构也不是静态的，它会随着时间的推移而发展。就像人的家族一样，新的后代可能会产生，而且随着成员的成长，有些人与家族血缘关系较近，有些人慢慢与家族血缘关系疏远，这个家庭也可能会重新定义其结构。以上内容就是对经济学家族的总结。

12.6 作为复杂的、适应性系统的组织

在最后一节中，我们想简单地勾画出一个理论视角，我们希望这个视角会对组织的经济学方法的未来发展产生重要的影响。它就是复杂性视角。**复杂性视角**（complexity perspective）横跨多个学科，并且是由很多真正的多学科学者提出的。在这一节中，我们想重点关注组织研究的这个视角的潜在含义。

请回顾图12.4，我们以此作为出发点。这个图描述了分析层面的一个等级。个体可能形成两个个体构成的二分组合，众多的二分组合汇聚起来可能会形成群体，各种群体可能会构成组织，组织可能与其他组织有关系，并且同属一个种群，种群联合起来就构成了一个群落系统。我们研究的每个分析层面的现象通常都是复杂的。在最低分析层面即两个个体构成的二分组合层面，人类彼此之间也可能存在复杂的关系。组织必定代表复杂的系统。

复杂性在这个意义上没有一个被普遍介绍的定义（Gell-Mann，1994），但通常是指那些大量行动者以众多方式进行相互作用的系统（Waldrop，1992，p.86）：

> 无论你在何时看到物理学或生物学中的复杂系统……你通常会发现基本的构成要素和基本规则都是很简单的，之所以会出现复杂性是因为大量的这些简单要素同时相互作用。复杂性实际上是在组织内部——这个系统的构成要素可以以无数种可能的方式相互作用。

当有着不同学科背景的科学家汇聚到一起来比较对这种复杂系统的研究成果时，他们发现（Waldrop，1992，p.88）：

> 每个关注的主题在其核心处都有一个由很多"行动者"构成的系统。这些行动者可能是分子、神经元、物种、消费者甚至公司。但是无论它们的本质是什么，这些行动者都通过相互适应和相互竞争来不断地将自己组织和再组织成为更大的结构。因此，分子将形成细胞、神经元会形成大脑、物种会形成生态系统、消费者和企业将形成经济等。在每个层面上，新出现的结构将会形成和参与新出现的活动。

因此，**突现**（emergence）是复杂性科学中的一个重要概念（Holland，1998；Johnson，2001）。它说明了这样一个普遍的观点：系统的属性、行为和结构不可能仅仅从构成这个系统行动者的属性、行为和结构中推导出来。复杂的系统"有自己的生活道路"。对系统各个组成部分的了解是有用的，但是对各部分进行了解所获得的知识远远满足不了对系统整体进行了解的要求。换句话说，将这一点运用到组织中就是，我们期望通过将组织拆开并且研究所有这些部分来达到完全理解组织的目的。理由是各部分的

相互作用以及组织与环境之间的相互作用共同决定了组织演化。用复杂性理论的术语可以表示为：复杂的系统自组织。

这种**自组织**（self-organization）的准确形式来自系统的演化。还记得专栏11.9关于Betamax和VHS之间对录像机市场进行竞争的演化吗？当布莱恩·亚瑟讲述这个故事时，结果可能早以某种方式出现了。用复杂性理论的术语来说，这个竞争结果出自市场的自组织。

在第3章和第8章中，我们已经谈到，在大型组织内我们通常看到市场是中间商品和服务的交易形式。在大型的、复杂的组织内，自组织和分权决策通常优于直接监管和集权计划。

正如专栏12.1所展示的，对这个问题的研究通常运用来自复杂性理论的最新研究成果。表12.1的例子表明，在大型的、复杂的系统内，详细的、组织管理严密的计划可能次于系统的自组织。

这个结论与明茨伯格（1985）有关战略的经验观察相吻合，他认为组织战略以两种方式（混合）出现：深思熟虑和应急。在**深思熟虑战略**（deliberate strategies）中，以前存在的规划意图会随着时间的推移而被实现。在**应急战略**（emergent strategies）中，行为战略模式在缺乏意图和规划的情况下出现（即使以前存在其他意图或规划，应急战略也不会受影响）。因此，应急战略是组织系统的自组织的一个体现。[1]

专栏 12.1　　　　　　　　商业中的复杂性科学

复杂性科学近年来已经引起了商业领域的广泛关注。一些案例描述了公司如何脱离其业务的集中控制，比如脱离生产进度表。意识到在高度不确定的情况下这样的集中控制很容易被打破后，企业一直在对一些模型进行试验，这些模型考虑到了一些解决方案（比如，进度表问题的解决方案）可以从作为自由行动者的组织单元之间的相互作用中产生。相关的两个例子如下：

通用汽车公司

在1992年，软盘的创始人之一迪克·莫利开发了一个基于复杂性理论原理的工厂控制系统。在位于印第安纳州的韦恩堡的通用汽车安装厂的喷漆商店内，莫利的计算机系统投入测试。莫利让10家油漆售货亭（这10家售货亭曾经属于一个集中管理者支配，后来被驱逐出了集中管理系统。）作为自由的行动者，并且带着这样的目标：尽可能用最少的油漆来刷尽可能多的卡车。每个售货亭进行电子投标来争取某种卡车的喷漆工作。这种招标根据油漆的颜色和卡车的数量进行。一台中央计算机将这些投标进行比较并且选择一个"获胜者"。

使用这个系统后，每年光油漆就可以节省100万美元。

西迈克斯水泥公司

西迈克斯（墨西哥水泥生产商），世界建筑材料领导公司之一，拥有超过5 000名雇员。它采用复杂性原则在它的本土墨西哥市场上乱中求序。通过使用最新的信息技术，以及在企业所有的混凝土运输卡车上安装电脑和GPS定位，每一辆卡车都尽可能独立地操作——像独立代理商一样在声名狼藉的墨西哥未知道路上巡航，等

> 待命令。这里没有确定的时间表。取而代之的是顾客指令的实时数据、产品时间表、交通状况报告，甚至天气预报，这些数据允许操作员即时做出资源调配的决定。司机的目标是在 20 分钟的窗口时间内运输，否则客户可以获得 20% 的折扣。其结果是：98% 的送货都在该时间框架内完成，而之前仅有 1/3 的订单能在 3 小时内送达。
>
> 资料来源：Based on The Corporate Strategy Board,"Current State of Complexity Science", Washington DC, October 1998; G. Seijts et al. (2010), "Coping with Complexity", *Ivey Business Journal*, May/June.

在这个自组织中，小工厂可能会有所差别。理由是复杂系统可以按照数学家用非线性动态模型描绘的方式行动。一个相当显著的非线性现象被称为"混乱"（Gleick, 1987）：微小的混乱和小的不确定因素可以不断地变大，直到系统的未来变得完全不可预测。而且，在复杂系统的演化中，规则的模式和混乱看上去会交替出现（Waldrop, 1992, p. 66）：

> 研究者开始意识到即使非常小的系统也会产生非常丰富的行为模式。这些行为模式都是非线性的。研究者需要对非线性有所了解，然后才能解释这些行为。例如，水从一个漏水的水龙头里一滴一滴地流出来，这个过程如同节拍器一样非常规则——只要滴落得足够慢。但是如果你暂时忽略这个漏水的水龙头，并且让水流滴落的速度微弱地增加，水滴很快就开始大小交替滴落：大滴—小滴—大滴—小滴。如果你较长时间忽略滴漏，并且让水流迅速增大，水滴很快就开始以四拍的顺序滴落，然后以 8 拍、16 拍的顺序滴落等。最后，这个顺序将变得非常复杂以至于水滴会看上去无序地——当然是混乱地下落。而且，这种复杂性不断增加的相同模式也在很多领域可以看到。比如可以在一群果蝇的不断飞舞中看到，或者在液体的混乱流动中看到。

复杂系统的非线性动态行为意味着它们的演化**可能会对初始条件非常敏感**（sensitive to initial conditions）。系统开始时较小的变化都可能对其趋势和结果产生重大影响。组织方面的一个例子就说明了这一点。公司创始人往往会留给公司一些"印记"，即使在他们退休后很长时间内，这种印记仍会存在。山姆·沃尔顿对沃尔玛的影响以及沃尔特·迪士尼对迪士尼公司的持久影响就是相关的例子。

一个与非线性动态系统有关的特征是**路径依赖**（path dependence）。路径依赖意味着历史起作用。再一次思考斯道拉公司 700 余年的发展历程——从铜矿挖掘企业到一家制造森林产品的企业（见专栏 11.10）。如果"纵火焚烧"过程不需要大量优质木材，斯道拉不会取得森林。在取得森林后，在更大范围内利用森林的产物，包括造纸厂的建设，就变得有意义了。因此，这里一系列"事件的连锁反应"解释了斯道拉从采矿公司到造纸公司的转型。事件连锁反应中的任何改变都可能导致一个完全不同的结果。非线性动态系统初始状态的敏感性，加上路径依赖，使得预测公司发展变得极为困难。

复杂系统的另一个特征是它们努力适应环境。复杂系统会随着经验的积累不断地修正和重塑支撑自身的基石，以便适应环境。大脑会不断地加强或削弱作为个体学习经验的神经元与世界之间的大量联系。企业会嘉奖那些干得好的员工，并试图将最佳做法传达到各个单元，还会偶尔改组公司的组织结构图。

某一特定系列的基石是系统的内在模型，从这些模型中，复杂系统可以预期并预测未来。小至细菌，每个生物基因内都有一个隐含的预测编码。每个有大脑的生物都在其所获得的经验中存储了无数的预测编码。正如我们在第3章和第11章看到的，组织惯例发挥了内在模型的预测作用。这样的组织惯例指导着组织行为。从复杂性理论视角来看，这些惯例不是被动的计划，它们会随着组织系统经验的积累经受考验、改进和重新编排。正是通过对内在模型的调整，一个复杂系统可以学会调整自己的预期，并据此改变自己的行为。因此，我们谈到了复杂性、适应性的系统。

我们可以用进化博弈理论对他们的行为建模，正如在前文中介绍过的那样。你可以回忆林德格伦（1997）的模型，该模型允许代理商（战略制定者）发展记忆。作为学习的结果，战略从简单发展到复杂。类似地，代理商间的互动也从简单发展到复杂。在任何时间点都包含所有战略的人群会不断地进化。有时候它在某些时期表现出相对稳定，但接着可能会突然陷入混乱。创新会突然出现并打乱某段时间内表面上已取得的稳定。这些创新因此也改变了所有其他战略所存在的环境，从而转变了选择压力。其结果是，战略和环境共同进化了。

当选择压力很大时，由于最成功的战略被复制，成功会迅速传播开。其弊端是人群中的多样性减少。当环境向前进化需要探索新的更好的战略时，就需要这种多样性。弱选择压力则鼓励这种多样性。因此，选择压力的强度影响了开发（成功）和探索（创新）之间的权衡。

这些看法与关于组织学习（以及忘却）、管理内容以及主导逻辑等的组织理论观点非常吻合。我们想用一个例子来演示将"复杂性理论"运用到组织中的潜在可能性。我们借用的是贝蒂斯和普拉哈拉德（1995）的例子，之所以用这个例子是因为它还阐述了我们在第11章末尾提出的惯性与适应性问题。

正如第11章指出的那样，成功的企业会随着时间的推移而变得"简单"，它们只关注那些成功的惯例内容，而越来越不容忍任何偏离或改变。贝蒂斯和普拉哈拉德谈到了这种企业的"主导逻辑"（dominant logic）。只要企业关于环境的预测能够被大体上证实，企业的主导逻辑就可以很好地为组织服务。然而，当环境被扰乱，情况变化迅速时，组织可能需要"舍弃"它的主导逻辑。

复杂性理论家已经指出，当复杂系统偏离（以前的）均衡较远时，它们可以抛弃主导逻辑。贝蒂斯和普拉哈拉德用图12.5至图12.7中的曲线图来审视这些概念。这三个图都表明组织稳定性随着综合环境变量的变动而变动，综合环境变量是由众多重要的环境变量以某种方式结合在一起构成的。因此，横轴上的不同点代表着不同的环境状况。

图12.5中的小黑球代表组织，它正处在一个"波谷"中，或者说它正处于具有稳定状态的均衡中。这种特定的均衡与当前的主导逻辑相对应，这种主导逻辑与企业面临的环境相匹配。

图12.6表明与环境的小变化相对应的背离均衡的小位移如何导致企业"退回"到其原来的、由主导逻辑产生的领域。这是组织生态学在论述为什么组织倾向于具有相对惯性时描述的情况。

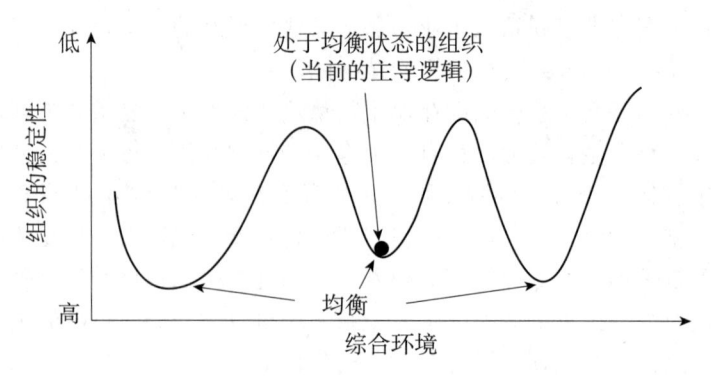

图 12.5　组织稳定性

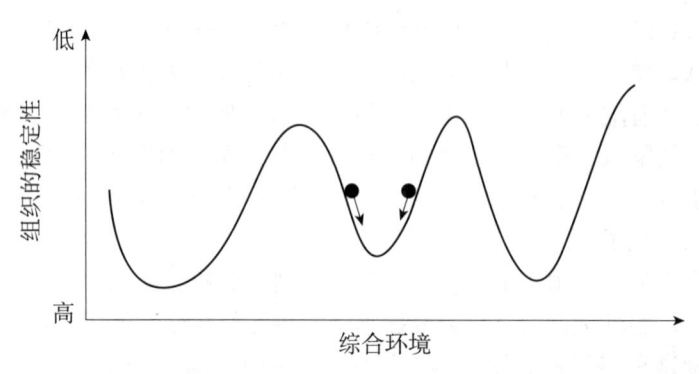

图 12.6　回归初始均衡的小波动

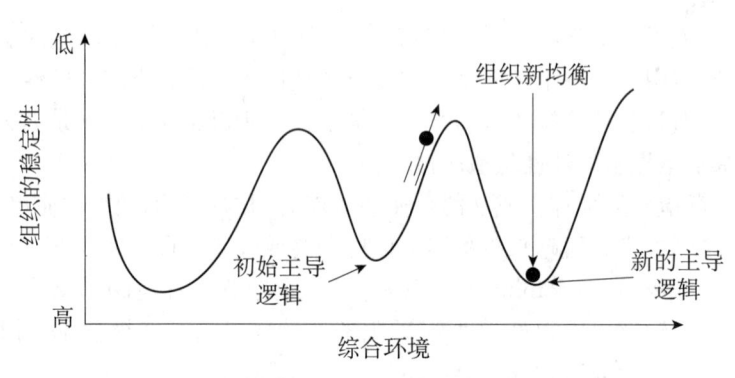

图 12.7　远离均衡的移动促使企业建立新的均衡

在这样的情况下，主导逻辑与环境之间的匹配状况可能会恶化，但是由于两者之间出现的差异较小，当前的主导逻辑会继续有用。然而，如果环境发生足够大的变化（见图 12.7），组织可能会发生足够大的震动，从而能够翻过相邻的波峰而达到新的均衡，这种均衡建立在一个新发展起来的主导逻辑之上。

这个主张与下面的经验观察十分相符：组织发展起新的逻辑只是为了回应危机或失败（Schreuder，1993b）。它也说明了为什么那些承认自己必须要做一些完全不同的工作的企业愿意将新活动放置在远离自己目前活动的地方。当 IBM 垂死挣扎，想追赶上个人电脑（PC）领域的发展时，它建立了一个单独的业务单元，这个单元无论是在地理位置上还是在管理上都与具有主机生产经验的"老 IBM"隔绝。类似地，当老牌航空公司想要应对低成本运营的新运输者带来的威胁时，通常会用不同品牌单独成立一家公司。

最后，这个主张可以解释为什么当一个行业出现重大的结构变化时，新的竞争者通常会取代那些经验丰富的既有企业。本质上说，新进入者从零开始，并且在开始一条学习曲线（learning curve）之前不必先翻过一条遗忘曲线（unlearning curve）的波峰（图12.5至图12.7中的这些"小斜坡"）。

如果这些斜坡的陡峭程度以及/或者它们的高度最终取决于主导逻辑的强度，那么我们将会对第11章中探讨的伊卡洛斯悖论问题做一个解释。不断的成功会增强既有企业的主导逻辑，加深其现有的"波谷"位置。因此，当外部的变化要求企业翻过遗忘曲线来到达一个新的更恰当的位置时，这些企业很难做到这一点。

马驰（1994）指出了这种**能力陷阱**（competency trap）的情形——一种在成功的能力范围内由于持久的积极反馈所造成的锁定。总而言之，这样一个视角解释了成功为什么会携带自己的死亡种子，并且解释了为什么成功企业经过一段时间后会衰落。

有趣的是，一个关于新兴市场演化的类似故事可以在此被讲述（Geroski，2003）。新型技术经常从供给侧被推向市场——技术还未发展得对用户非常友好。这就为企业家给市场提供多种多样的改进或供应留下了空间。有时企业家建立的公司可以占领新兴空间（考虑一下苹果用iPod占据了便携式音乐设备的市场空间），但这往往同样吸引了很多的新竞争者。（想想专栏1.6描述的在互联网泡沫中所有这些以互联网为基础的企业。）

实际上，大部分新兴市场无法支撑所有早期进入的公司或不同的产品变体。其结果是，总有**淘汰**（shakeout）存在，既有对产品变体的淘汰，也有对供应这些产品的公司的淘汰。最终留下的是拥有**主导设计**（dominant design）、定位准确的产品。这种主导设计随后就变成发展此类商品大众市场的基础。

在这种从新兴市场向大众市场的转换中，竞争的基础改变了。最初，竞争是存在于不同的设计间的，主导设计的出现暗示着竞争转变为在主导设计内部的差异和价格的差异的竞争。随着市场的老化，产品越来越多地变成商品。对于一个完全商品化的产品，只有价格竞争依旧。

专栏12.2 　　　　　施乐：主导设计和主导逻辑

在20世纪30年代，切斯特·卡尔森发明了一种新型的复制技术：静电复印技术（xerography）。它许诺会比流行的技术（"湿"法摄影或"干"法热处理）有更好的表现，当然最初也有一个更高的价格。

卡尔森带着他的发明去了当时许多家美国前沿的技术公司，包括IBM、柯达、通用电气，但是没有一家企业感兴趣。最后，只有哈洛德公司，一家小型的照相纸制造商，愿意进一步发展静电复印技术。

卡尔森用了14年的时间、7 500万美元的成本，只为将一项发明变为一种技术革新。在1960年，第一台商业化的原型机——被命名为"Xerox 914"，被装箱运输。

为了克服复印机的费用仍然比较昂贵的问题，哈洛德公司为消费者提供了一种每月95美元的租赁合同。租赁费用中包括了服务和2 000份免费的复印件。多于此数的复印件每件收取4美分。对于哈洛德公司而言，租赁带来的收益不够充足：Xerox 914型复印机必须在复制数量上取得很大的提高以抵消该商业模式的花费。

Xerox 914型复印机取得了巨大的成功。一旦复印机安装完毕，消费者就会每天平均复印2 000份，而非每月，月度租赁合约第二天就可以为哈洛德公司带来巨大的附加收益。在其后的12年里，哈洛德公司的收益以平均每月41%的速度开始增加。这家公司也更名为施乐公司。到了1966年，施乐公司占有61%的复印市场。仅有3 000万美元资产的小小的哈洛德公司变成了1972年全球化并拥有25亿美元收益的施乐公司。

施乐公司的成功建立在发展了那个时代主导性的复印机设计——Xerox 914型。这一设计不仅从根本上改变了办公复印市场，扫除了旧技术，而且极大地扩展了这一市场（新技术触发了企业和市场的共同进化）。

Xerox 914型的巨大成功在未来的许多年里塑造了施乐的主导逻辑。复印件越多，Xerox 914型复印机的商业模式产生的收益就越多。其结果是，施乐被激励开发更快的复印机以处理大量的复印需求，达到运行时间最大化和性能最佳。正如后来一位施乐CEO所言："如果一台复印机复印速度慢了，就好比我们口袋里的钱被拿走了。"

施乐的主导逻辑引导它聚焦在大型企业和政府性组织需要大量的高质量复印件上。为小型企业和个人服务是不合适的，因为它们只需要较少的复印数，并且倾向于对质量和价格反复权衡。此后日本公司在这一子市场用低价复印机展开了进攻，实际上是为这一特定的市场建立了一种新的主导设计。

施乐想要在这一部分市场展开竞争，但是面临着巨大的挑战。施乐不得不建设分布式网络以联络家庭办公市场和小型企业市场。它必须对自己的销售力量进行再次培训以宣传一种不同的商业模式并且处理销售渠道的冲突。施乐对此尝试了十余年。到了2001年，在复印机业务的压力下，它放弃了这一部分的市场并重新聚焦于它的主导逻辑。

资料来源：Chesbrough (2003)；Tellis and Golder (2002)。两本书都讨论了施乐的主导商业逻辑是如何阻止施乐从其帕洛阿尔托研究中心的许多计算机技术发明中获益的，这些发明并不适合施乐当时的商业模式。只有施乐独立开发的技术发明，如激光打印，才真正符合施乐的主导逻辑和商业模式。史蒂夫·乔布斯的苹果公司的成功建立在图形界面技术的基础之上，这一技术就是由帕洛阿尔托研究中心开发的（W. Isaacson, *Steve Jobs*, 2011, pp. 94-101）。

我们讨论的是关于组织的主导逻辑和导致新兴市场向大众市场转变的主导设计的显现，无疑，两者是紧密相关的。在新兴市场中，公司的主导逻辑要竞争成功，必须创造出主导产品设计。一个关于零售商和电商（以互联网为基础的新兴零售商）之间竞争战的例子，在专栏10.7中已叙述过。另一个例子是录像机市场和DVD市场中风靡一时的"标准大战"，企业竭力使自己的标准在新技术中成为主导。专栏12.2阐述了哈洛德公司的案例，它将主导标准引入复制印刷领域，结果转变为全球性的施乐公司。

一旦主导设计被确定了，竞争基础也转变了，同时公司需要更专注于发展一个合理的商业战略和商业模式。术语**"商业模式"**（business model）现今经常被使用，它涉及三点相关的要素：

- 公司想要向它的消费者提供的价值定位；
- 在产品或服务传递过程中给消费者带去价值的传送系统；
- 在利润方面允许公司获得其中价值的利润模型。

年轻的新创企业经常发现制定一种合适的商业战略和商业模式是很困难的。例如，它们也许着重于探索和灵活性，因此脱离了主导设计，无法对主导设计做出足够多的承诺。其中一个从主导设计向成功商业模式转型的企业案例是谷歌。专栏12.3借蒂斯（2010）之言描述了这个故事。

专栏12.3　谷歌：从主导设计到赢得商业模式

谈到搜索引擎的发展历程，谷歌采取的是另外一种很有趣的商业模式。在这一领域的早期尝试中，包括Lycos、Excite、Alta Vista、Inktomi和雅虎在内的很多企业，都努力去获取尽可能多的信息，然后未经处理直接展现给搜索者，可能是成千条搜索结果，且没有进行有效排序。Alta Vista公司提供了目录链接，但没有将其用于搜索。谷歌的创立人之一拉里·佩奇经过分析认为，其他网站对一个网页进行链接的数量，可以成为衡量其重要性的依据（正如更高的学术期刊引用率意味着更大的学术贡献），并对一些重要网站的链接给予更大的优先权重。通过这种链接的计算方式，佩奇和谷歌其他同事们建立了一种网页排序机制——PageRank计算规则，作为他们的核心服务，而这也被证明对搜索者是非常有价值的。对谷歌来讲，面临的挑战是如何对自身业务进行调整，发展一种能够创造利润的商业模式，而这并不容易，因为很多消费者都希望搜索引擎能够免费。

围绕谷歌创新性业务的商业模式，要求对计算设备和软件进行大规模投资。谷歌采取了自己编写软件和生产计算设备的方式。谷歌充分利用自身强大的计算能力，对网页进行排序，并对信息进行整合。这就使得谷歌的搜索引擎能够比当时其他搜索引擎有着更强的信息处理能力。谷歌的收入模式避免了广告投资者对搜索结果的直接影响，以至于影响公正性，而是在搜索结果的侧边栏进行展示。相应地，这也意味着谷歌的收入模式采取了与搜索业务不同的计算方法。简要地讲，佩奇和布林找到一种办法，能够使广告业务在获得收入的同时，不仅不影响搜索结果，而且有助于结果的公正性。同时，他们也找到了满足自身对软件和硬件需求的方式，确保搜索业务顺利开展。

资料来源：D. J. Teece（2010）. Business Models, Business Strategy and Innovation, *Long Range Planning*, Vol. 43, pp. 172-194；D. A. Vise（2005）. *The Google Story*, New York: Bantam Dell.

现有的公司利用特定的主导逻辑享受了很长时间的成功，当迅速发展的新技术浮现出侵蚀公司根基的潜力时，公司会发现调整他们的做法是如此困难。专栏12.2再次阐

明了这一点。施乐发现在小型企业和家庭办公的低价市场上不可能与日本主导设计抗衡。实际上，日本人将这一复印市场一分为二，两个部分里都有许多基于不同优势而竞争的企业。

所有的这些例子都说明了市场和企业间存在共同进化。当市场变化（市场结构和竞争基础）时，组织必须适应。相反，企业成功的创新和适应会改变市场状况。

总而言之，复杂性理论使得我们将组织看作一个复杂的适应性系统。这个系统有多个分析层面。每个层面都是下一个层面的基石。同时，每个层面都不可能通过对较低层面的理解来得到完全的解释。在这个意义上，每个层面都会有自己的演化逻辑。每个层面都会遭受内在以及外在选择的支配。例如，组织中存在相互冲突的观点、惯例以及方案等之间的内在选择，并且存在影响最终结果的战略组织结构、构造和能力的外在选择（环境）。

组织可以调整自己来适应环境，但这是一个成败参半的过程。我们正努力研究潜在于这些过程之下的一些机制。我们正在研究这些机制过程的本质。对这些现象的一个较好理解既有极大的理论重要性也有极大的实践重要性。

□ 思考题

1. 本书给企业下了哪些定义？对每一种定义而言，企业内的多人（或多个组织）之间的协调是如何实现的？
2. 请看专栏12.2和专栏12.3。这篇摘要与文中探讨的贝蒂斯和普拉哈拉德关于主导逻辑以及组织适应性的观点有哪些相关之处（通过学习）？

□ 注释

[1] 在伯格曼（2002）的术语里，减少变化的诱导战略过程和加强变化的自主过程之间的相互作用产生了行为战略模式。

第三部分 应用

第13章

企业并购

13.1 导言

2000年1月10日，美国在线以1 660亿美元的价格全股收购了时代华纳。美国在线是一家以互联网为基础，提供电子邮件和短信服务的公司，本身没有多少实体业务。时代华纳则不同，其实体业务非常强大，拥有非常成功的《时代》周刊、华纳兄弟电影公司、特纳广播系统（拥有有线电视网络）等。

美国在线的CEO史蒂夫·凯斯声称两个公司将因此形成一个完美的组合，它们具有很强的互补性，并购可以给这两个公司所在领域都带来最大的好处，即以杂志、书籍和电影为内容的"旧世界"和将相同内容以互联网为基础进行传递的"新世界"。时代华纳首席执行官杰瑞·莱文也认为他的公司可能已经错过了互联网革命，并认为这次合并是它赶上互联网步伐的捷径。两位CEO都承诺这次合并能够带来大约价值10亿美元的巨大协同效应。

在完成这次成功的合并之后，公司重新取名为美国在线-时代华纳。此后不久，问题开始出现。

新的商业模式并没有预期的那么有效，将时代华纳的产品交叉销售给美国在线的顾客被证明是件非常困难的事情。

美国在线的邮件系统大部分是基于拨号上网系统而不是宽带互联网链接系统。当公司宣布所有的员工转为使用美国在线的电子邮件时，时代华纳的员工们反对意见很大：他们抱怨美国在线的系统不能处理大量的数字文件。最后高管们不得不取消电子邮件的授权。

想象中的另外一个协同效应应该来自广告商们的成套交易：如《时代》杂志中的广告空间、特纳有线电视网络的开始时间、美国在线的插播广告以及华纳兄弟电影工作室许可的机会，但是这种协同效应也没能成功实现。

也许最重要的是，时代华纳有线电视的高管拒绝承接美国在线的系统，阻止美国在线切换到宽带。

问题慢慢累积，CEO 杰瑞·莱文在 2001 年 12 月卸任，董事长史蒂夫·凯斯也在 2003 年 1 月卸任。2003 年 9 月公司将名字改回时代华纳，美国在线成为公司的一个部门。在这个过程当中，股东利益先是大幅上涨（表面上看来是的），之后下降。图 13.1 显示了 1996—2005 年时代华纳公司股价的发展变化。在 2000 年 1 月 7 日并购公布的时候，美国在线和时代华纳的市价分别为 1 650 亿美元和 760 亿美元，总价值为 2 410 亿美元。到 2004 年年底，这两个公司的总价值已经下降到 780 亿美元，几乎只相当于时代华纳在合并时的价值。这种下降趋势一直持续到 2009 年，时代华纳最终决定甩掉美国在线。2009 年 12 月 9 日，美国在线重新成为一个独立公司。杰瑞·莱文在 2010 年为自己"主导了显然是本世纪最糟糕的交易"而致歉。

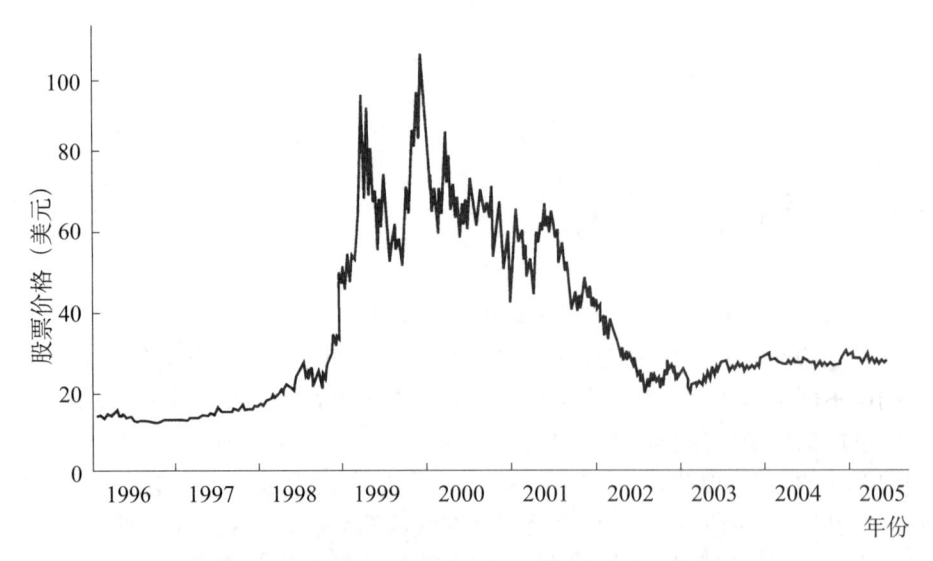

图 13.1　1996—2005 年时代华纳股价变化趋势图

从时代华纳的例子已经可以清晰地看出，企业并购对公司的成长来说可能是一条充满危险的道路。在本章中，我们会用前面章节的概念从一个经济学的观点来解释这种风险。与此同时，一个非常明显的事实是，今天也存在一些公司通过有效的企业并购取得了成功。通用公司从一个灯饰公司变成一家庞大的服务和工业公司，企业并购是完成这一转变的非常重要的工具，并且直到今天通用公司都被认为是非常有经验的企业并购者。[1]在石油产业，荷兰皇家壳牌石油公司是荷兰皇家石油公司与英国壳牌运输和贸易公司成功合并的结果；英国石油公司于 1998 年成功收购美国阿莫科公司；埃克森 1999 年收购美孚。这些石油企业要达到所需的规模以便在全球范围内竞争，企业并购是非常关键的。当然，这些企业也在尽量控制并购交易所带来的风险。在本章中，我们也会了解一些用于解决隐含在企业并购中的风险的逐渐演变的方案。

首先，简单介绍一下企业并购专业术语。当一个企业控制了另外一个企业的所有者权益的时候，**收购**（acquisition）就发生了（或者在一个子公司内，或者是控制另外一个公司的资产），收购也可以说成是**接管**（takeovers）一个企业。

兼并（merger）是两家或者更多的独立公司合并为一家公司，其中一家公司继续存在，其他的公司丧失其独立身份。合并成立的公司使用继续存在的那家公司的名字。在实践中，"兼并"和"收购"通常被集中到一起："收购"通常以"兼并"的方式呈现出来，这是为了给对方一种更加平等友好的印象。

从经济学的观点来看，商业合并可以分成水平兼并、垂直兼并以及混合兼并（或者叫收购）三类。**水平兼并**（horizontal merger）是发生在相同产业的两个竞争对手之间。**垂直兼并**（vertical merger）则出现在当两个企业通过企业价值链合并的时候，比如当一个企业收购了以前供应商（后向整合）或者以前客户（前向整合）的时候。当欲收购企业与它的目标企业之间不存在战略关系的时候，这种兼并就叫作混合兼并。正如第10章讨论的，**混合兼并**（conglomerate merger）是无关多元化的一种情况。这样分类的作用，举例来说，在竞争政策的背景下，反垄断机构在评估它们是否可以批准企业并购时能用得着。原则上说，美国联邦贸易委员会这类反垄断机构不会准许任何有可能在一个行业中产生垄断或者寡头垄断利益的并购。

接下来本章将讨论更多关于并购的内容。我们首先进一步指出并购的意义，探讨成功并购和失败并购交易的迹象，然后分别从买方和卖方两方面来描写并购的程序，指出许多的并购交易都是以**拍卖**（auctions）方式进行，拍卖的主要问题是买卖双方之间的**信息不对称**（information asymmetry），它会引发我们在第4章中所阐述的问题，即**信息隐藏或逆向选择**（hidden information, or adverse selection）以及**行为隐藏**或**道德风险**（hidden action, or moral hazard），此外，拍卖的赢者还有可能会碰到"**赢者的诅咒**"（winner's curse）。

有些类型的并购也可能会由于**交易专用性**（transaction specificity）和**交易延迟**（hold-up）可能性等出现问题。

最后，在谈到选择合适的并购交易类型的激励调整以及并购之后进行恰当的**公司治理**（corporate governance）时，我们要审视管理者和股东之间的**代理关系**（agency relationship）。

13.2　并购的意义

企业并购的交易数量和交易价值都是巨大的。2007年，出现了企业并购活动的最后一个峰值，据估计，当年发生了超过一万起企业并购交易，总价值达到4.83万亿美元。很显然，公司所有权的改变对管理者、股东、员工以及对社会等具有非凡的意义。

图13.2给出了2003—2011年企业并购发展概况。由图可以看出，企业并购活动具有周期性，存在波峰（2006—2007年）和波谷，且这种变化态势越来越有规律可循。

经济学家们说到**并购浪潮**（merger waves）时，一致认同到目前为止共有六次并购浪潮。专栏13.1讨论了美国在19—20世纪发生的五次并购浪潮，并指出了这种浪潮随着时间演变的原因。

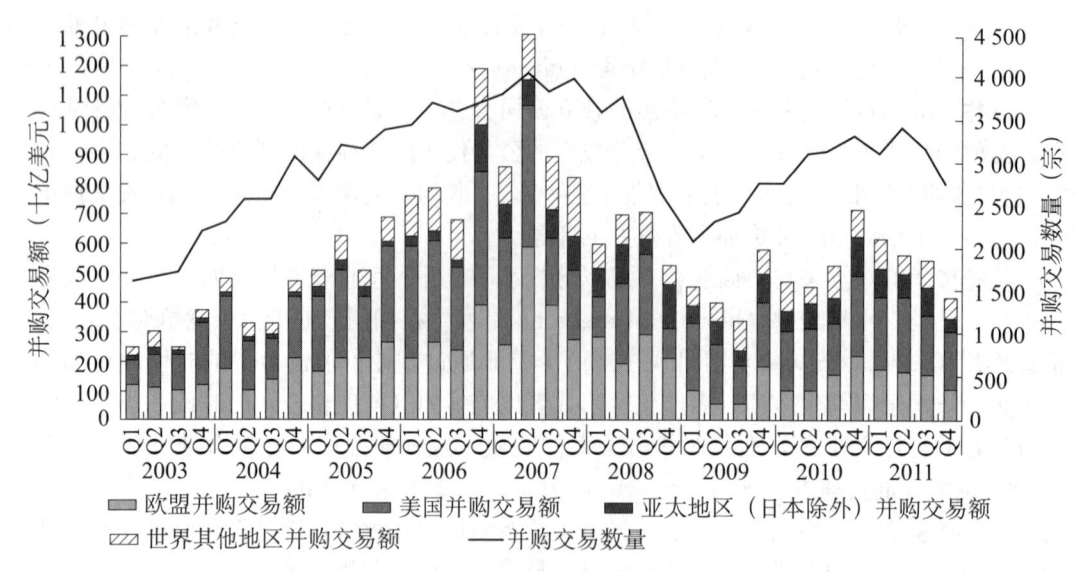

图 13.2　全球并购活动

说明：Q1、Q2、Q3、Q4 分别指第一季度、第二季度、第三季度、第四季度。

> **专栏 13.1　19—20 世纪的并购浪潮**
>
> 　　第一次并购浪潮开始于 1883 年世界范围内的大萧条之后，结束于 19 世纪 90 年代初。这次大萧条使得许多资本密集型产业产能过剩，并购浪潮涉及大约六分之一的美国制造业企业，出现了许多合并现象，比如在各自业界拥有专卖权的标准石油公司和美国钢铁公司。第二次并购浪潮规模稍小，出现于 20 世纪 20 年代早期。反垄断法，如《谢尔曼法》和《美国联邦贸易委员会法案》，反对无法促进效率提高的垄断力量，导致许多合并止步于 50% 的市场份额，在行业内未能形成完全垄断而是产生了寡头垄断。其他一些并购涉及垂直并购，而不是水平并购和一体化。这一时期成立并发展起来的通用汽车公司是这两种合并方式的综合。
>
> 　　不难理解前两次并购浪潮出现的原因。相同市场的公司通过合并来减少竞争、实现规模经济。由于制造业的出现，企业在自建还是购买的决策上发生了倾斜，这有利于纵向一体化的发生。20 世纪 30 年代的大萧条和美国加入第二次世界大战给并购活动加上了减速器，这种趋势一直持续到 1950 年。
>
> 　　到 1960 年，并购活动的速度再次加快。不同于前两次并购浪潮，第三次并购浪潮的特点是无关多元化水平提高，产生了大量的综合性大企业，它们在不同的市场中销售大量产品。20 世纪的并购结果是出现了一些大型公司，如美国罐头公司和国际电话电报公司。前者主要销售罐头、服装并提供金融服务，后者的业务涉及了人寿保险、汽车租赁、酒店和自动售货机。
>
> 　　20 世纪 80 年代的并购活动再一次明显不同于前几次的并购浪潮。一些现金流充裕的公司在自己的业务上缺乏坚实的投入，反而试图通过收购来发展壮大。菲利普·莫里斯公司从烟草业务中赚得盆满钵满后，于 1978 年购买了七喜公司，1985

年收购通用食品公司，1988年收购卡夫食品公司。一些经济学家认为，第四次并购浪潮是对第三次浪潮中形成的集团组织表现不佳做出的反应。20世纪80年代的并购浪潮中还出现了"杠杆收购"，在这种收购中公司不是被另外一个公司而是被一群私有投资者购买（严重依赖负债作为融资交易的一种手段）。

第五次并购浪潮开始于20世纪90年代中期，结束于2001年。在这一时期完成的交易包括埃克森-美孚、辉瑞-华纳-兰伯特、克莱斯勒-戴姆勒-奔驰、沃达丰-曼内斯曼、美国在线-时代华纳。这次变革的动因包括：(1) 公司想要在特定领域建立占主导地位的市场份额；(2) 公司想要进军国际市场；(3) 高的股市估值和期望；(4) 更加宽松的监管环境。合并的公司通常是有关联业务的公司。在21世纪初这次浪潮伴随着互联网泡沫的破灭和随后的经济衰退而结束。

资料来源：Besancon et al. (2012) and M. Lipton (2006), "Merger Waves in the 19th, 20th and 21th Centuries", The Davies lecture, York University, 14 September 2006.

如图13.2所示，一次新的浪潮开始于21世纪初，企业并购活动在2006—2007年达到最近的峰值。这次企业并购的国际浪潮的可能原因如下：

- **全球化**。许多公司发现它们正面临日益激烈的全球竞争。它们渴望在自己的商业领域拥有全球领导地位。WTO内部的合作使得贸易的障碍减少，也培育了全球化。因此，产业合并不仅在国家或者地区水平上发生而且在国际范围内发生。跨国界和洲际交易数量稳步上升。一些国家通过鼓励本国的冠军企业变成国际冠军企业导致了这种趋势。
- **强劲的现金流**。在2001—2003年的衰退之后，全球经济表现良好，为许多企业带来了强劲的现金流和健康的资产负债表，并且提升了这种良好发展势头会持续一段时间的信心。中国和印度等新兴经济体的强劲需求刺激了对许多产品的消费。大宗商品价格很高，企业试图保护它们的资源基础。甚至是非常成熟的产业，如钢铁产业，都能从这种趋势中获利。
- **私募股权投资**。融资变得相对便宜（实际上是太便宜了，我们过会儿就会发现），私募股权基金以及其他一些组织，纷纷利用这种资源从事更多更大的交易。例如，能源期货控股公司以444亿美元的价格将所有权转给了KKR公司、TPG集团以及高盛投资公司。在许多产业中，25%～30%的交易发生在2006年年末至2007年年初，由私募投资完成（见图13.3）。有利的债务市场使这些收购者们得以采用高杠杆来完成他们的融资交易。在本章的最后我们再次回来讨论私募股权。
- **对冲基金和"股东行动主义"**。2007年，在收购荷兰银行1%的股份之后，英国对冲基金TCI发起了一次攻击，要求分拆银行或者将银行出售给出价最高的投标人，以此提高股东价值。荷兰银行最后以1 000亿美元的价格分拆并出售给苏格兰皇家银行、富通银行和西班牙国际银行。荷兰银行事件是一次不合时宜的失败收购案，而且是当2008年次贷危机爆发的时候，富通银行和西班牙国际银行垮台的主要决定性因素。像TCI这样的对冲基金在事件驱动型策略中是专业化的，这些战略可以让它们在收购赌注中获得丰厚利润。

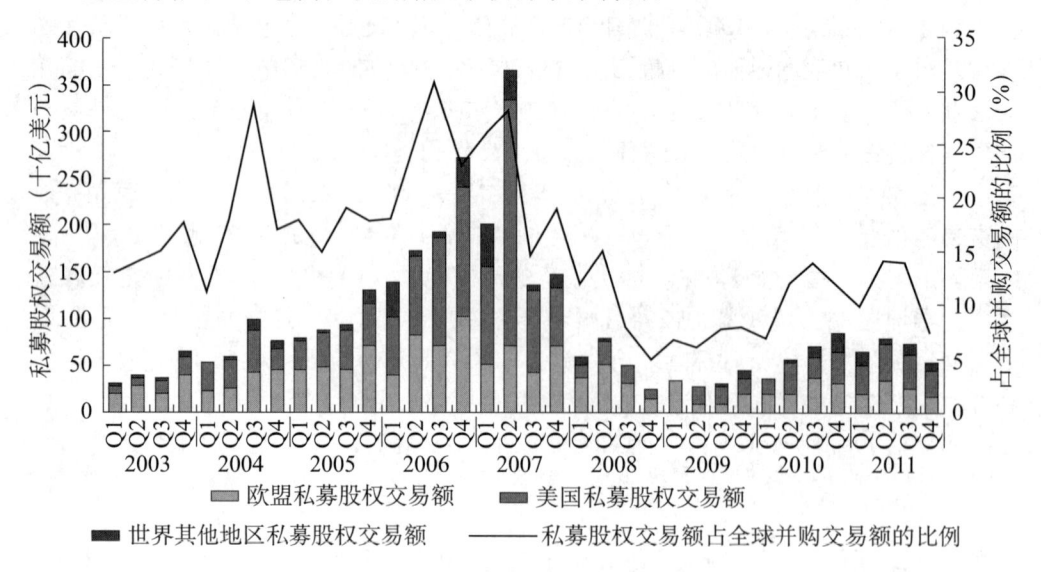

图 13.3　全球私募股权收购活动

说明：Q1、Q2、Q3、Q4 分别指第一季度、第二季度、第三季度、第四季度。

鉴于企业并购的重大意义，很有必要认识到这些交易成功的重要性。失败的企业并购交易会为相关企业的管理者和股东带来戏剧性的后果。正如我们在本章引言中讨论的美国在线-时代华纳的例子，这种影响一般来说还可能扩展到企业员工、供应商和客户以及当地社区和社会，如苏格兰皇家银行和富通银行被迫以救市的方式将荷兰银行接管。

因此，究竟是什么因素导致了企业并购交易的成功和失败呢？接下来的部分将对这一问题进行回答。

13.3　企业并购交易的成功和失败

并不是所有企业并购交易都是成功的，这一事实引起了大众媒体的关注，比如，《商业周刊》定期披露收购的成功率，"通过 2002 年和 2004 年的调查发现，61% 的大交易损害公司股东权益，同时，也有一半的交易导致客户不满。"不过，关于企业并购的成功和失败，我们究竟能从实证研究中了解多少呢？

大多数对企业并购的实证研究都是基于**公司财务**（corporate finance）或者**产业组织**（industrial organization）的视角。不同领域的研究者会使用不同的工具，接下来我们总结一下这两个视角的主要研究成果。

财务研究者们使用的研究工具是**事件分析法**（event studies）。他们主要研究收购公告后股价的运行轨迹。如果公司股价出现"非正常"上升，则可推测股东们认为收购公告是好消息；如果股价没有上升，则认为收购已经被市场提前预期到了；如果股价出现"非正常"下跌，收购则被认为是坏消息。

杰森和鲁贝克（1983）采用事件分析法进行的一个早期调查表明，目标公司股东通常会在公告宣布的这段时间内获得20%～30%的超额收益。然而，收购公司的股东或多或少都会亏损。总的来说，这个结论也被后来的研究所证实。这主要是由于收购意味着被收购公司的资产将集中到更为有效的管理团队中，能够创造更多价值。如果以上事实成立，可以说我们发现了一个关于公司控制权交易的有效市场。

然而，存在一个明显的问题，那就是，事件分析法将注意力集中在收购公布日前后的股价变化上。但如果回头看图12.1，问题就显而易见了：当收购公之于众时，市场表现得很兴奋，但当真实价值逐步显露时，可能会出现失望情绪。因此，财务研究者们努力将观察期延长到公告日前后几年，结果发现，收购公司通常是在它们进行收购公告前获得超额收益，之后就转为负收益了。蒂希（2002）综述了这些利用长视窗数据进行研究的文献，如安德瑞德等（2001）的研究表明：

> 非正常的收购收益日益减少这一趋势越来越明显，比如说收益率从公告前五年的20%，降到公告后两年的约−5%，再降到公告五年之后的−10%……。而这些研究结论大多数是基于资本市场是有效的这一假设，而不是收购创造价值这一假设。事实上，收购公司的股东们是很危险的，实际交易中还可能存在倒贴。

总而言之，通过事件分析方法发现，被收购公司的超额收益在某次收购公告日前后会急剧上升。然而，收购公司在最好的情况下也只是收益保持不变，且收购公告之后，亏损便开始增加，从而给收购公司股东带来负的财富效应。这些研究结论让我们不得不思考：企业并购交易的整体净效应如何？赢家的收益与输家的亏损究竟孰高孰低？来自企业并购交易的整体净经济收益似乎是正的：几乎所有研究都证实，在综合收购公司和被收购公司投资者后，净收益为正，由此可以推论，从经济学的角度看，企业并购交易确实是创造了价值，这可能是由于将资产转移到了能够更有效利用的管理团队中（Bruner，2005；M&A Research Center，2011）。

产业组织研究者们使用的是一种不同的研究工具，叫**结果研究法**（outcome studies）。结果研究法将企业并购活动之前和之后公司的表现与该产业内的其他公司、相似公司或者业绩预告相比较。与事件研究法采用单一的工作指标（超额收益）不同，结果研究法采用多个工作指标，比如现金流、利润或者效能比率（销售利润率、资产收益率或者净资产收益率）。

综合36个这类研究，蒂希（2002）发现，在这些研究中58%的公司获利能力弱于各自的非并购组，只有11%强于非并购组。结果研究法的整体结论在长期来看和事件分析法的结果一致。结果研究法显示两个公司的合并交易中大约一半不受影响，但是案例中约1/3是下降的。这没有考虑在并购之后消费者价格指数会上涨的趋势。投资可能不会减少，但是合并之后研发投入可能会减少，资产将被重组。少数研究报告表示会轻微降低劳动力成本，但是裁员的问题就不太清楚了，至少一半的企业并购交易会变更管理者。

最后，日益增多的证据表明，开展"系列并购"的公司比仅仅偶然做出一次并购的公司更加成功。例如，麦肯锡咨询公司（2012）发现：一个公司做的交易越多，它获得超额收益的可能性越大。用第9章和第10章中的专业术语可以解释为：为了成功实施并购而进行的动态能力创造可以被认为是扩展公司资源基础的一条途径。系列并购通常是"干中学"。有趣的是,安永会计师事务所(2011)发现:相比国内并购,"系列并购者的优势"甚至更适用于跨境并购。

其他研究结论列举如下:

- 收购或者接管远远比"平等的"合并更普遍。收购者在它的产业标准中通常是非常庞大的,往往收购远远小于自身的目标公司,这些目标公司在它的产业标准中都是很小的。
- 在4/5的案例中,竞标企业和目标企业至少在各自产业中是一样赚钱的,但是,竞标企业一般来说比目标企业具有更强的盈利能力。
- 竞标企业常常比它自己的产业成长更快,也比目标企业成长更快。
- 竞标企业的股票倾向于被高估,在并购的前几年股东获得超额收益。然而目标企业的股东倾向于获得负的回报。
- 专注于增长的收购更容易有相对最好的结果,其次是相关的水平收购,然而不相关收购(多样化)和混合收购是表现最差的。
- 大的交易通常比小的交易有更大的风险。但是,在成熟产业内大交易有减少产能过剩的价值。
- 提供现金比提供股票更容易获得正收益。
- 如果并购市场过热,购买方的回报将会下降(在并购曲线的峰值附近)。
- 总之,一般来说收购成功率和失败率的近似值在50%和50%左右。

回顾关于企业并购成功的研究结果,明显是目标企业的股东将获得最多,尤其是以现金方式进行的交易。如果他们从收购公司获得股票,而他们认为在中期内非正常亏损的可能性较大,就可能考虑卖掉股票。对收购公司及其股东来讲,如果以企业的后续表现来评价并购交易是否成功,那么可以认为并购活动是具有很大风险的。对其他利益相关者来讲,可靠的相关研究较少,但是有一些证据表明消费者可能遭受更高的价格,员工的工资会轻微地减少。

考虑到存在较大可能性更换管理层,在股东之后,就是管理层利益相关群体最受影响了。研究表明,将近70%的目标公司的高层管理团队成员在接管结束后五年内离开公司(Krug & Aguilera, 2005)。在这个意义上,我们的引言中美国在线-时代华纳的例子可以说明。这次交易导致两个CEO在相对短的时间内离职。

在接下来的内容中,我们会主要从管理的视角更进一步解释企业并购。我们首先会问买方和卖方是如何达成这样一个交易的,以及接下来会有哪些并购程序。然后,我们将专注于这样的交易涵盖的风险,以及解决这些风险的方式方法的演进。无论如何,从这一部分企业并购的研究回顾中,你可以总结出这些途径和方法显然是不完美的。

13.4 战略、收购和隐藏信息

在第9章和第10章,我们讨论了经济学对战略管理领域的贡献。我们区别了单个经济体之间的竞争策略和多元化经营公司之间的合作战略。图9.1向我们展示了在一个多元化经营中制定战略计划的程序。在这样的程序中，公司必须决定它是否可以通过自己的力量实现成长和进一步发展的目标。如果可以，我们说它可以实行**组织内部的成长和发展**（organic internal growth and development）战略路线。如果组织成长和发展不充分，则可以考虑**通过企业并购实现外部的成长和发展**（external growth and development through M&A）。在第10章，我们特别关注了纵向一体化战略、多元化经营和横向多国化。虽然这样的战略可以通过组织实现，但实践中更多是通过企业并购实现。在这样的情况下，公司将会以买方的身份出现在企业并购市场上。

一个公司可能会得出这样的结论：**放弃**（divestment）是可以考虑的战略选择。一种情况出现在整个企业身上，比如一个家族企业，下一代家庭成员中无人可以挑起企业重担，企业就会考虑放弃战略。另外一种情况可能会发生在国有公司里，当国有企业面临着是与国际竞争者竞争还是及时出售给这些竞争者的选择时，也存在放弃选项。放弃还可能适用于多元化经营公司，当公司得出了某项特定的业务活动不再属于其核心业务时会选择放弃。在所有这些例子中，公司都是以卖方身份进入企业并购市场。

因此，经营性资产有潜在的买方和卖方，这会自动产生企业并购市场吗？答案是否定的，原则上企业并购市场上的买卖双方，和二手车市场一样面临着相同的基本问题：**隐藏信息**（hidden information）。

卖方可能有关于他们正在出售的资产价值的私人信息。买方有关于他们愿意购入的这些资产价值的私人信息。这些私人信息是不能被另外一方观察出来的。如第4章所说的，这样的信息不对称可能导致的后果就是：特定的交易根本不可能执行，或者只有在价值严重被低估时执行。

这个主题的经典参考文献是阿克洛夫（1970）关于**柠檬市场**（market for lemons）的文章。在这篇文章中，阿克洛夫解释了几乎全新车的卖主不得不接受打折，因为买方会认为出售的车辆质量可能有隐藏信息的问题这一现象。过大的打折幅度可能会阻碍交易的发生。

以上问题几乎完全相同地出现在了企业并购市场中。一个交易的卖方也可能有关于企业质量、未来前景和固有风险的隐藏信息。当买方怀疑存在这样的隐藏信息的时候，交易将会被阻止（如专栏13.2）。在第4章，我们讨论了市场参与者有解决这些信息问题的动机。在本章剩余部分，我们将会介绍关于企业并购交易中信息不对称问题的解决方法。

专栏13.2　　　　企业并购中的目标企业与二手车的相似之处

2001年，乔治·阿克洛夫、迈克尔·斯彭斯和约瑟夫·斯蒂格利茨因为他们关于信息经济的成果获得诺贝尔经济学奖。

由阿克洛夫教授提出的经典"柠檬市场"案例解释了二手车市场怎样因为买卖双方信息不对称而失灵，这种信息不对称产生于卖方对汽车的了解。在没有合适补救措施，如担保、声望等情况下，买方将会降低他们对所有二手车的意愿价格，结果就是，高质量汽车的卖主将不再愿意交易。

确实，信息不对称会突然出现在一些情况，如企业并购中。在企业并购评估和谈判过程中，并购者需要识别并购目标的价值，当事各方需要就交易价格取得一致同意。即便并购企业在调查目标企业信息的过程中尽到了职责，在并购协议中还是会经常存在信息缺失。买方因此面临着逆向选择风险或者多付风险。

由于并购目标有一些只有在被收购后才能被发现的特性，往往会在兼并后整合的过程中出现一些令人诧异的昂贵开销。对卖方来说，这会激励他们去歪曲目标公司的质量，以便提高在交易中的获利。

短期来看，卖方有可信度问题，由于交易的一次性自然属性，卖方的声明在买方看来会大打折扣，从而高质量公司的卖主面临着风险：公司的资产得不到公平的估价。因此，强调信息不对称在企业并购中产生的问题是符合各方利益的。战略管理和金融经济领域的专家学者正在运用信息经济学的视角来理解，什么时候不对称信息可以逆向影响收购的效率，什么样的补救措施是可行的，以及买卖双方怎样设计解决方案来解决他们面临的挑战。

资料来源：Reuer and Ragozzino（2006）。

13.5 拍卖

在企业并购市场上买卖双方是如何相遇的？

当然，一种可能性是，一个卖方接近一个特定的买方（或者一个买方接近一个特定的潜在卖方）看看能否私下谈判。如果双方都同意了，他们可以有一个"专一"的讨论。比如当双方都想要创造一个"平等友好的合并"机会时就会发生这种情况。然而，一般来说这种情况有利于卖方，因为它可以就此为即将出售的资产寻找一些竞争者。因此，绝大多数的企业并购会通过某种形式的拍卖实现。

正如第5章解释的，设计拍卖是为了迫使竞标者泄露他们的真实行为和他们关于被拍卖资产价值的私人信息。因此，它是一种为了提升效率的机制，将要出售的资产分配给对这些资产有最高私人价值的竞标者。

在拍卖程序中，买卖双方的信息不对称程度会降低，从而解决买方对要出售的资产的质量的不确定性。

怎样组织这样一个拍卖活动？看专栏13.3做出的说明。通常，买方会选择聘请专业的投行，例如著名的高盛投资公司、摩根士丹利和罗斯柴尔德在拍卖程序中提供服务。卖方和投行一起准备**信息备忘录**（information memorandum）。在信息备忘录里面，卖方提供关于要出售公司的基本数据，比如：

- 历史的和预计的销售量、现金流和利润；
- 产业和市场数据；
- 关于资产和技术的描述；
- 管理团队的资料。

投行要激发起竞标者对被出售企业的兴趣（有时候在一个"企业简介"中使用扼要的信息）。在拍卖的第一步，信息备忘录被送到表现出兴趣的潜在买方手中，外加一个"程序表"，概述拍卖的原则和程序。当然，信息备忘录可以被理解为减少卖方和潜在买方之间信息不对称的第一步。它允许有关各方提交一个**指示性报价**（indicative bid）。

指示性报价包括一个初步性的价格指示，同时买方也列出他要求公司提供的更多信息（所谓的"约束力竞标"）。这些信息包括，比如，研发渠道的内容，客户基础的细节，到期的雇佣合同和其他一些"企业简介"中没有的敏感信息。另外，价格指示可能会详细说明仍然不得不满足的条件（比如股东通过的最后报价）。

在指示性报价基础上，卖方有权选择哪些企业可以进入拍卖的第二个阶段。

但是需要注意信息备忘录仅仅包含了基本信息。因为信息备忘录会被派发给多方当事人，其中说不定会有公司的竞争对手，所以卖方一般不太愿意在备忘录上公布一些敏感信息。因此，两个减少信息不对称的进一步措施被设计在一个标准拍卖流程的第二阶段。

- **资料库**（data room）的准备，包括关于业务的一个更广泛、更详细的数据库；过去数据库常常是实物的（包括相关文件的复印件），而现在越来越多的数据库是"虚拟的"（电子的）。
- **管理层报告**（management presentations），让潜在买方与卖方管理层在问答环节直接互动。

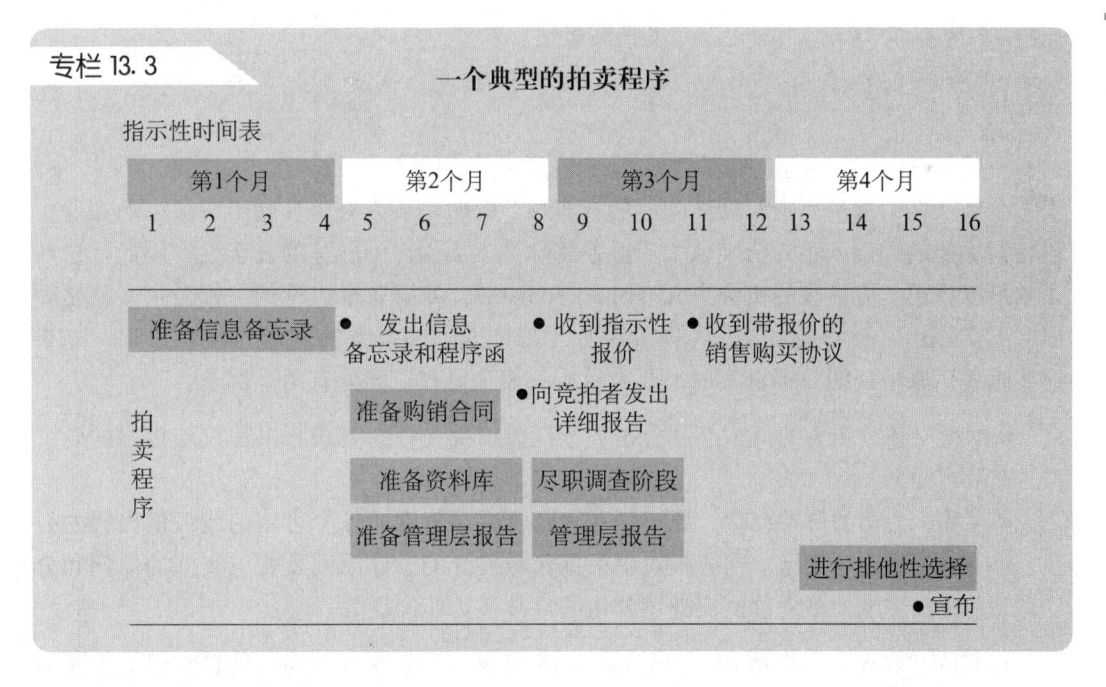

专栏 13.3　　　　　　　　一个典型的拍卖程序

指示性时间表				
	第1个月	第2个月	第3个月	第4个月
	1　2　3　4	5　6　7　8	9　10　11　12	13　14　15　16

拍卖程序：

- 准备信息备忘录 ● 发出信息备忘录和程序函　● 收到指示性报价　● 收到带报价的销售购买协议
- 准备购销合同　向竞拍者发出详细报告
- 准备资料库　尽职调查阶段
- 准备管理层报告　管理层报告
- 进行排他性选择
- ● 宣布

数据库和管理层报告是**尽职调查过程**（due diligence process）的重要组成部分，任何严谨的买方都将会实施。尽职调查过程的其他方面可能包括参观工厂和专家会议等（在这里功能性专家可以深入探讨例如税收和环境等复杂话题）。尽职调查的所有过程可以通过获取目标公司的特征信息使买方到达一个"便利水平"。通过所有这些方式，设计出的拍卖程序可以消除买方和卖方之间的信息鸿沟。

在拍卖的第二阶段结束的时候，买方递交一个**具有约束力的投标**（binding bid）。这个具有约束力的投标通常基于一个买卖双方在此期间协商达成的**购销合同**（sales and purchase agreement，SPA[2]）。SPA 的条件和条款都在交易双方之间达成了一致。专栏13.4 列出了在一个 SPA 合同中常见的一些典型条款。在复杂的交易中（并且当有美国律师参与的时候）这样的合同能写到成百上千页。

专栏 13.4　　　　　SPA 中的典型条款

- 定义和解释，为了避免专业术语的歧义。
- 范围，关于被出售的业务和资产。
- 对价，支付的类型和数量。
- 完成，怎样从签订 SPA 着手直到交易结束。
- 决算，在最后怎样编制财务报表。
- 产权转移，比如，关于土地或者知识产权的特殊条款。
- 企业负债，怎样处理确认负债，比如养老金和索赔。
- 合同，怎样处理和其他当事人的合同，比如，控制条款的变化。
- 陈述，关于目前的业务或经营状况。
- 保证，对所做陈述的真实性的保证。
- 赔偿的承诺，卖方因为特定的损害或损失对买方进行补偿。
- 先决条件，合同生效之前必须完成的条件（比如，反垄断调查）。

一些条款可以用于进一步解决交易存在的信息问题。比如，在"陈述和保证"中，卖方会确认在销售过程中所做的陈述的真实性。此时，买方有机会列出对买方的商业价值特别重要的因素。卖方会确认关于业务特殊性方面做出的陈述的真实性。因此，这些条款可以抵消卖方潜在的**机会主义**（opportunism）。如第 8 章讨论的，机会主义就是做出"不实陈述"的可能性。将这些条款列入 SPA 协议并让卖方签署真实性承诺，如果这些陈述后来被证明是不真实的，买方就有法律追索权。此处有两个例子：

- 纳税义务。卖方的认识是，公司关于任何纳税义务的要求与书面权威提出的要求没有冲突。
- 存货。公司的所有存货、原材料和物资包括在日常业务中可用的或可供出售的处于良好状态的物品。财务报表中根据普遍接受的会计原则及相应实施的惯例和分类方法决定的存货价值反映了公司的日常存货计价政策。

违背陈述和保证是在收购后引起诉讼的最常见原因。这说明隐藏信息和机会主义的问题在企业并购交易中是非常真实的。拍卖程序虽然可以减少此类问题，但很难完全消除。尽管如此，协商并签订 SPA 可以给双方充分的便利去继续完成拍卖程序的第二阶段——买方提交约束力投标，卖方选择最好的投标者。

一个卖方已经从潜在买方得到约束力投标，加上 SPA 中商定的条款和条件，可以为卖方最后选择最好的买方提供良好基础。在拍卖程序的最后一个阶段，相应买方可能被授予一个短期的"独占权"。在这个独占期内,在最后一些条款中可能会共享一些最敏感信息,如主要客户的合同条款和条件。

这一章对企业并购拍卖程序的描述说明了,拍卖程序的设计是如何解决卖方和潜在买方之间的信息不对称问题的。随着拍卖程序的推进,更详细的和更敏感的信息被提供给范围越来越小的一组竞标者。通过逐渐缩小信息鸿沟,买方可以达到一个充分的"便利程度"来完成交易。这种机制可以为投标活动建立一个日益坚固的基础。

通过满足买方的特别信息需求,卖方可以使买方对自己的企业价值驱动因素做出更正面的评估,从而给出更高的报价。

通过在拍卖中引入充分的竞争(直到最后的选择阶段),买方就有压力去透露关于价格的真实意图并且提交他们所能给出的最高价。拍卖程序促进了要出售的资产的分配效率,即将资产卖给出价最高的竞标者。

拍卖在企业并购交易中的广泛使用,可以理解为是增加这种交易的竞争水平的一种方法。竞争性投标可以帮助解释为什么目标公司的股东在交易宣布的时候能够获得超额回报,而收购公司的股东却不能。收购公司巨大的竞争压力是收购公司需要"放弃"很大一部分相当高的私人价值。结果就是,收购公司为了完成收购可能会支付给目标公司的"完全价值"甚至更多(请看专栏13.5和下节内容)。

专栏 13.5 康力斯拍卖

2007年,英国收购委员会通过组织一场拍卖,以不寻常的一步来决策一场对英荷钢铁生产商康力斯的竞标战。这个案例展示了拍卖的力量——从竞争的投标人中榨取完全的价格。

竞标战从2006年10月开始,由康力斯董事会推荐,印度塔塔集团以每股455便士现金收购康力斯。11月,巴西国家黑色冶金公司(CSN)宣布它愿意出价每股475便士。在CSN正式投标之前,塔塔集团就把价格加到500便士。随后的11月,CSN做出回击,给出515便士的价格,仍然由康力斯的董事会推荐。

关于塔塔集团下一步行动的谣言四起。英国收购委员会担心这场战斗会无限期地拖延,设定1月末为截止日期,然后宣布结果会由历经十个小时、九个回合的拍卖决定。

拍卖于1月30日下午4:30开始,第二天上午12点结束,到时候两个公司要提交它们最后的出价。

与此同时,竞争性的竞标已经将价格从515便士提高到585便士(CSN)和590便士(塔塔集团)。CSN的最后出价比塔塔集团高5便士,直到最高点603便士。塔塔集团扬言将会比CSN的任何出价高,直到一个秘而不宣的最高超过603便士的价格。因此,塔塔集团最后的中标价格是608便士。

针锋相对的竞标战和随后的拍卖让康力斯公司股价从每股455便士上涨到608便士,每股增长了30%,实现从16亿英镑到包括负债在内67亿英镑的累积绝对增加。

分析家几乎普遍地对高价格持否定意见。第二天,塔塔钢铁公司的股价在孟买证券交易所下降了大概10%。自从康力斯对抗破产开始,康力斯股东享受到了股价在4年内增长30倍。

> 反思这一过程，塔塔集团的主席拉丹·塔塔说到，塔塔钢铁被迫支付与它的最高价已经非常接近的价格收购康力斯，几乎已经不得不在股东利益和印度民族自豪感之间做决定了。
>
> 资料来源：*The Financial Times*，January 29 to February 3/4 and Het Financieele Dagbld, 1 February 2007.

13.6 赢者的诅咒和狂妄

此时，你可能已经想到在第 5 章中我们关于赢者的诅咒的解释。你可以回想这种现象，在投标竞赛中获胜的赢者，获胜的原因不是因为真实价值对他们来说是最高的，而是因为他们的预期最乐观。在第 5 章我们用 MBA 学生在玻璃瓶游戏中投标的例子和 3G 移动频谱在欧洲拍卖的结果解释了这种现象。

赢者的诅咒也适用于企业并购交易。《商业周刊》在 2002 年 10 月 14 日刊登了关于 1995 年 7 月 1 日至 2011 年 8 月 31 日之间公布的企业并购的研究结果，其主要结论是，"大多数的大型交易并没有得到好结果"。从数据来看，61% 的买方损害了他们自己股东的财富。研究人员的想法哪里出错了呢？《商业周刊》认为是竞标者支付太多，这听起来有点像赢者的诅咒。竞标者的 CEO 提供的价格比目标公司的市场价格平均溢价 36%。"主管们充满了信心。" CEO 对并购的协同效应过于乐观，低估了两家公司整合的难度（Anandalingham and Lucas，2004；Reuer and Koza，2000）。

专栏 13.6　埃伯斯的狂妄

因为涉及世通公司 110 亿美元的欺诈案，该公司前 CEO 埃伯斯面临着 85 年的牢狱之灾，现在他有大把的时间去读读他的希腊神话了。在古希腊，俄狄浦斯王和安提戈涅的伟大悲剧所反映的道理是非常清晰的：狂妄（骄傲）导致吃苦头（傲慢的行为激怒了上帝），因而受到惩罚（耻辱和死亡）。更现代的版本是"骄兵必败"。

公司欺诈以及狂妄自大，会产生比通常认为的更广泛的问题。代价比人们意识到的要大得多：从 1978 年到 2002 年，因为上市公司的财务造假，联邦法规发起 585 起申请执行判决的诉讼，换言之，2 310 名个人和 657 家公司作为潜在的承担方。对个人和公司的法律制裁都是落到实处的。比如，对个人进行 159 亿美元罚款以及民事处罚，有 190 名经理人员因为财务报告违法被判决入狱。公司总罚款和集体诉讼赔偿达 84 亿美元。

这掩饰了一个广泛的观点，那就是，对财务造假约束不力。与此相反，证券交易委员会历史上对财务不端采取了很多强硬措施，结果导致了大量的法律处罚，但是也产生了更大的声誉损失。当然，惩罚不是一个补救措施，并且我们也没有为这个复杂的问题找到一个好的补救措施。公司治理，就像公司治理准则《萨班斯-奥克斯利法案》解释的那样，至少不是大多数公司出现丑闻的原因。

荷兰雇主协会的一项调查检查了25起公司欺诈，调查了支付给高管的奖金、CEO们的信誉、他们的成长目标、分析家的期望以及公司治理，还寻找估价过高的证据以及欺诈被发现这段时间的价格变动。所有的案例都是最近的（2000年之后）；这些公司都是上市公司，高级管理层直接或者间接参与欺诈；欺诈数额巨大（至少达100亿美元和年利润的5%），公司规模也很大（1 000人以上）。它们从公司欺诈中转移的钱达到250亿美元。令人吃惊的是，这25家涉及欺诈的公司的平均治理得分和另外25家没有欺诈的公司的得分完全相同。我们发现不是治理的问题，而是狂妄自大的问题。

当然，所有的公司都想要成功的领导者。一旦他们找到这样一个人来当CEO，那么这个新CEO会变得越来越富有（2000年，给25位有欺诈行为的首席执行官的股票和期权的平均价值为12亿美元，给相关团队的股票和期权的平均价值为1.5亿美元）。他还会获得偶像的身份，不仅变得非常受尊重，还会变成公司的名人。准确地说，因为他们非常成功，这些CEO们设定越来越高的目标，理由如下：首先，为了在股票市场保持成功和维持他们的偶像名誉，他们必须维持每年15%～20%的利润增长。其次，因为越来越成功且名气越来越大，CEO开始相信他可以让任何事情发生并且发展出轻微的"上帝综合征"，像世通公司前CEO埃伯斯那样。

的确，在我的研究中最有趣的发现是，很大程度上公司都将他们犯的欺诈罪归咎于不切实际的目标。我研究的这25个公司平均以18%为年增长目标，也就是每五年230%的巨幅增长。与此同时，没有发生欺诈的公司的平均年增长目标为7%，每五年增长40%。毫不奇怪，设定这么高的目标的CEO要依靠造假行为来维持表面的成功。

但是，这个故事还存在一些有价值的事情，当欺诈被公众所知的时候，我所研究的25家公司，平均有29%的公司价值烟消云散：730亿美元化为乌有。但是，精明的投资者提前预测到了这些负面影响，欺诈被发现的前一年，公司就已经损失了40%的市场价值。

是道德问题吗？傲慢很难藏于无形，即使你是一个超级巨星CEO也不例外。

资料来源：Cools (2005) "Ebbers Rex", *The Wall Street Journal*, 22 March 2005.

管理层的过度自信作为企业并购交易赢者的诅咒的一个潜在解释，被称为"狂妄假定"，由理查德·罗尔于1986年引入。[3] **狂妄**（hubris）这个词源自古希腊，现代用来指"膨胀的自豪感和自信，结果导致了致命的报应"（从专栏13.6可以看出）。这样的过度自信经常会出现在制定决策的过程中，企业并购也会有这种情况吗？

在瑞银集团（2004）的一项调查研究报告中，对这一问题的回答如下：

决策理论的重大发现之一就是过度自信。人们实质上高估了他们预测的精确性。一个例子是在瑞典做的一份问卷调查，其中的一个问题是：就你的驾驶能力来看，和你在道路上碰见的人相比，你认为你自己是平均水平以下、平均水平还是平均水平以上呢？问卷调查的参与者中，90%以上的人认为他们的驾驶能力在平均水平之上。

过度自信在处理困难任务的时候，以及在有丰富却没用的信息的情况下，出现最多。我们认为企业并购就属于容易导致过度自信的前一种情形的例子。它导致CEO们高估他们的知识，过分相信私人关系而不是公开信息，还容易导致风险被低估的情形。过度自信可以解释为什么公司管理层会不顾给股东造成损失的可能性而参与企业并购交易。

确实，经验研究表明，企业高管在企业并购情景中确实表现出过度自信。海沃德和汉姆布瑞克（1997）以106宗大型交易为样本调查了额外奖励支付，并发现：

> CEO狂妄的四个指标与支付的额外奖励数量高度相关：收购公司最近的表现，媒体最近对CEO的赞扬，CEO自尊的衡量，以及前三个变量的综合因素。当董事会缺乏警觉的时候，CEO的狂妄与额外奖励的关系会加强，特别是当董事会内部董事的比例很高，CEO还是董事会主席的时候。

马尔门迪尔和塔特（2008）用一种创造性的方法，即通过检测CEO们对于他们自己拥有的本公司的股票和期权的个人决策，来度量CEO的过度自信。如果当公司特定风险暴露程度高的时候，他们即便可以选择通过卖掉公司股票来分散风险或者直接选择现金期权，也要固执地选择持有公司股票，那么这些CEO就被归类为过度自信的CEO。

有趣的是，他们对过度自信的度量方法和新闻报道的"自信"或"乐观"的CEO们高度相关。他们还发现，过度自信的CEO实施了更多的并购，尤其是更多的损害公司价值的多元化并购。

外人似乎可以识别出这种过度自信的CEO。运用"事件研究"方法，马尔门迪尔和塔特证明了，过度自信的CEO所投的标带来的负面市场效应比不过度自信的CEO大四倍。约翰等（2010）证实了马尔门迪尔和塔特的关于收购公司的过度自信的CEO带来的影响的研究结论。他们还发现一个扭曲的事实：如果目标公司的CEO也过度自信，会大大加重多付程度。再一次地，股票市场似乎也认识到了这种效应：在其他条件不变的情况下，当收购公司和目标公司都存在CEO过度自信的情况时，收购公司的股价在收购交易公布的时候比只存在一方过度自信或者双方都不存在过度自信的情况，平均要多下降10%～12%。

经验主义研究因此支持大众化媒体的评论，认为CEO的过度自信或者狂妄是企业并购交易产生赢者的诅咒和价值损失的一个重要因素。在企业并购交易中，多付现象是非常普遍的：2006年，麦肯锡的一项分析显示，在最近两次企业并购浪潮中，多付的比例高达50%以上。

专栏 13.7　剪刀手弗雷德：过度自信和狂妄

弗雷德·古德温是苏格兰皇家银行的CEO，他在位时期苏格兰皇家银行带领其他两家银行（西班牙国际银行和富通银行）合伙接管荷兰银行。他赢得了强硬的交易撮合人和并购公司整合者的名声。2000年，苏格兰皇家银行做出收购比它大三倍的国民西敏寺银行的大胆决定。古德温在这次收购中的角色保证了他在2001年1月晋升为CEO。通过整合苏格兰皇家银行和国民西敏寺银行，他裁掉了18 000个工作岗位。这为他赢得了绰号"剪刀手弗雷德"。

2001—2007年，苏格兰皇家银行的资产增长了四倍，也是因为一系列并购。而且，它的成本利润率和利润都明显改善。收购荷兰银行就是在这种背景下完成的。当很清晰地看出这次收购是悲剧式结尾的时候，《每日邮报》做了如下报道：

> 傲慢的不光彩的苏格兰皇家银行的前老板弗雷德·古德温先生经常表现出他最引人注目的特点。他是一个比其他任何人都懂得多的银行家，对商业街上的竞争者表示蔑视。并且他自己相信，一旦涉及并购，无论是在英国、美国、中国还是荷兰，他都是无出其右的天才。现在，我们都知道情况不是这样的。他的银行从世界上最大的贷款人之一变成了劣等公司。
>
> 280亿英镑的损失创造了过去几年英国公司中的最高纪录，这让苏格兰皇家银行面临几年甚至几十年的公有制命运。然而，当他最终于11月份被撤掉财政部的职务后，古德温仍然表现得好像自己非常厉害。这位前执行主席这样描述当政府11月份注入新资本的时候的情形：这更像是驾车枪击，而不是沟通协商。这明显未顾及以下事实：他的银行陷入了令人绝望的麻烦，如果没有布朗2008年10月注入的第一批200亿英镑的纳税人的资金，这个银行已经倒闭了。
>
> 古德温的快速成长战略在过去几十年信贷推动的年份里让他信心满满地参与荷兰银行收购，因为是在这样一个可怕的时间里，所以这场收购注定会失败。但是，也不能让他负全责，因为他得到了董事会中激进人员的忠实支持。此外，他还受到顾问美林证券和其他在收购交易中获得丰厚利益的人的恩惠。但是，最重要的是，他自己的狂妄导致了他的失败。当其他人都对信用泡沫失去信心的时候，他妄想着世界经济的引导和他的能力可以创造价值。古德温和银行的狂妄的结果就是，无论是苏格兰皇家银行的繁荣还是整个国家的繁荣都被出卖了。
>
> 古德温在2004年因为对银行业的贡献被授予爵位，被称为弗雷德·古德温爵士。2012年女王做出了一个特殊的决定，取消和废除了他的爵位。
>
> 资料来源："Hubris, Overarching Vanity and How One Man's Ego Brought Banking to the Brink", *Daily Mail*, 20 January 2009.

埃森哲咨询公司2005年发行了一份宣传册，题目是"进行企业并购支付时：请避免赢者的诅咒"。它洋洋得意地强调：

> 随着规则的广泛传播以及依靠良好的企业并购实践，赢者的诅咒可以被消灭。

这个宣传册给出了许多箴言（如将价格从价值中分离出来、准确评估协同效应、做好检查工作、保留观点），并且认为通过合适的"人、程序、观点以及准备"等手段诅咒可以被终止。但是，无论如何，即使遵守了这些指导方针，我们也不能确定地说在企业并购中再也看不见赢者的诅咒了。

13.7 逆向选择：对隐藏信息的应对措施

我们假设现在你确信并购中发生隐藏信息问题的可能性很大。因此，当你最终买到了次品时，你可能会面临逆向选择的情形。在前面的章节中，我们列出了一些应对措施以解决那些随时都可能发生的隐藏信息问题。通常情况下，这些应对措施是以下两类之一：

- 均等化获取（或至少接近）信息。例如：
  - 拍卖设计与进步信息共享；
  - 严格调查程序，包括资料分析、管理报告和专家会议法。
- 把风险转移到有利的信息方。例如：
  - 申述和保证——卖方"代表"商业身份"保证"经营状况的真实性；
  - 补偿保证——卖方补偿买方承担的特定损失或可能在未来发生的损失（如以往的产品责任或环境责任）；
  - 托管账户——买卖双方同意，当协定的某些条件达成时，部分购买价格才能实行（"托管"执行）。

这些应对措施已经发展成为并购的流程和销售购买协议的组成部分。现在我们将专注于一些其他措施，以解决那些在经济研究中被调查出的隐藏信息问题。有趣的是，这些解决方案有些是组织性的，有些是以市场为基础的。因此并购再次说明了本书的基本前提，即市场和组织代表了经济交易的两种可替代的协调机制。另外，对于并购交易，市场/组织结构将主要取决于信息需求的情形，我们将在下面介绍。

13.7.1 组织的解决方案

在20世纪80年代末期，飞利浦企业集团已经决定，其价值15.5亿美元的家用电器部门不再是一个"核心业务部门"。该部门是需要重组的。其工厂遍布在五个欧洲国家。发展具有世界一流设备的精选厂房需要大量的资本投资。该部门拥有14 000名员工。在一段时间里其业绩一直低于飞利浦的标准。尽管存在这样的问题，但飞利浦的管理层明白，该部门拥有使其在欧洲的市场份额排名第二（仅次于伊莱克斯）的有潜在价值的资产，包括良好制造水平、知名品牌、世界级的设计经验和一个泛欧洲的分销网络。

惠而浦公司是明显的买家。它希望扩大其在美国的基地。在这个快速全球化的行业，它想在欧洲占有一席之地。惠而浦认为，通过合理化生产、采购零部件和协调不同国家的生产、销售和分销，可以从根本上降低业务成本。此外，惠而浦愿意投入资本和技术到欧洲业务。

然而，相比飞利浦，惠而浦的高管不太相信其业务潜力。他们担忧业务转手后特许经营品牌背后的消费者力量和经销商网络的忠诚度。需要投入多少时间和金钱来扭转业务？

飞利浦和惠而浦双方都进行了计算，但是由于他们的假设和信息差异很大，估值结果相差甚远。一个明智的战略协议就这样因为价格问题被搁置。

合资企业（joint venture，JV）被证明是解决方案。1989年，飞利浦以3.81亿美元的价格向惠而浦提供53%的多数股权业务，加上一个在三年内购买其余47%的股份的期权。对于惠而浦而言，这是一个有吸引力的安排，因为它提供了一个在完全接管该部门前从内部来了解家电部门和发起改进计划的机会。

合资企业的创建使得惠而浦能够迅速实现协同效应和改进。事实上，由于合资企业运转非常成功，惠而浦在1991年以6.1亿美元行使购买其余47%的股份的期权。飞利浦因此也顺利退出业务，而且获得了比在1989年简单将其拍卖时更有利的合同条款。作为中间阶段的合资企业获得的增值估计达到了2.7亿美元。

在这个例子中，解决隐藏信息问题的组织方案是让惠而浦在交易完成前成为飞利浦电器业务的"内部人"。这可以被视为用来获取有关部门信息的一种平衡机制。惠而浦拥有了获得飞利浦有关部门私人信息的渠道。当三年后执行期权，企业价值剧增的时候，你就知道了这些私人信息的重要价值。为了达到增值的目的，双方都愿意承担合资企业在第一个三年中的风险。

调查和案例分析显示，当出现重大不确定性和信息不对称情况时，公司可以选择组建合资企业战略（Dyer，Kale and Singh，2004；Reuer and Koza，2000）。例如，众所周知的思科系统，以其收购主导战略出名，但该公司依靠小股权投资作为跳板进行了约25%的收购。在决定对新创企业进行全面收购前，很多公司通过建立"企业风险投资"团体先进行了小部分股权投资。这些安排可以被理解为潜在的收购者愿意承担一些（股权）风险以获得关于目标公司的私人信息，从而减少信息不对称。

13.7.2 市场解决方案

PayPal是一种基于互联网的支付系统，最初用于网上拍卖中获胜买家向卖家的支付。它具有良好的防欺诈能力。这些都是有价值的，因为欺诈是网上拍卖存在的主要问题。基于这个原因，它吸引了易趣的注意。

当时，PayPal是一家私人持有的创业公司。然而，双方谈不拢价格。PayPal随后在2002年2月决定通过**首次公开募股**（initial public offering，IPO）上市。最初股价为每股13美元，上市后大幅上涨到20美元左右。几个月后，即2002年7月，易趣为PayPal做了一个股份发售，对PayPal的股价估值为23.60美元。易趣收购PayPal的总价值为15亿美元。

我们应该如何理解PayPal—易趣这一案例？为什么之前易趣和PayPal没有达成价格一致？现在我们知道，PayPal向公众提供的股价是13美元，而易趣在几个月后却愿意以23.60美元购买，是易趣当初犯了一个大错误还是有另一种更合理的解释？

经济研究已经提出了一个更合理的解释。虽然首次公开募股传统上只被看作私人公司融资的一种手段，但现在也被看作一种减少信息不对称的机制。要理解为什么是这样，请做以下思考。

对小型的私人控股企业，特别是年轻的企业来说，并不能获得很多历史的、公开的、可认证的信息。这些公司不公布它们的财务报表，也没进入投资分析师的视野。此外，它们也可能遭受合法性问题以及我们在第11章中讨论的"新创企业的劣势"。最后，创业型的新兴企业资产的主要部分来自未来的增长机会和无形资产，这尤其难以估值。所有这些因素导致了该公司与潜在收购者之间信息显著不对称的可能。

使私有公司上市可以在两个方面缩小信息差异：

- 要满足大量的信息要求才能被批准上市。它们发售的说明书详尽地披露了公司的相关信息。这些信息也必须符合股市监管机构的要求。在美国，上市需要将大量的文件提交给美国证券交易委员会（SEC）。这些文件也是公开的信息。最后，公司准备上市时要接受投资分析师的审查，投资分析师公布他们的调查结果和建议。通过所有这些方式，有关该公司的私有信息和公开信息之间的差距缩小了。
- 通过公开上市，可以向潜在收购者传递信息。选择公开上市表明它有信心通过公众的监督，可以承担公开上市的成本。它也可以通过选择著名投资银行及包销商所表明的可信度来支持IPO。这些机构再借助自己的声誉加强其合法性。总结起来，这个新的市场可以作为一个筛选手段，从信誉较差的私有公司中筛选出信誉好的公司。

因此，私有公司的首次公开募股市场为解决隐藏信息和逆向选择提供了"市场方案"。总而言之，通过它们的首次公开上市，公司能以一种可信的方式传播信息。它们这么做的意愿对于潜在收购者而言是一种很强的信号。事实上，该信号的价值被认为是如此强烈，以至于现在许多企业都通过**"双轨制"的方法**（dual track approach）出售：它们是在进行IPO准备的同时向直接收购方分拆出售。卖家可以在最后一刻决定是否因收到有兴趣收购者提供的足够高的报价而取消IPO。有证据表明"双轨制"比直接分拆销售可以为卖家提供更高的溢价。在一项由布劳和科尔斯（2007）进行的研究中对两种策略进行了区分：

- 双轨制下的私人获益。一个私有公司的IPO文件同时还努力吸引收购者。该公司最终撤回上市申请而直接出售。使用这种策略的企业获得了比单轨分拆销售高22%～26%的溢价。
- 双轨制下的公众获益。第一次完成了首次公开募股的私人公司，被一个新上市的公司接管，通过使用这种策略，在此后不久（如PayPal的案例）就能获得比单轨售馨高18%～21%的溢价。

基于这些证据，我们可以得出这样的结论，即使仅仅作为一种选择方案，IPO在市场解决信息不对称方面也有实质性价值。

总之，我们要重申我们的观点，即市场和组织为并购过程中的隐藏信息问题提供了不同的解决方案。在任何情况下最优的市场和组织的补救措施组合都将主要依赖于特定情况下的信息需求。会不会有这样一个买家，需要你去说服他正在购买的不是次品？最佳方案可能是提供一个合资企业作为中间步骤。此外，会不会有一些关注目标的新创企业劣势的潜在收购者？然后，通过IPO市场作为筛选手段可能也是一种最佳选择。也可能是，只有当开展并购后才知道哪条路径是最佳的。在这种情况下，双轨制对卖方是一种有效的方式，可以保留其选择的余地。

上面给出的例子说明，市场和组织可以相互补充，以降低并购中因隐藏信息而产生的交易成本。正如第4章所讨论的，隐藏的信息是事前信息问题，它存在于销售购买协议签订之前。接下来我们将注意力转移到事后信息问题，那就是双方同意执行交易后的隐藏行动。

13.8 道德风险：隐藏行动的应对措施

现在你已经签署了一项协议。在 SPA 上有一个签约仪式。拍摄的图片记录下了这一历史性的一刻。各方打开香槟祝贺彼此艰难但公平的谈判和"双赢的结果"（双方律师的佣金收入）。不幸的是，你必须等待几个月才能够执行这项交易（称为"关闭"），因为：首先，反垄断当局希望检查交易；其次，还需要经过股东批准。那天晚上，你觉得头痛了。是因为香槟还是其他原因？

另一个原因可能是，在头脑中有些让人心神不宁的问题。例如，在合同签订至关闭的几个月里你的目标会发生哪些事情？你将得到的价值是你期望的价值吗？经理会为了你的最大利益尽力地经营公司吗？他们可能有自己的日程安排吗？如果不能够妥善处理这样的问题，你会真正得头痛病。

下面是有关**道德风险**（moral hazard）的问题——你作为买家很难察觉到潜在的**隐藏行动**（hidden action）。这些问题源于后合同（post-contractual）信息不对称。隐藏行动的应对措施通常分为以下几类：

- 合同安排。购销合同（SPA）可以包含一些条款来指定（或制裁）后合同行为（post-contractual behaviour）。
- 增强可观察性。采取措施来获得更多有关后合同行为的信息。
- 激励定位。当前所有者（及其经营者）和（即将）新的拥有者之间，激励措施要合适。

以上这些并不是互相排斥的，例如，也许有的合同安排旨在改善可观察性或调整激励措施。下面对于每个类别我们给出一些经典例子。

购销合同中有一些合约安排，出于管理后合同行为的目的而设计，可以涵盖各式各样的东西。一般来说，合同中会规定卖方应该在常规业务上维持运营。一般条款会规定卖方应避免异常行为，按惯例运行业务，例如支付的奖金不应该突然高于往常。特定的条款用于处理特定的情况。例如，指定投资超过一定金额需要共同批准。这样的条款可以使最重要的买方投资者观察到卖方的行为。

还有其他方法可以增强可观察性，以作为应对隐藏行动的措施。例如，当公司所有权发生实际转移时，各方将协商起草公司终止运营报告，反映终止时公司的财务状况，并对该报告进行审计。通过审计人员，买方可以确定，没有出现隐藏行动减少了公司业务的价值这种情况。购买价格也可以进行调整，以应对某些金融项目从签署到完成之间发生的变化。任何由常规业务引起的价值降低都可以通过对购买价格的这种调整来解决。营运资本和坏账水平的变化就是例子。

最后，通过激励定位，有很多种解决隐藏行动问题的方式。假设一个新创公司的所有者——公司经理——从零开始成功建立了公司。他是该公司已开发并获得专利的主要技术的发起人。他曾亲自监督主要应用程序的技术开发并与这些应用程序的主要客户联系。

当一个更大的公司收购这个新兴公司时，它当然可以购买专利和客户合同，但项目启动时所含价值仅部分存在于这些资产中。主要的资产可能是公司的创始人和他拥有的**默会知识**（tacit knowledge）。你如何激励他为公司和新业主的最大利益继续经营？

如果出售公司已经使得这个企业家足够富有，而且他不喜欢为一个大公司工作，那么委托—代理关系可能成为最大的问题。此时，应对这一问题的方法可以为**或有收入**（contingent earn-out）。在此制度安排下，并购价格部分依赖于企业未来的业绩（或然）。通过同意以企业的或有获利能力来决定价格，卖方可以显示他对所出售业务的未来业绩表现的信心，而买方也确信卖方具有强烈动机为企业未来的业绩表现做出贡献。

在本质上，或有获利能力将风险的一部分返回给提供信息最为充分的当事人（卖方）。朗格智罗和劳尔（2009）的确发现或有获利能力的使用增加了围绕收购产生的信息不对称，特别是当被收购者很年轻或拥有的知识基础与收购者不同时。

投资银行摩根大通（2011）的数据显示，或有收入的这种制度安排在近十年来处于上升趋势。这种制度最广泛地运用在制药行业中，因为开发新药的临床试验具有显著的不确定性。大型制药公司，旨在丰富自身的药物研发线，可用该制度来购买致力于通过临床试验证明其新产品功效的更小的创新型企业（通常是私人持有的新创企业）。作为风险降低机制的或有收入，它的另一个功能是可以作为保留计划，给重要员工目标公司的股份以确保这些员工可以留下来。

在第13章第七节中，有另外一种机制也具有这种优势：托管账户。如果买卖双方同意将购买价格的一部分预留（以托管形式持有），直到该交易的某些条件得到满足才能启用，那么卖家便也同意继续承担一部分交易风险，直到该公司的业绩表现明晰。

在交易签署和完成之间，另一个条款也对目标公司的价值风险产生了巨大影响：出现**重大不利变动条款**［material adverse change（MAC）clause］。一个标准的重大不利变动条款允许买方在目标公司"任何改变、事实的发生或状态，对业务、财务条件或经营业绩造成重大不利影响"时，有权退出交易。请注意，这样的条款可以激励卖方将业务维持在良好状态。通过引入可能使企业的价值受到重大影响而让买方放弃的威胁，可以鼓励卖方继续业务的保值行为。因此可以将重大不利变动条款看作一个合同条款，目的是激励导向（将隐藏行动的三类补救措施中的两种合并）。

但是，请注意，标准的重大不利变动条款规定的是交易中断的风险，而不是卖家单方面的风险。这是因为业务价值的风险来源于两组不同原因：

- **内生性风险**（endogenous risk）——具体到单个交易的风险，包括来自隐藏行动的风险；
- **外源性风险**（exogenous risk）——一个普遍性的风险，这意味着它会影响所有类似交易。

外源性风险的例子包括重大经济衰退、适用的法律法规发生改变和影响一个行业中所有企业的事件（如动物疾病的爆发影响到所有肉类生产厂商）。

买卖双方都不能影响或阻止外源性风险，买方可以因为外源性风险退出交易吗？这对于卖家而言是过于苛刻的条件，随着时间的推移重大不利变动条款包含了这种例外。吉尔森和舒瓦茨（2005）在文献中表述道：

> 1993年，重大不利变动条款中只有18.33%包含一个或多个事件规范，这限制了买方退出的权利；超过半数将这些陈述为单一事件。1995年，包含特殊事件风

险的比例已上升至31.74%，平均每个协议排除0.67条重大不利变动条款。到2000年，事件规范已成为主流：83%的收购协议中排除了至少一条重大不利变动条款，平均为每次交易排除了3.75条。

现代的重大不利变动条款（包含例外条款），对重大不利变化所导致的风险在卖家和买家之间进行了分摊。如果出现内生风险（包括隐藏行动），那么买家可以取消协议。然而，如果出现外源性风险，则它们不能简单地取消协议。现代的重大不利变动条款的发展，使影响经济协议执行的因素演变为一种制度方案。有一个很好的例子。回想在第1章中，我们将制度定义为"一个社会中的游戏规则，或者，更正式的说法是，人类设计的塑造人际交往的制约因素"。现代的重大不利变动条款是一种制约人际交往中包含的道德风险行为的制度安排。

有趣的是，市场也发明出了一些补充性的方案来解决隐藏行动问题。保险市场贡献了一些有效的补救措施。它已制定了声明与保证条款，来补偿因为卖家在购销合同中虚假陈述所带来的损失。专栏13.8描述了市场解决方案对于成功完成一项收购交易所做出的贡献。这个例子表明，市场解决方案和组织解决方案的组合（合同条款处理被融入采购组织）使得代理和交易成本被降低到交易可执行的水平。

专栏13.8　　　　　市场方案：并购保险

在大部分交易中，买家会要求卖家把交易价值的至少10%进行托管。通过这种托管，买家可以消除一部分风险，从而能够尽早为卖家提供更多的现金。

托管对迈克尔·亚历山大这个回声大桥娱乐公司的管理合伙人来讲，是一种保护性账户。亚历山大要签署一项协议，购买白金光盘公司。这个公司已经获利多年，它的相关情况似乎十分简单干净。然而，亚历山大担心"存在一些卖家不会告诉你的东西，甚至这些东西他们自己都不知道"。

亚历山大要求白金光盘公司的老板大卫·汤普森将出售所得款项的一部分存入托管账户，直到这笔交易的各项条件得到明显满足。但汤普森不同意这样做，于是亚历山大就购买了保险公司的声明与保证条款业务。这样，汤普森放入托管账户中的资金就可以少一些。

这项业务花费了回声大桥娱乐公司20万美元。但亚历山大认为这是值得的。"你得到了数百万美元的保护和良好的睡眠。"

这项交易发生在2月。到目前为止，没有出现意外。

资料来源："Deal Jitters?", *Inc.* magazine, October 2005. See also the topic "M&A Insurance" on the website of Chubb insurance company.

13.9　交易专用性和延迟

在第8章我们介绍了**资产交易的专用性**（transaction specificity of assets）概念。

如果一项资产的价值没有出现明显的下跌，而又不能被转换成其他用途，那么这项资产就是交易专用的资产。我们调研了一个例子，涉及两个人物。其中，P 先生想在当地开办一家报社，他向印刷商 Q 女士购买一套专用的印刷机。这个案例向我们展示了双方如何进行交易专用性投资：Q 女士代表印刷商作为卖方，而 P 先生进行初期投资成为买方。因此，双方建立了一定的关联。

如果任何一方显示出一定程度的投机色彩，一方可以利用状况变化试图重新谈判合同。经济学家将这种可能性称为**延迟**（hold-up）的威胁。

那么延迟问题是如何出现在并购交易中的呢？举个例子，在专栏 13.9 中讨论了如何利用重大不利变动条款来创造一个具有延迟性质的状况。如果还需要更多的讨论，我们可以返回本章开头所描述的美国在线-时代华纳的案例。现在让我们来探索潜在的延迟问题的解决方法：分手费。

专栏 13.9　重大不利变动条款作为延迟策略

在交易开始和完成的过程中存在业务显著恶化的内在风险，重大不利变动条款旨在保护买方免受该种风险的威胁。在正文中，我们将重大不利变动条款视作一种制度创新，因为买卖双方在风险分担方面达成一致的有效协议能促进并购交易的执行。然而，一旦重大不利变动条款被达成，也可能会导致出现延迟的状况，买方将试图利用这一条款来寻求优势：

> 原因在于重大不利变动条款的运作方式。买方可以利用市场环境的变化和不良事件对目标公司的影响，来调用重大不利变动条款试图压低收购价格。在这种情况下，卖方通常会因为两个理由就范。首先是因为卖方不愿就重大不利变动条款终止之后的不良影响对簿公堂。其次是相较于风险诉讼和不利决定引发的交易失败，卖家及其股东通常乐于接受较低的溢价水平。同样的情况也适用于买方。买方同样不想输掉诉讼，也不想被迫接受原价格水平之上的收购，因此，重大不利变动条款的调用实际上成为双方在更低价格水平上重新进行谈判的工具。

特别需要指出的是，私募股权公司已经可以熟练掌握重大不利变动条款来维护自身的利益。例如，塞伯拉斯（Cerberus）利用这一条款对抗过美国信托（USA Trust），阿波罗/汉森（Apollo/Hexion）对抗过猎人资本。在金融危机期间，它们试图通过谈判来保持其讨价还价的地位以进一步协商责任上限（称作反向终止费用），本次事件中的责任上限为最大交易价格的 3%。同意反向终止费用的卖方实际上是在向买方提供一个带着数量有限的钱离开的选择。这就会增加延迟问题，因为买方现在拥有了更高的讨价还价地位来重新拟定交易。

资料来源："The MAC Is Back, But Does It Kill a Deal?", *The New York Times*, 23 August 2011.

想象一下你是时代华纳的首席执行官杰瑞·莱文。1999 年 10 月，你收到美国在线的首席执行官史蒂夫·凯斯的电话，他提出要与你进行平等的股权合并。在你与史蒂夫·凯斯进行了几轮艰苦的会谈之后，协议（包括股票交易的条款）的达成似乎近在咫尺。双方的执行官们都向董事会提交了这个潜在的协议。不能确定的是，市场会对这种

交易公告做出何种反应。

作为杰瑞·莱文，你应该担心的是在市场做出不利反应或者其他目标公司向美国在线提供了更优惠的条款的情况下，美国在线会放弃这个交易。即使美国在线不会真正放弃交易，它也可以以此作为重新商讨交易条款的筹码。因此，你会希望美国在线公司做出**可信的承诺**（credible commitment）。如果美国在线出现违约，那么这种情况可以通过由其支付**分手费**（break-up fee）的方式来解决。为增强可信性，分手费必须量化。这将成为购销合同中的一个条款。

现在想象你是美国在线的首席执行官史蒂夫·凯斯。通过竞标时代华纳，你将公司代入了这场活动中。其他潜在的买家将会研究这些协议的条款，很有可能会开始一场竞购战。你不能强迫时代华纳的董事会接受你的交易，因为他们拥有受托之责来考虑更加优惠的报价。但是，你也会希望得到其可信的承诺，使得时代华纳不会接受来自其他更有吸引力的报价。因而，你也会要求时代华纳同意分手费条款来防止其放弃交易。

事实上，规定给美国在线的分手费是54亿美元，给时代华纳的分手费是35亿美元。在美国，分手费的金额一般是协议购买价格的3%左右。它们可以被理解为对于潜在延迟问题的补救，为当事人重新商讨交易条款或者直接放弃交易增加了成本。这样的契约安排可以使双方做出可信的承诺，以减弱潜在的机会主义。对于那些没有成功的竞标者来说，分手费起到的只是一点安慰作用（见专栏13.10）。

专栏 13.10

断开的连接

2011年3月，美国电信公司AT&T发起了一项针对德国电信旗下的T-MOBILE公司的收购活动，金额为390亿美元。然而由于监管当局的反对，这笔交易不得不取消。

AT&T的兰德尔·斯蒂芬森和德国电信的雷内奥伯曼先生最终认为继续争取实现9个月前公之于众的这项交易的成本太高，考虑到美国监管机构的反对，AT&T公司试图完成本年度最大收购和成为美国最大通信运营商的目标宣告失败。

斯蒂芬森说，当今年3月份交易宣布后，他有信心获得监管当局的批准。他说，这项并购将有助于提高服务质量，加速对更快速的网络的投资，并能扩大在乡村地区的无线覆盖。这项交易将使AT&T公司在原有的1.007亿客户的基础上加入TMOBILE公司的3 370万客户，这样就会超越Verizon无线公司的1.077亿客户。批评者认为，这项交易将会使激烈的价格竞争消失，并抬高服务收费。根据美国消费者报告（Consumer Reports）的分析，T-MOBILE公司的无线收费计划每月平均比AT&T公司便宜15~50美元。

"我现在松了一口气，我们不用再冒着将巨大的权力集中于AT&T和Verizon手中的风险"，美国参议员艾尔弗兰肯在一份声明中说。

根据条款，AT&T公司必须向德国电信支付30亿美元现金作为分手费，将无线电频谱业务转给T-MOBILE公司，并达成更有利的网络共享协议。德国电信对这分手"包裹"的整体评估价值达到70亿美元。

资料来源：Bloomberg, "AT&T Pulls Its $39 Billion Bid for T-Mobile", 20 December 2011.

13.10 管理者和股东的协同

在本章第八节中，我们遇到了经理人与股东之间的"激励结盟"问题，彼时它被看作解决签订收购合同后的道德风险（隐藏行动）的方法。或有收入、托管账户和重大不利变动条款有助于使管理层和新所有者的利益更一致。更一般地，并购背景有助于我们来说明，通过适当的激励手段来促成管理者和股东利益结盟的重要性。毫无疑问，这种结盟是本书第7章阐述的代理理论的中心议题。

首先，要考虑到管理者可能会做出价值贬损的收购的风险。原因之一是，管理者在收购中可以自由地追求"自己的议程"。詹森（1986）是最早指出这一点的人之一，当经理人与股东的利益及激励分开时，管理者可能会将公司扩张到超过对股东利益来说最佳的水平。比如他们会为了实现公布的目标这样做，因为仅仅靠有机增长是达不到这个目标的。管理者甚至可能对建立帝国大厦感兴趣。管理一个大型的快速成长的公司通常意味着更高的工资和奖金以及在商业社会更高的地位。因为这样的"管理原因"，公司可能会进行破坏股东价值的并购。如何防止这种情况发生呢？

詹森（1986）指出最关键的概念是**自由现金流**（free cash flow）。自由现金流被定义为满足所有具有正的净现值的投资项目所需资金后多余的那部分现金流，这些投资项目的净现值按相关资本成本贴现计算出来。换句话说，它是当管理人员做出一切合理的投资决定，包括增值收购后剩下的现金。一个公司如何处理自由现金流是至关重要的，詹森（1989）认为：

> 上市公司中股东和管理者之间关于自由现金流的支付的冲突导致中央权力削弱和资源浪费。对于一个有效经营和价值最大化的公司，自由现金流必须分配给股东，而不是保留在公司。但这种分配不常发生，高级管理人员没有很强的动机来分配资金，并且也没有很强的机制来强制分配。

詹森解释了**杠杆收购**（leveraged buy-out，LBO）的崛起是由于上市公司的约束不足，是他们随意分配自由现金流导致低效率和浪费做出的一个反应。

在杠杆收购交易中，上市公司被"私有化"，也就是从证券交易所除牌，因此不再从公共资金中融资（公开流通股份）。作为替代，它的融资组合变成私募股权及更大比例的债务；该公司的资产负债表变得高度杠杆化。这时要有一个对管理层的纪律处分机制：自由现金流现在必须用来优先偿还债务本金和利息。私人股东从通过解决该公司的低效率和降低支付债务创造的价值中获益。该价值在公司被出售时或通过从股市 IPO 来实现。

在20世纪70年代末和80年代初，许多专业化的收购公司成立了。其中最知名的要数 KKR 公司，当它以 314 亿美元收购纳贝斯克公司时，仅用了 36 亿美元 KKR 公司的股权投资。该交易因为被写入《门口的野蛮人》一书中而出名。

从那时起，一个庞大的**私募股权**（private equity）投资行业发展起来了，产生了一些公司如KKR、黑石、凯雷和威凯。这些企业与上市公司不同，它们解决了管理者和（私人）股东之间的协同问题。其治理模式包括以下方面：

- 对管理层采取强激励政策，即通过绩效驱动以及专注于现金创造。通常管理层也要求投入自己的钱，通过这些措施，股东给管理层提供了致富的机会，但前提是股东的投资也很好。换句话说，这是一种对管理者和股东的更紧密的激励协同。
- 对管理层的密切监控。一家私募股权投资公司的董事会有私人股东的直接参与。相比之下，上市公司董事会是通过非执行董事的选举组建的，往往只能间接代表股东。这样的董事监督不如直接的投资者行为联系紧密。非执行董事在公司通常不会有可观的股份。他们也不会坐在高管的位子上。不过，活跃的投资者则既有动机又有机会找到他们的存在感。事实上，在并购的背景下，麦肯锡发现，"活跃的私募股权合作伙伴在成交后头三个月投入了一半的时间在公司（通常也住在这里）"。
- 更多地利用财务杠杆债务融资。私募股权寻求银行和债券市场愿意支持的财务杠杆的上限。在一项交易中，债务融资交易的数量越多，暴露于交易风险中的私募金额就会越低。作为剩余风险的持有人，私募股东也期待在交易成功后获得更高的回报（如剩余的收入在支付债务成本后归股东）。最后，如詹森所认为的，利用债务可以对管理者使用自由现金流施加一定的纪律。

以上都是一些私募股权公司在并购中运用的不同的**治理模式**（governance model）的主要内容。总体而言，它在最初的几十年似乎是相当成功的，也许是因为它解决了上市公司最明显的效率低下问题。因此，在过去的十年中，私募基金在全球并购交易中所占的份额显著增加，直至达到全球并购活动的约25%。更具体的数据都显示在图13.3中。它们显示，企业并购交易中私募股权融资增加，且这种现象已经从美国蔓延到欧洲、亚洲和世界其他地区。图13.3还显示，自2007年以来私募股权投资在全球并购活动中的份额已下降到5%~15%的水平。下降的原因是世界各地的信贷条件趋严（降低私募股权的杠杆潜力），有一些国家的公众反对，有些私募股权的投资者对传统的"2和20"的盈利模式有些不满（见专栏13.11）。

1989年，迈克尔·詹森预测了上市公司的消亡。虽然言过其实，但他的论点的核心——可以通过解决上市公司潜在的效率低下问题创造巨大的价值——到目前为止，已经被证明是真实的。私募股权行业的兴起，强调选择适当的治理模式。

当然，由私人所有者治理的情况总是存在的。创业型企业和家族企业一直由私人股东/所有者治理。然而，传统上人们认为，当这些企业的成长和融资需求超过了私有融资的限制时，随着时间的推移它们必然会成为上市公司。新奇的是，这些限制已经被私募股权公司改变了。在融资中，几乎没有大型上市公司可以不用承受来自业绩表现的压力。私募股权行业正在挑战上市公司的企业治理模式。这种情况突出了我们下一章的主题——适当的企业治理——的重要性。

专栏 13.11   2 和 20：对你来说不太多，对我来说足够？

正如正文中所讨论的私募股权投资业务模式旨在使被收购公司的管理者和所有者之间更好地协调，即由私募股权投资公司持有股份。但这些私募股权投资公司的管理者和它们的投资者（私人和机构投资者将资金注入私募股权基金）之间怎么协调一致？这种投资的回报率近年来显著下降，许多研究表明：

> 根据耶鲁大学和马斯特里赫特大学的学者为《金融时报》所做的一项研究，对过去十年的美国养老基金来说，私募股权在增加自己的经理人方面比产生投资利润方面做得更好。从 2001 年到 2010 年美国养老金计划从私募股权投资获得了年均 4.5% 的收益（扣除费用后）。在此期间，该养老基金平均每年支付投入资本的 4% 作为管理费。除了以上这些，私募股权通常还会收取其他各种费用和投资收益的 20%。"假设通常有 20% 的业绩费，那么这相当于过去 10 年总投资业绩的约 70%"，耶鲁大学马丁·科瑞莫斯教授说。

私募股权描述其费用为"2 和 20"，即 2% 的管理费及盈利的 20%。然而，管理费通常是按投资者承诺的总资金的比例计算，而投资要花费时间，因此，在最初几年，管理费可能是实际投资金额的更高比例。例如，如果一个 10 亿美元的基金在第一年中投资 1 亿美元，那么管理费是总资本的 2%，即 2 000 万美元，这相当于当年投资资本的 20%。

支付给私募股权经理的钱还有一个特性，那就是在世界绝大部分国家都可以享受税收优惠，因为它们是作为附带权益（carried interest）存在的。2011 年，KKR 的亨利·克拉维斯和乔治·罗伯茨各取得了约 9 400 万美元的收入，其中有 3 000 万美元作为"附带权益"（美国普通收入征税 35%，资本收益征税 15%）。黑石集团的 CEO 斯蒂芬·施瓦茨曼，收到 2.135 亿美元的薪酬和分红：

> 美国总统奥巴马在本月公布的 2013 年预算中提出，消除对冲基金经理和其他类似的投资服务供应商的附带权益漏洞，政府当局估计这一变动将增加 134 亿美元的财政收入。之前曾试图通过改变计息的处理方式等增加由金融公司的合作伙伴支付的税额，但都失败了，其中包括 2010 年斯蒂芬·施瓦茨曼先生的建议，该建议被比喻为希特勒 1939 年入侵波兰。后来他对如此比喻进行了非公开道歉。

资料来源：Based on Peter Morris (2010), *Private Equity, Public Loss?*, London: CSFI and from *The Financial Times*: "Private Equity Profits Called into Question" (23 January 2012); "KKR Founders Take Home $94m Each" (28 February 2012) and "Blackstone Founder Tops Private Equity Pay League" (29 February 2012).

13.11　小结：并购的经济手段

在本章中，我们已经从经济的视角探讨了并购。我们已经能够运用在以前的章节中主要介绍的许多概念。

我们已经指出，信息不对称问题比比皆是。隐藏信息问题会阻碍并购市场上的交易发生，影响方式很大程度上与第4章中描述的二手车市场的情形相同。隐藏行动还会在合同签订后给并购交易造成麻烦。

不过对于这些问题已经有了补救措施。其中一部分措施是合同条款，这些条款试图解决不完全合同中的问题——事实是没有任何合同能预先包括所有可能的突发事件。正如我们所见，市场和组织解决方案也已经被开发用作补救措施。市场解决方案包括建立特定的保险市场和使用可作为信号器的IPO市场。组织解决方案包括使用合资企业的方式，使潜在的收购者先以合资企业伙伴的方式了解目标公司的业务。

对具体的交易而言，哪种市场和组织解决组合方案更有效将主要取决于所涉及的问题的性质和重要程度。

并购过程中我们列举了拍卖的例子，拍卖过程中要如何设计才能既降低随时间推移产生的信息不对称性，又促进出售的资产实现有效配置，即拥有最高私人估值的投标者中标。这样的结果是，最终中标人支付目标公司的全部价值。有时候，出价也可能比全部价值更高，导致赢者的诅咒。特别是那些自负的、狂妄的CEO们更容易遭受诅咒之苦，因此，他们也更容易陷入破坏价值的交易。

总的来说，并购带来的净经济效益是正向的。这不是一个零和博弈：目标公司的股东赢得的往往比收购公司的股东失去的更多。平均而言，对其他利益相关群体的影响不是很大，但对目标公司的管理团队可能是个例外。事实上这将意味着，从经济的整体角度看，并购确实创造了价值，想来应该是将资产配置给了效率更高的管理团队。然而，在个别情况下，价值破坏造成的影响非常严重，正如本章开头提到的美国在线-时代华纳的案例，以及随后苏格兰皇家银行和富通银行对荷兰银行收购失败后由双方政府救济的情况。在这种情况下，通常需要企业有大量的周转资金，而且对所涉及的企业会造成相当一段时间的不稳定。它用昂贵的代价让管理层明白，需要警醒这种风险，采取适当的补救措施，避免陷入这样的窘境。

最后，我们讨论了私募股权的出现，它可以作为公开股权市场的替代治理机制。私募股权企业在解决经理人与股东之间的激励联动方面往往与上市公司不同。它们更多地利用债务融资方式限制管理层对自由现金流的酌情使用权。

私募股权企业的治理模式包括，以高绩效驱动和现金为基础的激励管理、股东对管理者的严格监测和更高的财务杠杆。它也是解决由于经营权与所有权分离产生的基本代理问题的一种不同的方式。我们也提出了关于私募股权模型的一些问题，包括私募股权公司管理人和私募股权基金投资者之间的协同效应。

私募股权公司的治理机制一方面是公司治理的重要特征。另一方面也导致频频出现不端行为、丑闻和欺诈行为。我们将在第15章讨论这些问题。

□ 思考题

1. 在拍卖过程的第一阶段，资料备忘录被发送给了许多潜在买家。在该备忘录的基础上，潜在的买家做出他们可能会愿意支付的最高价格的初步估值（当然，他们不会向卖方或任何其他人透露最高价）。
你认为每个潜在买家会得出相同的最高估价吗？若不会，原因是什么？

2. 并购交易的交易成本往往很高。在第 8 章，有人认为，交易成本取决于交易的三个维度（三个关键的交易维度）。在你看来，这三个维度中哪一个对于并购交易最重要？

3. 本章提出，信息不对称是并购交易中一大难题。然而，信息不对称的程度可能取决于这项交易的特点。请考虑以下情况：

　a. 两个上市公司考虑合并（如美国在线和时代华纳的合并）。

　b. 一家上市公司正在考虑通过现金报价给目标公司的股东来收购另一家上市公司（一个例子是塔塔钢铁公司收购康力斯，见专栏 13.5 中的介绍）。

　c. 一家上市公司正在考虑通过股份报价给目标公司的股东来收购另一家公司。

　d. 一家大公司希望出售其一个业务部门给另一家大型公司（一个例子是飞利浦出售其国内家电部门给惠而浦）。

　e. 一家多业务企业想出售其一个业务单元给该业务单位的经理。

　f. 一家多业务企业希望出售其一个业务单元给一个新成立的公司，其中私募股权公司持有 80% 的股权，而被卖业务单位的经理持有 20% 的股权。

　g. 一家医药行业的大公司正在考虑通过公司创始人收购一家小型生物技术公司。

　对于上述每一种情况，讨论是否以及为什么信息不对称很可能是一个问题。

4. 你是一个大制药公司的首席执行官，依靠受专利保护的几种成熟的处方药使得公司保持大量稳定的现金流。但是你知道，这些专利在未来 10 年内将到期。你正在关注一个小型生物技术公司。该公司正在开发一种具有巨大的市场潜力的新药物。该公司的创始人和老板告诉你，他们还需要两年进行全面研发和测试药物以得到权威机构的认可。他们还告诉你，他们准备卖 8 亿美元的现金。你估计新药的现金流的净现值远高于 8 亿美元（可能是 20 亿～50 亿美元），前提是你得到了当局的批准。所以，你可以做一个交易，支付 8 亿美元并抱最大的希望，还是看到另一种可能性？

注释

[1] 见 http：//en.wikipedia.org/wiki/General_Electric_timeline 对通用电气公司的重大收购步骤的概述。

[2] 我们这里用 SPA 表示购销协议的通用术语。如果某公司的股份被购买了，SPA 可以指股份购买协议；在"资产交易"中可以用 APA 表示资产购买协议。

[3] 见罗尔（1986）。罗尔的狂妄假说描绘了理性的（有效的）金融市场中（过于自信）的经理们的非理性行为。施莱费尔和维什尼提出了另一个可供选择的模型，指出理性经理利用了理性金融市场中的低效率。在这个模型中，估值相对过高的公司的经理有强烈的动机用股份支付给估值相对没那么过高的目标公司。

第 14 章

混合形式

14.1 导言

在第 1 章中我们认为，在理想市场中，价格机制（价格作为一个充分统计量）是唯一的协调机制，而在理想的组织中有着各种形式的协调机制。同时我们也注意到，理想市场和理想组织几乎不可能存在：在一定程度上可以认为组织的市场存在于（大）组织内部市场里。然而这些并不构成完整的市场形式，有许多治理结构是处于理想市场与理想组织之间的。

拿特许经营来说，我们以麦当劳为例来解释什么叫作特许经营。2011 年，在 100 多个国家里有超过 33 000 家麦当劳餐厅。其中 6 600 家餐厅是由麦当劳公司经营，其余的餐厅（约 26 400 家）是由当地企业家经营。这些企业家已经与麦当劳公司签订了合同，授权他们以麦当劳的名义经营。这样的合同称为**特许经营合同**（franchise contract）。合同中的双方被称为特许人（麦当劳公司）和受许人（拥有麦当劳餐厅经营权的当地企业家）。

麦当劳公司已经开发了一套经营快餐店的方案。这套方案包括一系列产品（含有准备和处理这些产品的方法）、一家独具特色（指的是诸如餐厅的装修风格、工作人员服装和客户服务方式）的餐厅和一个品牌名称。在特许经营的合同中，受许方在支付了特许费用（通常是一笔固定金额的款项，再加上销售额的一定比例）后可以使用这一方案。

如果我们将松散的混合形式定义为位于市场和组织之间的组织结构，特许经营就是这一形式。考虑特许人和被特许人之间的关系，我们可以看到在这一市场关系中有一必要因素。加盟商以付费的形式从商标所有者手中获取商标使用权。这是一个市场交易行为。加盟商是一位企业家，投资于自己的事业。特许人和加盟商被认为是独立的组织。然而，特许人和受许人之间的协调并不仅仅通过市场机制。其他协调机制也发挥着重要的作用：（食品）制作标准、（餐厅风格）规范标准和直接监督（特许人监督加盟商的行为来保护品牌的价值）。特许商和加盟商之间有着多种组织协调机制，同样包括价格机制。

我们现在可以给**混合形式**（hybrid form）一个更精确的定义：

> 混合形式是一系列组织，这些组织的协调同时通过价格机制和其他各种协调机制完成。

很显然，特许经营符合混合形式的这一定义。其他例子如买卖双方间的长期关系、合资企业、商业团体和非正式网络也是混合形式。

威廉姆森同样认同混合组织形式的存在。他认为，混合形式的资产专用性处于中间水平。如图14.1（Ménard，2004）所示，威廉姆森认为混合形式的中级资产专用性是有效的（也就是说，混合形式的交易成本最低）。

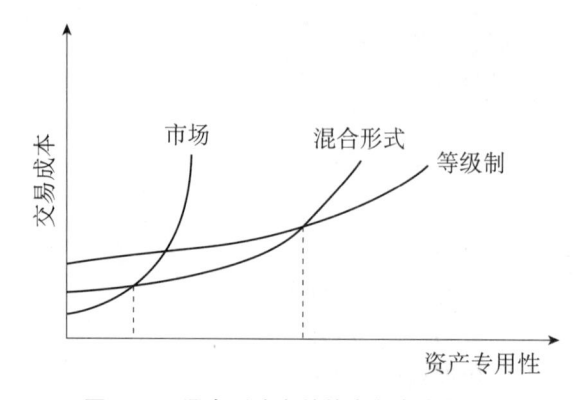

图14.1　混合形式有效的中级资产专用性

我们认为图14.1所隐含的基本思想是：混合形式处于市场和等级制之间（或者，我们更宽泛地称之为组织）。因此，当既不能单纯依靠市场协调也不能只依靠组织协调时，混合形式就是有效的解决方案。然而，对于各种混合形式来说，精确地分配资产专用性水平十分困难。从本书的角度来看，我们认为在特定的混合市场中，更适于采用市场、组织混合协调机制。有些混合形式更依赖于市场协调，有些混合形式则更依赖于组织协调。因此，我们构建了图14.2，在图14.2中，混合形式位于一条由市场和组织构成的连续线段的中间部分。在图14.2的左边，市场机制在所有协调机制中起主导作用。在图14.2的右边，组织协调具有更为重要的作用。在中间部分，混合协调机制达到稳定平衡。

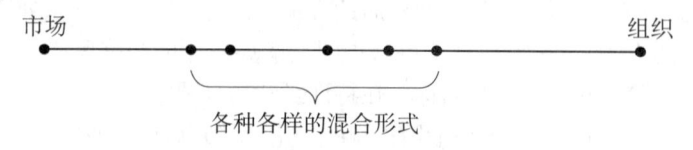

图14.2　市场、组织和混合形式

在本章的最后部分，我们将重新返回到图14.2来定位我们所讨论的混合形式的5个例子：供求双方的长期关系（本章第二节）、合资企业（本章第三节）、商业团体（本章第四节)、非正式网络（本章第五节）和特许经营（本章第六节）。我们将会说明每一种形式如何运用市场协调和组织协调机制。然而，对于每一种形式来说，市场机制相对于其他协调机制的重要性也有所不同。在最后一节中，除了定位各种形式外，还涉及每种形式聚集的资源、共同规划和通常某种程度上的信任，从而使合作成为可能。

14.2 供需双方的长期关系

提供有形产品的公司通常要从供应商那里购买材料、零部件。例如，汽车制造商定期购买轮胎、车窗玻璃、电气系统、火花塞、钢铁和其他许多物品。其中一些中间产品（如仪表板）是为特定车型设计的；有些零部件却是所有车型通用的。比如一个公司为丰田普锐斯专门设计的部件，只有丰田公司使用。这个公司为部件生产花费在模具和设计上的投资就是特定交易。由于高水平的资产专用性，交易成本经济学预测组织协调是最优的选择方案，这就意味着问题中提到的零部件应由丰田公司自己制造。然而，在现实中，我们经常会看到这样的部件是由外部供应商生产的。供应商是独立的（这种独立是指供应商不归汽车制造商所有），通常与一个或多个汽车制造商签订了长期协议，有长期的合作关系。

为什么外部供应商愿意将自己放置在很容易受到客户选择的机会主义行为影响的位置上呢？原因如下：

- 长期合同可能会提供一些法律保护，保护其不受买方机会主义行为的伤害。
- 买方预期的从与供应商的未来合作中获得的收益远远高于因为实施机会主义获得的短期经济收益。
- 买家知道，对一个供应商的机会主义行为会影响自身的声誉，这会影响到同其他供应商进行交易时的可信度，从而使得这种机会主义行为对长期以来形成的商誉造成了负面影响。
- 买家可能会付钱以拥有设计和加工的特殊部件，从而降低了资产专用性水平。

虽然上述四个解释都有道理，但它们还是无法完全解释买卖双方之间许多成功的长期合作为什么能实现。还有什么额外的因素呢？

当双方相互信任时，合作的利益达到最大化。在技术发展和市场波动瞬息万变的世界中尤其如此。当合作双方相互信任时，他们会共享技术诀窍（这往往意味着买方转让技术诀窍给供应商），买方和供应商通过某种形式的联合规划、供应商之间分享成本数据以及定期让买方参观工厂来协调产量。

这种建立在相互信任基础上的深入合作被称为**合作生产关系**（co-makership）。在这种合作生产关系中，买方和供应商知道他们在良好信任的基础上行事才能使双方利益最大化。举例来说，这意味着供应商不会用从买方那里得来的技术为其他客户生产零部件。这也意味着供应商迫切需要提高效率，因为他明白买方不会考虑到技术改进所带来的收益从而有改进技术的动力。合作生产关系建立在相互信任和保障措施的基础上（例如，在长期合同中可以指定买方支付用以购买专用模具的资金）。专栏14.1给出了例子。

311

> **专栏 14.1　　　　　　　波音的明智之举**
>
> 　　2009年12月，波音787飞机进行了首次试飞，这是一种新式的节约燃料的中型喷气式客机。为了新型飞机优异的性能，波音公司在全世界范围内外包开发和生产。波音公司自身负责飞机价值约10%的部分——尾翼和最后组装。其余部分由50个合作伙伴共同完成，机翼由日本生产，碳复合材料机身由意大利和美国制造，起落架由法国生产。
>
> 　　这样做的一个重要原因是，这些合作伙伴有世界最先进的技术，而波音没有——例如，商用飞机的翅膀或碳复合材料机身。波音激励这些合作伙伴专门为波音787开发零部件。这些合作伙伴在为波音设计生产零部件时，拓展了自身的专长，有些可能会用到别的客户，如空客的生产设计中。但是，波音拥有787飞机的技术专利。
>
> 　　2012年3月，波音公司已有1 780亿美元的787飞机订单，被很多人认可是巨大成功。波音公司现在自称为"系统整合者"，而不是制造商。
>
> 资料来源：Website Boeing, Wikipedia.

　　在合作生产关系中，采购商和供应商之间的价格协商依然很重要，因此价格机制确实起到重要的作用。然而，信任基础上的相互调节（通过联合生产计划和共享成本数据）也起着至关重要的作用。

14.3　合资企业

　　当两个现有公司决定集中资源设立新公司用以开展新业务时，**合资企业**（joint venture, JV）成立了。专栏14.2中给出了合资企业的一个例子，事实上，因为涉及不同的国家，这是个国际合资企业。

　　如果两家（有时两家以上的）公司作为母公司拥有另一家公司的治理结构决定权，那么后者这样的公司被称为合资企业。合资企业是一家有着（至少两家）母公司的附属公司。合资企业为什么存在？

> **专栏 14.2　　　　　捷豹路虎和奇瑞汽车的合资企业**
>
> 　　2012年3月，英国一家汽车制造商捷豹路虎（2008年起归印度塔塔汽车公司所有）与奇瑞汽车（中国一家国有汽车制造商）宣布将在中国设立一家新的合资公司。新公司旨在开发出适合中国市场的新车型。新公司拟在中国建立新厂（投资额10亿美元）、新的研发中心（投资额10亿美元），并推出在中国市场的新品牌（投资额50亿美元）。
>
> 　　奇瑞在中国销售相对小巧便宜的车型。奇瑞公司将为合资企业提供当地市场信息。
>
> 资料来源：*Het Financieele Dagblad*, 21 March 2012.

我们仔细研究下专栏14.2给出的例子，找出合资企业存在的原因。

显然，2012年有在中国建立新汽车企业的商机。塔塔汽车通过其英国子公司捷豹路虎同奇瑞汽车组建合资企业以抓住商机。塔塔汽车没有孤身进入中国市场——也许是因为它知道，在没有实践经验的国外经营不会那么容易。如果不熟悉当地习俗，包括劳资关系、管理实践以及如何同地方当局打交道，从无到有地成立一个新公司是相当困难的。没有熟悉当地市场状况时，建立新的分销体系包括选择承销商都是很困难的，而且是成本高昂的，这就使得当地市场信息显得格外重要。

所以，塔塔汽车需要一个熟悉当地信息和关系的合作伙伴。不过为什么奇瑞汽车并没有单独设立新工厂？可能是因为它缺乏研发豪华汽车的技术。因此，为了双方各自需要的技术、管理方法和地方关系，塔塔汽车和奇瑞汽车利用了这一商机。这些都是无形资产。在市场上是难以买到这样的无形资产的。

与无形资产相结合的一种方法是建立合资企业。我们例子中的合资企业就受益于塔塔汽车同市场既定的竞争对手建立新公司的动态能力，而奇瑞汽车熟悉当地情况。

与无形资产相结合的另一种方法是两家公司合并或者一家公司收购另一家公司。例如，塔塔汽车可以收购奇瑞汽车。然而这样做很可能与捷豹路虎旨在占领高端汽车市场的经营战略相悖。对于奇瑞来说也是不可能的，因为奇瑞是一家国有企业。

更简洁地说，合资企业就是当符合以下条件时的首选组织形式：

- 现有一个商机需要A、B两家公司现有的资源。
- 这些资源通过贸易方式很难或者不可能获得。这通常是无形资产（例如塔塔汽车拥有同市场既定的竞争对手创立豪华汽车品牌的动态能力或者奇瑞汽车熟悉的当地情况）：A公司和B公司中所需的资源难以通过交易获得（如果从公司A所需的资源可以很容易地购买和出售，B公司就可以简单地从A公司购买资源，成立一家全资附属公司）。
- 由B公司收购A公司（或反之亦然）是不可行的或不可取的策略。

当满足这三个条件时，合资企业就是最佳的组织形式。如果满足第一条和第二条，但是不符合第三条时，就可以选择解决方案——兼并或收购。

无形资产如动态能力或地方关系，由于机会主义的存在是很难通过交易获得的。当你购买的是"当地关系"时，购买合同中很难具体言明你所买的东西。换言之，在市场中，这些无形资产非常高昂的交易成本促使了合资企业的诞生。我们需要注意的是，该合资企业建立后，合资的一方依旧难以评估合作伙伴是否贡献了预期的无形资产。这个问题当合资企业形式为股权合资时就好办多了，大多数合资企业正是属于这种情况（股权合资公司是由两家公司都出资构成新公司的实际股权，很多时候是各出50%，成立合资公司）。股权合资公司以合作伙伴提供的股票作为质押交换。合资企业的价值取决于其持续经营，因此每个合作伙伴都有为合资企业做出贡献的动力。这种推论的假设是当新成立的企业倒闭时，合作双方都会遭受损失。然而我们想强调的是，即使在股权合资企业中，一定程度上的相互信任也是其成功的必要条件。

合资企业通常为无限期经营。尽管如此，很多时候企业经过一两年后，所有制结构就发生了变化。很多时候，合伙企业中一合伙人从另一合伙人手中买下合资企业作为其名下子公司。当合资企业的发展不再需要合伙者的无形资产时,这种情况最有可能发生。

当合资企业建立时,参股企业通常会洽谈有关各自所投入(无形)的资产的价值。合资企业建立后的一定时期内,母公司会以多种方式协助合资企业的发展。例如,在一定期限内母公司向其输入关键人才。在合资企业建立期间和建立后的最初几年里,价格机制确实在附属公司和其母公司的关系中起着重要作用。其他协调机制,如直接监督、相互调整,也发挥着重要作用。这就是合资企业也契合我们对混合形式的定义的原因。

14.4 企业集团

企业集团(business group)是一组在法律上相互独立的公司,通过一个或多个正式和非正式的联系绑在一起。正式联系包括集团成员交叉持股、相同持股人或集团控股(由自然人或法人控股)、连锁董事、交叉担保的银行贷款以及集团公司间配件和耗材的交易。非正式联系包括集团公司间的管理者来自同一家族或者是属于同一社会或族群团体。企业集团在大多数新兴市场和许多发达国家经济体中发挥重要的作用。企业集团在不同的国家有不同的叫法,如财阀(日本)、商社(韩国)、经济集团(拉丁美洲和中美洲国家)和商行(印度)等。专栏14.3对印度商行的由来和发展做了描述。

专栏 14.3　印度商行

印度集团企业(商行)有种姓和省籍。大多数集团的初始活动可以追溯到这个国家的某些地区,虽然在更近的时期,一些较大的集团已表现出全印度运营的特征。当集团收购昔日属于英国公司的财产后,公司层级数量就增多了。传统上,大多数这些集团的管理是管理代理制。在这个制度下,每个参与企业签署了管理合约,由该集团的常务机构拥有。反过来,这些管理机构负责这些企业的运营。印度的几家比较大的集团公司如塔塔集团和比拉集团,最初就是由自己的管理机构经营的。但是,自1969年印度的公司章程修改后,集团管理系统的管理代理制就成为历史了。

尽管印度的企业主要集中于实体经济,但集团企业开始趋向于多样化,类似于典型的西方企业集团或日本财阀。类似于一个西方企业集团的总部,印度是由控制性家族设置总体战略方向和调控资金转移,在这个意义上印度的企业与典型的西方企业集团存在相似之处。不过,两者间的一个重要差别是,印度每个企业都有自己一套独特的股权持有体系,一般是由机构(发起人公司、其他集团公司、国内或国外金融机构、外国公司)和广大公众持有。印度集团体系中没有金融机构,这一点也不同于典型的日本财阀。

> 通常是通过跨企业的股权投资（交叉持股）、控股公司（金字塔结构）和连锁董事等方式实现对这些企业集团的控制。
>
> 印度的集团企业通常宣称他们对集团的归属权和对其他企业的隶属关系基本上是稳定的。尽管 20 世纪 90 年代出台了收购法，但由于经营范围和多样性有所不同，集团企业隶属变更的情形很少出现。最大的集团活跃在各行各业中，从汽车生产到教育出版，涵盖了工业部门的大部分领域，为国家工业增长做出了卓越贡献。
>
> 尽管如此，大部分的企业集团都被归类为小型、中型，这是与他们所处的经济规模和范围相对而言的。企业集团中有上市企业也有非上市企业。此外，有关集团隶属关系的信息也是公开的，在印度很容易识别集团从属关系。集团里的每一个企业都是独立法人，可以独自在证券交易所上市。大多数集团企业在同一证券交易所，如孟买证券交易所（BSE）上市，上市的公司数不超过 5 家。印度 1 000 多家集团隶属企业在不同证券交易所上市。它们隶属于上百个集团。约 95% 的集团只有 5 家或 5 家以下的隶属企业。事实上，印度的集团企业平均约有 2 家上市公司。

企业集团著名的例子有日本三菱集团（业务涉及银行、保险、汽车、钢铁、啤酒、化工）、韩国现代集团（业务涉及海上运输、汽车、电梯）和印度塔塔集团（业务涉及钢铁、汽车、化工、茶叶、酒店）。当我们访问这三家集团的网站时，很快发现它们涉及的行业范围十分广泛。大多数集团企业都趋向于如此。专栏 14.4 详细介绍了塔塔集团——印度著名的企业集团。

□ 14.4.1 企业集团的类型

企业集团的结构可分为水平和垂直两种。**水平结构的企业集团**（horizontal business group）中没有核心控股公司——集团公司通过各种正式和非正式关系联系，包括交叉持股方式。因此，水平结构的集团是一个相对松散的企业联合体。它们之间的协调主要通过相互调整和标准化的规范。三菱集团就是水平结构的著名例子，很多中国集团也有类似的结构。水平结构的企业集团也被称为关联企业集团。

垂直结构的企业集团（vertical business group）是由单一投资者控制但并不完全控股的一组企业。垂直结构的企业集团通常由主要投资者通过一家控股公司按照金字塔结构控制。金字塔持股结构的一个独特的功能是使得投资主体以有限的资金量对公司施加控制。韩国商社、印度商行和大多数的欧洲商业团体都是垂直结构。垂直结构的企业集团也被称为分层企业集团。

一些企业集团有主要投资者，也有集团公司内部普遍的交叉控股。这些集团同时具有水平和垂直的结构特征。塔塔集团就是其中的例子（见专栏 14.4）。塔塔集团有一个清晰的主投资者——塔塔·桑，但其持有塔塔集团旗下公司的股份很少超过 20%。塔塔旗下公司间存在广泛的交叉持股。因此，塔塔集团同时具有水平结构和垂直结构的企业集团的特征。

> **专栏 14.4　　　　　　　　　扣针厂商塔塔集团**
>
> 塔塔集团是印度最大的企业集团。由遍布50多个国家的100多个企业组成。部分集团企业已在证券市场上市（2011年，塔塔集团有28家企业上市），也有些集团企业尚未上市。塔塔集团是在19世纪中叶由詹姆谢特吉·塔塔创建。2011年，塔塔集团的合并报表收入为830亿美元。2012年4月8日，市值为870亿美元。塔塔集团的企业涉及的产业广泛，包括化工、钢铁、电信、汽车、茶叶、手表、酒店等领域。
>
> 塔塔集团有三个重要的持股公司——塔塔·桑、塔塔工业和塔塔投资公司（早期叫印度投资公司）。这些公司持有集团公司的股份，并为它们提供意见及协助。它们还带头成立新公司，因此经常被称为"发起"公司。塔塔·桑是该集团的主要发起者，也是集团的总部。集团的公司之间有相当多的交叉持股。塔塔集团内部也有很多个人联系：R.N. 塔塔先生是塔塔·桑和塔塔工业的主席，同时也是集团其他几家公司的董事会成员。塔塔·桑的其他董事会成员也担任着集团其他几家公司的董事。三分之二的塔塔·桑公司的股权由被塔塔家族控制的不同慈善信托基金持有。
>
> 资料来源：www.tata.com。

14.4.2　企业集团内部协调

垂直结构的企业集团内部有一个主要的投资者控制着集团公司。垂直结构的企业集团的控制涉及权利和层次结构问题，并形成M形的控制结构（详见第8章第六节）。集团公司间的协调是通过各种协调机制完成的，通常是直接监督。垂直结构的主要控制者通常使用金字塔结构，单独或者连同差额投票权来行使控制权。

通过下面的例子来解释**金字塔**（pyramid）结构的概念。假设一个控股公司 H 持有一个集团公司 α 比例的股权，同时集团公司持有另一个集团公司（B）β 比例的股权。如果 α 和 β 都小于1，但都达到控股比例，这就是一个金字塔结构——两阶段的金字塔结构。如果 α＝0.51，β＝0.52，那么间接地，控股公司 H 拥有 26.52% 的 B 集团公司的股份，仍然拥有对 B 集团公司的控制权。金字塔结构可以让单个投资者以较少的资金控制许多企业。金字塔结构有效地将所有权和控制权分离。

金字塔结构在一些东亚和欧洲经济体中，尤其是印度尼西亚、新加坡、中国台湾和韩国的公司中得到了广泛运用。专栏14.5和图14.3举例说明了意大利的一个金字塔结构的集团。

> **专栏 14.5　　　　　　　　　谁控制着菲亚特**
>
> 菲亚特和菲亚特工业是两个总部设在意大利的工业集团，经济地位举足轻重。菲亚特因为汽车而闻名（品牌包括菲亚特、阿尔法·罗密欧、蓝旗亚、法拉利和克莱斯

勒），员工197 000人，年收入总额为600亿欧元（2011年）。菲亚特工业生产农用和建筑设备、卡车（依维柯）以及其他各种产品，员工67 000人，年收入总额为240亿欧元（2011年）。

菲亚特和菲亚特工业都是上市公司，由阿涅利家族通过另一上市公司意朔（见图14.3）控制。乔瓦尼·阿涅利&C公司是由菲亚特公司创始人后代创立的有限合伙公司。这个公司间接控制着菲亚特公司30.5%的股权和菲亚特工业33.7%的股权。

约翰·埃尔坎有效控制着乔瓦尼·阿涅利&C公司，他是贾尼·阿涅利的外孙和主要继承人。埃尔坎控制一个叫作DICEMBRE的控股公司，这一公司拥有乔瓦尼·阿涅利&C公司31.2%的投票权。其他合伙人或家庭成员拥有的票数都不超过5%，所以可以说，埃尔坎控制着菲亚特，虽然它只有5%的实际经济份额。

资料来源：*The Economist*，17 March 2007，and Fiat，Fiat Industrial and Exor web sites.

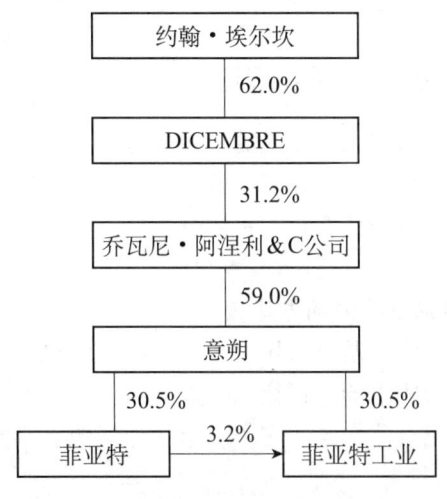

图14.3 阿涅利帝国（2012年4月）

另一种没有全部股权而施加控制的方式就是赋予股票不同的投票权。人们可以对两种或多种有着相同现金流的股票赋予不同的投票权。这种**差别投票权**（differential voting rights）导致了所有权和控制权的分离。其主要优势在于控股股东能够筹集资金，而不必放弃控制权，只要法律允许并且其他股东都愿意放弃自己的控制权即可。差别投票权是非常有效的手段，通过分给其他持股者不含投票权或者限制投票权的股票，它使得控制家族用自己分配到的一部分股票就可以获得全部的投票权。这种双重股权被广泛运用在许多国家，尤其是巴西、加拿大、丹麦、芬兰、德国、意大利、挪威、韩国、墨西哥、瑞典和瑞士。因此，**双重股权**（dual-class equity）可以作为控股公司的理想手段。具有优先表决权的股份通常以与普通股相比较高的价格交易——溢价30%，甚至更多。

在横向结构的集团中，不存在足以控制集团公司的主要投资者。企业集团间的协调主要通过互相调节和规范的标准化实现。互相调节促进了集团公司与锁定董事间的交叉持股。

当A公司持有B公司的股份，且B公司也持有A公司的股份时，我们说公司A与公司B之间**相互持股**（reciprocal shareholding）。当C公司持有D公司的股份，D公司持有E公司的股份，并且E公司持有C公司的股份时，我们说公司C、公司D和公司E之间**交叉持股**（cross-holding of shares）。当A公司、B公司之间存在相互持股现象时，两者便有了合作的动机。在这种情况下，我们经常可以看到，A公司的董事会成员之一出现在B公司的董事会中，反之亦然。同样，可能有人同时成为A公司与B公司的非执行董事。这两种情况下，我们说A与B之间存在**董事互锁**（director interlock）。A和B之间的这种董事互锁促进了信息共享，有助于建立两家公司高层管理团队之间的信任。相同的机制也适用于三家或三家以上有着交叉持股关系的公司。在集团公司之间的交叉持股和管理者交叉管理附属于水平结构的企业集团，这种方式可以减少投机行为，进而减少集团公司之间的交易成本。

在垂直结构和水平结构的企业集团中制度的标准化和互相调节还通过企业集团或具有相同文化或种族背景的管理者中那些关键管理人员之间的家庭关系得到了促进。这也有利于集团内公司之间的交易。

□ 14.4.3　为什么企业集团会存在？

如果企业集团提供其他组织无法提供的一定优势，那么企业集团将继续存在，替代企业集团的是一组独立的公司，它们在多企业公司中通过市场交易的协作和一组业务部门进行合作。如果我们想知道为什么企业集团会存在，我们必须将它们与这些替代品进行比较。

□ **将企业集团与一组独立的公司做比较**

企业集团的某些优点可能是通过市场交易合作的一组独立的公司所不具备的。

首先，企业为减少交易成本会选择集团企业。当机构（如中介机构）的质量或系统的效率差时，交易成本可能会非常高。在资本市场、消费品市场和管理者劳动市场都可能发生这种情况。

如果少数股东的权利得不到很好的保护（这种情况在许多国家发生），投资者可能更愿意选择一个新公司，这些新公司是由声誉好的企业集团支持并投资的一些商业实体。在这样的环境下，集团公司将享受比独立的企业成本更低的资金成本。这种情况适用于许多发展中国家。在许多这样的新兴市场，证券分析师、证券经纪人及投资银行均不存在，或不提供与其在较发达的国家提供的服务具有相同质量的服务。因此，潜在投资者可能不愿投资于新企业，因为他们几乎没有可靠的信息。一个企业集团会为了建立声誉向潜在投资者披露信息，这将有助于减少信息不对称，并为该企业集团的公司带来较低成本的资金。

当消费者保护较差时，企业集团可以为消费类产品的质量建立起声誉和一个共同的品牌名称（塔塔汽车集团已经做到了这一点）。属于企业集团的公司可以使用共同的品牌名称。消费者将肯定会对这样一个企业集团的品牌产品有信心，因为如果它提供的产品质量较差，其声誉将受到威胁。一个提供相同质量产品的独立公司将不得不花费更多成本来说服潜在客户。因此，企业集团可以帮助克服隐藏信息问题。这种解释证明了一个事实，在大多数发展中国家，企业集团发挥了非常重要的作用。

如果训练有素的管理人员是稀缺的，企业集团可聘请年轻的管理培训生，并通过类似于轮岗安排的管理发展项目对他们进行培训教育。独立企业的岗位轮换机会较少，对教育管理培训生的投资激励也很少。企业集团则可能提供更多的晋升机会，为年轻的职业经理人提供了强大动力。同时，在集团内部将年轻的管理人员从一个公司调到另一个公司可以避免支付在管理层劳动力市场上的交易成本。

其次，企业集团可能拥有一些政治影响力，有利于促进与主要政府官员的互动，这往往可以帮助集团优先获得许可证和执照，并阻止潜在进入者对其使用的抢占。这些关系在大多数新兴市场上是一个重要因素。虽然有些新兴市场开始了自由化，但监管水平仍然很高，公司在类似退出某一业务、改变价格和进口原材料时需要获得从事此类活动的许可。官僚在运用有关此类决定的规则方面拥有大量的自由裁量权。考虑到这一点，印度最大的商行在首都新德里保留了"工业大使馆"。大使馆的作用就是对政治精英们进行游说。独立的公司就可能缺乏像企业集团这样的政治影响力。

最后，企业集团在设立新的合资企业方面拥有动态能力。在新兴市场中企业集团可能已经发展出和外国伙伴建立合资企业的动态能力。这些集团拥有的能力已经覆盖了各种技能，包括取得所需的许可证、技术、对个人能力的培训和建立分销网络。因为动态能力被嵌入在了集团的所有者、管理者和惯例中，所以这种能力难以交易。而且，一旦一个新的合资公司启动运行，该能力就处于休眠状态。因此，这种能力有助于企业集团多元化发展至广泛的行业，已经成为企业集团想要拥有的东西。

虽然这些通用能力是企业集团能够从事大范围活动的关键因素，但并不足以维持其竞争优势的长期可持续性。要实现可持续竞争优势，这种能力必须是难以模仿的。这种不可模仿性可以来自这些企业集团运营的现行体制环境。具体而言，我们推测在拥有不对称贸易和投资条件的新兴经济体中，企业集团竞争优势的可持续性更强，因为在这些条件下，企业集团在结合国外资源重建一个工业实体的能力方面有得天独厚的优势（相对于一组独立的公司来说）。

□ 将企业集团与一个综合业务公司做比较

在前面的章节中我们提到，企业集团可拥有一组独立公司无法拥有的三大优势（降低交易成本、政治影响力和设立新合资公司的动态能力）。综合业务公司也有这些优势。那么，为什么我们看到的（至少在很多国家）企业集团如此之多而综合业务公司如此之少？答案是，在某些环境下，企业集团可以比综合业务公司有优势。

企业集团可以为掌控者提供谋求**控制权的私人利益**（private benefits of control）的机会。这些私人利益包括，将价值从掌控者拥有较少现金流支配权的公司转移到自己拥有较多现金流支配权的公司。这种现象被称为**"掏空"**（tunnelling）。价值转移可以通过中间产品以非市场价格进行交易来完成，还可以通过以虚假价格提供资金或为专利、品牌、保险等无形资产支付虚高价格进行。

"支持"（propping）（或消极掏空）是一个相关的现象，在这种情况下，掌控者为了自己的利益支撑起业绩表现差或垂死挣扎的公司。

在对小股东权利保护程度低的国家，掏空和支持是特别强有效的措施。经验证据支持这样的观点，企业集团特别容易陷入"掏空"、"支持"或关联方交易的事件中，对集团中的各个公司的小股东的利益造成损害。

控制权私人收益还包括为控权家族的成员提供合适的就业机会。虽然你也可以反驳说单个公司也可以解决这个问题，但是使用多个公司可以让"族长"将业务拆分并分配给他的每个后代，从而在个体公司中最小化这一棘手的控制权问题。

在企业集团中谋求私人控制权利益会削弱集团应对来自独立公司的竞争的能力。企业集团将无法建立或维持自己的诚信声誉，因此也会失去原本有的优于一组独立公司的某些特定优势。

企业集团相对于综合业务公司而言还有另一优势，即它们更容易高度多元化，也许是因为企业集团拥有快速高效地建立起一个新合资公司的动态能力。在发达经济体中高度多元化的企业表现出的能力往往不如专注于该领域的公司。这可能是因为企业总部管理一组涉及各行各业的业务部门并不是一件容易的事。最起码它需要涉及能对业务部门经理产生强激励的控制系统。理想情况下，这些激励应该和创造股东价值相挂钩，因为这正是为经理们分配股权的初衷。在企业集团，集团旗下公司的经理通常拥有股权，因此，企业集团可能是一个有效的合作工具，可以获得一组独立公司合作无法产生的好处，同时还能给集团旗下公司的经理们产生强激励作用（通过部分所有权）。换种方式说，就像私募股权治理模式可以作为上市公司的一种竞争性替代治理模式（见第13章），企业集团也可以被看作广泛多元化公司的替代治理模式。在不同情况下哪种治理模式更成功是一个实证问题。接下来，我们将讨论发展中的制度环境可能会如何对企业集团的竞争力产生影响。

14.4.4 企业集团的发展

在美国和英国，企业集团的生存很艰难。但是，在很多国家，它们都占据重要的地位。企业集团会因为非英美国家的全球化资本市场和机构改革而逐渐消失吗？为了回答这个问题，首先让我们讨论一下企业集团在一个特殊国家——印度的最近发展状况。

企业集团在印度的体制环境下的发展

在1947年得到解放时，印度就计划要发展计划经济，在这个制度下，所有经济生活都被国家控制，运营公司要申请的许可证只发放给少部分企业。在这个制度下——通常称作"许可证制度"（Licence Raj）——市场的作用被严格限制了。首先，1956年《工业发展和管制法案》限制了国内市场上的产品竞争，巨额的关税限制了来自国外进口产品的竞争。

其次，绝大部分印度公司是家族企业，由家庭成员管理。职业经理人被安排在公司官僚机构的最高层，但是仅仅作为名义上的存在。结果就是几乎不存在管理层劳动力市场。

最后，垄断和限制性贸易惯例委员会不太喜欢并购，并购和股份转移活动受到了诸多限制。金融机构保持着统治地位，由公司的主要股东控制。政府不会动摇已经存在的管理机制。在这种体制下不存在公司控制权市场。

在这样的体制环境下，很多在英国规则下存在的企业集团能够填补此类市场缺失造成的真空地带。

1990年印度面临了一场经济危机，1991年印度开始了经济自由化进程，废除了《工业发展和管制法案》《现金条约管制法案》《垄断和限制性贸易惯例法案》，对其他法案也进行了显著修改。这创造了一个更加开放的市场环境。此外，印度还采纳了一些新的制度和法规。这些制度和法规有助于加强对投资者的保护、深化外部管理，包括创建了印度的证券交易委员会（SEBI），类似于美国的证券交易委员会（SEC），设置了托管机制，从而为快速股票交易提供便利、减少欺诈，1997年颁布了对并购的广泛指导意见。

因此，1991年后的这段时间见证了印度在制度上的一次巨大变化。流入的国外资本急剧增加，金融机构失去了它们从政府那里获取资本的特权，并被迫利用起了国内市场和国际市场，反过来，还会培养政府在对印度公司监管上的更强烈的责任感。

在公司内部，印度公司也意识到了加强管理专业性的必要性，如果它们想要在国内外的产品和资金市场上保持竞争力的话。这将会导致新一代的职业经理人开始掌舵公司的业务并会开启一个对管理人才来说充满生气的劳动力市场。

逐渐取消"许可证制度"和逐渐减少的进口关税触发了产品市场上的竞争，也暴露了公司以前是封闭性存在的事实。

这些发展的结果就是企业集团在印度没有了曾经的优势。在减少交易成本、获取资金和管理人才方面，企业集团是否仍有优势值得怀疑。在1991年开始经济自由化后，很多私人公司在印度建立。这些公司抢占了国有公司的市场份额，但是没有形成企业集团。是否会在未来形成企业集团仍待查证。

□ **企业集团在其他一些亚洲国家的发展**

1997年，亚洲诸国深受"东亚经济危机"的影响。一些国家如韩国，马来西亚、印度尼西亚和泰国面临着严重的经济危机，本国货币相对美元大幅贬值。国际货币基金组织介入的条件是，对重要的机构进行改革。

韩国政府承诺将按照国际货币基金组织制定的重组方针解散企业集团（财阀）。然而，危机后几年证明了企业集团作为一种组织形式具有的弹性——韩国的企业集团继续繁荣着。

马来西亚、印度尼西亚和泰国的企业集团在危机后也没有完全消失。相反，拥有必要的政治关系和政治精英的企业集团还能避免损失，并从收购失败的企业中获利。

不像其他东亚经济体，日本受危机的影响程度不深，它的政府也没有认真地试图拆分企业集团。

□ **企业集团在欧盟的发展**

在欧盟，企业集团仍然在许多国家发挥着重要作用（如法国、西班牙、意大利、比利时、瑞典）。欧盟对产品市场的竞争限制非常少，还有一个日益活跃的管理层劳动力市场。在第15章第七节中我们将对此进行更广泛的讨论。但是公司控制权市场在欧盟很多国家的发展并不是很好。尽管在2004年欧盟通过了一项欧盟要约收购指令，但欧盟国家之间重要的收购法案仍然存在差异（参见专栏15.11）。在写这本书（2012年）的时候，没有迹象表明欧盟企业集团的作用将在不久的将来减弱。

14.5 非正式网络

一个**非正式的网络**（informal network）可以被看作一组企业通过非正式的纽带结

合在一起。一个非正式的网络由平等的成员组成，成员彼此之间具有非正式关系。他们的基础是信任。这个网络的特点是合作而非竞争。

如果价格竞争是市场和等级制度中行政命令的核心协调机制，那么信任与合作是这个网络的核心（Frances et al., 1991, p. 15）。

一个非正式网络的例子可以是**连锁董事**（interlocking directorates），即相关组织中的成员在彼此的组织中担任外部董事。这种接触可以建立互信和合作的氛围。另一个例子是存在于意大利中小企业中的非正式网络，它们在分包模式下协同工作。

非正式网络内的协调通过互相调节和规范标准化进行。通过自我选择、选择或社会规范，规范标准化可能在有连锁董事的情况下发挥着重要的作用。

来自同一地区的人、去同一所大学的人或从"旧时代"就彼此认识的人有时会围成一圈，在几个董事会上相互交换好处和信息。存在**"老男孩"网络**（old boys' networks）的地方，外人可能会觉得难以介入这样的网络圈子。有"老男孩"网络的公司也通过市场进行互动，所以市场的协调仍发挥着作用。我们的第二个例子是意大利中小型企业的网络，在这里互相调节机制和规范标准化同样有效，还结合了市场的协调。

在用于解决纠纷的规则和制度发展落后的国家，网络很重要。这在一定程度上可以解释为什么在中国基于个人关系的网络更重要，正如专栏14.6中展示的。

专栏 14.6

关系、交易成本和规则

东欧和亚洲的许多国家正在艰难转型到更加以市场为基础的经济。在东欧，大多是取代以前（共产主义）的计划经济。这种转型之艰难，世界各地的经济学家们都有很深刻的经历。尤其是，哪些市场是依赖于清晰和透明的规则来发展经济，哪些机构维护和执行这些规则是可以非常明显地看出的。《经济学家》在对亚洲业务的一项调查中，总结了香港城市大学黎书和与李少民教授的分析：

用来形容传统体系的熟悉的词就是"关系"，一般翻译为"连接"，关系让人想起了歌厅里的官员，在充满烟雾的房间点点头，看不见手也没有面目，但极具影响力。关系是一个老生常谈的问题，真的太真实了。

西方投资者往往认为亚洲富豪转向关系网最深层次的原因是文化原因，但事实上，他们这样做是因为有必要。不管是以规则为基础还是以关系为基础的系统都会产生费用，为了维持这两个系统运行都会产生固定成本，比如培养和支付法官、监管者和审计师的费用以及增量成本，如多签署一份合同、多给一份交易盖章的精力和费用等。

发达经济体有固定的以规则为基础的管理系统，可以忽略增量成本。固定成本由大量的交易和业务关系分摊，因此，任何一笔交易的平均成本都是相当低的。相比之下，亚洲的贫穷国家，到目前为止一直没能建立起这样高固定成本的系统。因此，建立在关系基础上的增量成本大增。只要交易和业务关系的数量仍相对较小，交易的平均成本是可以承受的。

> 但是随着关系经济发展得越来越复杂，做生意的增量成本大量增长时，那些对几百个客户、十几个供应商、两名债权人和一名股东起作用的东西，不再对成千上万这样的人起作用。所以，李教授找到了一个关键点，即当以关系为基础的体系中业务的成本超过以规则为基础的体系的业务成本时，国家和企业就要做出一个最重大、最具风险的选择。
>
> 资料来源："In praise of rules: a survey of Asian business"，*The Economist*，7 April 2001.

14.6 特许经营

特许经营是一个生产过程的所有者、品牌名称（特许人，如麦当劳公司）和一个本地商人（加盟商）之间签署的一份合同。加盟商可以使用特许人的品牌名称和特许人发明的生产过程在本地经营一个单元。特许经营通常出现在快餐行业（麦当劳、肯德基）、酒店行业（希尔顿、喜来登、假日酒店）和零售业。这些行业有两个共同特点：

- 它们提供的服务都必须由本地"生产"，而且是即时消费的。
- 发展和维持一种商业模式、一个品牌名称能产生巨大优势。

14.6.1 为什么（继续）存在特许经营？

特许经营为什么会存在，有两个答案。第一个答案就是所谓的**资源稀缺性**（resource scarcity）观点。有的公司已经开发出了非常成功的模式，但是面临资源约束（资本和管理人才的匮乏），如果它想迅速扩大，特许经营被视为克服资源匮乏的一种手段。

第二个答案是**行政效率**（administrative efficiency）的观点，这个观点从代理理论和交易成本的角度来分析特许经营。根据这种观点，在某些行业特许经营是一种更有效的治理结构，比任何一种纯粹的等级制度或纯粹的市场都更有效率。

14.6.2 资源稀缺性观点

假设一家餐厅的老板开发了一个非常成功的商业模式。他看到了一个机会，可以用相同的模式开设许多餐馆。如果他想通过全权持股方式来做的话，他要在许多地方设立并管理地方单元，这需要大量的资金和众多积极性高、有能力的管理人员。如果他不具有那些资源，他就会面临着资源短缺问题。有人认为，这个问题可以通过特许经营解决。

加盟商对自己的本地单元进行投资，这意味着特许人的投资水平大大降低。加盟商管理他自己熟悉的地方单元。如果我们假设有天赋的、充满激情的、拥有企业家精神的、可长时间工作的人成为加盟商，而工作动力不足、更喜欢安逸生活的人成为拿月薪的经理人，那么特许经营也解决了管理层劳动力市场上的逆向选择问题。

资源稀缺性观点可以解释，为什么一个服务业的小公司偶然探索到了一种成功模式后，想要取得进一步发展除了通过特许经营外别无他选。快速成长非常重要，但是小公司在为新的地方单元吸引大量资金和管理人才方面困难重重。

然而资源稀缺性观点无法解释，为什么像麦当劳这样的大公司现在仍在使用特许经营的方式进行扩张。首先考虑下获取额外资金的问题。麦当劳是一家大型的高盈利公司，股票在纽约证交所上市。这样一家公司肯定不会面临资金缺乏问题，相反，麦当劳能以比当地企业更好的条件获得额外资金（以股票和债券的形式）。

现在让我们考虑一下，在聘请有才华的年轻管理人员方面会遇到什么问题。很难想象，像麦当劳这样的公司无法吸引为月薪（为他们提供的薪酬方案具有很强的激励作用）工作的充满才华的管理人才，而其他大型跨国企业，如联合利华和雀巢公司，却能每年招聘到数以百计的管理人员。

总结一下，资源稀缺性观点可以解释为什么探索出一种成功模式的小公司需要通过特许经营获得成长，但不能解释为什么大型老牌公司仍然需要使用特许经营来实现进一步扩张。这给我们引出了特许经营的第二种观点——行政效率观点。

14.6.3 行政效率观点

行政效率观点认为，特许权的存在是因为在特定的行业，这是一种非常有效率的组织形式。特许权在服务行业是基础的形式，服务业的产品大部分由地方单元提供，而且以同样的准则和品牌名称经营多个地方单元具备很多显著优势。

从原理上来说，有三种组织安排可以用于这种类型的行业。

- 一家公司拥有和运营所有分单元（等级制度）；
- 特许经营权；
- 一系列独立的公司使用一个共同的品牌名称。

对比这三个安排，有两个问题是主要关注点。第一个是当地运营商的推诿卸责问题。一般大型公司都拥有很多分散的单元，当地管理者的推诿卸责是一个很重要的问题。首先，假设当地管理者收到一个固定水平的薪酬（这与销售量和他管理的单元盈利无关）。用委托—代理理论的术语来说，这就是一个工资合约。这个理论预测，在这种情况下代理商只会付出低程度的努力。一种防止当地管理者推诿卸责的方式就是对代理商进行监管，这需要区域领导不断地视察，另一个方式就是给当地管理者利润提成或者为他们提供晋升机会。

在特许经营安排中，特许人通常会收取一个特许经营费，包括地方单元销售额的一定比例加上固定年费。一个单元的利润扣除特许经营费用后就是加盟商的利润。所以，虽然特许经营费用不是固定的费用（这取决于销售额），但是利润变动的风险由加盟商承担。这和租赁合同非常相似。这样加盟商就有十分强烈的动机经营好自己的单元。当地管理者推诿卸责（是等级制度中的主要问题）还不是这里的所有问题。当然，如果这些经理都能像企业家管理自己的公司一样经营，就不会出现推诿卸责的问题。

第二个问题是共用品牌名称产生的**搭便车**（free riding）问题。这是一组共用品牌名称的独立公司存在的主要问题。如果一个公司在广告上进行了大量投资，并一直坚持提供高质量的产品，（其他共用品牌的）公司就会在这些投资上搭便车。只有当出现一个中心权威严格监控质量水平从而限制在共用品牌上搭便车，这个问题才能解决。然后出现了代替一组独立公司的特许经营模式。在特许经营中，利用共用品牌名称搭便车始终是一个重点问题，加盟商可能会在产品生产上偷工减料，降低质量水平。如果一家餐厅几乎没有回头客，那可能是因为这家餐厅坐落在机场，只是为了盈利（不需要回头客也就不在乎产品质量）。然而这样做的后果就是严重损害了品牌名称的价值。关键在于，品牌名称价值的损失由特许人和所有加盟者共同承担。如果所有的受许人（即加盟商）都坚持提供高质量的产品，然后某个单独的受许人提供低质量产品，就产生了利用品牌名称搭便车的问题。为了减少此类问题，特许人通常会对产品质量实施密切监控。监控产品质量总比监控地方单元运行的各个方面便宜。

由于一组独立的公司并不是一个可行的选择（无法解决搭便车问题），因此我们只有两个可供选择的安排：等级制度与特许经营。两者之间的选择主要取决于推卸责任的成本与搭便车成本的比较。当特许经营的搭便车成本大于公司所有权的卸责成本时，公司的所有权（等级制度）就会被优先选择，反之亦然。实证研究表明，如果管理销售点的成本很高的话（在偏远地区和国外市场，存在监督的差旅费用高以及很难评估经理人努力程度的现象），企业会使用更多的特许经营。此外，在当地市场信息很重要的情况下，对于经理人的努力程度的评估也是有难度的。实证研究也表明，在这种情况下，我们会看到更多特许经营的出现（Michael，S. C. and Bercovitz，J. E. L.，2009）。

还有另外两个因素可能会影响等级制度和特许经营的选择。第一个因素是**低效率风险承担**（inefficient risk-bearing）问题。由于存在很多餐馆，麦当劳股东并不担心单个餐馆的风险。在特许人与受许人之间的代理关系中，主要是资金的风险中立与风险厌恶。我们从第7章第六节第二部分可知，在这种情况下，代理商不应该承担所有的风险。然而，似乎在大多数特许经营合同中，代理商们几乎承担了所有风险。

第二个因素与**准租金的专属性**（appropriability of quasi-rents）有关。假设受许人必须投资一栋设计为麦当劳餐厅的大厦，并且这栋大厦的转售价值要比最初的投资低得多，此时，受许人就会考虑是否应该与麦当劳公司终止合同。之后，大厦一旦建成就会成为受许人的交易专用性投资。最初的投资与转售价值之间的差是准租金，会被特许人据为己有。如果特许人提供大厦并租给受许人使用，这个问题就可以解决（就像麦当劳公司做的一样）。特许人也可以做交易专用性投资，比如提供场地选择与施工管理，并且对潜在的受许人进行生产过程的操作培训。这种基于双方的交易专用性投资为特许人与受许人之间的长期合约提供了保障。

通过总结，我们可以得到如下结论：等级制度与特许经营的选择主要取决于推卸责任的成本与搭便车和承担低效率风险的成本。

最后，我们要注意，麦当劳公司使用捆绑的协调机制来组织自己餐馆的经理人行为：直接监管、产品标准化、工作流程标准化，并且可能还包括规范标准化。作为特许人，麦当劳公司对受许人使用几乎相同的捆绑协调机制。主要的区别是，对受许人，直接的监督主要集中在质量层面。然而对于他们自己餐厅的经理人，直接的监督包括对当地经理人工作的所有方面。另一个"拥有"和"特许经营"之间的重要区别是麦当劳公司和加盟店之间的市场关系：麦当劳公司通过收取特许经营费用来出售经营模式的使用权。此外，受许人有时被要求从特许人处购买材料和设备。

□ 14.6.4 共生的复数模式

行政效率观点可以解释为什么一个大公司，例如麦当劳会持续使用特许经营模式。但是它不能解释为什么公司在同一个城市拥有自己的销售点和加盟店，毕竟同一个城市的监管费用应该是相同的。这个问题的答案也许是公司自己的销售点与加盟店的共存是有很多好处的。特许经营，可能会被认为，可以通过解决操作问题和识别有利可图的新产品来推动创新和适应当地市场。公司所有权促进标准化。所以，可以这样认为，只拥有其中一种模式的公司是无法获得同时拥有这两种模式的优势与好处的。像这样两种模式共生的术语叫作共生的复数模式。

14.7 比较几种混合模式

前述章节的讨论已经很清楚地表明在混合模式之间存在很大的差异，但同时也存在共同的特征。最重要的共性就是混合模式都是基于共同经营资源的必要性从而实现某些东西。在共建关系中，供应商与购买商共享专有技术诀窍、生产计划与成本数据。当两个或两个以上的公司共同经营资源——通常包括有形资产与无形资产——成立一家新公司时，合资企业就建立了。企业集团中的公司通常使用相同的品牌名称、相互交换技术诀窍、支持一个工业大使馆，并且有年轻的经理轮岗。在非正式网络中，信息在所有的参与组织之间共享。在特许经营中，受许人使用由特许人发展和支持的准则，如品牌名称。这些都是共同经营（无形的）资源的例子。

共同经营资源通常伴随着联合规划。在共同制造的关系中，购买商和供应商经常联合制订生产计划。在一家合资企业中两家母公司共同为合资子公司决定战略方向。属于同一企业集团的公司共同讨论它们与其他集团公司的战略计划。在特许经营中，特许人与加盟商合作开发新的产品。

共同经营资源和联合规划引入了组织的协调机制，例如直接管理、互相调节以及工作流程标准化、技术标准化、产品标准化和规范标准化。我们应该将组织协调机制远比价格机制重要的混合模式放在图 14.2 的右边；相反，将价格机制远比组织协调机制重要的混合模式放在图 14.2 的左边。

每一个混合模式应该放在图中哪个位置取决于特定混合形式的特定安排。总而言之，我们认为：

- ■非正式网络应该放在左边；
- ■长期购买商—供应商的关系（共同市场关系）应该在左边；
- ■垂直结构的企业集团应该在水平结构的企业集团的右边；
- ■合资企业、特许经营和垂直结构的企业集团应该在右边。

上述观点总结在图 14.4 中。

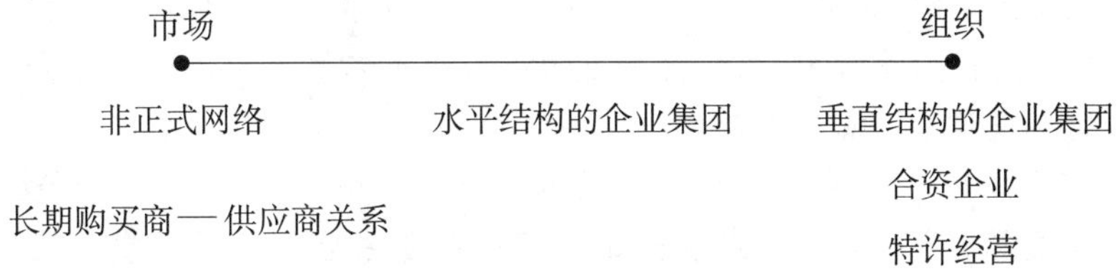

```
        市场                                    组织
  非正式网络            水平结构的企业集团    垂直结构的企业集团
                                              合资企业
  长期购买商——供应商关系                      特许经营
```

图 14.4　在市场和组织之间的混合形式

14.8　小结：在理想市场和理想组织之间的治理结构——混合模式

混合模式有很多种，它们被看作介于市场和组织之间的中间模式，混合采用了市场和组织的协调机制。结论的得出基于我们在第 3 章中的观察：

- 仔细分析区分市场协调和组织协调，以确定在哪种情况下使用哪种方式最有效率，这一点是非常重要的。
- 当我们从分析的世界（已经做好了明确的区分）进入混乱的现实世界时，我们常常发现各种协调机制在共同起作用。

在之前的章节，我们经常强调很多市场在一定程度上是有组织的，同样许多组织除了组织协调外还在内部采取了市场协调机制。本章进一步指出，理想市场和理想组织是一个序列的两个极端。在这两个极端之间可以看到各种不同协调机制的组合。正如图 14.4 从左到右所展示的：

- 我们从理想市场开始考察，只运用价格机制；
- 然后市场的组织性不断增强（例如通过被管制）；
- 接着让位于混合模式，刚开始的混合模式更"像市场"，然后越来越"像组织"；
- 然后组织占据主导地位——刚开始价格机制仍然发挥作用（比如以转移价格的形式）；
- 最后，我们到达了理想组织，完全运用组织的协调机制。

外面的世界是一个充满组织和市场的迷人世界！

□ 思考题

1. 专栏 14.1 中描述了波音公司是如何满世界地将公司的生产和开发外包给自己的合作伙伴的。参考第 10 章第五节谈到的纵向一体化分析，你如何对应图 10.1 对波音公司及其合作伙伴进行分类？你认为波音公司现在受制于其供应商的机会主义行为吗？为什么？
2. 2012 年塔塔汽车公司决定通过其子公司捷豹路虎，和奇瑞汽车合资成立一家针对中国市场的合资公司。你认为塔塔汽车公司几年后有可能会买下它的中国合作伙伴吗？如果是的话，你是否认为这就是合资公司的失败？
3. 在第 14 章第四节第三部分，我们将一个企业集团与一组独立的公司进行了比较。企业集团的优势之一是企业集团的企业可以共同使用一个品牌名称，那么当企业集团下的 10 家公司共同使用一个品牌名称时会出现什么问题？该如何减轻这个问题？如果这 10 家公司供应的产品种类包罗万象、天差地别时，解决这个问题有多容易（或多难）？

4. 专栏 8.8 描述了两种组织形式之间的竞争——企业主运营和农场主合作运营。你认为根据本章对混合模式给出的定义，农场主合作运营的模式应该被认为是一种混合模式吗？

5. 专栏 8.8 描述了两种组织形式（企业家运营模式和农场主合作运营模式）之间如何竞争，并且使得其中一种模式（农场主合作运营模式）在某些特定地区占据主导地位。然后另一种模式（企业家运营模式）在另外地区占据主导地位。据本书（图 1.7 和图 12.1）提出的规划，这应该是这些公司所处的环境有一处或多处不同造成的结果。在这里，具体哪个不同点发挥了关键作用？

6. 第 13 章第七节描述了当一家公司想要将其子公司出售给另一家公司时，可以选择建立合资公司作为中间阶段来克服隐藏信息问题。（第 13 章第七节讨论了飞利浦如何利用两个阶段将其国内家电业务出售给惠而浦——首先成立一家合资公司，再出售剩余股份），飞利浦-惠而浦合资企业和专栏 14.2 描述的捷豹路虎-奇瑞汽车合资企业之间有什么区别？

第 15 章

公司治理

15.1 导言

公司治理是指挥和控制商业企业的系统。公司治理结构规定了公司不同参与者的权利和责任的分工不同,如董事会、经理、股东及其他利益相关者(包括员工、客户、供应商、债权人和社会大众)。它阐明了公司规则和程序以便对公司事务做出决定。如此一来,亦可以通过这些结构来设定公司目标,明确完成目标的方法和监控实施。

本章的主要关注点放在股东和经理人的关系上。在所有权和控制权分离的公司,存在作为委托人的股东和作为代理人的公司高层经理或 CEO 之间的代理问题。所有权和控制权的分离自 1932 年伯利和米恩斯提出(在第 7 章第二节讨论)以来一直是英美世界大公司的一大显著特征。

代理问题产生的原因,首先有可能是 CEO 和股东们的追求和目标缺乏一致性(缺乏一致性的后果见第 7 章第三节),其次是 CEO 和股东之间通常会有信息不对称。缺乏一致性可能有几个原因,股东们主要是对获得他们的投资回报感兴趣,他们想确保 CEO 总是做出符合股东价值最大化的决策。但是,当 CEO 根据最大限度满足自己的效用函数做决定时,往往与股东价值最大化不一致。

第一,**自由现金流**(free cash flow)的问题。追求股东价值最大化的 CEO 应当只投资净现值为正的项目。如果公司产生的现金流比它能用于投资正的净现值项目的总额多,则这个差额就叫自由现金流。成熟行业的公司往往有现金流产生的操作,而且在本行业中几乎没有机会投资于能产生高于现金流平均水平的项目,因为在一个成熟的行业几乎没有净现值为正的项目。根据金融理论,自由现金流应该返还给股东们,可 CEO

却希望保留它以开拓其他业务领域。之所以这样做可能是因为管理者们高估了他们选择和随后经营其他公司的能力（这种现象被称为自大，见第12章第六节），他们的奖励计划往往是和公司规模联系在一起的。有很多成熟行业的企业在其他行业巨额投资的例子，但是最后才发现这些投资都失败了。其中一个问题就是投资项目的实际净现值（如收购另一家公司）很难在事前和事后确定。

第二，还有一个可能的问题就是对风险的态度可能存在差异。许多股东通常只将自己财富的一小部分投资于一家公司。当投资的一家公司失败时，还可以通过投资的其他公司的良好表现来弥补损失。相比之下，CEO通常只为一家公司工作。CEO的人力资本取决于单个企业的表现情况。如果公司失败，CEO的人力资本价值下降，而人力资本（盈利能力）可能占他总财富的很大比例。因此，上市公司的CEO比股东拥有更高的风险厌恶程度。当然，这意味着CEO和股东的风险厌恶程度差异可能导致一种情况，那就是对股东有吸引力的项目将会被CEO拒绝。

第三，还有一个问题就是不同的时间跨度。股东有权管理公司所有未来现金流而不用考虑时间跨度问题，但是管理者只能服务有限的一段时间。即使项目的净现值为负，他们也更倾向于投资这种在短时期内能产生大量会计回报的项目，反而不待见净现值为正但短期内的会计回报较低或为负的项目。后者的例子可以是研发投资。

最后还有一个问题就是在职消费。这个问题在第7章第三节中已经进行了充分分析。

任何代理问题产生的原因都是：第一，委托人与代理人有不同的利益；第二，委托人与代理人存在信息不对称。因此，对代理问题的解决方案可着眼于：

● 缩小委托人和代理人之间的利益差距；
● 减少委托人和代理人之间的信息不对称。

委托人和代理人之间的利益差距可以通过提供代理激励合同进行限制（我们称其为组织性的解决办法），还可以通过提高管理层劳动力市场和/或公司控制权市场的运作效率来缩小。

信息不对称可以通过监控来减少。监控可以在内部完成（由大股东和/或监事会），这是一种组织的解决办法。也可以通过外部团体对有问题的公司进行监控，如股票分析师、信用评级机构、私募股权投资公司和其他对收购该公司感兴趣的各方。外部监控有助于减少管理层劳动力市场和公司控制权市场等市场的信息不对称。这些措施有利于提高这些市场的运作效率，从而减少代理问题的产生。

所以，我们看到代理问题可以通过组织的解决办法（激励合同、内部监控），也可以通过市场的解决办法（外部监控和各种市场的运作），具体产生的体系呈现在图15.1上。

就像伯利和米恩斯所指出的，股东和经理人之间的代理问题根源在于所有权和控制权的分离。一个由所有者管理的公司不会出现代理问题。然而，在许多现代化企业中，管理已经成为一种专业性功能，所有权被广泛分散于许多股东中。

在这样一个现代化企业中，首先要解决的代理问题就是如何缩小CEO（最高管理人员）和股东之间的利益差距。这就是**激励调整**（incentive alignment）问题。

第二个代理问题就是如何减少股东（作为委托人）和 CEO（作为代理人）之间的信息不对称。这是有效**监管**（monitoring）问题。

监管和激励既可以来自内部（组织的解决方案），也可以来自外部（市场的解决方案）。信息在这个构架中再次扮演了至关重要的角色，因为它对组织的和市场的解决方案都有促进作用。公司治理也许可以被看作公司所处的制度环境的一部分。它包括由政府或其他公共机构（如证券交易委员会）制定的规章和公司自己的章程及其内部规则。

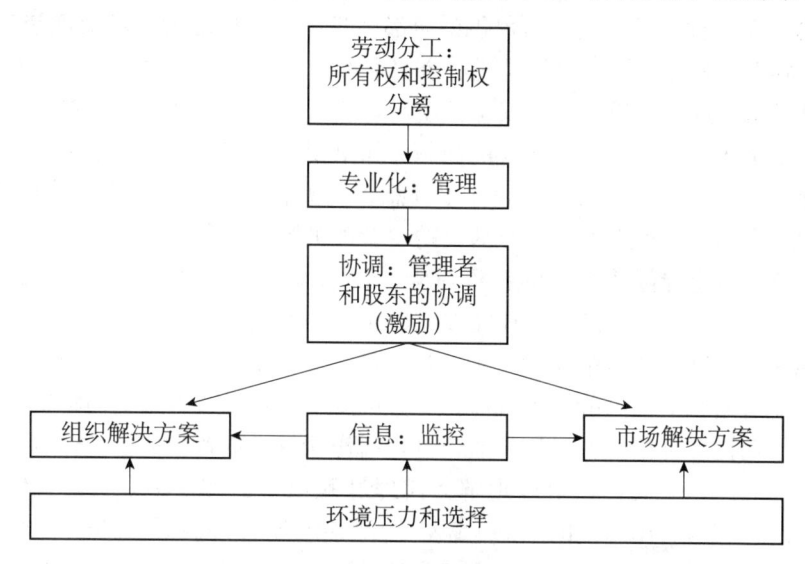

图 15.1 公司治理框架

在本书中，图 15.1 的框架和图 1.1 极为相似，这并不是机缘巧合，在我们看来公司治理是交易治理的一种特殊情况。图 15.1 描述的是公司治理，图 1.1 刻画的是交易治理。

实践中，在某些国家使用的公司治理结构最可能混合了组织的解决办法和市场的解决办法。同时我们也可以看到，公司治理结构受环境压力和选择的影响。

在本章中，我们以探索公司治理的演化为开端，从公司治理最早开始于一家上市公司，到如今许多国家对公司治理规范进行了制定和修订。我们在探索过程中以联合东印度公司或荷兰东印度公司（VOC）——世界上第一家上市公司作为研究案例。历史的案例强调了公司治理结构中长期存在的一些问题，即使在今天，这些问题也依旧存在而且很典型，特别是股东和经理人之间的利益分歧。本章第二节将探索代理关系的本质。然后我们将讨论如何设计激励合同以减少代理问题（本章第三节）。本章第四节将介绍内部监督如何在实际的企业中发挥作用，如何有助于减少代理问题。在讨论完组织的解决办法后我们将讨论市场的解决办法——首先是外部监督（详见本章第五节），然后看市场是如何限制代理问题的规模的（本章第六节）。本章第七节着眼于世界不同地方的体制框架。本章第七节展示了在世界不同地方，不同的公司治理结构是如何演化的，组织的解决方案和市场的解决方案的比例是如何变化的。在小结中，我们将会给出我们对于公司治理结构未来发展的看法。此外，我们还说明了这一主题与组织和社会发展的相关性。首先让我们一起见证上市公司的诞生以及诞生的阵痛——公司治理问题。

15.2　第一家上市公司

　　荷兰东印度公司[1]是1602年注册于荷兰的上市公司。主要经营范围是和东印度公司进行一些东南亚地区的贸易往来。该公司与西班牙和葡萄牙舰队合作密切。但这家公司并不是第一家贸易公司，之前的贸易公司都用我们今天称之为"**项目融资**"（project financing）的方法进行融资。也就是说，企业家和投资者在一家"公司"中联合起来投资购买一艘船并资助一次航行。在安全返航后，船只和船上的货物都会被出售，投资者不仅能收回本金还能获得一大笔可观的利润。如果投资者对这个企业家满意，他们就会考虑资助该企业家的下一个项目。假如不满意，投资者就会考虑投资其他项目。如今，我们可以说，资本市场就像是企业家活动的"管理机制"。

　　这些投资项目也伴随着很大的投资风险。比如说，一艘船需要建造、组建海员团队、确定目的地、安全抵达港口，还需要完成交易并安全返航。这样整个项目过程才能安全顺利地完成。这个过程中伴随着各种各样的风险，船在航行的过程中可能遭遇海盗的袭击，可能遭遇风浪，可能触礁沉没，也有可能出现船长或者船员们将货物转卖给其他方的行为。用代理理论的行话说，这个过程叫作项目投资者和项目经营者之间的斡旋（详见第7章第五节）。我们也可以理解为代理过程中会出现很多危机，我们需要调控（详见第7章第四节）。用现代的术语来说，我们将此类代理问题视为典型的经理人和临时资本提供者之间的契约关系。但是由于此类融资是基于一个个项目的，所以暴露的代理问题十分有限。一个声誉可疑的企业家会发现他在为下一个项目融资时寸步难行。

　　以"项目融资"形式创建于1602年的荷兰东印度公司，集结了70多位企业家（参与首次航行承担起经营责任的商人和股东），吸引了数以千计只享有被动收益的投资者和参与者。渐渐地，商人和股东们希望最好是在一个更永久的基础上为公司融资。他们请求当局批准使用一种更永久的结构来替代临时性的融资安排，允许参与者相互之间买卖股份，久而久之，就形成了当今的股票市场。

　　1609年当局批准了该请求，并开始了股票交易。通过改造，荷兰东印度公司拥有了永久的无记名资金基础，成为历史上第一家**上市公司**（public company），实现了伯利和米恩斯提出的所有权和经营权的分离。

　　公共投资者总共投资了6 424 588荷兰盾，最后一位投资者就是他们的"女仆"尼尔吉特·康奈尔。该投资者在1602年8月31日投资了100荷兰盾，这也是投资的最后期限。今天，我们不得不承认荷兰东印度公司的首次公开募股已经取得了前所未有的成功。

　　参与经营荷兰东印度公司的股份当然是一个明智的选择，然而，它的高回报并不是来得那么快。第一舰队的成本超过了收入，部分因为他们需要攻击葡萄牙舰队，以夺回葡萄牙在亚洲的市场，从而为日益强大的荷兰争取更多的经营空间。公司的投资者们直到1610年才收到了第一笔股息，但是是以实物形式——参股者收到了大量的肉豆蔻和胡椒！当然，他们更希望收到现金。然而，公司的管理者更倾向于将当期的收益投入到下一个项目的经营中，以换取在东印度贸易中更多的市场份额。

外围的投资者逐渐对公司的这一状态表现出了不满，与此同时，他们也警惕着管理者和股东之间的其他潜在利益冲突。因为有传闻公司的管理者会在经营的过程中私下卖掉一些货物来中饱私囊。这一现象也引起了他们对供应链合同的质疑：我们是不是给了管理者"太友好"的报酬？

经理人的薪酬包括了费用结构，不利于成本控制。最后，经理人还拥有时间、质量、交易的价格等私人信息，这些对国内商品市场上的交易是非常有价值的。今天我们要说的是，经理人可能利用**内部信息**（inside information）（非对称私人信息）创建内幕交易的风险。

"外围"股东变得越来越不开心。特别是，一位名为勒梅尔的股东成为一个积极的抗议者。用今天的话说这就是一个**积极股东**（activist shareholder）。他反对荷兰东印度公司政策的一个主要理由是，公司未能充分利用荷兰政府授予的执照。公司侧重于与爪哇岛、班达群岛和安汶（都属于现今的印度尼西亚）的贸易，却忽略了在南美洲的机会，即便执照已经允许该公司使用麦哲伦海峡了。

这里的代理问题，后来被詹森和麦克林（1976）表达如下：

> 经理人拥有的所有权减弱，会使他投入显著努力进行创新活动的动机减弱，如经理人不再积极寻找新的盈利机会，这样的事实很可能是公司最大冲突的来源。实际上他可能会尽量避免这样的冒险，仅仅因为这需要他花费太多精力来管理或学习新的技术。对个人成本的规避和消除随之而来的焦虑对经理人来说也是一种在职效用，但这样的结果可能导致公司的价值低于原本可以获得的价值。

勒梅尔计算出荷兰东印度公司存在的头七年只产生230万荷兰盾的利润。这完全不足以覆盖资金成本，包括勒梅尔定的8%的风险溢价。今天我们可以说，荷兰东印度公司在开头几年几乎在摧毁**股东价值**（shareholder value）。

1622年，这导致了一场公开抗议，抗议者的诉求如下：

- 将贸易流向、投资、收益等信息透明化；
- 获取对管理者的任免权；
- 管理者有任期时限；
- 调整管理人员的薪酬；
- 限制内幕交易的可能性（如供应链合同）。

通过威胁要停止对类似公司的融资，并对荷兰政府施加压力，外部股东于1622年12月更新执照后实现了对荷兰东印度公司治理结构的广泛调整。这显示了股东和环境压力如何导致荷兰东印度公司运行所处的体制框架做出适应性变化。

正如人们可以从上面的需求列表中看到的，400多年来，有关公司治理方面的主要问题一直都是亘古话题。与此同时，体制框架不断演变，以保护"外部人"对抗"内幕交易者"，小股东对抗大股东。弗伦特洛普（2003）表明，历史上，股市崩溃和公司丑闻一直是促进保护机制改良的触发点。就像1720年的英国南海泡沫事件和1873年的美国大恐慌事件，此类事件导致了立法和监管的改进。

纵观历史，一些企业倒闭了，它们失败的原因已经找到。这些调查为安全法律法规的调整注入了新的活力。例如在美国，州际商务法产生于1887年。该法将几个曾经涉及欺诈和腐败丑闻的美国铁路公司置于联邦监管之下（该公司的董事，被称为强盗式资本家）。1929年的股市崩盘导致了1934年《证券交易法》的产生。公司丑闻（如安然和世通）触发了新的立法努力，通过了2002年的《萨班斯-奥克斯利法案》（公司治理方面的法案），金融体系危机催生了2010年的《多德-弗兰克法案》（即《华尔街和消费者保护法案》）。从演化的角度来看，在美国等发达经济体，这类事件和丑闻所产生的经验教训促成了制度框架的频繁调整改变。在本章第七节中，我们将探讨不同环境中的演化途径。专栏15.1提醒了人们适当的公司治理在新兴经济体发展和对它们的制度产生信任方面的重要性。

专栏 15.1　俄罗斯和中国的公司治理

公司治理由公司注册地的国家的体制框架所塑造。在一些国家，体制框架仍然是不够的，例如因为未完成向市场经济方向的调整等原因。这是在俄罗斯和中国的情况。《金融时报》对俄罗斯的情况报告如下：

"俄罗斯：法律确实存在，但执行却是修修补补。"

莫斯科的查尔斯·克洛弗写道：平均交易约7次的收益率巴西是13，中国为15，印度为20，相比之下，俄罗斯公司的股票价格用任何方式来衡量都是便宜的。但倾囊购买俄罗斯股票前也应该问问原因。经纪商和分析师几乎异口同声地说，该国臭名昭著的政治和失灵的法律制度，以及投资者易受强大的地方利益迫害，在某种程度上都被折价体现到了股票市场。"让投资者保持持有的根源是合同执行和公司治理"，莫斯科投资银行全球市场部主管说。同时政府也正在做一些努力以挽回俄罗斯在商界的糟糕名声。律师说，虽然还没有发生大案件进行检验，但去年修改后的《破产法》已经给予股东向管理者及其他剥离了资产的股东进行追索的能力。但是最有经验的投资者认为法律并不是主要问题。"最大的问题不在于法律本身，而在于法律的实施"，莫斯科的一家大型投资银行的总裁如是说。

经济学家在一篇文章中总结了中国的公司治理：

中国最大的公司治理问题不是它的法律，而是政府执行法律的意愿。一位律师兼美国证券交易委员会前执法官员认为，安然事件后，美国监管部门积极行动，使公众重新建立起了对美国市场的信心。中国现在也在遭遇类似的信心危机，但是中国的监管机构尚未在国内采取果断的行动，也没有和诸如美国证券交易委员会的国外机构合作。并非所有的中国公司都被扭曲了，但在中国能够认真规范公司前，投资者都应保持谨慎。

这两个国家在改进公司治理的法律执行方面，似乎有必要让自己的企业充分参与到全球经济中去。

资料来源："Russia: Laws Do Exist But Enforcement Is Patchy", *Financial Times*, October 6, 2010. "Seeing the Forest for the Trees", *The Economist*, February, 4, 2012.

15.3 激励合同的使用

解决本章第一节描述的代理问题的方法之一是给 CEO 提供一份激励合同。这当然是一个组织的解决方案。在现实世界中，我们在经理人的薪酬包里可以发现三大因素激励他们满足股东的利益：现金红利、持股计划、股票期权计划。许多公司的管理条例都规定经理人应该有临时性合约，以便根据经理人的行为评价来更新合约。我们首先要描述经理人的薪酬包中的因素和提供临时合约的原因。然后我们将给出一些理由，解释提供激励合同或临时合约只能部分解决代理问题的事实。

15.3.1 现金红利

经理如果完成了相应的目标通常会得到年终奖金，这些目标一般与每股盈余收益、投资回报率、资产回报率、销售增加或者市场份额扩大等有关。之所以这样做是因为我们认为这些比例的提高符合股东利益。

15.3.2 持股计划

为了确保管理者对提高股价感兴趣，一个更直接的方法便是让他们拥有股份，当他们进入公司时，可以给他们一些股份或者允许他们以低价购买一些股份，这也是私募股权公司（在大部分情况下）在其购买一家公司或成立一个新管理团队时会做的事，目的是重组公司，并在日后出售。这是使私募股权公司利益和管理者利益相一致最有效的方式。

上市公司高层管理人员的薪酬通常包括一个长期股权激励计划。在这一计划中，经理收取股份作为其薪酬的一部分。一个非常简单的计划是，例如，一个经理可以获得 50 万美元外加 40 000 股公司股票。这激励经理采取行动提高股价。如果股价上升，经理人酬金增加。在更复杂的计划中，经理可能会收到一个固定的工资加一定数量附条件的股票。然后，经理只能在一定条件下收到股票，例如三年后达到一个明确具体的目标时。当这个目标是股价至少增加 X% 或每股收益至少增加 Y% 时，经理有非常强烈的动机来实现这一目标。

从第 7 章第三节的讨论可知，经理人的在职消费是他持有股份的减函数。因此，有明确的理由给经理或要求经理购买相当数量的股份。如果管理者拥有控制权（在任何情况下，持股超过 50% 即拥有控制权，但如果剩余股权分散，控股 20% 也可以），**管理防御**（managerial entrenchment）的问题可能会出现。这种情况出现在一个经理表现不佳及股东想摆脱他时。如果经理也是股东，作为股东他可以用他的投票权防止自己被解雇。因此，虽然经理持有一些股份可能是有益的，但持股过多就可能导致经理人管理防御。

15.3.3 股票期权计划

另一种可能性是授予经理**股票期权**（stock options）。股票期权是一种在未来的指定时刻以固定价格购买股票的权利。当股价上涨时，这种权利的价值会增加。这就刺激了管理者促使股价最大化。

股票期权可以不附加任何条件，作为薪酬总额的一部分提供给经理人，也可以在一定期限内，达到一个精确的目标后授予，例如，股价表现好于参照组（见专栏 15.2）。这对经理人造成了很强的激励。

15.3.4 临时合约

许多公司治理准则规定，任何董事，包括 CEO，都应该签订有期限的雇用合约。这意味着他们的权力被限制在一定的时间期限内，通常任期四年。一个任期之后，重新选举董事。一个人可以连任的次数，也可能是有限的。该准则以显著的方式限制了 CEO 的权力，因为 CEO 无法确定可以被连选连任。如果 CEO 忽略了股东的利益，再次当选的概率就会降低。提供临时合同也只是在模仿管理层劳动力市场。提供临时合同的一个缺点是，增加了不同的时间跨度问题（见本章第一节）。

15.3.5 管理者控制之外的因素

为了确保现金股利可以给管理者提供激励，以便他们能够站在股东利益的角度工作，现金股利应该与公司的业绩有一定比例的关联。股份计划在通常情况下与股价或比率的上涨有关。事实上许多公司治理的准则对此都有明确的要求。这同样适用于股票期权计划。

在现实世界中，公司的利润、财务比率和股价不仅仅是由管理者的行动来决定的，也受其他一些管理者控制之外的因素影响。比如，宏观经济的发展、货币汇率、石油价格这些因素对股票价格的影响与管理者的表现至少一样重要，甚至更重要。试想一下，把高管的报酬与公司的利益和股票价格联系起来，这样可以减少很多令人不满意的结果。例如，在 20 世纪的经济高峰时期，几乎所有公司的利润和股价都有大幅度的飙升。这意味着即使管理者只取得微小的业绩也可以获得大量的现金和丰厚的利润分红。在接下来的经济衰退期，管理者即使表现得很好，并且抑制了公司利润和股价的下跌，也可能得不到应有的回报，因为他们所持股份的价值受到一般经济环境的影响。

这种情形虽然可以减少不满意的结果，但是也会减弱原先设计的薪酬计划的激励作用。如果管理者知道他们努力付出的水平只是对他们的薪酬有有限的影响，他们只会受到比固定工资情况下略高的激励。如果这是真的，那么从股东利益角度来看，制定多变的薪酬计划将是一种对金钱的浪费。

为了解决这个问题，公司已尝试了多种方法来寻找管理者绩效和管理层薪酬水平之间的更直接的联系。

方法之一是评价一个公司的业绩要将它与它的竞争者或规模结构差不多的公司相比较，这一组相似公司被称为**参照组**（reference group）。参照组中公司的业绩将会受到相同的外界因素的影响，在每期期末这就给每家公司的业绩创造了一个相对可比的机会。比参照组中的管理人员表现更好的管理者可以得到相应的回报。专栏 15.2 给出了一个例子。

> **专栏 15.2　家悦采购集团的业绩股份计划**
>
> 家悦采购集团是英国一家公司，在英国和爱尔兰以 Homebase 模式和 Argos 模式开了 1 000 多家分店，给它的管理层提供的薪酬包括以下几部分：
>
> - 固定工资；
> - 与公司利润实现水平和现金完成目标相联系的年度奖金；
> - 与每股收益和股东总回报相关的业绩股份计划。
>
> 业绩股份计划是给高管一定股份，但是在三年之后执行，这三年里必须满足每股收益增长和相对股东总回报的某些条件。为了确定相对股东总回报，设立了包含其他 18 个英国公司的参照组。
>
> 资料来源：Home Retail Group Annual Report 2011.

15.3.6　强有力的激励

近年来，我们看到过几个这样的例子，备受尊敬的大公司的管理者们进行诈骗。例如安然、世通、阿霍德等公司登上了《环球时报》的头条，竟然是因为人们发现这些公司的管理者操纵收入和利润额，误导股东以提高股价。在这三个案子中，相关责任人被提起了刑事诉讼。

发生了什么？尽管不完全清楚是什么引发了管理者的这些行为，但有一点指向了他们拥有的激进的奖励结构。为了使自己的股票和期权价值最大化，他们在短期内有强烈的动机去提高股价。这可能仅仅是管理者们通过操作数据人为抬高股价的原因之一。虽然无法证明这种行为和奖励结构之间的关系，但很清楚的一点是，高股价能给管理者带来私人利益，这引发了管理者冒险提供误导信息的行为。结果就是，对此类管理者需要进行更严密的监控，随之而来的是更高的代理成本。

15.3.7　激励导致错误的决定

现金红利和股票、期权计划经常被与某些东西的增加联系在一起——通常是利润率。为了解释清楚这能导致做出错误的决定，请考虑以下例子。

假设一家公司有一个 100 万美元的常规利润水平，为了刺激管理层创造出超过这个额度的利润，公司承诺当利润在下一年高于 100 万美元时，向管理者们发放一份奖金。

假设未来管理者们面对是否承办一个项目的决定，如果成功，能带来 200 万美元的利润。如果失败，将导致 500 万美元的损失。这个项目成功的可能性是 50%。很显然，股东没有兴趣承担这一项目：它的期望值是负的。对管理者来说，不管怎样，它都可能是一项吸引人的前景：50% 得到奖金的可能性与 50% 没有奖金的可能性。如果他们不承办这个项目，他们确定他们得不到奖金，因为奖金是 100 万美元。

很显然，奖金与增加的纯利润捆绑在一起能给管理者错误的激励。当然，这里的情况是当项目成功时，管理者能得到奖励，但失败不会受到惩罚。

15.3.8 激励是普遍存在并有效的

现在世界上很多地方普遍使用绩效工资。专栏15.3的内容是有关绩效工资支付水平和比例的一个例子。专栏15.3也是一个激励概况,它给股东更多机会将管理层薪酬交由股东大会制定。

专栏 15.3　　　　　　　　报酬过高的老板回来了

在2010年,西方石油公司的首席执行官雷·伊兰尼带走了总计7 610万美元的报酬。很难知道伊兰尼是否真的应获得这么多报酬。有些人认为,给美国公司高管的大量报酬是对公司进行侵占的一种迹象。其他人则相信管理者的劳动力市场而且辩论称管理层薪酬只是管理精英供求的结果。还有一些人指出,激励中层管理者的一种方式是让他们为晋升竞争。为了让竞争有效,晋升应该以报酬大幅增加为奖励。这也可以解释为什么高级管理者得到了大量报酬。

2010年,伊兰尼先生得到4 030万美元的股票奖励,3 590万美元的现金激励。作为控制对公司经理过度支付的一种尝试,在2002年,英国提出"将管理层薪酬交由股东大会制定",给股东对管理层薪酬的投票权。这让董事会提出的支付计划遭到了一定程度的拒绝。在美国,自2010年《多德-弗兰克法案》提出以来,股东就有对管理层报酬的投票权,尽管细节还需要美国证券交易委员会制定。新法也要求公司公布相对于一般工人而言的首席执行官的薪酬比例。美国的这个支付比例比世界上其他地方要高很多。

资料来源:"Pay up, Overpaid Bosses Are Back", *The Economist*, June, 16, 2011, and "Occidental CEO Ray Irani's Pay More Than Doubled in 2010", *Los Angeles Times*, March 24, 2011.

薪酬计划在很大程度上基于绩效,我们希望绩效能给股东带来最好的回报。尽管很多董事会对此普遍认同,但仍有一些争议,专栏15.4就是一个例子。

专栏 15.4　　　　　　　　没有业绩也支付薪水?

2004年,卢西恩·别布丘克和杰西·弗里德出版了一本书——《和绩效无关的支付:未满足承诺的高管报酬》。在这本书中,他们批评了最佳缔约的观点,这种观点认为管理层薪酬计划是委托人(股东)和代理人(经理人)之间合同谈判的结果。他们认为在某种程度上,管理层会控制董事会,可以为自己设置薪酬标准(管理的权力观点)。

在委托—代理问题中,委托人将任务委托给代理人,但代理人的动机和委托人并不是十分吻合。委托人不能支付超过必须支付给代理人的薪酬用于:(1)给代理人做出的代表委托人利益的行为以奖励;(2)补偿代理人的风险承担行为。

如果只有一个股东作为委托人,这或许是一个很好的模型。然而在大型上市公司里有很多股东,他们和首席执行官(CEO)之间没有直接的联系。取而代之的是，他们会将制定薪酬计划的任务委派给董事会。除非董事能很好地代表股东的利益，否则这样制定出来的合同，将不同于只有一个股东作为委托人谈判出来的合同。

为什么董事会可能考虑首席执行官的利益而不是股东的利益，这有很多的原因：第一，董事会成员可能对保持他们的工作有兴趣。他们有很好的报酬，反对首席执行官可能降低董事会成员被提名为下一期董事的可能性。第二，首席执行官能提供给董事会成员一些利益，比如慈善捐款。第三，首席执行官们经常作为其他公司的董事会成员，这可以帮助他们自己的董事会成员得到额外的董事会会员资格。

别布丘克和弗里德提出了一些证据证实他们的断言。第一，他们指出报酬计划给管理者的大多是（就是没调整的）原始股票期权，目的是激励 CEO 创造股东价值。在 20 世纪 90 年代的牛市，这种计划为高级管理者取得了大量报酬，即使他们的公司有着平均水平甚至低于平均水平的绩效。别布丘克和弗里德把这看作对最佳报酬计划（最佳报酬计划会过滤掉管理层不可控的因素，因此给管理者的期权的行权价格应该和股票市场指数相联系）的背离，这是管理层设置自己薪酬的证明。进一步说，当股票市场如 2000 年早期般衰退时，期权通常会被重新定价（也就是行使价格被降低）来调整整体市场的走势。调整熊市而不调整牛市被看作支持管理层权力观点的证据。

另一个证据是，管理人员并没有被阻止从激励中解脱出来。股权和限制性股票背后的想法是给管理者激励。只有当管理人员在和激励相关的时期内无法出售股权和股票，或者无法从事可以抵消激励效果的对冲交易时，股权和限制性期权才能产生激励作用。别布丘克和弗里德提供了后者经常发生的证据。他们把这看作对管理层权力观点的额外支持。

资料来源：Weisbach, M. S. (2007), "Optimal Executive Compensation Versus Managerial Power: A Review of Lucian Bebchuk and Jesse Fried's"; "Pay without Performance: The Infulfilled Promise of Executive Compensation", *Journal of Economic Literature*, 419-428.

15.4 内部监控

正如前面部分讨论的，通过使用激励标准，代理问题可能会减少，但不会全部消除。仍然存在所有权和控制权的分离。相对于"内部人"的管理者而言，股东仍是得到少量信息的"外部人"。因此，减少股东和管理层的信息不对称仍是必要的。这可以通过监控来解决。无论是内部的（这一节的主题）还是外部的（下一节的主题），监控都能做到。

15.4.1 所有者控制

内部控制可以由股东自己来完成。如果一个公司有一个及以上股东，那么它的内控会更有效率，正如我们在非上市公司（家族企业或者私募股权公司）和一个商业群体拥有的公司常看到的那样。对于股东分布广泛的上市公司，情况是不一样的。

假定最大股东（我们叫她纳夫拉蒂洛娃女士）拥有公司流通在外 6% 的股份，而剩下 94% 的股份由很多小的投资者拥有。纳夫拉蒂洛娃女士知道，如果她投入时间和金钱在控制上，只有 6% 的利润属于她，而 94% 的利润将属于其他所有者。这就是一个**搭便车问题**（free rider problem）。所以，如果纳夫拉蒂洛娃女士是公司唯一的所有人，她将投资更多的时间和金钱在公司上。

一个大型的上市公司最大的股东拥有的股份很可能不到 5%。所有者在内部控制上的投资激励很少，而内部控制主要是由董事会来完成。

15.4.2 董事会管理者的角色

在大多数国家，包括美国和英国，公司通常是由一个董事会控制的，董事会成员包括**内部董事**（inside directors）和外部董事。内部董事也称执行首长，是公司全职人员。公司上层主管通常是公司董事局的成员。在美国，上层主管的头衔是首席执行官或 CEO。

外部董事（outside directors），也称为非执行董事或非执行人员，大部分是其他大公司的高级管理人员。董事会的主席可能就是内部董事或外部董事的一员。因此，一个人可以身兼 CEO 和董事会主席两职。

在欧洲大陆的某些国家（德国、瑞士、荷兰），大公司通常由两个董事会控制：一个是**执行董事会**（executive board）：它是管理公司的顶尖团队，另一个是**监事会**（supervisory board)，它只由外部人员组成。这样的公司治理结构称为**双层制董事会结构**（two-tier board system）。

具有双层制董事会结构的公司拥有两个董事会，实现了管理和监督职责完全分离。另一种模式就是**单层制董事会结构**（one-tier board system），这种公司治理结构在美国和英国等很多国家都可以看到，公司只有一个董事会。

15.4.3 单层制董事会结构中非执行董事的监控行为

在单层制董事会结构的公司中，所有的董事成员由股东大会任命。（多数）股东有权解雇董事会成员。包括美国和英国在内，大部分国家的董事会成员被公众舆论和法律视为股东的受托人。他们的主要职责是代表股东运营公司。

董事会通常由执行董事及非执行董事组成。当董事会作为一个整体负责整个公司的运营时，非执行董事就肩负起了监督同事的职责。在一个典型的华尔街公司，股权是非常分散的，往往在整个董事会中，董事会成员只拥有一点股份。

所以，为什么他们会愿意花费大量的时间和精力来监督公司的管理呢？因为他们想维护自己的声誉以及被股东拥护连任。但对于股东来说，判断非执行董事成员有没有尽责是很困难的。

如果一个公司的首席执行官和董事长是同一个人，那么他或者她很可能在很大程度上既控制了公司议程也控制了信息流的动向，这很容易导致董事会成员尤其是外部董事难以有效实施他们对公司的监督权。也正是因为这个原因，许多公司的治理准则要求首席执行官和董事长不能由同一个人担任，除了美国，英国、加拿大、澳大利亚和大多数欧洲大陆国家都执行这一政策。在英国富时指数榜上的 350 家公司中，95% 的公司有独立董事长。但是 53% 的美国标准普尔 1 500 强公司把首席执行官和董事长的职位合二为一（*The Economist*，15 October，2009）。

15.4.4 双层制董事会结构

在一个双层制董事会结构中，有两种董事分管行政职责和监督职责。执行委员会主要负责公司运营，也就是制定公司战略决策、制定和实施经营决策、密切监控下级经理。

监事会的主要职责是监督执行委员会及其成员，并对宽泛的主题发表意见，包括公司的战略方向。重大投资事项、收购、公司股票发行和审计师选择等重要决定都需要经过监事会批准。

因此，决策管理和决策监控是分离的（见第 7 章第五节）。执行董事会负责制定管理决策，监事会负责决策监控。在单层制董事会结构中，董事会同时负责管理决策的制定和监控。

在德国大型公司中，监事会 50% 的成员由员工担任，另外 50% 的成员由股东担任。监事会成员的构成明确指出，公司的高层管理团队代表了两个群体——员工和股东。由员工选举出来担任监事会成员的往往是工会领袖，由股东选举出来担任监事会成员的往往是银行家或来自其他大型公司的管理者。后者成员负责选出监事会主席。当监事会投票打成平手时，监事会主席可投出决定性的一票。监事会的成员们可以要求获得他们履行监管职责所需要的所有信息。他们执行监管任务的报酬由公司支付。这是否意味着在德国系统下的监事会成员具有强烈的动机来有效地履行他们的监督职责？最近从其他公司退休的高管是否具有强烈的动机来密切监督本公司的高管？有些人的答案是肯定的，因为他们认为自己的声誉会受到影响；有些人的答案是否定的，因为他们作为监管者额外付出的努力并不能从中得到回报。

监事会最主要的职能就是监督高管的行为并对正确的决定予以批准。在荷兰，监事会的成员是由股东任命的；也就是说股东对监事会选出的候选人员表示赞成。在大公司里，职工具有选举三分之一监事会成员的权利。制定工资表和个人工资水平是股东和监事会的职责。专栏 15.5 给出了一个典型上市公司在荷兰法律的约束下，关于合并事宜的一些具体细节。

专栏 15.5

Accell 集团的薪酬政策

Accell 集团是一个在泛欧证券交易所上市的跨国企业。该公司制造和销售自行车，自行车的零部件以及修理设备。它在荷兰、比利时、德国、法国、芬兰、匈牙利、土耳其、意大利和美国都有业务。这家公司的总部在荷兰，并且它是在荷兰的法律环境下进行的合并。

Accell 集团公司具有双层制董事会结构：负责管理的董事会（MB）和负责监督的董事会（SB）。MB 成员的薪酬结构是由 SB 和接下来提到的股东大会（GMS）共同决定的。SB 向股东大会提议一个关于 MB 成员薪酬结构（包括基本工资和奖金计划）的薪酬制度，股东大会要对 SB 提出的这一薪酬制度表示赞成。如果其表示反对，则 SB 要重新制定薪酬制度。这一新的制度也要得到股东大会的赞成，但是它不能像原始的提议那样在同一次股东大会上进行讨论和表决。股东大会通常情况下每年召开一次（4月份），所以，为了这个新的议案要另行召开临时（特殊）股东大会。

Accell 集团（和荷兰的大多数上市公司一样）的薪酬制度是用来吸引做某项工作的最佳人选并且用"市场利率"奖励他们。更具体地说，Accell 和大多数公司的政策是奖励应该等于市场上可见的类似工作报酬的中间值。为了找出类似工作的市场利率，SB 雇用了薪酬方面的专家来当顾问。

在 Accell 集团股东大会上通过的薪酬制度应该包括以下几个要素：

- 固定工资；
- 和近期目标相关联的短期奖金计划；
- 长期激励措施——认证股权和股份奖励计划；
- 其他福利，包括公司提供的退休金。

SB 会根据这一薪酬制度制定：(1)负责管理的董事会成员的固定工资水平；(2)每一个短期奖励计划的标准和目标水平；(3)MB 成员股票期权和条件股份的分配标准；(4)公司将分配给每位股东的退休金的最高值。

在每年的 2 月份，也就是 SB 对前一年的经营成果予以批准后，SB 根据前期制定的具体标准来决定短期奖励计划和股票期权、条件股份的分配。

MB 成员的选举和任命是由 SB 决定的，并且 SB 有权解雇他们。如果 SB 成员有空缺，那么 SB 将会选举候选人并将其提议给股东大会，由股东大会来任命这个人为 SB 的成员。如果股东不同意此候选人作为 SB 的成员，那么 SB 将重新选举新的候选人，这个新的候选人仍需通过股东大会的表决，但是这不能在同一次股东大会里进行，所以，如果真出现这种情况，就需要召开临时（特殊）股东大会对这一议案进行表决。

股东大会可以同时解雇 SB 的所有成员，但是不能解雇 SB 的独特成员。如果股东大会解雇了所有 SB 成员，那么阿姆斯特丹的法院将会为 SB 寻找和任命新的成员。

SB 的成员拿着固定的工资（这并不依赖于公司的利益、股票价格或其他任何事情），这个工资水平是由股东大会决定的。SB 的主要任务就是监督 MB 的成员、批准重要且合理的决定（例如兼并），还有建议 MB 注重公司的战略方向。

资料来源：Annual Report of Accell Group NV, Dutch company law, minutes of GMS, and company web site.

15.5 外部监督

外部监督是由来自公司外部的组织，比如审计师、股票分析师、债权人和信用评级机构实施的，外部监督有利于减少市场的信息不对称，有利于公司的运行。

15.5.1 审计师事务所的监督

审计师事务所起着重要的监督作用。它们监督公司的财务报表，并且监督公司要按照法律和其他法规运行。它们由股东（或应当由股东）任命，另外，也可能由监事会任命（在双层制董事会结构中）。它们对公司的财务报表给出自己的意见。对公司和 CEO 来说，审计师的意见非常重要，因为如果没有审计师给出的认同意见以及由此给公司带来的好的声誉，那么公司不久就要寻找新的资金来源。审计师事务所真的独立于它将要审计的公司，这一点是非常重要的。很多国家的公司治理准则以及正在实施的美国《萨班斯-奥克斯利法案》，都要求审计师不能（或在少数情况下可以）为他们审计的公司提供咨询业务，除此之外，审计师并不是向 CEO 汇报审计情况，而是向董事会或**审计委员会**（audit committees）进行报告。这些要求有利于减少审计师对 CEO 的依赖。审计师在确保财务报表的正确性方面具有非常重要的作用，而且对于资本市场的运行意义重大。

另外，审计师可以帮助董事会成员履行其监督任务。这是通过**年度管理意见书**（management letter）实现的，在管理意见书里审计师对各方面的发展提出建议，包括内部记账系统。所以，审计师的工作除了包括外部审计，还包括内部审计的重要因素。

15.5.2 股票分析师的监督

股票分析师会分析一个公司的业绩并预测该公司未来的业绩表现。分析师做出的报告对股票的价格影响很大。如果股票价格下降了，股东就会产生质疑并开始质问。如果股东不能得到满意的答案，他们就会抛售他们手上的股票（使股票价格更低）。或者，股东也可以挑战下管理层，甚至考虑解雇 CEO。所以，股票分析师发挥了很大的作用，但这种作用是间接的：他们帮助减少股东和 CEO 之间的信息不对称并解决本章第四节第一部分提出的搭便车问题。

15.5.3 债权人的监督

处于成熟行业（或夕阳行业）中的公司经常会面临自由现金流的难题（本章第一节提到）。解决此难题的方法之一，是采取借用大额贷款的办法来给股东分发现金。当然，这样会改变公司的资金结构。在拥有大量负债的情况下，公司创造的现金大部分将会被用来偿还债务（利息支付和分期偿还）。这样，公司的管理者将不会投资于净现值为负的项目。

债权人通常情况下会对他们提供的贷款附加很多条款。这些**负债条款**（debt covenants）（这种情形下，暂且这样称呼），经常要求公司的财务比率保持在一定水平或之上，债权人将会热衷于在此水平上监督公司的管理。

15.6 市场是怎样约束代理成本的

代理成本可能受到有组织的管理活动的约束，比如激励合同、监督，当然还有市场。每家公司都在不同的市场中运转，例如，购买原材料和零部件、雇佣工人以及销售产品，在这些市场中，公司买进原材料，卖出产品。

这些市场中的竞争迫使公司有效地运行。在这部分，我们将讨论市场中的竞争是如何以及在多大程度上服务于规范管理者的。

15.6.1 产品市场的竞争

首先考虑下产品市场，也就是一个公司产品的市场。一个公司在一个完全竞争市场销售其产品将不会获得经济利益，这点我们已在第2章第四节第三部分讨论过。

这也意味着，管理者之所以不能参与在职消费，仅仅是因为那样会导致负利润并且公司将会破产。在完全竞争市场，如果公司想要生存下去，就必须降低成本，包括代理成本。

为什么这种市场机制不能解决所有问题？原因是很少有市场是完全竞争市场。记得完全竞争市场有以下假设：第一，市场上有无数个买方和卖方；第二，没有进入或退出障碍（厂商可以自由进入或退出此行业）；第三，标准化的产品（产品是同质的，无差别的）。在现实世界中，这些假设经常被违背，很多市场是集中的并且有进入障碍。另外，很少有市场的产品是标准化的，很多产品是有品牌的，因此，购买者确实会关心他们购买的是哪个公司的商品。竞争在很多市场中是不完全的，也就是说在没有新成员进入市场的前提下，公司可以赚取利润并且占有一定的市场份额。在这种环境下，管理者可以参与在职消费。这意味着低利润，但只要有足够的利润剩余，那么公司就可以发展下去。

15.6.2 管理层劳动力市场的竞争

一个公司的高层管理者可能会受到来自为他自己提供服务的市场竞争的约束，也就是管理层劳动力市场。

一个可以为小公司创造大量财富的CEO可能会被邀请去做大公司的CEO。大公司可以给他们的CEO提供更丰厚的报酬。小公司的CEO去竞争大公司的高层职位，这可能会诱使小公司的CEO代表股东利益行事。因此，有人争论说管理层劳动力市场的竞争同样可以约束管理者。

对于管理者来说，树立一个有成功业绩的好声誉是非常有意义的，这是毋庸置疑的。然而，我们认为管理层劳动力市场的竞争是远远不完全的，原因很简单，对于外部的人员来说就很难评价CEO的业绩。CEO的各种行为被我们看作对股东的代理。对于公司的股东和其他寻找新CEO的公司来说，他的工作究竟做得怎么样很难确定。有证据表明，只有那些表现非常差的管理者才丢掉了他们的工作，而且是在这种情况（被解雇）出现之前的很多年公司的业绩已经很差（Warner et al., 1988; Weisbach, 1988）。

15.6.3 股票市场的竞争

现在考虑一下一个公司的股票在股票市场交易，通过这个市场，投资者将会迫使公司进行有效的经营并增加公司的价值。在新兴产业中快速成长的公司可以通过发行新的股票来吸引更多的股权资本。新股票的价格将在很大程度上依赖于公司的发展前景，但是潜在的投资者也会更多地参考公司过去的业绩。

15.6.4 公司控制权市场的竞争

投资者所持有的股份不仅赋予他们按一定比例分享公司利润的权利，也赋予他们投票表决的权利。例如，通过任命一个或多个董事会成员，公司股东有机会改变公司的管理，即使现任的董事会成员持反对意见（最起码在美国还有其他国家是这样）。然而，大多数这种尝试都是失败的。专栏15.6给出了一个例子。

专栏 15.6　　　　　一个积极寻求控制权的股东

比尔·阿克曼是纽约潘兴广场资本管理对冲基金的创始人兼首席执行官。在2009年，比尔·阿克曼发起了关于塔吉特公司的代理权之争，塔吉特是仅次于沃尔玛的美国第二大零售商。比尔·阿克曼早期为塔吉特制订了一个计划，成立房地产投资信托基金以便拥有塔吉特商店所在的土地，然后通过首次公开募股来甩出20%的房地产投资信托基金。这个房地产投资信托基金可以使塔吉特回租75年的土地。塔吉特将保留80%对房地产投资信托基金的所有权并且通过首次公开募股增加的资金来减少负债。

当塔吉特明白这与它的计划相反后，比尔·阿克曼声称他将会在塔吉特谋求董事会职位。他为塔吉特的董事会提议了包括自己在内的五位新候选人。这一提议在2009年5月28号的股东大会上遭到拒绝，有70%的股东仍然支持现在的董事会。比尔·阿克曼在那个日期之前通过潘兴基金拥有塔吉特公司7.8%的股份，但仍没有说服现在的股东相信他提出的计划的优越性。

资料来源："Target Wins Proxy Fight with Ackman, Pershing Square", *Minneapolis St Paul Business Journal*, 28 May 2009 and "Ackman Targets a Proxy Battle", *Forbes*, 16 March 2009.

表现差的管理者——可能是因为他们太在意自己的利益以至于和股东的利益相违背——一定经常害怕当自己的公司被另一家公司收购后，自己会失业，正如我们在第7章第二节这部分所讲到的。因此，当公司被**恶意收购**（hostile takeover）以后，每一个管理团队都面临着被驱逐出去的风险，换句话说，受到关于公司控制权的市场的约束（专栏15.7给出了一个例子）。

专栏 15.7　　　　对雷诺兹·纳贝斯克的恶意收购

让我们回到1988年，雷诺兹·纳贝斯克是一个在纽约证券交易所上市的巨大的食品和烟草公司，并且是美国20大公司之一。

它的CEO罗斯·约翰逊以他奢侈的生活方式著称，他的这种奢侈是以侵占公司的利益为代价的。曾经，雷诺兹·纳贝斯克公司拥有十架公司商务飞机，聘请36名飞行员，且在位于亚特兰大的公司总部有机场。这些可以快速起飞的飞机供约翰逊和他的朋友，甚至他的宠物使用。同时公司的股价相对于它的竞争者而言，被远远低估了。

一个著名投资公司 KKR 的投资者亨利·卡拉维斯发现了这个机会，并且通过恶意收购发起了对雷诺兹·纳贝斯克公司的收购竞标，以获取对雷诺兹·纳贝斯克的控制权。约翰逊自己与此同时也向自己的公司发出了竞标，不久一场激烈的竞标开始了。最终，KKR 以高价一举击败所有对手，以总价 250 亿美元的交易价值（原始股价溢价将近 100%）完成了迄今为止最大规模的收购。

在 KKR 收购公司之后约翰逊被迫离开了公司。不用担心他过得好不好，在收购战争结束之前，他已经为自己输掉这次竞标安排了一个黄金降落伞，在这场战争中，约翰逊获得了超过 5 300 万美元的收入。

资料来源：Burrough and Helyar (1990).

如果一个投资者购买了所有股票，那么他是公司唯一的所有者，他可以解雇公司的高层管理者。根据相关制度，如果一个投资者拥有公司大部分的股票，他依然可以拥有刚才的那种权利。

现在，让我们思考下，在何种情况下投资者会购买公司的全部股份。注意，所有股份在公开竞标的环境下，购买者通常会以高于现在股价的价格来购买股票（溢价在通常情况下至少为 20%，有的甚至可以达到 100%，如在雷诺兹·纳见斯克公司被 KKR 敌意收购的案例中）。当然，当管理者为了自己的利益而侵占股东利益时，公司的业绩会很差，在这种情况下投资者并不乐意溢价购买公司的股票。投资者不能有效管理公司，这样他们的溢价也就收不回来。

现在，考虑如果公司的运行不是那么有效，那么在公司股票市场上的价值将会下降。一个投资者如果买了公司所有的股份，解雇之前所有没有效率的管理者，并亲自运营管理公司，将会为公司创造巨大的价值。如果公司的真实价值（经营无效的公司的价值）和潜在价值（管理有效的公司的价值）之间的差距足够大，他也会尝试一下，即使他不得不支付超过公司现在股价的溢价。

因此，不仅存在个人股票市场，还存在整个公司的市场，或者说是公司管理权的市场。这就是在第 7 章第二节介绍的公司控制权市场。请注意，为了激励管理者达到一个既定的目标，没有必要非得实行恶意收购。恶意收购的威胁，甚至是代理权争夺后选举出来的关键外部董事，都只不过是使管理者知道如果他们不好好工作会有怎样的后果。

在参与在职消费的前提下，管理者怎样避免恶意收购？例如，他们可以和另外一个组织签订一个合同，规定如果出现恶意收购，那么这个组织将有权利以低于股票市价的价格购买公司的大部分有价值的资产（如公司有很强的盈利能力的子公司）。这样可以阻止投资者实现其企图控制公司的目的。财经报刊称此类合同为**毒丸计划**（poison pills）。

另一个非常有效的反收购方法叫作**黄金降落伞**（golden parachute）。在管理者的聘用合同中有这样一些条款，如果他因公司收购而被解雇，那么他将会得到一大笔钱。这笔金额的数字可能千差万别，但在某些情况下，正如我们看到的，可以高达数百万美元。

有时公司的管理者为了避免恶意收购会安排一个友好的收购。这个友好的收购者由目标公司的管理者发出邀请，经常被称为救星。

以上提到的几种方法只是反对恶意收购的合同形式，在一些国家，还存在一些立法限制，这样会使一个收购者控制另一个公司变得非常困难，比如，与特定形式的股票相关联的表决权的限制，以及一些保护小股东利益的规则。这些规章制度在不同国家有不同的规定，我们将在下一章节中说明。

15.7 制度框架：市场导向型和网络导向型公司治理结构

我们发现在不同的国家存在不同的公司治理结构，原因有以下几种：

- 它们所在团体的特征；
- 它们体制中所包含的经济和政治方面的发展。

为了方便，我们可以将不同的公司治理结构大致分为两类：市场导向型公司治理结构和网络导向型公司治理结构。下面我们将具体介绍两种公司治理结构：第一，描述它们的特征；第二，指出对它们发展具有影响的环境因素。

15.7.1 市场导向型公司治理结构

市场导向型公司治理结构最主要的特点是存在大型有效的股票市场、成百上千的股东、对小股东利益的严格的法律保护、所有权和控制权的分离。在一个标准的市场导向系统中，所有的大型公司都在证券交易所上市。这些上市公司有许多股东，而且没有股东持有控制权。管理者倾向于拥有自己管理的公司的小部分股权。

此外，旨在保护个人小股东的法律法规，限制了公司仅与几家大型机构投资者讨论战略计划的行为。因为这种行为将给这些大型机构投资者提供公司的内幕消息，而个人小股东是无法获得的，这将违反内幕交易的法律。所以，在市场导向型公司治理结构中，一个在证券交易所上市交易的公司和机构投资者之间的长期关系是很难存在的。

这种描述多多少少符合一些英美国家的情况。在美国，超过50%的上市公司股份是由家庭持有的，剩下的被金融机构持有，但是一个金融机构很少拥有一个非金融公司10%的股份。美国的商业银行不允许持有公司股权。互惠基金通常情况下不能拥有控股权。保险公司只能投入一小部分的资金到任何一家公司。养老基金的限制相对较少，但是大多数养老基金都非常小，很少拥有华尔街公司超过1%的股份。这样，美国主要的金融机构（商业银行、投资银行、互惠基金、保险公司和养老基金）在很多大公司拥有广泛多元化的股票投资组合。

在典型的市场导向型公司治理结构中，每一个单独的投资者拥有一个公司很小比例的股份，结果，投资者只有很小的动机去监督公司管理者：他们只能获得一小部分的利润分红，其他的股东会来搭便车。这样，投资者如果对他们所投资的公司的经营业绩不满意的话，将会抛售所持有的股份，而不是利用他们拥有的表决权来影响管理层的决定。如果大多数投资者都这样做的话，公司的股票价值将会下跌，公司将会成为极具吸引力的被收购对象（不仅包括为了实现协同效应而进行的战略收购，也包括私募股权公司）。这就是我们之前看到的在 1988 年被收购的雷诺兹·纳贝斯克公司和 2005 年被收购的 VNU 公司。VNU 公司是一家媒介研究公司，现在以尼尔森公司著称（详情请看专栏 15.8）。

VNU 公司被由私募股权公司组成的财团收购，这家财团直接对 VNU 公司进行重组。这个财团计划提高公司的盈利能力和成长性，然后把它卖给战略购买者或重新挂在股票市场上。私人股本公司可以被看作为了获得重组或管理公司的权利，在公司控制的市场中竞争。市场导向型公司治理结构的国家中的管理者都明白发生在 VNU 公司 CEO 身上的事件也会发生在他们自己身上。这就是我们说在市场导向型公司治理结构下，管理者主要受公司控制权市场的约束的原因。

专栏 15.8　VNU 公司是如何失去独立性的

2005 年，媒体集团 VNU NV 的投资者对公司的管理很不满意。VNU 公司是一家荷兰公司，总部设在纽约，几乎所有的活动都集中在美国。AC 尼尔森公司和尼尔森媒介研究公司是它的两个最重要的分公司，前者通过向零售商搜集数据来研究消费者行为，后者通过电视和电台等媒介调查研究受众行为数据。两家各自行业的市场领导者，却都陷入了困难时期。AC 尼尔森公司失去了沃尔玛的账户，尼尔森媒介研究公司在安装最新技术上落后于竞争对手。VNU 集团的股价在 2005 年之前就开始不断下跌。

当 VNU 公司首席执行官罗布范德博格宣布计划在 2005 年 7 月以 70 亿美元收购艾美仕市场研究公司（IMS Health，一家搜集各国医药使用数据的公司）时，这一计划遭到了股东的反对。以奈特·文科为首的一群股东，包括菲德利提和坦普尔顿，明确表示无论如何不会支持艾美仕市场研究公司收购案。在此之后，罗布范德博格不得不在 2005 年 11 月放弃收购计划。

2006 年 3 月，由六家私募股权公司组成的财团做出公开要约，要约以 28.75 欧元/股（当时相当于 35 美元/股）的价格收购 VNU NV 的全部股份。罗布范德博格黯然下台，并由大卫·卡尔霍恩成功取代。卡尔霍恩开始削减职位数目，使之从 4.2 万减少到 3.8 万。

罗布范德博格收到了 450 万欧元的遣散费，他很快在几家公司谋取到监事会成员的职务。

2007 年 1 月，VNU 决定更名为尼尔森公司。

资料来源：Press Release from VUN, Alp invest, The Blackstop Group, The Carlyle Group, Hellman & Friedman LLC, KKR and THL Partners, Haarlem, the Netherland, 8 March 2006; Bloomberg.com, 17 January 2006.

VNU 公司的例子表明，恶意收购发生了。但是，即使在美国，一些上市公司管理层的控制权也被市场很好地保护着。谷歌公司就是一个例子，其中三个高层管理者掌握了控制权（见专栏 15.9）。

专栏 15.9　谷歌的公司治理

拉里·佩奇和瑟盖·布林第一次见面是在斯坦福大学做博士论文的时候，他们研究的项目叫作"大型超文本网络搜索引擎的分解"。1998 年，在研发出一个比当时所有搜索引擎都更有效的新搜索引擎后，他们放弃了学业深造，成立了谷歌公司。刚开始的时候，公司的运营主要依赖于他们自己的资金，但是，很快，他们就不得不吸引一些投资来支撑谷歌公司的资金运转。

2000 年，谷歌在搜索结果的附近放置了广告。在同一年，谷歌首次盈利。2001 年，埃里克·施密特加入公司并成为董事会主席兼首席执行官。在 2004 年，谷歌通过首次公开募股成为一家上市公司。在首次公开募股中，有 1 960 万股股票发行给了投资者，其中有 1 410 万股新发行股票和 550 万股股东出售股票。

谷歌有两类普通股：A 类和 B 类，两种类别的股票的区别就在于投票权：A 类股每股拥有一票投票权，而 B 类股每股有 10 票。A 类股给投资者，B 类股仅由谷歌的管理人员和雇员持有。当 B 类股票被出售时，它们会自动转换成 A 类股，除非是佩奇将 B 类股出售给布林，或布林将 B 类股出售给佩奇。

首次公开募股后，谷歌拥有了 3 360 万股 A 类股和 2 376 万股 B 类股流通股。投资者花费 17 亿美元购买 1 960 万股 A 类股，以此获得谷歌 7.2% 的经济收益以及 0.8% 的表决权。经营公司的佩奇、布林和施密特三大巨头，合计控制了 37.6% 的表决权，其他行政管理团队和董事控制另外的 61.4%。

在一封给潜在的投资者的招股说明书中，佩奇写道："谷歌是一家发展繁荣的私人公司。我们相信一个双层股权结构将使谷歌成为一家上市公司，并保留许多私企的积极方面。我们对一些投资者不支持双层股权结构表示理解，有些人可能认为，我们的双层股权结构将给我们（管理者）带来好处，而不是为了保障公司股东的整体利益。我们非常仔细地考虑过这个观点，我们和股东大会不会随意地做出决定。我们相信，每个人都与谷歌相关，都会受益于这种结构，包括新投资者。然而，你应该意识到谷歌和它的股东可能并没有意识到这些好处。"在这封信里有几页强调谷歌将会进行长期优化，而不是试图为每个季度创造平滑收益。谷歌倾向于高风险、高回报的项目，因此，谷歌的运行更像一家私营公司，而不是一家上市公司。佩奇说这就是为什么双层股权结构对所有股东有利的原因。

2004 年，在首次公开募股之前不久，谷歌吸引了三个外部董事会成员，并且将首席执行官和董事会主席的角色分离开来。

2012 年 4 月，谷歌宣布了一项 A 类股分割的政策：每一个股东将会收到 A 类股分割后来自 C 类股新增的份额。C 类股有与 A 类股和 B 类股相同的获取股息的权利，但 C 类股没有投票权。

起初投票的数量不会作为改变股票分割的结果。2012 年 4 月拉里·佩奇在"创始人的信"中有一页写道："这些无投票权股票将可用于公司用途，如用股权支付雇员薪酬，否则未分割的股票可能会削弱我们的管理结构。"所以，股票分割的一个重要目的是完成拉里·佩奇、瑟盖·布林和埃里克·施密特实际控制谷歌公司的夙愿，他们三个当时有66%的投票权。公司的法律顾问在致股东的信中写道："鉴于拉里、瑟盖和埃里克控制着主要的投票权，如果他们认可这项提案，则这个提案基本可以通过。"

2012年4月，以85美元向投资者出售的谷歌A类股，交易价格达到了每股649美元左右。福布斯估计当时的拉里·佩奇和瑟盖·布林（当时分别为38岁和37岁）净值都达到了18.7亿美元。

佩奇和布林继续为谷歌工作，并被许多人视为技术专家，而且他们还在忙着完成博士学位。

资料来源：Prospectus issued by Morgan Stanley and Credit Suisse First Boston，18 August 2004；Founders letter by Larry Page and Sergey Brin，April，12，2012.

谷歌双层股权结构的例子证明，环境和体制（谷歌在美国体制中）共同决定了公司的治理结构，但也并不能完全决定。在一个制度环境中，企业有选择自身治理结构的自由。

15.7.2 网络导向型公司治理结构

网络导向型（network-orientated）公司治理结构的主要特点是大股东的出现。在典型的网络导向型公司治理结构中，大公司不一定在证券交易所上市。许多上市公司都有一个或几个大股东，这些大股东不积极买卖其股份。股市自由浮动比例显著低于100%，对于许多公司来说甚至低于50%，大股东（或者他们的代表）在董事会上坐而论道，监督管理者。如果对经理人的表现不满意，就会使用他们的投票权。经理人更大程度上被这些大股东，而不是公司控制权市场约束着。

这种公司治理结构或多或少适合于大多数非英美国家的情况，无论是新兴市场还是较发达的国家（如日本和欧洲大陆国家）。在这些国家，正如我们在第14章第四节指出的，企业集团发挥了重要作用。

在网络导向型经济中，一家典型的公司拥有少数几个大股东，他们与公司及其管理层有长期的合作关系，并派代表参与公司的董事会。除了使其股票价值最大化之外，这些股东往往还有其他的利益，如战略投资或家族控制。如果银行是公司的大股东，也许它具有一些未偿还的债务关系需要保护。这样的股东都不太可能出售其股份以供恶意收购。

在网络导向型公司治理结构的国家中，公司控制权市场的有效性不仅取决于制度环境，而且受到这些国家典型所有制结构的限制。

在一些国家，如德国、法国、意大利、西班牙、日本、韩国和印度，大公司的股权不像英美国家那样分散。例如，全国最大的100家公司中，在证券交易所上市的公司的数量，英国多于意大利。此外，意大利的公司确实有不少在证券交易所上市，但它们的股权往往比英国的上市公司更加集中。

在德国，所谓的全能银行，如德意志银行、德国商业银行和德累斯顿银行，不仅为大型工业企业提供债务资金，而且对它们进行股权投资。然而，自2008年以来，德国的银行已经大量减少它们的工业持股量。德国的全能银行也提醒购买和出售它们股份的客户注意。多数私人投资者将股份存入以上全能银行之一，并授权银行替它们在股东大会上行使投票权。这使得全能银行在股东大会上有相当大的投票权。机构投资者比银行发挥了更重要的作用。专栏15.10提供了一个例证。

专栏 15.10　　　　　　　　　　戴姆勒股份公司的股东

戴姆勒股份公司是一个非常成功的汽车公司，销售汽车、卡车、货车、客车。梅赛德斯-奔驰是公司旗下的知名品牌。2011年，机构投资者持有其67%的股份，私人投资者拥有3%以上的股份。两个最重要的股东分别是阿布扎比的阿尔巴投资公司和科威特投资局。德意志银行的股份从2004年的11.8%降到不到3%。

资料来源：Daimler AG Annual Report 2011.

在欧盟的拉丁语系国家（意大利、西班牙、葡萄牙、法国、比利时）中，许多大型公司，甚至在证券交易所上市的公司，都只有一个或少数几个拥有较大比例股份的所有者。这样的大股东可以是金融控股公司、大家族、银行、其他工业企业和国家。在这些国家的许多上市公司中，一个或几个大股东一起控制着公司超过50%的投票权。他们有时会牺牲小股东的利益，利用手中的权力达到一些目标。

在日本，有许多大型工业集团，即所谓的财阀，如三菱集团、三井集团。这些集团往往以银行和保险公司为中心，为集团下属的公司提供债务资本和股权资本。集团下属的公司往往相互之间持有很大比例的股份。因此，财团下属公司的大部分股份由**财团**（keiretsu）中的其他公司持有。

在韩国和印度，企业集团也扮演着重要的角色。在韩国典型的工业集团［被称为**财阀**（chaebol）］中，集团下属的公司持有集团中其他公司的股份，并为姊妹公司的银行贷款提供担保。这些商业集团并不受控于银行，而是由同一家族的人员控制，通常是集团创建人的子孙后代。

总之，尽管以上提及的国家在公司治理结构方面有所不同，但也有很多的共同点。首先，许多公司都只有一个或少数几个拥有较大比例股份的所有者，其次，这些一个或者少数几个所有者占较大比例股份的公司可能会形成一个较大的关系网络。正是由于这些原因才形成了网络导向型公司治理结构。

在网络导向型公司治理结构所在的国家，防止企业内幕交易的相关法律尚不完善。大股东参与公司管理，影响公司的管理决策。很多时候，他们坐在董事长的位置。如果他们对某个高管的表现不满意，就有权解雇他们。因此在网络导向型公司治理结构中，管理者的行为主要受组织安排限制。

15.7.3　两种公司治理结构类型的比较

在市场导向型公司治理结构中，业绩差的管理者往往处于恶意收购的恐惧中。由于外部董事缺乏动机来有效履行其职能，董事会在约束管理者行为方面可能并不是很重要。特别是当公司的CEO也是公司的董事长时。因此，公司的控制权市场机制在解决股东和经营者之间的代理问题上显得更为重要。

为了抵制恶意收购，现任的管理者往往会花费大量的金钱在律师咨询费以及投资费用上。而同意这种收购的股东则认为这是一种资金的浪费（特别是溢价时期）。换种方式来说，市场的公司控制权交易成本可能会非常高。如此一来，现任经理会给在职消费留有一些余地。公司控制权市场远非完善的，这是市场导向型公司治理结构的主要缺点。

在网络导向型公司治理结构中，外部董事对公司高管的监管可能是解决代理问题最重要的机制。大宗股票所有者有动力以有效的方式履行其监督作用。公司控制权市场在约束管理者方面是没有多大作用的。

网络导向型公司治理结构存在一个缺点，即股权资本市场包括风险投资在内并没有得到很好的发展。这将会阻碍以网络导向型公司治理结构为主的国家的股权资本的最优配置。网络导向型公司治理结构的另一个缺点是，有时主要的私人股东为了维护家族影响力或声望等私人原因，所采取的行动可能不会以公司利益最大化为目标。

在典型的网络导向型公司治理结构中，基本上不存在恶意收购。这或多或少符合德国和日本的情况。在法国、意大利和西班牙，恶意收购也十分少见，主要的原因可能是，恶意收购需要说服大股东，这些大股东很可能同时也是董事会成员或在董事会上有代表，他们只会在利益最大化时售出手中的股票。对通用公司而言，说服阿涅利家族，让他们相信他们此时售出股票可以达到利益最大化是很困难的。

还有另一个原因，收购的制度环境存在重大的差异。就算在欧洲内部，也是如此——英国的公司控制权市场最为活跃。欧洲大陆的大多数国家，公司本身就可以保护自己不受恶意收购的威胁。在欧盟内部，协调一个收购的法律框架需要多方激烈的辩论。欧洲委员会提出的议案已经被欧洲议会否决。这意味着英国和其他欧洲国家之间的差异可能会持续下去（详情可参见专栏15.11）。

这是否就意味着欧洲大陆的公司经理人不需要担心他们公司发行的股票在市场上的价值？这倒未必。只要公司必须一直发行新的股票，他们就会关注股票在股票市场中的估值。此外，正如我们在第13章中讨论的，在欧洲"私募股权"的作用正不断增大。

专栏 15.11　欧洲市场是社团主义还是公司控制权市场？

在欧洲，公司控制权市场的概念饱受争议，在英国却被普遍接受。但在欧洲人们普遍赞同企业应当主宰自己的命运，每一位股东公平地、持续地享有应有的权利，而不是仅仅只有大股东才能享受。为了平衡股东对企业控制权的竞争，就要积极促成企业与各个利益相关者的对话。这种思想被称为利益相关人模式（参见专栏6.1）、莱茵兰模式或社团。

欧盟成立15年以来致力于规范和统一欧洲的企业收购规则。欧盟声明将规范欧洲公司的控制权市场。该规定旨在创造有利于收购的监管条件，并在欧盟范围内推动企业重组。规定的主要内容将会限制公司保护自我不受收购者破坏的可能性。例如，被迫赞同"毒丸"股东的意见，对收购者没有股份转让的限制。但该规定的主要内容并不具有强制性。此外，如果公司收购者不受相同义务的约束，那么这个规定将允许成员国公司可以不受此规定的限制。许多成员国已经享受这些权利和豁免权，有些甚至加强了管理的作用来抵御公司收购者。因此，至2012年该专栏截止时期，一个真正有竞争力的公司控制权市场在欧盟尚未实现。

资料来源：*The Economist*，7 July 2011 and Press release IP/07/251，27 February 2007 from the European Commission.

15.8　世界上不同公司治理结构的演变

如何解释世界上不同的公司治理结构的发展？在以上的描述中，已经提及了一些环境和制度因素，我们试图把这些重要因素进行如下归类：

- 社会和文化价值。不同地区或国家的社会文化价值存在巨大的差异。例如，英美国家更具有利己主义倾向。正如霍夫施泰德（2001，p.251）所说，社会和文化价值转化为社会和政治体制，在这种体制中个人利益凌驾于集体利益之上。这就能够解释为什么市场（市场导向型公司治理结构）在英美国家更重要。
- 公司的概念。要从"利益相关人模型"或"股东价值"模型角度审视公司吗？例如，在德国，从利益相关人的角度来讲，可以解释为什么要员工参与监事会。相反，在美国和英国这将是不可思议的，因为公司董事会主要受股东们的委托。
- 制度安排。如上所示，美国的制度安排阻止了大型机构对单个企业的控股。然而。在德国和日本，大型银行有望成为大公司的主要股票投资者。正如上文所述，是否存在大股东是决定公司治理结构的主要因素。
- 演变中的教训。我们今天看到的制度安排，已经发展了很长时间，并吸收了过往的经验教训。它们之间存在路径依赖。由于不同的社会对路径有不同的选择，因而积累了不同的经验教训，这些差异会反映在他们当前的制度框架中。

上述因素强调了公司治理结构存在差异的原因，另一个问题在于，这种差异会变得更大还是更小。换句话说，我们会观察到一个收敛的还是发散的公司治理结构？

总的来说，我们认为有利于收敛的因素是强有力的。这些因素主要是全球化的结果。它们包括：

- 跨境并购的大幅增加；
- 国际标准化的信息披露要求（如国际财务报告准则）；
- 证券监管的统一和证券交易所的合并［例如法国、比利时和荷兰证券交易所在泛欧交易所的合并和随后纽约证交所（NYSE）和泛欧交易所的合并］；
- 公司治理规范不断发展，借鉴其他规则，取其精华，去其糟粕，从而促进融合。虽然这些通常还是发生在特定国家。

由此，我们看到环境和制度环境发展走向将促进全球主要经济体的公司治理结构进一步趋同。

15.9 小结：组织/市场办法是怎样解决公司治理中的代理问题的？

本章主要研究股东（委托人）和经理人（代理人）之间的代理关系。委托—代理问题的产生原因如下：首先，委托人与代理人的利益不同；其次，在委托人与代理人之间存在信息不对称现象。因而，代理问题的解决途径主要是针对以下问题：

- 缩小委托人与代理人之间的利益差异；
- 减少委托人与代理人之间的信息不对称现象。

委托人与代理人之间的利益差异可以通过组织手段缩小（与代理人签订激励合同），也可以通过市场手段解决（发挥管理层劳动力市场和公司控制权市场的功能）。

信息不对称既可以通过组织手段解决（股东或董事会的内部监督），也可以通过市场手段（管理层劳动力市场和公司控制权市场）进行解决，市场手段的实现有赖于外部监督，例如审计、股市分析师，信用评级机构，私募股权公司和其他可能有意收购该公司的各方组织。

所以，通过展现股东和经理人之间的代理问题是可以借助组织的手段（激励合同、内部监控）和市场的手段（外部监控和各种市场的功能）得以部分解决的，公司治理学科为本书构建了一个极好的框架。

在世界上的不同地区，演化出了不同的公司治理结构——主要是由社会和文化价值及历史背景的差异导致的。最终产生了在英美国家盛行的市场导向型公司治理结构，和流行于其他地区的网络导向型公司治理结构。

从长期来看，我们预计全球化将会导致这两种公司治理结构逐渐合流。

思考题

1. 假设你是一名HR顾问，专门从事CEO薪酬方案的制定工作。你的客户是大型上市公司的薪酬委员会成员。你可以假设这些薪酬委员会严格按照股东利益最大化的原则来行事。现在你有两个不同的客户。客户A是一家北欧（也许是瑞典）大型啤酒厂，仅仅供货给当地市场。市场上的啤酒需求是相对稳定的，公司的市场份额也是稳定的。利润主要取决于啤酒的生产效率，你会给客户A推荐一个包含了大量可变薪酬的薪酬方案，还是一个薪酬比较固定的方案？
客户B是一个贸易公司，主要经营电子配件和消费者产品。公司B从东亚不同的国家，包括中国、越南、印度和日本购买产品，然后销往欧洲。这家公司的利润取决于多种因素，包括汇率的变动、顾客喜好的变化以及欧洲市场的整体状况。你会给客户B推荐一个包含了大量可变薪酬的薪酬方案，还是一个薪酬比较固定的方案？
2. 相较于单层制董事会结构，双层制董事会结构有什么利弊？
3. 假设一家公司有一个持股人及一名CEO，持股人和CEO并非同一个人。根据第

7章介绍的委托—代理理论，持股人作为委托人最主要的作用是什么？
4. 现在请回忆一下在专栏15.5里提到的Accell集团，Accell集团的股票在一家证券交易所进行交易，有很多的持股人。这个公司是双层董事会结构，设有监事会和执行董事会。谁作为委托人起到了你在问题3中回答的作用？你看到了哪种代理关系？谁监督谁？

注释

[1] 这一部分主要摘自 Paul Frentrop（2002），Ondernemingen en hun aandeelhouders sinds de VOC, Amsterdam：prometheus。

参考文献

1. Akerlof, G. A. (1970), "The Market for 'lemons': Qualitative Uncertainty and the Market Mechanism", *Quarterly Journal of Economics*, vol. 84, 488–500.

2. Alchina, A. A. and H. Demsetz (1972), "Production, Information Costs and Economic Organization", *American Economic Review*, vol. 62, 777–95.

3. Aldrich, H. E. (1979), *Organizations and Environments*, Englewood Cliffs, NJ: Prentice Hall.

4. Alesina, A. and E. La Ferrara (2002), "Who Trusts Others?", *Journal of Public Economics*, forthcoming.

5. Alvesson, M. and L. Lindkvist (1993), "Transaction Costs, Clans and Corporate Culture", *Journal of Management Studies*, vol. 30, 427–52.

6. Amit, R. and P. J. H. Shoemaker (1993), "Strategic Assets and Organizational Rent", *Strategic Management Journal*, vol. 14, 33–46.

7. Anandalingham, G., and Lucas Jr, H. C. (2004), *Beware the Winner' Curse*, Oxford: Oxford Universty Press.

8. Andersen, S. Ertac, S., Gneezy, U., Hoffman, M. and List, J. A. (2011), "Stakes Matter in Ultimatum Games", *American Economic Review*, vol. 101, pp. 3427–3439.

9. Andrade, G., Mitchell, M. and Stafford, E. (2001), "New Evidence and Perspectives on Mergers", *Journal of Economic Perspecives*, vol. 15 (2), pp. 103–20.

10. Ansoff, H. I. (1965), *Corporate Strategy*, Harmondsworth: Penguin.

11. Ariely, D. (2009), *Predictably Irrational: The Hidden Forces that Shape Our Decision*, New York: Harper Collins.

12. Ariely, D. (2012), *The (Honest) Truth about Dishonesty*, New York: Harper Collins.

13. Arrow, K. J. (1963), "Uncertainty and Medical Care", *American Economic Review*, vol. 53.

14. Arrow, K. J. (1973), *Information and Economic Behavior*, Stockholm: Federation of Swed-

ish Industries.

15. Arrow, K. J. (1985), "The Economics of Agency", in: Pratt, J. W. and R. J. Zeckhauser (eds), *Principals and Agents: The Structure of Business*, Boston: Harvard Business School Press.

16. Arthur, W. B. (1994a), *Increasing Returns and Path Dependence in the Economy*, Ann Arbor: University of Michigan Press.

17. Arthur, W. B. (1994b), "Positive Feedbacks in the Economy", *McKinsey Quarterly*, no. 1.

18. Arthur, W. B. (1996), "Increasing Returns and the New World of Business", *Harvard Business Review*, vol. 74, July/August, 100 - 9.

19. Augier, M. and Teece, D. J. (2009), "Dynamic Capabilities and the Role of Managers in Business Strategy and Economic Performance," *Organization Science*, Vol. 20, no2, pp. 410 - 421.

20. Axelrod, R. (1984), *The Evolution of Cooperation*, New York: Basic Books.

21. Axelrod, R. (1997), *The Complexity of Cooperation*, Princeton, NJ: Princeton University Press.

22. Axelrod, R., and Cohen, M. D. (1999), *Harnessing Complexity: Organizational Implications of a Scientific Frontier*, New York: Free Press.

23. Bachmann, R., and Zaheer, A. (2006), *Handbook of Trust Research*, Cheltenham (UK), Edward Elgar Publishing.

24. Bagchi, A. K. (1972), *Private Investment in India* 1900 - 1939, Cambridge: Cambridge University Press.

25. Barney, J. B. (1989), "Asset Stocks and Sustained Competitive Advantage: A Comment", *Management Science*, vol. 35 (12), 1511 - 13.

26. Barney, J. B. (1991), "Firm Resources and Sustained Competitive Advantage", *Journal of Management*, vol. 17 (1), 99 - 120.

27. Barney, J. B. (1997), *Gaining and Sustaining Competitive Advantage*, Reading, Mass.: Prentice Hall.

28. Barney, J. B. and W. Hesterly (1996), "Organizational Economics: Understanding the Relationship betweem Organizations and Economic Analysis", in: Clegg, S. R., C. Hardy and W. R. Nord (eds), *Handbook of Organization Studies*, London: Sage.

29. Barney, J. B. and W. G. Ouchi (eds) (1986), *Organizational Economics*, San Francisco: Jossey Bass.

30. Barron, D. N. (2003), "Evolutionary Theories", in Faulkner D. O. and Campbell, A. *The Oxford Handbook of Strategy*, Oxford: Oxford University Press.

31. Baum, J. A. C. (1996), "Organizational Ecology", in: Clegg, S. R., C. Hardy and W. R. Nord (eds), *Handbook of Organization Studies*, London: Sage.

32. Baum, J. A. C., Dobrev, S. D., and Van Witteloostuijn, A. (eds) (2006), *Ecology and Strategy*, Amsterdam: Elsevier.

33. Bazerman M. H., and Samuelson, W. F. (1983), "I Won the Auction but Don't Want the Prize", *Journal or Conflict Resolution*, vol. 27, pp. 618 - 34

34. Bazerman, M. H., (2006), *Judgment in Managerial Decision Making*, 6th edn, New York: John Wiley

35. Bazerman, M. H., and Moore D. (2009), *Judgment in Managerial Decision Making*, New York: John Wiley

36. B ecker, G. S., and Elias, J. J. (2003), "Introducing Incentives in the Market for Live and

Cadaveric Organ Donations", at http://home.uchicago.edu/-gbecker/MarketforLiveand CadavericOrganDonations _ Becker _ Elias. pdf.

37. Beinhocker, E. D. (2006), *The Origin of Wealth: Evolution, Complexity and the Radical Remaking of Economics*, Boston, MA: Harvard Business School Press.

38. Berle, A. A., and G. C. Means (1932), *The Modern Corporation and Private Property*, New York: Commerce Clearing House.

39. Beroutsos, A., Freeman, A., and Kehoe, C. F. (2007), "What public companies can learn from private equity", *McKinsey Quarterly*, web exclusive, January 2007.

40. Bertrand, M., Metha, P., and Mullainathan, S. (2002), "Ferreting or tunneling: an application to Indian business groups", *Quarterly Journal of Economics*, vol. 117, pp. 121-48.

41. Besanko, D., Dranove, D., Shanley, M. and Schaefer, S. (2010), *Economics of Strategy*, 5th edn, New York: John Wiley.

42. Besanko, D. A. and Brautigam, R. R. (2010), *Microeconomics*, New York: John Wiley.

43. Bettis, R. A. and C. K. Prahalad (1995), "The dominant logic: retrospective and extension", *Strategic Management Journal*, vol. 16 (1), 5-14.

44. Birchler, U., and Butler, M., (2007), *Information Economics*, London: Routledge.

45. Boone, Ch., B. de Brabander and A. van Witteloostuijn (1996), "CEO locus of control and small firm performance: an integrative framework and empirical test", *Journal of Management Studies*, vol. 33, 667-99.

46. Boone, Ch., B. de Brabander and A. van Witteloostuijn (1999), "Locus of control and strategic behavior in a prisoner's dilemma game", *Personality and Individual Differences*, vol. 27, 695-706.

47. Bose, P. P. (1992), "Commitment: an interview with Pankaj Ghemawat of the Harvard Business School on new directions in strategic thinking", *Mckinsey Quarterly*, no. 3, 121-37.

48. Bowles, S. (2004), *Microeconomics: Behavior, Institutions, and Evolution*, Princeton. NJ: Princeton University Press.

49. Bowman, E. H. and C. E. Helfat (2001), "Does corporate strategy matter?", *Strategic Management Journal*, vol. 22 (1), 1-23.

50. Badbury, Dinner (2006), "The Designated Hitter, Moral Hazard and Hit Batters: New Evidence from Game-Level", *Journal of Sports Economics*, 2006 (Aug), vol 7 (3), pp. 319-329.

51. Brandenburger, A. M. and B. J. Nalebuff (1995), "The right game: use game theory to shape strategy", *Harvard Business Review*, vol. 73, 57-71.

52. Brau, J. C., and Kohers, N. (2007), "Dual-track verus singe-track sell-outs: An empirical analysis of competing harvest strategies", forthcoming in: *Journal of Business Venturing*.

53. Brickley, J. A. and F. H. Dark (1987), "The choice of organizational form, the case of franchising", *Journal of Financial Economics*, vol. 18, 401-20.

54. Brown, S. L., and Eisenhardt, K. M. (1998), *Competing on the Edge: Stategy as Structuraed Chaos*, Boston, MA: Harvard Business School Press.

55. Bruner, R. (2004), *Applied Mergers and Acquisitions*, Hoboken. NJ: John Wiley.

56. Bruner, R. (2005), *Deals from Hell: M&A Lessons that Rise above the Ashes*, Hoboken, NJ: John Wiley.

57. Burgelman, R. A. (1990), "Strategy-making and Organizational Ecology: A Conceptual Integration", in: Singh, J. V., *Organizational Evolution: New Directions*, Newbury Park, Calif.: Sage.

58. Burgelman, R. A. (1991), "Intraorganizational Ecology of Strategy Making and Organizational Adaptation: Theory and Field Research", *Organization Science*, vol. 2, 239 - 62.

59. Berhelman, R. A. (2002), *Strategy Is Destiny: How Strategy-Making Shapes a Company's Future*, New York: Free Press.

60. Borrough. B., and Helyar, J. (1990), *Barbarians at the Gate: The Fall of RJR Nabisco*, New York: Harper & Row.

61. Burt, R. S. (1992), *Structural Holes: The Social Stucture of Competition*, Cambridge, Mass: Harvard University Press.

62. Cameron, S. and A. Collins (1997), "Transaction Costs and Partnerships: The Case of Rock Bands", *Journal of Economic Behavior and Organization*, vol. 32, 171 - 83.

63. Carney, M., and E. Gedajlovic (1991), "Vertical Integration in Franchise Systems: Agency Theory and Resource Explanations", *Strategic Management Journal*, vol. 12, 607 - 29.

64. Carroll, G. R. (1987), *Publish and Perish: The Organizational Ecology of Newspaper Industries*, Greenwich, conn. : JAI Press.

65. Carroll, G. R. (ed.) (1988), *Ecological Models of Organizations*, Cambridge, Mass. : Ballinger.

66. Carroll, G. R. and Hannan, M. T. (1995), *Organizations in Industry: Strategy, Structure, and Selection*, Oxford: Oxford University Press.

67. Carroll, G. R. and Hannan, M. T. (2000), *The Demography of Corporations and Industries*, Princeton, NJ: Princeton University Press.

68. Casson, M. (1997), *Information and Organization: A New Perspective on the Theory of the Firm*, Oxford: Oxford University Press.

69. Caves, R. E. (1992), *Multinational Enterprise and Economic Analysis*, Cambridge: Cambridge University Press.

70. Chandler, A. D. (1996), *Strategy and Structure*, New York: Doubleday.

71. Chang, S-J., (2006) "The Future of Business Groups in East Asia", in Chang S-J. (ed.) *Business Groups in East Asia: Financial Crisis, Restructuring and New Growth*, Oxford: Oxford University Press.

72. Chang, S-J, and Singh, H., (2000), "Corporate and Industry Effects On Business Unit Competitive Position", *Strategic Management Journal*, vol. 21, pp. 739 - 752.

73. Chesbrough, H. W. (2003), *Open Innovation: The New Imperative for Creating and Profiting from Technology*, Boston, MA: Harvard Business School Press.

74. Christakis, N. and Fowler J. (2011), *Connected: The Amazing Power of Social Networks and How They Shape Our Lives*, NY: Harper Collins.

75. Christensen, C. M. (1997), *The Innovator's Dilemma: When New Technologies Cause Great Firms to Fail*, Boston, MA: Harvard Business School Press.

76. Christensen, C. M. (2003), *The Innovator's Solution*, Boston, MA: Harvard Business School Press.

77. Claessens, S., Djankov, S. And Lang, L. H. P. (2000), "The Separation of Ownership and Control in East Asian Corporations", *Journal of Financial Economics*, vol. 58, pp. 81 - 112.

78. Clark, K. and M. Sefton (2001), "The Sequential Prisoner's Dilemma: Evidence on Reciprocation", *Economic Journal*, vol. 111, 51 - 68.

79. Clarke, R. and T. McGuinness (eds) (1987), *The Economics of the Firm*, Oxford: Basil

Blackwell.

80. Clegg, S. R., C. Hardy and W. R. Nord (eds) (1996), *Handbook of Organization Studies*, London: Sage.

81. Coase, R. H. (1937), "The Nature of the Firm", *Economica*, vol. 4.

82. Coleman, J. S. (1990), *Foundations of Social Theory*, Cambridge, Mass: Harvard University Press.

83. Coles, J. W. and W. S. Hesterly (1998), "The Impact of Firm Specific Assets and the Interaction of Uncertainty: An Examination of Make or Buy Decisions in Public and Private Hospitals", *Journal of Economic Behavior and Organization*, vol. 36, 383–409.

84. Collins, J. C. (2001), *Good to Great*, New York: Harper Collins.

85. Collins, J. C. (2009), *How the Might Fall*, London: Random House.

86. Collins, J. C., and Porras, J. I. (1994), *Built to Last: Successful Habits of Visionary Companies*, London: Century Business.

87. Collis, D. J. and C. A. Montgomery (1995), "Competing on Resources: Strategy in the 1990s", *Harvard Business Review*, vol. 73, 118–28.

88. Cools, K. (2005), "Ebbers Rex", *The Wallstreet Journal*, 22 March 2005.

89. Cronqvist H., and Nilsson, M. (2003), "Agency Costs of Controlling Minority Shareholders", *Journal of Financial and Quantitative Analysis*, vol. 38, pp. 695–719.

90. Cyert, R. M. and J. G. March (1963), *A Behavioral Theory of the Firm*, Englewood Cliffs, NJ: Prentice Hall. (Second edition, 1992)

91. d' Aspremont, C., J. Gabszewicz and J. F. Thisse (1979), "On Hotelling's 'Stability in Competition'", *Econometrica*, vol. 47, 1145–51.

92. David, P. (1985), "Clio and Economics of Quwrty", *American Economic Review*, vol. 75, pp. 332–7.

93. Davis, L. E., and North, D. C. (1971), *Institutional Change and American Economic Growth*, Cambridge: Cambridge University Press.

94. Dawkins, R. (1986), *The Blind Watchmaker*, Harlow: Longman.

95. Day, J. D. and J. C. Wendler (1998), "The New Economics of Organization", *McKinsey Quarterly*, 1998, no. 1, 4–17.

96. DePamphilis, D. M. (2001), *Mergers, Acquisitions and Other Restructuring Activities*, 6th edn, Amsterdam: Elsevier.

97. DeAngelo H., and DeAngelo, L. (1985), "Managerial Ownership of Voting Rights: A Study of Public Corporations with Dual Classes of Common Stock", *Journal of Financial Economics*, vol. 14, pp. 33–69.

98. De Jong, A., Kabir, R., Marra, T., and Roëll, a. (2001), "Ownership and Control in the Netherlands", in Barca F. and Becth M. (eds), *The Control of Corporate Europe*, Oxford: Oxford University Press, pp. 188–206.

99. Dell, M., with Fredman, Catherine (1999), *Direct from Dell: Strategies which Revolutionized an Industry*, New York: Harper Collins.

100. Demsetz, H. (1995), *The Economics of the Business Firm: Seven Critical Commentaries*, Cambridge: Cambridge University Press.

101. Depamphilis, D. (2005), *Mergers, Acquisitions and Other Restructuring Activities*, Amsterdam: Elsevier, 3rd edn.

102. Dharwadkar, R., G. George and P. Brandes (2000), "Privatization in Emerging Economies: An Agency Theory Perspective", *Academy of Management Review*, vol. 25 (3), 650–69.

103. Dierickx, I. and K. Cool (1989), "Asset Stock Accumulation and Sustainability of Competitive Advantage", *Management Science*, vol. 35 (12), 1504–11.

104. Dixit, A. and B. Nalebuff (1991), *Thinking Strategically*, New York: Norton & Co.

105. Dobbs R., Goedhart, M., and Suonio, H. (2006), "Are Companies Getting Better at M&G?", *McKinsey Quarterly*, December 2006.

106. Doeringer, P. and M. Piore (1971), *Internal Labor Markets and Manpower Analysis*, Boston: Heath & Co.

107. Donaldson, T., and Preston, L. (1995), "the Stakeholder Theory of the Corporation: Concepts, Ecidence, and Implications", *Academy of Management Review*, vol. 20 (1), pp. 65–91.

108. Douma, S. W. (1997), "The two-tier System of Corporate Governance", *Long Range Planning*, vol. 30 (4), 612–14.

109. Douma, S., George, R., and Kabir, R. (2006), "Foreign and Domestic Ownership, Business Groups, and Firm Performance: Evidence form a Large Emerging Market", *Strategic Management Journal*, vol. 27, pp. 637–57.

110. Dyer, J. H., Kale, P., and Singh, H. (2004), "When to Ally and When to Acquire", *Harvard Business Review*, vol. 82 (7/8), pp. 108–15.

111. Dyer, J. H. and K. Nobeoka (2000), "Creating and Managing a High-performance Knowledge-Sharing Network: The Toyota Case", *Strategic Management Journal*, vol. 21 (3), 345–67.

112. Encarnation, D. (1989), *Dislodging Multinationals: India's Comparative Perspective*, Ithaca, NY: Cornell University Press.

113. Ernst and Young (2011), *The Rise of the Cross-border Transaction: The Serial Transactor Advantage*, London.

114. Faccio, L., and Lang, L. H. P. (2002), "The Ultimate Ownership of Western European Corpprations", *Journal of Financial Economics*, vol. 65, pp. 365–95.

115. Faccio, L., Lang, L. H. P., and Young, L. (2001), "Dividends and Expropriation", *American Economic Review*, vol. 91, pp. 54–78.

116. Rahr, R. and Irlenbuch B. (2008), "Identifying Personality Traits to Enhance Trust between Organizations: An Experimental Approach", *Managerial and Decision Economics*, vol. 29 (6), pp. 469–487.

117. Fama, E, F. (1980), "Agency Problems and the Theory of the Firm", *Journal of Political Economy*, vol. 88, pp. 288–307.

118. Fama, e. F., Fisher, L., Jensen, M. C., and Roll, R. (1969), "The Adjustment of Stock Prices to New Information", *International Economic Review*, vol. 10 (1), pp. 1–21.

119. Fama, E. F. and M. C. Jensen (1983a), "Separation of Ownership and Control", *Journal of Law and Economics*, vol. 26, 301–26.

120. Fama, E. F. and M. C. Jensen (1983b), "Agency Problems and Residual Claims", *Journal of Law and Economics*, vol. 26, 327–50.

121. Ferguson, T. D. (2000), 'Do Strategic Groups Differ in Reputation?", *Strategic Management Journal*, vol. 21 (12), 1195–214.

122. Finkelstein S., Whitehead J. and Campbell A. (2008), *Think Again: Why good leaders make bad decisions and how to keep it from happening to you*, Boston: Harvard Business Press.

123. FitzRoy, F. R., Z. J. Acs and D. A. Gerlowski (1998), *Management and Economics of Or-*

ganization, Harlow: Pearson Education.

124. Frances, J. et al. (1991), Introduction, in: Thompson, G., J. Frances, R. Levacic and J. Mitchell, *Markets, Hierarchies and Networks*, London: Sage.

125. Frank, R. H., Gilovitch, T. and D. T. Regan (1993), "Does Studying Economics Inhibit Cooperation?", *Journal of Economic Perspectives*, vol. 7 (2), pp. 157-171.

126. Freeman, R. E. (1984), *Strategic Management: A Stakeholder Approach*. Boston, MA: pitman.

127. Friedman, E., Johnson, S., and Mittion, T. (2003), "Propping or Tunneling", *Journal of Comparative Economics*, vol, 31, pp. 732-50.

128. Frentrop, P. (2003), *A History of Corporate Governance*, 1620-2002, Amsterdam: Deminor.

129. Galford, R., and Drapeau, A. S. (2003), "The Enemies of Trust", *Harvard Business Reciew*, Feb., pp. 89-95.

130. Gell-Mann, M. (1994), *The Quark and the Jaguar: Adventures in the Simple and the Complex*, London: Little Brown.

131. Geroski, P. A. (2003), *The Evolution of New Markets*, Oxford: Oxford University Press.

132. Gerstner, L. (2002), *Who Says Elephants Can't Dance*, Harper Collins.

133. Ghemawat, P. (1991), *Commitment: The Dynamic of Strategy*, New York: Free Press.

134. Ghenawat, P. (1997), *Games Businesses Play*, Cambridge, MA: MIT press.

135. Gibbons, R. and L. F. Katz (1991), "Layoffs and Lemons", *Journal of Labor Economics*, vol. 9 (4), 351-80.

136. Gilbert, X. and P. Strebel (1988), "Developing Competitive Advantage", in: Quinn, J. B., H. Mintzberg and R. M. James (eds), *The Strategy Process*, Englewood Cliffs, NJ: Prentice Hall.

137. Gilson, R. J., and Schwartz, A. (2005), "Understanding, MACs: Moral Hazard In Acquisitions", *The Journal of Law, Economics and Organization*, vol. 21, pp. 330-58.

138. Gilson, R. J., Goldberg, V., Klausner, M., and Raff, D. "Building Foundations for a Durable Deal", *Financial Times* (supplement), 13 October 2006, reprinted in Mayer, Colin, and Franks, Julian, *Mastering Transactions*, Financial Times/Ernst & Young, 2006.

139. Gintis, H. (2000), *Game Theory Evolving*, Princeton, NJ: Princeton University Press.

140. Glaeser, E. L., D. I. Laibson, J. A. Scheinkman and C. L. Soutter (2000), "Measuring trust", *Quarterly Journal of Economics*, vol. 115 (3), 811-46.

141. Gleick, J. (1987), *Chaos*, New York: Viking.

142. Gneezy, U. (2005), "Deception: The Role of Consequences", *American Economic Review*, vol. 95 (1), pp. 384-394.

143. Goergen, M. (2012), *International Corporate Governance*, Prentice Hall.

144. Goetzmann, W. N., and Rouwenhorst, K. G. (2005), *The Origins of Value*, Oxford: Oxford University Press.

145. Goold, M., A. Campbell and M. Alexander (1994), *Corporate-level Strategy*, New York: John Wiley.

146. Goshal, S. and Moran, P. (1996), "Bad for Practice: A Critique of the Transaction Cost Theory", *Academy of Management Review*, vol. 21 (1), 13-47.

147. Goswami, O. (1989), "Sahibs, Babus and Banias: Changes in Industrial Control in Eastern India 1918-1950", *Journal of Asian Studies*, vol. 48, pp. 289-309.

148. Gould, S. J. (1989), *Wonderful Life*, New York: Norton.

149. Granovetter, M. (1985), "Economic Action and Social Structure: The Problem of Embeddedness", *American Journal of Sociology*, vol. 91 (3).

150. Grant, R. M. (1991), "The Resource-based Theory of Competitive Advantage: Implications for Strategy Formulation", *California Management Review*, vol. 13, 114–35.

151. Grant, R. M. (2003), "The Knowledge-based View of the Firm", in D. O. Faulkner, and A. Campbell (eds), *The Oxford Handbook of Strategy*, Oxford: Oxford University Press.

152. Grant, T. M. (2009), *Contemporary Strategy Analysis*, 7th Ed, New York: John Wiley.

153. Grove, A. S. (1996), *Only the Paranoid Survive*, New York: Doubleday.

154. Guillén, M. F. (2000), "Business Groups in Emerging Economies: A Resource-based View", *Academy of Management Journal*, vol. 43 (3), pp. 362–81.

155. Güth, W., Schmittberger, R., and Schwarze, B. (1982), "An Experimental Analysis of Ultimum Bargaining", *Journal of Economic Behavior and Organization*, vol. 3, pp. 367–88

156. Hall, R. (1992), "The Strategic Analysis of Intangible Resources", *Strategic Management Journal*, vol. 13, 135–44.

157. Hall, R. (1993), "A Framework Linking Intangible Resources and Capabilities to Sustainable Competitive Advantage", *Strategic Management Journal*, vol. 14, 607–18.

158. Hannan, M. T. and J. Freeman (1989a), *Organizational Ecology*, Cambridge, Mass.: Harvard University Press.

159. Hannan, M. T. and J. Freeman (1989b), "Setting the Record Straight on Organizational Ecology: Rebuttal to Young", *American Journal of Sociology*, vol. 95 (2), 425–35.

160. Hatten, K. J. and M. L. Hatten (1988), *Effective Strategic Management: Analysis and Action*, Englewood Cliffs, NJ: Prentice Hall.

161. Haugland, S. A. (1999), "Factors Influencing the Duration of International Buyer-seller Relationships", *Journal of Business Research*, vol. 46, 273–80.

162. Hayek, F. A. (1945), "The Use of Knowledge in Society", *American Economic Review*, vol. 35 (4).

163. Hayward, M. L. A., and Hambrick, D. C. (1997), "Explaining the Premiums Paid for Large Acquisitions: Evidence of CEO Hubris", *Administrative Science Quarterly*, vol. 42 (1), pp. 103–27.

164. Hazari, R. K. (1967), *The Structure of the Corporate Private Sector: A Study of Concentration, Ownership and Control*, London: Asia Pubishing House.

165. Helfat C. E., Finkelstein, S., Mitchell, W., Peteraf, M. A., Singh, H., Teece, D. J. and Winter, S. G. (2007), *Dynamic Capabilities: Understanding Strategic Change in Organizations*, Oxford: Blackwell.

166. Helfat, C. E. and Winter, S. G. (2011), "Untangling Dynamic and Operational Capabilities: Strategy for the (n) Ever-changing World", *Strategic Management Journal*, 32: 1243–1250.

167. Henrich, J. (2000), "Does Culture Matter in Economic Behavior?: Ultimatum Game Bargaining among the Machiguenga of the Peruvian Amazon", *American Economic Review*, vol. 90, 973–79.

168. Hennart, J. F. and S. Reddy (1997), "The Choice between Mergers/Acquisitions and Joint Ventures: The Case of Japanese Investors in the United States", *Strategic Management Journal*, vol. 18 (1), 1–12.

169. Hill, C. W. and G. R. Jones (1995), *Strategic Management Theory: An Integrated Ap-*

proach, Boston: Houghton Mifflin.

170. Hillman, A. J. and G. D. Keim (2001), "Shareholder Value, Stakeholder Management, and Social Issues: What's the Bottom Line?", *Strategic Management Journal*, vol. 22 (2), 125 – 39.

171. Hofstede, G. (2001), *Culture's Consequences*, London: Sage.

172. Holland, J. H. (1998), *Emergence: From Chaos to Order*, Cambridge, Mass.: Perseus.

173. Holmstrom, B. R. and J. Tirole (1989), "The Theory of the Firm", in: Schmalensee, R. and R. Willig (eds), *Handbook of Industrial Organization*, vol. 1, Amsterdam: North Holland.

174. Hoskisson, R. E. and M. A. Hitt (1990), "Antecedents and Performance Outcomes of Diversification: A Review and Critique of Theoretical Perspectives", *Journal of Management*, vol. 16 (2), 461 – 509.

175. Hotelling, H. (1929), "Stability in competition", *Economic Journal*, vol. 39, 41 – 57.

176. Hurley, R. F. (2006), "The Decision to Trust", *Harvard Business Review*, Sept., pp. 55 – 62.

177. Hymon, D. N. (1986), *Modern Microeconomics: Analysis and Applications*, St Louis, Miss.: Times Mirror/Mosby College Publishing.

178. Imai, K. and H. Itami (1984), "Interpenetration of Organization and Market", *International Journal of Industrial Organization*, vol. 2, 285 – 310.

179. Irvin, R. A. and E. G. Michaels III (1983), "Core Skills: Doing the Right Things Right", *McKinsey Quarterly*, summer, 4 – 19.

180. Isaacson W., *Steve Jobs.*, (2011): Simon & Schuster.

181. Jacobides, M. G. and D. C. Croson (2001), "Information Policy: Shaping the Value of Agency Relationships", *Academy of Management Review*, vol. 26 (2), 202 – 23.

182. Jensen, M. C. (1986), "Agency Costs and Free Cash Flow, Corporate Finance, and Takeovers", *American Economic Review*, vol. 76, pp. 323 – 9.

183. Jensen, M. C. (1989), "The Eclipse of the Public Corporation", *Harvard Business Review*, September/October, pp. 61 – 73.

184. Jensen, M. C. (1998), *Foundations of Organizational Strategy*, Cambridge, Mass.: Harvard University Press.

185. Jensen, M. C. (2000), *A Theory of the Firm: Governance, Residual Claims, and Organizational Form*, Cambridge, MA: Harvard University Press.

186. Jensen, M. C. and W. H. Meckling (1976), "Theory of the Firm: Managerial Behavior, Agency Costs and Ownership Structure", *Journal of Financial Economics*, vol. 3, 305 – 60.

187. Jensen, M. C. and Ruback, R. S. (1983), "The Market for Corporate Control: The Scientific Evidence", *Journal of Financial Economics*, vol. 11, pp. 5 – 50.

188. John, K., Liu, Y. and Taffles, R. "It Takes Two to Tango: Overpayment and Value Destination in M&A Deals", Working paper (version 16.1), 15 November 2010.

189. Johnson, S. (2001), *Emergence: The Connected Lives of Ants, Brains, Cities, and Software*, New York: Scribner.

190. Johnson, E. J., and Goldstein D (2003), "Do Defaults Save Lives", *Science*, 302, 1338 – 1339.

191. Johnson, S., La Porta, R., Lopez-de-Silanes, F., and Schleifer, A. (2000), "Tunneling", *American Economic Review Paper and Proceedings*, vol. 90, pp. 22 – 7.

192. Johnson, G. andScholes K., and Whittington, R. (2005), *Exploring Corporate Strategy: Text and Cases*, Harlow: FT Prentice Hall.

193. Jones, G. R. and C. W. L. Hill (1988), "Transaction Cost Analysis of Strategy-Structure Choice", *Strategic Management Journal*, vol. 9, 159 – 72.

194. Kahneman, D. (2002), *Maps of Bounded Rationality*, Nobel Prize Lecture, reprinted in *American Economic Review*, vol. 93 (5), pp. 1449 – 75, 2003.

195. Kahneman, D. (2011), *Thinking, Fast and Slow*, London: Penguin.

196. Kahneman, D. and Tversky, A. (1979) "Prospect Theory: An Analysis of Decision under Risk", *Econometrica*. Vol 47, no. 2, pp. 263 – 292.

197. Katz, M. L. and H. S. Rosen (1998), *Microeconomics*, Boston, Mass.: Irwin/McGraw Hill.

198. Kauffman, S. (1993), The Origins of Order: Self-organization and Selection in Evolution, New York: Oxford University Press.

199. Kauffman, S. (1995), *At Home in the Universe: The Search for Laws of Complexity*, London: Viking.

200. Kaufman, A., C. H. Wood and G. Theyel (2000), "Collaboration and Technology Linkages: A Strategic Supplier Typology", *Strategic Management Journal*, vol. 21 (6), 649 – 63.

201. Kay, J. (1993), *Foundations of Corporate Success: How Business Strategies Add Value*, Oxford: Oxford University Press.

202. Kay, J. (1996), *The Business of Economics*, Oxford: Oxford University Press.

203. Kay, J. (2003), *The Truth about Markets: Their Genius, Their Limits, Their Follies*, London: Penguin.

204. Kessel, R. A. (1974), "Transfused Blood, Serum Hepatitis, and the Coase Theorem", *Journal of Law and Economics*, vol. 17 (2), 265 – 89.

205. Khalil, E. L. (2003), *Trust*, Cheltenham: Elgar.

206. Khanna, T. (2000), "Business Groups and Social Welfare in Emerging Markets: Existing Evidence and Unanswered Questions", *European Economic Review*, vol. 44, pp. 748 – 61.

207. Khanna, T., and Palepu, K. (1997), "Why Focused Strategies may be Wrong for Emerging Markets?", *Harvard Business Review*, vol. 75 (4), pp. 41 – 54.

208. Khanna, T., and Palepu, K. (2004), "The Evolution of Concentrated Ownership in India: Broad Patterns and a History of the Indian Software Industry", *Harvard Business School*, NBER Working paper W10613.

209. Khanna, T., Palepu, K., and Bullock, R. (2010), *Winning in Emerging Markets: A Road Map for Strategy and Execution*, Boston, MA: Harvard Business Press.

210. Khanna, T. and J. W. Rivkin (2001), "Performance Effects of Business Groups in Emerging Markets", *Strategic Management Journal*, vol. 22 (1), 45 – 74.

211. Klein, B., R. A. Crawford and A. A. Alchian (1978), "Vertical Integration, Appropriable Rents and the Competitive Contracting Process", *Journal of Law and Economics*, vol. 21, 297 – 326.

212. Klemperer, P. (2002), "What Really Matters in Auction Design", paper downloadable from www. paulklemperer. org.

213. Klemperer, P. (2004), *Auction: Theory and Practice*, Princeton, NJ: Princeton University Press.

214. Kohers, N and Ang, J. S. (2000), "Earnouts in Mergers: Agreeing to Disagree and Agreeing to Stay", *Journal of Business*, vol. 73 (3), pp. 445 – 476.

215. Kreps, D. M. (2004), *Microeconomics for Managers*, New York: W. W. Norton.

216. Krug, J. and R. Aguilers (2005), "Top Management Team Turnover in Mergers & Acquisitions", *Advances in Mergers & Acquisitions*, vol. 4, pp. 121 – 149.

217. Lafontaine, F. (1992), "Agency Theory and Franchising: Some Empirical Results", *RAND Journal of Economics*, vol. 23 (2), 263-83.

218. Lewin, R. (1995), *Complexity: Life on the Edge of Chaos*, London: Phoenix.

219. Li, Shaomin, Li, Shuhe and Zhang, Weiying (2000), "The Road to Capitalism: Competition and Institutional Change in China", *Journal of Comparative Economics*, vol. 28 (2), 269-92.

220. Lieberman M. B., and Montgomery, D. B. (1998), "First-mover (Dis) Advantages: Restrospective and Link with the Resource-based View", *Strategic Management Journal*, vol. 19 (12), pp. 1111-25.

221. Liebowitz, S., and Margolis, S. (1990), "The Fable of the Keys", *Journal of Law and Economics*, vol. 33 (1), pp. 1-25.

222. Lindgren, K. (1997), "Evolutionary Dynamics in Game-theoretic Models", in Arthue, W. B. Durlauf S. N. and Lane, D. A. *The Economy as an Evolving Complex System* 2, Santa Fe Institute, Reading: Addison-Wesley.

223. Lokanathan, P. S. (1935), *Industrial Organization in India*, London: Allen and Unwin.

224. M&A Research Center (MARC), (2011), *The Economic Impact of M&G: Implications for UK Firm*, London: City University.

225. Macaulay, S. (1963), "Non-contractual Relations in Business: A Preliminary Study", *American Sociological Review*, vol. 28 (1).

226. Mccolgan, P. (2001), "Agency and Corporate Governance: A Review of the Literature from a UK Perspective", part of unpublished PhD dissertation, University of Strathclyde, Glasgow.

227. Mckinsey (2009), "10 Timeless Tests of Strategy", *Mckinsey Quarterly*, September 2009.

228. Mckinsey (2012), "Taking a Longer-term Look at M&A Value Creation", *Mckinsey Quarterly*, January 2012.

229. Mcgee, J. (2003), "'Strategic Groups' Theory and Practice", in Faulkner D. O. and Campbell, A. *The Oxford Handbook of Strategy* (vol. 1), Oxford: Oxford University Press.

230. McMillan, J. (1991), *Games, Strategies, and Managers*, Oxford: Oxford University Press.

231. McMillan, J. (2002), *Reinventing the Bazaar: A Natural History of Markets*, New York: W. W. Norton.

232. Magretta, Joan (2002), *What Management Is*, New York: Free Press.

233. Maher, M. E. (1997), "Transaction Cost Economics and Contractual Relations", *Cambridge Journal of Economics*, vol. 21, pp. 147-70.

234. Malemendier, U., and Tate, G. (2008), "Who Makes Acquisitions? CEO Overconfidence and Markert's Reaction", *Journal of Financial Economics*, vol. 89, pp. 20-43.

235. Maher, M. E. (1997), "Transaction Cost Economics and Contractual Relations", *Cambridge Journal of Economics*, Vol. 21, 147-70.

236. March, J. G. (1994), *A Primer on Decision Making: How Decisions Happen*, New York: Free Press.

237. March, J. G. and H. A. Simon (1958), *Organizations*, New York: John Wiley.

238. Markides, C. C., and Geroski, P. A. (2005), *Fast Second: How Smart Companies bypass Radical Innovation to Enter and Dominate New Markets*, San Francisco, CA: Jossey-Bass.

239. Marshall, A. (1890), Principles of Economics, London: Macmillian. (Reprinted 1949)

240. Masten, S. E., J. W. Meekan Jr, and E. A Snyder (1989), "Vertical Integration in the US Auto Industry: A Note on the Influence of transaction Specific Assets", *Journal of Economic Behavior*

and Organization, vol. 12, 265-73.

241. Maynard Smith, J. and Price, G. (1973), "The Logic of Animal Conflict", Nature, vol. 146, pp. 15-18.

242. Mellström, C. and M. Johannesson (2008), "Crowding Out in Blood Donation: Was Titmuss Right?", Journal of the European Economic Association, vol. 6 (4): 845-863.

243. Ménard, C. (1995), "Markets as Institutions versus Organizations as Markets? Disentangling Some Fundamental Concepts", Journal of Economic Behavior and Organization, vol. 28, pp. 161-82.

244. Ménard, C. (2004), "The economic of hybrid organization", Journal of Institutional and Theoretical Economics, pp. 345-76.

245. Ménard, C. (2010), "Hybrid Organisations", in: P. G. Klein and M. E. Sykuta (eds), The Elagr Companion to Transaction Cost Economics, Aldershot, UK: Edward Elagar.

246. Michael, S. C. (2000), "Investments to Create Bargaining Power: The Case of Franchising", Strategic Management Journal, vol. 21 (4), pp. 497-514.

247. Michael, S. C. and Bercovitz, J. E. L., (2009), "A strategic Look at the Organizational Form of Franchising", in J. A. Nickerson and B. S. Silverman (eds), Economic Institutions of Strategy, Bingley, UK,: Emerald.

248. Micklethwait, J., and Wooldridge, A. (2003), The Company: A short History of a Revolutionary Idea, London: Weidenfeld & Nicolson.

249. Milgrom, P. and J. Roberts (1987), "Informational Asymmetry, Strategic Behavior, and Industrial Organization", American Economic Review, vol. 77, 184-93.

250. Milgrom, P. and J. Roberts (1992), Economics, Organization and Management, Englewood Cliffs, NJ: Prentice Hall.

251. Miller, D. (1990), The Icarus Paradox, New York: Harper.

252. Miller, D. (1994), "What Happens after Success: The Perils of Excellence", Journal of Management Studies, vol. 31 (3), 325-58.

253. Minkler, L. (2004), "Shirking and Motivations in Firms: Survey Evidence on Worker Attitudes", International Journal of Industrial Organzation, Vol. 22 (6), pp. 863-84.

254. Mintzberg, H. (1979), The Structuring of Organizations, Englewood Cliffs, NJ: Prentice Hall.

255. Mintzberg, H. (1983), Structure in Fives: Designing Effective Organizations, Englewood Cliffs, NJ: Prentice Hall.

256. Mintzberg, H. (1985), "Of Strategies, Deliberate and Emergent", Strategic Management Journal, 257-72.

257. Mintzberg, H. (1989), Mintzberg on Management, New York: Free Press.

258. Mintzberg, H. and J. B. Quinn (1991), The Strategy Process: Concepts, Contexts, Cases, Englewood Cliffs, NJ: Prentice Hall.

259. Moerland, P. W. (1995), "Alternative Disciplinary Mechanisms in Different Corporate Systems", Journal of Economic Behavior and organization, vol. 26, 17-34.

260. Morck, R., Wolfenzon, D. and Yeung, B. (2004), "Corporate Governance, Economic Entrenchement and Growth", Harvard Business School, NBER Working paper W10692.

261. Mohr, L. B. (1982), Explaining Organizational Behavior: The Limits and Possibilities of Theory and Research, San Francisco: Jossey Bass.

262. Morgan, G. (2006), Images of Organization, London: Sage.

263. Morgan, J. P., *Contingent consideration*, J. P. Morgan Mergers Insight, 4 March 2011.

264. Moschandreas, M. (1997), "The Role of Opportunism in Transaction Cost Economics", *Journal of Economic Issues*, vol. 31 (1), 39 – 57.

265. Nair, A., and Kotha, S. (2001), "Does Group Membership Matter? Evidence from the Japanese Steel Industry", *Strategic Management Journal*, vol. 22 (3), pp. 221 – 35.

266. Nam, S. W. (2001), "Business Groups Looted by Controlling Families, and the Asian Crisis", ADB Institute Research Paper 27.

267. Nanda, A., and Williamson, P. J. (1995), "Use Joint Ventures to Ease the Pain of Restructuring", *Harvard Business Review*, vol. 73 (6), pp. 119 – 28.

268. Nair, A. and S. Kotha (2001), "Does Group Membership Matter? Evidence from the Japanese Steel Industry", *Strategic Management Journal*, Vol. 22 (3), 221 – 35.

269. Nayak, P. R. D. A. Garvin, A. N. Maira and J. L. Bragar (1995), "Creating a Learning Organization", *Prism*, 3rd quarter.

270. Nelson, R. R. (1991), "Why Do Firms Differ and How Does It Matter?", *Strategic Management Journal*, vol. 12 (special issue), 61 – 74.

271. Nelson, R. R. and S. G. Winter (1982), *An Evolutionary Theory of Economic Change*, Cambridge, Mass.: Harvard University Press.

272. Nenova, T. (2004), "A Corporate Governance Agenda for Developing Countries", World Bank working paper.

273. Nickerson, J. A., B. H. Hamilton and T. Wada (2001), "Market Position, Resource Profile and Governance: Linking Porter and Williamson in the context of International Courier and Small Package Services in Japan", *Strategic Management Journal*, vol. 22 (3), 251 – 73.

274. Noorderhaven, N. G. (1995), "Transaction, Interaction, Institutionalization: Toward a Dynamic Theory of Hybrid Governance", *Scandinavian Journal of Management*, vol. 11 (1), 43 – 55.

275. North, D. C. (1990), *Institutions, Institutional Change and Economic Performance*, Cambridge: Cambridge University Press.

276. North D. C. (2005a), *Understanding the Process of Economic Change*, Princeton, NJ: Princeton University Press.

277. North, D. C. (2005b), "Corporate Leadership in an Uncertain World", New York: Conference Board Annual Report.

278. O'Donnell, S. W. (2000), "Managing Foreign Subsidiaries: Agents of Headquarters, or an Independent Network?", *Strategic Management Journal*, vol. 21 (5), 525 – 48.

279. OECD (2004), *Principles of Corporate Governance*, OECD.

280. Ormerud, P. (2005), Why Most Things Fail, London: Faber and Faber.

281. Oster, S. (1982), "Intraindustry Structure and the Ease of Strategic Change", *Review of Economics and Statistics*, vol. 64 (3), 376 – 83.

282. Ouchi, W. G. (1980), "Markets, Bureaucracies and Clans", *Administrative Science Quarterly*, vol. 25, 129 – 41.

283. Ouchi, W. G. and O. E. Williamson (1981), "The Markets and Hierarchies Perspective: Origins, Implications, Prospects", in: Van de Ven, A. and W. F. Joyce (eds), *Assessing Organizational Design and Performance*, New York: John Wiley.

284. Oxley, J. E., (2009), "Appropriability Hazards and Governance in Strategic Alliances: A Transaction Cost Approach", in Nickerson J. A. and Silverman B. S. (eds), *Economic Institutions of*

Strategy, Bingley, UK,: Emerald.

285. Pagano, M. and Volpin, P. (2001), "The Political Economy of Finance", *Oxford Review of Economic Policy*, vol. 17, pp. 502–19.

286. Park, S. H. and Y. Luo (2001), "Guanxi and Organizational Dynamics: Organizational Networking in Chinese Firms", *Strategic Management Journal*, vol. 22 (5), 455–77.

287. Parsons, T. (1960), *Structure and Process in Modern Societies*, Glencoe, Ill.: Free Press.

288. Perloff, J. M. (2001), Microeconomics, Boston, Mass.: Addison-Wesley.

289. Peteraf, M. A. (1993), "The Cornerstones of Competitive Advantage: A Resource-based View", *Strategic Management Journal*, vol. 14, 179–91.

290. Pfeffer, J. (1982), *Organizations and Organization Theory*, Marshfield, Mass,: Pitman.

291. Pigou, A. C. (1920), *The Economics of Welfare*, London: Mcmillan.

292. Polanyi, M. (1962), *Personal Knowledge*, New York: Harper.

293. Polanyi, M. (1967), *The Tacit Dimension*, Garden City: Doubleday.

294. Polisiri, P., and Wiwattanakantang. Y. (2004), "Restructuring of Family Firms after the East Asian Financial Crisis: Shareholder Expropriation or Alignment?", Working paper, Center for Economic institutions, Institute for Economic Research, Hitotsubashi University, Japan.

295. Porter, M. E. (1980), *Competitive Strategy: Techniques for Analyzing Industries and Competitors*, New York: Free Press.

296. Porter, M. E. (1985), *Competitive Advantage: Creating and Sustaining Superior Performance*, New York: Free Press.

297. Porter, M. E. (2008), "The Five Forces that Shape Strategy", *Harvard Business Review*, vol. 86 (1), pp. 1–17.

298. Porter, M. E. (2008). "The Five Competitive Forces that Shape Strategy", *Harvard Business Review*, vol. 861 (1), Reprint R080IE, pp. 1–17.

299. Powell, J. H. (2003), "Game Theory in Strategy", in Faulkner D. O. and Campbell, A. *The Oxford Handbook in Strategy* (vol. 2), Oxford: Oxford University Press.

300. Prahalad, C. K. and G. Hamel (1994), *Competing for the Future*, Boston, Mass.: Harvard Business School Press.

301. Prigogine, I. and I. Stengers (1984), *Order out of Chaos*, New York: Bantam.

302. Putterman, L. (ed.) (1986), *The Economic Nature of the Firm: A Reader*, Cambridge: Cambridge University Press.

303. Quinn, J. B. (1982), *Strategies for Change: Logical Incrementalism*, Homewood, Ill.: Irwin.

304. Quinn, J. B., H. Mintzgberg and R. M. James (eds) (1988), *The Strategy Process*, Englewood Cliffs, NJ: Prentice Hall.

305. Ragozzino, R. and Reuer, J. J. (2009), "Contingent Earnouts in Acquisitions of Privately Held Firms", *Journal of Management*, vol. 35 (4), pp. 857–859.

306. Raiffa, H. (1968), *Decision Analysis: Introductory Lectures on Choices under Uncertainty*, Reading, Mass.: Addison-Wesley.

307. Rasmusen, E. (1989), *Games and Information: An Introduction to the Theory of Games*, Oxford: Basil Blackwell.

308. Reuer, J. J. (2001), "From Hybrids to Hierarchies: Shareholder Wealth Effects of Joint Venture Partner Buy-outs", *Strategic Management Journal*, vol. 22 (1), 27–44.

309. Reuer, J. J. (2005), "Avoiding Lemons in M&A Deals", *MIT Sloan Management Review*, vol. 46 (3), pp. 15–17.

310. Reuer, J. J. (2009), "Organizational Economics Insights from Acquisitions Research", in: Nickerson, J. A and Silverman, B. S., *Economic Institutional of Strategy*, Advances in Strategic Management, vol. 26, pp. 241–265.

311. Reuer, J. J. and M. P. Koza (2000), "Asymmetric Information and Joint Venture Performance: Theory and Evidence for Domestic and International Joint Ventures", *Strategic Management Journal*, vol. 21 (1), 81–8.

312. Reuer, J. J. and Ragozzino R. (2006), "Using IPOs to Prove the Value of M&A Targets", *Finacial Times* (Supplement), 6 October 2006, reprinted in Mayer, Colin and Franks, Julian, "Mastering Transactions", *Financial Times*/Ernst & Young, 2006.

313. Reuer, J. J. and Shen, J. C. (2004), "Sequential Divestiture Through Initial Public Offerings", *Journal of Economic Behavior and Organization*, vol. 54 (2), pp. 249–66.

314. Roberts, D. J. (2004), *The Modern Firm: Organizational Design for Performance and growth*, Oxford: Oxford University Press.

315. Roll, R. (1986), "The Hubris Hypothesis of Corporate Takeovers", *Journal of Business*, vol. 59 (2), pp. 197–216.

316. Rumelt, R. P. (1974), *Strategy, Structure, and Economic Performance*, Boston, Mass.: Harvard Business School Press.

317. Rumelt, R. P., (1984), "Towards a Strategic Theory of the Firm", in Lamb, R. B., *Competitive Strategic Management*, Englewood Cliffs, NJ: Prentice Hall.

318. Rumelt, R. P. (1991), "How Much Does Industry Matter?", *Strategic Management Journal*, vol. 12 (3), 167–85.

319. Rumelt, R. P. (2011), *Good Strategy/ Bad Strategy*, New York: Crown/ Random House.

320. Sako, M. and S. Helper (1998), "Determinants of Trust in Supplier Relations: Evidence Form the Automotive Industry in Japan and the United States", *Journal of Economic Behavior and Organization*, vol. 34, 387–417.

321. Samuelson, P. (1976), *Economics* (10th edn), Tokyo: McGraw-Hill/Kogakusha Ltd.

322. Saussier, S. (1999), "Duration: An Empirical Analysis of EDF Coal Contracts", *Recherches Economiques de Louvain*, vol. 65 (1), 3–21.

323. Schelling, T. C. (1960), *The Strategy of Conflict*, Cambridge, Mass.: Harvard University Press. (Reprinted 1980)

324. Schleifer, A. and R. W. Vishny (1997), "A Survey of Corporate Governance", *Journal of Finance*, vol. 52, 737–83.

325. Schleifer, A., and Vishny, R. W. (1997), "Stock Market Driven Acquisitions", *Journal of Financial Economics*, vol. 70, pp. 295–311.

326. Schoenberg, R. (2006), "Measuring the Performance of Corporate Acquisitions: An Empirical Comparison of Alternative Metrics", *British Journal of Management*, vol. 17, pp. 361–370.

327. Schreuder, H. (1993a), "Coase, Hayek, and Hierarchy", in: Lindenberg, S. and H. Schreuder, *Interdisciplinary Perspectives on Organization Studies*, Oxford: Pergamon Press.

328. Schreuder, H. (1993b), "Timely Management Changes as an Element of Organizational Strategy", *Journal of Management Studies*, vol. 30 (5), 723–38.

329. Schreuder, H. and A. van Witteloostuijn (1990), *The Ecology of Organizations and the Eco-*

nomics of Firms, Research Memorandum, University of Limburg.

330. Schumpeter, J. A. (1934), *The Theory of Economic Development*, Cambridge, Mass.: Harvard University Press.

331. Scott, W. R. (2003), *Organizations: Rational, Natural, and Open Systems* (3rd edn), Englewood Cliffs, NJ: Prentice Hall.

332. Seabright, P. (2004), *The Company of Strangers: A Natural History of Economic Life*, Princeton, NJ: Princeton University Press.

333. Sculley, J. with John Byrne (1987), *Odyssey: Pepsi to Apple…A Journey of Adventures, Ideas, and the Future*, New York: Harper & Row.

334. Simon, H. A. (1961), *Administrative Behavior* (2nd edn), New York: Macmillan.

335. Simon, H. A. (1991), "Organizations and Markets", *Journal of Economic Perspectives*, vol. 5 (2), 25 – 44.

336. Slater, M. (2003), "The Boundary of the Firm", in Faulkner D. O. and Campbell, A. *The Oxford Handbook of Strategy*, Oxford: Oxford University Press.

337. Soeters, J. and H. Schreuder (1988), "The Interaction Between National and Organizational Cultures in Accounting Firms", *Accounting, Organizations and Society*, vol. 13 (1), 75 – 85.

338. Spence, M. (1973), "Job Market Signaling", *Quarterly Journal of Economics*, vol. 87 (3), pp. 355 – 74.

339. Stacey, R. D. (1996), *Strategic Management & Organisational Dynamics* (2nd edn), London: Pitman.

340. Stigler, G. J. and C. Friedland (1983), "The Literature of Economics: The Case of Berle and Means", *Journal of Law and Economics*, vol. 26, 237 – 68.

341. Stiglitz, J. (2002), *Globalization and Its Discontents*, London: Penguin.

342. Stuckey, J and White, D. (1993), "When and When Not to Vertically Integrate: A Strategy as Risky as Vertical Integration Can Only Succeed When It Is Chosen for the Right Reasons", *McKinsey Quarterly*, pp. 3 – 27.

343. Sull, D. N. (2003), "Managing by Commitments", *Harvard Business Review*, June 2003, pp 82 – 91.

344. Takeishi, A. (2001), "Bridging Inter-and Intra-firm Boundaries: Management of Supplier Involvement in Automobile Product Development", *Strategic Management Journal*, Vol. 22 (5), 403 – 33.

345. Tallman, S. (2003), "Dynamic Capabilities", in Faulkner D. O. and Campbell, A. *The Oxford Handbook of Strategy*, Oxford: Oxford University Press.

346. Teece, D. J. (1980), "Economics of Scope and Scope of the Enterprise", *Journal of Economic Behavior and Organization*, vol. 1, 223 – 47.

347. Teece, D. J. (1982), "Towards an Economic Theory of the Multiproduct firm", *Journal of Economic Behavior and Organization*, vol. 3, 39 – 63.

348. Teece, D. J., Pisano, G. and Shuen, A. (1997), "Dynamic Capabilities and Strategic Management", *Strategic Management Journal*, vol. 18, pp. 509 – 33.

349. Teece, David J. (2007), "Explicating Dynamic Capabilities: The Nature and Microfoundations of (Sustainable) Enterprise Performance", *Strategic Management Journal*, 28: pp. 1319 – 1350.

350. Teece, David J. (2009), *Dynamic Capabilities and Strategic Management*, Oxford: Oxford University Press.

351. Teece, D. J. (2010), "Business Models, Business Strategy and Innovations", *Long Range*

Planning, vol. 43, pp. 172-194.

352. Tellis, G. J. , and Golder, P. N. (1996), "First to Market, First to Fail? Real Causes of Enduring Market Leadership", *MIT Sloan Management Review*, vol. 37 (2), pp. 65-75.

353. Tellis, G. J. , and Golder, P. N. (2002), *Will and Vision: How Latecomers Grow to Dominate Markets*, New York: McGraw-Hill.

354. Thompson, G. , J. Frances, R. Levacic and J. Mitchell (1991), *Markets, Hierarchies and Networks*, London: Sage.

355. Tichy, G. (2002), "What Do We Know about Success and Failure of Mergers?", *Journal of Industry, Competition and Trade*, vol. 1 (4), pp. 347-94.

356. Titmuss, R. M. (1971), *The Gift Relationship: Form Human Blood to Social Policy*, New York: Pantheon.

357. Tversky, A. , and Kahneman, D. (1974), "Judgment under Uncertainty: Heuristics and Biases", *Science*, vol. 185, pp. 1124-31.

358. UBS (2004), "Are You Prepare for the Next Wave?", Jullens, D. , Cooper, S. , and Stillit, D. , August. See: www.ubsinvestmentresearch.com.

359. Usher, J. M. and M. G. Evans (1996), "Life and Death along Gasoline Alley: Darwinian and Lamarckian Processes in a Differentiating Population", *Academy of Management Journal*, vol. 39 (5), 1428-66.

360. Vaaler, P. M. , and McNamara, G. , (2009), "Changing Corporate effects on US Business Performance since the 1970s", *International Journal of Strategic Change Management*, vol. 2.

361. Volberda, H. W. (2003), "Strategic Flexibility: Creating Dynamic Competitive Advantages", in D. O. Faulkner and A. Campbell (2003), *The Oxford Handbook of Strategy*, vol. 2, Oxford: Oxford University Press.

362. Waldrop, M. M. (1992), *Complexity: The Emerging Science at the Edge of Order and Chaos*, New York: Simon & Schuster.

363. Warner, J. B. , Watts, R. L. , and Wruck, K. H. (1988), "Stock Prices and Top Management Changes", *Journal of Financial Economics*, vol. 20, pp. 461-92.

364. Weber, Max (1947), *The Theory of Social and Economic Organization* (original edition 1925), A. M. Henderson and T. Parsons (trans.), New York: Free Press.

365. Weick, K. E. (1979), *The Social Psychology of Organizing* (2nd edn), Reading, Mass. : Addison-Wesley.

366. Weisbach, M. S. (1988), "Outside Directors and CEO Turnover", *Journal of Financial Economics*, vol. 20, pp. 431-60.

367. Williamson, O. E. (1975), "Markets and Hierarchies: Analysis and Antitrust Implications", New York: Free Press.

368. Williamson, O. E. (1985), *The Economic Institutions of Capitalism*, New York: Free Press.

369. Williamson, O. E. (1995), "Transaction Cost Economics and Organization Theory", in O. E. Williamson, *Organization Theory: From Chester Barnard to the Present and Beyond*, Oxford: Oxford University Press.

370. Williamson, O. E. (1996), "Economics and Organization: A Primer", *California Management Review*, vol. 38, 131-46.

371. Williamson, O. E. (1998), "Transaction Cost Economics: How It Works, Where It Is

Headed", *De Economist*, vol. 146 (1), pp. 23 - 58.

372. Williamson, O. E. (1999), "Strategy Research: Governance and Competence Perspectives", *Strategic Management Journal*, vol. 20 (12), 1087 - 108.

373. Williamson, O. E. (2007), "An Interview with Oliver Williamson", *Journal of Institution Economics*, vol 3 (3), pp. 373 - 386.

374. Williamson, O. E. (2009), "Foreword to Economic Institutions of Strategy", in: Nickerson J. A. and Silverman B. S. (eds), *Economic Institutions of Strategy*, *Advanced in Strategic Management*, vol. 26, New York: Emerald.

375. Winter, S. G. (1990), "Survival, Selection, and Inheritance in Evolutionary Theories of Organization", in: Singh, J. V. , *Organizational Evolution: New Directions*, Newbury Park, Calif. : Sage.

376. Winter, S. G. (2003), "Understanding Dynamic Capabilities", *Strategic Management Journal*, vol. 24, pp. 991 - 5.

377. Wu, J. , and Axelrod, R. (1995), "How to Cope with Noise in the Iterated Prisoner's Dilemma", *Journal of Conflict Resolution*, vol. 39 (1), pp. 183 - 9.

378. Young, R. C. (1988), "Is Population Ecology a Useful Paradigm for the Study of Organizations?", *American Journal of Sociology*, vol. 94 (1), 1 - 24.

经济科学译丛

序号	书名	作者	Author	单价	出版年份	ISBN
1	组织经济学:经济学分析方法在组织管理上的应用(第五版)	塞特斯·杜玛等	Sytse Douma	62.00	2018	978-7-300-25545-3
2	经济理论的回顾(第五版)	马克·布劳格	Mark Blaug	88.00	2018	978-7-300-26252-9
3	实地实验:设计、分析与解释	艾伦·伯格等	Alan S. Gerber	69.80	2018	978-7-300-26319-9
4	金融学(第二版)	兹维·博迪等	Zvi Bodie	75.00	2018	978-7-300-26134-8
5	空间数据分析:模型、方法与技术	曼弗雷德·M.费希尔等	Manfred M. Fischer	36.00	2018	978-7-300-25304-6
6	《宏观经济学》(第十二版)学习指导书	鲁迪格·多恩布什等	Rudiger Dornbusch	38.00	2018	978-7-300-26063-1
7	宏观经济学(第四版)	保罗·克鲁格曼等	Paul Krugman	68.00	2018	978-7-300-26068-6
8	计量经济学导论:现代观点(第六版)	杰弗里·M.伍德里奇	Jeffrey M. Wooldridge	109.00	2018	978-7-300-25914-7
9	经济思想史:伦敦经济学院讲演录	莱昂内尔·罗宾斯	Lionel Robbins	59.80	2018	978-7-300-25258-2
10	空间计量经济学入门——在R中的应用	朱塞佩·阿尔比亚	Giuseppe Arbia	45.00	2018	978-7-300-25458-6
11	克鲁格曼经济学原理(第四版)	保罗·克鲁格曼等	Paul Krugman	88.00	2018	978-7-300-25639-9
12	发展经济学(第七版)	德怀特·H.波金斯等	Dwight H. Perkins	98.00	2018	978-7-300-25506-4
13	线性与非线性规划(第四版)	戴维·G.卢恩伯格等	David G. Luenberger	79.80	2018	978-7-300-25391-6
14	产业组织理论	让·梯若尔	Jean Tirole	110.00	2018	978-7-300-25170-7
15	经济学精要(第六版)	巴德、帕金	Bade,Parkin	89.00	2018	978-7-300-24749-6
16	空间计量经济学——空间数据的分位数回归	丹尼尔·P.麦克米伦	Daniel P. McMillen	30.00	2018	978-7-300-23949-1
17	高级宏观经济学基础(第二版)	本·J.海德拉	Ben J. Heijdra	88.00	2018	978-7-300-25147-9
18	税收经济学(第二版)	伯纳德·萨拉尼耶	Bernard Salanié	42.00	2018	978-7-300-23866-1
19	国际宏观经济学(第三版)	罗伯特·C.芬斯特拉	Robert C. Feenstra	79.00	2017	978-7-300-25326-8
20	公司治理(第五版)	罗伯特·A.G.蒙克斯	Robert A. G. Monks	69.80	2017	978-7-300-24972-8
21	国际经济学(第15版)	罗伯特·J.凯伯	Robert J. Carbaugh	78.00	2017	978-7-300-24844-8
22	经济理论和方法史(第五版)	小罗伯特·B.埃克伦德等	Robert B. Ekelund. Jr.	88.00	2017	978-7-300-22497-8
23	经济地理学	威廉·P.安德森	William P. Anderson	59.80	2017	978-7-300-24544-7
24	博弈与信息:博弈论概论(第四版)	艾里克·拉斯穆森	Eric Rasmusen	79.80	2017	978-7-300-24546-1
25	MBA宏观经济学	莫里斯·A.戴维斯	Morris A. Davis	38.00	2017	978-7-300-24268-2
26	经济学基础(第十六版)	弗兰克·V.马斯切纳	Frank V. Mastrianna	42.00	2017	978-7-300-22607-1
27	高级微观经济学:选择与竞争性市场	戴维·M.克雷普斯	David M. Kreps	79.80	2017	978-7-300-23674-2
28	博弈论与机制设计	Y.内拉哈里	Y. Narahari	69.80	2017	978-7-300-24209-5
29	宏观经济学精要:理解新闻中的经济学(第三版)	彼得·肯尼迪	Peter Kennedy	45.00	2017	978-7-300-21617-1
30	宏观经济学(第十二版)	鲁迪格·多恩布什等	Rudiger Dornbusch	69.00	2017	978-7-300-23772-5
31	国际金融与开放宏观经济学:理论、历史与政策	亨德里克·范登伯格	Hendrik Van den Berg	68.00	2016	978-7-300-23380-2
32	经济学(微观部分)	达龙·阿西莫格鲁等	Daron Acemoglu	59.00	2016	978-7-300-21786-4
33	经济学(宏观部分)	达龙·阿西莫格鲁等	Daron Acemoglu	45.00	2016	978-7-300-21886-1
34	发展经济学	热若尔·罗兰	Gérard Roland	79.00	2016	978-7-300-23379-6
35	中级微观经济学——直觉思维与数理方法(上下册)	托马斯·J.内契巴	Thomas J. Nechyba	128.00	2016	978-7-300-22363-6
36	环境与自然资源经济学(第十版)	汤姆·蒂坦伯格等	Tom Tietenberg	72.00	2016	978-7-300-22900-3
37	劳动经济学基础(第二版)	托马斯·海克拉克等	Thomas Hyclak	65.00	2016	978-7-300-23146-4
38	货币金融学(第十一版)	弗雷德里克·S·米什金	Frederic S. Mishkin	85.00	2016	978-7-300-23001-6
39	动态优化——经济学和管理学中的变分法和最优控制(第二版)	莫顿·I.凯曼等	Morton I. Kamien	48.00	2016	978-7-300-23167-9
40	用Excel学习中级微观经济学	温贝托·巴雷托	Humberto Barreto	65.00	2016	978-7-300-21628-7
41	宏观经济学(第九版)	N·格里高利·曼昆	N. Gregory Mankiw	79.00	2016	978-7-300-23038-2
42	国际经济学:理论与政策(第十版)	保罗·R.克鲁格曼等	Paul R. Krugman	89.00	2016	978-7-300-22710-8
43	国际金融(第十版)	保罗·R.克鲁格曼等	Paul R. Krugman	55.00	2016	978-7-300-22089-5
44	国际贸易(第十版)	保罗·R.克鲁格曼等	Paul R. Krugman	42.00	2016	978-7-300-22088-8
45	经济学精要(第3版)	斯坦利·L.布鲁伊等	Stanley L. Brue	58.00	2016	978-7-300-22301-8
46	经济分析史(第七版)	英格里德·H.里马	Ingrid H. Rima	72.00	2016	978-7-300-22294-3
47	投资学精要(第九版)	兹维·博迪等	Zvi Bodie	108.00	2016	978-7-300-22236-3
48	环境经济学(第二版)	查尔斯·D.科尔斯塔德	Charles D. Kolstad	68.00	2016	978-7-300-22255-4
49	MWG《微观经济理论》习题解答	原千晶等	Chiaki Hara	75.00	2016	978-7-300-22306-3
50	现代战略分析(第七版)	罗伯特·M.格兰特	Robert M. Grant	68.00	2016	978-7-300-17123-4
51	横截面与面板数据的计量经济分析(第二版)	杰弗里·M.伍德里奇	Jeffrey M. Wooldridge	128.00	2016	978-7-300-21938-7
52	宏观经济学(第十二版)	罗伯特·J.戈登	Robert J. Gordon	75.00	2016	978-7-300-21978-3

经济科学译丛						
序号	书名	作者	Author	单价	出版年份	ISBN
53	动态最优化基础	蒋中一	Alpha C. Chiang	42.00	2015	978-7-300-22068-0
54	城市经济学	布伦丹·奥弗莱厄蒂	Brendan O'Flaherty	69.80	2015	978-7-300-22067-3
55	管理经济学:理论、应用与案例(第八版)	布鲁斯·艾伦等	Bruce Allen	79.80	2015	978-7-300-21991-2
56	经济政策:理论与实践	阿格尼丝·贝纳西-奎里等	Agnès Bénassy-Quéré	79.80	2015	978-7-300-21921-9
57	微观经济分析(第三版)	哈尔·R·范里安	Hal R. Varian	68.00	2015	978-7-300-21536-5
58	财政学(第十版)	哈维·S·罗森等	Harvey S. Rosen	68.00	2015	978-7-300-21754-3
59	经济数学(第三版)	迈克尔·霍伊等	Michael Hoy	88.00	2015	978-7-300-21674-4
60	发展经济学(第九版)	A.P. 瑟尔沃	A. P. Thirlwall	69.80	2015	978-7-300-21193-0
61	宏观经济学(第五版)	斯蒂芬·D·威廉森	Stephen D. Williamson	69.00	2015	978-7-300-21169-5
62	资源经济学(第三版)	约翰·C·伯格斯特罗姆等	John C. Bergstrom	58.00	2015	978-7-300-20742-1
63	应用中级宏观经济学	凯文·D·胡佛	Kevin D. Hoover	78.00	2015	978-7-300-21000-1
64	计量经济学导论:现代观点(第五版)	杰弗里·M·伍德里奇	Jeffrey M. Wooldridge	99.00	2015	978-7-300-20815-2
65	现代时间序列分析导论(第二版)	约根·沃特斯	Jürgen Wolters	39.80	2015	978-7-300-20625-7
66	空间计量经济学——从横截面数据到空间面板	J·保罗·埃尔霍斯特	J. Paul Elhorst	32.00	2015	978-7-300-21024-7
67	国际经济学原理	肯尼思·A·赖纳特	Kenneth A. Reinert	58.00	2015	978-7-300-20830-5
68	经济写作(第二版)	迪尔德丽·N·麦克洛斯基	Deirdre N. McCloskey	39.80	2015	978-7-300-20914-2
69	计量经济学方法与应用(第五版)	巴蒂·H·巴尔塔基	Badi H. Baltagi	58.00	2015	978-7-300-20584-7
70	战略经济学(第五版)	戴维·贝赞可等	David Besanko	78.00	2015	978-7-300-20679-0
71	博弈论导论	史蒂文·泰迪里斯	Steven Tadelis	58.00	2015	978-7-300-19993-1
72	社会问题经济学(第二十版)	安塞尔·M·夏普等	Ansel M. Sharp	49.00	2015	978-7-300-20279-2
73	博弈论:矛盾冲突分析	罗杰·B·迈尔森	Roger B. Myerson	58.00	2015	978-7-300-20212-9
74	时间序列分析	詹姆斯·D·汉密尔顿	James D. Hamilton	118.00	2015	978-7-300-20213-6
75	经济问题与政策(第五版)	杰奎琳·默里·布鲁克斯	Jacqueline Murray Brux	58.00	2014	978-7-300-17799-1
76	微观经济理论	安德鲁·马斯-克莱尔	Andreu Mas-Collel	148.00	2014	978-7-300-19986-3
77	产业组织:理论与实践(第四版)	唐·E·瓦尔德曼等	Don E. Waldman	75.00	2014	978-7-300-19722-7
78	公司金融理论	让·梯若尔	Jean Tirole	128.00	2014	978-7-300-20178-8
79	经济学精要(第三版)	R·格伦·哈伯德等	R. Glenn Hubbard	85.00	2014	978-7-300-19362-5
80	公共部门经济学	理查德·W·特里西	Richard W. Tresch	49.00	2014	978-7-300-18442-5
81	计量经济学原理(第六版)	彼得·肯尼迪	Peter Kennedy	69.80	2014	978-7-300-19342-7
82	统计学:在经济中的应用	玛格丽特·刘易斯	Margaret Lewis	45.00	2014	978-7-300-19082-2
83	产业组织:现代理论与实践(第四版)	林恩·佩波尔等	Lynne Pepall	88.00	2014	978-7-300-19166-9
84	计量经济学导论(第三版)	詹姆斯·H·斯托克等	James H. Stock	69.00	2014	978-7-300-18467-8
85	发展经济学导论(第四版)	秋山裕	秋山裕	39.80	2014	978-7-300-19127-0
86	中级微观经济学(第六版)	杰弗里·M·佩罗夫	Jeffrey M. Perloff	89.00	2014	978-7-300-18441-8
87	平狄克《微观经济学》(第八版)学习指导	乔纳森·汉密尔顿等	Jonathan Hamilton	32.00	2014	978-7-300-18970-3
88	微观经济学(第八版)	罗伯特·S·平狄克等	Robert S. Pindyck	79.00	2013	978-7-300-17133-3
89	微观银行经济学(第二版)	哈维尔·弗雷克斯等	Xavier Freixas	48.00	2014	978-7-300-18940-6
90	施米托夫论出口贸易——国际贸易法律与实务(第11版)	克利夫·M·施米托夫等	Clive M. Schmitthoff	168.00	2014	978-7-300-18425-8
91	微观经济学思维	玛莎·L·奥尔尼	Martha L. Olney	29.80	2013	978-7-300-17280-4
92	宏观经济学思维	玛莎·L·奥尔尼	Martha L. Olney	39.80	2013	978-7-300-17279-8
93	计量经济学原理与实践	达摩达尔·N·古扎拉蒂	Damodar N. Gujarati	49.80	2013	978-7-300-18169-1
94	现代战略分析案例集	罗伯特·M·格兰特	Robert M. Grant	48.00	2013	978-7-300-16038-2
95	高级国际贸易:理论与实证	罗伯特·C·芬斯特拉	Robert C. Feenstra	59.00	2013	978-7-300-17157-9
96	经济学简史——处理沉闷科学的巧妙方法(第二版)	E·雷·坎特伯里	E. Ray Canterbery	58.00	2013	978-7-300-17571-3
97	管理经济学(第四版)	方博亮等	Ivan Png	80.00	2013	978-7-300-17000-8
98	微观经济学原理(第五版)	巴德、帕金	Bade,Parkin	65.00	2013	978-7-300-16930-9
99	宏观经济学原理(第五版)	巴德、帕金	Bade,Parkin	63.00	2013	978-7-300-16929-3
100	环境经济学	彼得·伯克等	Peter Berck	55.00	2013	978-7-300-16538-7
101	高级微观经济理论	杰弗里·杰里	Geoffrey A. Jehle	69.00	2012	978-7-300-16613-1
102	高级宏观经济学导论:增长与经济周期(第二版)	彼得·伯奇·索伦森等	Peter Birch Sørensen	95.00	2012	978-7-300-15871-6
103	宏观经济学:政策与实践	弗雷德里克·S·米什金	Frederic S. Mishkin	69.00	2012	978-7-300-16443-4
104	宏观经济学(第二版)	保罗·克鲁格曼	Paul Krugman	45.00	2012	978-7-300-15029-1
105	微观经济学(第二版)	保罗·克鲁格曼	Paul Krugman	69.80	2012	978-7-300-14835-9

经济科学译丛

序号	书名	作者	Author	单价	出版年份	ISBN
106	克鲁格曼《微观经济学(第二版)》学习手册	伊丽莎白·索耶·凯利	Elizabeth Sawyer Kelly	58.00	2013	978-7-300-17002-2
107	克鲁格曼《宏观经济学(第二版)》学习手册	伊丽莎白·索耶·凯利	Elizabeth Sawyer Kelly	36.00	2013	978-7-300-17024-4
108	微观经济学(第十一版)	埃德温·曼斯费尔德	Edwin Mansfield	88.00	2012	978-7-300-15050-5
109	卫生经济学(第六版)	舍曼·富兰德等	Sherman Folland	79.00	2011	978-7-300-14645-4
110	宏观经济学(第七版)	安德鲁·B·亚伯等	Andrew B. Abel	78.00	2011	978-7-300-14223-4
111	现代劳动经济学:理论与公共政策(第十版)	罗纳德·G·伊兰伯格等	Ronald G. Ehrenberg	69.00	2011	978-7-300-14482-5
112	宏观经济学:理论与政策(第九版)	理查德·T·弗罗恩	Richard T. Froyen	55.00	2011	978-7-300-14108-4
113	经济学原理(第四版)	威廉·博伊斯等	William Boyes	59.00	2011	978-7-300-13518-2
114	计量经济学基础(第五版)(上下册)	达摩达尔·N·古扎拉蒂	Damodar N. Gujarati	99.00	2011	978-7-300-13693-6
115	《计量经济学基础》(第五版)学生习题解答手册	达摩达尔·N·古扎拉蒂等	Damodar N. Gujarati	23.00	2012	978-7-300-15080-8
116	计量经济分析(第六版)(上下册)	威廉·H·格林	William H. Greene	128.00	2011	978-7-300-12779-8
117	国际贸易	罗伯特·C·芬斯特拉等	Robert C. Feenstra	49.00	2011	978-7-300-13704-9
118	经济增长(第二版)	戴维·N·韦尔	David N. Weil	63.00	2011	978-7-300-12778-1
119	投资科学	戴维·G·卢恩伯格	David G. Luenberger	58.00	2011	978-7-300-14747-5
120	博弈论	朱·弗登博格等	Drew Fudenberg	68.00	2010	978-7-300-11785-0

金融学译丛

序号	书名	作者	Author	单价	出版年份	ISBN
1	金融学原理(第八版)	阿瑟·J·基翁等	Arthur J. Keown	79.00	2018	978-7-300-25638-2
2	财务管理基础(第七版)	劳伦斯·J·吉特曼等	Lawrence J. Gitman	89.00	2018	978-7-300-25339-8
3	利率互换及其他衍生品	霍华德·科伯	Howard Corb	69.00	2018	978-7-300-25294-0
4	固定收益证券手册(第八版)	弗兰克·J·法博齐	Frank J. Fabozzi	228.00	2017	978-7-300-24227-9
5	金融市场与金融机构(第8版)	弗雷德里克·S·米什金等	Frederic S. Mishkin	86.00	2017	978-7-300-24731-1
6	兼并、收购和公司重组(第六版)	帕特里克·A·高根	Patrick A. Gaughan	89.00	2017	978-7-300-24231-6
7	债券市场:分析与策略(第九版)	弗兰克·J·法博齐	Frank J. Fabozzi	98.00	2016	978-7-300-23495-3
8	财务报表分析(第四版)	马丁·弗里德森	Martin Fridson	46.00	2016	978-7-300-23037-5
9	国际金融学	约瑟夫·P·丹尼尔斯等	Joseph P. Daniels	65.00	2016	978-7-300-23037-1
10	国际金融	阿德里安·巴克利	Adrian Buckley	88.00	2016	978-7-300-22668-2
11	个人理财(第六版)	阿瑟·J·基翁	Arthur J. Keown	85.00	2016	978-7-300-22711-5
12	投资学基础(第三版)	戈登·J·亚历山大等	Gordon J. Alexander	79.00	2015	978-7-300-20274-7
13	金融风险管理(第二版)	彼德·F·克里斯托弗森	Peter F. Christoffersen	46.00	2015	978-7-300-21210-4
14	风险管理与保险管理(第十二版)	乔治·E·瑞达等	George E. Rejda	95.00	2015	978-7-300-21486-3
15	个人理财(第五版)	杰夫·马杜拉	Jeff Madura	69.00	2015	978-7-300-20583-0
16	企业价值评估	罗伯特·A·G·蒙克斯等	Robert A. G. Monks	58.00	2015	978-7-300-20582-3
17	基于Excel的金融学原理(第二版)	西蒙·本尼卡	Simon Benninga	79.00	2014	978-7-300-18899-7
18	金融工程学原理(第二版)	萨利赫·N·内夫特奇	Salih N. Neftci	88.00	2014	978-7-300-19348-9
19	投资学导论(第十版)	赫伯特·B·梅奥	Herbert B. Mayo	69.00	2014	978-7-300-18971-0
20	国际金融市场导论(第六版)	斯蒂芬·瓦尔德斯等	Stephen Valdez	59.80	2014	978-7-300-18896-6
21	金融数学:金融工程引论(第二版)	马雷克·凯宾斯基等	Marek Capinski	42.00	2014	978-7-300-17650-5
22	财务管理(第二版)	雷蒙德·布鲁克斯	Raymond Brooks	69.00	2014	978-7-300-19085-3
23	期货与期权市场导论(第七版)	约翰·C·赫尔	John C. Hull	69.00	2014	978-7-300-18994-2
24	国际金融:理论与实务	皮特·塞尔居	Piet Sercu	88.00	2014	978-7-300-18413-5
25	货币、银行和金融体系	R·格伦·哈伯德等	R. Glenn Hubbard	75.00	2013	978-7-300-17856-1
26	并购创造价值(第二版)	萨德·苏达斯纳	Sudi Sudarsanam	89.00	2013	978-7-300-17473-0
27	个人理财——理财技能培养方法(第三版)	杰克·R·卡普尔等	Jack R. Kapoor	66.00	2013	978-7-300-16687-2
28	国际财务管理	吉尔特·贝克特	Geert Bekaert	95.00	2012	978-7-300-16031-3
29	应用公司财务(第三版)	阿斯沃思·达摩达兰	Aswath Damodaran	88.00	2012	978-7-300-16034-4
30	资本市场:机构与工具(第四版)	弗兰克·J·法博齐	Frank J. Fabozzi	85.00	2011	978-7-300-13828-2
31	衍生品市场(第二版)	罗伯特·L·麦克唐纳	Robert L. McDonald	98.00	2011	978-7-300-13130-6
32	跨国金融原理(第三版)	迈克尔·H·莫菲特等	Michael H. Moffett	78.00	2011	978-7-300-12781-1
33	统计与金融	戴维·鲁珀特	David Ruppert	48.00	2010	978-7-300-11547-4
34	国际投资(第六版)	布鲁诺·索尔尼克等	Bruno Solnik	62.00	2010	978-7-300-11289-3

Authorized translation from the English language edition, entitled Economic Approaches to Organizations, 5e, 9780273735298 by Sytse Douma and Hein Schreuder, published by arrangement with Pearson Education Limited. Copyright © Pearson Education Limited 2002, 2008, 2013. Copyright © Prentice Hall Europe 1991, 1998.

All rights reserved. No part of this book may be reproduced or transmitted in any form or by any means, electronic or mechanical, including photocopying, recording or by any information storage retrieval system, without permission from Pearson Education, Inc.

CHINESE SIMPLIFIED language edition published by CHINA RENMIN UNIVERSITY PRESS CO., LTD., Copyright © 2018.

本书中文简体字版由培生教育出版公司授权中国人民大学出版社合作出版，未经出版者书面许可，不得以任何形式复制或抄袭本书的任何部分。

本书封面贴有Pearson Education（培生教育出版集团）激光防伪标签。无标签者不得销售。

图书在版编目（CIP）数据

组织经济学：经济学分析方法在组织管理上的应用：第五版/（荷）塞特斯·杜玛（Sytse Douma）等著；原磊等译. —北京：中国人民大学出版社，2018.10
（经济科学译丛）
书名原文：Economic Approaches to Organizations (Fifth Edition)
ISBN 978-7-300-25545-3

Ⅰ.①组… Ⅱ.①塞…②原… Ⅲ.①组织经济学 Ⅳ.①C936

中国版本图书馆 CIP 数据核字（2018）第 023469 号

"十三五"国家重点出版物出版规划项目
经济科学译丛
组织经济学：经济学分析方法在组织管理上的应用（第五版）
塞特斯·杜玛　　著
海因·斯赖德
原　磊　尹冰清　赖芳芳　译
张冠梓　校
Zuzhi Jingjixue

出版发行	中国人民大学出版社				
社　　址	北京中关村大街 31 号		邮政编码	100080	
电　　话	010-62511242（总编室）		010-62511770（质管部）		
	010-82501766（邮购部）		010-62514148（门市部）		
	010-62515195（发行公司）		010-62515275（盗版举报）		
网　　址	http://www.crup.com.cn				
	http://www.ttrnet.com（人大教研网）				
经　　销	新华书店				
印　　刷	北京七色印务有限公司				
规　　格	185mm×260mm 16 开本		版　次	2018 年 10 月第 1 版	
印　　张	24.5 插页 2		印　次	2018 年 10 月第 1 次印刷	
字　　数	560 000		定　价	62.00 元	

版权所有　　侵权必究　　印装差错　　负责调换

Pearson

尊敬的老师：

您好！

为了确保您及时有效地获得培生整体教学资源，请您务必完整填写如下表格，加盖学院的公章后以电子扫描件等形式发我们，我们将会在 2~3 个工作日内为您处理。

请填写所需教辅的信息：

采用教材			□ 中文版	□ 英文版	□ 双语版
作　者		出版社			
版　次		ISBN			
课程时间	始于　年　月　日	学生人数			
	止于　年　月　日	学生年级	□ 专科　□ 本科 1/2 年级 □ 研究生　□ 本科 3/4 年级		

请填写您的个人信息：

学　校			
院系/专业			
姓　名		职　称	□ 助教　□ 讲师　□ 副教授　□ 教授
通信地址/邮编			
手　机		电　话	
传　真			
official email（必填） (eg：×××@ruc.edu.cn)		email (eg：×××@163.com) ||
是否愿意接受我们定期的新书讯息通知：		□ 是　□ 否	

系/院主任：_____（签字）

（系 / 院办公室章）

___年___月___日

资源介绍：

——教材、常规教辅（PPT、教师手册、题库等资源）：请访问 www.pearson.com/us/higher-education。（免费）

——MyLabs/Mastering 系列在线平台：适合老师和学生共同使用；访问需要 Access Code。（付费）

地址：北京市东城区北三环东路 36 号环球贸易中心 D 座 1208 室（100013）

Please send this form to：copub.hed@pearson.com

Website：www.pearson.com